おもろがうたう
おきなわの原義

邊土名　朝有

一、きこゑ大きみきや　あま
み屋　�만うらおゝうらおもて
いれおすとよかけゝ
又とよむせゝこか

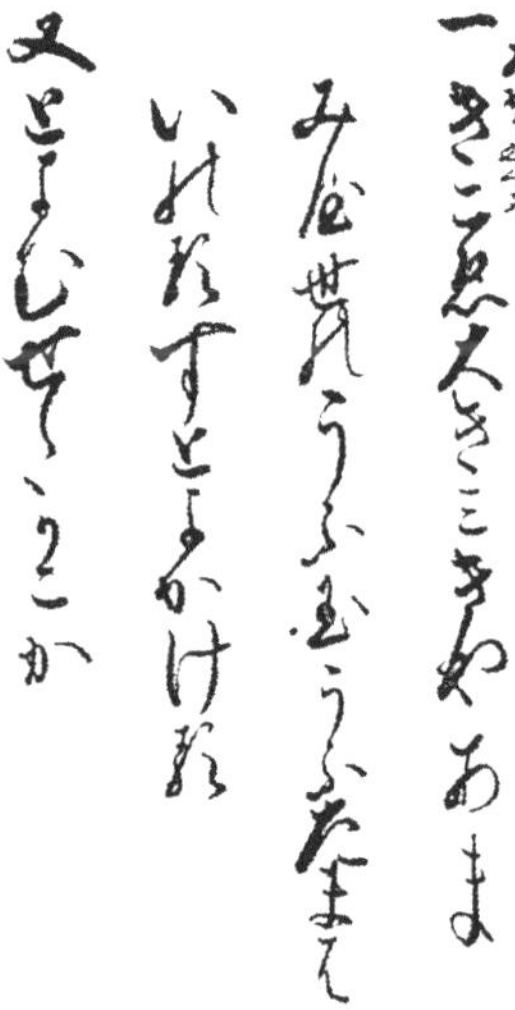

聞得大君誕生のおもろ

題字　吉里鳳水

はじめに

小生は、郷里の沖縄方言に深い興味を懐いているが、グスク（城）とガマ（洞）だけは、沖縄だけにある方言ではないだろうかと思っていた。しかし四、五年前、諸橋轍次著『大漢和辞典』巻一に、上城（カミゴスク）、下城（シモゴスク）、大隅国の地名。中城（ナカグスク）、琉球の地名、と採録されているのを偶然に目にし、びっくりすると同時によろこんだ。

がま（洞）については、二〇〇七年と二〇〇八年に和歌山県を旅行した時、観光バスのテロップに、「狸の穴《がま》」と振り仮名されているのを目にし、胸さわぎがした。ひょっとすると他府県の方言の中にも、きっと「洞」のことをガマという例がある筈と思案したからである。幸運にも二〇一一年に小生は、九州各県と本県出身のご夫婦の方々と共に、新幹線で鹿児島から北海道の北端まで旅する機会に恵まれた。車中で早速小生がガマの話しをもち出すと、宮崎県出身のご主人が、少年時代にガマの中に入って行って、よく魚とりをして遊んだものですと、洞のことをガマと口にされた。いわゆる沖縄でおなじみの水洞《みじがま》に入って行かれたのである。

もう一つ方言といえば、熊野平野という地名について観光案内に、「くまの」とは、神々の多くおこもりになる聖野のこと、つまり、多くの神々が「くまる」野の「くま」に、熊の字をあてた表音式命名―『風土記』式命名―であった訳だ。元明朝廷から『風土記』調査命令のあった七一三年の頃、古代の紀州では、「こもる」を「くまる」と発音していた訳で、今日の沖縄方言の「くまいん」と同じ発音であった訳である。

拙稿に引用させて頂いた、玉稿の著者に対する敬称は省きます。

二〇一六年四月吉日

邊土名　朝有

おもろがうたう　おきなわの原義

目次

島津の琉球入り前夜　『歴代宝案』を読む（沖縄タイムス　一九八七年八月二十四日～九月九日）　230
北京にあった琉球館（沖縄タイムス　一九九二年十月二十八日～十月二十九日）　266
琉球王国成立と明国渡来人（琉球新報　一九九三年二月十六日～三月四日）　273
江差・那覇・福州を結ぶ海帯菜の路（琉球新報　一九九八年三月二十三日～三月二十五日）　293
琉球近世史と伊波普猷（琉球新報　一九九九年六月七日～六月十四日）　301

第三部　史書投稿

秩禄処分と士族授産（『那覇市史』第2巻　通史篇　一九七四年三月二十五日）　317
琉球処分『近代日本の統合と抵抗』1（『近代日本の統合と抵抗』（1）日本評論社　一九八二年二月十日発行）　369
対明国入貢と琉球国の成立（『球陽論叢』一九八六年十二月十日発行）　405

第四部　雑誌投稿

運賃問題の基礎的研究　―砂糖運賃問題を中心にして―
（「研究報告」『新沖縄文学』第二十八号　沖縄タイムス社　一九七五年）　435
幻の黒糖史（「研究報告」『新沖縄文学』第三十二号　沖縄タイムス社　一九七六年）　475
地割制度の基礎的研究　―南風原文書を中心にして―
（「研究報告」『新沖縄文学』第三十九号　沖縄タイムス社　一九七八年）　495

第五部　私　版

天山陵は拝領されたか（『せあらとみ』創刊号　一九八四年十二月）　541
歴代宝案を考察す（『せあらとみ』第三号　一九八九年三月）　551

第六部　年間誌投稿

われらがうちなる琉球人たち（『文化の窓』No.十　一九八八年）　595
沖縄の焼畑考　―縄文文化を尋ねて―（『文化の窓』No.十一　一九八九年）　610
新説・琉球国物語（『文化の窓』No.十二　一九九〇年）　641
琉・朝間外交文書の考察　―『李朝実録』が語る琉球史の一断面―（『文化の窓』No.十三　一九九一年）　656
琉球国の成立と王相府王相　―琉球国草創期の巨人・亜蘭匏と懐機―（『文化の窓』No.十四　一九九二年）　691
おもろに於る地名の研究（『文化の窓』No.十五　一九九三年）　725
伊波普猷と薩摩（『文化の窓』No.十六　一九九四年）　741
続　伊波普猷と薩摩（『文化の窓』No.十七　一九九五年）　755
伊波普猷・東恩納寛惇と薩摩（『文化の窓』No.十九　一九九七年）　775
沖縄を呪縛する妖人・伊波普猷（『文化の窓』No.二十　一九九八年）　809
（承前）沖縄を呪縛する妖人・伊波普猷（『文化の窓』No.二十一　一九九九年）　835

あとがき　861

第一部　「おきなわ」の原義

一　漢字表記以前のオキナワの意味

本来、つまり漢字表記以前の「おきなわ」とは、どういう意味だろうか。それは「おき」という和語の解釈いかんによって決まると思う。「なわ」の意味は場や所であり、それについては、例えば伊波普猷や東恩納寛惇を含む各論者間で見解が異なることがない。梅棹忠夫等による監修『日本語大辞典』（講談社カラー版）から「おき」を引くと、次の二語がある。

（一）おき〔沖〕：海、湖の岸から遠くはなれた所。

（二）おき〔熾、燠〕：①赤くおこった炭火、おきび。②まきなどの炎がおさまって、炭火のようになったもの。

ところで、「おき・おきび」のことを沖縄本島の中南部の方言ではウチリという。北部の辺土名区ではウチビ、喜如嘉区ではウッキーという。ウチビは紛れもなく「おきび」から、ウッキーは、「おき」からオキヒ→ウキヒー→ウッキーと訛ってできたものといえる。中南部のウチリは、「おきひ」→ウチヒ→ウチリと訛ったもの。なぜなら鞠《まり》・毬《まり》は方言ではマーヒ（イ）、槍はヤヒ（イ）、首里はシュヒ（イ）、お祭りはウマチヒ（イ）、森はムヒ（イ）、糊はヌヒ（イ）といい、リとヒは互いにかよい合うからである。

「おき（熾・燠）」については、『混効験集』（影印本、昭和五十九年十二月十五日、沖縄県教育委員会発行）に、「ミおきれ」の解釈文の中に、「おまのつ共。火を云。和詞にもおきと云。」（七八頁）とあり、「おきれ　火を云　和詞にも火ハおきと云。」（一五四頁）とある。ところが『混効験集』に、「おき」を「沖」の義に解する例は一つもない。

ところで「沖縄」という漢字表記は、江戸中期の政治家・学者の新井白石が、長門本平家物語の「おきなわ」をふまえて表記したものといわれ、白石の『南島志』にはじめて記載された、と永年に亘って信じられてきた。しかし実際には、始めて「おきなわ」に沖縄の漢字表記を当てたのは、一六二九年に薩摩藩が行ったものである。このことについては後で詳述する。

東恩納寛惇は、「沖縄の地名、沖に縄の浮びたるに象るとの説、大体に於て謬りなかるべきか」(『東恩納寛惇全集』第一書房、6、八五頁)と述べ、白石に同意している。一方伊波普猷は、「沖縄の語源が、沖漁場《おきなは》で、『沖縄の地名、沖に縄の浮びたるに象る』といふ説の、民間語源説であることは、明白になつたと思ふ」(『伊波普猷全集』平凡社、第四巻、四七〇頁)と書き、白石と東恩納の説に異をとなえている。

伊波は、同『全集』の所載「沖縄考」の「二　神歌に現れた『おきなは』」(三四七頁)の次頁で、「『おきなわ』は神歌《おもろ》九首中に十個ほど現れてゐるが、その中七個は主島の汎称で、一個は首里を中心とした中部地方の名称であり、残りの二個は那覇港の入口の漁場の呼称である。試みに前の八首中、『おきなわ』を含んだ句を、巻の順を追うて出して見よう。

巻三の九
あまみや（南島の高天原）からおきなわ
嶽でては思はな（思はずに）
しねりやから三しま
森でては思はな（嶽と森とはこゝでは障壁の義に用ゐられてゐる）

〔右の巻三の九に続く巻六の一〇以下第十の三六、浦襲《うらおそひ》おもろのふし、までの八首は略す－邊士名〕」。

伊波は続ける。「最初に解釈した神歌（右巻三の九のことか－邊士名注）に、尚真王が泊港から船出して、『おきなは』にお成りになったことや、『おきなわの魚は按司《いよ》おそいに献《みおや》せ』（巻七の二九、打出では暁天《あけどま》が節《ふし》。（同『全集』三五〇～三五一頁）といふことが出てゐるところから、この『おきなは』の、那覇湾内にあることは明白になった…」（同『全集』第四巻、四二八～四二九頁）と。

実をいうと、伊波の「沖縄考」の文体は、論理の道筋を順を追って辿ることなく、飛躍を重ねる傾向があるので、伊波が右にいう「最初に解釈した神歌」とは、どの神歌を指しているのか確実には分からないが、それが巻三の九のことであるならば、伊波は南島の高天原である「あまみや」を泊港であると解釈し、「おきなは」が那覇湾内にあると断言していることになる。

伊波は、那覇湾内にあった「おきなは」という一地名が、やがて沖縄全島の汎称になったと推論し結論に至っている。伊波はいう、「那覇を浮島と云つた頃には、港湾が深く入込んで、所謂大地《おほち》並に浮島の沿岸には、樹木が繁茂してゐて、能く魚類が寄つてゐたので、この浮島に魚場《なは》が出来て、やがてその名称ともなり、外海への出口の広い区域或は湾内を、特に沖魚場《おきなは》と呼んだのではあるまいか」と。また、「『なは』にもと漁場即ち魚付の浦の義のあつたことは疑ふ余地がなく、いつしかそれが那覇の称となり、『沖魚場《おきなは》』は特に諸島及び異国の船舶の船がゝりする唯一の『おやどまり』でもあつたところから、とうとうその所在の地名になつたと思はれる。〈中略〉因に言ふ。永楽中に採録された『華夷訳語』には、琉球人を倭及那必周《オキナーピチョ》、琉球国王を倭及那敖《オキナーアオ》と音訳してあるが、これは第一尚氏の琉球統一後、オキナワが国名になつてゐたことを語るもので…」（『伊波普猷全集』第五巻、五六九～五七一頁）と。「おきなは」が島の汎称になったのは、三山統一後であるとの伊波説は、同『全集』第四巻の四六〇、四六一、五〇四頁等随所でくり返し言及されている。

　小生は、右の那覇に関する伊波の一連の論説に同意できないので、二点だけにしぼって反論してみたい。第一点は、「那覇を浮島と云つた…」とあるが、「うきしま」に「浮島」の漢字を当てたのは、伊波の誤解である。「うきしま」の歴史的に本来の意味に即して漢字を当てると、「熾島」か「燠島」である。ところで伊波は、『伊波普猷全集』巻五の四五二頁に、『おもろさうし』巻十「旅歌《ありきゑと》の双紙」四四「打ち出ではさばしきよがふし」を提示し、解釈している。

（一）　きこゑおしかさ
　　　鳴響《とよ》むおしかさ
　　　やうら浮《う》ちへ使《つか》い
（二）　ききやの浮島《うきじま》
　　　ききやの茂島《もえじま》
（三）　（以下略—邊土名）

　さて、ごく常識的にいって、伊波がおもろの語句解釈をする時、例えば右のオモロの（二）のように、「うきじま」と「もえじま」の語句が左右に対語として並記されている場合、これら二つの語句は、同義語として解釈されるのが常識である。しかし、「浮島」と「茂島」は、どう見ても同義語にはなっていないので、これら二つの漢字表記は、おもろの専門学者として伊波は、おもろの同義解釈の鉄則に背いていることになる。それでは、「おきなわ」の「おき」を沖ではなく熾・燠とみる、小生の「うきじま」・「もえじま」に対する解釈と、それに基づく漢字表記はどうなるかといえば、方言では「おき」は、「うき」・「うち」になるので、「うきじま」は「熾島」か「燠島」、その対語である「もえじま」は「燃島」であるから、両語句は見事な同義語になる。また、伊波が一再ならず述べているように、後に那覇の地名になる尚真王時代の熾島《うきしま》は、「樹木が繁茂してゐ」たから、元はまちがいなく焼き畑であったろう。

因みに、勝連半島の屋慶名は、往古はヤブと称していたが、焼畑から派生した業火の延焼で毎年のように多くの民家を焼失するという被災に遭った。その災害から免れる為、ムラの名をヤブからヤケナに変えたのであるが、その隣りにヤブチ島が現存している。その「やぶち」は、標準語の「やぶおき」（やぶ熾）から方言の「やぶうき」へ、さらに「やぶうち」へ訛り、現在の「やぶち」島に訛り至ったものと思われる。宮崎、熊本、静岡等の各県の山地では、焼畑地のことを「ヤブ」とも呼ぶから、右の「やぶうき（ち）」島は、「やぶ浮《う》き（ち）」島ではなく、「やぶ熾《う》き（ち）」島の義であろう。

反論の第二点目は、「那覇を浮島と云つた頃には、港湾が深く入込んで、所詮大地並《おほち》に浮島の沿岸には、樹木が繁茂してゐて、能く魚類が寄つてゐたので、この浮島に魚場《なは》が出来て、やがてその名称ともなり、外海への出口の広い区域或は湾内を、特に沖魚場《おきなは》と呼んだのではあるまいか」と述べた中で、「魚場《なは》」の上に、伊波が「沖」の字を付している点である。日本語の一般常識からいえば、沖とは沿岸から遠くはなれた洋上である。その常識に反し、伊波のいう「魚場《なは》」からその東側の対岸（現在の国道58号線の辺り）に大声をかければ届く距離である。その東側の対岸から沖といえるのは、少なくとも慶良間諸島あたりではあるまいか。

さきに触れたように伊波が、「沖縄の語源が、沖漁場《おきなは》で、『沖縄の地名、沖に縄の浮びたるに象る』といふ説の、民間語源説であることは、明白になつたと思ふ」（傍点は邊士名）と述べているが、そのような「語源説」は、民間には一切存在しない。「おきなは」の同義語として民間、しかも「おきなは」本島の離島（久米島・慶良間列島・伊江島等）の人々の間で呼称されていたのは、「大国《ちゃくに》」であった。その「大国《ちゃくに》」は、外間守善西郷信綱編『おもろさうし』（岩波書店）に五例（六三、二二五、二二六、四六九、四七一頁）が載っている。強いて言うならば、「おきなは」は「大国《じゃくに》」である、というのが民間語源説であったのだ。

　実は、われらの「沖縄」なる漢字表記は、新井白石の『南島志』（一七一九年）よりも九〇年以前の一六二九年に、薩摩藩が出した「御当国御高並諸上納里積記」の中に、すでに見えている（『那覇市史』資料篇第一巻二、六九頁）。この点については原田禹雄も、『南島志　現代語訳』三〜五頁の「はじめに」の中で触れている。薩摩藩が初めて、「おきなわ」に「沖縄」という漢字を当てた一件については、後述することにする。

　しかし、ずばり言ってオキナワの語源は、後期縄文時代以来沖縄本島のほぼ全域をおおっていた焼畑に由来している。小生に、オキナワの焼畑由来説を確信させたのは、名護市の勝山に存在しているウチナーマタ（宇喜納原）（名護市教育委員会『名護市の小字』六〇〜六一頁）を、目にした時である。その語源は本島の陸地内であり、沖とか海上にあるのではない。小生は、一九八九年刊沖縄市文化協会『文化の窓』No.十一に、「沖縄の焼畑考—縄文文化を尋ねて—」という小論を寄せた。なぜ縄文文化かというと、上村春平編『照葉樹林文化』の中に、「少なくとも縄文晩期には焼畑での雑穀栽培がはじまっていたのではないかとさえ考えられる可能性がある」（三一頁）とあるからであり、沖縄の焼畑に関する呼称が、焼畑、鹿野（かの）畑、木庭《こば》（沖縄では木庭《きなわ》）など、本土のそれらと共通し、焼畑の耕作法も、六年あらし三年作、八年あらし三年作等の語句が、本土の焼畑と共通していたからである。ちなみに、「六年あらし」のあらしは、荒しの意味で休作期間のこと。本島の本部と羽地の嵐山や京都の嵐山、埼玉県比企郡嵐山町の「嵐」の原義は、まちがいなく焼畑用語の「荒し」であろう。

　右の小論「沖縄の焼畑考」で小生は、十八世紀中葉から明治時代にかけて、焼畑が北部の全間切と中部の具志川間切の広大な地域をおおっていたことを確認した。二、三の例を挙げれば、本部間切の一七五〇年の竿入帳によれば、五十九町余、明治時代の国頭間切辺戸に二百町歩、同じく明治時代の名護間切屋部村に五十万坪を越す焼畑があった。

伊波普猷も沖縄本島内の焼畑農業につき、きわめて重要な指摘をしている。「稍耳遠くなつてゐるが、琉球語では火田《きなは》（即ち山を焼いて畑となした所）をキナワバタケと云ひ、そのキナワはとりわけ、田幸山の入口の村落喜納《きな》（喜名とも書く。オモロには『きなわ』とある。わの古形は『は』で、所の義であらう）に、よくその名残を留めてゐるやうに思はれる」。「喜納はこの山脈の西側の平坦な高台にあるから、夙にキナワ（火田）が出来て、おつつけ村落になつたに違ひない。前に挙げた地名中、屋慶名に火災の、安慶名に焦土の、伝承の附帯してゐるのも、火田に因むものであらう」。「南山城附近の和解名《わだけな》（古称『わたりきな』）の、『きなわ』即ち森林を焼いて造つた新墾《にひばり》であることも想像するに難くない。この辺の古く森林であつたことは、南山城址から八重洲〔瀬〕城址を経て、具志頭の玻名城に至る間に、そのかみを偲ばせる一里余の山道が残つてゐるのでもわかる。南山落城の時、若按司《わかあじ》がこの山道から傳の郷里座嘉比《ヤカー》に落ち延びた、といふ口碑も遺つてゐる。この山道から程遠からぬ真壁間切にも、古くは喜納村があつた」（「あまみや考」『伊波普猷全集』第五巻、五一二～五一四頁）と。因みに、『琉球国旧記』巻之五に、山南城（俗称二島尻大里城一。在二高嶺屋久村一…）とあるが、その屋久の原義は「焼く」で、焼畑由来の地名であろう。

また、おもろ「くめすよの主の節」によれば、かつて浦添市の謝名と中城村の屋宜の中間に、屋慶名中道があったことが知れる。そこにも焼畑地帯があったのである。同おもろは、『伊波普猷全集』第六巻、八九頁と、外間守善・西郷信綱編『おもろさうし』（日本思想大系18）三四〇頁とに掲載されているが、前書では「屋慶名中道」について注釈がなく、後書では、「屋慶名　地名。中頭郡与那城村屋慶名」とあるが、それは誤解である。そのおもろの主人公「くめすよの主」という貴人が、今の島尻郡摩文仁村米須に存在していた訳で、同おもろは相当に古い時代のものである反面、「中頭郡与那城村屋慶名」は、「くめすよの主」の時代には存在せず、そこは「やぶ」ムラと呼ばれていた。その一件は、『遺老説伝』（一七一三年頃の編纂）の「屋慶名、村名を改めて火災を免ること」（九三頁）として詳述されている。

また、あの熾島《うきしま》、後世の那覇の中心地までもが、尚真王の時代には、森林が繁茂していたから、焼畑が行われていたと考えられる。そうだとすれば、古代では沖縄本島全域が焼畑でおおわれていたことは、もうまちがいない。

しかし伊波は、「おきなは」（沖魚場）が那覇の地名になり、そこからその地名が本島全土に広がって、三山統一後、「おきなは」が汎称になったと誤解を重ねた。その結果、伊波は七五三年に、「阿児奈波」（おきなは）が、始めて日本史上の記録に現れたことを、事実上否定する形に至った。つまり、伊波は「沖縄考」の中で、「まづ『続日本紀』孝謙天皇の天平勝宝五年（西暦七五三年）の冬、遣唐使の船が帰航の途中、三船とも阿児奈波島に船がかりした記事をかいつまんで見よう。〈中略〉藤原清河・阿部仲麿の乗つた第一船は、十一月二十一日阿児奈波島に着き、〈中略〉大伴古麿・僧鑒眞の乗つた第二船も、十一月二十一日阿児奈波島に着き、〈中略〉吉備真備・大寺普照の乗つた第三船も、十一月廿日阿児奈波島に着き、〈中略〉さて、この三船の航路や日程などから推すと、この阿児奈波島は現在の沖縄島に相違なく、之によつて「おきなは」の称の、千二百七年前に存在してゐただけは知れるが、今まで縷々述べてきた如く、この称が島の汎称になつたのは、第一尚氏の三山統一（西暦一四一六年北山征伐同一四二九年南山征伐）後であるから、それより七百年も前にさうなつてゐたとは到底考へられず、遣唐使の一行が、此処は何処かときいて、「おきなは」と云ふ答を得た時、之を島の汎称と速断した、と考へるのが真相に近からう」（『伊波普猷全集』第四巻、四六九〜四七〇頁）と、七五三年当時には島の汎称としての「おきなは」は、まだ存在しなかつた筈だという訳であるが、確固たる根拠に基づく推論ではないから、伊波のその説は空論である。

そもそも、尚真王時代に、照葉樹の森林に被われた狭小な熾島（うきしま）に過ぎなかった那覇島が、伊波が強調するように、本当に「魚場《なは》」（那覇）は、沖縄本島の汎称になる程の大量の魚獲高を挙げる、歴史的・産業経済的存在であったろうか。いや、そのような歴史も云い伝えも皆無である。

小生は、那覇のナの語源は伊波の説く魚《な》ではなく、波《な》であると思う。そのことについては、一九八九年刊『文化の窓』No.十一に書いたから、引いてみよう。「日本書紀を読み進んで、『方《まさ》に難波碕《なにはのみさき》に到るときに、奔《はや》き潮《なみ》有りて太《はなは》だ急《はや》きに会ひぬ。因りて、名《なづ》けて浪速国《なみはやのくに》とす。亦浪花《なみはな》と曰《い》ふ。今、難波《なには》と謂《い》ふは訛《よこな》まれるなり。』（神武天皇、戊午年の春二月）のくだりに来た時、軽い胸さわぎを覚えた。それまでニハ《（ワ）》・ナハ《（ワ）》（庭）のことを考え続けてきていたから、ナニハはナ庭で、さらにナンバと変化したのではなかろうかと考えたからである。現に、大阪市南区・浪速区の一帯はナンバ（難波）と呼ばれているではないか。タニハ（田庭）がタンバ（丹波）と変化したことからの推理である。諸橋轍次著『大漢和辞典』巻一の〔丹波〕の項に、「タンバ①国の名。②タニハ　姓氏。〔新撰姓氏録考證、十八〕。」と載っている。

また例えば、団子（ダンゴ）、備後（ビンゴ）、昆布（コンブ）の撥音「ン」は、沖縄方言では、ダーグ、ビーグ、クーブと長音になる。すると沖縄方言の中では、ナニハ→ナンバ→ナーバ→ナーファと変化する。ところでまた、沖縄の方音で、バ音がファ音になるのは、例えば立場がタチファ、裁判がサイファン等と発音されることから明らかである。『琉球国由来記』巻八の「那覇由来記」の中に、「那覇のことをナーバとなえていた時期があったことを物語っている」（八六頁）。また『琉球奇譚』（セントラル印刷）の二八二頁に、「なばくゎん」（那覇官）が見える。ナニハ（浪速）とナーファ（那覇）は、共に波（ナ）という同根から生じた、波場という原義をもつ地名である。
右の『文化の窓』No.十一に続けた。「それでは、ナ庭のナとは何だろうか。さきに出した日本書紀の『難波《なには》』、『浪速《なみはや》国』、『浪花《なみはな》』はすべて波と関連している。また、一般的には、ナニハとは読めない『浪速』を、ナニハと読ませているからには、潮流が速い『波庭』という自然現象を、下敷きにして命名していることは疑いない。岩波『古語辞典』をひくと、『なごり余波・名残』は、〈ナミ（波）ノコリ（残）の約という。波のひいたのち、なおも残るもの。〉とあり、『なだ灘・洋』は、〈ナはナゴリ（余波波）・ナヲリ（波折）のナと同じで波、ダはアヒダ（間）のダに同じ。波の立つ所の意。〉とあり、『ナヲリ波折』は、〈波が幾重にも重なること。〉とある。これらの例からして、ナニハのナは、ナ（魚）ではなくナ（波）と見るべきだ。ナニハ（波庭）と対応して、ナーファもナーファ（魚場）ではなく、ナーファ（波場）であろう」（八七頁）。那覇の域内に魚の漢字のつく地名はないが、波の漢字のついた有名な地名がある。ナンミン（波之上）である。

那覇のナの語源が波なのか魚なのかを客観的に判定できる史・資料がある。大正五年四月十三日付で沖縄県が発行した、『那覇築港誌』がそれだ。同誌によれば、「沿岸附近は珊瑚礁より成る暗礁処々に起伏し、航海者常に困難を感せり…」。決定的なのは、「北域は西北の風に当たりては常に波浪を起こし、甚しき時は激浪岩礁に砕け、泡沫飛散して、航海者の視線を遮ること亦少なからず。其高さ港口附近に於て、七尺内外に達し、殊に暴風に際しては、船舶は、外港は勿論内港にありても、常に安全を期する能はざりき。嘗て八〇〇噸級の球陽丸も港内に於いて暴風に遇ひ沈没せし事例あり、而かも修築後は港内の出入自由にして且激浪の襲来を避くるを得、今や如何なる暴風に会するも危険なきに至れり」（『那覇市史』資料編　第二巻下、三〇七頁）。

これでほぼ、おきなわの「おき」が、さんずいの「沖」ではなく、ひへんの「熾・燠」であることが証明できたと思うが、どうだろうか。おきなわとは、言ってみれば、火の島、つまり、ウチビ、ウッキー、ウチリの火照る島という意味である。

いつの日か、「おきなわ」の原義について小論をまとめ、発表したいと思案してきたが、やっとのこと今回、ペンを取りあげたのには、ひとつの貴重な体験―これまた偶発的ではあるが―に恵まれたからである。いつもの散歩コースで、バス停の標示板に、「加納原《かのうばる》」と書かれているのを見たからである。典型的な焼畑地名をである。「加納原《かのうばる》」は、沖縄市立宮里中学校と同宮里小学校とを結ぶ新設の県道の中間に位置する。「加納原」という漢字が振り当てられた時代（薩摩入り以後の琉球王府時代）には、「かの」原と読ませていたにちがいない。さきにこの拙稿中で紹介したように、「田幸山の入口の村落喜納《きな》（喜名とも書く…）」（『伊波普猷全集』第五巻、五一二頁）の「喜納《きな》」と、嘉納《かの》とは同様のルビの振り方（「納《なあ》」・「納《のお》」の「納《な》」・「納《の》」という長音から短音ルビへ）になるからである。本土の焼畑に関する呼称の一例として、「鹿野（かの）畑」、「かのやき」があるが、この「加納（かの）」原は、表音が共に一致することになる。

二　おきなわ（熾庭）への道標

――二つの屋部村の火災伝承――

先に私は、「おきなわ」の「おき」の原義は沖ではなく熾であり、その「おき」は焼畑農業から由来した「おき」・「おきび」（方言のウチリ）であり、「なわ」は「庭」で場・所の義であるから、「おきなわ」の原義は、平たくいえば、火の島であると書いた。日本史上、初めての阿児奈波という表記が現れた七五三年の頃には、現在の沖縄本島はほぼ全域に亘って焼畑地に被われていたと考えられる。

さて、明治時代以前の「おきなわ」本島の住民は、自らの「おきなわ」という地名にいかなる感情を抱いていたであろうか。その解明は、実に、「おきなわ」の原義を尋ねる上で、避けて通る訳にはいかない課題だと思われるので、史書や『おもろさうし』等の関連記事を通して見ていくことにする。

尚貞王代三十一（一六九九）年、「凌雲和尚、屋部邑に於て雨を祈りて験有り」の中に、「…又屋部村は常に多く房屋を火焼す、凌雲自ら草菴を結び、亦壇を設け経を念ず。此れより以後、火災を起こさず、亦是れ、凌雲、徳を以て災を消すや已に疑無し。」（沖縄文化史料集成5『球陽、読み下し編』（角川書店、七〇七頁）。

また、一七一三年頃編纂された『球陽外巻遺老説傳』に、「往古の世、與那城郡屋部村は、毎年屢〻火災に遭ひ、房室燬失し、民其憂に勝へず。一日君眞物出現する有り、村民に囑して曰く、屢〻火災有るは乃ち屋部の名有るを以てなり、若し屋部の名を改めずんば、其火災を免るるを得ざらん、早く名を改めて以て屋慶名と呼べ、即ち火災以て止む可しと。村民之を聞き拝謝し、已に改めて屋慶名と呼ぶ。此より以後、未だ嘗て火災有らずと云ふ。」（九三頁）とある。

　これら二つの火災に関する記事は、いずれも、「やぶ」という焼畑農業関連の火災であるから、焼畑の火のコントロール・ミスから派生した業火が住居地域に延焼したものである。しかも前者では、「常に多く房屋を火焼す」とあり、後者でも、「毎年屢〻火災に遭ひ、房室燬失し」とあるから、火災はほぼ毎年のように発生していたと考えられる。これら二つの本島中北部の記事は、いずれも時期的には島津入り以後の、それほど古くない時代に発生した火災伝承を記したものと思われるが、島津入りからはるか昔の七五三年の頃には、焼畑農業から派生したと考えられる地名「おきなわ」（熾庭）が、すでに「沖縄」本島の汎称になっていたのである。そして特に島津入り以後、おきなわの焼畑は、本島中南部において急速に常畑化が進んだ。

　外間守善は、「おもろ概説」を書き、その中で、「オモロの発生起源は、五、六世紀くらいまで遡るものと思われるが、ほぼ十二世紀頃から十七世紀初頭にわたって謡われた島々村々のウムイを採録し、冊と為したのが『おもろさうし』全二十二巻で、沖縄最古の歌謡集である」。「オモロが謡われた時代は、部落時代（五、六―十二世紀）、按司《あじ》時代（十二―十五世紀）、王国時代（十五―十七世紀）にわけることができるが、部落時代の主題は、神、太陽、天体讃美、祭礼などである。按司時代には、築城、造船、貢租、交易、按司礼讃などが多くなり、新しい『ゑさおもろ』も発生した。王国時代になると、王の礼讃、建寺、植樹、貢租、造船、交易、航海など非農村的なものと、「王家中心の神歌がつくられ、一種の労働歌でもある『ゑとおもろ』もうまれた」（外間守善 西郷信綱『おもろさうし』一九七二年岩波書店刊行、五二七～五二八頁。以下で、『おもろさうし』と書くときには、本書を指す）と述べている。

　焼畑から派生した火災に関する記事は、中部の屋部ムラ（今日の屋慶名）と北部の屋部ムラ（名護市内）以外には、「具志川郡安慶名村に、一異地有り。名は普利久地と曰ふ。甚だしく寛濶ならず。火を地上に放てば即ち其地周く燃ゆ。或は七八日に至り、或は三四旬に至り、其火滅せず。是を以て村之敢て火を其地に放たず。」（『球陽外巻遺老説傳』九〇頁）が見えるだけで、『球陽』をふくむ琉球国の史資料中に存在しない。しかし、外間のいう部落時代（五、六〜十二世紀）、按司時代（十二〜十五世紀）、王国時代（十五〜十七世紀）には、後世の屋慶名・屋部ムラの火災に劣らない、いやむしろより大規模な焼畑関連の火災が、より頻繁に、より多くの各地で発生していたと考えるのが自然であろう。そこまで思いが至った時、私は焼畑関係の呼称や語句が、きっと『おもろさうし』の中で謡われている筈だと確信し、同書を繙いた。

予想が的中した。私が、焼畑に由来し、又は関係する呼称や語句とみなすものが、『おもろさうし』中に少なくないが、まずは最初に、「あかぐちや」・「ぜるまゝ」を掲げよう。私はその「あかぐちや」こそ、縄文晩期以来ほぼ沖縄本島全域を覆いつくしていた焼畑から派生し、全島各地の集落の民家を毎年のように焼き払った業火に名付けて、一般民衆の中から生まれ出た呼称であったと思う。「赤口《あかぐちや》」は、業火に対する視覚的命名で、「ぜるまゝ」は聴覚的命名であったと考えられる。森林原野が延焼していく時に発する、今日のパチパチと聞こえる音感が、往古の先人の耳にはゼルゼルと聞こえた想われるからである。

『おもろさうし』中に、「あかぐちや」と「ぜるまゝ」は同義語として謡われ、その二語を含むおもろが十九点収録されている。外間守善はそれらの頭注で、「あかぐちや」（赤口）と「ぜるまゝ」のことを、火の神、日神、かまどを示す三つの自然石と注記している。そして外間は、『おもろさうし』の補注の中に、「赤口《あかぐちや》」の項を設け、「日の神。日神。原義は赤口。火の神は太陽神の化神と考えられたようである。原注に『火の神なり』（88）、『火神也』（576）とある。『あかぐちやぜるまゝがなし』という（『ぜる』は地炉（ヂイル）、『まゝ』は娘を意味する。『がなし』は接尾敬称辞）。対語『ぜるまゝ』。一般に原始的なかまどを示す三つの自然石に象徴される。海石を三つ鼎立させたかまどを火の神のよりましと信じていたようで、『お三つ物』ともいう。」（四九五頁）云々と注記している。

小生は、外間守善が「赤口《あかぐちや》」を、火の神、日神であると解釈していることに同意できない。外間が「赤口《あかぐちや》」を「火の神」としているのは、彼の「補注」の注記（四九五頁）に、「原注に『火の神なり』（88）、『火神也』（576）とある」とあるように、「原注」にある注釈をそのまま受け容れたものと思う。「原注」とは、外間が「日本思想体系18」として岩波書店から刊行するに当たり、『おもろさうし』の底本として採用した、琉球大学附属図書館伊波文庫蔵写本『おもろ御さうし』（仲本本）に付されている注のことである。また、原注に「火の神なり」（88）、「火神也」（576）とある所の、（88）と（576）は、前者は外間・西郷本（日本思想体系18）四四～四五頁に載せてある88番目と同じおもろに付された原注であり、後者は同書の二一二～二一三頁に載せてある576番目と同じおもろに付された原注のことである。赤口・ぜるまゝが、火の神、日神、かまどを示す三つの自然石であるとの解釈は、二〇〇〇年刊の外間守善著『おもろさうし』（岩波文庫）でも同様になされている。

さて、「赤口《あかぐちや》」が、「火の神」でも「日神」でもありえないことを、（88）のおもろ「あおりやへが節」を左に提示し、外間が同おもろに付した頭注を取捨選択し参考にして、私なりに解読した上で説明する。

88　あおりやへが節
一　聞得《きこゑ》大君《ぎみ》ぎや
おぼつ吉日《ゑか》　取《と》りよわす
首里杜《もり》　降《お》れわちへ
按司《あぢ》添《おそ》いしよ　君《きみ》　添《そ》わて
おぼつ世わ　みおやせ

又　鳴響《とよ》む精高子《せだかこ》が
神座《かぐら》吉日《ゑか》　取《と》りよわす
真玉杜《まだまもり》　降《お》れわちへ
按司添《あちおそ》いしよ　君《きみ》　添《そ》わて
おぼつ世わ　みおやせ

又　掻《か》い撫《な》で大ころ達《た》
そのいしやうぎ　実《げ》に　あて
彼方添《あたおそ》いに　依《よ》り降《お》れて
按司添《あちおそ》いしよ　君《きみ》　添《そ》わて
おぼつ世わ　みおやせ

又　げらゑ真《ま》ころ達《た》
いせ誇《ほこ》り　だに　あて
唐添《からおそ》いに　憑《つ》き降《お》れて
按司添《あちおそ》いしよ　君《きみ》　添《そ》わて
おぼつ世わ　みおやせ

又　年《とし》　三年《みとせ》　いくます
十声《とこゑ》　間近《まぢか》さ
いけな君《きみ》　降《お》ろちゑ
按司添《あちおそ》いしよ　君《きみ》　添《そ》わて

おぼつ世わ　みおやせ
又　吉日《ゑか》　四年《世とせ》　させわす
御事　真早《まはや》さ
成《な》り人神《きよかみ》　降《お》ろちゑ
按司添《あぢおそ》いしよ　君《きみ》　添《そ》わて
おぼつ世わ　みおやせ
又　赤口《あかぐちや》が　依《ゆ》い憑《つ》き
按司添《あぢおそ》いぎや　ゑりちよ
たりろてゝ　させわちゑ
按司添《あぢおそ》いしよ　君《きみ》　添《そ》わて
おぼつ世わ　みおやせ

(88) のおもろ「あおりやへが節」を、小生は試みに左のように意訳する。

一　聞得大君様が
天上の吉日　を選び給いてこそ
首里杜に　お降《お》り給いて
国王様にこそ　神女を連《つ》れて
天上の世界を　奉れ

又　名高く霊力豊かな聞得大君様が
天上の吉日　を選び給いてこそ
真玉杜に　お降《お》り給いて
国王様にこそ　神女を連《つ》れて
天上の世界を　奉れ

又　国王の愛する快男児達よ
その勇敢さ　実《まこと》に　ありて
彼方《かなた》に　連《つ》れ立《だ》ち降りて
国王様にこそ　神女を連《つ》れて
天上の世界を　奉れ

又　快男児達よ
気力十分　実《まこと》に　ありて
明国《みんこく》に　連《つ》れ立《だ》ち降りて
国王様にこそ　神女を連れて
天上の世界を　奉れ

又　年々　三年《みとせ》も　せきたて
かぎりない願いの　おことばよ
この世の神女を　降《お》ろして
国王様にこそ　神女を連れて

天上の世界を　奉れ
又　吉日に　四年も　願い
大君の御言葉　お急ぎありて
神の依憑せる神女を　降《お》ろして
国王様にこそ　神女を連《つ》れて
天上の世界を　奉れ
又　赤口《あかぐちや》が　道を塞ぐも
国王様の　お言葉は
海の彼方の理想郷なのだと
願い申し上げ
国王様にこそ　神女を連れて
天上の世界を　奉れ

このおもろ（88）の中で、「赤口《あかぐちや》」が、信仰や宗教上でどのような地位が与えられているかを探る為、どのような尊敬表現が使われ、そして誰に対して使われているかを示したい。まず、外間が、このおもろの頭注に「取りよわす」を挙げて、「『取りよわちへす（選び給いてこそ）』の『ちへ』の脱落であろう」との注記は重要で、私も賛同する。事実聞得大君を主語とする動詞句という、同様のケースで、695のおもろでも「取《と》りよわちへ」となっている。そこで当然、同おもろの七行目の「取りよわす」も、尊敬表現である「取りよわちへす」が正しい。「聞得大君」と「鳴響む精高子」は同一人物の別称で共に、尊敬語表現である、「取りよわちへす」

の主語であるからである。

さて、同おもろ中に使われている尊敬表現は、「取りよわちへ」（二つ）、「降れわちへ」（二つ）で、いずれも聞得大君と鳴響む精高子に対するもの。「みおやせ」（奉れ）は七つで、国王に対する謙譲語。「みおやせ」の主語もいずれも聞得大君（鳴響む精高子）である。同おもろ中に登場している人々、「掻い撫で大ころ達」、「げらゑ真ころ達」、「いけな君」（同おもろの七ヶ所に出ている「君　添わて」の「君」に当たる人か）は、聞得大君が国王に「おぼつ世」を奉る祭事を行う為に、それぞれに割り当てられた任務を執行させられた人々であろう。「赤口《あかぐちや》」を主語とする動詞は、「依《ゆ》い憑《つ》き」で、何の尊敬表現もない。それどころか、沖縄方言の常識からいって、「赤口《あかぐちや》」は、「赤口《あかぐち》」の卑称語である。また、「赤口《あかぐちや》が　依《ゆ》い憑《つ》き」とは、国王の、絶対的王位とおぼしい「おぼつ世」に至る想念の通路に、赤口《あかぐちや》が依り憑いて、国王の通行を塞ぐという意味であろう。それが原因となって、国王の「おぼつ世」への到着を、「三年《みとせ》」も「四年《よとせ》」も遅延させているのではないのか。「赤口《あかぐちや》」は、「火の神」や「日神」でないどころか、魔性をおびた魔物として、他の多くのおもろでも謡われている。そして最高神女の聞得大君は、決して自ら「赤口《あかぐちや》」に相対して祈祷することがなく、配下の神女に対応させるのである。

その配下の神女とは、このおもろで、「按司添《あぢおそ》いしよ　君　添わて」とある「君」のことである。そして聞得大君が「君」を、首里城中にある拝所である首里杜・真玉杜に「添わて《ソーティ》」行って、「おぼつ世」への聖路に依り憑《つ》いている「赤口《あかぐちや》」を、払いのける為の祈祷を行わせるのである。ところで、外間の頭注で未詳語になっている「あた添《おそ》い」・「から添《おそ》い」は、「彼方添《あたおそ》い」・「唐添《からおそ》い」と私は解釈する。つまり、「あた」の「あ」は「彼方《あなた》」の「あな」から「な」が抜けたもの、「た」は方＝所という意であると思う。唐《から》は明国を指している。七個でている「おぼつ世」（天上の世界）は、明国冊封体制下の琉球国の繁栄を象徴している。「按司添いぎや　ゑりちよ」は、国王の上表文。「掻い撫で大ころ達」・「げらゑ真ころ達」は、上表の使者。「按司添い」は尚清王。尚清は一五二七年に即位し、同年秋第一回目の請封、一五二九年秋第二回目、一五三一年秋第三回目、その時尚清は、自分が正当な世子であることの証文（「国中人民結状」）を明朝に送っている。一五三三年秋第四回目の請封使を明に派遣し、一五三四年にやっと嘉靖帝は冊封使陳侃を派遣し、尚清を冊封した（『中山世譜』巻七、九四頁）。聞得大君は、尚清の姪真加戸樽（『中山世鑑』首巻五）。

小生の考えでは、「赤口《あかぐちや》」の原義は、さきに見たように焼畑に由来し、沖縄本島の各地で多大な火災をまきおこした業火のことであるが、縄文時代以来の沖縄人の記憶に計り知れない恐怖と嫌悪をインプットした魔物と、とらえられていたようである。その「赤口《あかぐちや》」が、火神として琉球王国内に祭られたのは、すべてで十三体で、久米島具志川間切内だけに限られた。それらの中で最高の神位とおぼしいのは、仲地村在の君南風殿内のキミハイワイノケヲノシユカアカゴチヤガナシである。久米島の最高級神女の君南風の住居は、君南風殿内であり、首里王府が造営して与えたものである。「久米島の君南風、官軍に跟随して八重山に往き至り、奇謀を設け為して深く褒嘉を蒙る。太古の世、久米山に姉妹三人有り。長女は首里弁嶽に栖居し、次女は久米山東嶽に栖居し、後、八重山に至りて宇本嶽に栖居す。三女は久米山西嶽に栖居し、君南風職に任ず。〈中略〉其の子孫の家、世々君南風職に任じ、而して彼の肥良志屋の地を拝授す。」（『球陽』読み下し編　一五〇頁）とある。「ぜるまゝ」は、火神としてどこにも祭られていない。

「ぢいる」の語源は、疑いなく漢語「地爐《ちろ》」（諸橋轍次著『大漢和辞典』巻三）である。同辞典には五つの出典を例示して、地爐を解説しているが、そのどこにも、地爐の中に火の神が祀られているとの指摘はない。また、梅原忠夫監修『日本語大辞典』（講談社刊）に、「ち・ろ〔地炉〕　地上や床の上の炉。いろり。」とあるだけで、地炉の中に火の神が祀られていないのは地爐と同じ。なお「いろり」の語をひくと、「囲炉裏は当て字」とあるから、地炉の語源は地爐であり、漢字知識である漢才が流行し出した奈良時代に日本に入ってきたものであろう。一方「ぢいる」の語源は地炉で、琉球で「万国津梁之鐘」の銘文が作られた十五世紀の中ごろ、本土から入ってきたものであろう。「ぢいる」の中に火（赤口《あかぐちゃ》）をいける又はうづめる封火は、久米島具志川間切の拝所内だけであり、本島及び各離島の拝所や、一般民家の「ぢいる」ではみられない風習である。ちなみに、封火の意味は、「火をいける」、「火をうづめる」（諸橋著『大漢和辞典』巻四、八頁）である。また、「いける」は埋《い》けるであり、「炭火を消えないように、灰の中にうめる」（梅棹忠夫等監修『日本語大辞典』一〇〇頁）である。

『おもろさうし』の中で、「赤口《あかぐちゃ》」の対語として使われている「ぜるまゝ」の意味は、何なのだろうか。外間は、『おもろさうし』の補注に「ぜるまゝ」をとりあげ、「『ぜる』は地炉（ヂイル）、『まゝ』は娘を意味する。」（五〇八頁）と注記しているが、私はそのいずれにも同意できない。すでに触れたように、チロ（地爐・地炉）のチが、ヂイルのヂと訛称するのは、言語学的にみて常識であるが、タ行のチが、サ（ザ）行のゼに訛るのは考えられない。次に、「ぜるまゝ」の「まゝ」が、娘を意味することはありえない。「赤口《あかぐちゃ》」は島津入りの頃まで、毎年のように、本島各地の集落の住居の多くを焼き尽くす業火に付けられた呼称であり、オモロに於ける「赤口《あかぐちゃ》」の対語である「ぜるまゝ」は、後に見るように、96のオモロの中では、侵攻してくる薩摩軍に対抗する強大な風力とみなされた。「ぜるまゝ」の「まゝ」には、決して華奢な娘のイメージなど全くない。オモロの中では、業火である「赤口《あかぐちゃ》」や「ぜるまゝ」が、観念的に、強風にも変質させられるようである。

前の方で、「ぜるまゝ」の「ぜる」については、「森林・原野が延焼していくとき発する、今日のパチパチという音感が往古の先人の耳にはゼルゼルと聴こえたと想われる」と書いた。では、「まゝ」はどういう意味で使われたのだろうか。「まゝ」の「ま」は、本島の地名の上間、仲間、内間、外間等の「ま」であり、また方言の、「あま」、「くま」、「まあ?」、「んま」、の「ま」であろう。これらの「ま」はいずれも、「場」とか「所」の意味である。この「ぜる」と「まゝ」の双方の意味を統合して解釈すると、「ぜる」という火の燃える音が、「ま」

から「ま」へ、つまりある場所から他の場所へ、移動する音感を表現したものと思う。
つぎに、（576）の「うちいではきたたん世のぬしが節」では、「赤口《あかぐちや》」についてどのように謡われているのか、見てみるとしよう。

576
うちいではきたたん世のぬしが節
一　煽《あお》りやへ君《きみ》の
　げらへ　見物《みもん》
又　君添《きみおそ》い君《きみ》の
　だに　真《ま》御み事る
又　実《げ》に　真《ま》御み事る
又　赤口《あかぐちや》に　依《よ》い憑《つ》ちへ
又　ぜるまゝに　依《よ》い憑《つ》ちへ
又　精高子《せだかこ》がみ御前《まへ》
又　按司添《あぢおそ》いがみ御前《まへ》
又　百甕《もゝかめ》は　据《す》ゑて
又　八十甕《やそかめ》は　据《す》へて
又　君使《きみつか》い　たりる
又　主使《ぬしつか》い　たりる

外間が付した、おもろ576の頭注

煽りやへ君・君添い君　神女、煽りやへ（↓補）の美称。高級神女。

げらへ　造ること。ここでは造船か。

だに・実に　ほんとに。副詞。

真御み事　御詔（みことのり）のこと。真・御・み、ともに接頭敬称辞。

る　…ぞ。強意の係助詞。「ど」に同じ。

赤口・ぜるまゝ　火の神。日神。ここでは、かまどを示す三つの自然石。↓補

依い憑ちへ　神が依り憑いて。依憑して。

君使い・主使い　神女を招請すること。

たりる　海の彼方の理想郷。にるや↓補

鳴響む精高子　聞得大君の異称。「鳴響む」は美称辞。「精高子」は霊力豊かな人。おもろ1の頭注（一二頁）。

※右の頭注のうち、「**げらへ**　造ること。ここでは造船か。」とある外間の注記には同意できない。小生はその「げらへ」を、煽りやへ君（君添い君）が作ったもので、「真御み事」（御詔・みことのり）を指していると解釈する。

小生の、おもろ（576）の意訳は左の通り。

一　煽《あお》りやへ君《きみ》様が
　　お作りの　ごりっぱなことよ
又　君添《きみおそ》い君《きみ》様が
又　まことに　その御詔《みことのり》の
又　ほんとに　その御詔よ
又　赤口《あかぐちや》に　依《よ》り憑《つ》き給いて
又　ぜるまゝに　依り憑き給いて
又　聞得大君様のみ御前に
又　国王様のみ御前に
又　多くの甕《かめ》を　据《す》えて
又　たくさんの甕を　据えて
又　神女を招いて　たりるへ遣《つか》わし
又　神女を呼んで　たりるへ行かせたよ

右のおもろに登場している人物で、尊敬表現が与えられているのは、まず国王で、「真御《ま》み事」、「み御前《まへ》」が表し、次は精高子《せだかこ》（聞得大君）で、「み御前」が表している。そしてその次に、煽《あお》りや・へ君（君添《おそ》い君）・で、その呼称の末尾に添えてある「君」が尊敬を表しており、また、国王の詔（真《ま》御み事）を作成（げらへ）なさった人物として、「見物《みもん》」と称讃されており、さらに、「君使《きみつか》い　たりる」と、配下の君（神女）を、「たりる」（海の彼方の理想郷）へ向かって、祈願する為に遣わした高級神女として描かれている。

では、「赤口《あかぐちや》」・「ぜるまゝ」に対する何らかの尊敬表現があるだろうか。いや、全く無い。「煽《あお》りやへ君《きみ》」（君《きみ》添《おそ》い君《きみ》）が作った「真御《ま》み事」が、「赤口《あかぐちや》・ぜるまゝに　依《よ》い憑《つ》ちへ」とあるところの、「〜ちへ」は動詞の末尾に付いて、〜し給うという尊敬表現であるが、ここでの「依い憑ちへ」は、主語の「真御事」に対する尊敬表現である。

国王の為に、煽りやへ君（君添い君）が配下の神女に命じて、「たりる」に向かって祈祷する拝所（久高島か）へ派遣する訳であるが、その拝所への道中を塞いでいる魔物の赤口《あかぐちや》・ぜるまゝを、煽りやへ君がセヂ高い「真御み事」を作って払い除けて、「君使い・主使い」の目的を見事に果たした、という内容である。この（576）のオモロの「赤口《あかぐちや》・ぜるまゝ」に対しても、尊敬表現は一切ない。

（31）のオモロ「きこえ大ぎみぎやさやはたけおれわちへが節」（二〇頁）では、国王が「天《てに》ぎや下」を支配するのを助ける為、「浦寄《うらよ》せのもどろ」・「浦治《うらひぢ》めもどろ」という霊力ある軍船を派遣して、赤口《あかぐちや》（薩摩軍）に対し、われらは精軍《せいくさ》なるぞと言って、その「依《よ》い憑《つ》き」（侵攻）を撥《は》ねのけた。こうなると、「赤口《あかぐちや》」は「火の神」どころか、災厄そのものの扱いである。

きこへ大ぎみぎやさやはたけおれわちへが節

31　一　聞《きこ》得《ゑ》大君《ぎみ》ぎや
　　　　てるかはは　宣立《のだ》てゝ
　　　　按司添《あんじおそ》いしよ
　　　　天《てに》ぎや下　添《おそ》ちへ
　　又　鳴響《とよ》む精高子《せだかこ》が

てるしのは　宣立《のだ》て〻
又　いせゑけり按司添《あんじおそ》い
肝《あゆ》が内《うち》は　嘆《なげ》くな
又　いせゑけり貴み人《たたきよ》
御肝内《おぎもうち》は　嘆《なげ》くな
又　精軍《せいくさ》　押《お》し発《た》てば
大君《きみ》しよ　よ《世》治《し》らめ
又　精《せ》百《ひやく》　押《お》し発《た》てば
精《せ》高《だか》子《こ》す　よ《世》治《し》らめ
又　国持《も》ちのはらはら
おぼつ庭《な》よ　世　揃《そろ》へて
又　浦寄《うらよ》せのもどろ
神座庭《かぐらな》よ　世　添《そ》ゑ
又　国かねのはらら
島《しま》は　平《たい》らあげて
又　浦治《うらひぢ》めもどろ
国《くに》　広《ひろ》く　添《そ》ゑて
又　赤口《あかぐちや》が　依《よ》い憑《つ》き
精軍《せいくさ》て〻　撥《は》ねて

外間が付した、おもろ31の頭注

は　「を」に相当する格助詞。

宣立て〻　祈って。人から神に対する宣り言をして。

添ちへ　守護して。支配して。

いせゑけり按司添い　すぐれ兄弟の按司様。「いせ」はすぐれたの意の美称辞。「ゑけり」は兄弟で、按司（王）に対する美称になっている。ゑけり↓補

肝が内は嘆くな　御心痛なさいますな。

いせゑけり貴み人　すぐれ兄弟の貴人。貴人は按司や王をさす。貴み人↓補

よ治らめ　守護するだろう。支配するだろう。「よ」は接頭語。

す　「こそ」に当たる強意の係助詞。↓語

国持ちのはらはら　国の秩序を守る兵達。「はらはら」は兵士。

おぼつ庭・神座庭　天上の神庭。庭（みや）↓補

浦寄せのもどろ・浦治めもどろ　船名。浦寄せ、浦治めは浦々（村々）を寄せて支配するの意。もどろ（船の美称）↓補

国かねのはらら　国を守護する兵達。「かね」はカネーユン、囲うの意、「はらら」は兵士。

赤口　火の神。↓補

依い憑き　依り憑いて

撥ねて　（神が感応して火が）はねて。

てるかは・てるしの　太陽。日神。↓補（おもろ16の頭注）。

按司添い　按司達を守護し支配する大按司の意で王をさす・按司↓補（おもろ2の頭注）。

天《てに》ぎや下　天下（おもろ1の頭注）。

精軍　霊力ある軍勢（おもろ35の頭注）。

押し発てば　出発すれば（おもろ17の頭注）。

てゝ　といって。接続助詞（おもろ40の頭注）。

小生の、おもろ（31）の意訳は左の通り。

一　聞得大君様が
　太陽《てるかは》を　お祈りして
　国王様こそ
　天下を　治め給えと
又　名高い精高子様が
　日神《てるしの》を　お祈りして
又　すぐれ給う兄の国王様よ
　御心痛なさいますな
又　御立派な兄の国王様よ

御心配なさいますな
又　霊力ある軍勢を　押し発《た》てたから
　この聞得大君こそが　支配するだろう
又　せじ高い多くの軍勢を　押し発《た》てたから
　この精高子こそが　平らげるだろう
又　国の秩序を守る兵士達も
　天上のお庭に　平和を広げ
又　精船浦寄せのもどろも
　天上の真庭《まみや》を　守護し
又　国を守護する兵士達も
　国土をあまねく　平らげて
又　精船浦治《うらひぢ》めもどろも
　国土を　広く　平定して
又　赤口《あかぐちや》が　依りついたとて
　精軍《せいくさ》なるぞと　撥ねのけて

このおもろ（31）の八行目の、国王様よ「肝《あゆ》が内《うち》は　嘆《なげ》くな」と、十行目の、「御肝内《おぎもうち》は　嘆くな」は、薩摩軍の琉球侵攻における国王尚寧の、気も狂わんばかりの心情を如実に語っているであろう。琉球の対明朝貢貿易の経済的衰退化のさ中、秀吉の朝鮮出兵が始まった一五九二年以降、秀吉が薩摩藩を通じて琉球国に対し、膨大な軍費を求めたりして、さまざまな苦難を押しつけてきた。また秀吉の死後天下を取った徳川家康が、薩摩を通じて、対明貿易の仲介を琉球国に押しつけてきたが、それは明《みん》から拒否された。家康はついに、薩摩軍の琉球侵攻を認めることになった。その侵攻による琉球国の敗亡への予感が、尚寧王の心中を震撼させていたのだ。

この（31）のオモロの筋書きは、国（天が下）を支配しようとする国王が、全国平定を象徴する、天上の神庭への筋道に赤口《あかぐちや》（薩摩軍）が依り憑いて、道を塞ぐのを嘆き心痛するのを、聞得大君（精高子）が神意から、ご心配なさるな、赤口《あかぐちや》（薩摩軍）は、この大君が諸々の精軍と、セヂ高い軍船二隻を派遣して撥ねのけますから、と読める。このオモロでいう「赤口《あかぐちや》」は、侵攻してくる薩摩軍を象徴し、それを精軍《せいくさ》が撥ねのけることが、「天上のお庭に　平和を広げ」、「天上の真庭《まみや》を　守護し」、「国土をあまねく　平らげて」、「国土を広く　平定して」、国王様が天下を治め給うということの象徴として、謡われているのである。

なお、先にも書いたように、聞得大君は決して自ら直ちに、赤口《あかぐちや》に対面することはないから、配下の神女達に諸々の精軍（国持《も》ちのはらはら、国かねのはらら、浦寄《うらよ》せのもどろ、浦治《うらひぢ》のもどろ）を率いて、魔物赤口《あかぐちや》の方へ向かうよう命じたのである。「女《ヰナゴー》は軍《イクサ》の《ヌ》先陣《サチバイ》」の「女《ヰナグ》」に当たるのが、この配下の神女たちである。このオモロでも赤口《あかぐちや》に対する尊敬語は無い。

聞得大君がぜるまゝ（赤口《あかぐちや》）に対し、自らは直に対面せず、配下の神女に祈らせている好例を左に示す。

かぐら節
96　一　聞得《きこゑ》大君《ぎみ》ぎや
大和《〔や〕まと》　頼《たよ》り為《な》ちへ

又
厳子《いつこ》　嘆《なげ》かすな
鳴響《とよ》む精高子《せだかこ》が

又
山城《やしる》　衆生《しぢや》に為《な》ちへ
吾《あ》が掻《か》い撫《な》で按司《あぢ》添《おそ》い

又
精軍《せくさ》　発《た》てわ遣《や》り
吾《あ》が守《まぶ》る貴《たゝ》み人《きよ》

又
精百《せひやく》　発《た》てわ遣《や》り
あまみやから　沖縄《おきなわ》

又
嶽《たけ》てゝは　思《おも》はな
しねりやから　御島《みしま》

又
杜《もり》てゝは　思《おも》はな
寄《よ》り上《あ》げ杜《もり》　居《お》遣《や》り

又
あよなめさ　実《げ》に　あて
金杜《こがねもり》　居《お》遣《や》り

又
ことなめさ　撥《は》ねて
はから　引《ひ》き立《た》てゝ

又
慌《あわ》てゝよ　為《し》ちやる
真境名《まさけな》よ　押《お》し上《あ》げて

又
塚《つか》てゝよ　為《し》ちやる

又　赤《あか》らせぢ　降《お》るちへ
前坊主《まへぼじや》よ　迷《まよ》わちへ
又　ひぢゑるせぢ　降《お》るちへ
おが衆生《すぎや》よ　汚《ゆご》ちへ
又　風《かず》の根《ね》も　凪《と》り直《なお》ちへ
久米《くめ》の島《しま》　押《お》し合《あ》わちへ
又　荒《すさ》の根《ね》も　直《なお》ちへ
金《かね》の島《しま》　引《ひ》き合《あ》わちへ
又　久米《くめ》の君南風《きみはゑ》に
御言《おこと》　遣《や》りよわ遣《や》り
又　金《かね》の島《しま》　のろ〳〵
ぜるまゝは　祈《いの》て
又　てるかはが　押《お》し合《あ》わし
てるしのが　持《も》ち成《な》し

外間が付した、おもろ96の頭注

頼り為ちへ　親近者、縁者にして。
厳子　威勢のよい人、即ち兵士の意。

山城　京都。対語「やまと（大和）」。

衆生に為ちへ　臣下にして。「しぢや」は親近者の意から転じて衆生、臣下。

発てわ遣り　発たせ給いて。「よわやり」の「よ」脱落。

吾が守る貴み人　神や神女が守護し給う貴人。

あまみや・しねりや　昔。遥かに遠い時代。沖縄人のふるさとの意もある。↓補

沖縄　「おきなは」の呼称は『唐大和上東征伝』（七七九年）に「阿児奈波島」とあるのが最初で「琉球」の名より古い。↓補

嶽　神のましますの聖域↓補

居遣り　居って。遣り↓語

思はな　思わずに。「な」は打消しの連用法。

あよなめさ・ことなめさ　未詳語。

はから　兵士。「はうら」「はゝら」「はらら」に同じ。

慌てゝよ為ちやる　慌てふためくことをした。慌てふためかせた。

真境名　未詳。人名か。

塚てゝよ為ちやる　「経塚経塚」といって（突然の災害を避ける）呪言をとなえることをした。

赤らせぢ　立派なせぢ（霊力）。赤ら↓語

前坊主　髪の前半を坊主のように剃った野郎頭の薩摩兵に対する罵言。

ひぢるゑるせぢ　ビヂュルと呼ぶ霊石の持っている霊力。せぢ↓補

おが衆生　下賤な者。「おが」はお前（卑称）。薩摩兵に対する罵言。

汚ちへ　きたなくして
風の根・荒の根　風の吹いてくる源。「荒」はここでは荒風の意。
凪り直ちへ　凪り直して。穏やかにして。
押し合わちへ・引き合わちへ　船を風の方向にむけて。
金の島　久米島の美称。
のろ〳〵　神女達。のろ→補
久米の君南風　久米島の高級神女。君南風→補
遣りよわ遣り　遣わし給いて。
ぜるまゝ　火の神。→補
持ち成し　もてなし。接待。
鳴響む精高子　聞得大君の異称。「鳴響む」は美称辞。「精高子」は霊力豊かな人（おもろ1の頭注）。
掻い撫で　愛する（おもろ93の頭注）。
按司添い　王の尊称（おもろ88の頭注）。
精軍・精百　精ある軍隊（おもろ94の頭注）。

小生の、おもろ（96）の意訳は左の通り。

96　一　聞得大君様が（宣うに）
大和を　味方につけて

防衛軍を　嘆かすなと
又　名高い精高子様が（宣うに）
山城を　配下につけて（防衛軍を嘆かすなと）
又　吾が愛する国王様が
霊力ある軍勢を発て給い
又　吾が守護する国王様が
せじ高い大軍を発《た》て給い
又　はるかあまみやから　ここ熾庭《おきなわ》まで
嶽《たけ》とはいわず（その大軍をいたる処に発て給い）
又　遠くしねりやから　ここ御島まで
杜《もり》ともいわず（その大軍をいたる処に発て給い）
又　高台の杜に　居りて（眺めると）
あよなめさ（敵兵カ）が　実《まこと》に居りて
又　金杜に　居りて（眺めると）
ことなめさ（敵兵カ）が蠢《うご》めいている
又　軍勢を　引き立てて
慌てふためかした（薩軍を）
又　真境名《まさけな》に　神女を急ぎ行かせ
経塚〳〵と　呪言を宣《の》らせた

又　立派なせぢを　降ろして
禿げ頭の薩摩兵を　迷走させ
又　びぢゅるせぢを　降ろして
いやらしい薩摩兵を　汚辱し
又　風の根源（ぜるまゝ）も　穏やかに静めて
久米島の方へ　押し合わせ
又　荒れ狂う風の根（ぜるまゝ）も　静めて
久米島と　引き合わせた
又　（聞得大君が）久米島の君南風《きみはゑ》に
御命令を遣わし
又　（君南風が）久米島ののろ達に
ぜるまゝを　祈らせて
又　日神《てるかは》が　押し合わせ（ぜるまゝと）
太陽神《てるしの》が　取りこんだ（ぜるまゝを）

このおもろ（96）の二行目の「大和《やまと》」と、五行目の「山城《やしる》」は、奈良と京都からきた僧兵のこと。それらの僧兵群は、薩摩軍の琉球侵攻のことを記した『喜安日記』に、「卯月一日未の刻斗、敵那覇の津に入る。大将は湾より陸地を被越、浦添の城并龍神寺焼払ふ。太平橋へ敵攻《セメ》近くと聞へしかば、越来親方を大将にて宗徒の侍百余人発向《ハツカウ》す」。「敵の寄て火を懸たると覚へ候。定テ大勢にてぞ候らん。制《セイ》し給へとて、織部、笑栖を先として、つゞく軍兵共色々の鎧を着、色々の甲緒をしめ、雲霞のごとく馳登て制して静まりけり。究竟《クッキャウ》の兵士上紋《ウヘアヤ》門《ギャウ》の左右の柱を手鹵《テタテ》とし二行に双び、凡《オヨソ》下紋門までつついたりき。其時歓会門の矢倉《ヤグラ》の上に法師武者怒て申けるは、薩摩野郎共よせ来たれ共、何程の事かあらん、一々に射《イ》ころさんとて悪口す。誠に詞の洩れ易きは殃を招く媒也。詞の慎さるは破をとる道なりといへり。敵も御方《ミカタ》も是聞てにくまぬ者はなかりけり。上一人より下万民に至まで、無為無事を願ふ処に、此者は天魔の所為とぞ申ける。下城ありて後、彼者禁獄せられけりと也」（『那覇市史』資料編　第一巻2　四七頁）と見えている、「宗徒の侍百余人」や、織部・（村尾）笑栖に率いられた「軍兵」等のことであり、また「薩摩の野郎《ヤラウ》共」云々と悪口した法師武者もその中の一人だろう。

このオモロ（96）の一～五行は、「イクサヌ・サチバイ」としての最高級神女、聞得大君自身の心情を自ら述べた部分で、彼女は時の琉球国防衛軍の中に、大和や山城の僧兵を編入することに同意しない、おそらく、反日感情のあらわれであり、その聞得大君の心意は、薩摩の琉球侵攻を招き容れた尚寧王と、三司官の謝名鄭迵の反日感情と一致していたものと考えることができる。

同オモロの六～十九行は、聞得大君が国防軍にせぢ高い霊力を与え、その精軍《せくさ》を国王様が、はるか奄美諸島（あまみや・しねりや）から、ここ沖縄本島の嶽や杜のいたる処に発て給った。防衛軍が本島の或る高台から見おろすと、敵勢が蠢いているのが見えた。そこで軍勢を引き立てて、敵軍を慌てふためかした、と読める。

同オモロの二十～二十九行は、国防軍と侵攻軍との最前線（まさけな、漢字表記は間境庭が妥当）に、聞得大君が配下の神女を送り、敵軍に対し、ここはお前らの墓場だよと呪わせ、又その神女の口を通じて立派なせぢを降ろして、禿げ頭の薩摩兵共を迷走させ、又びぢゅるせぢを降ろして、いやらしい薩摩兵を汚辱させ、又風の根源（ぜるまゝ）は穏やかに静めて、久米島の方へ押しやらせ、又荒れ狂う風の根（ぜるまゝ）も静めて、久米島と押し合わせた、と読める。

同オモロの三〇～三五行は、聞得大君が、又久米島の君南風《きみはゑ》に御命令を遣わし、君南風の配下ののろ達に、ぜるまゝを祈らせ、又日神《てるかは》が、（ぜるまゝと）和合し、太陽神《てるしの》に（ぜるまゝを）持て成させた。この久米島具志川間切内に祭られた赤口加那志《アカゴチヤガナシ》の神名とノロ名は、金吹《カナフクノ》赤口屋加那志・具志川ノロ金吹、与喇符佐《ヨラフサノ》赤口屋加那志・仲地ノロ与喇符佐、君南風ワイノケヲノシユカ赤口屋加那志・君南風殿内（在仲地邑）君南風、推立《ヲシタテノ》赤口屋加那志・仲地ノロ俣枝ヲヒヤ推立、推掖《ヲシワキノ》赤口屋加那志・西目ノロ推掖、思屋奇《ヲモヤケ》之赤口屋加那志・西目ヲヒヤ思屋奇、汲屋《クミヤシ》世森赤口屋加那志・西平ヲヒヤ汲屋世森、彌屋河《ミヤカノ》森赤口屋加那志・新垣ヲヒヤ彌屋河森、親巫《ヲヤノロ》之赤口屋加那志・兼城ノロ親巫、崑茶彌《コンチャネ》之赤口屋加那志・兼城大比屋崑茶彌、雪来部《ヨキラヘノ》赤口屋加那志・山城ノロ雪来部、森城剣忠君《キンチヨウキミ》赤口屋加那志・山城大比屋剣忠君、志之君《シノキミ》赤口屋加那志・久根城大比屋志之君。（『琉球国由来記』第十九、『琉球国旧記』附巻之八）。「アカゴチヤガナシ」が祭られているのは右の久米島具志間切の十三体だけであり、琉球国の他のどこにも祭られていない。

『おもろさうし』全二十二巻に収められている、おもろの総数一五五四首の中、「赤口《あかぐちや》」と「ぜるまゝ」を含んでいるのは十九首である。それら十九首の中、「赤口《あかぐちや》」だけを含むのが十首、「赤口」と「ぜるまゝ」二語を対語として含むのが八首、「ぜるまゝ」の一語を含むのが一首である。きわめて不可解なのは、『おもろ双紙』で、「あかぐちあ」とその対語として使われる「ぜるまゝ」も、『混効験集』のどこにも、只の一点も取り上げられていないことにつきる。

その「ぜるまゝ」の一語を含む一首とは、この96のオモロである。このオモロの末尾の四～三行に、「又　金《かね》の島《しま》　のろのろ、ぜるまゝは祈て」とあるが、前節に書いたように、「金《かね》の島《しま》」つまり久米島の具志川間切内に祭られているのは「赤口屋加那志」だけであり、「ぜるまゝ」は一体も祭られていない。よって、ここでは単に、オモロ表現における「赤口」の同義語として、「ぜるまゝ」が使われているかに見えるが、必ずしもそうとばかりはいえない。なぜなら、「風《かず》の根《ね》」・「荒《すさ》の根《ね》」のイメージと有効に合致するのは、視覚的表現の「赤口」よりも、聴覚的表現の「ぜるまゝ」の方だからである。さらに末尾の行「又てるかはが押《お》し合《あ》わし、てるしのが持《も》ち成《な》し」とあって、「ぜるまゝ」に対する尊敬表現がないばかりか、「ぜるまゝ」を「押《お》し合《あ》わし」・「持ち成し」という表現は、むしろトゲのある言い回しである。

このオモロ96の十行目の「おきなわ」と十二行目の「みしま」は、対語として使われているから同義語である。沖縄本島内に、これまで「みしま」という一つの地域名が存在したことがないので、「おきなわ」＝「みしま」は、沖縄本島の汎称として謡われている。

三　焼畑由来の地名と人名

私は、オモロの中に、焼畑に由来する呼称・語句の例として、先ず、「あかぐちや」・「ぜるまゝ」を取り挙げて論証したが、次に、地名・人名としての呼称である、「うきしま」・「やけしま」・「おきしま」・「もいしま」・「やきしま」・「やちきま」・「やきちま」等の語句を、『おもろさうし』から取り挙げて考察しよう。同書十三頁のオモロ6の十一・十二行に、

〔又　喜界《きゝや》の浮島《うきしま》
　　喜界《きゝや》の焼島《やけしま》〕

とあり、外間は、その頭注として、「**喜界の浮島・喜界の焼島**　奄美諸島喜界島の異称」と注記しているだけで、「うきしま」・「やけしま」については何の解説もない。右の十一・十二行の「うきしま」と「やけしま」は対語であるから、同義語でなければならない。だが、外間がその二語に付した漢字表記は、「浮島」と「焼島」であって、同義語にはなっていない。「焼島」の表記はその通りで、正しい。しかし、「浮島」は誤解である。私は、「うきしま」の漢字表記は、「熾島」であると解する。「うき」は、「熾《おき》」の訛称だからである。「熾島《うきしま》」と「焼《やけ》島《しま》」は同義語になる。このオモロ6が成立した頃は、喜界島も焼畑が行われていたわけだ。

外間は、『おもろさうし』の二〇二頁の、オモロ554の四と五行目でも、

又　喜界《きゃ》の浮島《おきしま》
　　喜界《きゃ》の盛《も》い島《しま》

と、漢字を付している。「おきしま」と「もいしま」は対語であるから、同義語である。その意味では、外間による「浮島」と「盛い島」の漢字表記は、同義語になるようにうまく工夫されてはいる。だが外間は、「おきしま」と「もいしま」の二語の語義について、誤解している。外間は、「**喜界の浮島・喜界の盛い島**」を頭注に掲げ、「奄美の喜界島。浮島、盛い島は海上から見える島の形容」と注記している。

　オモロの中に謡われている同義語解釈の常識からいって、オモロ（6）の「うきしま」・「やけしま」、オモロ（554）の「おきしま」・「もいしま」の四語は、すべて同義語でなければならない。しかし、外間の解釈の場合、オモロ（6）の「焼《やけ》島」とオモロ（554）の「盛《も》い島《しま》」は、同義語となっていない。それに対し、私の考えでは、オモロ（554）の「おきしま」は「熾島《おきしま》」、「もいしま」は「燃島《もいしま》」と漢字表記するのが正しいと思う。そうすれば、「うきしま」・「やけしま」・「おきしま」・「もいしま」の四語が同義語になるからである。ちなみに、「もい」は「もえ」の訛りである。標準語中の「え」が、方言で「い」に訛る例は、ティー（手）、ミー（目）、キー（毛）、カーミ（瓶）等がある。

『おもろさうし』の二五五頁に、

714　一　恩納《おんな》やきしまよ

安富祖《あふそ》やきしまよ
百度世す　ちやうわれ
又　朝凪《あさど》れが　し居《よ》れば
夕凪《ようど》れが　し居《よ》れば

外間が付した、おもろ714の頭注

恩納やきしま・安富祖やきしま　恩納・安富祖は、国頭郡恩納村内の字名。やきしまはその領主の名。
百度世す　百度世こそ。末長くいつまでも。
ちやうわれ　ましませ。
す　「こそ」に相当する強意の係助詞。已然形で結ぶ。↓語（おもろ3の頭注）。

外間が頭注で、「恩納やきしま・安富祖やきしま」は、「その領主の名」と注記していることに異論はない。ただし注意しなければならないことは、「やきしま」の原義は焼島であって、本来は、「領主」の意味はない。しかし、その「領主」ととれる意味づけは、オモロの独特な表現法の一つであり、例えばこのオモロ（714）の場合のように、焼畑地域名が、その地域を領有する領主名に転化して、用いられていることは事実である。「恩納《おん》やきしまよ・安富祖《あふそ》やきしまよ」が、「百度世《もゝと》す　ちやうわれ」（末長くいつまでもましませ）という、尊敬表現の動詞句の主語として使われているから、その主語は、人名であり、領主名でなければならないからである。

おもろ（714）を、その頭注を下敷きにして意訳しよう。

714　一　恩納焼島《やきしま》様よ
　　　　安富祖焼島《やきしま》様よ
　　　　末長くいつまでもましませ
　　又　朝なぎしているから
　　　　夕なぎしているから

現在の字恩納は、万座毛を含むその入口一帯、字安富祖はその北方に隣接する位置にある。恩納岳を含む右のオモロ時代の領地は、ほとんど焼畑地で占められていたと考えられる。しかしその領主が、「百度世す《もゝと》　ちやうわれ」と尊崇されるという、社会的に高い地位にいたことを視野に入れるならば、「恩納やきしま」＝「安富祖やきしま」という一人の領主は、一方では、現在の字恩納の北端で、国道58号線の東側沿いに位置する恩納グスクを居城としたから、「恩納やきしま」と呼ばれ、また一方では、安富祖海岸あたりを拠点にして、海外との貿易に巾広く成功していたのではないか。焼畑農業による収入だけではとてもそうした領主としての社会的地位を、築き維持することは不可能だからである。

その領主の貿易船の船着場は、おそらく、恩納村発行の『恩納村誌』五四四〜五四五頁に載せてある、明治三十四年頃の安富祖村《ムラ》の縮図の左端に見える、伝馬船㊤のあたりであったであろう。前袋川（現在の安富祖川）の中に伝馬船㊤とあるあたりは、同縮図によると、約三十メートルの川巾があるが、「あふそやきしま」の時代には、もっと大きな川巾があった筈だ。

いずれにしても、「恩納やきしま・安富祖やきしま」が、貿易船と想われる大きな船を持っていたことは、次のオモロ（907と909）が明示している。

907
　しよりゑとの節
一　恩納子《おんなし》が　船遣《ふなや》れ
　鈴富《すづとみ》は　押《お》し浮《う》けて
　親《おや》の神《かみ》　崇《たか》べて
　舞合《まや》ゑて
　うらこしちへ　走《は》りやせ
又　やきしまが　船遣《ふなや》れ

外間が付した、オモロ907の頭注

恩納子　人名。国頭郡恩納村恩納のお方。恩納の領主。子は人名につく接尾敬称辞。
鈴富　船名。
親の神　神女の美称。
崇べて　崇めて。尊とんで。うやまって。
舞合ゑて　舞い合って。

やきしま　人名。恩納子に同じ。
押し浮けて　押し浮かべて。「押し」は接頭語。（852の頭注）。
うらこしちへ　もどかしがって。（903の頭注）。
走りやせ　走らせよ。（878の頭注）。

小生の、オモロ907の意訳は左の通り。

907
一　恩納子様がなさった　船遣れに
鈴富丸を　押し浮かべ
船上の神女様を　崇めて
のろ達が舞い合って
もどかしがり　早く走らせよと
又　やきしま様がなさった　船遣れに

909
しよりゑとの節
一　恩納子《おんなし》ぎや　船遣《ふなや》れ
押《お》し分《わ》きは　崇《たか》べて
吾《あん》守《まぶ》て
此《こ》の渡《と》　渡《わた》しよわれ

又　やきしまが　船遣《ふなや》れ
親のろは　崇《たか》べて

外間が付した、おもろ909の頭注

渡　海。海峡。
おゑたち・押し分き　神女名。部落の草分け時代からの伝統あるという意味で、のろの讃めことばにもなり、すぐれた、立派なという意味をもつ。（908の頭注）。
守て　守りて。守護して。（904の頭注）。
渡しよわれ　渡し給え。「よわれ」は補助動詞。（941の頭注）。
親のろ　神女の尊称。（908の頭注）。
子　人名につく接尾敬称辞。（907の頭注）。

小生の、オモロ909の意訳は左の通り。

909　一　恩納子様がなさった　船遣れに
船上の神女様は　船を崇べ
私を　守護し
此の海を　渡し給えと

又　焼《やき》島様がなさった　船遣れに
　船上の神女様は　船を崇べて

オモロ1176は、さきに見たオモロ714と、全く同一のオモロが配されているので省く。

1177
　いちのなよりきよが節
一　恩納《おんな》やきしまよ
　安富祖《あふそ》やきしまよ
　だりす　鳴響《とよ》み　聞《き》かれ〵
又　恩納《おんな》　居《お》てやちよも
　安富祖《あふそ》　居《お》てやちよも
又　下《しも》の鳴響《とよ》み軍《いくさ》
　下《しも》の聞《き》かれ軍《いくさ》

外間が付した、オモロ1177の頭注
だりす　実にこそ。「す」は係助詞。
鳴響み　名高く。評判になって。
聞かれ〵　聞こえれ。聞こえることだ。

居てやちよも　…に居てさえも
下の鳴響み軍・下の聞かれ軍　下の方に名高い軍勢。下とは首里以南をさす。

小生の、オモロ1177の意訳は左の通り。

1177
一　恩納焼島《やきしま》様よ
安富祖焼島《やきしま》様よ
誠にその御名《みな》こそ響きわたれ
又　恩納に居てさえも
安富祖に居てさえも
又　配下の強大な軍勢にまで
配下の名高き大軍にまで（響きわたれ）

1178
きみがなし節
一　恩納《おんな》やきしまよ
安富祖《あふそ》やきしまよ
見《み》れども飽《あ》かんてだ
又　今日《けよ》の良《よ》かる日《ひ》に
今日《けお》のきや〱る日《ひ》に

外間が付した、おもろ1178の頭注

見れども飽かんてだ 見ても見飽きない立派なてだ。てだ（領主に対する美称）↓補

きやくる日 輝やかしい日。吉日。（おもろ106の頭注）。

小生の、オモロ1178の意訳。

1178 一 恩納焼島《やきしま》様は
安富祖焼島《やきしま》様は
見ても見飽きない太陽《てだ》様よ
又 今日の吉日に
今日のきらきらと輝く日に

このオモロ1178の前に、「きみがなし節」という節名が付されており、また、「恩納やきしま」・「安富祖やきしま」に対して、「てだ」という、通常には琉球国王に捧げる敬称が記されている。その表記方からして、1178のおもろも三山統一以前の時代に、恩納の神女によって作られたものと考えられる。

987 一 恩納《おんな》やちきまよ

安富祖《あふそ》やちきまよ
おもひはの　肝痛《きもちや》さ
又　阿和《あわ》の親《おや》の娘《もすめ》
肝痛《きもちや》親《おや》の娘《もすめ》
又　山《やま》　籠《こ》まて　三月《みつき》
嶽《たけ》　籠《こ》まて　三月《みつき》
又　がぢやも　せゝられて
糠子《ぬかこ》　せゝら〔れ〕て

外間が付した、おもろ987の頭注

恩納やちきま　国頭郡恩納村の按司の名。
安富祖　国頭郡恩納村字安富祖。
おもひは　思えばの意か。
肝痛さ　心の痛むこと。気の毒な。
阿和　地名。国頭郡本部村字阿和。
肝痛親　心を痛めている親。
山・嶽　神のましますお嶽。嶽↓補
籠まて　籠って。お嶽の中籠って。

がぢやも　蚊。今の方言ではガジャン。
せゝられて　刺されて。いじめられて。
糠子　糠蚊。藪や湿地にいる糠のような小さな蚊。

小生の、オモロ987の意訳

987　一　恩納焼《や》ち木間《きま》様は
　　安富祖焼ち木間様は
　　恋い焦《こ》がれ　心悩ませ
　又　阿和の親の娘と
　　心痛する親の娘と
　又　共に山に籠もること三月《みつき》
　　お嶽に籠もること三月
　又　群れなす蚊にさゝれ
　　小糠《こぬか》の様に群れなす蚊にさゝれ

この987のおもろも、恩納の神女によって作られたものと思われる。そして注目に値するものとして指摘すべきことは、「恩納やちきま」が阿和の娘に心乱れ、娘の親の深い心痛も全く気にかけず、娘と共に神聖な御嶽のホコラに、なんと三月《みつき》も籠もって汚すとは、と神女が領主を非難し、「がぢやも　せゝられて」と攻めたてゝいるオモロか。だとすれば、この神女は、「恩納やちきま」の、妻か姉妹にあたる程の身分の者と考えられる。

へどのしやればが節
1192　一　辺戸《へど》のたところ
思《おも》ひたところ
実《げ》に　見《み》ちやる
だに　見《み》ちやる
又　恩納《おんな》やきちまよ
安富祖やきちまよ

外間が付した、おもろ1192の頭注

辺戸のたところ・思ひたところ　辺戸のたところという人。貴人らしい。
実に・だに　誠に。
見ちやる　見たる。「ちや」は「た」の口蓋化（→語）。
恩納やきちま・安富祖やきちま　恩納と安富祖のやきちまという貴人。
思ひたところ　「思ひ」は、ここでは、「たところ」という人名に対する美称辞。オモロ222の頭注「思ひまたふき」の注記参照。

右の頭注を参考にして、オモロ1192を意訳すると、左の様になる。

1192
一　辺戸の立派なお方を
　　貴いお姿を
　　ほんとうに　拝んだ
　　誠に　拝んだ
又　恩納焼《や》き地《ち》間《ま》様を
　　安富祖焼き地間様を

右のオモロを、ごく常識的に、自然に解釈すると、「辺戸のたところ」と「恩納やきちま・安富祖やきちま」は、同一人物で、また、そのおもろの節名にある様に、「へどの子」とも呼ばれていた。「へど」は1123のおもろが示している様に読谷村瀬名波にあった地名であった。だからその辺戸も、「恩納やきちま・安富祖やきちま」の領土だった、ということになる。

ところで、おもろ714・907・909・1177・1178の中に見える「やきしま」と、おもろ987の「やちきま」と、おもろ1192の「やきちま」の三語は、すべて焼き畑地を意味し、またその三語は共に同一人物の人名、つまり恩納領主の名称でもあると思う。ちなみに、「やきしま」の「しま」は、『おもろさうし』の補注に、「島《しま》　故郷。地方。国。島。島は大小にかかわらず地理学的な意味と同時に、生まれ故郷という意味をもっている。もっとも古い血縁団体による共同体の集落をマキョといっているが、十二世紀頃から形成される地縁団体の新集落をウラ（浦）またはシマ（島）とよんでいる。↓浦」（五〇八頁）。そして私は、「やちきま」、「やきちま」の「ま」は、沖縄の地名の外間、内間、仲間等の「間」と同意語で、「ま」は場・所という意味であると思う。当間は、ヒラトートーで、平たく広がっている平地の意味であろう。ついでにいえば、桃原も、平《ひら》トートーの原という意味であろう。

「おんな」の語源について、恩納村が発行した『恩納村誌』に注目すべき記事がある。「恩納という地名は、ここ恩納のみでなく此処彼処に見出される。二・三の例をあげると石川市にも恩納があり、誤っては困るので東恩納としてある。玉城村の垣花部落の中に古代マキヨの恩納之殿が残っている。東村安波にも、本部町伊豆味にも恩納地名があり、徳之島南部にも面縄（この地の古老はオンナといっている。）がある。その外にも恩納地名が見出されるのであるが、しかし残念ながら未だにこの地名の語源は明らかではない」（五五九頁）。

その記事に愕然とさせられた。実に、美里村の松本・知花・登川の三村《ミムラ》と、具志川村の宮里村の四ヶ字《ムラ》にまたがって存在してきた、われらのヤードゥイである赤道チンジュの中に、ウンナー・ムイがある。そのムイの中に私の家の墓があるので、幼少の頃からウンナー・ムイについては聞き知っていたが、その漢字表記については全く知らなかった。有難くも『恩納村誌』が教えてくれた。「恩納杜《ウンナームイ》」であった。

「おんな」の語源を示唆する決定的ともいうべき記述が東恩納寛惇によってなされている。「今与那国にては、沖縄を『ウンナ』と唱ふ。但し、『ウチンナ』の略なり。那覇の臨海寺、古へ数町に亘りて海中に突出したる堤坂上に在り、俗に『沖《うち》ノ寺』と唱ふ（『東恩納寛惇全集』6、八五頁）と。私は、その記述の中、「今与那国にては、沖縄を『ウンナ』と唱ふ」までは事実を記述したものとして容認する。しかし、「但し、『ウチンナ』の略なり。」以下の記述は、単なる東恩納の「オキナワ」の語源に対する誤解に基づく誤りであって認められない。第一、与那国の人々の耳に、「ウチンナ」が「ウンナ」と聞こえる筈がないではないか。そもそも、沖縄本島内に、「ウチンナ」という地名があったというのか。「ウチンナ」は単に東恩納の造語に過ぎない。ところで、臨海寺は、その俗称に「沖ノ寺《うち》」と、沖の漢字が当てられているが、それは単なる宛字である。なぜなら、その寺は沖にあるのではなく、堤波上、つまり地上に在るのであるから。「うち」の原義はウチナーのウチで、「熾ノ寺《うち》」、つまり、元は焼畑だった処に建つ寺という程の意味である。

東恩納は、右の記述に続けて、「ウチの義是れに因りて解すべし。沖縄の地名、沖に縄の浮びたるに象るとの説、大体に於いて謬りなかるべきか。」と書いた、墨跡も殆ど乾かないうちに、『おきなは』の意義については、海上に縄を浮べた如き形容から出たとも云ひ、又安里おきなは嶽の伝説には、釣縄を置きしために、名を得たともあるが、いづれも牽強の説たる事云ふまでもない。（同『全集』7、四六頁）と、何の説明もなしに、自分の前説を完全に否定し、次のように、「おきなは」に関する語義の新説を設定している。

まず、「おき」について東恩納は、「『おき』は海端に対する海奥の義であることが知られる」（同書、同頁）とし、次に「なは《わ》」については、「『おきなは』も是等海奥群島の一で、『なは』は『ナー』・『ニャー』等島の義で『ヤエマ』『ケラマ』の『マ』と同義であると考へられる（同書、同頁、傍点は邊土名）と、記している。東恩納の前説によれば、「おきなは」について、「海中に突出したる堤波上」のあたりを「沖《うち》」と理解して、沖縄の地名は、その「沖《うち》」に「縄の浮びたるに象るとの説」と解し、「なは」の義を縄と見ていた。それに対して右の新説では、「おき」は、「海端」（海中に突出したる堤波上のあたり）に対する海奥の義であるとしているが、この「海奥」の義は、ごく普通の日本人ならば、沖の意味であると思う筈である。「なは」は縄ではなく、「島」の義であると明言している。

ところで、私は、「おきなは」の原義について、すでに一再ならず触れた。それは沖に浮かぶ縄とか島ではなく、本島の地上にある焼畑に由来する呼称であると解すると。そのように解する私にとって、東恩納が、「今与那国にては、沖縄を『ウンナ』と唱ふ」という瞠目すべき内容について、考察することは事の外意義深いことである。「沖縄を『ウンナ』と唱ふ」という所の、ウンナの原義は何だろうか。それを明瞭に示唆する材料として頭に浮かんだのは、最前に引用したオモロ907とオモロ909である。それらのオモロの中に、「オンナ」の対語として、つまり、同義語として記されている語は、何だろうかということだ。オモロ907とオモロ909の中に、人名「おんなし」の同義語として、人名「やきしま」が対置されている。結局、その二つのオモロが作られた時代には、「おんな」の原義は、「やきしま」であったと解される。それからすると、「おきなは」（熾庭）も「おんな」も、共に焼畑由来の名称・地名であるから、古い時代から東恩納の云う「今」に至るまで、与那国で、「沖縄を『ウンナ』と唱」えていたのは、納得がいく。

さて、「おんなし」の同義語として、「やきしま」が対置されている訳だが、外間西郷『おもろさうし』の中にあらわれている、対語や未詳語の用例を、多数ある中から二、三挙げてみよう。『おもろさうし』の中の各オモロの構造的用法の一例として、対語は双方とも同義語として用いられ、扱われるのが基本である。例えば、「ゑそこ」という語は、本来は意味不明であるが、その対語として「み御船《おうね》」が置かれているので、頭注に、「**ゑそこ** 兵船。大型の船。対語『み御船』」（オモロ17）と、解明されている。「もちろ内」という語も、本来は未詳語の筈のところ、頭注に、「**もちろ内** 『京の内』の同義語。」（オモロ37）と、その対語「京の内」が、その意味解明に導いている。しかし「ちやはれ」（オモロ17）、「つのひらせ」（オモロ45）、「いきよいつな」（オモロ71）の三語には、いずれも対語がないので、未詳語になっている。また、オモロ23の「いろのべ」と「まだまべ」は、対語として使われているものの、どちらも未詳語であるので、双方とも未詳語になっている。同様に、オモロ39の「なまたにや」と「あよなか」も対語であるが、双方とも未詳語である。

『おもろさうし』全二十二巻に収められたオモロの実数は、一二四八首であるが、そのうち第一首から第七十一首までの中に、九個の未詳語がある。最後の一二四八首までの中であれば、未詳語の数はより多くなる。それらの数ある未詳語に反し、「おんなし」の対語である「やきしま」が未詳語でなく、意味のはっきりしたものであることは、実に有難いことである。ちなみに「恩納」という漢字表記は、当然のことながら、その原義に基づいてなされたものでなく、また古い時代に表記されたものでもない。元禄十四（一七〇一）年に作製された「元禄国絵図」の中で、沖縄本島の少なくない地名が漢字表記されているのに反し、「オンナ村」と片仮名表記になっている。「おんな」の原義に基づく漢字表記が、困難をきわめたか、あるいは、もはや不可能になっていたからだと考えらえる。というのは、例えば「おきなわ」の「おき」が、倭語として辞典に出ているのに反し、「おん庭《な》」の「おん」は、梅棹忠等監修『日本語大辞典』（講談社〔カラー版〕）や、久松潜一等編『角川新版古語辞典』（角川書店）にも載っていない。ちなみに、右の「元禄国絵図」を見ると、『おもろさうし』に頻出している地名の「百名」は、沖縄本島の地名としてはかな書きも漢字表記も全くない。「百名」は「ひ・やくな」で、焼き畑由来語だと思うので、後方で述べたい。

四　おもろに出ている「おきなわ」

焼畑由来の地名として、「おんな」の次に、「おきなわ」が謡われているオモロを紹介しよう。まずは、オモロ1328である。

なかぐすくおもろの節

1328　一　沖縄《おきなわ》玻名城《はなぐすく》ちやらの
実《げ》にや　へらい欲《ぼ》しや
又　沖縄《おきなわ》玻名城《はなぐすく》てだ

外間が付した、おもろ1328の頭注

沖縄玻名城ちやら・沖縄玻名城てだ　玻名城の按司、領主。「ちやら」は按司の意。ちやら↓補
実にや　げにこそ。
へらい欲しや　つきあいたい。話しあいたい。

右の頭注の中に、外間守善は、「おきなわ」に関する注釈を記していない。この1328のオモロでいう「おきなわ」

は、714、907、909、1177、1178のオモロの「やきしま」と同義と考えられるから、外間が、それに「沖縄」の漢字を当てるのは誤解で、原義からすれば、「熾庭《おきなわ》」の漢字を当てるのが妥当であろう。「おきなわ」は、縄文後期以来焼畑耕作が行われていた、本島各地の地名になり、日本史の文献上にはじめて、「阿児奈波」の表記が出現した七五三年以前に、本島の汎称になっていたと思われる。この1328のオモロの時代には、玻名城一帯でも、まだ焼畑が行われていたと考えられる。このオモロ1328の中で、「おきなわはなぐすくちやら」の対語として「おきなわはなぐすくてだ」が謡われている。「てだ」は一般的には国王のことである。すると、「おきなわはなぐすく按司」が「てだ」と謡われるということは、三山統一後のオモロでは考えられないから、このオモロ1328は、三山統一以前にできたものと思われる。なお、節名の中の「なかぐすく」は、高嶺間切中城村《むら》の中城と関連するものであろう。

右の頭注を参考にして1328のオモロを意訳すると、左のようになる。

1328
一　熾庭《おきなわ》玻名城按司様は
　　なんと実《まこと》に　おつきあいしたい方よ
又　熾庭《おきなわ》玻名城按司様は

このオモロ1328でいう所の、「熾庭《おきなわ》玻名城」は、「熾庭《おきなわ》」（焼島）である玻名城の意で、「熾庭《おきなわ》」は、玻名城を限定的に修飾する形容詞として使われていて、まだ局地的な地名にもなっていない。なお、オモロ1391は、右のオモロ1328と一字一句すべて同一のものなので省く。

次に、おもろの中で、「おきなわ」が本島全体の汎称として使われたり、本島の一部の地域を示す地名として使われている例を見てみよう。

866 うらおそいおもろの節

一 勝《まさ》り人《きよ》が 船遣《ふなや》れ
沖縄《おきなわ》按司《あんじ》添《おそ》いしよ ちよわれ
又 浮《う》き揚《あ》がりが 船遣《ふなや》れ
又 無《な》気《け》手《ちへ》てゝ 思《おも》な
又 たよててゝ 思《おも》な

外間が付した、おもろ866の頭注

勝り人 人名。勝れ人に対する尊称。
船遣れ 船の航行。
沖縄按司添い 沖縄の按司様。国王様。
しよ …こそ。強意の係助詞。↓語
浮き揚がり 人名。「勝り人」と同じ。
無気手… 「無気手」は無気力な漕ぎ方を意味するようである。気のない漕ぎ方だと思うなの意か。
てゝ …といって。
たよて 未詳語。対語「無気手」。

ちよわれ　居たまえ。ましませ。（オモロ64の頭注）。

「たよて」は未詳語として扱われているが、それは方言の「たゆてぃ」、つまり、他人に頼る、他人を当てにする、の意か。

右の頭注を参考にして、866のオモロを意訳すると左のようになる。

866
一　勝《まさ》り人殿《きよ》の　御船の航行は
　　燼庭《おきなわ》の国王様が　末長くましまます為だ
又　浮き揚り殿の　御船の航行は
又　無気力な航行と　思うなよ
又　他人をあてにする航行と　思うなよ

想うに、右のオモロは、燼庭《おきなわ》の繁栄と国王の栄華をささえ、象徴する進貢船か、東南アジア諸国へ航行する貿易船かの船長の、意気揚々として、気魄に満ちた行為を賛美するものであろう。

ところで、明治十二年以前の琉球国史に於いて、琉球国王と同一の称号として、この「おきなわあんじおそい」と、オモロ546の二行目にある、「おきにや按司添い」という形で、「按司添い」（国王）の上に、「おきなわ」・「おきにや」が冠せられているのは、『おもろさうし』全二十二巻に収められている、オモロの実数一二四八首の中で、わずかに、この二例（546・866）だけである。後述するが、その異常ともいえる『おもろさうし』の特徴は、沖縄の古代以来明治の廃藩置県の頃まで、「おきなわ」（燼庭）という言葉に対し、畏怖と嫌悪の感情を抱いていたことの象徴的現れだと思う。

あけしのが節

975　一　聞ゑ《きこ》あけしのが
明《あ》けもどろ　やもどろ
艫《とも》　湧《わ》き上《や》げ
沖縄《おきなわ》に　使《つか》い
又　鳴《と》響《よ》むあけしのが
又　朝凪《あさど》れが　し居《よ》れば
又　夕凪《ようど》れが　し居《よ》れば
又　板清《いたきよ》らは　押《お》し浮《う》けて
又　棚清《たなきよ》らは　押《お》し浮《う》けて
又　船子《ふなこ》　選《ゑら》で　乗《の》せわちへ
又　手楫《てかぢ》　選《ゑら》で　乗《の》せわちへ

外間が付した、おもろ975の頭注

明けもどろ・やもどろ　船名。「もどろ」は船の美称。もどろ↓補

艫湧き上げ　艫が浮き上がって帆走の好調なさま。

聞ゑあけしの・鳴響むあけしの　名高く鳴り轟いているあけしの。「あけしの」は国頭郡今帰仁村勢理客ののろ。（973の頭注）。

朝凪れ・夕凪れ　朝なぎ・夕なぎ。（972の頭注）。

し居れば　しているから。なっているから。（972の頭注）。

板清ら・棚清ら　船の美称。（972の頭注）。

押し浮けて　押し浮かべて。「押し」は接頭語。（852の頭注）。

船子　水夫（かこ）。（973の頭注）。

乗せわちへ　乗せ給いて。「わちへ」は補助動詞。（973の頭注）。

手楫　漕ぎ手。船員の総称。（973の頭注）。

右の頭注を参考にして、オモロ975を意訳すると左のようになる。

975　一　名高く鳴り轟くあけしの様が
明けもどろ丸・やもどろ丸を
艫《とも》を浮き上げて
熾庭《おきなわ》に帆走させた
又　名声鳴り轟くあけしの様が
又　朝なぎしているので
又　夕なぎしているので

又　御船を押し浮けて
又　美船を押し受けて
又　水夫を選んで乗せ給い
又　漕《こ》ぎ手衆を選んで乗せ給いて

右のオモロでは、今帰仁勢理客のノロ「あけしの」の名の上に、「聞《きこ》ゑあけしの」・「鳴響《とよ》むあけしの」と敬称を冠し、さらに「…乗せわちへ」と、彼女の行為に尊敬語を使っている。しかし「おきなわ」に対しては尊敬語が一切使われていない。それは、「熾庭《おきなわ》」という言葉に対する嫌悪感の現れではないか。その「熾庭《おきなわ》」は、本島内の一地域名を指していることはまちがいなく、決して本島の汎称として使われていない。なぜなら、今帰仁勢理客自体も、汎称としての「おきなわ」の一部であるから。この「熾庭《おきなわ》」は、恩納あたりの地域名か。このオモロは、セヂ高いノロの「あけしの」が、ある時には、「明けもどろ・やもどろ」に乗船し、又ある時には「板清ら・棚清ら」に乗船して、その航走を守護したことを謡ったものと考えられる。その「明けもどろ」等は三山統一以前の北山城主の所有する船であろう。

373
うちいではあけとまが節
一　首里杜《しよりもり》ぐすく　ゑ
沖縄《おきなわ》の　魚《いよ》わ
按司添いに　みおやせ
又　真玉杜《まだまもり》ぐすく

外間が付した、おもろ373の頭注

ゑ　感動詞。作業の時の掛け声。

沖縄　沖縄島。↓補

首里杜ぐすく・真玉杜ぐすく　首里城内の聖域。または首里城。ぐすく↓補（355の頭注）。

按司添い　国王。（368・866の頭注）。

みおやせ　奉れ。貴人に物を捧げること。（369の頭注）。

右の頭注を参考にして、オモロ373を意訳すると左のようになる。

373　一　首里杜ぐすくよ　エーヰ
　　　　熾庭中の　魚は
　　　　国王様に　奉れ
　　又　真玉杜ぐすくよ

汎称としての「おきなわ」の原義は、沖縄本島の範囲内に限られているのだが、このオモロでいう「おきなわ」は、汎称としての「熾庭《おきなわ》」の領域をこえて、「おきなわ」国王として、各離島をふくむ全領国からの忠誠心を求める、象徴的表現ではあるまいか、と想われる。その節名の意味は、「出航は朝明けだ」である。

へどのあすもりのおせやが節

428

一　おもろ音揚《ねや》がりや　げらへ
宣《せ》るむ音揚《ねや》がりや　しらへ
沖縄《おきなわ》　鳴響《とよ》む
真《ま》物内《うち》　見《み》ちやる
又　今日《けお》の良《よ》かる日《ひ》に　げらへ
今日《けお》のきやかる日《ひ》に

外間が付した、おもろ428の頭注

げらへ・しらへ　作って。おもろを作って。
真物内　首里城内にある真物御殿。
良かる日・きやかる日　吉日。輝かしい日。神事を行うための吉日。
おもろ音揚がり・宣るむ音揚がり　おもろ歌唱の名人。（420の頭注）。
見ちやる　見たる。見たことが。（427の頭注）。
宣るむ　「おもろ」の同義語。（五〇八頁の補注）。

右の頭注を参考にして、オモロ428を意訳すると左のようになる。

428

一　おもろ音揚がりが　おもろを作り

宣るむ音揚がりが　宣るむを作って

熾庭《おきなわ》国中に鳴り響いているよ

それは真物御殿から御見通しだ

又　今日の吉日に作り

今日の輝かしい日に

このオモロ428の「おきなわ」も、オモロ373の「おきなわ」と同様に、沖縄本島の汎称をこえて、王国の領域を示すものとして謡われているようだ。

586

おにのきみはいややほうひちへが節

一　鬼《おに》の君南風《きみはゑ》や

百浦《もゝうら》の　鳴響《とよ》み

又　添《おそ》い君南風《きみはゑ》や

又　具志川《ぐしかわ》に　おわる

又　金福《かなふく》に　おわる

又　成《な》さの浮雲《うきよくも》が

又　沖縄《おきなわ》に　鳴響《とよ》む

又　大国《くに》に　鳴響《とよ》む
又　金《こがね》の御柄杓《みしゃく》
又　真玉《まだま》の御柄杓《みしゃく》
又　ぬき上《あ》げれ　御柄杓《みしゃく》
又　捧《さゝ》げれ　御柄杓《みしゃく》

外間が付した、おもろ586の頭注

百浦　たくさんの浦。たくさんの村。浦々。各地の海岸集落をさす。浦↓補
具志川・金福　久米島具志川。金福はその異称。
おわる　おわす。居られる。まします。
成さの浮き雲　父なる貴人。成さは父なる人、浮き雲は高貴な人の意。
大国　離島の人が沖縄本島をさしていう美称。
金の御柄杓・真玉の御柄杓　立派な柄杓。柄杓は単なる水汲みの具ではなく宗教的意味を持つ特殊な霊力があると信じられていた。
ぬき上げれ・捧げれ　差し上げよ。捧げよ。
鬼の君南風・添い君南風　久米島の神女、君南風の美称。「鬼の」「添い」は美称辞。（584の頭注）。
鬼　超人的力のあるものを意味する。（584の頭注）。

右の頭注を参考にして、586のオモロを意訳すると左のようになる。

586 一 霊力《せぢ》高い君南風様の名声は
多くの村々島々に鳴り響き
又 久米島を守護し治めている君南風は
又 具志川におわす
又 金福にまします
又 父上の浮雲様の名声が
又 熾庭《おきなわ》にまで鳴り響き
又 大国《おおくに》にまでも鳴り響いている
又 金《こがね》の御柄杓《みしゃく》を
又 真玉《まだま》の御柄杓《みしゃく》を
又 差しあげよ国王様に　御柄杓《みしゃく》を
又 捧げよ国王様に　御柄杓《みしゃく》を

ところで、おもろ1473は、四行目の「具志川」と五行目の「金福」の下に、それぞれ「に」の字がないこと、また、おもろ586の十二行目の「捧《さゝ》げれ」に対し、おもろ1473の十二行目の対応する箇所が、「差し上げれ」となっているが、その他はすべてこのオモロ586と一致しているので、取りあげないことにする。このオモロ586の中の「おきなわ」（熾庭）は、「大国《くに》」の同義語、つまり沖縄の王国として使われている。

623

あおりやへが節

一　大国《くに》　鳴響《とよ》む　兼城《かねぐすく》
宣《せ》の君《きみ》　手《て》摩《づ》て　歓《あま》やかせ
又　沖縄《おきなわ》　鳴響《とよ》む　兼城《かねぐすく》
又　朝凪《あさど》れが　し居《よ》れば
又　夕凪《ようど》れが　し居《よ》れば
又　板清《いたきよ》らは　押《お》し浮《お》けて

外間が付した、おもろ623の頭注

大国　離島の人が沖縄本島をさしていう美称。
兼城　地名。久米島の兼城。
手摩て　手を摩って祈って。合掌して。
歓やかせ　喜ばせ。賑やかにせよ。喜んで神遊びをせよの意。
板清ら　船の美称。
押し浮けて　浮かべて。
宣の君　久米島の高級神女。（622の頭注）。

右の頭注を参考にして、おもろ623を意訳すると左のようになる。

623　一　大国《おおくに》に鳴り轟く兼城
　　　　宣《せ》の君《きみ》様よ　お祈りして喜ばせ給え
　　又　熾庭《おきなわ》の国にまで鳴り轟く兼城
　　又　朝なぎしているので
　　又　夕なぎしているので
　　又　御船を浮かべて

このオモロ623の「おきなわ」（熾庭）は、一行目の「大国《くに》」の対語であるから、それの同義語として使われている。だから外間のように、「おきなわ」に「沖縄」という漢字を宛てるのは誤解である。そもそも「沖縄」とは、沖に浮かぶ縄、つまり小さな島という含意があるから、「大国《くに》」の対語にはなれない。この623の「おきなわ」（熾庭）は、沖縄の王国（琉球王国）という象徴的意味で使われている。

さて、「おきなわ」の原義を考察する大事な道筋となる語句について、見てみよう。それらは、「よきなわ」・「ゆきなわ」であるが、いかなる語義を持つ語句なのであろうか、あるいは持たされているのだろうか。ずばりといえば、「よきなわ」は「良《よ》き庭《なわ》」で、意図的に、つまり合目的的に造語したものであると思う。おもろを取り仕切る王府の官衙による造語であろう。因みに『琉球国由来記』巻十八、座間味間切、赤崎御嶽、神名、ヨキナワ。渡嘉敷間切、船蔵御嶽、御前、ヨキナワとある。『琉球国旧記』巻之六、島尻、善縄嶽（在㆓南風郡宮平邑㆒。神名嘉美司嘉美淵威部）。同旧記附巻之一、神殿〔南風原郡〕善縄殿（共八殿。在㆓宮平邑㆒）とある。

外間守善 西郷信綱『おもろさうし』を繙くと、「おきなわ」の語が、96・300・373・428・546・586・623・866・975・1328・1391のおもろの中に、一点づつ謡われている。ただし546のおもろでは、「おきにや」となっているが、その「にや」は、「なわ」が訛ったものである。方言の庭（なわ）は標準語では庭（にわ）であるが、その「にわ」が訛って、「にや」になったものである。また1328と1391のおもろは、一字一句全く同一である。従って、「おきにや」を含めて、「おきなわ」が『おもろさうし』に謡われている実数は、全部で十である。

オモロが謡われ始めた頃には、「おきなわ」が沖縄本島の汎称になっていたと思われる。その「おきなわ」の原義は、すでに考察したように、焼畑農業から派生したもので、漢字で表記すると、「熾庭」であろう。一七一一年、おもろの辞書とされる『混効験集坤乾』が、王府の評定所から発行され、その中に、「おきなわ　悪鬼納と書、琉球之事」とある。その「悪鬼納」の項を含む『混効験集』は、明治十二年の廃藩置県に至るまで、王府によって維持された。「悪鬼納」という表記が明示しているように、首里王府は、「おきなわ」という言葉に対して、畏怖と嫌悪感を抱き続けていたといえる。

「悪鬼納」の出自に関し、またひいては「おきなわ」の原義に関し、琉球近世史研究の枢要に於いて見逃せない問題があるので、その問題を片付けておこう。東恩納寛惇は右の「悪鬼納」の一件に関し、次のように見解を述べている。「オキナワのワ、今音延びて、ウチナーと唱ふ、今の屋宜名《やきな》を、『おもろ』に『ヤキナワ』と訓じたるも同法なるべし。慶長検地帳悪鬼納《おきな》に作る。混効験集に、『おきなわ、悪鬼納と書、琉球之事』とあり、書は正徳元年の編なれば悪鬼納の字、検地帳に拠りし事知るべし」（『東恩納寛惇全集』6、八四頁）と。東恩納のいう検地帳とは、『御当国御高並諸上納里積記』（以下では『里積記』と略記する）の、「二、慶長拾六辛亥年御目録被召下候事」（『那覇市史』資料篇　第一巻2　六八頁）の中にふくまれている記録の事を指しているようである。

その記録とは次の通りである。

〈前略〉

覚

悪鬼納并諸嶋高八万九千八拾六石之内……………………

召置候。御状如件

慶長拾六年九月十九日

伊勢兵部少輔

真昌在印

比志嶋紀伊守

国貞印

町田勝兵衛尉

久幸印

樺山権左衛門

久高印

三司官　西来院

〈後略〉

東恩納の考えによれば、右の「検地帳」の年月日は慶長十六（一六一一）年九月十九日であり、一方、『混効験集』の成立したのは正徳元（一七一一）年であるから、「おきなわ」に対する「悪鬼納」という漢字表記を他に先駆けてなしたのは、薩摩の「検地帳」に於いてであり、琉球国の『混効験集』に於けるその漢字表記は、前者の影響をうけてなされた結果であると、薩・琉の両文書の成立年を考察の基準にして、単純に判断したものである。

しかし私は、その東恩納の判断は、単なる誤断であると考える。つまり、薩藩の対琉球国文書である『里積記』の中で、「悪鬼納」の表記が現れているのは、唯一右の慶長十六年九月十九日付の文書だけに於いてであり、同『里積記』の中の慶長十六年辛亥九月十日付の文書では、「おきなわ」に対する漢字表記は、「沖那波」になっており、**「六、寛永六《崇禎二》己巳年、御目録高減少被仰付候事」**の中に記されている、（島津）家久から中山王（尚豊）に宛てた、寛永六（一六二九）己巳八月廿一日付の文書では、「おきなわ」の漢字表記がはじめて「沖縄」になり、以後、薩藩ではその表記に変わることがない。

疑問の余地なく「おきなわ」に対する漢字表記である「悪鬼納」は、薩摩の琉球入りよりはるか以前の、琉球王府自体による表記であり、「沖那波」と「沖縄」は薩摩の琉球入り直後に、薩藩によって考案された表記である。従って、薩摩藩の「悪鬼納」という表記は、琉球王府の何らかの公文書から習って記入したものであったことはまちがいない。その「沖縄」という漢字表記が始めて薩藩によってなされて以後、明治十二年の廃藩置県によって沖縄県が誕生するまで、琉球王府は自らの公文書中に、「沖縄」の漢字表記を使用した例がない。

さて、「おきなわ」について、さきに『東恩納寛惇全集』6の記事を引いて示したように、「慶長検地帳悪鬼《おき》納《な》に作る。…悪鬼納の字、検地帳に拠りし事知るべし」という東恩納の判断が、誤断であることを、客観的に顕示している文章がある。それは、おもろ学者島村幸一の次の文章である。

「第三の編纂は島津侵攻以降である。再編纂以前の『おもろさうし』は、尚豊王《しょうほうおう》三年の三回目の編纂（一六二三年）を中心としており、実質的な編纂作業は前王の尚寧の時代であったと考えられる。これに琉球侵略を呪詛するオモロを入れるのは、困難であったはずである。しかし、尚寧王は島津侵入時の国王であり、島津に連れられて徳川将軍に謁見《えっけん》する旅をした（させられた）王である。しかも、寧は尚真王や尚清王《しょうせいおう》に対する対抗意識をもっている。これらのことが、同じ聞得大君のオモロである第一に尚真の「八重山征伐」の事蹟《じせき》が入っていることに対抗するかたちで、第三に島津侵略に対抗するオモロを自らの事蹟として入れたのではないか。島津との戦いを謡ったオモロは第三―一〇三にもあり、第三―一〇〇等の来訪神《らいほうしん》が登場するオモロも、国王（尚永王）に霊的力を付与して島津侵略の動きに対抗するオモロと考えられる。思いの外、第三には島津侵略関連のオモロがちりばめられている。」（島村幸一著『おもろさうし』笠間書院発行、〇一六頁）。

右の引用文中の「第三」とは、外間西郷『おもろさうし』目録の第一～第廿二の中の、第三のことである。その第三の中には、さきに見たオモロ96を含む、88～151の六十三首のオモロが載っている。

また、島村幸一は書く、「呪詛表現は、九六にも『前坊主《まへぼじゃ》よ　迷《まよ》わちへ／おが衆生《すぎゃ》よ　汚《ゆご》ちへ』（月代《さかやき》（丁髷）を迷わして／奴らを汚して）、九七にも　第十五節から第十八節に『又精軍《せくさ》てゝ　発《た》てば　干瀬《ひせ》と　合《あ》わちへ　突《つ》い退《の》け　又良底《ゑそこ》てゝ　発《た》てば　にるや底《そこ》　突《つ》い退《の》け　又肝《きも》が内《うち》に思《おも》わば　肝垂《きもた》りよ　しめれ　又およが内《うち》に思《おも》わ〈ば〉　大地《だいち》に　落《おと》ちへ　捨《す》てれ』（霊力ある軍勢だと祝福されて出発すると敵の船は干瀬とぶつかり退く　又勝れた船だと祝福されて出発すると敵の船はニルヤの底に退く　又心の内に願うのであれば敵の心は萎《な》えさせる　又あよ（心）の内に願うのであれば敵は大地に落ちて捨てられる）という激しい呪詛表現がある。」（島村『同書』〇一五頁）と。ちなみに、島村がとりあげたオモロ96は、本稿の「二　**おきなわ～**」で私がとりあげたオモロ96と同一のおもろである。

これら薩摩軍に対する呪詛表現をもつオモロが、その侵入から十四年後の一六二二年に、編纂されたということは、琉球王府の薩摩に対する反感と憎悪の程が知れる。それにもかかわらず東恩納は、その侵入の翌々年の一六一一年に、しかもその一度だけ、薩摩が「悪鬼納」と表記した例に習い、よりによって琉球王府が、『おもろさうし』の辞書である『混効験集』に、「悪鬼納」の漢字表記を採用したと書いているのである。そのようなことは万に一つもありえず、東恩納の意図的な誤断であることはまちがいない。その「意図的な誤断」については、後の方で詳述する。

　東恩納は、『大日本地名辞書』続篇　第二　琉球』を著述し、「第二部　各記」を設け、「琉球国」の中に「沖縄」の項目を入れて詳述している。その論述の中に、さきに見た、「…慶長検地帳悪鬼納《おきな》に作る。」(『東恩納寛惇全集6』八四頁)の文辞があるのであるが、その点に関し、不可解でどうしても納得のいかないものがある。それは東恩納が、「慶長検地帳」の中に、「悪鬼納」の字句があるのを発見しながら、なぜ、その字句に隣接して書かれている「沖那波」と「沖縄」の二語について言及していないのかという点である。「沖那波」はわずか九日間ではあるが、「悪鬼納」に先立って書かれている。しかも、誰の目で見ても、「沖那波」と「沖縄」は薩藩の発案で漢字表記されたものであり、琉球史、いや沖縄の歴史上枢要な事例といえるのに。

　仮に東恩納が、「…慶長検地帳悪鬼納《おきな》に作る。」云々の論述の前後に、「沖那波」と「沖縄」を含む史料を記入したならば、「悪鬼納」という漢字表記が薩藩の発案によってなされたものだという、東恩納の意図的な思案が崩壊してしまう。そこに、東恩納が「沖那波」と「沖縄」の記述を抜いた意図があったのではなかろうか。東恩納は、「昭和二十四年五月」で結ぶ自序を持つ大著、『南島風土記』を著し、その地名概説の中に「沖縄」の項を設け、「『沖縄』の字面は、管見の及ぶところでは、新井白石の南島志が始見である。」(同『全集7』四五頁)と書き、白石の南島志が出た一七一九年より九十年も先に出た薩藩の「沖縄」表記を無視している。「沖縄」の字面《じづら》が新井白石の南島志に於いて、始めて現れているとの東恩納説を、伊波普猷も全面的に支持している。

　右に見た東恩納の稿、「沖縄」を含む『大日本地名辞書』続編(第二　琉球)の初版本の発行は、明治四十二年十二月二十八日で、「本書は、その後、幾度か版を重ね、昭和四十五年には増補版の八巻として刊行されているが、その内容は初版本と同じものである」（同全集6の末尾にある「書誌」一二頁）。一方伊波は、昭和十六年九月十九日付で「沖縄考」を書き、その「一　はしがき」の中に、右の東恩納の「沖縄」から三ページ分もそのまま引用している。その引用文に続けて伊波は、「以上は、『沖縄』が現在の如く落付く迄の経緯を要領よく叙述したものである」（『伊波普猷全集』第四巻、三四六頁）と記し、東恩納が、「おきなわ」の漢字表記を、「悪鬼納」と書いたのは、薩藩が始めたものであるとの意図的謬見に同意している。

実は、「悪鬼納」という表記が、薩摩の琉球侵攻より百九年も古い琉球王府の史料に出ているのを、東恩納と伊波は目にしている。遅くとも昭和十五年の段階で。なぜなら、伊波と東恩納は横山重と共に、昭和十五年八月廿五日発行の、『琉球国由来記上・下』の編纂に当たっているからである。その『由来記　下』の「巻二十一」（六〇五頁）の、「四〇　国仲根所　武富村」の中に、「悪鬼納ガナシ」の記述が三点出ている。その由来記は全文が漢字混じりのカタカナ書きの倭文体であるから、学者の東恩納と伊波が、三つの「悪鬼納ガナシ」を見落とす筈がない。さらに「悪鬼納」は、『琉球国由来記　下』（伊波・東恩納・横山　編纂）の五三五〜六一一頁の間に、二十二点も出ている。また、『喜安日記』（『那覇市史』資料篇　第一巻2）の五六〜五七頁にも三点出ている。

しかも伊波は、昭和十三年四月十二日付で、「あまみや考」を脱稿し、その中に「『由来記』にも『国仲根所、神名なし、武富村、御いべなし…最後に『正月朔日十五日冬至〔に〕諸役人相集、悪鬼納《おきな》がなしの奉公の為、次に万事島中の為、立願為レ申所とて、今迄拝所に仕り来る」（三九三頁）と書いているから、『由来記』の中に、「悪鬼納がなし」の語句がすでに存在していることを明記しながら、同じ「あまみや考」の後方では、「第二尚氏初期の宮古島のアヤゴには、オキナハとあるから、辺鄙な地方では、暫く古形が保存されてゐたと見てゐゝ。慶長の頃には、島津氏の記録者によつて、悪鬼納《オキナー》が宛てられたが、其頃琉球に帰化した堺の喜安の琉歌中には、浮縄が宛てゝある。沖縄は白石の『南島志』に始めて現れ、これから島形の縄が浮かんだやうなので、沖縄の名を得た、といふ民間語源説が起つた」（『伊波普猷全集』第五巻、五七一頁）云々と書き、「オキナハ」に、「悪鬼納」の表記を宛てたのは島津の記録者であり、「沖縄」の表記を始めて宛てたのは島津の記録者ではなく、新井白石の『南島志』に於いてであると、意図的に曲解している。

東恩納も、さきに見た「沖縄《おきなは》」（『大日本地名辞書　続編』）の中に書いた、「沖縄の地名、沖に縄の浮かびたるに象るとの説、大体に於いて謬りなかるべきか」との沖縄の原義に関する自らの見解を、何の理由も、反省や説明も全くなしに、『南島風土記』（昭和二十四年五月）では大巾に訂正したのに、「悪鬼納の字、検地帳に拠りし事知るべし」については、ついに、最後まで一切変更がない。

つまり、東恩納も伊波も、「悪鬼納」表記の淵源が首里王府にあることを明確に認識していながら、それを始めて表記したのは薩摩であるという非難の責めを、薩摩に負わせようという意図に於いて、一致しているのである。事ここに及んで、私の脳裏に去来するのは、拙稿「伊波普猷・東恩納寛惇と薩摩」（『文化の窓』No.十九／一九九七）である。それは、「伊波と東恩納が共同で捏造した琉球近世史」について、両者の論考から、仮に、①「琉球は長良川の鵜」説、②「琉球近世史は奴隷制度」論、③「江戸上り」観を取りあげて、琉球近世史の根幹部において、両者が史実に反して薩藩に汚名を被せる不当性を、批判的に論じたものである。今振り返って調べてみると、①・②・③のいずれの論文も、東恩納が先行して書き、伊波がその論旨に忠実に追随したものである。その論述の順序は、ここで問題にしている「悪鬼納」に関する論述の順序―先行する東恩納、追随する伊波―と同じことがいえる。

焼畑農業に由来する「おきなわ」の原義が、歴代の王府にとって、恐懼し忌避すべきものと感じた象徴的表現が、この「悪鬼納」だったのであり、その王府の負の感情は、おもろの辞典『混効験集』にも載せて、明治十二年の廃藩置県に至るまで存続した。

さきに私は、おもろを取り仕切る王府の官衙―近世時代では評定所―によって、「よきなわ」・「ゆきなわ」という語句が造語されたと述べた。「よきなわ」はその原義に忠実に漢字を宛てると、「良《よ》き庭《なわ》」であろう。「ゆきなわ」は、「よきなわ」が訛って出来た「良《ゆ》き庭《なわ》」で、語義は同じである。因みに、「悪鬼納《おきな》」の悪鬼は、「おきなわ」の原義表記「熾庭《おきなわ》」の、熾（大火災の元凶）を意識した表現であると想われるが、「よきなわ」の「よき」は、「悪鬼《おき》」の意味を逆にした、合目的的造語であろう。

大東亜戦争時代の歴史的人物・山下奉文《ともゆき》の「文《ゆき》」が、「良《よ》し」から変化した「良《よ》き」・「良《ゆ》き」と同意語であることを、諸橋轍次著『大漢和辞典』が教示している。同辞典（巻五）に載っている「文」の数多くの意味の中に「㊉ よい。うるはしい。」（五六一頁）があり、また「名乗 イト。ノリ。フミ。フム。トモ。アヤ。ヒサ。ヤス。ヨシ。」（同頁）とあり、「奉文《ともゆき》」の文《ゆき》と意味が通ずるヨシが含まれている。そのことからして、「良《よ》き庭《なわ》」と「良《ゆ》き庭《なわ》」は同意語ということになる。

「よきなわ」は、『おもろさうし』の第六327、第六339、第七377、第十二678、第十三771、第十三773、第十四1028の七首に出ている。外間守善の頭注によると、327の「よきなわ」は、沖縄島。339のそれは、神女名。377のそれは、神女名。678のそれは、神女名。771のそれは、神女名。773のそれは、頭注がないが、「神にしや」（神女様―789の頭注）の対語であるから、神女名。1028のそれは、神女名とある。

「ゆきなわ」は、『おもろさうし』の第五236、第十三772の二首に出ている。外間の頭注によると、236の「ゆきなわ」は、神女名。772のそれは、神女名である。

さて、「よきなわ」は、先にあげた七首に九個出ており、「ゆきなわ」は、その次に挙げた二首に三個出ている。外間守善はそれら計十二個の、「よきなわ」・「ゆきなわ」に、すべて「沖縄」の漢字を宛てている。だが、私の解釈する「おきなわ」の語義が、「熾庭」であるとの立場からすると、外間のその宛て字は、二重の誤解を犯していると思う。その一は、「おきなわ」の語義が、「沖縄」ではないということ。その二は、「よきなわ」・「ゆきなわ」に宛てるべき漢字は、ともに「良き庭」であり、「沖縄」ではないということである。

『おもろさうし』全二十二巻の内、第一巻が成立したのが一五三一年、第二巻が一六一三年に成立、第三巻から第二十二巻までが成立したのが一六二三年である。琉球史上、「おきなわ」に対する漢字表記「沖縄」が始めて出たのが一六二九年で、薩摩藩によってであった。それからすると、『おもろさうし』全二十二巻が完了し成立した時点では、「悪鬼納」の漢字表記はあったが、「沖縄」はまだ存在しなかった。それなのに外間は、オモロの中に出てくる、「おきなわ」・「よきなわ」・「ゆきなわ」のすべてに、「沖縄」を宛てている。外間は、「おきなわ」の意義について、どのように解釈していたのだろうか。外間は自著、外間守善 西郷信綱『おもろさうし』の「補注」（五〇〇頁）の項目に、語注として挙げた「沖縄《おきなわ》」の注記に、次のように記している。

沖縄《おきなわ》　もとは沖縄島の一部の名であったといわれる。『混効験集（坤、乾坤）』に「悪鬼納と書琉球の事」とある。「おきなは」の呼称は、『唐大和上東征伝』（七七九年）に、天平勝宝五年（七五三）遣唐大使藤原清河等の一行が、唐僧鑑真を伴い帰朝の途次、その船「阿児奈波島」に漂着したとあるのが記録に見えるはじめである。それ以後「やらざ森碑」（一五五四年）に「おきなわ」、『おもろさうし』（一六二三年）に「おきなわ」（96、373、428）、『混効験集』（一七一一年）に「悪鬼納」、『陳侃使録』（一五三四年）に「倭急拿」、『中山伝信録』（一七二一年）に「屋其惹」と書かれているが「沖縄」の字面は新井白石の『南島志』（一七一九年）に初めて見える。

右の外間の注記はほとんど、さきに触れた東恩納の「沖縄《おきなは》」（『大日本地名辞書　続編　第二　琉球』）からの引用である。只、その注記の冒頭にある、「もとは沖縄島の一部の名であったといわれる。」は、明らかに伊波普猷の『沖縄考』（『伊波全集』第四巻、四六九〜四七〇頁）の「六　国史に現れた阿児奈波島」の冒頭部から拝借したものであり、また、〈『おもろさうし』（一六二三年）に「おきなわ」（96、373、428）、と書かれている〉の部分だけは、外間自身の手によるものである。その二点以外は、すべて東恩納の「沖縄《おきなは》」に拠っている。ただし、東恩納と伊波は、「おきなわ」の原義についてそれぞれ考察し、両者共に、「おきなわ」の原義が、「沖縄の地名、沖に縄の浮かびたるに象る」という説を否定している。

ところが、外間の右の注記には、「おきなわ」の原義に関する考察や解釈がなく、自著の『おもろさうし』中に出している「おきなわ」のどの頭注にも、その原義に関する指摘が一切ない。外間は、『おもろさうし』の中に出ている「おきなわ」・「よきなわ」・「ゆきなわ」のすべてに、「沖縄」の漢字を無条件に宛てているので、「おきなわ」の原義を「沖縄」、つまり、「沖に縄の浮かびたるに象るとの説」を全面的に受け容れている形になっている。

本章をしめくくるにあたって、『おもろさうし』中で謡われている「おきなわ」に、外間が、「沖縄」の漢字を宛てることが誤謬であることを、オモロ解釈の基本原則に基づいて説明したい。その基本原則とは、オモロの中に、対句として謡われている中の二つの対語は、同義語として解釈される、という原則である。外間西郷『おもろさうし』中に、ここで問題として取り揚げる例が四首ある。第十一の586・623、第二十一の1473・1481の四首である。第十一の586のオモロは左の通りである。

586
一　鬼《おに》の君南風《きみはゑ》や
……………（中略）
又　沖縄《おきなわ》に　鳴響《とよ》む（七行）
又　大国《くに》に　鳴響《とよ》む（八行）
……………（後略）

これまで、綿密に進められてきた、オモロ研究の基本からすれば、右586のオモロの七行目の、「又　沖縄《おきなわ》に鳴響《とよ》む」と、八行目の「又　大国に　鳴響む」は、対句であり、その対句の中の、「沖縄《おきなわ》」と「大国《くに》」は対語であるから、同義語でなければならない。ところで、右の586のオモロに付した外間の頭注を見ると、「**大国**《くに》　離島の人が沖縄本島をさしていう美称」と、明記しているが、「沖縄《おきなわ》」については頭注も注記も全くない。他の三首についても、「大国《くに》」については、586のオモロと同じ頭注と注記を付しているが、「沖縄《おきなわ》」については、頭注も注記も皆無である。

586・623・1473・1481の四首のオモロの解釈に於いて、外間が、「大国《くに》」については、「**大国**《くに》　離島の人が沖縄本島をさしていう美称」と、すべてに注記しているのに、その対語である、「おきなわ」に当てはめた漢字表記・「沖縄」については、一切注記を施していないのは何故だろうか。「大国《くに》」は、読んで字の如しで、大国《たいこく》であり、大きな国である。一方、「沖縄」は、沖に縄の浮かんだような、細長い小島というイメージである。常識からして、大国と小島が同義語として成立する筈がない。その至極もっともな常識からくる困惑が、外間の脳裏に去来し、「沖縄」に頭注を付けることを躊躇させたのではなかろうか。右の四首のオモロ中の「おきなわ」に、外間が、「沖縄」の漢字を宛てたのは、その原義からしても、一般常識からしても、二重の誤謬である。「おきなわ」の原義は、その漢字表記をすると、「熾庭」・「燠庭」であらわせることは、ほぼ間違いない。

「おきなわ」に漢字を当てなくとも、その意味は分かるのであるから、そこは『おもろさうし』の元本通り、仮名表記でも良いと思う。しいていえば、私にとって、「おきなわ」の原義は、「熾庭」であり、おもろ作者達の、「おきなわ」に対するイメージは、『混効験集』にいう『悪鬼納』である。その、「おきなわ」の原義とイメージにもかかわらず、どのオモロにも云えることだが、例えば、左のオモロは、「おきなわ」を含むにもかかわらず、読む人に、深い奥行きとあじわいを感じさせるのである。

623
あおりやへが節
一　大国《くに》　鳴響《とよ》む　兼城《かねぐすく》
　　宣《せ》の君《きみ》　手《て》摩《づ》て　歓《あま》やかせ
又　おきなわ　鳴響《とよ》む　兼城《かねぐすく》
又　朝凪《あさど》れが　し居《よ》れば
又　夕凪《ようど》れが　し居《よ》れば
又　板清《いたきよ》らは　押《お》し浮《お》けて

誰しもが、自らの郷国に愛着を抱くものである。いうまでもなく、伊波と東恩納も、「おきなわ」に深く愛着を抱いておられた。私の憶測では、その愛着ゆえに、伊波・東恩納の両氏は、愛する郷国の琉球王府が、まさか、自らの国土「おきなわ」に、「悪鬼納」という感情を抱き、表記する筈がないと考え、「おきなわ」に対して悪感情を抱き、「悪鬼納」と漢字表記を始めておこなったのは、薩摩藩であった、と誤解した一面もあったのではないか、と思う。しかし、「おきなわ」は、焼畑由来の呼称であるが故に、千年以上に亘って、島人に複雑な恐怖観念が刷りこまれ、古代の一般庶民には、「あかぐちや・ぜるまゝ」が、中世の王府には、「悪鬼納」が、という具合にであった。

五　「ひやくな」も焼畑地由来

外間守善 西郷信綱『おもろさうし』を繙くと、「ひやくな」を一語ずつ含むオモロが、十六首見える。482のオモロ（一七三頁）、847のオモロ（二九六頁）、996のオモロ（三四〇頁）、1227のオモロ（三九四頁）、1228・1229・1230・1231のオモロ（三九五頁）、1238のオモロ（三九七頁）、1256・1257のオモロ（四〇三頁）、1258・1259・1260・1261のオモロ（四〇四頁）、1268のオモロ（四〇六頁）の十六首である。ただし、それら十六首のうち、外間が指摘するように、1227・1228・1229・1230・1231・1238の六首はそれぞれ構成と意味内容が同一か、ほとんど同一のオモロを持っている。1127は1257と、1228は1258と、1229は1259と、1230は1260と、1231は1261と、1238は1268と、ほとんど同一のオモロである。ところで外間は、1226のオモロの末尾に、（→一二五六）を付記し、1226と1256のオモロが、ほとんど同一のオモロであると指示しているが、1226のオモロには、「ひやくな」の語が含まれていないので、ここでは1226のオモロは取りあげないこととする。

さて、右にあげた十六首のオモロに含まれている、すべての「ひやくな」に、外間は、「百名《ひやくな》」と漢字を当てているが、それはすべて誤謬であると思う。しかも外間は、十六首のオモロに出ている「ひやくな」の内、996のオモロの「中ひやくな」一点を除く、十五点の「ひやくな」は、すべて、たとえば「地名。玉城村字百名。沖縄島南部」（二九六頁）と頭注に注記し、現在の南城市の字百名のことであると、誤解を重ねている。

では、その字《あざ》百名が地名として琉球史上に初めて現れ、百名と漢字表記されたのは、何時ごろであろうか。そのこと自体は不明であるが、ここで取りあげている問題に関する事実関係についていえば、百名という地名は、漢字表記としても仮名表記（ひゃくな）としても、薩摩藩が元禄十四（一七〇一）年に作製した「元禄国絵図」（原田禹雄著『新井白石　南島志　現代語訳』二三〜二五頁）にもまだ載っていない。

「ひやくな」という語が、焼畑由来の語であることを、実証ないし傍証するため、「ひやくな」を含む、482・847・996・1227・1228・1230・1256・1259・1261・1268のオモロを取り上げて解釈したい。1257〜1268の五首は、1259を除き、1227〜1238の六首と内容が一致するオモロであるので、取り上げない。ここでの課題は、次の①と②の問題を解明することで十分であろう。

①「ひやくな」と呼ばれた場所が、現在の南部の百名以外に、首里を含む、本島内に複数ヶ所あったこと。

②「ひやくな」は、原義が「火焼庭《ひやくな》」で、焼畑由来語であったこと。

では、まず①の問題を読み解くオモロを見てみよう。

996

くめすよの主の節

一　勝連《かつれん》まみにやこは　やでおちへ
又　中百名《ひやくな》こみなこは　やでおちへ
又　昼《ひる》なれば　肝《きも》通《かよ》い　通《かよ》て
又　夜《よる》なれば　夢《いめ》通《かよ》い　通《かよ》て
又　西道《にしみち》の　謝名道《ぢやなみち》る　行《い》きやしゆ
又　東道《ひがみち》の　屋宜道《やぎみち》る　行《い》きやしよ
又　東《ひが》道い　屋宜《やぎ》の思《おも》いぎや　待《ま》ち居《よ》り

又　西《にし》道や　謝名《ぢやな》思《おも》いぎや　待《ま》ち居《よ》り
又　いぢや　屋慶名《やけな》中道《みち》ぢよ　行《い》きやしよ

外間が付した、オモロ996の頭注

勝連・中百名　地名。中頭郡勝連地方。
まみにやこ・こみなこ　女性の名前。
やでおちへ　（まみにやこに）心を通わせて。
謝名　地名。中頭郡浦添村謝名。
る　…ぞ。係助詞。
行きやしゆ　行こうか。「しゆ」は強意の係助詞。
屋宜　地名。中頭郡中城村屋宜。
い　特示強調の助詞。
思いぎや待ち居り　思い人が待っている。
いぢや　いざ。
屋慶名　地名。中頭郡与那城村屋慶名。
ぢよ　…こそ。係助詞。

右の頭注「**勝連・中百名**」の注記は、勝連地方に、「中ひやくな」という地名が在ったことを、外間が認めていることで、私も同意する。しかし、頭注「**屋慶名**」の注記には、同意できない。その注記によれば、「屋慶名中道」が、現在の屋慶名に在ったことになるが、それは誤解で、その「やけな中みち」は、そのオモロが述べているのに従えば、「中頭郡浦添村謝名」と「中頭郡中城村屋宜」の中間を走っていた、火が消えて一年以上経っていた焼畑地帯の中道であったのである。本書に、拙稿「沖縄の焼畑考―縄文文化を尋ねて―」(『文化の窓』№十一、一九八九年刊)を掲載してあるが、その中に田中健夫の次の秀逸な一文を引いた。「山地の多い対馬では作付面積はきわめて少ないが、そのなかでもっとも多いのは畑で、そのつぎが木庭《こば》であった。木庭は元来木場で、木の生えているところという意味であるが、普通には森林原野を焼いて、そのあとにつくった焼畑のことをさしている。焼かれた草木の灰が肥料になるもので、農耕の方法としては原始的な部類に属する。

木庭作の実際は、最初の年をアラケ・アラキ、二年目をヤクナ・ヤキナ、三年目を三年ヤクナなどとよび、二～三年の間に麦・蕎麦・粟・豆などを植え、そのあとは少なくとも十年くらいは放置して荒らすという方法をとる。〈中略〉麦コバは旧八～九月、蕎麦コバは七月、粟コバは三月である。コバナギをすると約一ヶ月間そのままにしておき、木や葉が枯れたころをみはからってコバヤキを行い、その後鍬で耕す。これをパルという。」(田中健夫著『対外関係と文化交流』二三五～二三六頁)。

この田中の玉稿は、さきに②で掲げた「ひやくな」が、「火焼庭《ひやくな》」で、焼畑由来語であったことを実証しており、沖縄の原始、古代における焼畑文化を解明し、オモロ研究の基調部分を解明する働きをしている。中でも、「木庭作の実際は、…二年目をヤクナ・ヤキナ、三年目を三年ヤクナなどとよび」の「ヤクナ」は、ここで取り上げている、「中ひやくな」のやくなに通じ、「ひやくな」を漢字表記すれば、「火焼庭《ひやくな》」である。「火焼《ひやく》」は、火と焼の複合語になっているが、それは、本土における「熾火《おきび》」、沖縄本島中南部における「熾火《うちり》」、北部の字辺土名の「熾火《うちび》」、字喜如嘉の「熾火《うっきひい》」と同じ例である。

次に「二年目をヤキナ」と呼ぶことは、ヤキナが、すでに焼畑の火が消えて二年目になっている実態を示している。その重大な指摘は、現在の屋慶名の先人達が、昔の自分達のムラが、焼畑から延焼した業火によって、毎年のように住居の多くを失ったことを避ける為、居住地の地名を、やぶムラからヤキナむらへ変えた経緯を、分かりやすく説明している。であるから、「謝名道《みち》」と「屋宜道《みち》」の中間を通っている「やけな中道《みち》」は、やけな、すなわち、すでに火が消えて、少なくとも二年目に入った、歩行の安全な通路であった訳だ。

この「やけな中道」のやけなは、地名ではなく、「中道」を修飾する普通名詞である。また、この996のオモロが作られた時代、「くめすよの主」の時代には、勝連半島に、まだ屋慶名という地名はなかった。元禄十四（一七〇一）年に薩藩によって作製された、「元禄国絵図」に、ヤフッシマ（ヤブツ島）は見えるが、地名としての屋慶名は見えない。ヤブむらを改めてヤケナむらに改名した経緯は、『球陽外巻遺老説伝』の九三頁に載っているが、同書の序八頁によれば、その屋慶名ムラの成立に関する資料等は、正徳三年（一七一三）ごろ各地から集められたとあるから、その年をわずかに遡る頃に、与那城間切内に字屋慶名が生まれたと思われる。

先に掲げた外間の頭注を取捨選択し、参考にして、996のオモロを意訳すると、左のようになる。

996

くめすよの主の節

一　勝連《かつれん》まみにやこに　惚れ込み

又　中ひやくなこみなこに　惚れ込んで

又　昼になると　心に懐い浮かび

又　夜ともなると　夢にまで見え

又　西道《にしみち》の　謝名道《ちゃなみち》を行こうか
又　東道《ひがみち》の　屋宜道《やぎみち》にしようか
又　東道《ひがみち》には　屋宜の愛人《おんな》が待ちこがれ
又　西道には　謝名の恋人《むすめ》が待ちおる
又　そうだ　やけな中道を　行こう

次に、1259のオモロを見てみる前に、『おもろさうし』の編成に関する規則をみてみることにする。『おもろさうし』は、全巻二十二巻から成っている。そのうち、第十五巻から第二十一巻までは、本島中・南・北部・久米島の各地域ごとに分類して編纂されている。まず、第十五巻の巻頭に、第十五「うらおそいきたたんよんたむざおもろの御さうし」（三五三頁）、次に、第十六「勝連具志川おもろの御さうし」（三七一頁）、第十七「恩納より上のおもろ御さうし」（三八三頁）、第十八「しま中おもろ御さうし」（四〇一頁）、第十九「ちゑねんさしきはなぐすくおもろ御さうし」（四一一頁）、第二十「こめすおもろの御さうし」（四二三頁）、第廿一「くめの二間切おもろ御さうし」（四四一頁）と成っている。

因みに第十八「しま中おもろ御さうし」の、「しま中」とは何処のことかといえば、この第十八を除く、第十五～第廿一巻の本島中・南・北部と久米島の各地方の「しま中」という意味である。

ついでにいえば、たとえば、外間が、オモロの後尾に、（↓一二二六）と付記し、逆に一二二六のおもろの後尾に、（↓一二五六）と付記している場合には、1226のおもろと1256のおもろは同一か、内容が同一のおもろであることを示すものである。だから1226のオモロは、「恩納より上のおもろ御さうし」であるから、1256のおもろも、「恩納より上」の地域にある「島中おもろ御さうし」ということになる。

中ぐすくおもろの節

1259
一　わなの思《おも》や子が
見遣《みやぼ》り欲しや
百名《ひやくな》の寄《よ》せ杜《もい》加《が》那志《なし》
又　わなのまちやり子《こ》が
嘉津宇嶽《かつおたけ》　上《のぼ》て
見遣《みやぼ》り欲しや

外間が付した、おもろ1259の頭注

わな　島尻郡玉城村垣花の地内。
思やこ・まちやり子　人名。
見遣り欲しや　見たい。欲しや↓語
百名の寄せ杜加那志　島尻郡玉城村百名にある杜の美称。加那志↓語
嘉津宇嶽　嶽名。国頭郡本部半島にある。

右の外間の頭注は、1259のオモロに対する解釈を、とらえどころのない混乱に落とし込んでいると思う。外間は、わずかに六行から成っている1259のオモロの中に、「わな」・「百名《ひやくな》」・「嘉津宇嶽《かつおたけ》」の三つの地名・嶽名を入れ

て、そのオモロを、いかに統合し関連づけて読み解こうとしているのだろうか。まず不可能である。なぜか。本島南部の垣花の「わな」の、「思や子・まちやり子」という名の二人が、本島南部の百名にある、「寄《よ》せ杜加《もりが》那志《なし》」を見たがって、本島北部の嘉津宇嶽に登って見下ろした、ということになるからである。

私の1259のオモロに対する解釈は、「わな」は「我庭《わな》」で、我が地。方言でいう「ワッター根《ニー》」。「思《おも》や子《こ》・まちやり子《こ》」は人名ではなく、目の中へ入れても痛くないほど、かわいい子。この「わなの思や子・まちやり子」は、実際には、弱年の子供たちではなく、「火焼庭《ひやくな》」（焼畑）を耕作する一般の村人たちである可能性が高い。この1259のオモロは、その村の生活と経済の基盤である「ひやくな」を守護する、神聖な「ひやくなの寄《よ》せ杜加《もいが》那志《なし》」に、耕作者たちの心を、「思い子」の如く純真無垢に傾けさせる意図から、謡われたものと想われる。「ひやくなの寄《よ》せ杜加那志《もいがなし》」は、本部半島の加津宇嶽の麓の、焼き畑地（ひやくな）に囲まれた杜のことであろう。1259のオモロを意訳すると、左のようになる。

1259　一　我庭《わな》の可愛い子らが
　　　　見たがるのは
　　　　火焼庭《ひやくな》の寄《よ》せ杜加《もいが》那志で
　　又　我庭《わな》の可愛い子らが
　　又　加津宇嶽に上って
　　　　見たがるものよ

因みに、この1259のオモロの節名「中ぐすくおもろの節」の「中ぐすく」は、今帰仁間切の中城村（『琉球国由来記』巻十五）と関連するものであろう。本部間切が今帰仁間切から分離独立したのが一六六六年である（『球陽』読み下し編一九六頁）。これで、本部半島の加津宇嶽の麓にも、焼畑地、「火焼庭《ひやくな》」という準地名があったことが分かった。

次に、外間西郷『おもろさうし』中に、注目すべきオモロがある。1231・1238・1261・1268の四首である。それら四首はすべて、「ひやくな」と「崎枝《さきよだ》」が対語、つまり同義語として謡われている。ただし、1231と1261のオモロはほぼ同一、1238と1268のオモロは同一であるから、ここでは、1261と1268のオモロを取り上げて考察する。

ひやくなからのぼてが節

1261 一 ひやくなから　かねて
連《つ》れる　連《つ》れ　連《つ》れて
果報首里親国《かほうおしよりおやぐに》
又　崎枝《さきよだ》から　かねて

外間が付した、おもろ1261の頭注

かねて　囲って。統べて。

連れる　一緒に行く。伴う。

果報首里親国　首里の美称。→一二三一

崎枝　岬名。百名の別称。↓一二三一

外間は右の頭注の中に、「百名《ひやくな》」の頭注を上げない代わりに、崎枝の注記に、「岬名。百名の別称。」と書いている。しかし、外間が自著の『おもろさうし』の随所に書いているように、例えばこのオモロの「ひやくな」と「崎枝」は対語で、同義語でなければならない。だが外間は、そのことに一切触れずに、「崎枝」が、岬名であり、百名の別称であると、ごまかしている。他のおもろ研究者の一般常識からすれば、このオモロの「ひやくな」は、「崎枝」、つまり、本島中部の読谷山のことである。また、沖縄本島に長年住む一般人ならば、その百名の東側の海辺に、岬など全く無いことを知っている。「さきよた（崎枝）」については、『混効験集』（影印本、昭和五十九年、沖縄県教育委員会発行）に、「さきよた　読谷山の事也。又、大にし共云」（八九頁）とある。『混効験集』の中で、「さきよた」を上げてその解釈がなされているのは、同頁のその一点だけである。

外間が掲げた右の頭注を、取捨選択して参考にし、1261のオモロを意訳すると左のようになる。

1261　一　ひやくなから　集めて
連れる　供を　連れて
とみ栄える　首里親国へ
崎枝から　集めて

もちろんのこと、「ひやくな」と「崎枝《さきよだ》」は同義語で、現在の読谷村の村域をさしている。このオモロの直前の1260と1261の両オモロは、共に、「ひやくなからのぼてが節」の節名を持っている。従って、この1261のオモロが作

られたのは、その1260のオモロに見える、「おぎやか思い加那志《がなし》」（尚真王）の時代であることは間違いない。この1261のオモロが明示しているように、尚真王の時代には、読谷山のほぼ全土が、「火焼庭《ひやくな》」、つまり、焼畑地でおおわれていたことを示している。これらのオモロはその点で、琉球史の根幹にかかわっているのではないか。次にまた、「ひやくな」と「崎枝《さきよだ》」が、対語（同義語）になっている1268のオモロを見てみよう。

こいしのが節

1268 一　雲子杜《くむこもり》
真玉杜《まだまもり》ぐすく
金加那志《かねがなし》
君誇《きみほこ》り　げらへて
又　ひやくな内《うち》に
選《えら》でおちやる　真人《ま》
又　崎枝内《さきよだうち》に
そゝておちやる　真人《ま》

外間が付した、おもろ1268の頭注

金加那志　貴人名。
君誇り　建物名。玉城城内にある。

げらへて　造って。造営して。建立して。
百名内・崎枝内　玉城村百名の部落内。
選でおちやる　選んでおいた。
真人　一般の人。村人。
そゝておちやる　選んでおいた。

外間は、「雲子杜」、「真玉杜ぐすく」に頭注を付していないが、おもろ1の頭注に、「**首里杜ぐすく・真玉杜ぐすく**　首里王城内のぐすく。または首里王城。『混効験集』に「首里王城を云也」。ぐすく→補」（一二頁）、おもろ88の頭注に、「**首里杜・真玉杜**　首里城内の杜。首里城や首里の汎称にも使われる。杜→補」と注記している。その頭注と注記は、外間・西郷共著の『おもろさうし』の随所に見られる。私は、この1268のオモロの「雲子杜・真玉杜ぐすく」は、首里城のことと思う。すぐ後方でこのオモロを意訳するが、このオモロは、国王による崎枝に対する、重大な国家的行政行為を謡ったものと解するからである。

また、おもろ40の頭注に、「**金の御内・雲子御内**　首里王城内の美称。」（二八頁）とあることから連想して、「金加那志」は国王を意味していると思う。「君誇り」は、国王が崎枝に造営した建物で、そこに、地方官として選任した「真人」を、配置したことを謡っていると。

私は今から二〇年ほど前に、『文化の窓』（№十五　一九九三年）に、

あおりやへが節

1116　一　読谷山《よんたむざ》　おわる

思《おも》い真《ま》泰《た》期《ち》思《よも》い
げらへ世誇《ほこ》り　ちよわちへ
崎枝《さきよだ》に　おわる

を取り上げ、外間がそのオモロに付した頭注を取捨選択して解釈し、意訳して載せた。私は、そのオモロの「読谷山」を現恩納村の字山田、「思い真泰期思い」を護佐丸、「げらへ世誇り」を座喜味城、「崎枝」を現在の読谷村と解したが、それらの解釈は今も変わらない。ただし二十年ほど前には、オモロ1268が謡っているように、座喜味城の造営を、「金加那志」（尚巴志王）が、「選でおちやる真人」（護佐丸）に命じてやらせたものであった史実については、関知しなかった。1268のオモロを見てなかったから。

　ところで、護佐丸は、座喜味城にわずか二十年ほどしか住んでなく、中城城を造営して移住しているから、その中城城の造営も、尚巴志王の護佐丸への命令によるものであった。そのことは『琉球国旧記』に次のように明記されている。「夫読谷山城者。離㆓首里㆒数十里。而路次遼遠。往還不便也。由㆑是。改賜㆓仲城郡㆒。即奉㆑命。創㆓建此城㆒。而鎮守焉。」（巻之五、九九頁）。尚巴志王による、護佐丸の中城城への移住命令は、第一尚氏による、首里城を拠点とする沖縄本島の統治を、勝連城の阿摩和利から防御する、国家的最重要課題にかかわるものであったからである。

　いうまでもないことだが、1268のオモロにおける「ひやくな」は、「崎枝」（現在の読谷村の村域）の対語であり、同義語である。さきに示した外間の頭注を、取捨選択して参考にし、1268のオモロを意訳すると、左のようになる。

1268
一　雲子杜
　真玉杜ぐすくにいらっしゃる
　国王様が
　君誇りをお造りになって
又　ひやくなの内に
　選びぬいた　忠臣を
又　崎枝の内に
　選んでおいた　忠臣を

「真人《ま》」の「ま」は、真人間・まとも・まじめ・まこと・まごころ等の「ま」で、漢語の忠そのものといえる。

これで、「ひやくな」が地名となっていた例が、玉城村字百名のほかに、勝連半島、本部半島内に、そして現在の読谷村の全域に存在していた事実が、996、1229と1259、1231、1238、1261、1268の七首のオモロによって実証された。『球陽』読み下し編巻二の「尚巴志王」の項に「巴志、剣を按じて立つ。鱷魚畏れ退き敢へて侵さず。時に異国商船有りて鉄塊を装載し与那原に在りて貿易す。皆其の剣を見て之れを要む。終に満船載する所の鉄を以て之れを買ふ。巴志、鉄許多を得、百姓に散給して農器を造らしむ。百姓感服す。」（一一七頁）とある。これは尚巴志の三山統一より前のことを語っているものと思う。

次に、「ひやくな」が、焼畑そのものであることを如実に示しているばかりでなく、それが、国王の生存とさえ、密接な関係にある程の存在であったことを示すオモロを見てみよう。1227と1257の二首あるが、内容が同一なので、1257を中心に出すことにする。

いつかなつたゝしよが節

1257 一 ひやくなわ　浦南風《うらはゑ》　吹けば
煽《あお》りやへ　成《な》さ　守ぶりよわちへ
又 我《わ》が浦《うら》は　浦南風《うらはへ》　吹《ふ》けば
又 おれづむ　煙《けもり》やが　立《た》てば

節名の、「いつかなつたゝしよ」は、いつのまにか夏立ちてこそ、という意味になる。1227のオモロの節名の中の「しゆ」は、「係助詞。…こそ」。「しよ」と同じ。（外間西郷『おもろさうし』五二一頁）。外間が1257のオモロに付した頭注。

わ　…は。係助詞。↓語
浦南風　浦を吹く南風。
煽りやへ　神女名。高級神女。↓補
成さ　父親。按司・王にもいう。↓補
おれづむ　旧三月の候。↓補
煙や　煙るもの。春霞。「や」は「もの」。

ついでに、1227の頭注と注記を掲げると、

百名　地名。島尻郡玉城村百名。
浦南風　1257のと同一。
煽りやへ　1257のと同一。
おれづむ　1257のと同一。
煙や　1257のと同一。

1227の頭注に、「按司添い」が掲げられていないが、それは、「按司達を守護し支配する大按司の意で王をさす」（おもろ2の頭注）、「王の尊称」（おもろ88の頭注）と注記されている。これで1227における「按司添い」は、国王の意ととれる。また、その「按司添い」と対応して謡われている1257の「成さ」も、「守りよわちへ」と、高級神女の「煽りやへ」からする尊敬表現が使われているから、国王の意である。私が、外間の右の頭注「煙や」の注記の中で、絶対に同意できないのは、「煙」を「春霞」と解している点である。1227と1257のオモロの中にある「煙や」は、あくまでも煙りであって、その煙りは、「ひやくな」（焼畑地）の火から出たものである。外間は、「煽りやへ　按司添い　守ら」の連と、「煽りやへ　成さ　守りよわちへ」の連を、煽りやへが、何ら危険でも脅威でもない「春霞」から、国王をお守りすると、理解するのだろうか。

私は、『おもろさうし』の発生と発展は、焼畑農業の発展と衰退（常畑化の進展）過程と、深いかかわりがあるように思う。『おもろさうし』の中で、歴史上、琉球王府の最高級神女の聞得大君の登場以前に、王府の高級神女として登場する「煽りやへ」の原義が、そのことを象徴していると考える。私は「煽りやへ」の原義は、「煽りやれ」と解する。「やへ」と「やれ」が通ずるもの、と解する根拠は、例えば、「買へ」の方言が、「コーレー」、

「食《く》へ」の方言が、「クヮレー」、「這《は》へ」の方言が、「ホーレー」、「舞へ」の方言が、「モーレー」であって、「へ」と「レ」が通いあうからである。「煽りやへ」、つまり「煽りやれ」は、煽り傘である「冷傘《りやんさん》」を手にして煽ることによって、焼畑から燃え上がった火炎、つまり火災の進み来る方角を脇に逸らして安全を保つという、呪術的、宗教的行為を示していると想われる。この1227と1257のオモロは、第一尚氏以前の古い時代に謡われたものと思われる。「按司添い」・「成さ」という国王をあらわす語そのものが、きわめて淡泊であることがひとつ。「按司添い」・「成さ」の居城が、「火焼庭《ひやくな》」に囲まれた所にあり、後世の按司の居城（勝連城や中城城等）などよりも質素で、焼畑からの火災が想定されること。1227も1257のオモロも、共にわずかに四行編成で、単純明快であることが、その根拠である。この1227のオモロは、「恩納より上のおもろ御さうし」である。その紛れもない事実は、「按司添い《あんじおそ》」の居城が北山城であることを示している。

ところで、1227のオモロは、「恩納より上のおもろ御さうし」第十七の中に収められているので、1227のオモロの冒頭にある「ひやくな」は、「恩納より上」、つまり、本島北部の地名である。それなのに、外間は先に見たように、「百名《ひやくな》」の頭注の注記に、「地名。島尻郡玉城村百名」と書き、『おもろさうし』第十七に収めてあるおもろは、すべて「恩納より上のおもろ御さうし」であるという、王府の基本中の基本原則も守ろうとしないのだ。

さて、さきに示した、外間の頭注を取捨選択して解釈し、1257のおもろを意訳すると、左のようになる。

1257
一　火焼庭《ひやくな》は　浦南風《うらはえ》が　吹くので
　　煽りやへが　国王様を　守り給いて
又　我が浦は　浦南風が　吹くので
又　うりづんの　煙が　立ち上《のぼ》るので

次に、「ひやくな」、つまり焼畑地が国土の基盤をなす土台として謡われ、その「ひやくな」から貢物が、当時の首里王府に納貢されていたことを謡ったオモロがある。第十七「恩納より上のおもろ御さうし」中の1230と、第十八「しま中おもろ御さうし」中の1256のオモロである。これらのオモロこそ、まさに沖縄の歴史の産業経済史の根幹にかかわる貴重この上ない史料といえるのではないか。まずは、1230のオモロから見るとしよう。

1230

ひやくなからのぼてが節
一　ひやくなから　上《のぼ》て
根国《ねくに》から　上《のぼ》て
島《しま》 揃《そる》て
十百末《ともゝすへ》　みおやせ
又　首里杜《しよりもり》　ちよわる
おぎやか思《も》い加那志《がなし》

外間が付した、おもろ1230の頭注

根国　中心になる国。百名の美称。
島　故郷。地方。国。島。↓補
揃て　揃えて。支配して。治めて。

十百末　永遠に。いつまでも。
みおやせ　奉れ。献納せよ。献上せよ。底本「みやおやせ」。
ちよわる　まします。おわします。
おぎやかもい　尚真王。↓補

外間は、「ひやくな」を「根国」の対語として扱い、現在の字百名に該当する地名と解釈している。それは誤解である。一般常識からいって、そんなにも産業経済的に狭小な百名に対し、首里王府に年貢を、「島揃て」永遠に納めよと、国家的見地からオモロに謡うだろうか。いやそれはとてもありえない。先にも触れたように、「根国」は「火焼庭《ひやくな》」の美称であり、「ひやくな」、つまり焼畑地が国土の基盤をなす土台＝「根国」として謡われているのである。このオモロ1230は、「恩納より上のおもろ御さうし」の中の一首として謡われているから、「島《しま》　揃て《そる》　十百末《ともゝすへ》　みおやせ」の、「島　揃て」は、沖縄本島北部の「ひやくな」地帯全土が一緒になって、の意味ととれる。尚真王の在位は、一四七七〜一五二六年である。外間の右の頭注を取捨選択して参考にし、1230のおもろを意訳すると、左のようになる。

1230　一　火焼庭《ひやくな》から　上《のぼ》って
根国から　上《のぼ》って
村々すべて　心を合わせ
とわに　貢《みつぎ》を　献《ささ》げよ
又　首里城に　まします

尚真王様へ

次の1256のオモロは、その末尾に外間が、(↓一二二六)と付記しているように、一二二六のオモロと同一の内容を謡ったもので、両方共に「恩納より上のおもろ御さうし」である。その点、外間が、1256の頭注に、「**百名**　地名。島尻郡玉城村百名」と書いてあるのは誤解で、1256の末尾に(↓一二二六)と付記している自己の基本原則に、自ら反するものである。1226と1256のオモロの節名は、共に「わなのおもやこが節」である。

1256
わなのおもやこが節
一　おた子《こ》なつらしや
あさと　撓《しな》て　かなて
按司《あんじ》に　思《おも》われゝ
又　わなの新貢《あらかない》
又　百名《ひやくな》初貢《はつかない》
あさと　撓《しな》て　かなて

外間が付した、おもろ1256の頭注

おた子なつらしや　人名。「おた子」は「おも（思）子」（一二二六）か。
あさ　親の同義語であり、部落の長老。一般から尊敬されている男の呼称。↓補

撓て　調和して。ふさわしくして。
かなて　貢租をして。公に公租を払って。
思われゝ　思われよ。加護されよ。
わなの新貢　玉城村垣花わな（地名）からの新しい貢物。
百名　地名。島尻郡玉城村百名。

右の外間の頭注の注記について考えてみよう。私は、「おた子なつらし」は人名ではなく、節名の中の「わなのおもやこ」＝われらの思い子達《ぐゎ》と解し、「なつらしや」の「や」は、主語につく係助詞「は」を意味すると思う（外間西郷『おもろさうし』、語法、五二二頁）。「わな」は、外間が書いているように、玉城村垣花わな（地名）、ではない。なぜなら、この1256のオモロは、「恩納より上のおもろ」なのだから。「わな」は、「我庭《わな》」で、われらの処、ここ、こちら、方言でいうワッター根《ニー》であると思う。また外間が、「ひやくな」に「百名」と漢字表記し、「地名。島尻郡玉城村百名。」と注記しているのも誤解である。「ひやくな」は、本島北部の或る「しま中《なか》」に在る「火焼庭《ひやくな》」のことである。外間の右の頭注を取捨選択し、参考にして、1256のオモロを意訳しよう。

1256　一　われらの思い子達《ごたち》は
むらおさと　心を合わせて　貢《みつ》ぎ
按司に　思われよ
又　われらの　新貢《あらかない》を

又　火焼庭《ひやくな》の初貢《はつかない》を
むらおさと　心を合わせて　貢《みつ》ぎ

このオモロは、第十八「しま中おもろ御さうし」の中の一首だから、本島北部の或る「しま中」の村人が、自分達の焼畑から、初めて支配者の按司に納貢する姿を謡ったもので、焼畑全盛時代の歴史史料として不可欠で、きわめて重要なオモロである。さきに見た1230のオモロは、国王尚真に対する焼畑の村民からの納貢を謡ったものであったが、この1256のオモロは、北部の或る地域の按司階級の者への納貢を謡ったものである。もう一ついえば、この「わなのおもやこが節」の冒頭の「おた子《こ》なつらし」は、直接の意味は幼年層を想わせるが、そのオモロのテーマにおける実態は、さきに1259のオモロの解釈でも触れたが、一般の焼畑耕作農民のことではないだろうか。「新貢」・「初貢」をする納貢者達に、無欲で大らかな公共精神を注入する意図から、村長《むらおさ》の「あさ」の観点から工夫した、焼畑農耕民たちに対する愛称だと想われる。

『中山世譜』巻一の二三頁に、十一世紀末に興った按司社会から尚巴志王の時代に及ぶものと想定できる焼畑関係の記録が書かれている。それを読み下し文にして示す。「国に賦斂無く、事有れば則ち税を均しくす。厥の田は良沃なり。先づ火を以て焼き、而して水を引きて之に灌ぐ。其の農器は、石を以て刃を為る。長さ尺余、濶さ数寸。而して之を墾す。土宜は、稲・粱・床・黍・麻・豆・赤豆・胡米・黒米等なり。…」と。右の漢文史料で最も注目に値する一字は、「厥田良沃。先以火焼。而引水灌之」の中にある「田」である。漢字の田には「た」と「はたけ」の意味がある。右の漢文中の「田」は水田ではなく、火田（焼き畑）の意味で使われている。ちなみに「畑」は日本の国字で、火田の義であるが、漢文の中には畑の字は使えない。また同『世譜』の二一頁に、「年を歴ること亦久し。麦・粟・黍が天然に久高島に生じ、稲苗が知念・玉城に生ずれば、始めて民に耕種を教へ、而て農事興る。」とあるが、その「農事」も焼畑農業のことであることはまちがいない。麦や稲が天然に生じた古代のことを述べたものであるから。当然のこと、受水走水における稲作も火田から始まっている。

さきに見た「国に賦斂無く、事有れば則ち税を均しくす。」という焼き畑農業の時代の貢納の方式と分量について、『混効験集』に次の様に記されている。

かまへ　上納方の事
かみ下のかまへ御てみおやせ
むかしは御さかなひと申して人の頭の程に
稲壱たばりヅヽ上納有たるよしなり

さて、元禄十四（一七〇一）年に、薩摩藩が作製した『元禄国絵図』を開くと、「沖縄嶌」の中に、「美里マキリ」・「本部マキリ」や「恩納マキリ」等がないのと同様、百名も見えない（玉城マキリはあるが）。ちなみに、美里間切・本部間切が新設されたのが一六六六年、恩納、大宜味、小禄、久志の四間切が置かれたのが一六七三年である。『元禄国絵図』の沖縄本島をさす「沖縄嶌」の中に、二十六のマキリ（間切）と三十一の村《むら》と島の名が見える。二十六のマキリの内、真壁マキリとあるべき漢字表記が、「真加イマキリ」となっているほかは、すべて今日の漢字表記と一致している。村《むら》名は、オンナ村、アメソコ村等のようにほとんどがカタカナ表記であり、島名も伊恵嶌、水無シマ等以外は、ほとんどカタカナ表記である。只一点、島名で注目すべきは、島名が今日とはちがい、古宇利島が「沖那シマ」、つまり焼畑由来の島名になっていることである。

また、さらに注目すべきは、本島内に数多くの「ひやくな」が在ったのに、『元禄国絵図』に、一件も「百名」の漢字表記の地名がないのに比べ、宮古島の平安名崎に、漢字表記の「百名村」があることである。但し、『琉球国旧記』附巻之十、「宮古山」の項の、共計二十九邑の中に「百名村」は存在しない。「おきなわ」に対する漢字表記「沖縄」が、薩摩藩による考案であったように、ひょっとすると、宮古島の「ひやくな」に対するそれも、同藩の考案によるものとすれば、それは沖縄の焼畑史の一側面を炙り出すものといえよう。薩摩藩の、「沖縄」・「百名」の漢字表記は、「おきなわ」・「ひやくな」の原義から、ものの見事に火のイメージを消し去った考案によるものといえるからである。『琉球国旧記』附巻之三、〔玉城郡〕の項の中に、「屋部冊嶽（在二百名邑一。…）」とあって、焼畑由来の地名である「百名」が、日本史上典型的な焼畑じある「屋部《やぶ》」と融合して記されている。「屋部冊《やぶさく》」の原義が「やぶ作」であることはまちがいない。

六　聞得大君の歴史的出現過程と君南風

外間西郷『おもろさうし』の中で、君南風の名がでているおもろが三十三首あり、そのうち十首は節名の中に出ている。それらのおもろは、35、36、96、369、558、559、561、563、564、584、585、586、617、621、628、641、762、901、1407、1409、1410、1411、1413、1415、1416、1437、1439、1451、1456、1457、1473、1480、1499のおもろであるが、それらのうち、おもろ35は、561・1413・1456と内容が同一か、ほぼ同一であり、おもろ369は、617・1439と同一かほぼ同一であり、おもろ558は、1410・1443と同一かほぼ同一であり、おもろ559は、1411・1499と同一かほぼ同一であり、おもろ563は、1415とほぼ同一であり、おもろ564は、1416とほぼ同一であり、おもろ586は、1473とほぼ同一であり、おもろ621は、1437とほぼ同一であり、おもろ628は、1457とほぼ同一であり、おもろ641は、1451とほぼ同一である。

君南風を含む三姉妹の高級神女に関する記録が、『球陽』読み下し編（一五〇頁）に載っているから、左に掲げる。

久米島の君南風、官軍に跟随して八重山に往き至り、奇謀を設け為して深く褒嘉を蒙る。太古の世、久米山に姉妹三人有り。長女は首里弁嶽に栖居し、次女は久米山東嶽に栖居し、後、八重山に至りて宇本嶽に栖居す。三女は久米山西嶽に栖居し、君南風職に任ず。是の年に至り、中山、八重山を征伐す。時に、首里神有りて曰く、八重山の神と久米山の神とは、原、是れ姉妹なり。若し君南風、官軍に跟随し往きて八重山に赴き、諭を以て暁すを為せば、必ずや以て信服せんと。君南風、命に遵ひ、軍に従ひて行き、已に八重山に至る。賊衆甚だ夥く、防備已に密にして以て上岸し難し。君南風、即ち奇謀有り。竹筏を作り為し、上に竹木を装ひ、焼きて烟火を連ね、以て放流せしむ。賊衆之れを見て皆其の逝く所の処に行き、将に以て防戦せんとす。官軍時に乗じて上岸し、相戦い相殺す。此の時、宇本嶽君真物神有り。来りて君南風と会し、早已に信服す。賊衆其の神の帰服するを視、大いに驚き且服す。是れに由りて大将軍招撫恤綏して人民始めて安し。既にして功を成して凱旋し、細さに他の奇謀を疏して聖聴に上達し、深く以て褒嘉す。其の子孫の家、世ゝ君南風職に任じ、而して彼の肥良志屋の地を拝授す。

右の三姉妹の神女を含むオモロがいくつか存在するので、外間西郷『おもろさうし』の中から取り上げて示したい。まずは、聞得大君がまだ存在しない、「くめのきみはいが節」の節名をもつ558のオモロを見てみよう。

558
くめのきみはいが節
一　おもと嶽司子《たけつかさこ》　おわちへ
久米《くめ》の島《しま》　おわちへ
世直《なお》しが　おわちへ
又　きちやら嶽司子《たけつかさこ》
成《な》さが前《まへ》　おわちへ
又　首里杜按司添《しょりもりあぢおそ》い
十百末《ともゝすへ》
按司添《あんじおそ》いす　ちよわれ

又　真玉杜《まだまもり》按司添《あちおそ》い
十百末《ともゝすへ》
按司添《あぢおそ》いす
又　八重山島《やへましま》ぎやめむ
波照間島《はたらしま》ぎやめむ
十百末《ともゝすゑ》
按司添《あぢおそ》いす
又　与那国《いなくに》ぎやめむ
波照間《はてるま》ぎやめむ
十百末《ともゝすゑ》
按司添《あんじおそ》いす
又　縄《なわ》　渡《わた》ちへ
糸《いと》　渡《わた》ちへ
十百末《ともゝすゑ》
按司添《あんじおそ》いす　ちよわれ

外間が右のオモロに付した頭注。

おもと嶽司子・きちやら嶽司子　八重山おもと嶽の神名。司子は杜、嶽の神名。神を祀る神女名にもいう。

おわちへ　おわして。来られて。
世直し　五穀豊穣にし、世の中を平和にすること、穏やかにすること。
成さが前　父なるお方の御前。
首里杜按司添い・真玉杜按司添い　国王。
ちよわれ　居給え。ましませ。
ぎやめむ　…までも。↓語
波照間島　八重山島の異称。
与那国・波照間　八重山諸島の島名。
縄渡ちへ・糸渡ちへ　縄・糸を掛けたり、渡したりすることは、守護し支配することを意味する。

私の、この「くめのきみはいが節」の節名をもつオモロの解釈における、最も大事な基本点の第一は、七連からなるオモロのどこにも、君南風自身は入っていないということだ。その節名「くめのきみはいが節」の中に、久米の君南風は出ている。それからして第二点は、このオモロは君南風の立場から、二人の姉である長女と次女の神女としての働きを謡ったものであろうということ。第三点は、尚真王の最末期に歴史上に登場した聞得大君の名がないこと。ならばこのオモロの時点で、首里城内の最高級神女は誰か、ということ。第四点は、このオモロの一連と二連の中に、次女である「おもと嶽司子・きちやら嶽司子」が出ているので、三連と四連に出ている「首里杜按司添い・真玉杜按司添い」こそ、長女であろうということである。因みに、外間は、42のおもろの頭注（三二頁）に、「**添う**」を上げ、「保護し、守護するという意が原義であるが、拡がって支配するの意になる」と注記している。今、その原義に基づいて、三連の「首里杜按司添い」と四連の「真玉杜按司添い」を解釈すると、「首里杜・真玉杜の神域にいて、按司（国王）に寄り添って守護する最高級神女ということになる。また、「添う」の原義から「拡がって支配するの意」に基づいて、五連から七連の中に見える三つの「按司添い」を解釈すると、それも最高級神女の長女ということになる。たゞしこの場合の支配は宗教的意味での支配である。この558「くめのきみはいが節」のオモロを、外間の頭注を取捨選択して参考にし、意訳すると左のようになる。

558
くめのきみはいが節
一　おもと嶽司子様が
久米島へいらっしゃって
世直しにいらっしゃって
又　きちやら司子様が
父君の御前に　いらっしゃった
又　首里杜按司添い様よ
永遠《とわ》に
按司添いの栄位に　ましませ
又　真玉杜按司添い様よ
永遠《とわ》に
按司添いの栄位に　ましませ
又　八重山島までも

波照間《はたら》島までも
永遠《とわ》に
按司添いの栄位に
又　与那国までも
波照間《はてるま》までも
永遠《とわ》に
按司添いの栄位に
又　縄を　渡したまい
糸を　渡したまい
永遠《とわ》に
按司添いの栄位に　ましませ

次にまた、聞得大君の存在しない、「おもとたけつかさこ節」の節名をもつ、1409のオモロを見てみよう。

おもとたけつかさこ節
1409
一　久米《くめ》の君南風《きみはい》や
前《まゑ》にかち　寄《よ》て来《こ》う
成《な》さが　珍《めづ》らしや
又　弟君《おとゝきみ》南風《はゑ》や

又　前《まへ》にかち　寄《よ》て来《こ》う
組《こ》む手《て》　取《と》て　見《み》らよ

又　前《まゑ》にかち　寄《よ》て来《こ》う
島《しま》ゑりぎや　欲《ほ》しやす

又　八重山島《やへましま》　おわちやれ
国《くに》ゑりぎや　欲《ほ》しやす

又　きちやら嶽《たけ》　おわちやれ
仲地綾庭《なかちあやみや》に
ゑんげらゑ　有《あ》りる

外間が右のおもろに付した頭注。

久米の君南風　久米島の高級神女名。
かち　…へ。…の方向に。格助詞。
成さ　父親。按司、王にもいう。↓補
珍らしや　美しさ。目新しさ。見事さ。
弟君南風　久米の君南風の異称。妹なる君南風（神女名）。
組む手　両手。
島ゑり・国ゑり　島貫い。国貫い。

欲しやす　欲しさぞ。「す」は強意の係助詞。
おわちやれ　おみえになったのだ。ちやれ→語
きちやら嶽　嶽名。八重山おもと嶽の中にある。
仲地綾庭　久米島仲地になる美しい神庭。
ゑんげらゑ　建物の美称。対語「むかげらゑ」。
有りる　有り居る。

右の頭注の中で、「**島ゑり・国ゑり**　島貫い。国貫い」に関していえば、さきに引いた『球陽』読み下し編の中にある、「…而して彼の肥良志屋の地を拝授す」とあるのが、それに当たる。また、「**仲地綾庭**　久米島仲地にある美しい神庭。」に関していえば、私は、本稿の「あとがき」の中に、次のように書いた。私は、559以下十一首のオモロの中に謡われている「仲《なか》地《ち》綾庭《あやみや》」は、すべて「君南風殿内」の美称として使われていると確信すると。まさに、「仲地綾庭」＝「君南風殿内」である。また、この1409のオモロ「おもとたけつかさこ節」の一連・二連・三連はすべて、次女おもとたけ司子が、妹の君南風に向けた視線と情愛を謡ったものであるから、一連の中の「成さ」の意味は、外間の注記がいうように、父親とか、按司とか、王ではなく、妹の「生まれ」とか、「生まれ方」・「生まれよう」、つまり妹の容姿やみめかたち、という程の意味であろうと思う。この1409のオモロ「おもとたけつかさこ節」を、外間の頭注を取捨選択して参考にし、意訳する。

おもとたけつかさこ節
1409　一　久米の君南風は

私の前に　寄っておいで
みめかたちが　端麗なことよ
又　妹の君南風は
私の前に　寄っておいで
又　その両手を　取って　見ようよ
私の前に　寄っておいで
又　島の拝授に　あずかりたいのよね
八重山島に　お見えになったのは
又　国の拝授に　あずかりたいのよね
きちやら嶽に　お見えになったのは
又　仲地綾庭には
君南風殿内も　有るよね

右の558と1409の二首のオモロをみると、首里王府の最高級神女は、558のオモロでは、「首里杜按司添い＝真玉杜按司添い」であり、1409のオモロではその名が出てこない。次に掲げる「おにのきみはゑやなさいきよにしなてが節」の1437のオモロと、「うちいでがおにのきみはい節」の1407のオモロにも聞得大君の名がない。

おにのきみはゑやなさいきよにしなてが節
1437 一　聞《きこ》ゑ宣《せ》の君《きみ》が

綾頂《あやつちへ》　鳴響《とよ》ま
又　鳴響《とよ》む宣《せ》の君《きみ》ぎや
又　首里《しより》杜《もり》ぐすく
又　真《ま》玉《だま》杜《もり》ぐすく

外間が右のおもろに付した頭注。

綾頂　美しい神庭。頂は最上のもの。
鳴響ま　鳴り轟きましょう。
首里杜ぐすく・真玉杜ぐすく　首里城のこと。ぐすく↓補

右の外間の頭注を参考にして、1437のおもろを意訳する。

1437　霊力豊かな君南風は父君に心合わせて節
一　聞え宣の君様よ
首里御城《みぐしく》にまで　鳴り響きましょう
又　鳴り轟く　宣の君様よ
又　首里杜ぐすくに
又　真玉杜ぐすくに

※私は、右のおもろの一連の中の「綾頂」は、首里城のことと思う。外間は「綾頂《あやつちへ》」とルビを付しているが、それは間違いで、私は「綾頂《あやつち》へ」が正しいと思う。宣の君は君南風。

1407

うちいでがおにのきみはい節

一　聞ゑ《きこ》宣《せ》の君《きみ》や
祈《いの》り遣《や》り　ちよわば
宣《せ》の君《きみ》しよ　世《よ》は　似《に》せめ

又　鳴響《とよ》む宣《せ》の君《きみ》ぎや

又　聞ゑ《きこ》按司《あんじ》添《おそ》いや

又　鳴響《とよ》む按司《あんじ》添《おそ》いや

外間が右のおもろに付した頭注。

祈り遣り　祈って。「遣り」は動作の継続進行を表す補助動詞。

ちよわば　居給えば。

しよ　…こそ。強意の係助詞。

似せめ　似合しかろう。ふさわしいだろう。

右の外間の頭注を参考にして意訳する。

1407　出軍する霊力のすぐれた君南風節

一　聞え宣の君様が
　お祈りし続けていらっしゃれば
　宣の君様にこそ　世はなびくであろう
又　天に鳴り轟く宣の君様が
又　名高い按司添い様が
又　天に鳴り轟く按司添い様が

※私は、右のおもろの一連の中の「聞ゑ宣の君や」と、三連・四連中の「聞ゑ按司添いや」と「鳴響む按司添いや」は、対句として謡われているから、三連と四連中では、「祈り遣《や》り　ちよわば　宣の君しよ　世は　似せめ」が、省略された形になっているものと思う。従って三連の「聞ゑ按司添い」と四連の「鳴響む按司添い」は、一連と二連中の「宣の君」と同一人物であろう。その「宣の君」も君南風のことであると思う。

「くめのきみはへが節」の559のオモロは、君南風の視線から、君南風殿内の風雅な存在を称賛し、同殿内から、君南風の大祖父の祝宴に、上級の役員を派遣したことを謡ったものである。大祖父は560と1412のオモロの節名で、「くめの大おそい」と呼ばれているから、久米島の諸按司の中では、最大の実力者であったと考えられる。その実力が、三姉妹が首里王府の政治的意図のもと、首里王府・八重山・久米島の最高神女の位階に配置された根拠になるものではなかっただろうか。

次に、「さはしきよが節」の564のオモロは、君南風が、配下の男子役人を従えて、君南風殿内の門前に立ち、具志川按司の使者をむかえることを謡ったもの。そして、「おにのきみはいややほうひちへが節」の586のオモロは、超人的霊力と支配力のある君南風は、久米島の百浦に名声が知れわたり、父君も具志川にご健在である。君南風の名声は沖縄本島全域に知れわたっていると謡ったもの。また、「しよりゑとの節」の901のオモロは、君南風の豊かな霊力で久米のたすこ山に撫で松を植え育て、その木材で造船することを謡ったものである。これら559以下の四首のオモロは、いずれも久米島の域内に限られたものであり、首里から長女の姿が消え、首里王府における最高級神女の聞得大君の史的出現過程や、出現そのものと何の関わりもないので、意訳等を省くことにする。

さて、『おもろさうし』を通じて、聞得大君の歴史的出現の過程を追っていくことにする。後年―尚真王の在位期間の最晩年―に、聞得大君の別称として「精高子」が頻出するが、『おもろさうし』では「精高子」の方が、「大君」・「聞得大君」よりも先に出現して謡われていることになる。ここではまず、「精高子」が「聞得大君」と同一化していく変遷過程の順を追って、いくつかのオモロを通じて辿っていこう。まず「精高子」の原義は、外間の頭注によれば、「霊力豊かな人」で、本来は特定の人物をさす固有名詞ではなく、普通名詞であった。(外間西郷『おもろさうし』二一四、二一九、二二二、四四四頁等)。ではまず、精高子が、最も初期の形で謡われているオモロを出してみよう。

641　もゝうらのとよみが節
一　鬼《おに》の君南風《きみはゑ》や
弥帆《やほう》　引《ひ》ちへ　待《ま》ち居《よ》ら

又　添《おそ》い君南風《きみはゑ》や
又　精高子《せだかこ》が前《まへ》に
又　げらへ子《こ》が前《まへ》に
又　何時《いつ》かてゝ　言《い》ちへ　弥帆《やほう》　引《ひ》ちへ
又　早《はや》くてゝ　言《い》ちへ　弥帆《やほう》
又　掟《おきて》　遣《や》りよわば

外間が右のオモロに付した頭注。

鬼の君南風・添い君南風　霊力豊かな君南風（久米島の高級神女）。「鬼の」「添い」は美称辞。君南風↓補

弥帆　本帆に対する小さな帆。

引ちへ　引いて。

待ち居ら　待っているであろうか。底本「まちよめ」。

精高子・げらへ子　神女の美称。霊力豊かな方、美しい立派な方の意。

何時かてゝ　何時かといって。

遣りよわば　遣わし給えば。

右の頭注を参考にして意訳する。

641

もゝうらのとよみが節

一　霊力豊かな君南風様は
　船の弥帆を　引いて　待っているのか
又　君南風様は
又　精高子様のみ前に
又　げらへ子様のみ前に
又　いつ帰るのか　といって　弥帆を引き
又　早く帰れ　といって　弥帆を
又　使者を（み前に）　遣わしたから

右のおもろの特徴は、精高子の位が首里王府の高級神女として、君南風よりも上位にあること。精高子が一高級神女の固有の名称として使われていること。この精高子は君南風の姉の長女であろう。精高子の別称として、「げらへ子」が謡われていること。右の641のオモロの中の「精高子」という神女が、次の36のオモロの中で、「大君」と呼ばれるようになる。

36

あがおなりがみの節

一　按司添《あんじおそ》いや
　金内《うち》に　ちよわれ
　世の想《さう》ぜ　しよわれ

大君《きみ》す　気《けい》　遣《や》りよわれ
又
按司添《あんじおそ》いや
京《けお》の内《うち》に　ちよわちへ
世の想《さう》ぜ　しよわれ
精高子《せだかこ》す　気《けい》　遣《や》りよわめ
又
按司添《あんじおそ》いや
御肝内《おぎもうち》は　嘆《なげ》くな
大君《きみ》す　気《けい》　遣《や》りよわれ
又
貴《たゝ》み人《きよ》は
肝《あよ》が内《うち》は　嘆《なげ》くな
又
首里杜《もり》大ころが
島《しま》　広《ひろ》く　添《そ》へて
按司添《あんじおそ》いに
世　添《そ》へて　みおやせ
又
御島数《みしまかず》ころ〳〵
国　広《ひろ》く　添《そ》へて
又
君南風《きみはゑ》が
宮古島《みやこしま》　走《は》ちへおわれ
島《しま》　広《ひろ》く　添《そ》へて

又　京《けお》の主《しよ》が
八重山島《やへましま》　走《は》ちへおわちへ
国《くに》　広《ひろ》く　添《そ》ゑて
八重山島厳子《やへましまいつこ》
又　あせ等《ら》　撓《た》めやらば
大君《きみ》す　よ《世》治《し》らめ
又　波照間島《はたらしま》くはら
ちかわ　撓《た》めやらば
精高子《せだかこ》す　よ《世》治《し》らめ
又　あせ等《ら》　撓《た》めやらば
沖膾《おきなます》　すもらん
大君《きみ》す　よ《世》治《し》らめ

外間が右のオモロに付した頭注。

金内　首里王城の美称。

世の想ぜ　世の叡慮。国事についての思慮。「想ぜ」は考え、思慮。

気　霊力の一種。せぢに近い呪力。「せぢ」の対語。↓補

京の内　首里王城内。↓補

ちよわちへ　来給いて。居給いて。「ち」は「き（来）」の口蓋化（↓語）。
御肝内は嘆くな　御心痛なく。不安なく。
首里杜大ころ　首里杜の長老。武将。
添へて　守護し支配して。
御島数ころ〴〵　首里中の男達、兵士達。
走ちへおわれ　走って行き給え。
京の主　君南風の異称。
厳子　威勢のよい人。尊厳な人。兵士。
あせ等　男。兵士達。武将の意もある。
撓めやらば　平定したならば。
よ治らめ　守護し支配するだろう。
ちかわ　兵士の意だが原義は未詳。
沖膾　沖で釣った魚を膾にすること。敵を倒して、沖膾にせんと、呪詛のことばに用いられる。
すもらん　させよう。↓語

右の外間の頭注を参考にして意訳する。

36　一　国王様は
あがおなりがみの節

首里城に　ましまして
国事の御叡慮に　あずかりなされと
大君様こそ　せぢを　働かせ給え
又　国王様は
首里城に　ましまして
国事の御叡慮に　あずかりなされと
精高子様こそ　せぢを　与え給え
又　国王様は
御心痛なさいますなと
大君様こそ　せぢを　働かせ給え
又　国王様は
御心痛なさいますなと
又　首里軍の大将が
国土を　広く　平定し
国王様に
国土を　鎮めて　さしあげよ
又　首里の　軍勢は
国土を　広く　平定して
又　君南風が

宮古島へ　進撃し給いて
領土を　広く　平定して
又　君南風が
八重山島へ　進撃し給いて
領土を　広く　平定して
又　八重山島の兵士達を
わが軍勢が　平定したならば
大君様こそが　守護し支配するだろう
又　波照間《はたら》島の兵士達を
わが軍勢が　平定したならば
精高子様こそが　守護し支配するだろう
又　敵兵共を　平定したならば
沖膾に　させて
大君様こそ　守護し支配するだろう

さて、右のオモロにおける「大君」＝「精高子」は、王府の最高級神女として、王府の宗教的権威の実態としては、後の聞得大君と何ら変らない権力を帯びていたようだ。例えば、九連の「大君す　よ治らめ」、十連の「精高子すよ治らめ」、十一連の「大君す　よ治らめ」等の表現に示されている。いうまでもないことだが、これらの「治らめ」は、政治的権力ではなく、宗教的権力に関するものである。また、この36のオモロは、一五

○○年の尚真王による八重山征討を謡ったものと思われる。そうだとすれば、この36のオモロに出ている「大君」・「精高子」は、君南風の長姉ということになる。この36のオモロに、君南風を含む三姉妹が出ている。一・三・九・十一連に大君として長女。二・十連に精高子として長女が、七連に君南風として三女、八連に京の主として三女が出ており、節名の「あがおなりがみの節」の「あ」として次女が出ている。次女は、長女と三女に対し、「吾がおなり神」と尊称している。また同オモロに謡われている「首里杜大ころ」と「御島数ころく」は、「大里等九員」（尚真王、〈弘治〉十三年庚申。王発レ兵。征二八重山一。『中山世譜』巻六）のことだろう。

次に掲げる「しよりゑとの節」の762のオモロは、そのオモロが歌唱された年月日が明記されているので、聞得大君という称号が歴史的に出現する過程を裏打ちするものとして、その価値を高めている。そのオモロの一連に「大君」が二点（しかも、一点はその最前に）、二連に「精高子」が一点謡われている。聞得大君の称号が史的に出現する前に、「大君」の別称として、「精高子」が登場していることは、注目すべきである。私は、このオモロ762に出ている「大君」・「精高子」は、尚真王の妹月清（キコエヲホキミ　字ヲトチトノモカネ　『中山世鑑』首巻、五頁）で、このオモロの直後に聞得大君になる神女だと思う。

さて、762のオモロの一首の中に、しかも、一連の中に「大君」が二点も入っていることは、その大君はいずれも聞得大君の略称ではなく、聞得大君の称号がその時点では、まだ歴史的に存在していなかったことの、動かせない証拠であると思う。まずは、その762のオモロの前面に付記されている、王府の手による前書きを見てみよう。

正徳十二年十一月廿五日丁《ひのと》の酉《とり》の日に《へ》、せぢ新富《あらとみ》、真南蛮《まなばん》に御使《つか》い召《め》されし時に、おぎやか思《も》い天の御み手《て》づから召《め》され候ゑと

762

しよりゑとの節

一　大君《きみ》は　崇《たか》べて
せぢ新富《あらとみ》　押《お》し浮《う》けて
大君《きみ》に
追手《おゑちへ》　乞《こ》うて　走《は》りやせ
又　精高子《せだかこ》は　崇《たか》べて
又　按司添《あぢおそ》いぎや御想《さう》ぜや
向《む》かう方《かた》　撓《しな》て
又　おぎやか思《も》いが御《お》想《さう》ぜや
向《む》かう方《かた》　撓《しな》て
又　按司添《あぢおそ》いぎや親御船《おやおうね》
押《お》し浮《う》け数《かず》　守《まぶ》りよは
又　げらへせぢ新富《あらとみ》
刳《く》り浮《う》け数《かず》　守《まぶ》りよは
又　群《ぶ》れ島《しま》の神々《かみく》
肝《あよ》　揃《そろ》て　守《まぶ》りよは
又　君南風《きみはへ》は　崇《たか》べて
せぢ新富《あらとみ》　押《お》し浮《う》けて

又　のろ〳〵は　崇《たか》べて

右のオモロに付した外間の頭注。

正徳十二年　尚真王四十一年（一五一七）。
せぢ新富　船名。原義はせぢ（霊力）を豊かに持っているところの船。
大君・精高子　聞得大君のこと。聞得大君↓補
は　…を。格助詞。↓語
崇べて　崇めて。尊とんで。うやまって。
追手　追手の風。原注「順風也」。
走りやせ　走らせよ。
按司添いぎや御想ぜ　国王様のお心。「御想ぜ」はお考え、お心の意。「ぎや」は格助詞「が」に同じ。
向かう方　向かう所。行く所。
撓て　撓って。調和して。和合して。
押し浮け数・刳り浮け数　（船を）浮かべるごとに。出航のたびに。数↓語
守りよは　守り給え。
げらへ　立派な。美称辞。
群れ島　慶良間諸島のこと。
肝揃て　心を揃えて。心をひとつにして。

君南風　神女名。久米島の神女。↓補
のろ〳〵　神女達。のろ↓補

※私は、右の外間の頭注の注記のうち、同意できないのが一点ある。それはオモロの冒頭にある、「大君は　崇べて」の「は」を、「を」と解釈している点である。その解釈に従うと、そのオモロの末尾にある「君南風は　崇べて」と「のろ〳〵は崇べて」も、「君南風を崇べて」、「のろのろを崇べて」という意味になるが、そんな762のオモロのストーリーは万が一にもあり得ない。そのストーリーの常識からすれば、「大君」・「精高子」・「君南風」・「のろのろ」は、「せぢ新富」を崇べる主客語であって、他者から崇べられる目的格ではないからである。
右の外間の頭注を取捨選択して意訳すると左のようになる。

762
しよりゑとの節
一　大君様が　お崇べになり
せぢ新富丸を　船出させ
大君様に
順風をおこすを　乞うて　出帆させ
又　精高子様が　お崇べになり
又　国王様のご意向は
向かう航路と　和合し

又　おぎやかもい様のご意向は
向かう航路と　和合し
又　国王様のご本船が
出帆するたびに　守り給え
又　立派なせぢ新富丸が
出帆するたびに　守り給え
又　慶良間諸島の　神々様よ
御心を　ひとつにして　守り給え
又　君南風が　崇べて
せぢ新富丸を　船出させ
のろのろが　崇べて

出港する那覇泊では、大君がせぢ新富丸をお崇べになって出帆させ、慶良間諸島の沖合を帆走する時には、諸島の神々が、久米島の沖合を帆走する時には、君南風を先頭に、のろ達がせぢ新富丸を崇べて見送っている。

一三八五年、明の太祖が、琉球国の中山と山南に海舟一隻ずつを与えた（『中山世譜』巻三、洪武十八年）。一四五〇年に、中山王尚金福の明朝への請願により、福建で造船することが許され造船した。「時に通事程鴻具呈して言ふ、来船已に壊れ、国に返る能はず。願はくは賜ふ所の幣帛を以て船を造らんと。礼部奏し、其の請を允す。福建三司に移文し、其の自ら造るを聴すも、民を擾すを得ざらしむ。」（『球陽』読み下し編、一二四頁）とある。琉球人が福建で造船したということは、明国内で造船の最先端技術を誇っていた現場から、その優秀な技術を学んだことはまちがいない。この762のオモロで謡われている「せぢ新富」の造船技術にも取り容れられたはずだ。また、『中山世譜』巻三、永楽四年の項に、（本国。自唐宋以来。与朝鮮・日本・暹羅・瓜哇等国。互相通好。往来貿易。但…）とあり、同書巻四、永楽十八年の項に、「十八年庚子。遣使者佳期巴那。通事梁復等。到暹羅国。以行通交之礼。（本国与暹羅。相通最久。往来無数。故不悉記焉）とある。それからすると、この762のオモロの前記中にみえる「真南蛮《まなばん》」は、主に暹羅《シャム》（今日のタイ）を指していたようだ。右のオキナワの海外交通史が史実であったことは、次に示す『球陽』の記事が証明している。『球陽』読み下し編巻一に、隋の史書に依拠して書かれた、「隋の煬帝屢〻使を遣はして招撫せしむるも従はず」の項があり、五八四年頃の二回目のオキナワ侵攻について触れた中に、「時に稜（武賁郎将陳稜）、南方諸国人を将て従軍せしむ。其の軍中に崑崙人有りて頗る我が語を解す。稜、其の軍人をして之れを慰諭せしむ。国人拒逆して従はず。終に逆戦を為し、我が軍敗走す。……」（九七頁）とある。崑崙《コンロン》は東南アジアのこと。「我が語」はオキナワ語である。また同頁に次の様に書かれている。「宋史流求伝に云ふ、淳熙年間（一一七四～一一八九）、流求、常に数百輩を率ゐ、猝かに泉州の水澳頭等の村に至り、肆に殺掠を行ふと爾云ふ。……」と。右の「読み下し編」の文中で「猝」字を「猝りに」と送り仮名を付けているが、それは誤読で、その字は「猝《にはか》に」と読むべきだと思う。

次に、「あおりやへが節」の628のオモロを見てみたい。このオモロもまだ聞得大君の存在がなく、「大君」・「精高子」が王府の最高級神女として登場している点において、762のオモロと全く同じである。

あおりやへが節

一　大君《きみ》が　御差《うざ》ししよ
おもかはのせぢ　降《お》ろちへ
按司添《あんじおそ》いよ
守《まぶ》らてゝ　降《お》れわちへ

又　精高子《せだかこ》が　御差《うざ》ししよ
おもかはのせぢ　降《お》ろちへ

又　てるかはが　御差《うざ》ししよ
てらちんのせぢ　降《お》ろちへ

又　てるしのが　御差《うざ》ししよ
てらちんのせぢ　降《お》ろちへ

又　あまみや君南風《きみはへ》や
てらちんのせぢ　降《お》ろちへ

又　京《けお》の君南風《きみはゑ》や
てらちんのせぢ　降《お》ろちへ

又　おもかはののろ〳〵
てらちんのせぢ　降《お》ろちへ

又　神座内《かぐらうち》に　有《あ》り居《よ》る
金内《こがねうち》に　有《あ》り居《よ》る

神《かみ》が命《いのち》
按司《あんじ》添《おそ》いに　みおやせ
又　おぼつ内《うち》に　有《あ》り居《よ》る
銀内《なむぢやうち》に　有《あ》り居《よ》る
神《かみ》が命《いのち》
按司《あぢ》添《おそ》いに

右のオモロに付した外間の頭注。

御差し　貴人の御命令。
おもかはのせぢ・てらちんのせぢ　東方（ニライ）のせぢ（霊力）。前者は神女に、後者は日神にかかわりを持つ。
按司添いよ守らてゝ　按司様を守ろうと。
精高子　霊力豊かな神女。ここは聞得大君をさす。
てるかは・てるしの　日神。↓補
あまみや君南風・京の君南風　アマミヤ時代（大昔）からの伝統を持つ神女の意で、君南風（久米島の神女）の美称。「京」は美称辞。
おもかはののろ〲　東方（ニライ）の神女達。のろ↓補
神座内・おぼつ内　天上の神の御殿。神座・おぼつ↓補

有り居る　有る。「居る」は補助動詞。
金内・銀内　天上の神の在所の美称。
神が命　神が持っている生命の源泉になるような霊力。
みおやせ　奉れ。貴人に物を捧げること。

※私の解釈では、「御差し」は、大君の祈禱の御言葉、てるかは・てるしのへ祈禱する御言葉という程の意味であろう。また私は、「あまみや」・「京」は、君南風殿内の美称として使われていると思う。
外間の頭注を取捨選択して参考にし、628のオモロを意訳する。

628
あおりやへの節
一　大君様の　御祈禱こそが
　おもかわのせぢを　降ろして
　国王様を
　守ろうと　せぢが天下りし給いて
又　精高子様の　御祈禱こそが
　おもかわのせぢを　降ろして
又　てるかわへの　御祈禱こそが
　てらちんのせぢを　降ろして
又　てるしのへの　御祈禱こそが

てらちんのせぢを　降ろして
又　あまみやの君南風は
てらちんのせぢを　降ろして
又　京の君南風は
てらちんのせぢを　降ろして
又　東方の神女たちは
てらちんのせぢを　降ろして
又　神座内に　有る
金内に　有る
神の生命力を
国王様に　たてまつれ
又　天上の神の　御もとに　有る
銀内に　有る
神の生命力を
国王様に

つぎに、おもろ史上別の意味で、大きな史実を示していると想われる、「きこゑ大君がみやがのひやしが節」の節名をもつ158のオモロを読み取ってみよう。まず、その節名の中の、「きこゑ大君が」の「が」は、所有の格助詞「の」の意味であり、「みや」は宮、「みやが」の「が」は、主語を示す主客助詞の「が」、「みやがの」の

「の」は、所属を示す「の」、「ひやし」は拍子。「ひやしが」の「が」は、所属を示す「の」の意と解釈できる。「きこゑ大君が宮」は、そのオモロの中の「ぐすく御殿《おどん》」のことであろう。さらにいえば、「きこゑ大君が宮」＝「ぐすく御殿」は、首里城内に建てられた聞得大君御殿のことと解される。この「ぐすく御殿」が聞得大君御殿であろうとする、もう一つの大きな根拠は、その首里城内に在る御殿の建造者名が、時の国王尚真王ではなく、神女の「聞ゑ煽りやへ」であるからである。この158のオモロは、まさに、聞得大君御殿の建立を謡ったものであろう。このオモロの中に見えている「聞ゑ煽りやへ」が、その建立後、すぐに聞得大君の名称を頂くことになる神女であろう。

きこゑ大君がみやがのひやしが節

158　一　聞《きこ》ゑ煽《あお》りやへや
ぐすく御殿《おどん》　げらへて
神座《かぐら》の京《けお》の内《うち》に　ある
又　鳴響《とよ》む煽《あお》りやへや

右のおもろに付した外間の頭注。

ぐすく御殿　城中の御殿。

げらへて　造って。造営して。

神座の京の内　天上の京の内。京の内は首里城内にある聖所のことであるが、おもろ人達は天上にも京

の内があるものと観念していたらしい。京の内↓補

ある　「…京の内る・かにある」（京の内ぞ、かくある）であろう。

外間の頭注を取捨選択して参考にし、158のオモロを意訳する。

きこゑ大君の宮がの拍手の節

158　一　名高い煽りやへ様は

ぐすく御殿を　お造りになり

御殿は神座なる首里城の内に　ある

又　鳴り響く煽りやへ様は

※ついでにいえば、この158のおもろが初めて謡われた時点では、聞得大君の称号はまだ生まれていなかったが、「ぐすく御殿」の建造直後にその称号で呼ばれるようになり、その御殿も聞得大君御殿と呼称されるようになったものと考えられる。またもう一つ言えば、私は、158のオモロの節名中の「きこゑ大君」と、オモロ中の「聞《きこ》ゑ煽《あお》りやへ」は同一人物と解するが、それはまず、そのオモロのストーリーから引き出した解釈によること以外に、「第十二　いろ〳〵のあすびおもろ御さうし」の中の、「あふりやへが節」の節名をもつ657と658のオモロが、「あふりやへ」と聞得大君が同一人物であることを明示していることを挙げることができる。例えば、657のおもろを見ると。

657

あふりやへが節

一　聞《きこ》得《ゑ》大君《ぎみ》ぎや
　赤《あけ》の御《み》煽《あお》り　もちろちへ
　此《こ》れど　だに　嶋討《う》ち御《み》煽《あお》り

又　鳴《と》響《よ》む精《せ》高子《だかこ》が
　首里《しより》杜《もり》ぐすく

又　真玉《まだま》杜《もり》ぐすく

右のオモロに付した外間の頭注。

赤の御煽り　美しい冷傘。赤の（美称辞）↓語

ど　…ぞ。強意の係助詞。↓語

だに　実に。ほんとに。副詞。

嶋討ち御煽り　島を平和にする御煽り。

もちろちへ　美しくきらめいて。（682のオモロの頭注）。

右の657のオモロは、聞得大君・精高子が美しい涼傘をきらめかして（もちろちへ）いらっしゃる。これこそまさに、島を平和にする御煽りなるぞ、という程の意味になるが、聞得大君が神女として自ら涼傘を煽っているから、節名中の「あふりやへ」君と同一人物であることは疑いない。

次に、聞得大君の称号と、聞得大君御殿の名称が登場する直前のオモロ、「あおりやへが節」の節名をもつ285のオモロを見ることにする。節名中の「あおりやへ」はオモロ中の「大君」と同一人物、「精の御殿」は聞得大君御殿のことと考えらえる。

285

あおりやへが節

一　まかるこが　おもろ
精《すゑ》の御殿《おどの》　ちよわちゑ
つほに　御神酒《みしやく》　ぬき上《あ》げは
末《すゑ》　勝《まさ》て
十《と》百《ひやく》歳《さ》す　ちよわれ
又　大君《きみ》ぎや　持《も》ち成《な》し
精《すゑ》の御殿《おどの》　ちよわちゑ
又　君《きみ》の按司《あぢ》の　持《も》ち成《な》し
精《すゑ》の御殿《おどの》　ちよわちへ
又　おぎやか思《も》い加那志《がなし》ぎや
精《すゑ》の御殿《おどの》　ちよわちへ
又　聞《きこ》へ按司《あぢ》添《おそ》いぎや
又　今日《けお》の良《よ》かる日《ひ》に
今日《けお》のきやかる日《ひ》に

外間が右のオモロに付した頭注。

まかるこ　人名。おもろ歌人。

おもろ　↓補

精の御殿　首里城内にある建物の美称。せい↓補

つほに　貢物。

御神酒　米を一夜水に浸し、精進潔斎した処女の口で噛み、これを発酵させて作った酒で、神に捧げる。

ぬき上げは　差し上げよ。

末　子孫。後裔。または行く末。

持ち成し　もてなし。接待。

君の按司　神女の中の最高の神女。神女の美称。

良かる日・きやかる日　輝やかしい日。吉日。神事に関する吉日（19のオモロの頭注）。

※私は、右の外間の頭注のうち、「つほに」は貢物ではなく、「壺《つぼ》に」と解する。外間の右の頭注を取捨選択して参考にし、左のように意訳する。

285　一　まかるこが謡う　おもろ

あおりやへが節

精の御殿に　ましまして
壺に　御神酒を　さし上げれば
いく末までも　お元気で
とわにましませと
又　大君様がなさる　おもてなしは
精の御殿に　ましまして
又　大君様がなさる　おもてなしは
精の御殿に　ましまして
又　おぎやか思加那志様が
精の御殿に　ましまして
又　名高い尚真王様が
又　今日のめでたい日に
又　今日の輝かしい日に

右のおもろは、大君が尚真王を聞得大君御殿（精の御殿）にお招きし、御殿の落成式の祝宴で、まかるこが歌唱したオモロであろう。本章のしめくくりに、聞得大君の称号の誕生を謡ったものと思われるオモロ、「あおりやへが節」の節名をもつ102のオモロを見てみよう。

102

あおりやへが節

一　聞得大君《きこゑおおきみ》ぎや
　　あまみや世の　産玉《うぶ》
　　産玉《うぶだま》は
　　祈《いの》るすど　世掛《よが》ける
又　鳴響《とよ》む精高子《せだかこ》が

右のおもろに付した外間の頭注。

あまみや世　大昔。古代。
産玉　物を生み成す力を持つ玉。
す　人、者などの意の形式名詞。
ど　「ぞ」に当たる係助詞。
世掛ける　世を支配し治める。

※私は、外間の「産玉」の注記に賛成しない。「産玉」は産子《うぶこ》の美称辞であると考える。右の外間の頭注を取捨選択して意訳する。

102

一　聞得大君様は
　あまみやの世から　生まれた産子君《うぶこぎみ》で
　産子君《うぶこぎみ》は
　祈ることこそで　世を支配し治め給う
又　響きわたる精高子様は

さて、私はさきに、本稿の **五　「ひやくな」も焼畑地由来** の中で、「『おもろさうし』の発生と発展は、焼畑農業の発展と衰退（常畑化の進展）過程と、深いかかわりがあるように思う。『おもろさうし』の中で、歴史上、琉球王府の最高級神女の聞得大君の登場以前に、王府の高級神女として登場する『煽りやへ』の原義が、そのことを象徴していると考える。私は『煽りやへ』の原義は、『煽りやれ』と解する。〈中略〉『煽りやへ』、つまり『煽りやれ』は、煽り傘である冷傘《りやんさん》を手にして煽ることによって、焼畑から燃え上がった火炎、つまり火炎の進み来る方角を脇に逸らして安全を保つという、呪術的・宗教的行為を示していると想われる」と書いた。

『琉球国由来記』巻十五、国頭間切辺戸村の「アフリ嶽」の項に、「昔、君真物出現之時、今帰仁間切、アフリノハナニ、冷傘立。時コバウノ嶽ニ冷傘立、又アフリ嶽ニ立ト、申伝也。神道記ニ曰。新神出給フ。キミテズリト申ス。出ベキ前ニ、国上之深山ニ、アヲリト云物、現ゼリ。其山ヲ即、アフリ岳ト云。五色鮮潔ニシテ、種々荘厳ナリ。三ノ岳ニ三本也。大ニシテ、一山ヲ覆尽ス。八九月ノ間ナリ。唯一日ニシテ終ル。村人飛脚シテ、王殿ニ奏ス。其十月ハ、必出給フ也。時ニ託女ノ装束モ、王臣モ同也。皷ヲ拍、謳ヲウタフ。皆以竜宮様ナリ。王宮ノ庭ヲ会所トス。傘三十余ヲ立ツ。大ハ高コト七八丈、輪ハ径十尋余。小ハ一丈計。」とある。君真物は「君摩物」（きんまもん）とも書き、神の名（球陽外巻『遺老説伝』学芸社刊、一一四頁）とある。「大ハ高コト七八丈、輪ハ径十尋余」とあるから、傘の高さは、大きいもので二十一メートル二十一センチ～二十四メートル二十四センチ。傘の輪の直径は、大きいもので、さしわたし十八メートルもあった。

「アフリノハナ」については、由来記巻十五、今帰仁間切今帰仁村のコバウノ嶽の項に、「謝名村ニ、アフリノハナト云所アリ。昔、君真物出現之時、此所ニ、黄冷傘立時ハ、コバウノ嶽ニ、赤冷傘立、又コバウノ嶽ニ、黄冷傘立時ハ、此所ニ、赤冷傘立ト、申伝也」。右に見える謝名村は今帰仁間切にある。また、右の文中の「此所ニ」とあるのは二ヶ所とも、謝名村のアフリノハナを指している。

ちなみに、辺戸村のアフリ嶽、今帰仁村のコバウノ嶽、謝名村のアフリノハナに立てた冷傘や、首里王宮に立てた巨大な冷傘等の製作技術は、明・清から学んだものである。『琉球国由来記』巻三、財器門、「涼傘（俗云ミアフリ）附　五方旗」の項に、「当国涼傘、尚巴志王世代、従二中華制一来用レ之也。縫物涼傘、一ハ竜、一ハ唐草。尚質王世代、康熙五年丙午、毛氏喜屋武親雲上盛勝、為二進貢使一、至二中華一時、以二公銀一令レ制レ之、而帯来也。（五方旗炎上後、五色蕉布也。此時方位画旗、同来）」とある。

尚巴志王の在位は一四二二年～一四三九年。五方色は、「青（東方）・赤（南方）・黄（中央）・白（西方）・黒（北方）」（諸橋『大漢和辞典』巻一）。由来記巻三に、五方旗炎上の後は、五色の蕉布なり。此の時、方位の画旗もともに来たるなりとあるのは、五方旗も尚巴志王の世代に齎されていたが、おそらく、一四五三年に首里城が炎上壊滅し、府庫焚焼した時、焼失したのであろう。その後二〇〇年余の間、五色の蕉布で作った五方旗を立てていたが、一六六六年に五方旗も巨大な涼傘とともに清国で買い入れたと読める。尚巴志王世代のはるか以前から、焼畑から派生し延焼してくる炎、その象徴である「赤口《アカグチヤ》」の進む方角を煽りやる宗教行事として、沖縄本島や離島の山々（その異名は、「煽りやたて」↓101のオモロの頭注）に涼傘を立て、祈禱を行ってきていた。

尚巴志王の治世下の本島中南部でも、焼畑が行われていたことはすでに見た。首里城内の宗教行事では、巨大な涼傘のほかに、「赤口」の進む方角（風向き）を知る宗教上の目的で、五方旗を立てたのであろう。

『琉球国由来記』から、「煽りやたて」の代表的な嶽名を挙げると、「コバウノ嶽」が本島南部に六（十二巻・十三巻）、中部に六（久場ノ嶽一点含む、十四巻）、北部に一（十五巻）、座間味間切に一点（十八巻）ある。また同由来記の十五巻にアフラヤマ嶽（久志間切天仁屋村）、アフリ嶽（国頭間切辺戸村）、十六巻にアフリ森四点（伊平屋島）がある。

外間西郷『おもろさうし』に聞得大君が謡われているオモロは、百四十五首ある。それらのうち、聞得大君と涼傘が共に出て謡われているオモロは六首ある。その六首のうち、聞得大君が、他の神女やのろのろとの集団でなく、彼女個人で涼傘を手にして煽っているオモロは、「あふりやへが節」の節名をもつ657のオモロ一首だけである。その657のオモロは、おぎやか思い（尚真王）の晩年の一五二〇年頃のものと考えられる。その根拠の一つは、さきに762のオモロに触れた時に、一五一七年の時点では、まだ聞得大君という称号がなかったこと。二つ目は、この657のオモロの三首前の654のオモロと、直後の658・659・660のオモロに、聞得大君が「おぎやか思《も》い」と共に謡われており、664・665・667のオモロの中にも連続するように、「おぎやか思《も》い」が謡われているからである。

私は、おもろの中に謡われている久米島の君南風と、読谷山の別称・大にしの原義について考察してみたい。おもろさうしに、「大にし」が崎枝の対語として七つ出ている。その読谷山の別称である「崎枝《さきよた》」と「ひやくな」も数多く見えている。ちなみに、『おもろ双紙』の辞典といわれる『混効験集』に、「さきよた　読谷山の事也。又大にし共云」と載っている。

さて、まず「君南風」は、史上有名な両先島征討の先陣に立った久米島の高級神女である。「君南風」の「南《は》風《ゑ》」は、沖縄の方言では南方のことであるが、この場合、より具体的にいえば、久米島からみて両先島を指しており、「君南風」の「君」は君臨するという意味で、宗教的・象徴的に両先島に対して君臨するというのが、「君南風」の原義だと想われる。「くんーりん〔君臨〕①（略）。②ある分野で他を圧倒すること。」（梅棹忠夫等監修『日本語大辞典』、講談社）とある。

次に、『混効験集』にみえている「大にし」の「大」は、原義ではなく単なる当て字だと思う。外間西郷『おもろさうし』第一の35、第十一の561、第二十一の1413のオモロの中に見えている、「合《あ》おてす」の「あお」が、「大にし」の「大」の原義であろう。外間が「合《あ》おてす」の注記に、「戦ってこそ」と書いているとおり、それは正しい解釈だと思う。沖縄の方言で喧嘩のことをオーエー、喧嘩するをオーヰンというのもその一例だ。また沖縄の方言では、「大にし」の「にし」は北の意である。つまりそれは読谷山の北方で北山地方を指している。すると「あおにし」は、北山に対峙するという程の意味になる。尚巴志王の北山征討の時の読谷山の忠臣護佐丸の武勲と、尚巴志王が読谷山に座喜味城を築いて護佐丸に守らせたことが、「あおにし」の原義の歴史を分かりやすくしていると思う。私の想定では、座喜味城の築城技術は精巧なアーチ作り等からして在来のものではなく、尚巴志王が明国から取り入れたものだが、その出資と造作は尚巴志王自らの命で成したものと思う。仮りにもし、造作が明朝によって成されていたのなら、必ず『明実録』等の史資料に書かれている筈であるが、それが全くないから。またもし護佐丸が、自らの意図と出資で築城したならば、尚巴志にその叛意を疑われたであろう。

ところで、私は昭和十七年生まれであるが、明治生まれの両親を含むわが出生地の老人達の口から、方言で西のことを「にし」、東のことを「ひがし」、北のことを「きた」、南のことを「みなみ」と発言することを、一度として聞いたことがない。方言では、西は「いり」、東は「あがり」、北は「にし」、南は「ふぇー」である。読谷山のことを「大にし」とも呼ぶようになった時代、おそらく尚巴志王の頃にも、北を「にし」、西を「いり」といっていたことはまちがいなかろう。

外間西郷『おもろさうし』の「第十五　うらおそいきたたんよんたむざおもろの御さうし」の中で、1116から1126までの十一首のオモロは、すべて読谷山のことを謡ったものである。さきに私は、1116のオモロの中の「思《おも》い真泰期《またちよも》思い」は護佐丸、「げらへ世誇《ほこ》り」は座喜味城のことであろうと推測した。さらにいえば、1117・1118・1119の三首のオモロの中に出ている「宇座《おざ》の泰期思《たちよも》い」は、察度王に仕えた有名な航海者で対外交易者であった。それからすると、1116に出ている「思《おも》い真泰期《またちよも》思い」（護佐丸）は、察度王統を亡ぼした尚巴志王に仕えた人だから、歴史上の時代的順序が逆に配置されていることになる。この「第十五　うらおそいきたたんよんたむざおもろの御さうし」の中の「よんたむざおもろの御さうし」の1116と1120〜1126のオモロ集は、1122のオモロに出ている「按司添《あぢおそ》い」の護佐丸をトップに、時の読谷山を統治する階層と人名・役職を配置して纏めたものである。今、「宇座の泰期思い」を含む三首のオモロを除き、1116と1120〜1126の八首の中に出ている人名とその地位・役職等を、外間西郷『おもろさうし』からみてみたい。

1116のオモロ　①思い真泰期思い、②あおりやへ（節名中）。
1120のオモロ　①大にしの太郎つ（崎枝の太郎つ）、②ぢやなのよゝきよら（節名中）。
1121のオモロ　①大にしの太郎つ（崎枝の太郎つ）、②下司、③按司、④ひるのやしゑのし（節名中）。
1122のオモロ　①なよくら、②吾、③按司添い、④ひるのやしゑのし（節名中）。
1123のオモロ　①せなはとむかち、②へどのおやのろ（節名中）。
1124のオモロ　①ひるのやせの子、②大にしのたらつ（節名中）。
1125のオモロ　①ひるのやせの子、②大にしのたらつ（節名中）。

1126のオモロ　①てだ清《きよ》ら、②ちやうおやおゑまのし（節名中）。

右に呈示した1116と1120〜1126のオモロ中の人名とその地位・役職等を、順を追って解釈してみよう。まず、1116のオモロ中の「思《おも》い真《ま》泰《た》期《ち》思《よも》い」は、疑いなく護佐丸のことである。「げらへ世誇《ほこ》り」（後の座喜味城）に来給いて、崎枝《さきよだ》にいらっしゃると謡われているから。そのオモロの節名は、「あおりやへが節」である。「あおりやへ」は、第二尚氏の王統になって聞得大君という神女の最高級職が置かれるまでは、王府の最上級の神女であった（外間の補注）。この1116のオモロで、時の王府の最上級の神女・あおりやへの視点から護佐丸の行為を、「ちよわちへ」・「おわる」と尊敬表現で謡っていることは、注目に値いする。

次に1120のオモロは、「ぢやな」の地の神女名とおぼしい「ぢやなのよゝきよら」の視点から、「大にしの太郎《たら》つ」（「崎枝の太郎つ」）を見上げる形で称賛していることからして明らかである。この1120のオモロの頭注に、「**太郎つ**　人名。「つ」は「ち」「きよ」と同じく「人を意味する接尾敬称辞。太郎という貴人。」とある。おそらく、1116と1120〜1126のオモロの中に登場している人で、「大にしの太郎つ」のことを「太郎」と呼びすてできたのは、「思い真泰期思い」たゞ一人であったことはまちがいない。

次に1121のオモロでは、「ひるのやしゑのし」の視点から、「大にしの太郎つ」に対し、「大にしの太郎《たら》つ」・「太《た》郎《ら》つ満月《みちへづき》」等の美称はあるが、「持ち遣《や》り」、「思わせ」等、彼の行為に対する尊敬表現はない。さらに、このオモロに「下司」と「按司」が出ている。「下司」は按司に仕える者で、民衆と中間の階層。このオモロでいう「按司」は「大にしの太郎つ」その人を指していると思う。このオモロ1121は、「ひるのやしゑのし」が、〝大にしの太郎つよ、気持ちを広くかまえて、配下の下司たちに、按司のあなたを愛慕せしめよ〟、との歌意であろう。護佐丸は1122のオモロに出ている「按司添い」である。外間の頭注に、「つ」は人を意味するとあるが、方言でも人《ひと》のことをチュというから、まさにその通りである。人《ひと》と同じ発音の「一《ひと》つ」の「ひと」も、方言に於ける訛称変化は同じである。一滴《ひとしずく》の意味の「一垂《ひとたり》」は、方言ではチュタヒと言うから、一《ひと》もチュに訛る。なお「たり」がタヒになるのは、すでに述べたように、首里がシュヒ、森がムヒに訛るのと同じである。それにしても、「太郎つ」の様に、人名の下に人《つ》を付けて敬称辞にするとは、三山統一をなしとげた尚巴志王の時代が、少し信じがたい古風な文化様式の時代であったのだ。

次に1122のオモロは、「ひるのやしゑのし」が、社会的に上級の視点から、「大にしの高級神女である「聞《きこ》ゑなよくら」の、神女としての立ち居振る舞いにつき指図しているものと読める。オモロ中の「吾《あ》が守《まぶ》る按司《あち》添《おそ》い」の「吾」は「聞ゑなよくら」、「按司添い」は護佐丸である。そのオモロで興味深いのは、「板門《いちやぢや》」、「金門《かなぢや》」、「甍《いりきや》」、「屋面《やつら》」がすべて、座喜味城の城戸と屋根を謡ったものと思われることだ。「なよくら」という同一の神女名は904のオモロにも出ている。又他人ではあるが、777のオモロにも出ている。

次に1123のオモロに、「瀬名波とむかち」と「へどのおやのろ」（節名中）の兄妹が出ている。兄の方の名称は、上に瀬名波という地名が冠せられていることと、妹が「おやのろ」の地位についているから、兄の「瀬名波とむかち」はさきに1192のおもろで見た様に、「恩納やきちま・安富祖やきちま」の別称であり、同一人物でもある按司であった。「へど」は瀬名波の地域内にあった地名であったことになる。

次に1124のオモロに、「辺留《ひる》のやせの子《し》」と「大にしのたらつ」（節名中）の二人の名が出ている。この「辺留《ひる》のやせの子《し》」は、紛う方なく、1121・1122のオモロの節名に出ている「ひるのやしゑのし」と同一人物である。この1124のオモロの頭注で外間は、「**辺留**　奄美大島笠利村辺留。」と書き、とんでもない誤解をしている。そのことについては、すでに私は一九九三年刊、『文化の窓』No.十五（本書の七二五～七四〇頁に収載）に「おもろに於る地名の研究」を書いて、外間のその誤解を指摘した。この1124と1125のオモロの「ひる」は、これらオモロの時代には、読谷山塩屋の一地域名であった。前に1121のオモロで、「ひるのやしゑのし」が「大にしの太郎つ」に対し尊敬表現が無かった様に、この1124のオモロでも、今度は逆に、「大にしの太郎つ」は「ひるのやせの子」に対し尊敬表現がない。此の両者は共に対等の按司階級の者であったはずだ。1124のオモロは、護佐丸の行政官「大にしの太郎つ」が、按司の一人である「ひるのやせの子」に、座喜味城に於る祝宴への招待状を送った様子を謡ったものと見える。それは、「命《ゑのち》」（頼みとする大事な物、つまり招待状）を使者のふつくろ（懐）に入れて持たせ、道中おもろを歌い手をたたいて行かせたからね、という程の意味である。それにしても、おもろを歌い舞らせながら招待状を送るということは、その被招待者の「ひるのやせの子」が按司の一人であったということにまちがいあるまい。その「ひるのやせの子」が、「第十三　船ゑとのおもろ御さうし」の905・906のオモロでは、勇敢な航海者として謡われている。それからすると、彼の読谷山における按司としての経済的基盤は、盛んな海外交易にあった様である。905のオモロでは「ひるの子が　やせの子が」と一人の人名を二つに分けて謡われている。「ひる」が地名で「やせ」は「ひる」の中のある地形の名称だろうか。

1125のオモロは、「大にしの太郎つ」の視点から、「ひるのやせの子《し》」の祝宴に対する心構えを要望することを謡ったものであろう。そのオモロの大意は、〝ひるのやせの子《し》よ　大事な招待状を送ったから、懐の奥深くしまって　それがどういうものであるかよく見据え、心意気を見せて欲しい〟。想うにその招待状は、1116のオモロ中の「げらへ世誇り」（後世座喜味城と呼ばれる）へのもので、尚巴志王が座喜味城を造営し、そこに護佐丸を山田城（1116のオモロ中の「読谷山《よんたむざ》」）から移住させた祝宴に、護佐丸が招待したものと考えられ、その招待状は、ひるのやせ按司である「ひるのやせの子」に対し、按司添いである護佐丸が自己への忠誠心を試し要求したものと取れる。ここで、きわめて重要で見すごすことのできない一点は、その「げらへ世誇り」は、次の1126のオモロに出ている「きなわ大庭《みや》」・「きなわ広庭《みや》」のことであろうということにつきる。

1126のオモロは、護佐丸が後世座喜味城と呼ばれる「きなわ大庭《みや》」・「きなわ広庭《ひろみや》」に、「てだ清《きよ》ら」（ひるのやせの子《し》）を招待したことを謡ったものであろう。節名中の「ちやうおやおゑまのし」は、按司の名と考えられる。「ちやうおや」は「おゑまのし」の上に冠した美称辞と思われ、「おゑま」は今日の漢字表記では上間であろう。858のオモロに、「又　上間子《おゑまし》が　船遣《ふなや》れ」とある。また1217のオモロには、「ちやうや　上間子《おへまし》」とある。

ところで、この1126のオモロの解釈を手助けしているオモロがある。それは、「第十四　いろ〳〵のゑさおもろ御さうし」の1040のオモロである。

1040　一　ひるのやしの子《し》
命ふつくるに
照る真物　照り居《よ》ら
又　喜納《きなわ》大庭《みや》に
喜納門口《きなわちやうぐち》に

この1040のオモロを対比させて1126のオモロを解釈すると、「きなわ大庭」に招待されている者は、ひるのやしの子であるから、1126の「てだ清《きよ》ら　使《つか》い」の「てだ清ら」は、ひるのやしの子《し》のことだというのが分かる。又、1121と1122の「ひるのやしゑのし」、1124と1125の「ひるのやせの子《し》」、1040の「ひるのやしの子《し》」はすべて同一人物である。ところで外間は、1040と1126のオモロ中の「きなわ」に「喜納」の漢字表記をしているが、それらのオモロの歴史的解釈を錯乱させる元になると思う。「きなわ」は疑う余地の無い典型的な焼畑用語であるから、「きなわ」に漢字表記をするなら、「喜納」でなく、「木《き》庭《なわ》」である。先の方ですでに見た様に、尚巴志王の時代、つまりこれら1040・1124・1125・1126のオモロの時代には、同じ焼畑用語である「火焼庭《ひやくな》」が準地名として、読谷山のほゞ全土をおおっていた。「ひやくな」の漢字表記である「百名」が現れたのは、島津入り以後であった。「喜納」も紛うかたなく焼畑用語の「きなわ」から由来した漢字表記であるが、1040や1126のオモロの時代には、「きなわ」の原義としての「木庭」（木がうっそうと生えている場）は在ったが、「喜納」（喜んで納める）は無かった。何よりも、原義に基づかない単なる宛字にすぎない「沖縄」が初めて現れたのも一六二九年であったではないか。私は、1040と1126の「木庭《きなわ》大庭《みや》」は、今日の座喜味城のことだと思う。だから、この「きおなわ大みや」の「きなわ」は、今日の地名の「喜納→喜名」ではないのである。また、外間は1040のオモロの頭注に、「**命ふつくる**　立派なふつくる。『ふつくる』は未詳。場所名か。」と注記し、1124の頭注でもほゞ同じ注記をしている。方言を解するごく一般の沖縄人ならば、「ふつくる」はフチュクルで、和語のふところ（懐）であるのが常識であろう。又外間は1040の頭注に、「**照る真物**　神女名。真物は超能力の所持者の意。」と注記しているが、その解釈は一般常識を逸脱したものといえる。何故なら、外間の解釈によれば、招待を受けた「ひるのやしの子《し》」が、「ふつくる」に神女である「照《て》る真物《まもん》」を入れて、「きなわ大庭」に行ったことになるからである。私の常識的理解では、「照《て》る真物《まもん》」は、「命ふつくるに」の「命」のことで、その「命」を崇べて言い直した招待状その物である。

おわりに

おもろの解釈と、とりわけ、その研究とに於いて、最も注意しなければならないことの一つは、その中に謡われている地名（嶽名等を含む）が、単一ではなく複数存在するということの確認である。その常識的な確認を無視するか、おろそかにすることによって、おもろ解釈の根幹部分を誤解している例を、外間西郷『おもろさうし』の頭注の中に無数に見ることができる。例えば本稿ですでに指摘したように、外間は、1261のオモロの解釈で、「ひやくな」を百名と誤解し、さらにその「百名」の対語として「崎枝」ととらえ、頭注に「**崎枝**　岬名。百名の別称。」と誤解を重ねた。外間は、「ひやくな」が、崎枝（現読谷村域）を含めて本島のほぼ全域に存在する地名であったことを誤解して無視し、南部の旧玉城村内の単一の地名である現在の字百名と誤認し、焼畑地名である「ひやくな」が、崎枝（現読谷村）の全域を覆っていたという歴史的記録としてのオモロ1261を、闇の中に葬っている。

伊波普猷は、「沖縄考」に、「…久米島に島尻・中城・知念といふ地名のあるのも参照すべきである。」（『伊波普猷全集』第四巻四八四頁）とある通り、「うらおそい節」の節名で、久米島具志川の「君誇り」を謡った、647のオモロがある。

うらおそい節
647　一　こいしのが　知念杜《ちへねんもり》　降《お》れわちへ
君使《きみつか》い

又　具志川《ぐしかわ》に　君誇《きみほこ》り　げらへて
又　金福《かなふく》に　君誇《きみほこ》り　げらへて
又　按司添《あちおそ》いが　君誇《きみほこ》り　げらへて

外間は右のオモロに関し、「知念杜」以外の「こいしの」、「具志川・金福」、「金誇り」等の頭注で、すべて久米島にかかわるものと注記しているのに、「知念杜」の注記は、「島尻郡知念村にある杜」と誤注している。外間の思考によれば、「知念」という地名は単一で唯一のもののようである。ついでにいえば、「知念之殿」は知念間切内にはないが、玉城間切内にある（『琉球国由来記』巻十三）。

ちなみに、この647のオモロに関し、外間が見落としている大事な観点がここにもある。それは、「君誇《きみほこ》り」が、久米具志川郡の仲地邑にある「君南風殿内」のことであり、そのオモロの主人公である「按司添《あちおそ》い」を頭注にあげていないが、その「按司添い」こそが琉球国王を指しており、その国王が王府の資金で、久米島の最高神女君南風の住居、兼火神、君南風ワイノケヲノシユカアカゴチヤガナシの拝所でもある君南風殿内を造営したことを謡ったものが、この647のオモロであるということを見落としているのだ。すでに本稿で見たように、1268のオモロでも、「君加那志」（尚巴志王）が「君誇《きみほこ》り」（座喜味城）を「げらへて」（造営して）、護佐丸に居住させたことは、この647のオモロと、その内容構成や表現方法に於いてほとんど同じである。そのことからすると、647のオモロに於ける「君使い」（君の招請）は、「君」が君南風である。王府の命令で仲里の神女こいしのが、久米島の最高級神女である君南風を、「君誇り」（君南風殿内）に招請し、そこに居住させた、というストーリーである。

「こいしの」は、第十一巻「首里ゑとのおもろ御さうし」中に、節名中を含めて十四首、第二十一巻「くめの二間切おもろ御さうし」中に、十三首謡われている。1454のオモロの頭注に、「久米のこゑしの・百浦こゑしの久米島仲里村宇江城の神女。航海に関係の深い神女として有名。百浦こゑしのは別称。」とある。「こゑしの」は、「こいしの」の訛り。

久米島の地名を謡ったオモロの中で、外間が、その地名を本島内の地名と誤って解釈した例が、少なくとも六首はあると思う。それらは、573と1458のオモロの中の「平良」を、「首里の平良か」と誤解し、606と1426のオモロの中の「名護」を、「国頭郡名護」と誤解し、648と1434のオモロの中の「与那原」を、「島尻郡大里村与那原」と誤解している。因みに、「平良」についていえば、豊見城間切内に平良邑《むら》（『琉球国旧記』附巻之十）が、大宜味間切内にも平良邑（同旧記同巻）がある。また、「名護」についていえば、名護間切の名護邑以外にも、南風原間切の喜屋武邑に名護の殿（『琉球国由来記』巻十三）があり、玉城間切の富里村にナゴノ殿（同由来記同巻）がある。さらに、「与那原」についていえば、大里間切の与那原邑以外にも、玉城間切に「与那原殿」（『琉球国旧記』附巻之二）が、東風平間切に神名「与那原威部」（同旧記附巻之三）がある。さらにいえば、「くめの二間切おもろ御さうし」中の1489のオモロの節名が、「うちいぢへはきたゝん世のぬしが節」であるが、この「きたゝん」も本島中部の北谷ではなく、久米島の一地名であろう。なお、本島南部の高嶺間切屋古村の屋古嶽に、神名「北谷ノ御イベヅカサ」（『琉球国由来記』巻十二）がある。

〔久米具志川郡〕について記している『琉球国旧記』附巻之八の中に、「君南風殿内（在二仲地邑一）。火神名曰二君南風ワイノケヲノシユカアカゴチヤガナシ一）があるが、私は、559・563・564・625・1409・1411・1415・1443・1455・1486・1499のオモロの中に謡われている「仲《なか》地《ち》綾庭《あやみや》」は、すべて「君南風殿内」の美称として使われていると確信する。右の十一首のオモロの中、八首は、それらのオモロの中か、節名中に、久米島の最高級神女君南風が含まれており、あとの三首のオモロは、首里の国王や王府と、「仲地綾庭」との密接な関係が謡われているからである。

次に、久米島にこだわらず、具志川・安里・山城・宮里・中城・照屋・喜納（名）の名称を含む地名・嶽名・殿名等をもつ間切の数々を、『琉球国由来記』から取り出して示す。

① 具志川

具志川之殿　小禄間切大嶺村（巻十二）
具志川ノ殿イベ　喜屋武間切喜屋武村（巻十二）
謝名具志川里主所之殿　宜野湾間切大山村（巻十四）
具志川間切具志川村　具志川間切（巻十四）
具志川村　本部間切（巻十五）
具志川折目　伊平屋島（巻十六）
具志川間切具志川村　久米具志川間切（巻十六）

※『琉球国旧記』附巻之十に、宜野湾間切具志川村があり、同書附巻之一に、宜野湾間切に具志川里主所殿と上具志川大比屋殿がある。

② 宮里

上宮里之殿・下宮里之殿　真和志間切識名村（巻十二）
宮里ノ殿　豊見城間切翁長村（巻十二）
宮里トモリ嶽　高嶺間切国吉村（巻十二）

宮里嶽　真壁間切真栄平村（巻十二）
宮里村　美里間切宮里村（巻十四）
宮里村　具志川間切宮里村（巻十四）
宮里村　名護間切宮里村（巻十五）

③　安里

安里之殿　高嶺間切國吉村（巻十二）
安里之嶽　真壁間切安里村（巻十二）
安里ノ嶽　大里間切与那覇村（巻十三）
安里之殿　具志頭間切安里村（巻十三）
安里之殿　西原間切安室村（巻十四）
安里村　中城間切（巻十四）

④　中城

中城村　高嶺間切中城村（巻十二）
島尻中城巫火神・島尻中城内西表之殿・島尻中城内東表之殿　高嶺間切真栄里村（巻十二）
中城根屋・中城之川　豊見城間切我那覇村（巻十二）
中城城内之殿　中城間切（巻十四）
中城巫火神　今帰仁間切中城村（巻十五）

中城之嶽　国頭間切見里村（巻十五）

⑤　山城

山城村　喜屋武間切（巻十二）
山城之嶽　大里間切（巻十三）
山城之殿　具志頭間切（巻十三）
山城之殿　美里間切山城村（巻十四）
山城ノロ・山城ヲヒヤ　久米具志川間切山城村（巻十九）

⑥　照屋

照屋之嶽・照屋巫火神　兼城間切照屋村（巻十二）
アヘダノ嶽　南風原間切照屋村（巻十三）
照屋村・照屋ノ嶽（添石村）　中城間切（巻十四）
照屋之殿　越来間切照屋村（巻十四）

⑦　喜納（名）

喜納之殿　豊見城間切名嘉地村（巻十二）
喜納之殿　西原間切翁長村（巻十四）
喜納ノ嶽　中城間切奥間村（巻十四）

喜名巫火神　読谷山間切喜名村（巻十四）

※「きたゝんよのぬしが節」の節名をもつオモロが三首、「第十七　恩納より上のおもろ御さうし」の中に含まれている。それらは、1209・1210・1211のオモロであるが、その三首の直前の1208と、直後の1212のオモロに「今帰仁」が謡われているから、それら三首も当然今帰仁間切内のことを謡っているだろうから、その三首の節名の中の「きたゝん」は、かつては今帰仁間切にあった地名と想われる。

また、本島南部の「第二十　こめすおもろの御さうし」に、「きたゝんのよののしが節」の節名をもつオモロ1348があるが、その「きたゝんのよののし」の地名と人名は、さきに見た喜屋武間切山城村にあった、あるいは居たと思われる。なぜなら、オモロ1348は、「一　山城《やまぐすく》貴《たゝ》み人《きよ》」からスタートしているから、その「きたゝんよののし」は、「山城貴み人」と同一人物であろうからである。さらに、「第二十一　くめの二間切おもろ御さうし」の中にも、「うちいぢへはきたゝん世のぬしが節」の節名をもつ1489のオモロがある。

柴山碑記（附記）

一、大安禅寺の碑文

時に柴山、資を捐《あた》へ、寺を我が国に建つ。名《なづ》けて大安禅寺と曰ふ。并びに自ら碑記を立つ。（景泰七年丙子、泰久王、鐘を鋳て寺に懸く。然るに寺は何地《いづち》に建つるか、今に、考ふべからず）①。柴山碑記に云ふ。

宣徳五年、正使柴山、命を奉じて遠く東夷に造《いた》る。東夷の地は閩南《なん》を離るゝこと数万余里。舟行して日を累《かさ》ぬるに、山、岸に分かち無し。茫茫の際《きは》に、蛟竜、万丈の波に湧き、巨鱗、馮夷《ふうい》の水に漲《みなぎ》る。風涛上下し、雪を捲《ま》き藍を翻《ひるが》へす。険釁《けんきん》なること、紀《しる》すに勝《た》ふべからず。天風の一《ひと》たび煙霧を作《おこ》さば、忽《たちまち》潮瀾の济湃《はい》するを蒙りて、波涛の声は宇宙を振はす。三軍も②心駭《みだ》れ仏を呼びて天に號《さけ》ぶ。頃之《しばらくし》て忽ち神光有りて、大いなる星斗《ほし》の、高く危檣の上に掛るが如く、耿煥《かうくわん》たる昭明は慰む所有るが如し。然る後、衆心皆な喜び、相率ひて言ひて曰く、此は乃ち竜天の庇《かば》ひ、神仏の光るなり。何以《なにをもつ》て是《ここ》に至る哉《や》。是れは咸《ことごと》く我が公③の仏を崇び善を好み、忠孝仁徳を頼るの致す所なりと。

夫《そ》の波涛の一息するに迨《およ》びて、河漢の昭明なれば、則ち南北の峰の遠く相迎へ衛《まも》るを見、迅風は順渡し、朝を崇《を》へずして岸に抵《いた》る。

既にして奉公の暇《いとま》に、上は岡陵を択《えら》び、下は崖谷を相《えら》びて、竜盤虎拠の地を得《え》、以て仏光を安んじ奉るの所と為すを願ふ。以て危を扶《たすく》るの恵みに答ふるを庶幾《こひねが》ふ。是《ここ》に於て、水を掬《すく》ひ香を聞《か》ぎて、其の地を海岸の南に④得るに、山環《めぐ》り水深く、路《みち》は転じ林は密にして、四顧せば清芬たりて、頗る雙林の景に類《たぐ》へり。遂に山を闢《ひら》きて地と為し、水を引きて池と為す。之を求《も》るに陘《じょう》陘《じょう》たり、之を築くに登登《とうとう》たり。百堵《ひやくと》⑤の室を成し、四達の衢《ちまた》を闢《ひら》けり。

中に九蓮座を建て、金容は上に于《な》し、南方丙丁の火徳を前に供す。石を累《かさ》ねて泉を引き、井を後に鑿《うが》つ。有道の僧に命じて其の事に董臨《とうりん》せしむ。内に花卉《くわき》を列《つら》ね、外は椿松を広《ひろ》ぐ。遠く山光を呑みて、平《たひら》かに灘瀬を挹《おさ》ふ。穴処に巣居《さうきよ》する者⑥を使《し》て、皆以て其の光を覩《み》るを得使《えし》む。此れは功に酬《むく》ひ、徳に報ひる者の為《な》す所なり。且つ東夷は仏国と隣を為せば、其の聖跡の海霊の秀を鍾《あつむ》る者《こと》素《もとよ》り有り。此の寺宇の建つること万世に相伝へて窮《きはま》り無きは、良《まこと》に以《ゆゑ》有り。夫《そ》れ、寺を建つる者は誰《たれ》ぞ。天朝の欽命せる正使・柴公⑦なり。

（『中山世譜』巻四、五九～六〇頁）

二、千仏霊閣の碑文

八年癸丑⑧、宣宗、内官柴山を遣はし、勅を齎らして国に至らしむ。王に衣服・文綺を賜ひて、以つて之れを労《ねぎら》ふ。時に柴山、復た自ら資を捐《あた》へて、閣を我が国に建つ。名づけて千仏霊閣と曰《い》ひ、并《なら》べて碑記を立つ。閣の何地《いづち》に建つるか、亦考ふべからざる焉《なり》。柴山碑記に云ふ。

粤《ここ》に大明の開基自《よ》り六合《りくがふ》を混一す。東は海に漸《そゝ》ぎ、西は流沙に被《およ》び、声教は四海に訖《いた》る。凡そ遠方に在るの国にして、琛《たま》を捧《さゝ》げ帛《きぬ》を執《と》り而《て》来たりて貢せざるは莫《な》し。時に東夷、東海の東に遁居し、中華を阻《へだ》たること数万余里、水は蛟竜の虞《おそれ》、風涛の悍《はげし》さ有り、陸は丘陸の険《けわし》さ、崖谷の危《あやう》さ有り。県郭の立つる無く、丞尉の官無し。⑨汙樽抔飲《わそんほういん》は尽《ことごと》く其の俗なり。然りと雖《いへど》も亦た屢《しばしば》産する所を朝《てう》に貢す。永楽の間、亦た常に其の貢を納む。

洪熙の紀年の初め、正使柴山暨《およ》び給《(事カ)》使中・行人等の官を遣はし、勅を奉じて王爵を褒封《はうほう》し、冠冕《くわんべん》を頒賜せしむ。仍《かさね》て前王を祭ら遣《し》め、⑩其れ⑪をして君を尊び上《かみ》に親《したし》むの道を知り、仁義礼楽の本《もと》を篤《あつく》せ使《し》む。天朝の恩は以つて加ふる無し。当今の聖人、⑫継いで龍馭《りようぎよ》に登り、旧章に率由《そついう》す。

宣徳二年、復《ま》た正使山《さん》を遣はし、独《すなわ》ち其の事⑬を掌《つかさど》らしむ。涖臨《りりん》し以て之れを詢《と》へば、則ち其の王、⑭己《おのれ》は上《かみ》に欽《つつし》み、王相は政を下《しも》に布《し》き、其の俗は皆《ことごと》く礼法に循《したが》ひて、漑漑如《ききじよ》たるを見《しめ》す也《なり》と。

宣徳三年、本国《このくに》使を遣はし貢を朝《てう》に帰《おく》らしむ。夫《そ》の五年に迨《およ》び、正使山《さん》、復《また》勅を承《う》けて来れり。茲《ここ》に重ねて聖化を宣《の》べり。淮海《わいかい》の往還に、滄波は万頃《ばんけい》にして、舟檝《しうしふ》の虞《おそれ》、風涛の患《うれへ》、朝夕の艱辛《かんしん》は、惟《たゞ》天に是れを頼るのみ。思へども以て良心を表《あらは》す無し。遂《つい》に三軍、地を墾《ひら》きて基《もとゐ》を営《いとな》み、仏寺を建立《こんりふ》せり。之れに名《なづ》けて大安⑮と曰《とな》ふ。一は以て思育の勤《つとめ》を資《たす》け、一は以て諸夷の善を化す。

寺卒《つひ》に既に成れり、六年、事を卒《おへ》て復命せり。宣徳九《(八カ)》年に迨《およ》び、歳は癸丑に在り。天朝、甚だ忠孝なるを嘉《よみ》し、特に福建方伯大臣⑯に勅し、重《かさね》て宝船を造り⑰、衣服・文物を頒賜し、以て之れを労《ねぎら》ふ。日夜海洋の間に棲跡せる三軍に、安全の歓《よろこび》有り。四際、風涛の患《うれひ》を息《や》め、或は夜は神光を見、或は朝は瑞気に臨む。此れは天地の竜神の護佑《ごいう》の功なり。何ぞ其れ至《きはま》れる歟《か》。

是《ここ》に於て、弘仁・普済の宮を重修す。⑱泉を引きて、井を宮の南に鑿《うが》ち、大安千仏霊閣を鼎造す。⑲凡そ諸夷に在りては、仏に向かはざるは莫《な》し。

宝閣《はうかく》既に成り、仏光厳整す。八月の秋分に、又、白竜高く掛《かゝ》り、以て其の祥《さいはい》に応ずる有り。此の嘉祥の兆《きざし》は、良《まこと》に自《みづから》を有《な》す也《なり》。遂《つひ》に碑記を立てゝ、以て其の事を紀《しる》す。万世の下《もと》、聞きて知る者をして、咸《ことごと》く天朝の徳化の盛《さかん》なるを仰ぎ、而《しかし》て同《とも》に美を前人《ぜんじん》にも趾使《いたらし》む。因りて書きて記を為《つく》る。閣を建つる者は、故《もとよ》り柴山なりと、云《しか》り。

（『中山世譜』巻四、六〇〜六一頁）

①　この柴山碑記の前に記されている文章は、一七〇一年に『中山世譜』を編纂した蔡鐸らが付したものだが、大安寺は、尚泰久王の治世（一四五四〜一四六〇年）には存在していた訳である。「泰久王、鐘を鋳て寺に懸く」については、『琉球国由来記』巻十、「公私廃寺本尊併鐘事」の中に記録されている。「已上十二箇寺」の中の「大安寺」がそれである。その大安寺は私廃寺の一つであった。なぜなら、柴山の碑記を読むと、大安寺の建立に関し、明帝からの勅令とか、時の尚巴志王の認可とかが一切触れられていないから、その寺は、全く柴山の恣意による建立であったと考えられるからである。いつ廃寺になったかは分からない。

②　三軍は大軍の意。宣徳五年、正使柴山に扈従して琉球国に来た明の軍隊。

③　我が公：三軍を含む配下の者全員（衆心）の、自分に対する敬称として、柴山が自己自身を表現したもの。

④　現在の那覇港口の右岸（北側）一帯か。

⑤　百堵の室：百室の部屋。

⑥　穴処に巣居する者：一般民衆。穴処は横穴式住居か。

⑦　柴公：柴山が自己自身の姓に付した敬称。

⑧　八年癸丑：宣徳八年（一四三三）。

⑨　県郭の立つる無く、丞尉の官無し：県郭は、後世でいえば間切番所、丞尉は地頭代以下、首里大屋子、大

掟等の番所役人のこと。尚巴志王の治世には、本島中南部でも焼畑農業が行われ、三山統一後の一四五〇年代にも、阿麻和利が勝連半島全域を支配していた。

⑩ 洪熙の紀年の初め、…仍《かさね》て前王を祭ら遣《し》め…前王、尚巴志の父尚思紹王の葬式が、洪熙紀年の一四二五年の初めに行われた。『中山世譜』巻四によれば、尚思紹王が薨去したのは、永楽十九年（一四二一）で、北山滅亡の年であった。同世譜によれば、一四二二年、「時未下以二思紹訃一告上」とあり、一四二三年、「尚未二訃告一」とあり、やっと一四二四年、「遣レ使。以二父王思紹訃一。聞二于朝一。」とあって、薨去から三年後に明朝に「聞《まう》」しあげた。それをうけて、明朝は使者を派遣し、「祭賻」（賻祭）として、布帛を賜わった。明朝は、尚思紹王が一四二一年に薨去したことを知っていた。一四二五年に琉球国王尚巴志に送った勅書に、「念爾父没已久」とあるからである。

⑪ 其れ…尚巴志王を指称している。巴志が父王尚思紹の死を三年間も明朝に告げなかったことと、その葬祭を、明朝の祭礼で行なわなかった、冊封国の国王の非礼に対する、尚巴志への蔑称であろう。

⑫ 当今の聖人…洪熙帝、仁宗、朱高熾。在位一年にして崩ず。

⑬ 其の事…父王思紹の薨去に関し、非礼な行為に及んだ尚巴志王の統治が、その後、明朝の冊封国の国王として、礼式にかなったものであるかどうか、査問する事。

⑭ 其の王…尚巴志王。

⑮ 大安…その寺の名称は、ここで表記しているように、「大安禅寺」ではなく、大安寺である。注①の中に引用した『琉球国由来記』巻十の、「公私廃寺本尊併鐘事」の中にも、「大安寺」とある。

⑯ 方伯…布政司左右布政使、従二品官。

⑰ 重ねて宝船を造り…ここでいう宝船は抽象的な原義をはなれて、尚巴志王に贈与する衣服・文物を載せた

実体ある宝船として表現されている。「重《かさね》て宝船を造り」と、わざわざ強調されているから、その「宝船」も頒賜されたのではないか。

⑱　弘仁・普済の宮を重修す：重修は、重ねて修理するという意味であるから、柴山が千仏霊閣の碑文を書いた一四三三年以前に、弘仁宮と普済宮という二つの神社が在ったことになる。

⑲　大安千仏霊閣を鼎造す：鼎造の鼎は、三と関連する字であるから、ここでいう鼎造は、弘仁宮、普済宮、大安千仏霊閣の三つの建物の建造を述べているようだ。

※「おきなわ」の原義の中で、史料として『おもろさうし』の存在価値が高い尚巴志王の治世を、「柴山碑記」が鮮やかに写し出しているので、ここに附記として載せる。また右の注⑥と関連することだが、『中山世譜』巻一、歴代総紀の中に、ほゞ十一世紀末の按司時代から十五世紀前半の尚巴志の時代に関し、次の様な興味深い記述がある。読み下し文にして示すと、「…民に烹飪《ほうじん》を教え、而して民之れを利《よろこ》ぶ。民に巣居を教え、而して民之れに安んづ。…」（二〇頁）とあり、「昔の巣居し穴処する者は、今始めて屋廬を有《たも》つ。…」（二一頁）とある。その「屋廬」に関しては、仲宗根求が「グスク時代開始期の掘立柱建物についての一考察」（今帰仁村教育委員会編『グスク文化を考える』）の中でその詳細な研究成果を発表している。

第二部　新聞投稿

「三山統一」を読む　―和田久徳氏の考察を基に

〈上〉　山北滅亡は一四二二年　統一の道筋完璧に論証

沖縄における三山統一についての通説は、中山王が、一四一六年（永楽十四年）に山北を滅ぼし、一四二九年（宣徳四年）に山南を滅ぼしたこと、そしてその間の山南王は、承察度、汪応祖、他魯毎であることである。和田久徳氏は「琉球国の三山統一についての新考察」（お茶の水女子大学『人文科学紀要』第28巻第二分冊）を書き、右の通説に批判を加え、結論としてつぎのように書きかえておられる。要約すると、

一級史料を駆使

〈尚巴志が山南王を破って自ら山南王になったのが一四〇三年（永楽元年）頃で、つづいて一四〇五年（同三年）、中山王武寧を敗死させると父の尚思紹を中山王とし、自らは汪応祖（通史上の山南王）に名をかえてなりすまし、山南王として山南の支配をつづけた。こうして、承察度系の旧山南王家が滅亡し、第一尚氏系の新山南王家がこれにとってかわり、山南国自体は断絶することなくつづいた。そして、通史上の汪応祖の死去にともない、一四一五年（永楽十三年）初め頃までに、尚巴志は山南王汪応祖というかくれ蓑を脱ぎすてて尚巴志の名にもどり、中山王の世子たる地位に移り、それに応じて、山南王には尚巴志の長男である他魯毎を就かせた。こうして、山南国は実質的に中山国の従属的地位におかれ、やがて、一四二

九年（宣徳四年）に他魯毎が死ぬと、新山南王家の山南国は滅び、名実ともに中山国に吸収された。つぎに山北を滅ぼしたのが一四二二年（永楽二十年）であり、その年は尚巴志は、山北監守を設置して二男の尚忠を入れた〉

となろう。こうして和田氏は、「尚巴志による三山の事実上の統一は永楽二十年に出来たわけである」と書かれた。

右の和田説はおもに『世鑑』、『蔡鐸本世譜』、『蔡温本世譜』間の関係記事を校合し、また、それらを『明実録』とも照合しつつ、綿密な史料批判を通じて導き出されたものである。そして、立論の細部における補強として、一級史料である『歴代宝案』を縦横に駆使されておるなど、ものがたい論理構成と犀利な洞察力には感服する外はない。

併合後も朝貢続く

和田氏は、三山統一の筋道―尚巴志がまず山南王を滅ぼし、ついで中山王を破り、さいごに山北王を滅ぼした―については、ほぼ『世鑑』、『蔡鐸本世譜』にそのまま依拠し、それらの事件の年代については『明実録』、『蔡鐸本世譜』と校合して決定しておられる。和田氏が、そのような『世鑑』等の内容を史実として採用された以上、尚巴志が山南を滅ぼした後、通史上の山南王になりすまし、その後継者他魯毎を巴志の長男であると比定したくなるのは、いわば論理上は考えられなくもない。

では、尚巴志が、山南を滅ぼした後も和田説のごとく存続させたのはなぜか。それについては和田氏が、

〈山南王、山北王は中山王と同じく明朝が承認し冊封した勢力であるから、中山王は他の二山を併合した後も明朝に進貢をつづけていたのであるが、両王の征服や三山統一の事実を明朝に対して公式に報告することを憚《はば》からなければならない事情にあったと考えられる〉

また、

〈尚巴志が中山、山南を併せて支配する実権を握った後まで、山南王の明朝に対する朝貢が中山王と併行して暫くつづいたのは、明朝の承認した山南王が独立を保持している形式を維持することによって明朝との友好関係をそこなわずにすみ、一面においては中山王としての朝貢のほかに山南王としての朝貢が行われることによって朝貢貿易の利得を倍加し得たからであろう〉

と自ら明快に書いておられるとおりである。

さて、私は、三山統一に関する和田説の中で、通説が山北の滅亡を一四一六年とするのを改めて一四二二年としたことを全面的に支持する。この部分について和田氏は、『中山沿革志』の著者汪楫が、山北の最後の入貢の年の翌年（一四一六年）を山北滅亡の年とし、それを踏襲した『蔡温本世譜』以下の通史を排し、『世鑑』、『蔡鐸本世譜』が伝える一四二二年をば山北滅亡の年とし、以下のように論拠を据えておられる。

新領地への支配

〈『明実録』によると、山北王の朝貢記事の最後である永楽十三年（一四一五年）四月の前は永楽三年十二月で、その間に約十年を隔てている。したがって現存史料による限り、十五世紀初めの山北は明朝と毎年のように朝貢関係になかったのであるから、永楽十三年以後も存続していても暫く朝貢しない状態がつづいた可能性がある。永楽十三年の朝貢の直後、その翌年に滅亡したと考える必然性はむしろすくないであろう。(中略)永楽十三年の明朝への進貢後も山北の勢力はなお存在していたが、永楽十三年以前と同様に暫く進貢をしなかったから、『明実録』に記録されなかったのであり、やがて永楽二十年三月に滅亡したと解することができる〉

また和田氏は、一四二二年に尚巴志が山北監守を設置して、二男の尚忠を入部させたことに着目し、以下のように書いておられる。

〈山北の領有を固める措置は、他に特別な事情がなければ、山北の併合に引続いて行われるのが当然である。中山の山北併合が永楽十四年であったとすれば、新しく領有した山北王の旧領地の防備について六年間も放って置いたことになり、その間の事情を説明し難い。尚巴志が山北王を永楽二十年三月に破ってその地を併合したから、その新領地の支配を確保する目的で、同年の中に次男の尚忠を今帰仁城に駐在させ山北を監守する役に任じたと解するのが妥当である〉。

実に完璧な論証である。

〈中〉山南併合時期に疑問　筒抜けだった琉球の内情

つぎに、山南併合に関してであるが、これについては、私にはいくつかの重大な疑問がある。和田氏は、三山統一に関する和田説、とくに山南併合を導き出す前提として次の三点をおさえておられる。

Ⓐ沖縄の歴史叙述にあたっては、沖縄古来の記録を尊重し外国史料を補助的に扱うべきである。この場合、前者はおもに『世鑑』であり、後者はおもに『明実録』をさしている。

Ⓑ明朝側は琉球の国内事情に疎かった。

Ⓒ尚巴志は、明朝が均しく冊封した朝貢国である山南、山北を併合した後も、そのことを明朝に報告することを憚った。

以上の三点のうち、いずれかが崩れても、和田説は有力な論拠を失うことになるはずである。この和田氏の三点を見据えながら、以下に私の和田説に対する疑問点を提示しよう。

誤り多い『世鑑』

①和田説の骨格をなすところの〈尚巴志が、まず、山南を滅ぼして山南王となり、その山南王がついで中山王武寧を滅ぼし云々〉という『世鑑』の記述を、ほぼ全面的に史実としてとりあげていること。『世鑑』は「従来、…誤が多く不合理な記述がすくなくないとして軽んぜられる傾向があった」のに、和田氏はなぜ『世鑑』のその部分になると全幅の信頼をよせるのだろうか。『世鑑』の三山統一に関する記述内容は、はなはだ粗大で網の目があらいのだから、和田説以外にもいくつかの推論が可能ではなかろうか。たとえば、尚巴志が、確かにまず山南王を倒したとしても、当時の琉球にあって、三山の明朝への朝貢関係を円滑化し、琉球の内政と外

交に絶大な権力をふるった王相亜蘭匏以下の中国人高官たちの介入によって、南山が巴志に賠償をおこなうかする条件で、山南が旧態どおり存続させられ、爾後、ほぼ通説どおりに三山の歴史が進行したとも考えられる。

『明実録』によれば

②和田氏が立論の根拠とした三点のうちのⒷに関してであるが、琉球の三山統一劇の渦中にあって、しかも、琉球の内政と外交に絶大な権力をもって君臨した中国人で、王相以下の高官たちのことが、和田氏の視野に入っていないこと。『明実録』によれば、一三九四年、中国人亜蘭匏はそれまで琉球国の重事をつかさどってきたということで、明の皇帝から品秩正五品を授けられ、琉球国王相はもとのとおり称してよろしいとの勅書が下されている。以後、皇帝の勅任で、代々程復、王茂、懐機が琉球国王相になり、約六十年にわたって琉球の内政・外交はこれら中国人たちの手に握られていたのである。懐機について、『世譜』にこう書かれている。「其ノ王、己を上ニ欽《つつし》ミ、王相、政ヲ下ニ布キ云々」と。ちなみに「其ノ王」とは尚巴志のことである。時の琉球王たちは、「君臨すれども統治せず」というような象徴的おかざりとして、神棚にまつり上げられていたのである。

しかも、三山統一劇の終幕では、尚巴志が最も懼れるべき中国人使者が、皇帝の特命をおびて滞琉中であった。柴山という人物である。彼は皇帝に側仕する宦官で、一四二五年から一四三五年にかけて何度も来琉している。『明実録』によれば、彼は一四二九年一月に来琉している。また『世譜』尚巴志王宣徳五年（一四三〇年）の条に、「柴山碑記ニ云ハク、宣徳五年、正使柴山、命ヲ奉ジテ遠く東夷ニ造《いた》ル云々」とあり、その年柴山は、琉球に大安禅寺を建立しているから、少なくとも、一四二九年から翌三〇年いっぱいにかけて長く滞琉していることになる。

倭寇との関係探る

柴山は表向きの使命とは別に、琉球と日本、とくに倭寇との関係を探る密命をおびて来琉したとおもう。『歴代宝案』（国立台湾大学印行）第一冊、第一集巻一にこんな記事がみえる。

皇帝、琉球国中山王尚巴志ニ勅諭ス。王奏ス、内官柴山、今次、図事及ビ私ニ罪人ヲ帯ビテ回還セル等因ト。又、王ノ国ニ先ゴロ倭人八郎ノ来タル有リテ告グ、日本国僧正琪ト同《とも》ニ琉球船ニ搭ジテ前ミ来タリテ買売セントスルニ、就《すな》ハチ日本ノ国書ヲ帯ビテ内官柴山ニ与ヘタリト。王知リテ怒リ、僧正琪ト与（とも）ニ八郎ヲ殺死《（カ）》セントス。驚懼シテ柴山ノ処ニ脱走シ、救ヲ柴山ニ求ムルニ就ハチ帯ビテ京ニ引キ来タルト。朕、王ノ朝廷ニ恭事シ職貢ヲ恪修スルヲ以テ、イマダ嘗テ（琉球王が）八郎ヲ闚《のぞ》カントスルコト有ラズ、（八郎の）言フ所ハケダシイマダ信ズ可ラズ。遂ニ内外ノ大臣ニ勅シテ之ヲ審ニセシメ、又、王差ハシ来タセル通事李敬ヲ召シテ詢問セシム。李敬備《つぶ》サニ言《もう》サク、八郎ハ兇暴ニシテ理無シト。王ノ奏スル所ト相合ス。朕深ク之ヲ怒り、已ニ法司ヲシテ柴山ノ罪ヲ治セシム。仍ツテ八郎ヲ将ツテ錦衣衛ニ執付シ、処決ヲ監問セシム。茲ニ人ノ回還スルニ因リテ王ニ勅シ、之ヲ知ラシム。故ニ諭ス。（割注は筆者、○は欠字を筆者が推定したもの）宣徳十年三月十五日

おもうに、八郎は倭寇であって、柴山は彼本来の使命を遂行するため、八郎をサンプリングして北京へつれかえったものとおもわれる。倭僧正琪は琉球で殺されたはずである。明朝は、琉球に対し表向き「治柴山之罪」と言うているが、琉球人の目のとどかない宮城の奥ふかいところでは、柴山が皇帝から勲功を褒嘉されている

さまが目に見えるようである。要するに琉球の内情は明朝に筒抜けだったのである。

③和田説の論点©に即して言えば、尚巴志は山南を倒した後、その首尾を明朝に報告することを憚った。するとどうして、同じく明朝の冊封を受けた山北を亡ぼした後、尚巴志は山南の場合のように第一尚氏の血筋による新山北王家をたてて、山北王国が存続するかのような工作をしなかったのだろうか。その点ははなはだ論旨に整合性が欠けるように見うけられる。

〈下〉兵乱ののちに統一「詔勅の創作」ありえぬ

「諸刃の剣」

④和田説では、『歴代宝案』、『明実録』を引用して、中山王の進貢使節と進貢船が、山南王の使者及び船と同名であるということを主な論拠にして、永楽元年（一四〇三年）頃から尚巴志が山南を支配したことの傍証になりうるとしておられる。この論理は、論点©に背反するものである。尚巴志の新山南王国存続策の手の内を自ら明朝に見せることになるからである。そうであるから、この進貢使節と進貢船の問題は和田氏にとって諸刃の剣である。それに、沖縄人使者の場合－たとえば歩馬結制－は中山と山南に別個にいた同名異人であろう。人名－たとえば歩馬－は元来は地名である。山南と中山は領地がたがいに犬牙相制しており、同じ地名の領地を領している場合が多い。そういう事情からして、『明実録』には、寿礼《しゅり》結致、隗谷《ぐいく》結致、鄔刺誰《うらしい》結制などと、中山と南山には同名異人がいた。「山北王の使者と中山王ないしは山南王の使者との間には同名が全く認められ」ないのは、山北と他の二山との領地が画然と遠くはなれていたからに外ならない。中国人使者および進貢船については、明朝側の都合で、その合理的・事務的運用において、中山と山南に対して指図する権利が、時

とともに中国側に大幅に留保されていくようになったとおもう。というのも、琉球の国子監生関係の記事が『明実録』の中から消えるのが、永楽十四年（一四一六年）で、中断ののち再興するのが成化十八年（一四八二年）のことである。また、『明実録』によれば、中山王と山南王に海舟各一艘が下賜されたのが一三八五年。その次は四十一年後の一四二六年に中山に下賜されている。

⑤和田説では、「他魯毎の死去したのが宣徳四年頃で、それを契機に中山が山南を完全に併合し、直轄領の支配にした…」と書き、その時点で合戦がなかったかのような書かれっぷりである。はたしてそうか。『李朝実録』「世宗荘憲大王実録」巻第五十三、宣徳六年（一四三一年）九月庚辰の日の条に、

対馬島ノ六郎次郎、書ヲ礼曹ニ致シテ云ハク、去年、宗貞盛ノ命ヲ以テ、琉球国ニ到リシトキ、適《たまたま》兵乱ニ値《あ》ヒテ、イマダ即ハチ回還セズ。姑ク人ヲ遣ハシテ礼ヲ致サシム（後略）

とあって、一四三〇年に琉球で大規模な兵乱があったことが知れる。和田氏が山北の滅亡を一四二二年と推定したその論法にしたがえば、山南の滅亡は一四三〇年であったということになる。いずれにせよ、尚巴志はわが子他魯毎の自然死による平和的手段によって山南を併合したのではなさそうである。

「奏文と返詔」

以上、提示した私の疑団が氷解し、三山統一の真実がさらに解明されることを願うものである。『世譜』によれば、尚巴志王の宣徳五年（一四三〇年）、尚巴志は明の皇帝に対し次のように奏文を発し、三山統一のことを報告して、そのことの承認を求めた。

〈前略〉我琉球国ハ分レテ三ツト為ル者《こと》百有余年。戦ノ止ム時無ク、臣民塗炭ス。臣巴志、悲嘆ニ堪ヘズ。此ノ為ニ兵ヲ発シ、北ノカタ攀安知ヲ誅シ、南ノカタ他魯毎ヲ討テリ。今、太平ニ帰シ、万民生ヲ安ンズ。伏シテ陛下ノ聖鑑ヲ願フ。

これに対して宣宗からは次のような返詔があった。

詔シテ曰ハク、爾《なんぢ》琉球国分レテ鼎足ヲ為シ、人民塗炭スルコト百有余年ナリ。此《このごろ》、爾ノ義兵、復タ太平ヲ致ス。是レ朕ガ素意ナリ。今ヨリ以後、終リヲ慎シムコト始メノ如クンバ、永ク海邦ヲ綏《やすん》ジ、子孫之ニ保《やすん》ゼン。欽マンカナ。故ニ諭ス

この奏文・返詔について和田氏は、

この奏文と返詔というものが『中山世鑑』の編修時に存したのかも知れないが、『中山世鑑』のこれについての説明には多くの誤りが重なっているし、『明実録』、『歴代宝案』にないことであるから、統一の奏が準備されたとしても実際に使用されなかったことは確かであろう（傍点は筆者）。

山南併合一四三〇年

この奏文・返詔に関する和田氏の所見から帰納し、和田氏があえて述べなかった結論をあたえたのが生田滋

氏である。ロジックのうえからして、この問題に関する限りご両人は全く同じ所見であるということになる。傍点部が示しているように、奏上がなければ、返詔もないのだから。生田氏はこの和田論文をつよく意識して、「琉球の三山統一」（『東洋学報』第六十五巻）なる論文をものされておるが、その中で、この奏文と返詔について、「ここに見える『上奏文』と『勅語』は後世の創作であろう」と判断を下しておられる。そうして、百尺竿頭一歩を進めて、「『三山統一』というような事実があったことを同時代史料から積極的に主張することはできない」と書かれている。

「後世の創作」とは、蔡温による創作ということに外ならない。しかし柴山というこわい人物に一部始終を見られ、しかも、彼の滞琉中に「兵乱」が現におこっているのであるから、尚巴志としてはそのことを皇帝に報告せざるをえまい。「尚温の冊封副使李鼎元の使録に初めて世譜の名が現れる」（球陽研究会『球陽』原文編二五頁）とあるように、『蔡温本世譜』は中国人にかくしだてした本ではない。一体、蔡温は自ら国家の柱石を以て任じた士大夫である。「是朕素意」という皇帝の重大な意志を含む詔勅を創作＝偽作して正史に載せる所業は万死にあたいする大罪のはずである。ひいてはゆゆしき国難をまねく大不忠である。また、蔡温の学者としての見識と倫理からして、さような姑息な弥縫をしたとは想えない。

三山統一に関する結論だが、山北の統合については和田氏の一四二二年説を支持し、山南のそれは一四三〇年としたい。この二点以外については、中身の多様さの解明を今後に期待しつつ、大体において従来の通説のままでよいとおもう。

沖縄タイムス　一九八六年四月十一日～一九八六年四月十五日

高鳴る万国津梁の鐘

〈1〉ずばり独立国の宣言　倭寇との接触を恐れる

この鐘の銘文については、これまで多くの人々が言及し、批評を下してきている。例えば、東恩納寛惇先生は、『黎明期の海外交通史』の序文の中で、「新興黎明の気魄の窺はれるのも亦もとより怪しむに足りないのである」、「海上に於ける生活の消息を伝ふるものである。」と評され、また、富島壮英氏は、沖縄タイムス社『沖縄大百科事典』「万国津梁の鐘」の項で、「銘文は一五世紀中葉、尚泰久王治下の琉球の海外貿易の隆盛・制海の気概を的確に表現するものである。」と書いておられる。これらの評言が、この銘文に対する平均的なものとみてよい。

それでは、これらの評言をそのまま是認してよいものだろうか。否！ その鐘をつくり、銘文の中で訴えようとした尚泰久王の意志は他にあったのである。ずばり－琉球国独立の宣言である。この鐘の梵音を心眼で観じ、耳を洗い、心を澄まして聴けばよい。

この鐘には、二三一文字の漢詩文がきざまれている。鋳造一四五八年、撰文・僧渓隠。鋳造大工・藤原国善。京都で鋳られた。その銘文は三つの段落からなっている。第一段落は、主語が琉球国、第二段落は、主語が尚泰久王、第三段落は、意味上の主語が、鐘そのものである。以下、読み下し文は左のとおりだが、傍点部は、東恩納先生のそれとちがう。

琉球国ハ南海ノ勝地ニシテ、三韓ノ秀ヲ鍾《あつ》メ、大明ヲ以テ輔車ト為シ、日域ヲ以テ唇歯ト為シ、此ノ二ノ中間ニ在リテ湧出スルノ蓬萊嶋ナリ。舟楫ヲ以テ万国ノ津梁ト為リ、異産至宝ハ十方ニ充満セリ。刹地ハ霊ニ人扨（み）チ、遠ク和夏ノ仁風ヲ扇グ。故ニ吾ガ王大世ノ主、庚寅ニ慶生セル尚泰久ハ、茲ニ宝位ヲ高天ニ承ケテ、蒼生ヲ厚地ニ育ム。三宝ヲ興隆シ四恩ニ報酬センガ為ニ、新タニ巨鐘ヲ鑄テ、以テ就（すな）ハチ、本州中山国王殿前ニ之ヲ掛着ス。憲章ヲ三代ノ後ニ定メ、文武ヲ百王ノ前ニ戢《おさ》メ、下ハ三界ノ群生ヲ済ヒ、上ハ万歳ノ宝位ヲ祝《いの》ル。相国住持ノ渓隠安潜叟ニ辱命シテ銘ヲ求ム。銘ニ曰ク。須弥ノ南畔ハ、世界洪宏ナリ。
吾ガ王出現シテ、苦シメル衆生ヲ済フ。流レヲ截ツ王象、月ニ吼ユル華鯨ハ
四海ニ泛溢ス。梵音ノ震フ処、
長夜ノ夢ヲ覚マシ、感天ノ誠ヲ輸《いた》ス。
尭風ヲ永ク扇ギ、舜日益々明ラカナラン。
　戊寅六月十九辛亥
　大工　藤原国善
　住相国渓隠叟之ヲ誌ス

この鐘の鑄造の目的は、第一段落につくされている。それによれば、琉球は明国との関係を、輔車相依ル—輔（ほお骨）と車（下あごの骨）とが互いに頼りあっているとし、日本との関係を、唇亡ビテ歯寒シ—唇と歯とのように、利害関係が最も深い国だ、と揚言し、日中両国間に浮かぶ楽土であって、日明双方と対等なんだぞ、

と自己規定しているわけである。以上がこの銘の目的で、以下はその修飾である。この琉球国は舟楫《かじ》を操って、自ら万国の津梁《かけはし》となって、縦横に活躍し、異産至宝が国のすみずみにまで充満している。琉球は仏果を受けた霊妙な国土であり、民も多い。遠く大和と中夏の仁風に浴し、げにも和《やわ》らかな夏の風を楽しむうまし国だと。

うむ、名文だ。わが先人もたいしたものだ。と受けとるのが一般的な見方であろう。しかし、一とたび、この鐘ができた時代の東アジアの国際社会に身をおいて、この銘文を読むと、その文がいかに刺激的で型破りであったかがわかる。当時の東アジアにおける国際秩序は、大明の皇帝を頂点にいただく冊封体制＝朝貢体制にあり、また、朝貢諸国間の横の関係も、明の朝廷におけるランクによって律せられ、そのワク組の中で、相互に外交・貿易が営まれたのである。皇帝の逆鱗にふれた国は絶貢の処分を受けた。これは経済的利益を失うことを意味した。また、明朝は建国以来、「北虜南倭の禍」という頭痛の種をかかえていた。このことは、たえまない南倭＝倭寇の暴威による国家財政の疲弊と人民の被災、北虜（野人＝のちの清）の侵入による明の滅亡という形で現実のものとなった。『李朝実録』を読むと、朝鮮は明帝の逆鱗にふれるのをおそれて、倭寇との接触を明にさとられることをたえず心配している。琉球も朝鮮と同じ事情にあったと思う。

〈2〉 恐怖と地獄の世界　中国や朝鮮を荒らし回る倭寇

『李朝実録』「大宗恭定大王実録巻第三十」大宗十五年（一四一五年）秋七月戊午の条に、

通事姜庚卿、遼東ヨリ回《かえ》リテ啓シテ曰ク。七月初四日、倭賊旅順口ニ入リ、尽《ことごと》ク天妃娘娘殿ノ宝物ヲ収メ、二万余人ヲ殺傷シ、一百五十余人ヲ擄掠シ、尽ク登州ノ戦艦ヲ焚イテ帰ル。上《しょう》、崔閑ニ命ジテ、承政院ニ伝教セシメテ曰ク、倭中国ヲ寇スルコト数々《しばしば》ナリ。シカモ今ヤ甚シト為ス。帝若シ怒リテ之ヲ征セント欲セバ、則ハチ必ズ助征ノ命有ラン。将《ま》サニ之ヲ若何《いか》ニセントストスト。且ツ我ガ国ハ日本ト交通シ、倭使絡繹タリ。帝若シ之ヲ知ラバ則ハチ必ズ咎ヲ我ガ国ニ帰セン。亦タ将サニ之ヲ如何ニセントストスト。柳思訥対《こた》ヘテ曰ク、誠ニ慮ルベキナリト。

とある。惻々としてもれ聞こえてくるのは、王以下廷臣の肺腑をえぐるような溜息ばかりである。そのかみ、高麗国が文永（一二七四年）・弘安（一二八一年）の役（元寇）に先だって、元に焦土にされ、橋頭堡にされ、先兵にしたてられるという亡国的国難を、このとき、悪夢のように想起したことだろう。歴史は風化しがちなものなのだが、それにしても、たった一日で殺傷二万余人とは！　近代の火器は殺傷力が甚大だが、被災者の意志によっては、岩かげや壕に難を避けうる。心は野獣と化しても、狡智な頭脳の倭寇の日本刀に対しては、避難場所はない。そこは、近代戦とはちがう恐怖と地獄の世界である。一三五〇年以来、中途に断続はあったが、二〇〇年間にわたって、倭寇は日ごと夜ごとに中国や朝鮮を荒しまわったのである。

「同巻第三十四」大宗十七年（一四一七年）冬十二月辛丑の条に、

〈前略〉帝、琉球国使臣ノ回還スル時ニ因リテ宣諭ス。汝ノ国日本国ト交親ス。後日、日本ヲ征スルトキ、則ハチ汝ノ国必ズ先ダチテ引路セヨト。使臣、惶恐シテ回ヘリ去《ゆ》ク〈後略〉。

とある。また翌年春二月丙午の条にも、

〈前略〉又曩者《さきごろ》、慶尚道ノ倭ニ擄ニセラレシ唐人男・符旭、女・陳仏奴等ヲ来タセルヲ以テ、朝廷（明国）ニ解送ス。（明国の）礼部奏シテ曰ク、朝鮮国、日本ト交親ス。被擄人等ノ送還ヲ将《も》ツテ、日本ト交親スルノ罪ヲ請ヒ問フト。帝曰ク、朝廷ノ人物ヲ買得シテ送リ来タセルニ、何ノ罪カ焉《こ》レ有ラン。今如《も》シ復《ま》タ之ヲ問フ者有ラバ、当《ま》サニ答ヘテ曰フベシ。殿下（朝鮮王）事大ノ誠ヲ以テ、被擄朝廷ノ人物ヲ買得シテ送リ来タセリト。

倭寇に擄にされた中国人を朝鮮国が買いもどし、本国に送りとどけた善意が、明の疑惑をまねいてアダになりかねないほどに、倭寇問題は緊張していたのである。こうした倭寇問題におびえる記事が、李朝実録には頻出する。私はこの四月十四日の本紙に「三山統一を読む（中）」を書き、その中で、皇帝特使の柴山が、琉球と倭寇との関係を探りに来たのではないかと推測した。琉球国は対朝鮮貿易に倭寇の「賊首」とその船を使うなど、現実に琉球には少なからぬ倭寇がいたのである。また、明人も、琉球列島が、数ある倭寇の明への侵入路の一つであることを知悉していた。

其（倭）入寇するや風の之《ゆ》く所に従ふ。東北の風猛なれば即ち薩摩或は五島より大琉球小琉球に至りて、仍ほ風の変遷を覗ひ、北風多ければ則ち広東《（か）》を犯し、東風猛なれば則ち福建を犯す〈後略〉（竹越与三郎著『倭寇記』五九頁）。

このような文脈の中で、「大明ヲ以テ輔車ト為シ、日域ヲ以テ唇歯ト為ス」という銘文を読むとき、以前とはちがう緊張感が、行間から犇々《ひしひし》と迫ってくるであろう。

〈3〉信ぴょう性高い琉寇　東シナ海は無法地帯だった

鐘の銘の真意を知るには、琉球国成立の事情を知らねばならない。沖縄の歴史は海外交通の歴史であるといっても過言ではない。『中山世譜』を繙《ひもと》くと、そのことがよく分かる。巻三の天孫紀にこうある。南宋淳熙年間（一一七四〜一一八七）、天孫氏二十五紀の裔孫は、徳すくなくて政治が衰えた。盛時には、本国の船で海外諸国にいって貿易をするときには、必ず法令に遵って出船したものだった。しかし、利勇の弑簒《しいさん》の後に兵乱がおこるようになってからは、法を犯して勝手に海をおし渡ってゆくものが多くなった。故に『宋史』琉球伝に云う。淳熙年間、琉求は常に数百人を率いて、にわかに福建省泉州の水澳頭等の村々に侵入し、ほしいままに殺人・掠奪を行う者がいた、と記されている。この倭寇ならぬ琉寇の記事は信憑性が高い。というのは、一三七二年の察度の入貢以後の『明実録』に、頻出する大陸における琉球人の殺人・放火・窃盗等の犯罪行為は、その余波であろうからである。このことは後に列記する。「琉寇」といえばこんな記事がある。

○一四五二年－刑部ニ命ジテ、榜《たてふだ》ヲ出シテ禁約シ、福建沿海ノ居民ノ、中国ノ貨ヲ収販シ、軍器ヲ置造シ、海船ニ駕シテ琉球国ト交通シ、招引シテ寇ヲ為サシムルヲ得ルコト毋《な》カラシム。時ニ言ヘル有リ。黄粛養ノ乱ハ、多クハ海寇ノ嘯聚《せうしう》スルニ由ラント。故ニ之ヲ禁ズルナリ。

一四四九年、千余艘の船団を組んで広州を包囲するという黄粛養の乱がおこっているが、この乱に琉球人のあらくれ者が参加していないと誰が言えよう。当時、明国は厳重な海禁策をしいて、朝貢国以外の国にも私人にも入国と貿易を許さず、また、明の商人が外国に渡航して貿易することも厳禁していた。この史料は、福建沿海の商人が船を武装し、琉球の私商とさかんに密貿易を営み、琉球人を導き入れて仲間にし、中国沿岸で海賊行為をなしたこと。そして、わざわざ琉球国を名ざして榜（立札）を立てて、犯罪行為を厳禁している。

○一四七八年―安南国王・黎灝奏ス。占城（チャンパ）ノ頭目・波篭阿麻、先ゴロ臣ノ国ト通好ス。成化十一年（一四七五）、琉球国海船ノ漂風ノ衆ヲ得テ、遂ニ率ヰテ以テ侵掠ス。臣ノ国ノ辺兵ノ敗ル所ト為ル（『明実録』「憲宗実録」巻一七六）。

このように、いわば蛇の道はヘビで、琉球の私商船も誘われれば二つ返事で海賊に変身したわけである。当時の東支那海は海賊の無法地帯で、そこで貿易をおこなおうとすれば、最低の条件として、数百人、十数艘の武装船団が必要であったとおもう。相手の商人団と同様、必要にせまられれば海賊に豹変するのである。私は、英祖も察度も尚巴志も阿麻和利も、これら武装貿易業者の沖縄における覇者だったとおもう。英祖らは、本島に割拠する群小の武装貿易業者——その拠点は中南部に集中する諸城蹟——の利害と密着し、利権・利益を公平に分配・調整し、統率する能力にたけた実力者であって、その能力ゆえに彼らから推戴《すいたい》されて、王位（のようなもの）に就くことができた。その能力がないと、彼らから弊履のように見棄てられて王位を失ったのである。その好例が武寧と尚徳である。

王とこれら群小の武装貿易業者との間には君臣関係がなく、いわば実利的に結びついた同業者意識の域を出ていなかった。あの南部の多すぎる古城群を見よ。猫の額ほどのやせた磽确《こうかく》地に信じられない程の堅牢な城が犇《ひし》めいている。それらをとりまく可耕地は、当時の石器主体の農具の性能を考慮に入れても、いかにも狭い。

該城蹟群の基盤は、土地＝農業にではなくて、より海上＝貿易の上にあったのである。英祖・察度・尚巴志の王統が、どうしてあんなにもアッサリと短命に倒れてしまうのか。また、勝連城や佐敷城や中城城等の城主の血統が、どうしてああも眩《めまぐ》るしく変わっているのか。我々のこのような疑問と思考の回路は、儒教に色濃く染めぬかれた強固な身分制社会である近世琉球史を体験した者の属性であって、英祖・察度・尚巴志の時代は、むしろ今日の感覚に近く、実利的でプラグマティックな社会であった。

〈4〉勝連按司の「王国」　中山王治下に独自国家

さて、国家を国家たらしめる基本的条件は、統一された国民と国土、完備した統治組織の三つであるといわれる。この基準に照らすと、英祖や察度から第一尚氏の尚金福王までの治世の琉球は、学問的に国家とはみなしがたいということになる。以下にその証拠をいくつか列記しておく。

(一) 統治組織（とそれを支え結び合わせる君臣的身分関係）が未発達だった。だから玉城王や武寧王のような暗君が上に立つと、簡単に互解したこと。

(二) 中山王治下の中部に、その統治権の全く及ばない勝連按司の「王国」と領民がいて、国家中国家の観を呈していたこと。

(三) 察度王の時代に、中山王府のトップに中国の王府の統治組織とスタッフを無抵抗に受け入れていたこと。それは、当時の沖縄に、王をとりまく君臣関係を基軸にして、世襲化し門閥化した支配層がまだ生まれていなかった証拠である。

(四) 一三九三年に、中山と山南の国子監生が皇帝の詔書を批判して死刑になった事件があること。ヤーナレード、フカナレー。彼ら刑死した監生＝琉球の支配層の子息たちが、在国中、中山王や山南王に対して示した不遜な態度が、つい、明国で皇帝に対してあらわれたものである。

（五）尚忠と尚思達に対する冊封文とその附属文を読むと、当時の中山王の臣下に対する統治権と威権が脆弱であったことがわかる。尚思達王の冊封文に附随して出された詔諭文は左のとおり。

復タ其ノ国ノ大小頭目人等ニ詔諭ス・心ヲ尽シテ輔翼シ、慎ンデ善道ヲ行ナイ、各々礼分ニ循《したが》ヒテ、僭踰スルコト或ルナカレ。凡ソ国人ヲシテ同《とも》ニ雍熙を楽シミテ、朕ガ一視同仁ノ意ニ副《そ》ヘシム（『明英宗実録』正統十二年三月丁亥）

「大小頭目人等」が、実際には、国王など眼中になく、てんでばらばらに行動し、礼分をつくさず、分際を僭踰していた有様が活写されているのではないか。

では、「頭目人」とは、たとえば、どんな人たちのことだろうか。そのチャンピオンは、在野時代の尚巴志その人であり、尚思達の時代には勝連按司阿麻和利である。琉球国中山王を冊封する際に、皇帝がその為に詔諭しなければならない阿麻和利とは、そもどのような経済的実力を背景にしていたのであろうか。また、それはいかにして可能だったのであろうか。阿麻和利について、『世譜』にはつぎのように書かれている。

勝連按司阿麻和利ハ、身ハ儀賓ノ貴キニ居リナガラ武ヲ兼ネ、芸ハ衆ニ出ヅ。諸按司ヲ視ルコト草芥ノ如ク、驕傲已ニ極マリテ、常ニ弑簒《しいさん》ノ心有リ。

阿麻和利の存在感を、これほど簡潔に活写した文章もあざやかだが、勝連城の出土品も、この名文に劣らず雄弁である。亀井明徳氏は、勝連城の発掘調査の結果を次のようにまとめておられる。

　勝連城から出土している輸入陶器をみると、…ほかのグスクにくらべて、大量で、しかも良質の陶磁器が出土することである。瞥見する限り、勝連の出土陶磁は首里に劣ることなく、むしろ勝れている感じがする〈中略〉。中山王察度から第一尚氏へと、対明貿易は中山王統が掌握していたように見えるが、その中山を構成する按司集団の貿易行為に対して、中山王統が覇権をもっていたのか否か、疑問が生じてくる（沖縄県立博物館『沖縄出土の中国陶器』（下）、沖縄本島編一一三ページ）。

〈5〉阿麻和利〝豪富〟築く　明の私貿易船が出入り

亀井氏の疑問が正しいことは、以下に示す文献史料によっても証明される。明朝は、国防と貿易の独占のため、私貿易船の出入国を厳禁していた。そこで、阿麻和利が勝連城を拠点に貿易を営めたのは、国禁を犯して渡琉してくる明の私貿易船によってであった。

○一四三〇年―巡按福建監察御史・方端奏ス。漳州府竜溪県ニ海寇ノ登岸シ、人ヲ殺シ財ヲ掠ム。巡海指揮・楊全、軍ヲ領シテ救ハズ。全又県人ノ賄賂ヲ受ケテ、琉球ニ往キテ販鬻（はんいく）スルヲ縦（ゆる）ス。請フ全ヲ治シテ罪セヨト。上（しょう・皇帝）、右都御史、顧佐等ニ諭シテ曰ク、官軍ノ巡海スルハ、本ヨリ、外寇ヲ防ギ、亦小人ノ出境交通スルヲ防グナリ。此ノ輩、盗ヲ防グコト能ハズシテ又盗ヲ縦ス。

御史ヲシテ之ヲ治スルコト律ノ如クセシメント（『明実録』「宣宗実録」巻六九）。
○一四三八年―福建按察司副使・楊勲、龍渓県民ノ私ニ琉球国ニ往キ貨ヲ販フヲ鞫《ただ》ス。例トシテ械ヲ当テ京ニ至ラシム（後略）。（右同「英宗実録」巻四七）。
○一四五二年―刑部ニ命ジテ、榜ヲ出シテ禁約シ、福建沿海ノ居民ノ、中国ノ貨ヲ収販シ、軍器ヲ置造シ、海船ニ駕シテ琉球国ト交通シ（後略）（右同「同実録」巻二一七）。

宋・元代を通じて飛躍的に高まってきていた商品生産と流通のうねりは、明代になるとさらに高まり、海禁策でそれを抑えこむこと自体がどだい無理なことであった。その事情と沿海を取り締まるべき明の役人の腐敗が、明の私貿易船の海外への出国をさかんにさせていたのである。阿麻和利は、こうして舳艫《じくろ》相銜《あいふく》んでやってくる明の私貿易船から唐物を買い入れ、彼らには日本の商品を売って豪富を築いたのである。おもろ双紙に、「真玉、金《こがね》寄り合う玉の御内」と謡われた勝連城は、民族の一大交易場（エンポリウム）であった。

ところで、右のような歴史現象をより深く理解するためには、歴史の皮をもう一枚めくらねばならない。どうして、より広い市場である日本本土へ、中国人や南蛮人は直接商品を持ちこまなかったのか？　答えは倭寇である。

○【壬寅】暹羅斛《シャムこく》使人・張思道等回ヘリ来タリテ曰ク、前年（一三九三）十二月、回礼使・裴厚ト、日本ニ到リシトキ、賊ニ礼物資粧ヲ劫掠《こうりゃく》セラレ、焼尽シテ余リ無シ。更《あらた》メテ船子ヲ粧《よそ》ホヒ、今年ノ冬ヲ待チテ、本国ニ発還スルヲ許サレンコトヲ乞フ〈後略〉（『李朝実録』「太祖康献大王実録」巻第六、太祖三年七月）。
○【丁酉】南蕃瓜蛙《ジャワ》国使・陳彦祥、全羅道群山島ニ至リシトキ、倭ノ掠ム所ト為ル。船中載スル所ノ火雞・

孔雀・鸚鵡・鸚哥・沈香・龍脳・胡椒・蘇木香等諸般ノ薬剤・蕃布ハ尽《ことごと》ク劫奪セラル。虜ニセラレシ者六十人、戦死者二十一人。唯男婦共ニ四十人、死ヲ脱シテ上岸スルノミ〈後略〉（同「太宗恭定大王実録」巻第一二、太宗六年（一四〇六）八月）。

○【戊申】日本国宇久殿ノ使人及爪蛙国陳彦祥ノ使人等、還ヘランコトヲ告グ。爪蛙国人曰ク、日本国人ハ性本ヨリ貪暴ニシテ、多《た》ダ彦祥ノ財ヲ竊《ぬす》マントシテ、恐ラクハ中路ニ我ヲ殺シテ、以テ其ノ迹ヲ滅セン。願ハクハ国家ノ護送セラレンコトヲ。政府啓シテ曰ク、一両ノ兵船ヲ送ルトモ、安《いず》クンゾ能ク暴ヲ禦《ふせ》ガンヤ。又多クハ遣ハスベカラズ。遂ニ行ク。（同「同実録」巻第二三、太宗十二年（一四一二）五月）

また、一四一九年には、パレンバン（旧港）の船が貿易のために博多に行く途中、薩摩の町田氏らに再三にわたって掠奪・抑留され、尾羽うち枯らしているのを、琉球船で本国へ送還された。（A.KOBATA & M.MATSUDA Ryukyuan Relations With KOREA and SOUTH SEA Countries. 一三五頁）。このように、倭寇に対する恐怖心から、南蛮諸国の貿易船は朝鮮と日本に来なくなった。そういう海上の事情と明国の海禁策もあいまって、琉球側の積極的な働きかけにより、沖縄は安全な国際的交易場の地位を築きあげてゆくのである。このような歴史的環境の中で、阿麻和利らのような「頭目人」が多数抬頭してくるのである。

〈6〉　明が王府づくりに力　倭寇防止の経済的みかえり

琉球国という国づくり＝琉球王府の統治組織の整備が、意識的に急テンポで推進される契機は、一三七二年の対明入貢からである。入貢によって琉球の経済が飛躍的に高まり、経済の規模と構造に対応する形で促されて、内発的に整備されていったのだろうか。それもあろう。しかし、それよりも琉球の外部から明朝によって、既成のセットとしてもちこまれたと見る方が妥当であろう。人も機構も。それでは、一体、①明朝は何の為に、そのようなアブノーマルな工作をし、②察度は、また、どうしてそれを甘受したのだろうか。明と琉球の相関関係において、双方のそれぞれの側における最緊要のナショナル・インタレストは何だったのか。この視点さえ見失わなければ、右の二点の解明をしくじることはあるまい。明にとって、死活にかかわる国家利益は、倭寇に対する国防問題であり、琉球にとってのそれは、経済的見かえりである。まさにそのような国家利益の交換は、今日でも、地球上のあらゆる地域で見られる現象と同一のものである。

一四一一年四月、明帝に対して、察度王に仕えていた中国人・程復なる者が、老齢のため致仕し帰国したい旨奏請した。

〈前略〉復ハ饒州ノ人、其ノ祖察度ヲ輔スルコト四十余年、誠ヲ勤メテ懈《おこ》タラズ。今年八十有一。命モテ致仕シ、其ノ郷ニ還ランコトヲ請フ。（帝）之レニ従ヒ、復ヲ陞（のぼ）セテ琉球国相ト為シ左長史ヲ兼ネシメ、致仕セシメテ饒州ニ還ヘス〈後略〉（『明実録』「太宗実録」巻一一五、四月）。

とある。「察度ヲ輔スルコト四十余年」とあるから、程復は、少なくとも一三七一年以前に、洪武帝の命で入琉し、察度に仕えていたことになる。入貢の年の一三七二年以前である。また、

琉球国中山王長史蔡璟、其ノ祖ハ本、福建南安県人ニテ、洪武ノ初、命ヲ琉球国ニ奉ジテ、導引シテ進貢セシムルヲ以テ、通事ヲ授ケラル〈後略〉（同「憲宗実録」巻六五、三月）。

とあるから、璟の祖父崇も、入貢以前に洪武帝の命で入琉していたのである。これは、以下の行論上大事なポイントである。

つぎに、「(程復) 請命致仕、還其郷、(皇帝) 従之」とある点。これによって、程復が皇帝の官人であり、その資格のまま琉球に派遣されていたことがわかる。「致仕」は、仕 (官職) を致す (奉還) ということで、皇帝におかえしして辞任することである。致仕については、『大明会典』巻之十三に、詳細に規定されている。

〈前略〉洪武元年、凡ソ内外大小ノ官員年七十ナル者ヲシテ致仕セシムルヲ聴《ゆる》ス〈中略〉十三年、文武官六十以上ノ者ヲシテ皆ナ致仕スルヲ聴ス。二十六年、凡ソ官員年七十以上ニシテ、若果《もし》、精神ノ昏倦セバ、親身《みずから》、京ニ赴キ面奏スルヲ許ス。如《も》シ、吏部ノ査照ニ准ジテ相同ジケレバ、方《まさ》ニ官ヲ去リ職ヲ離ルルヲ許ス〈後略〉。

厳格な規定である。ありようは、程復らが明朝の国家公務員として一三七一年かそれ以前に、皇帝の命で琉球に派遣され、入貢により双方がとるべき諸義務や諸権利に関するとりきめにあたり、そのとりきめの中身として、琉球国建設とその運営の為に、四十余年間も尽瘁《じんすい》してきたということである。

一三九四年に琉球国王相府左長史になった中国人亜蘭匏については、「王相・亜蘭匏、仕ヘテ武寧ニ至ル。本国政柄ヲ掌ル者、王相ト称スルハ此ヨリ始マル」(『世譜』察度王の「紀」) とある。亜の琉球における任官については、次の史料が示している。

命ジテ琉球国王相亜蘭匏ニ秩正五品ヲ授ク。時ニ亜蘭匏、朝貢ヲ以テ京（南京）ニ至ル。其ノ国中山王察度、請ヲ朝ニ為ス。亜蘭匏、国ノ重事ヲ掌ルヲ以テ、品秩ヲ陞授シ冠帯ヲ給賜セラレンコトヲ乞フ。又、通事・葉希尹等二人ニ陞授シ、千戸ニ充テラレンコトヲ乞フト。詔シテ皆ナ其ノ請ニ従フ。其ノ王相ノ秩ヲシテ中国王府長史ト同ジカラシム。王相ト称スルハ故《もと》ノ如シ（『明実録』「太祖実録」巻二三二、三月）

『大明会典』巻之十によれば、「王府左右長史」は正五品官であり、右の記事と一致している。また同巻之一百十八によれば、「千戸」は武官で、正五品官である。右の記事で注目に値するのは、その時点で、亜蘭匏が「国ノ重事ヲ掌」っていたこと、「王相ト称スルハ故ノ如シ」とある点である。亜の王相任官の任命権者は察度王か洪武帝か。さきに見た程復の致仕願いの史料にもあったように、程を国相＝王相に任命したのは明の皇帝であった。ここでも亜を王相に任命したのは洪武帝であったと見るべきである。

〈7〉中国が実質的統治 「実を捨てて名を取る」は誤り

往昔、尚巴志王世代、左長史・右長史有ルナリ。左長史ハ国政ヲ掌ル、ト吾学編ニ見ユ。天順四年庚辰、中朝皇帝ノ簡命ヲ奉ジテ、特ニ中山王府長史司ニ陞《のぼ》セラル、ト梁崇家譜ニ見ユ（『琉球国由来記』巻二、五六頁）。

『吾学編』は明の鄭暁の撰述、全六九巻。『会典』の記載では、正五品官のワク内に、「王府長史司左右長史」とあるが、『由来記』の「左長史・右長史」といい、「中山王府長史司」の語句といい、いずれも本場中国の官職名を、そのまま琉球にスライドさせた輸入品である。また、「中山王察度、遣其臣典簿程復等」（『明実録』「太祖実録」巻二四四、正月）とある。この「典簿」も、『会典』巻之四の「王府官」によれば、左右長史につぐ、「首領官」である。すると、その属官である審理・典膳・奉祠・典宝・良医・工正等の中国人各官も、中山王府の中にいた可能性がある。

竊《ひそ》カニ按ズルニ、往昔、唐栄ノ官員、命ヲ奉ジテ、正使ト為リテ入貢ス。時ニ勅命アリテ大夫ト為ル。且ツ往昔、勅シテ、国王ノ六員ノ大夫ヲ有スル時ハ、中憲大夫ヲ許ス。近世ニハ此ノ職有ル無シ。但此官爵有ルノミ（『琉球国旧記』巻之二、四四頁）。

とあるから、もとは、中国皇帝の勅命によって、琉球王府のトップに立つ大夫（後世の三司官に相当するともわれる）の人事に介入してくることがあったのである。中憲大夫は正四品官である。なお、『世譜』に、一四六六年の記事に「正議大夫程鵬」の名が見えるが、これは正三品官である。正三品官は、各省の次官（侍郎）クラスであって高官中の高官である。琉球国正議大夫の肩書きで程鵬などが、大明の宮廷に参朝するときは、高等官待遇であった訳である。中山王府がこのように、中国人高官を受け入れていたことは朝鮮にも知られていた。すなわち、

琉球国、事大ヲ甚ダ勤ムルモ、而ルニ文学ヲ知ラズ。故ニ朝廷独《すな》ハチ王官ヲシテ来タラシ、礼文ヲ教ヘシム（『李朝実録』「世宗荘憲大王実録」巻第五一、春正月丙子）

と見えている。

柴山といえば、皇帝の勅命をうけて、一四二五年から一四三五年にかけて何度も来琉した人物であるが、その「柴山碑記」に、

其ノ王（尚巴志）、己ヲ上ニ欽《つつし》ミ、王相（懐機）政ヲ下ニ布《し》キ、其ノ俗皆ナ礼法ニ循《したが》ヒテ、熈熈如タルヲ見《しめ》スナリ（『世譜』宣徳八年癸丑）

とあって、察度王代から尚金福王代にいたる約六十年間、琉球王は、君臨すれども統治せず、というシンボル的存在にまつり上げられていたのである。

さて、琉球の明に対する朝貢関係については、東恩納寛惇のつぎの評価が、今日までのところ定説となっている感がある。

朝貢関係は、大国に取つては、実を捨てて名を取るものであるに反し、小国に取つては、名を捨てて実を取るもので、それによつて、内政の干渉を受けるでもなく（『東恩納寛惇全集』I、三三頁）。

この所論が通用しないのは、私がこれまで列記した史料によって、くつがえされていることからして明らかである。すなわち、明国をとりまく情勢は、そんなに悠長なものではなく、「北虜南倭の禍」は、明を国防の奔命に疲れさせ、その財政を逼迫《ひっぱく》させた。とくに、太祖洪武帝が琉球を入貢させたころが、倭寇のもっとも猖獗《しょうけつ》した時期であった。明国にとって、朝貢関係は、建て前の水面下に、つねに国防というナショナル・インタレ

ストがあったのであって、決して「実を捨てて名を取るもの」ではなかった。また、これまで見てきたように、明の琉球に対する内政の干渉があったことも歴然としている。

是ヨリ先、上《しょう》、海外諸夷ノ多ク詐《いつ》ハルヲ以テ、其ノ往来ヲ絶ツ。唯、琉球・眞臘・暹羅ニノミ入貢スルヲ許ス（『明実録』「太祖実録」巻二三一、洪武二十七年（一三九四））。

とあって、朝貢国に何らかの違法行為があると、情容赦なく絶貢処分にした。この場合ジャワ・安南・スマトラなど十指に余る朝貢国が処分を受けたことになる。では、わが琉球国は一般に信じられているように模範的な礼儀の邦だったであろうか。実はその逆であった。『論語』の子路第十三に、「如何なるをか斯《こ》れ之《こ》れを士と謂ふべき。子曰く、己れを行ふに恥有り、四方に使ひして君命を辱かしめざる、士と謂ふべし。」とある。琉球王は不肖の使臣たちの為に辱かしめられどうしであった。琉球使臣による何でもござれの重犯罪にもかかわらず、どういう訳か、けっして絶貢処分を受けないのみか、処罰もいたって軽かった。

〈8〉　明国に数々の大罪　琉球王の朝貢を制限

中国での琉球使臣による犯罪列伝を左に記す。

○一三九〇年―中山王使者・屋之結なる者による経済事犯。〈無罪〉
○一三九三年―国子監の中山生と南山生が皇帝の詔書を非議した事件で死刑になる。

○一四〇四年―山南王の使者による経済事犯、〈無罪〉
○一四一一年―中山王の使者による経済事犯。〈無罪〉
○一四一五年―中山王の使者・直佳魯等、海船を奪ひ、官軍を殺害し、明の役人を殴傷して、その衣物を奪った。主犯の直佳魯は明の法律で断罪（死刑だろう）。従犯者の阿勃馬結制等六十七人の検断は中山王にまかされた。
○一四三六年―琉球国中山王の使者・漫泰来結制等による経済事犯。〈無罪〉
○一四三七年―右と同じ。
○一四三九年―この年、琉球の通事、林恵と鄭長（久米村人）以下、船員・従者二百余人が福州に停住していた。慣例によって、これら琉球人に対し、彼らの滞在中、官庁から日給される廩米《りんまい》の外、茶・塩・醯（けい・酢）・醤等の食料品は、近在の村落から支出された。このとき、これら物資が調達できない場合、不足分は銅銭で足して琉球人等に渡したが、彼らの滞在が半年にもならないうちに、そうした銅銭の額だけで、七十九万六千九百有余にのぼった。そのような金品の支給がすこしでも遅滞すると、これら琉球人等は詈殴（口ぎたなくののしったり殴打したり）をほしいままにした。中国の役人は言った。「野蛮人どもとは、相手になって争論もできないが、それにしても、（中国を）憑陵《ひょうりょう》する風が、次第にあらわれてきたナ」と。
○一四四四年―琉球の使臣・梁回等が中国の役人に贈賄した事件。琉人は無罪、先方は杖刑《じょうけい》。
○一四四八年―琉球人従者による殺人事件。〈死刑〉
○一四五二年―琉球国人が、中国の密貿易者の相手方となる。また海賊行為の嫌疑をうける。
○一四七〇年―琉球国使臣・程鵬が、明の委官指揮・劉玉に贈賄した。程鵬はそのとき、皇帝が勅任する正義太夫（正三品）という琉球国の極官であった。その人にしてこの破廉恥罪である。〈程鵬は無罪、劉玉は

逮捕され、裁判にかけられた〉

○一四七一年―琉球国使臣・蔡璟が、国禁を犯して織金蟒龍羅衣を中国の市民から買い、それで衣装を縫わせようとした事件。これは禁制である龍紋を持っていたことで不敬罪、外国人の私易禁止の法を犯したこと。無実である琉球国王の名をかたって言いのがれようとした偽証罪。この三つの罪のうち、どれ一つとっても重罪である。なお蔡璟も琉球王府長史（正五品）である。〈無罪〉

○一四七四年―琉球使臣等が、福建省の懐安県民・陳二官夫妻を殺害し、その家屋を焼き、財物を奪った事件。その検断を琉球王にまかせた。琉球王は、これを無罪にする。

このようにして、琉球国を代表する人々によって、大罪の数々が明国に対しておこなわれたのであるから、琉球が絶貢処分を受けても不思議はなかった。しかし、そうはならなかったばかりか、むしろ他の朝貢国のおよばない優遇を受けたのである。それは、明国にとって、朝鮮が、倭寇に対する東の藩《まがき》であったように、琉球が南の藩であったから、としか考えられない。そのような琉球人による犯罪行為、とくにさいごの陳二官夫妻殺しが直接の口実にされ、貢期を、察度王以来不時の朝貢（無制限）だったのが、尚徳王代に一年一貢にされ、尚真王の代には二年一貢にされた。そのように貢期を延ばされることは、琉球にとって、貿易の機会と規模を減少されるわけで、大幅な収入減になることを意味した。そこで、琉球王は貢期復旧をしきりに請願したが、その語句の中に、琉球が、明国にとって、倭寇に対する藩であったことを匂わせるものがある。一四七五年、一四七七年、一四七八年、一四八〇年とたてつづけに請願した。

〈9〉 人生の快味教える梵音　亡者には鎮魂の祈り

一四七八年、明朝の礼部が琉球の復旧願いを拒否した奏文の中に、

> 而シテ其ノ世子尚真、乃《すな》ハチ奏シテ、一年一貢ナランコトヲ欲シ、輒《すな》ハチ先朝ノ事ヲ引キ、妄リニ、諸夷ヲ控制スルヲ以テ言ト為ス（『明実録』「憲宗実録」巻一七六）

とあり、また、一四八〇年、復旧の請願をした尚真王の奏文中に、

> 琉球国中山王尚真奏ス。臣伏シテ祖訓ノ条章ヲ読ムニ、臣ノ国ニ不時ノ朝貢ヲ許セリ。〈中略〉然ルニ臣ノ祖宗ノ慇懃（いんぎん）ニ貢ヲ效（いた）ス所以（ゆえん）ノモノハ、実ニ中華眷顧（けんこ）ノ恩ニ依リ、他国ノ窺伺（きし）スルノ患ヲ杜（ふさ）ガント欲スルナリ。旧例ニ仍《よ》ルヲ乞フト（同巻二〇二）

とある。復旧を願う琉球側の論理は、要するに、琉球が、明の為に「諸夷ヲ控制スル」こと、「他国ノ（明国を）窺伺スルノ患ヲ（琉球が）杜」ぐことの反対給付として、琉球は不時の朝貢を許されてきた、ということに外ならない。だからもとにもどして欲しいという訳なのだ。

「祖訓」とは、『大明会典』巻之一〇五、礼部六三「琉球国」中の「祖訓」である。それには、「大琉球国ノ朝貢ハ不時。王子及陪臣ノ子、皆太学ニ入レテ書ヲ読マシム。礼待スルコト甚ダ厚シ……」とある。尚真の奏文中に見える「祖宗」の祖は察度であるにちがいない。また、「諸夷」＝「他国」は、倭寇と読みかえることが

できる。こうしてくると、程復が、一三七一年かそれ以前に、洪武帝の命を奉じて入琉したのは、「祖訓」＝琉明秘密協定の締結のためだった。その骨子は、明が琉球に「不時ノ朝貢」を認める。そのみかえりとして、琉球は明の為に、「諸夷ヲ控制」し、「他国ノ（明国を）窺伺スルノ患ヲ杜」ぐため、明国の政治的指導を受けることを認める。明国の為に、「諸夷」＝「他国」＝倭寇に対する防波堤国家になる。これが明朝の廷臣・程復と察度との間に結ばれた秘密協定の赤裸々な真相だろう。

明国は、琉球入貢のころ、倭寇の暴威にさらされており、その南海よりの侵入路に緩衝国（琉球）を構築するという国益を受け、その見かえりに巨大な富を琉球に約束した。琉球にはその分、蚕食されゆく独立の危機があった。その危機意識が、明との関係を鐘の銘に「輔車ト為ス」と書かせた。王相・懐機が死ぬと、一四五四年、尚泰久は、王相制をやめ、自ら琉球国掌国事と称して、統治権を名実ともにその手に回収し、王位に就いた。

本島中部に蟠踞《はんきょ》し、中山の中に国家内国家の偉観を呈していた阿麻和利の「勝連王国」も、一四五八年、尚泰久の手によって平定された。こうして、軍事的に、「大小頭目」の巨魁《きょかい》がとりのぞかれ、琉球国の国民と領土が完全に統一された。真の琉球の統一者は尚巴志ではなく尚泰久である。とまれ、王事には、洋の東西、古今をとわず、陰陽二面にわたる巨大な事象をともなう。尚泰久の鴻業《こうぎょう》の中でくりひろげられた陽の事象は、卑屈の気風を一掃して独立の気概を鼓吹し、鯨波《げいは》をものともしない制海の気魄を国民に叩きこみ、不滅の平和的国家の理念を明示したことである。陰の面では、血ぬられた業《ごう》の歴史を書き加えたことである。

一四五三年、尚金福王の薨去《こうきょ》にともなっておこった「布里・志魯の乱」で、王弟の布里と世子の志魯が王位を争って両軍混殺し合い共倒れした。文字どおり流血漂杵で、酸鼻なものであった。その血の沼から生まれ出たのが尚泰久王なのだ。流血はつづく。まず王の岳父たる護佐丸が王命で阿麻和利に滅された。その阿麻和利は大城賢雄（鬼大城）に倒され、賢雄は王に焚殺《ふんさつ》された。この一連の流血ざたは、わずかに一年かそこらの短期間におこっているのである。護佐丸・阿麻和利・大城はともに英祖王を鼻祖《びそ》とし、伊波按司を小宗とする近親どうしであった。そして、王と護佐丸の娘との間に生まれた王女が百度踏揚《ももとふみあがり》である。彼女は政略結婚で、まず阿麻和利に嫁がせられ、その夫が王命で大城に殺されると、つぎは、その大城に嫁がせられるのである。尚泰久がいかなる情念につき動かされたかは知る由もないが、複雑にいりくむ血管や神経などおかまいなしに、こうメスをふるう者の手つきをおもわせる。阿麻和利らの新鬼《ミーグソー》は悶え怨み、布里や志魯らの旧鬼は啾々《しゅうしゅう》と哭泣し、ために悪鬼羅刹《らせつ》となって夜行し、首里の人心を深い恐怖のふちに叩きこんだことだろう。この鐘の梵音は、生者には独立の気概をもてと叱咤し、かつ人生の快味を誨《おし》え、亡者には鎮魂してくれるよう祈っているのである。

沖縄タイムス　一九八六年七月二十三日～一九八六年八月五日

※　小生は、本稿「高鳴る万国津梁の鐘」の〈1〉の中で、銘文の一部を「刹地ハ霊ニ人扨《み》チ」と読み下したが、それは誤りであると思い、後方に載せた拙稿（二一五頁～）では、「刹地ハ人・物ヲ灵ニシ」（「万国津梁の鐘　銘文解釈を正す」〈1〉と訂正した。

また、本稿の〈1〉で、万国津梁の鐘は京都で鋳られたと記したが、後方の「…銘文解釈を正す」〈1〉で、万国津梁の鐘を含む、「これら十四の梵鐘は、京都でというより、すべて琉球で鋳造された可能性の方が大きいとおもう。」と書き直した。

万国津梁の鐘　銘文解釈を正す

〈1〉「刹」の字解釈に異議　許容の範囲を超える

「万国津梁の鐘」の銘文は、琉球国独立の宣言文であり、また王国時代の隆盛を象徴する記録として、琉球史の研究をするうえできわめて重要である。現在でも、県の各種の催しの中で県の理想像として、さかんに使われるなど力強く息づいているといえる。その鐘の銘文の重要性は、強調しすぎるということはないと思う。

その銘文を正しく読み、内容を正しく把握することは、われらに課された大きな使命であると考える。これまでに各研究者（かつての私自身も含めて）が、その鐘の銘に触れている個所を読むと、ほとんど例外なく、東恩納寛惇氏が『黎明期の海外交通史』の序文に書いた読み下し文をそのまま踏襲している。私見では、東恩納氏の読み下し文には数カ所の誤読があると思われるので、その誤読部分が広く定着してしまうことに危惧の念をいだくものである。誤りは正されなければならない。『東恩納寛惇全集3』（第一書房刊）の十ページから十三ページに載せられている「首里城正殿の鐘銘」（＝万国津梁の鐘銘）の中で展開されている、同氏の訓点・読み下し文を対象にして、誤読と思われる点を抽出し、それらと対比しつつ、順をおって私見による訓点、返り点、読み下し文を付してみたい。なお、この小文中に付した傍点・ルビ・割注《わりちゅう》等原文にないのはすべて私の責任で付したものである。

Ⅰ　十一ページの五～六行の部分、「異産至宝充満十方刹地灵人物」。東恩納氏はこの部分を、「異産至宝ハ充二満セリ十方刹ニ一地灵ニ人物チ」（異産至宝ハ十方刹ニ充満セリ、地灵ニ人満チ）と読み下している。灵《れい》＝霊。同氏が誤読に至るハメになった原因は、「刹」の字と「地」の字の間で切って読んだことにある。刹の字はサツ・セツ・セチと読み①寺②国土—という意味がある。また「十方」は漢和辞典にのっている熟語で①東・西・南・北・南東・南西・北東・北西・上・下の十の方角②あらゆる方角③天下④世界⑤宇宙—の意味がある。銘文の第一段落の文法的構造は、「琉球国（主語）は…勝地にして、…を鍾め、…為し、…為す。…蓬莱島也。…為り、…異産至宝（主語）は…充満せり。」である。「象は鼻が長い」の象にあたるのが「琉球国」、鼻にあたるのが「異産至宝」である。東恩納氏の読み下し文で「刹」の字を①寺の意味で解釈すると、（異産至宝は、琉球国のあらゆる方角にある寺々の中に充満している）ということになり、あきらかに原文の趣旨とはちがう。次に「刹」の字を②国土の意味で解釈すると（異産至宝は、琉球国のあらゆる方角にある国土－諸外国に充満している）となって、これも原文の趣旨とはちがう。「十方刹」と区切ると、そういう熟語は辞典にもないうえ、右のようなアイマイな解釈を許してしまう。その区切り方は漢文表現の許容範囲を逸脱しているとみてよい。

次に「地灵ニ人物チ」について言えば、地灵《れい》に…と読みおこした関係上、「地」が主語で「灵に」をその述語としたように「人」を主語に「物」をその述語にせざるをえないことになった。そこまできて東恩納氏が困ったことには「物」はそのままの形では述語にならないことである。思い余った同氏は「物ハ牣ノ誤カ、牣ハ満也」（十一ページ）と逃げたわけである。いわば、同氏のあやまれる先入主に無理に付会させて、あやまりでもなんでもない「物」の字を犠牲にしている訳だ。なお、「牣」は東恩納氏の誤字で、「牣」が正字である。

さて、この問題の部分に対する私の訓《よ》み方は左の通りである。

A 「異産至宝ハ充‐二満セリ十方ニ一。刹地ハ灵ニシ二人・物ヲ一」（異産至宝ハ十方ニ充満セリ。刹地ハ人・物ヲ灵ニシ)。

この部分を含む段落の主語は琉球国で、それはこの部分にもかかるので、その意味は、異産至宝は琉球の国土のすみずみに満ちみちている。刹地（仏果をうけた国土）は国民と、地上のありとあらゆるものに霊力あらしめている、となる。〝灵（霊）にす〟はsanctify（神聖にする）である。

〈2〉「辱命」訓みで混乱　「就」も前置詞にあらず

II　十一ページの十一～十二行の部分、「新鋳巨鐘以就本州中山国王殿前掛着之」について。東恩納氏はこの部分を、「新《ニ》鋳《テ》二巨鐘《ヲ》一以《テ》就《キテ》二本州中山国王殿前《ニ》一掛二‐着《ス》之《ヲ》一」（新ニ巨鐘ヲ鋳テ以テ、本州中山国、王殿ノ前ニ就キテ之ヲ掛着ス）と読んでいる。「就」を動詞として〝ツキテ〟と訓《よ》むと、後の「掛着ス」と同意語反復になる。同氏は、「就」を場所を示す前置詞・「於」や「于」と同じ意味に訓んでいるようにも見えるが、「就」にはそういう用法はない。ここでは、「就」は接続詞で、〝すなわち〟と訓むのが妥当だろう。私の読み下し文は次のとおりである。

B　「新《ニ》鋳《テ》二巨鐘《ヲ》一以《テ》就《ハチ》本州中山国王殿前《ニ》掛二‐着《ス》之《ヲ》一」（新ニ巨鐘ヲ鋳テ、以テ就ハチ本州中山国王殿前ニ之ヲ掛着ス）

III　十二ページの二～三行の部分、「辱命相国住持渓隠安潜叟求銘」。東恩納氏はこの部分を「辱《シテ》レ命《ヲ》相国住持渓隠安潜叟求レ銘」（命ヲ辱（かたじけのふ）シテ相国住持、渓隠安潜叟、銘ヲ作ル）と読んでいる。ここは同氏が最も混乱しているところである。混乱の原因は、同氏が「辱命《じょくめい》」を「辱シテレ命ヲ」と訓《よ》んだことにある。そのように訓むと、銘文の作者である渓隠安潜《セン》が、王命を受けて他の第三者に銘文を「求」める能動者になる、という矛盾が生じることになる。

同氏にしては、渓隠安潜が銘文の作者であるという事実（原文の末尾に明記されている）は、先験的に知っていて動かせないので、その事実に沿う文脈の中では「求」という動詞が邪魔になる。そこで、同氏は窮余の一策を案じて、ここでもまた「求ハ作ノ誤カ」と注し、あっさりと「求」を削除して「作」をはめこんでいる。そうなるともう邪道である。

一体、「作」を似ても似つかない「求」に彫り誤るだろうか。胸中の成竹というか、まあ既定の文脈に合わせて原文に無原則的に斧鉞《ふえつ》を入れていると見える。この問題の文を含む段落の主語は尚泰久王である。したがって、銘文の作成を命じたのは同王であり、その受命者は渓隠安潜である。東恩納氏は、この基本的事実を先験的に認識していたにもかかわらず、「辱レ命」と訓《よ》み誤ってボタンをひとつかけまちがえたから、渓隠安潜を「命ヲ辱フスル」動詞の主語、銘文を第三者に「求」める動詞の主語、すなわち能動者にしてしまっているのである。さて、銘文作成の命令者＝尚泰久王、その受命者＝渓隠安潜であること。「辱命」（かたじけなくも御命令くださる、の意）の主語は尚泰久王であること。叟《そう》は老人に対する尊称で、ここでは長老。私はこの部分を次のように読み下す。

C　「辱二命シテ相国住持渓隠安潜叟ニ一、求レ銘ヲ」（相国住持渓隠安潜叟ニ辱命シテ銘ヲ求ム）。

この鐘の銘文を、私は琉球国独立の宣言文と解する訳だが、銘文中、その独立の実体を表現している個所は、「憲章ヲ三代ノ後ニ定メ、文武ヲ百王ノ前ニ戡《おさ》メ、下ハ三界ノ群生《ぐんじょう》ヲ済《すく》ヒ、上ハ万歳ノ宝位ヲ祝《いの》ル」である。この個所を私は次のように解する。まず、「三代」とは、尚思紹王、尚巴志王、尚泰久王の祖父・父・子の三代を示していること。つまり、尚巴志王と尚泰久王との間に王位にあった尚忠王（巴志の子）、尚思達王（忠の子）・尚金福王（巴志の子）の三王を、尚泰久は自己の世代の中に一括してしまっている訳である。これは、尚泰久のなみなみならぬ自負心のあらわれであるが、彼のおこなった国家統一事業の完成（阿麻和利・鬼大城の討滅）や国内統治組織の整備という巨大な王業からすれば、それは至極当然なことと思われる。

つぎに「百王」とは、百は実数の百ではなく、かぎりなく大きい数を意味し、自己（尚泰久）に後続するかぎりない第一尚氏の王たち、王統を意味しているだろう。そう解すれば、この「百王ノ前」の「前」は空（場所）ではなく時を示している。そして「百王ノ前」という個所は、第一尚氏の王統が万世一系に栄えかしという意味で、後続する「万歳ノ宝位ヲ祝ル」という個所と相前後して響き合っているのである。「祝」を祝《いの》ると訓《よ》んだ理由は、祝《シュク》すという場合、それは普通には、ある人の過去に関する行為や状態に対する第二者の心の作用であり、イノルは、「万歳ノ宝位」のように人の未来に対するそれであるからである。東恩納氏が「上ハ万歳ノ宝位ヲ祝ス」（一三頁）と読んでいるのは誤読である。

この「祝」の字の用法については、一四六六年に尚徳王が鬼界島を征討したときのことを記した『中山世譜』巻五に、「王把弓、仰天祝曰…」（王、弓を把《と》り、天を仰ぎ祝りて曰わく）とある。「祝」をシュクシテと訓むとおかしなことになる。ここでも同じことがいえる。

〈3〉 治国の法体系あった　ナショナリズムが生む

「定メ三憲章ヲ于二三代之後一」という章句は修辞上の単なる舞文《ぶぶん》とは思えない。その憲章は、琉球国治国の大綱たる法体系だと思われるが、その法令は史料として今日に伝わっていない。しかし、私は次の三点を根拠にして、治国の憲章が実際に定められていたと思う。

①一四六二年に、琉球国正使・普須古（大城）は朝鮮国に滞留中であったが、琉球国使臣宣尉使・李継孫の「刑罰ノ事ヲ問フ」という質問に対して、「一《いつ》ニ大明律ニ依ル」と答えている。その時代、刑罰に関しては、高度な大明律の運用がなされていたのだから、それを運用できた能力からして、琉球の伝統や慣習をもりこんだ自前の法大系があっても何ら不自然ではない。

②英祖王（在位一二六〇年〜一二九九年）の治世、一二六四年に久米、慶良間、伊平屋等の諸島が入貢し、一二六六年には大島が入貢した。それをうけて、王は公館を泊村に設置し、官吏を置いて該諸島を管掌させ、その近くに公倉を建てて、貢物を収貯した（『世譜』第三、英祖王代記）。

これらのことからして、英祖王代に、整備された統治機構というにはほど遠いにしても、単なる英祖王家の一家政機関よりはやや成熟した統治組織の萠芽があったとみるべきである。その英祖王の統治組織が、それほど質的な成長を遂げることもなく、察度王代にひきつがれてきていたと思われる。一三七二年の察度の対明入貢後、中国王府の統治組織とそのスタッフまでが琉球王府におくり込まれ、その勢力は、英祖王代からひきつがれた在来の伝統的統治組織の上位に据えられた。中国皇帝の勅任で就任した中国人王相の亜蘭匏は「国の重事を掌」っていたし、王相懐機も、琉球王（尚巴志）を神棚に祭りあげて、「政を下に布《し》」いていた。

この状態が尚泰久王の前まで約八〇年間もつづいていた。そうした事態が、琉球のナショナリズムを刺激しないはずはない。鬱勃《うつぼつ》としてわだかまるナショナリズムのエネルギーが言霊《ことだま》となって噴出したのが、この鐘の銘文に外ならない。

一四五四年に懐機が死去すると、王相（国相）制をやめ、尚泰久は自ら世子の身分で「琉球国掌国事」と称し、統治の実権を名実ともに回収して王位に就いた。ナショナリズムは未開の社会的発展段階ではおこりえず、尚泰久王の時代が示すような成熟した社会を土壌にしておこるのである。そのナショナリズムが具体的な形をとってあらわれたものの一つが、自前の法体系たる「憲章」だったと考えたい。当時（一四五六年）の首里城を中心とする政治の一端を瞥見《べっけん》してみよう。

一、朝会（朝観と同じ。臣下の者が王殿に参上して王に拝謁すること。そのことで王に対する忠誠心を示す）、遠方の邑長（按司）、吉日を択《えら》び、宴を辨《ととの》へ闕《けっ》庭（宮庭）に供進す。国王、層閣に在《いま》して下らず。群臣、庭に在りて飲食す。音楽無く、献爵（さかづきのやりとり）無し（『李朝実録』）。

この朝会は、一八七九年に王府が消滅した時まで、細部におけるちがいを除けば、そのままの形でひき継がれてきていた。四二〇年後の次の朝会と比較する。

一、元日・十五日（吉日）、夫地頭《ぶうちとう》・さばくり・おゑか人之内、黄八巻一人、赤八巻一人、青八巻一人、同日四《よつ》前ニ登城、取納座役人引合仕（ヒッチャーシツカマツリ）、諸士同前ニ朝之御拝《ウヌフェー》相勤、御役人衆、下庫理《しちゃぐい》江御着座被成候得者《なられそうらえば》、取納座役人下知（手配）ニて、位之さばくり・おゑか人ハ左右之廊下前江相扣《ひかえ》、五はい江被召出《めしだされ》、大通被下《くださ》ル（大通は大抔か）。無官之さばくり・おゑか人ハ引之家来赤頭《げらいあくがみ》同前ニ御庭（闕庭）

ニて提子之御酒被下ル。右段々相済、取納座役人差図次第御暇乞、四御拝《ユチヌウヌフェー》相勤、退城仕候事（『公事帳』）。

〈4〉 独立の自覚促す銘文 〝冊封体制〟を公然と否定

さて、夫地頭の筆頭は地頭代である。古琉球における按司は二様に分かれてゆく。一方の按司は早い時期に王に実質的に臣従し、王に密着しながら貴族化し、第二尚氏の末まで存命し、名称もそのまま遺制的に按司と呼ばれた。もう一方の土着をえらんだ按司は、王権の中央集権化の過程で、首里集住を命ぜられ、按司↓按掟↓地頭代と名称も権能も変容した。しかし、地方の行政担当者としては、邑長（按司）と地頭代は同じである。四〇〇余年のタイム・ラグをこえて、尚泰久王の朝会と尚泰王のそれとは、法制的に全く同じである。転《うた》た悠久の歴史におもいをはせない訳にはゆかない。つぎへ急ごう。

一、朝官（王府役人）、凡そ人を用ふるに在位人の薦挙を聴く。奴婢・土田・家舎・及び軍器等の物を官給す。如《も》し不能なれば之を黜《しりぞ》け、并《ならび》に其の給する所の物を収む。常時、百余人闕内（城内）に在りて事を治す。五日ごとに相遞《かは》る。又、四五人の長有りて、番（当番）なれば（城から）出でず。若《も》し己が意を以て数々《しばしば》出入を行なへば、則はち之を黜《しりぞ》くること上（不能者の場合）の如し。其の入番の時、皆公廩（こうりん、ここでは官米の意）を受く。其の中の一人は首に居りて総理す（『李朝実録』）。

ちなみに、右の史料の読み下しについても、東恩納氏のそれ（同氏前掲書、八四頁）は非常に混乱している。なお、貿易事務を司る御物城御鎖側官に、天順三年（一四五九年）琉球人である金丸が就任している。尚泰久王は、従来、中国系官人ににぎられてきていた国家機関の中で最重要の官職をも回収したことになる。このように、王府機構の拡充と多様化にともなう、官吏の任免、役俸・役知や領土の安堵等の規定において、それらを遺漏なくカバーするためには成分法による憲章が必要になっていたと考える。

③治国の法制を成文化する学問水準がきわめて高かったことは、わが万国津梁の鐘の銘が雄弁に物語っている。また、その水準をささえる底辺が広がったことは、最高学府たる寺院が多数建立されていたことによってあきらかである。一流の書家であった尚徳王は一四四一年生まれであるから、この銘文が作られた一四五八年には十七歳であった。彼は、儒教の聖典たる『詩経』の一節「関関雎鳩在河之洲窈窕淑女君子好求」を雄勁な筆致で残しているから、当然、四書・五経をはじめとする漢籍に通じていたと思う。尚徳は、この鐘の銘文に象徴される学風の中で成長した人である。

以上の三点を根拠にして、私は銘文中にうたわれている「憲章」が、尚泰久王の時代に実際に成文化され制定されていたとみる訳である。

万国津梁の鐘は、首里城正殿前の最も人の目につく所に釣るされた。正殿は政殿である。冊封の大典をはじめ、諸外国からの使者を接待したり、国内の政治を評定したり執行したりした国政の殿堂であった。

私は次のように書いたことがある。「この鐘が、寺にではなく政庁たる正殿にかけられたこと。その前庭は冊封の大典等が行われるから、一番に見てもらいたい人々が誰であるか、それでハッキリしている。冊封使や、自らも帰属する琉球人のことを、明への表文中に「番人」（蛮人）と書く久米村人たちには、琉球が独立国であることの認容を、琉球人高官たちには、独立の自覚をうながさんがためである。」（『球陽論叢』六九頁）と。そのように書くにあたり私の胸中にあったのは以下のようである。

歴代の冊封使は、鐘の銘文中に「以大明為輔車」を当然見た。その文言は、輔（ほお骨＝大明）、車（したあごの骨＝琉球国）を意味する輔《ほ》車《しゃ》相《あい》依《よる》をもじった表現で、それは琉・明両者がもちつもたれつの関係にあることの喩《たとえ》である。換言すれば、大明と琉球とが対等の関係にあるのだぞ、ということに外ならない。その表現と、しかもそれを、諸外国の人々の目をひく政庁にデカデカと掲げるという行為は、中華思想が最も純粋に結晶した冊封体制のイデオロギーを、公然とまっこうから否定したことになる。

〈5〉 場違いの正殿の鐘　冊封使来琉のたびに隠す

それではなぜ、歴代の冊封使は彼らの冊封使録に、万国津梁の鐘と銘について書かなかったのだろうか。私はこう解釈した。彼らは「以大明為輔車」を皇帝に報告した。それでは、皇帝がその報告を受けながら、それを表ざたにせず、冊封使録に書かせなかったのはなぜか。それは、明国がその問題をつっついて表ざたにすることによって、蟻の穴ひとつから堤防が決壊するように、超極秘の琉明関係－琉球を明国のために対倭寇防波堤国家にしたこと－を自らの手で掘りくずしてしまうことを避けたかったからなのだと。そして、私がそう考えたことの根底にあったのは、次の二点である。

(1)他の朝貢国の使臣団が明国で犯罪をおかすと、情容赦なく絶貢処分にしたのに、重犯罪のかずかずをおかした琉球を決して絶貢処分にしないどころか、他国に比して多くの優遇措置を与えた。

(2)一六〇九年に島津入りがあったとき、琉球国が滅亡し、島津氏はその事実を隠したにもかかわらず、琉球の背後に島津氏がいて、琉球を使嗾《しそう》して対明貿易の甘い汁を吸う島津氏の企図のあること等について、皇帝とその閣僚は、福建の海防官から膨大かつ詳細な報告を繰りかえし受けていた（拙稿「幕藩体制下における琉球の進貢貿易」『せあらとみ』第2号）。にもかかわらず、明帝は琉球に朝貢の続修を許し、以後、琉球の両属体制について知らぬふりを押し通した。

もしその時、明国が琉球を絶貢処分にしたらどういう事態に発展するか。明国は次のように考えたにちがいない。絶貢になると、琉球は完全に島津の一部になり、そこを明国への進攻基地にしてしまうだろうと。これは私の憶測ではなく、福建の海防官は、琉球失陥《しっかん》の勢いを駆って、次は台湾と福建沿海が侵される危険性の大きさを、続々と皇帝に報告している。そのような最悪な事態に発展させるよりは、夷人（島津）には利を喰らわしてその野心を飼いならした方がよい、と判断して、琉球の朝貢の続修＝両属という結論に達したものと考える。それが歴代の中国王朝の対外政策の伝統である。

この二点には、一貫した共通の琉明秘密協定への配慮がある。それと同じ配慮があって、歴代の明国皇帝は冊封使の「鐘」に関する報告を握りつぶしてきたのではないか、と推論したわけである。

右のように推論したわけであるが、推論そのものとしては無理ではないと思う。しかし、今はそれとは異なる結論に達した。すなわち、歴代の冊封使が各冊封使録に、万国津梁の鐘の銘文を収録しなかったのは、琉球側で、「以大明為輔車」が明国皇帝に対し最大の不敬罪にあたることを知りすぎるほどに知っていたので、冊封使来琉の度ごとに、その鐘をとりはずして冊封使の目につかない所に隠した。これが真相だろう。

これならば、仏寺につるすべき梵鐘が、場違いにも政庁たる正殿に釣るされていた理由が証明されるのである。もしも、この銘文と同じ内容のものを、石碑や欄干等に掘り込んだならば、冊封使の来琉ごとにそれを破壊しなければならず、労力や出費の無駄、独立宣言のモニュメントとしての在り方からしてもありうべきことではない。大明が琉球国を処遇した態度は、小鮮《こざかな》を烹《に》るが若《ごと》く、鷹揚であったが、さすがに、「以大明為輔車」は、中華思想と冊封体制イデオロギーを逆なでするものであるから、厳罰を受ける種になったと思う。

〈6〉使録にない銘記　中華思想を傷つける章句

「鐘」を冊封使の来琉のたびごとに隠した、という結論に至らしめた有力な補助線は、冊封使録（『那覇市史』第一巻3）の梵鐘に関する記事である。歴代の冊封使は、滞琉中に必ず諸寺院を訪れたが、そのうちの多くの人が、有銘の梵鐘に興味を示し、中にはその銘文をそっくり採録している者もいる。彼らの中で、特に寺院と梵鐘や銘について詳述しているのは、汪楫『使琉球雑録』（右書の五七頁以下）、徐葆光『中山伝信録』（同一六一頁以下）、周煌『琉球国志略』（同二二四頁以下）の三者である。それらを通読して心づいたことは、円覚寺の一梵鐘とその銘に関する記事が、どの使録にもないということである。他の寺院の梵鐘や銘文には、言及しているのにだ。ちなみに、円覚寺の一梵鐘とは、円覚寺殿前につるされていたもので、僧住山文為が銘を作ったそれである。現存している。その銘文を読み下すと左の通りである。

> 殿前の鐘銘に曰わく、大琉球国中山府、蔓徳山円覚寺。恭《うやうや》しく惟《おもんみ》るに、今上世の主・尚真王の宮生（王子として生まれること）するや、新たに華鯨（鐘の美称）を仏海に鋳出して法器と為す。含霊なる耳目を啓《ひら》き、神仏の丹青（書籍と史書）を炳《あきらむ》るに、徳は漢帝を越え、名は梁武に過ぐ（中略）大明弘治八年乙卯七月吉日。住山文為作。大工大和氏相秀（『琉球国旧記』附巻之九《鐘銘》）。

「漢帝」とは、インドに求法の使者を派遣した後漢の明帝と、仏教を信じた桓《かん》帝を指しているのだろう。「梁武」とは、あきらかに梁の武帝をさしている。

梁の武帝も年をとると、しだいに政治に惓《う》みはじめた。仏教に帰依《きえ》した人ですが、老境に入るにしたがって、信仰が深まり、なんども捨身《しゃしん》をおこなったのです。仏法のために、仏寺の奴隷となって奉仕すると言い出し、群臣があわてて、銭一億万で皇帝を買い戻すという騒ぎになります。最初の捨身は大通二年（五二八）のことですから、武帝が六十六歳のときでした。彼は皇帝大菩薩と呼ばれ、建康（南京）をはじめ、各地に仏寺を建立させ、建康だけで仏寺五百余、僧尼の数は十万人をこえたといわれます（陳舜臣『中国の歴史6』二五六～二五七）。

さて、問題の鐘銘だが、「徳越漢帝、名過梁武」の部分は、直接、明の皇帝を名指したものではないが、中華思想をいたく傷つける表現である。万国津梁の鐘と円覚寺殿前の鐘とに共通するものは、

㈠　正殿が国政のトップに鎮座する。円覚寺は第二尚氏の菩提寺として、国内最大の巨刹《さつ》で、諸寺のトップに位置づけられていた。

㈡　両鐘ともに、それぞれの殿前に、すぐれて政治的宣言のため、意図的に目につくように釣るされていた。

㈢　両鐘の銘文中に、中華思想を傷つけるような章句がある。

㈣　両鐘ともに歴代の冊封使録に記録されていない。

の四点である。この四点の事実から帰納して、両鐘ともに、冊封使や特使が明国から来琉する度に、それぞれ所定の場所からとり外されて、彼らの目からかくされた、と結論づけるわけである。

〈7〉 琉球ですべて鋳造　技術者は相国寺が派遣

私の読み下しがまちがいでなければ、この円覚寺殿前の鐘は、尚真が生まれた一四六五年に鋳造されたことになるが、それは父王の尚円が王位につく五年前、第一尚氏最後の王尚徳の在位中ということになる。そして鋳造してから三十年後の一四九五年に、問題の銘文が刻まれたということになる。万国津梁の鐘には、その兄弟分にあたる梵鐘が十三基ある。万国津梁の鐘が鋳造されたのが、一四五八年である。『琉球国旧記』附巻之九「鐘銘」によれば、その十三基のうち一四五六年に鋳造されたのが七基、一四五七年が四基、一四五九年が一基、鋳造年記載なしが一基。以上の十三基はいずれも尚泰久王の命で鋳造され、銘はすべて相国寺安潛《セン》の撰文である。

東恩納氏は、「琉球の梵鐘はすべて京都で鋳られたものである」（東恩納前掲書、一四頁）と書いておられるが、その根拠は一切あげていない。私はそれに対して疑問があるので、いくつか反証を列記しておきたい。

㈠　梵鐘の鋳造を監督する奉行が、一部無記載のものを除けば、すべて琉球人である。このことは、それらの鋳造が琉球でなされた可能性を暗示している。

㈡　臨海寺洪鐘を鋳造した大工は花城という琉球人である。その鋳造は一四五九年である。そして、さらに、大工花城、小工大城の手によって、一四六六年、護国寺洪鐘が鋳造されている。なお、花城と大城は鋳造の大工・小工になる前に、一四五七年、安国寺の梵鐘と万寿寺のそれの鋳造奉行をつとめている。奉行を経て大工という順序である。これらの梵鐘が琉球で鋳造された可能性はきわめて高い。

㈢　一四五六年、琉球に漂着した朝鮮人梁成等は帰国後、次のような実見談をなし、それが『李朝実録』に収録されている。「一、工匠、只、鋳匠・木手を用ひ、余は皆未だ見ず」とか、「一銭貨、興用する所は銭貨なり。然るに鋳成の法を知らず、皆中原（中国）より得て之を用ふ。丁丑年（一四五七年）、中原の人始めて（琉球に）来たりて之を教ふ」と。梁成等は、最も困難とされる鋳銭法の技術伝播という歴史的現場に立ち会った訳である。梵鐘の鋳造技術を受け入れたい琉球側のつよい意欲と技術上の受け皿は整っていたのである。

㈣　一三八二年、将軍足利義満が京都に建立した相国寺は、臨済宗相国寺派の大本山で、室町幕府の政治・外交文書をつかさどった。琉球国相国寺の住持渓隠安潜は、万国津梁の鐘をふくむ十四基の鐘の銘の撰文者であったから、同派のよしみで、京都相国寺の手配を通じ、梵鐘鋳造の技術者を琉球に送り、技術の伝授がおこなわれたものと思われる。中国から鋳銭の技術者が来琉したというのに、京都から梵鐘鋳造の技術者が来れないはずがない。

以上の四点を勘考すると、これら十四の梵鐘は、京都でというより、すべて琉球で鋳造された可能性の方が大きいとおもう。なお、役職名として、「奉行」というのは中国語の中にない。すると鐘銘中の「奉行」は完全に日本語である。尚泰久の時代の一面を写し出すものとして興味をそそられる。また、第一尚氏の対日外交文書に深く掛かわり合ったと思われる相国寺の名が、『琉球国旧記』の外、第二尚氏王府の史書から完全に姿を消してしまう。第一尚氏と密着しすぎたことで第二尚氏ににらまれ、廃寺にされた公算が大である。

叩くこと小なれば小鳴し、
叩くこと大なれば大鳴す。
とは、まさに万国津梁の鐘のことをいうのである、といっても過言ではない。

沖縄タイムス　一九八七年二月二十五日〜一九八七年三月四日

島津の琉球入り前夜　『歴代宝案』を読む

1　内には尚泰冊封強調　徹底した王地王民思想

琉球の土地と人民が日本に統合されるにおいて、二つの大きな政治過程を経てなされている。その一は、一六〇九年の島津氏の琉球入りである。島津氏が徳川家康の命を受けて、その軍事力をもっておこなった併合である。その二は、一八七二年（明治五）における、尚泰王による「藩王御請」である。これは、天皇が尚泰に対し、日本の一藩である琉球藩の藩王の職を、授与するという皇命を、尚泰が「御請」けするということである。ここに、琉球史上初めて、琉球王が天皇の臣になり、琉球は皇室の藩屏《はんぺい》の一つになり、藩王尚泰によって代表される琉球藩民もまた、自動的に皇民になった、と政府によってみなされたわけである。この「藩王御請」＝天皇による藩王冊封は、察度の対明入貢や島津入りとならんで、琉球史上の最も大きな画期的事件であろう。
ここで、藩王冊封文＝「琉球国主尚泰ヲ藩王ニ封ジ華族ニ列セラルゝノ勅諚」をかかげてみよう。

朕上天ノ景命ニ膺《あた》リ万世一系ノ帝祚ヲ紹《つ》ギ奄《おおい》ニ四海ヲ有チ八荒ニ君臨ス今琉球近ク南服ニ在リ気類相同ク言文殊《こと》ナル無ク薩摩附庸ノ藩タリ而《しか》シテ爾《なんじ》尚泰能《よ》ク勤誠ヲ致ス宜《よろし》ク顕爵ヲ予《あた》フヘシ陞シテ琉球藩王ト為シ叙シテ華族ニ列ス咨《ああ》爾尚泰其レ藩屏ノ任ヲ重ジ衆庶ノ上ニ立チ切ニ朕ガ意ヲ体シテ永ク皇室ニ輔タレ欽《つつしめ》ヨ哉《や》

明治五年壬申九月十四日

琉球処分の過程において、その土地と人民が、日本に専属するという根拠として明治政府は、外国－特に清国に対しては、前述の一つ目の島津氏による琉球の日本への統合の事実を強調したが、二つ目の天皇による琉球王の冊封については、あまり言わなかった。それは周知のように、琉球王が歴代、明・清国の皇帝の冊封を受けてきていたから、それと天皇の冊封とが互いに相殺されて、政治的効力が望めないと判断したからであろう。また、琉球を含む国内に対しては、尚泰冊封のことが強調され、島津氏の軍事的統合のことはあまり言わなかった。

そのことは、明治維新の政治的指導理念に照らしてみれば、全く当然なことである。その理念とは徹底した王地王民思想である。日本の土地と人民が、本来、王者たる天皇の所有であるという思想。しかし、武士階級の出現と、武家政権の発生によって、天皇の土地と人民が武門に奪われて以来、徳川幕府の末期までの約八〇〇年間も、そのような不当な状態が続いてきている、というのが維新をになう倒幕派の基本認識であった。したがって、その王地王民思想による維新の路線によれば、諸侯である島津氏も、徳川家を頂点とする他の三百諸侯とともに、その領地・領民を天皇に奉還しなければならなかった。版籍奉還や廃藩置県は、その思想の忠実なあらわれであった。琉球の土地と人民も、徳川将軍から島津氏に与えられ、その所領であったから、国内的取り扱いとしては、他の三百諸侯の場合と全く同じ王地王民思想によって処分されねばならなかったのである。しかし、他の三百諸侯の領有した土地と人民と、琉球の土地と人民とには歴史的に異なる点が一つだけあった。それは、後者がそれまで一度も天皇に支配されたことがなかったということである。そこで、明治政府は、廃藩置県によって、本土にはすでに、一つの藩も一人の諸侯もいなくなっていた明治五年に、天皇の名による尚泰の冊封をおこなって、日本々土風の諸侯＝藩王と琉球藩を設置した。こうして、はじめて琉球の土地と人民が天皇の所有となり、その上に立って琉球処分がなされたから、原理的に琉球処分と本土三百諸侯の例とを同質のものにしたのである。見事なまでの王地王民思想の整合性ある適用である。

島津氏の琉球入りは、仲原善忠氏も明快に指摘したように、沖縄の日本への民族統合の一環である。琉球処分における、明治政府の実質的にして最終的な交渉相手は、清国であった。その清国に対して、明治政府は、琉球が日本に専属する根拠の一つとして、島津氏の琉球入りを最大限に活用する。「支那政府ノ抗論ニ対シテ我日本ニ琉球島ヲ専領スヘキ主権アルノ覚書」（明治十二年七月『宝玲叢刊、琉球所属問題関係資料、第八巻、琉球所属問題第一、第二』、三三五〜三三六頁）の中で詳述されている通りである。琉球所属問題をめぐって、清国政府は、右の史料に明示されている事実をつきつけられて、同政府の要人らは内心、窮地に立たされた、と思ったことだろう。その事実については、中国側の史書そのものにも同様の事が書かれているからである。筆者は、島津の琉球入りについて詳述している『明実録』を引用して「中国は、薩摩の琉球入りの顛末、意図等につき、心にくいまでに知悉していた」（『せあらとみ』二号、一四頁）と書いた。どんなにまちがっても、清国政府が『明実録』のそのくだりを読まなかったはずはない、からである。

引用文献の中のルビ、送りがな、句読点等は筆者が付したもの。以下、同よう。

2　疲弊していた琉球　秀吉　国内扱いで帰服求める

本質的に同じく武家による土地人民の支配が、本土の徳川家以下三百諸侯による支配の場合、不当なものであるとして、維新政府から全面否定されたのに対し、同じ諸侯たる島津氏による琉球の土地・人民の支配は、対外的に、最大に価値あるものとして利用された。この点が、本土の版籍奉還や廃藩置県の例とちがって、琉球処分がもつ特異な点である。島津氏による琉球征討は、徳川家康の許可を受けてなされており、いわば国家意思の発動であって、衝撃的な事件ではあるが、家康や島津氏の主観的意図、そして、われらの感情とは関係なく、本質的には、民族統合として位置づけられるのである。また、この事件は、琉球国の日本への民族統合という、日本史上の一大事件であるばかりでなく、そのレベルをこえて、琉・日・中の複雑な国際関係を浮き彫りにする、東アジア史上の大事件でもある。明朝の琉球に対する冊封体制、琉球の明朝に対する朝貢関係の核心部を、家康と島津氏は琉球征討によって、掘りくずしていたからである。

その大事件が、おこるべくしておきた歴史の必然性や琉・日・中間の国際的緊張関係、そして、その中でふりまわし、ふりまわされる人々のさまざまな感情や欲望が、すでに、島津入り前夜に大きく、不気味に胚胎していた。それらを、『歴代宝案』を中心にした史料を通じてみることにする。

まず、島津氏の琉球入りの伏線となる、秀吉の「文禄・慶長の役」（以下、「朝鮮の役」と書く）に関する本土側の琉球関係史料を列記してみよう。以下の史料は、とくにことわらないかぎり、『島津国史』（鹿児島県地方史学会発行）からの引用である。

○天正十六（一五八八）年八月十二日、公（貫明公、島津義久、道号・龍伯、以下同じ）、大慈寺を遣はし、書を齎《もたら》して琉球王（尚寧、以下同じ）に遺《おく》りて曰く、方今、天下一統せり。海内《かいだい》、風に向かふ。而《しか》るに琉球独り職を供せず。関白（秀吉、以下同じ）、方《まさ》に、水竜（水軍）に命じて、且《まさ》に而《なんじ》の国を屠《ほふ》らんとす。今の時に及んで、宜《よろ》しく其の使を遣はして罪を謝すべし。貢を輸《いた》し職を修むれば、則はち国永く寧《やす》からん。茲に特に告示す。因つて扇子百本を贈り、用《もつ》て微忱を陳ぶ、と（一五七頁）。

秀吉による国内統一が完成し、海内（日本国内）がすべて秀吉に靡《なび》いているのに、琉球国だけが帰服していない、と告げてきている。独立国であるはずの琉球を、完全に日本の国内扱いにしている。このことは、以下に示す史料にも一貫している。

〇天正十八（一五九〇）年二月二十八日、関白、琉球王に書を遣りて曰く、土産数事至る。偲く好し。二、三年内に、吾れ、当《まさ》に明を伐つべし。王、其れ兵を発して之に会せよ、と（一五八頁）。

秀吉の軍事的最終目標は、「唐・南蛮」の征服にあり、その初動段階では朝鮮・琉球の二方面から進撃しよう、というのが、彼の当初の構想であった。右の史料は、そのことをウラ書きしている。

〇同年八月二十一日
公、琉球王に書を遣りて曰く、天竜寺和尚、京師（京都）に至る。請ふ所の事件は、悉く許与せらる。珍重珍重。関白殿下、既に小田原城に克《か》つ。武は八州（関東）に暢《の》び、威は四海に振るふ。遐陬僻壌（津々浦々）、方物を献じ、戦勝を賀す。山に梯し海に航（海山を越えて遠方に行くこと）し、畢《ことごと》く至らざる靡《な》し。王其れ速かに方物及び楽工を献ぜよ。茲に特に告示す。因つて王に扇三十柄を贈り、聊《いささ》か微忱を見《あら》はすのみ。不宣《ふせん》、と（一五八頁）。

琉球王が秀吉に「請ふ所の事件」とは何だろうか、今後の研究課題である。

○天正十九（一五九一）年八月二十一日
琉球王、公に書を遣りて曰く、関白、八州に克つと聞く。爰《ここ》に建善寺大亀和尚、茂留味里大屋子を遣はして之を賀す。敝邑（琉球国）困悴の故を以つて、方物を輸《いた》すこと能はず。且《まさ》に楽工を献ぜんとす。聊《いささ》か以つて儀と為す。公其れ我が為に辞（弁解）せよ。因りて、公に焼酒一甕、太平布二十端、苧羅二端を献ず。聊か微誠を表はすのみ。不宣、と（一五九頁）。

この頃、琉球が疲弊していたことは、右の「困悴」という表現にあらわれているが、後でみる『歴代宝案』などにも、同様の言葉が頻出する。

3　秀吉、琉球を国内扱い　配下とみなし、政局図る

『島津国史』の天正十九年十月二十四日

公、琉球王に書を遣《おく》りて曰く、関白将《まさ》に朝鮮を伐たんとし、兵を薩摩及び貴国に徴せんとして曰く、宜《よろ》しく両国の衆を合して一万五千に満たすべし。寡人《わたし》、貴国の素《もと》より軍事に習はざるを以つて兵を送るを責めず。此間（当方）にて徴発は数の如くせん。因りて貴国に告ぐ。宜しく七千人の十月の糧を輸《いた》し、明年二月以内に坊津に至し、然る後、高麗に達すべし。又、今月十日より、諸侯、行営を肥州（佐賀）名護屋に築く。王は絶島の故を以つて会するに及ばず。宜《よろ》しく金銀米穀の属を輸《いた》し、以つて役を助くべし、と〈中

略〉。関白、亦た、琉球王に書を遺りて曰く、吾れ卑賤より運を膺《う》けて興り、武威を以つて日本を定む。六十余州已に掌握中に入る。是に於て殊域遐方（遠方）、朝貢せざる靡《な》し。而るに爾《なんじ》琉球王、自ら弾丸の地（小さい地）を擁し、険と遠とを恃《たの》み、いまだ聘貢を通ぜず。今特に爾《なんじ》に告ぐ、我れ将《まさ》に明年春を以つて、先づ朝鮮を伐たんとす。爾、宜しく兵を将《ひき》ゐて之に会すべし。若し命を用ひざれば、我れ、且《まさ》に先づ乃《なんじ》の国を屠《ほお》り、玉石倶《とも》に焚かんとす。汝其れ之れを思へと。琉球王書を得て大いに驚き、其の臣鄭礼を遣はし、関白の書を齎《もたら》し、福建巡憮使・趙参魯に因りて以つて明に告ぐ（一五九頁）。

ここで、もっとも注目すべきことは、「朝鮮の役」における軍役である。それは、太閤検地によって、全国的に確立されつつあった石高制にもとづいて課せられ、それが、未実施の琉球にも全国一律に課せられたという歴史的意義は小さくない。太閤検地にもとづく石高制は、中世と近世とを截然と分かつ、もっとも根底的な改革であったことに注目すべきであろう。この場合にも、秀吉は、琉球を国内あつかいにしている。なお、尚寧が福建巡撫・趙参魯に、秀吉情報を通じたことについては、『明実録』の神宗実録巻二三九、万暦十九年八月甲午と癸卯の条にものっている。

福建巡撫・趙参魯奏称す。琉球貢使、倭警を預報す。法もて當《まさ》に之れを水に禦せぐべし。登岸せしむる勿かれ。姦徒の勾引するは、法もて當に之れを内に防ぐべし。間に乗ぜしむ勿かれ。歳ごとに、済辺（辺をすくう）の銀両を解《おく》れ。乞ふ、存留を為さんことを。推して、水寨の将領に補するには、宜《よろ》しく慎選を為すべし。戦艦を増すに至つては、水軍を募り、式廓を斉《ととの》へ、陸営に添へなば、皆な、制勝の機と為し、先事の備へと為すに足らん。（兵）部、覆す。之れに従ふ。

礼部、題す。朝鮮、倭奴の声息を供報す。琉球の報ずる所と相同じ。宜しく奨賞激勧すべし。之れに従ふ。

『島津国史』にもどる。

◎同年十二月十九日

公、琉球王に書を遺《おく》りて曰く、綾船（あやぶね。日本への朝貢船）遅緩す。譴《けん》、敝邑（薩摩）に及ぶ。宜しく速やかに之を遣はすべし。名護屋の行営は、専ら九州人に属す。因って貴国に助役の事を命ず。已に前書にも悉《つく》せり。此れ尤も期に愆《たが》ふべからず。鉄三百斤を贈る。菲薄もて儀に具ふ。不宣。と（一五九頁）。

この史料では、琉球人をはっきりと九州人とみなしている。尚寧を九州の大名並みに扱っている訳だ。その時代、琉球王から秀吉のもとに綾船がさかんにおくられていたようである。そうしたことの積み重ねが、秀吉をして、琉球王をますます自己の配下にある大名であると観念させたらしい。秀吉は、天正二十年（一五九二）に琉球に対する支配者として改易さえしようとした。改易とは、この場合、尚寧を琉球王からはずし、島津義久をその領主にしようとしたことにほかならない。琉球王の秀吉に対する臣従関係の度合いや、その事実関係の有無については、後述する。

◎一五九三（文禄二）年十二月

公、琉球王に書を遺りて曰く、明国、和を乞ふ。殿下、之れを許す。命じて朝鮮の師（戦争）を罷《や》む。然れども九州人を留めて城壘を戍（まも）らしむこと故（もと）の如し。則はち薩隅と貴国とは、いまだ役を免ずる能はず。但し能く居間（日明両者の間に立って尽力すること）し、和親の約をして渝《かは》ること毋《な》からしめよ。是れ貴国に望む所なり。庶幾《こいねがわく》は、之れを図れ。不宣、と（一六四頁）。

◎一五九四（同三）年六月十日

琉球王、公に書を報じて曰く、命ずるに高麗の役を以つてすれども敝邑堪へず。是れを諒察せられよ（原文中の「祈」字は無意味の助辞）。夫《か》の両国和親の約の若《ごと》き、永永渝ること毋《な》きは、固《もと》より願ふ所なり。敢へて力を尽さざらんや。不宣、と（同頁）。

4　秀吉の強圧、現実に　福建からの咨文で明白

これまで引用したように、本土側の史料を読んでみると、琉球王が「自ら弾丸の地を擁し、険と遠とを恃《たの》み、いまだ聘貢を通ぜず」と、一貫して秀吉に帰服せず、秀吉による朝鮮への戦争準備と外征を、のほほんと対岸から観望していたかのような印象をうける。しかし『歴代宝案』（国立台湾大学印行、第一冊）を読むと、琉球が恃《たの》みとすべき「険」と「遠」とが、秀吉の強圧の前に、もはや無きにひとしいくらいに、琉球の主権と独立が脅かされていたことがわかる。秀吉の「若《も》し命を用ひざれば、我れ且《まさ》に先づ乃の国を屠り、玉石倶に焚かんとす」という最後通牒が、単なる空言でない事態が現実のものになりつつあったのである。一五九六年六月に、明国皇帝の聖旨を奉じて「福建等処承宣布政使司」から琉球あてに送られてきた咨文を読むと、そうした琉球内の危機的状況が手にとるようにわかるのだ。順不同にして、それをわかりやすく内容別に①～④に分けて以下に示す。

①〈前略〉欽差軍務兼巡撫福建地方都察院右僉都御史・許、題（上疏）す。「万歴《（カ）》二十二年（一五九四）十二月内に、琉球国使者・于灞《うは》、通事・業崇吾等、前事を呈するに、同《（カ）》年八月二十九日、中国の二人、身に敝衣を服し、蓬《（カ）》頭跣足（ザンバラ髪にはだし）する有り。（二人は）使臣に指揮・史世用、承差・鄭士元と説《い》へり。差（任務）を日本の偵探に奉ずるに、汛船（日本の哨戒艇）に遇ふ。倖いに死を免れて脱し、琉球に至る。査するに、文憑（身分証明証）の拠るべき無きも、其の人品、談論するを視るに、官体に疑似す。随つて船を挽つし、（于）灞等四十三人を差《つか》はして、福省に伴送せしむ（二四二頁）。

②兵部の原差《もとつか》はせる指揮・史世用の呈称するに拠れば「琉球は一国にて、順を効《いた》し、二百余載（年）朝貢を絶たず、必ず冊封を俟《（カ）》（ま）ちて方《まさ》に敢へて王を称す。屡歳（多年）、関白に擾害せらる。〈一字欠〉地勢聯《れん》属して山に倚《よ》るに因りて、船《（カ）》は、風順なれば開洋（出港）し、逆なれば山に収む。波涛の険無く、薩摩由《よ》り発《（カ）》船四日にして琉球の北山（大島のことをさしている）に到るべし。其の山は延袤三百余《（カ）》里（約一五〇キロ）にして、日本・琉球の境《（カ）》界を為す。三日にして琉球国に到るべし。陸《（カ）》路、山有り。早《あした》に行き、夜宿る。関白、其の順路を見て、其の国の弱きを欺《あなど》る所以《ゆえん》は、声言すらく、船を発し、来たり伐ちて、彼の北山に兵を屯せしむるを要《もと》む、となり。若果《もし》北山（大島）に拠れば、則はち琉球は必ず日本の得る所と為り、而して閩広（福建と広東）は、其（日本兵）の出没の地盤と為り、拠りて騒擾《そうじょう》すれば、将《まさ》に寧歳（平和な年）無からんとす。今、中山王世子尚寧は、年三十歳。容貌英偉にして頗る力量有り。関白に臣事するを肯んぜず、一意に、天朝（明）に向化す（二四三頁）。

③蓋《けだ》し、（史）世用は、去年（一五九五）、軍門の、日本に差遣して偵探せしむるを蒙り、今年正月開船し、回へりて報ず。風逆にして、沖《（カ）》辺にて海に打沈《しずむ》するも、幸ひにして救はれ、喘《にはか》に琉球船に順搭して帰国せし所以は、備《つぶさ》に其の詳しきを知れり等因（云々）、（その云々については）各おの、臣（都御史・許孚遠）に到る。

是れより先、臣、二十一年（一五九三）四月内に於て、史世用の奏するに拠り、兵部の石尚書の差遣して倭情を打探《さぐる》せしめんとするに、臣、即はち、同安の人、許豫の商船を選取し、史世用と同《とも》に、日本に前往《ゆか》す。二十二年三月内に至り、許豫先に回へり倭情を報知す。已経《すでに》、臣、本（公事に関する上奏書）を具して奏聞する外、十二月内に及んで、史世用始めて琉球より回還す。蓋し、世用、風に遭ひて船を沈め、僅かに身を以て免かれ、薩摩州に流落すること数月、偶《たま》たま、琉球使船に遇ひて脱し、琉球に至る。彼の世子（尚寧）の差はせる使者・于灞等に頼つて伴送せられ、閩に還へる（二四四頁）。

④思ひ得たるに、琉球は海島に僻居すると雖も、世々、天朝の正朔を奉じ、毎年、貢を修む。藩《カ》を称して侯度《カ》を恪守す。比《このごろ》、天災流行するに因り、地の出す所は、以つて供国の所用に足らず。又、関白に擾害せらる。十九年（一五九一）、（秀吉）人を（琉球に）差はして金の進貢を要《もと》む。二十年、世子、僧天竜寺を差はして日本に到らせ、白金二百両、蕉布等の物を送る。関白、琉球を討ちて北山（大島）に兵を屯せしむるを要む。此の僧（天竜寺）、敢へて（秀吉の）命に違はず、遂に、銀四百塊、毎塊の重さ四両三銭なるを償され、及び、倭使と同《とも》に琉球に至る。（此の僧）世子に見えんとするも允《ゆる》さず。此の僧、前銀を費《カ》消し、遂に自ら弔死（縊死）す。倭使、回へりて報ず。関白乃はち曰く、「既に旨を奉じて北山を与ふ。何故に我が銀両を受けるや、毎年、利を加へて算し、銀四千両を還へせ」と。世子、已《やむ》を得ず賦還す。二十一年、僧建善寺を差はし、日本に至らせて礼を行なふ。関白、僧を将《もっ》て（琉球に）留住せしめ、即はち、倭使・新納伊勢を差はし、琉球に到らしめて、万人の三年の糧食を要め、朝鮮に載せ至らしめんとす。世子、民の窮し、国の小なるを以て、銭糧の処する無し。二十二年二月、差はせる僧、回へりて復《もう》す。関白、仮りるに生子を賀するを以て由《いはれ》と為し、其の動静を観しむ。今に至ること十月、いまだ回へらず。音信を知らず。今、中山王世子、惟《た》だ中朝にのみ修貢し、臣を関白に称するを耻《は》ず（二四三頁）。

5　史世用の遭難譚　明国の国事探偵示す

前記の史料は、朝鮮の役のさ中に、明国が日本軍の動静を探索するために、史世用と許豫などの国事探偵を薩南におくりこんでいたことを、まざまざと示すものである。秀吉は、明国への自軍の侵入路として、朝鮮および琉球経由の二方面作戦を立てていた。この史世用らの差遣は、後者の航路と当該水域の民情を偵察する任務を遂行するためのものであった、と考えらえる。史世用らが帰国後に復命した内容は、情勢がら、緊迫する日明間の一断面と、両大国の間に介在して、双方から逆巻くようにしておしよせてくる怒涛《とう》に翻弄される笹舟のような琉球国、といったようなことを、くっきりと浮き彫りにしている。

①は、史世用らが、自らの身元および任務と、遭難の経緯とを、琉球の役人（干灞ら）に供述した内容を、琉球の使臣（干灞ら）が中国の官憲に申達したものである。それによれば、一五九四年八月二十九日、中国人遭難者二人を、琉球官人が取り調べた。二人は、それに対し、指揮・史世用と承差・鄭士元だと、身分をあかした。そして、交戦国である日本軍の動静を偵探するため、日本近海に潜入して、日本の哨戒艇に拿捕《だほ》されそうになったが、死地を脱し、九死に一生を、たまたま近くにいた琉球船に救われ、琉球の土を踏むことができた、という。この史世用らの遭難のストーリーは、筆者には、そのままは信じがたい。この史料の③で触れるように、この遭難譚と、史世用らが帰国後報告した遭難譚との間にくいちがいがあること。後でみるように、史世用と同行した許豫が、薩摩に無事に上陸し、所期の任務を全とうして帰国し、報告しており、なお、その任務の後にも、許豫は薩地に再渡航している。筆者、ひそかに案ずるに、史世用らの「汛船」云々の遭難譚は、つくりごとであって、史世用らの所期の任務は、もともと地理をふくむ琉球列島の内部事情を探ることそのもの

に、あったのではないだろうか。というのは、その時期、明国は、琉球を百パーセントまでは信じていず、ことあれば、つねに琉球人の薩人との係累を疑った。また、琉球は、明国にはかくしたが、薩摩と密接な関係にあったことは、かくれもない事実であって、そのことは、おびただしく残されている双方の書翰《かん》類が雄弁に物語っている。

②は、軍人として専門家である史世用の肉眼でとらえた、日本の中世最末期における、琉球列島の地政学的観察と、その報告である。朝鮮半島で、日本と、明・朝連合軍とが交戦中であるだけに、その内容には迫力と凄味がある。それによれば、薩摩から大島までは、島つづきであるから、仮に、薩摩から軍船を出すと、順風ならば航海し、逆風ならば、それらの島かげにひそみつつ、琉球へ向けて容易に南下できる、というのである。また、その航路は、波もおだやかだから、薩摩から大島まで四日で到着できる。大島から琉球本島までは、三日しかかからない。関白秀吉は、そのような航海順路をみて、なおさら、琉球の弱小をあなどっている。その弱い足もとを見すかして、秀吉は、大島に配下の軍隊を駐屯させることを、琉球に求めて、公言している。もし、そうなれば、琉球本国も、自動的に秀吉にとられてしまう。そして、琉球が日本の手に落ちたならば、琉球は日本の前進基地となり、福建と広東が日本軍の橋頭保にされてしまう。そうなると、もう、中国には平穏な年はなくなるだろう、と。しつこいようだが、史世用らの遭難譚を、そのまま信ずるとすれば、右の、琉球列島に関する軍事学的観察は、帰りがけの駄賃になされたことになるが、それにしては綿密な観察である。なお、この記事は、明国の琉球に対する外交上の、最小限触れなければならない事情からたまたま歴史の表に現れたものにすぎないのであって、琉球に対して、明らかにする必要のない大部分―例えば、許豫の薩地での活躍等について―は、国家として当然のことながら、明国は、琉球に対して口をつぐんでいる。そうであるから、史世用の復命は、実際にはもっと綿密で浩瀚《こうかん》なものであったろう。

③は、史世用らを、日本の偵察のために派遣した、直接の責任者（福建巡撫・許孚遠）が、史世用や許豫らから帰任報告を受け、それをふくめて、さらに上申した内容である。それによれば、日本探索の使命は、史世用の自発的上奏によって、行われたことがわかる。許孚遠は、同安（福建省南東部の都邑）の商人・許豫とその船を、史世用につけて、ともに使命の途につかせた、と琉球に対しては明言している。この商人許豫の、薩摩における公式の肩書は「武生」であるが、これについては後でみることにする。

さて、一五九三年の四月末か五月初めに、史世用らは、薩摩方面に向けて出発した。一五九四年三月に、許豫が先に帰国し、倭情を報告した。同年十二月に、史世用が、前述のように、琉球船で帰国する。許孚遠がおもうに、史世用は大風にあって遭難し、薩摩州に漂着したうんぬんと。この部分は、原文では、「蓋世用遭風沈船僅以身免流落薩摩州者数月」うんぬんとなっている。一体、許孚遠は、この日本探索作戦の直接責任者であり、当然、いの一番に帰任報告を受ける立場にある人である。その人が、任務についた部下の大事な遭難事件について、「蓋」うんぬんと、想像で言及しているということは、その間に、琉球に対するいわく言いがたい秘めごとがあるからであって、奥歯にモノがはさまった言い方とは、このことである。しかも、遭難の原因を、史世用自身は、日本の「汎船」にありといい、許孚遠は、「遭風」ならんと言っているから、両者間に齟齬《そご》がある。後にみるように、九四年三月に、許豫は帰国したが、その年に、再度、彼は薩摩に派遣されている。この事実と、史世用の遭難譚に対する疑慮とから、愚見では、許豫の本来のエスピオナージ（スパイ行為）、任務分担地域は薩摩であり、史世用のそれは薩摩以南の琉球列島にあったとする。従って、史世用の遭難譚は事実でなく、故に、彼らの「服敝衣蓬頭跣足」のいでたちも、諜者の常套手段であって、それは、琉球側の警戒心を解くためであった、のだろう。

6 風前の灯「琉球国」　首里城内に秀吉の目

前記の④は、欽差軍務兼巡撫福建地方都察院右僉都御史・許孚遠が、琉球国使者・于灞と通事・業崇吾が呈称した内容を、引用して記述したものである。朝鮮出兵の前夜にあたる一五九一から一五九四年にいたる期間に秀吉に琉球国が「擾害」せられているさま、いや、むしろ、琉球国の独立が風前の灯になっていたさまが、簡潔に描かれている。琉球の使僧・「天竜寺」が、秀吉の金銭がらみの詐術にかかり、秀吉と琉球国との板ばさみにあって、自殺に追い込まれていくさまの中に、一使僧の悲哀の中に、いわば、そのままの形で、一個の琉球国の独立の危機が集約され、象徴されている。無理難題をおしつけて要求した、秀吉の銀四千両返還命令が、たとい何とか完済しえたとしても、その命令は、単なる口実であったから、琉球を併呑するのだ、という秀吉の野心は、つのりこそすれ、しぼむことは無かったはずである。琉球王家の生子を賀するのにことよせて、使者を渡琉させ、長期滞琉させている。態のいい威力偵察である。首里城内のいとなみは、すみずみにまで秀吉の目が見とおしていたのである。

秀吉が、もう少し長命であったなら、彼の手で琉球併合は、間違いなくなされていたことだろう。この件に関して、三鬼清一郎氏は、おもい切った説をものされている。「中国と冊封関係を結んで朝貢貿易を行いつつ、島津氏とも交易を行っていた琉球は、朝鮮役の軍役賦課の際、秀吉によって島津氏の与力に附庸させられたことを契機として（『島津家文書』⑴三六〇）、事実上その領国化するのである。一五九一（天正一九）年に島津義久は琉球国王に書を送り、秀吉から課せられた一万五千人の軍役には琉球の分も含まれているが、琉球は遠方で日本の軍法に不案内であるから、派兵の代わりに七千人分の兵糧一〇カ月分を用意せよと述べている（『島津国史』巻之二〇）。島津氏は、これを通じて琉球を自己の支配下に入れることに成功したが、さらに一六〇九（慶長一四）年の武力侵攻によって完全に征服するのである。」（「太閤検地と朝鮮出兵」『岩波講座日本歴史』9近世1、九五頁）。三鬼氏が玉稿中に掲示された『島津家文書』の史料とは、左の史料である。

豊臣秀吉朱印状

琉球之儀、今般大明国御発向之次《たび》有二改易一、物主雖レ可レ被二仰付一、先年義久取次御礼申上候条、被レ任二其筋目一、無二異儀一被二立置一、則為二与力一其方《江》被二相付一候間、唐入之儀、人数等令二奔走一、召連可レ致二出陣一候、於レ令二由断一者、可レ被レ加二御成敗一旨、堅可二申聞一候、

〈以下略〉

（天正廿年）

正月十九日

羽柴《（義弘）》薩摩侍従とのへ

嶋津《（義久）》修理大夫入道とのへ

（『大日本古文書』家わけ第十六　島津家文書之一、平文社　三五四頁）

天正廿年（一五九二）正月十九日は、同年四月十三日に、日本軍の第一陣が朝鮮の釜山浦に上陸したことに先立つこと約三カ月前である。右の史料を解釈すれば、

琉球の事は、今般の大明出兵にあたり、改易することにする。（琉球の）領有者は、（その方〈義久〉へ）申し付けたいが、先年、（尚寧が）義久を仲介して御礼を申し上げてきたので、琉球領有者としての筋目を（尚寧に）任せ、従来どおり、琉球国を立て置くことにするので、（琉球国を）与力としてその方へ付与するから、中国出兵については、（琉球からも）兵員を募り、召し連れて出陣せよ。（琉球王が）油断した場合には、処罰するぞという旨を、（琉球王に）堅く言い渡せ。（朱印状の返り点・注釈は筆者）

となる。三鬼氏は、この秀吉の朱印状と、「派兵の代わりに七千人分の兵糧十カ月分」の軍役を、島津氏が琉球に申しおくったこと、の二点を根拠にして、島津氏は、琉球を「事実上その領国化するのである」とか、「琉球を自己の支配下に入れることに成功した」とか、と判断しておられるが、筆者は左の三点を根拠にして同氏のその説をとらない。

（一）秀吉の朱印状についていえば、琉球はその以前に秀吉の軍門に下ったことがなく、従って、琉球に対する「改易」の法的根拠もなく、ましてや「為二与力一云々」もなおさら秀吉の一方的決めつけに過ぎなかった。

琉球国は、ついに、一兵も朝鮮の役におくらなかった。薩摩の「与力」にならなかったし、それに対する「御成敗」もなかった。（二）朝鮮の役に対する軍役問題についていえば、琉球は、自らの独立の危機を回避するために、万やむなく、その一部分を履行したが、残りの部分については履行を拒否している。（三）「琉球薩摩往復文書」（『那覇市史』資料篇第一巻二）所収の史料で、例の秀吉朱印状の一五九二年以降、一六〇九年の島津入りまでの分を読むと、そのどれにも、島津氏が琉球を「事実上その領国化」していたことを示す文言は一つもない。むしろ、その逆に、島津側が琉球に対する相互の関係として、一貫して用いている表現は、「貴国当邦往古已来膠漆之約は、今に易《かは》らざるの条」（三五番。十四頁）とか、「書音絶ゆる無く、永く旧約に爽《たがは》ざるは、予《われ》の幸ひなり」（四三番。一七頁）とある。これらの表現はたとえ外交辞礼として書かれたとしても、「事実上その領国化」している国の主（尚寧）に対しては書くべきはずがない表現である。

7　激怒する外交文書　返書に印された関白秀吉

さて、ここで、しばらく琉球から目を転じて、秀吉、薩摩、中国の関係を一瞥してみよう。一つは、日本薩摩州修理大夫藤原義久（貴明公）の書翰に対する、欽差提督軍務兼巡撫福建地方都察院右僉都御史・許（孚遠）の回文（返書）であり、他の一つは、同じく義久に宛てられた檄《げき》文である。いずれも登場する顔ぶれは許豫を含めて、おなじみである。その回文と檄文を訓み下し文にして示す。

回　文

武生・許豫還へる。日本薩摩州修理大夫藤原義久の来文を接得す。文中の意趣は甚だ好し。我を愛厚する有り。且つ、爾《なんじ》の国の君臣を見るに、我が天朝と好《よ》みするを欲《のぞ》み、情通するを思ふは、良《まこと》に是れ美意なり。但し聞く、関白平秀吉、屢《しばしば》内犯（朝鮮の役→中国侵入をさしている）して衆を動かし、師を興さんと声言するを聞く。此れ豈に欵《かん》好を成すの道ならんや。欵好を得るを要《もと》むれば、必ず、須《すべから》く兵を休めて民を息《いこは》せ、誠を輸《いた》して順を效《いた》し、表請して納欵すべし。方《まさ》に是れ華夷の正理なり。若し只船を造り兵を徴して、東侵西削し、財を耗して命を残《そこな》ひ、挟み求むること有れば、必ずや神怒り人怨まん。之を如何《いかに》して能く欵好を成さんや。我が堂々たる天朝は、主聖に臣良なること、日の天に中するが如く、正に、当《まさ》に世界に全盛し、国富み兵強く、軍雄《たけ》く馬壮《つよ》く、安らかなること磐石の若《ごと》くなるべきを思はざるか。爾の国の君臣、豈に聞知せざらんや。吾れ知る。爾義久及び幸侃（伊集院忠棟）並びに左右の用事（要路）の諸臣の、倶に英烈なる正気と忠愛有るを。関白又知る、（義久以下が）我が中国を崇とび重んじ、且つおのおの智謀有りて、時勢を諳《そら》んじ暁《さと》り、忠言を以て関白を婉勧すべく、福を享けて位を伝へ、世々に六十六州を守り、賢を養ない、国を安んじ、名を万世に揚げることの、最も是れ長策なるを。而して関白は、亦素より是れ剛直の主にして、必ず爾《なんじ》を将として爾《なんじ》に聴かん。又真心を得て主に報ゆるの道なり。茲《ここ》に、爾、文を来たせるに因り、我れ当《まさ》に文答するあるべし。乃《すな》はち、彼此講好の礼は、敢へて踈失せず、此が為め、万里跋踄の積誠を憚らず、特に、巡海守備・劉可賢、軍門賛畫・姚士栄、名色把総・許豫、伍応廉等を遣はし、及び原《も》と薩摩州に在りし差使人・帳昂、同に往かせて敬しんで復《もう》さしむ。体亮（己の身を他の地位に置いておもいやる）を幸祈す。忽せにする毋かれ。

万歴二十二年六月　日

（『島津家文書之三』九七〜九九頁）

檄　文

欽差提督軍務兼巡撫福建地方都察院右僉都御史許（孚遠）檄告す。

大〔太〕閤先生関白に知道（通知）す。我れ久聞（久しい間、聞いている）す。先生、兵柄を掌握し、名を大にすること雷の若《ごと》く、福を大にすること山の若く、海外無双の品を倶くす也。六十六州の山河の赤子を統率す。あに、英雄豪傑者の為す所にあらずや。我が天朝は、洪武皇帝の開国してより以来、計えて二百余年、主聖にして臣良に、唐虞三代世界（尭・舜二帝と、夏殷周の三代、上古の太平の世）に異なること無しと雖ども、しかも一《もっぱ》ら、懐柔遠人の道を念《おも》ふこと、実に惓々（ねんごろに）懇々（思いいたんで）、一日として息むことなきなり。茲者《ここに》、旧年（一五九三）、なんじ薩摩州修理大夫藤原義久、文書一通を将《も》つて、我が武生・許豫、同本州通事・張昂に付して、福建に齎《もたら》し到り、交送して我に与ふること有り。我れ其の文中を誦《よ》むに、意趣甚だ好し。且つ称す、なんじの国の臣民、我が天朝と欵好せんと思ふと。我れ此様《かやう》に思ふ、文意は、必ずや先生の高妙（すぐれたたくみ）より出づれば、則はち、平昔（かつて）の謡伝（うわさ）を知る。なんじの国、屢《しばしば》、兵を興して内犯せんと欲し、率皆（おおむね）、奸徒の勾誘して利を邀《もと》むる者は、倡《となへ》て此の説を為し、以つて先生の美名を汚がし、累を盛徳に遺《のこ》す。今、当さに弁ぜずして破れたり（語るに落ちた）。かくの似《ごとく》んば、安《いづく》んぞ天年を享けんや。静かに造化（天地自然）に回へらんとせば、而《すな》はち天地神明必ず保祐せん。先生積善の報ひは、理当《まさ》に天、貴子・貴孫に賜ひ、世々大位を済《な》して、名を万禩（万年）に揚ぐるなり。吾れ、今、特に守備・劉可賢、軍門賛畫姚士栄、名色把総・許豫、伍応廉、同《おなじ》く原と薩摩州に在りし差使人・張昂を遣はし、同《とも》に文を齎《もた》らし前《すす》み来たらせて回答す。義久、先生の、在りて日本に主たるを思ひ、且つ、久しく風采を瞻仰するに因り、乃はち謹しんで檄文一通を具し、附して、鈞座（貴下）に候《うかが》ふ。幸いにも、惟《た》だ、照諒（推量）せられんことを是れ祷るのみ。大明万暦二十二年六月十二日　檄文

（『島津家文書之三』九九〜一〇一頁）

外交文書として、これほどに激しい怒りと呪詛をこめた文書が、他にあるだろうか。秀吉と秀頼が、その後にたどった歴史的事実に、想いをはせつつ、「先生（秀吉）積善の報ひは、まさに、天、貴子・貴孫に賜ひ、世々大位をなして、名を万禩（年）に揚ぐるなり」を読むと、鬼気迫るものがある。許孚遠は、『明史』の列伝、「儒林」の項に載るほどの、歴史上の君子である。その君子が、秀吉に対する恚《いか》りと憎悪のほむらを、燃えあが

るにまかせ、ほとんど中庸の精神と仁徳を見失っている。無理もないことである。

8　琉球人が海賊行為　倭寇並み千人の武装集団

一三五〇年ころから約二五〇年間にわたって、倭寇《わこう》は、中国や朝鮮を荒らしまくった。日本側にとっては、倭寇問題は、単なる遠い過去の事件、教科書の記事にすぎない。相手国の苦痛や恐怖に対する生身の認識がないから、それに対する感情も化石化している。だから「倭寇」は、日本人にとって厳密にいえば、単なる過去の事件なのであって、歴史ではないのである。一方、中国や朝鮮にとって、「倭寇」は歴史上の大事件であって、対日認識、対日規定のためのいくつかある判断材料の有力な一つである。「倭寇」は、日本では死んでいるが、大陸で生きているのである。このギャップを鮮やかに体現してみせたのが、あの藤尾氏である。

現在、中国の各都市—福州、南京、上海、蘇州等には、完備した倭寇博物館がある。それらを観覧すると、倭寇による被害は、それが一過性でなかっただけに、誇張などでなく、広島・長崎への原爆投下、東京空襲、沖縄戦の被害に劣らず甚大であった。そのことを皮膚感覚として、教えられたのは、逆に、中国においてであった。これが、筆者を含めた日本人の、普通の加害者感覚ではないだろうか。

中国では、秀吉の朝鮮出兵も、日中戦争における日本の侵略も、倭寇として把握されている。明への侵略戦争の一環として仕組まれた、朝鮮の役のさ中に、明への貿易交渉を申し入れた島津公と、その背後で糸をひいていると睨まれた秀吉の、加害者としての、一見無邪気とも見まがうほどの、罪意識の無さ。そして、その無恥を剔抉してみせた許孚遠。この許孚遠の回文と檄文は、日中二千年の交渉史における、負の記念碑である。

許孚遠は、中国の豪傑である。『中国人名大辞典』（臧励和等編、上海書店印行、一〇三一頁）によれば、徳清の人。字は孟中。号は敬庵。嘉靖の進士。〈中略〉。隆慶（一五六七～一五七二年）の初め、広東の僉事に起さる。大盗李茂、許俊美を招降す。倭党七十余人を禽にす。神宗の時、建昌府に知（府知事）たり。暇あれば、輒《すな》はち諸生を集めて、学を講ず。尋《つ》いで、右僉都御史を以て福建に巡撫たり。時に、倭、朝鮮を陥《おと》し、封貢を阻む。孚遠、敕諭を請ひ、平秀吉を禽斬せんとす〈後略〉。

ここで、目を『歴代宝案』に転じてみよう。万暦三〇年（一六〇二）のものとおぼしい、琉明関係にとって、ショッキングで忌まわしい記事がある。朝鮮の役の戦局が収まったのが、一五九八年で、日本の明将との和平交渉は、一六〇〇年までつづき、朝鮮との和平交渉は、一六〇九年に、「己酉の条約」として終結する。そこで、万暦三〇年といえば、公式には、日本がまだ朝鮮と戦争状態にあり、明とは、後味の悪い和平の終結直後にあたる時機であった。許孚遠の書翰を見てもわかるように、むしずの走るほどに、日本に対して不快感を抱いていた明国で、こともあろうに、琉球人の一団が、倭寇との係累を疑われるような事件をひきおこしている。熊普達なる人物に率いられた、千人の琉球人武装集団が犯した海賊行為と、明国の将兵に加えた傷害事件である。中国の官憲は、熊普達を含む数人を、「真正の島倭」なりとして疑い、渡明中の琉球人使臣は、彼らを琉球人であると証明した。

9　犯人は琉球人と証言　中国側、供述に強い不信感

これら武力集団のうち、頭立った者として、特に名が記されているのは、熊普達、末大（武太カ）、才頼、石

浦、楊馬度（ヤマトー）、宇四甲（大城）、馬加囉（マカラー）、其甲馬（城間）、舟台、嗟囉（タラー）、搭南、弓児安嗟、脱古（トクー）、嗟囉、葛盛こと満世（マシー）、俔四ら十五人の面々である。以上は、琉球人とおぼしいが、他に、黄紝、林元こと林明吾等二人の中国人もいた。彼らの罪状は左の通りである。

〈前略〉（浙江等処提刑按察）司、会して熊普達等一千の人犯を審びらかにす。黄紝の口吐及び親筆の供称（供述）に随拠すれば、黄紝、辺海に家居し、魚を捕りて活生す。禍は、万暦二十三年（一五九五）因りす。語るやう、嶼にて魚を捕るとき、倭に擄掠せられ、倭国に到る。時に、幸ひにも、郷親（同郷の人）銀五両を弁じて、身を取る。二十五年（一五九七）に至りて、琉球外山に迯（逃）れ入る。朝暮に、父母・兄弟の見難きを哀慮す。幸ひに、今春四月初八日、夷舡一隻有りて、官舎（琉球の武官名）、首（首謀者）と為りて称す、福建に往きて進貢せんと欲すと。紝に由りて同船を為さん、と称し、紝に、唐語を諳説す。時に、奈何《いかん》ともする無く、孤り同船を就《な》す。料らずも、夷人（熊普達ら）、不良を起意（悪事をたくらむ）し、魚船三隻を劫掠す。只、一隻にのみ夏布八十匹有りて、三人を殺害し、余は、擄にせられ、本船に従がひ洋に迯れて去る。其の船上の水は、是れ紝、騙はりて東洛（中国沿海の地名か）に邀《もと》む。即はち、抵敵（むかへ撃つ）され官兵に獲解（捕縛護送）せらる。天台（地名）を擾《さわが》すを致す。伏し乞ふは、仁爺（黄紝）、哀情を鑑察するをば、上に叩くことなりと。又、吐く、商人の米四包、銀一包、約一（包）が二十四両なるを劫《かすめ》る、等の情あり（後略）。

右の事件に関して、直接の関係機関である浙江等処提刑按察司は、他の関係機関である布都二司によびかけ、さらに証人として琉球使臣蔡奎等を加えて会同し、犯人熊普達以下の罪状を審問した。その結果は次のとおりである。

熊普達等をして、果して、彼の国の、貢情を探聴（探偵）するに係りて、来たらしむるとせば、則はち、官兵に哨執（哨戒にかかって捕えられる）せらるるの時、何ぞ以て、咨文を将《もっ》て証と作《な》さずして、我が官兵に反敵せりや。前案所載の如く、兵・陳智は、弓児安嗟に左手を一刀、傷つけられ、郭子直は、馬加囉に右手第四指を一弾、傷つけられ、又、左腿を傷つけらる。隊長・狄竜は、脱古に一弾傷つけらる。此れ又何為《なんする》者ぞ。即便《すなはち》、各夷は倶《とも》に琉球遠近の島の人氏に係るとせば、此の真倭刀と真倭衣とは、又、何処より此を得来たるや、亦、是れ解し難き者なり。況んや、前時、黄紙と林元及び各夷と相互《たがい》に面証せり。商を劫める情的は、惟《ただ》に口報のみならずして、且つ、親筆にて手書す。今、黄紙物故せり。林元、各夷は、皆な口を改めて、昔日所報の詞を非とす。然るに、生者の口は改むべきも、死者の筆は改むべからず、各夷の情詞は変換すべきも、其の倭の刀、（倭）の衣は変換すべからず。即はち、彼（琉球）の使臣、通事も亦、此の二物を指して、倭に非ずとすること能はず。第《つい》で、云ふ、或ひは貨の来たる、とは、亦、遁詞（にげ口上）なるが似《ごと》し。但し、琉球は、原とより、属国に係り、又、且つ、守礼向化の邦なり。今、既に、使臣の、熊普達が確かに彼の国の官舎為《た》るを執認（かたく認める）せしかば、則はち、前報の劫情も亦、疑ふべきに属す。

中国官憲のおこなった審問の結果は、犯人らの供述内容に対する強い不信感そのものである。中国側は、犯人らのうち二人が倭刀で武装し、倭衣を着していたかどで、彼ら数人が倭人ではないかと疑っていた。琉球使臣の蔡奎らは、熊普達以下を琉球人であると証言したが、中国側は、その蔡奎らに対するあからさまな不信感を隠そうともしなかった。「琉球使者の詞は、支吾（ごまかし）に渉り、固《もと》より信ずるに足らず」（『歴代宝案一』国立台湾大学印行、二六二頁、上段）と書き、また、「蔡奎等、熊普達等を識して、該国人と為し、海洋劫擄の支吾するを認めず。原《も》と、供（自白）する黄紙の死を恨むに由無し」（同書、二六〇頁、上段）と書き、蔡奎らが、熊普達らをかばいだてし、黄紙の供述内容をくつがえして、熊普達らに海賊行為がなかった、とすることに対して、憤懣をぶつけている。

10　看針人が賊首に豹変　同種の中国人、琉球に存在

琉球使臣蔡奎らは、熊普達が琉球国の官舎であって、彼らの使命が「貢情を探聴」することにある、と証言した。それは、後の接貢の任務に似た内容のものである。そのことに対しては、当然のことながら、中国側は「若果《もし》、（熊普達らが）琉球の遣はす所ならば、何ぞ、文引（中国渡航許可証）の憑《よ》るべきもの無く、既に、差《つか》はされて、封貢を探りに来たるに係るならば、何故に、雑《まじ》るに、真倭数名を以ってするや」と追及の手を緩めない。熊普達は、「熊普達、原《も》と、給せられて国王の咨文有りしも、登岸（上陸）の時、混搶（さわぎ乱れる）するに縁り、遺失せり」（台湾本『歴代宝案一』二五六頁、下段）と答えた。しかし、この答弁ほど矛盾にみちたものはない。何となれば、熊普達が本当の琉球国官舎なら、そのような不測の状況下で、沈着にして適切に、事態に対処できるプロであったはずである。しかも国王の咨文を捧持する正式の武官ならば、不必要に「混搶」するのは、こっけいな程だし、まして、そのような際に命綱と言っても過言ではない国王の咨文を遺失したとするなど、子供だましもいいところである。事実、身分を立証できるはずの国王の咨文がないばかりに、法によって、すんでのところで、「梟街に懸首」される危地に落ちたのだから。

この事件の中で、中国側の耳目を聳動《しょうどう》させ、色めき立たせたのは、犯人たちが持っていた倭物であった。忌わしい朝鮮の役の余燼《よじん》がくすぶっていた時期であってみれば、中国側に緊張するなと言う方が無理である。熊普達らの倭物の入手経路については、次のようなやりとりがあった。

前時に拿獲《だかく》せる各刀器、衣帽等の項を取り出して、面質（面前でただし問う）するに、多くは琉球の物と言ふ。内に、好《よ》き倭刀二把、梁花色の真倭衣一件有り。此処の通事・夷来序、口報す。此的（この物）は、是れ倭中の物に係るや、と。琉球通事梁順、亦、俯首《うつむく》して、「是」（そのとおり）、と云ふ。徐々に又云ふ。是れは倭物なりと雖《いへ》ども、彼の琉球官舎の人家（他人）、或ひは亦た、倭貨に従って買ひ来たりしならん、と（同書二五八頁、上段）。

倭寇に関するこれまでの研究によれば、倭寇が活躍した時期は、前期（十四〜十五世紀）と後期（十六世紀）に分けられる。前期の倭寇は、その構成員が、文字通りほとんどが日本人であったのに対し、後期倭寇は、十中八人が中国人で、二人が日本人であったといわれる。さて、わが熊普達らが犯した犯罪行為も、れっきとした倭寇行為と考えられる。その集団に占める中国人は、数のうえでは、取るに足りないけれども、黄紺が果たしたように、海上生活で不可欠な水の中国沿海における確保、看針人（＝パイロット）としての林元の、中国人ならではの役まわりも大きかった。熊普達の配下にいて、倭寇活動をした中国人について、取り調べた結果を、『歴代宝案』は次のように記している。

林元は、福建の漳州府の人に係り、各々も「是的」（そうだ）と供（供述）す。会（会合）して看得したるに、頃《このごろ》、島奴（琉球人）、生心（異心を抱く）するにより、奸人（中国人）、海上に勾引して、かくの若《ごと》くすること久し（同書二五六頁、上段）。其の林元が、即はち林明吾なることは、先に、茅国科の旗手・周（明）が訳報するに係る。けだし、彼（周明）、国科に随つて倭国に行く。故に之（林元）を知る（同書二六一頁、下段）

このようにして、「中国↓↑琉球↓↑日本」という足どりや、「夷人」を中国に勾引する、林元の賊首ぶりを追跡してゆくと、一人の中国人「倭寇」の生態や動態がいくらか分かってくる。彼は、表面上、琉球国官舎の配下にあって、探貢船の看針人である。その林元が母国につくと、看針人の相貌をはぎ捨てて、札つきの「賊首」に変身するのである。かかる林元のような人物は、この時期に突出したのではない。一四七八年の時点で、林元と全く同様の働きをした中国人が、琉球には多数いた。「近年、都御史奏するに、其（琉球）の使臣の多くは、福建浦逃の徒に係り、狡詐百端、殺人放火し、亦た、中国の貨を貿《あきな》はんと欲し、以て外夷の利を専らにする（『明実録』成化十四年四月壬辰朔、己酉）、とあるように、そのような種類の中国人は、つねに琉球にいた、と考えるのが自然である。

この『歴代宝案』の、熊普達や林元に関する記事は、これまでまだ学会に紹介されてなく、今後、日本における倭寇研究に有力な一ページを付け加えることになるであろう。

審問にあたった中国側としては、この事件が、日本人がらみの疑惑に満ちたものであったから、神経をとがらせた。そこで、「(琉球使臣) 蔡奎、既に、彼の国官舎に係るを認むれば、則はち、官を以て盗を為す。恐らくは亦、理の無き所なり」（台湾本『歴代宝案一』二六〇頁、下段）と疑い、「事は海防に属し、尤も国体に関はり、之（国体）を僇《はづかしめ》らるれば、恐らくは、天朝の字小（小国をいたわる）の仁を失ない、之（海防）を縦《ゆる》ふすれば、恐らくは、奸夷僥倖の路を開かん」（台湾本『歴代宝案一』二五七頁、上段）と危機感を抱かしめる程の重罪であった。

11　琉球の将来を予見　明側の咨文書が浮き彫り

熊普達や林元らの事件に対する中国側の厳しい意気ごみをもってしても、事は、万里の波涛で隔てられた琉球にかかわることであって、満腔の恨みを含みながらも、それ以上の審問をトーン・ダウンせざるを得なかった。その恨みの丈を次の一文にこめたにすぎなかった。

　琉球貢使は、歳ごとに常期有り。先期の例には、公文有りて、福建藩司に至日を報ず。礼を以て之を柔遠館に賓す。舟行くに護送の符有り、舟回へるに護送の使有り。使の若《ごと》きは常期の外に、又、探貢（接貢の前身か）有りて、以て、彼此（常期の進貢による入港と、探貢による入港）、無稽（よりどころが無い）を致す。海洋に啓釁（戦端をひらく）せば、哨海官卒（死）す。但し、犯界（国境侵犯）するに遇《あ》へば、法に遵つて当《まさ》に擒《とら》ふべきなるも、倉卒（急に）帆を揚げ、火器もて相向かふ。（琉球の合法的探貢船なのか、賊船なのか）弁認するに於て難し。之を縦《ゆる》ふせば、恐らくは、中には、貢に仮りて、犯内（領土侵犯）を之れ謀り、之を勦《そう》すれば、恐らくは、事を生じ、殺順（合法的な琉球の使者を殺す）の罪を踏みて、進退処する無く、瞭望（はっきり見きわめる）すること実に難し。以後、彼の国、正貢より外、探貢の一節は、以《もっ》て免行（禁止）すべし、と（同前書二五九頁・下段）。

ついには、林元を原籍である福建に送り、「越境通夷之罪」に問い、かの地で裁くことになった。熊普達ら十五人は、琉球使臣蔡奎らに付して琉球に帰し、その検断を琉球王にゆだね、その結果を明朝に回奏することを命じた。それから二年後、万暦三十二年五月二十日の咨文によれば、琉球側は、熊普達以下を査照《とりしらべ》して釈放した旨を回奏した。その咨文の中で、琉球では林元を非辜（ひこ＝無実）とし、わが咨文の「内事理」を査照すること、つまり、林元を釈放することを乞うている（同前書二六三ページ、下段）。一四七四年に、琉球使臣らが、福建の懐安県民、陳二官夫妻を殺害し、その家屋を焼き、その財物を盗むという事件が起きたとき、皇帝は、その検断を琉球王・尚円にゆだね、その結果を回奏させた。そのときも琉球は、全員を無罪にしている。熊普達らの事件は後味が悪く、明の琉球に対する不信感はつのるばかりだった。そのことは、次に紹介する咨文があますところなく物語っている。

　次に紹介する咨文は、太常寺少卿・夏と光禄寺々丞・王の連名にて、琉球国中山王あてに出された咨文である。『明史』の「職官三」によれば、太常寺は、祭祀、礼楽の事を掌り、その官属を総べ、その政令を籍《しる》し、以て礼部に聴《はか》るのを職掌にする官庁である。また光禄寺は、祭享、宴労、酒醴、膳羞の事を掌り、その名数を弁じ、その出入を会《し》め、その豊約を量《はか》って、以て礼部に聴《はか》るのを職掌にする官庁である。さて、この咨文の日付は、一六〇七年十二月十九日で、島津氏によって首里城が摂取された、一六〇九年四月四日から約二カ年半前である。その時代状況のドラマ性もさることながら、さらに注目すべきことは、その内容である。島津入り直前という時点において、その内容は、琉球の未来に対する、ほとんど神がかり的ともいえる予見能力の高さを示している。琉球の倭による併呑の脅威が、たなごころを指すように開陳されているのだ。実際の歴史的推移によって、中国側の情勢判断の的確さが実証される訳だが、それだけ、また、わが『歴代宝案』の史料的価値の高さも示している。この咨文は、島津氏の琉球入り直前における琉明関係を、最も尖鋭的に浮き彫りにしているから、煩をいとわず全文を紹介してみよう。

俯《ふ》して夷情を恤《あは》れみ、懇に、通商し以て国用を需《もと》むることを議処するを題請せられんことを賜ひ、以て諸艱を済《すく》ふ為の事。

万暦三十五年（一六〇七）十月内に、琉球国差《つかは》し来たせる謝恩の陪臣王舅送せる、中山王の咨文の称するに拠れば、前事（標題）の為に、内に称す。「切に以《おも》ふ、聖人極を御し（天子の位にあること）、中国に涖《のぞ》みて、四夷を撫し、東西二洋の興販を開き、餉を充たし、以て辺費を足らす。琉球、亦た属国に在りて、貿易通ぜざれば、国をして痩せしめ、民をして貧ならしむ。琉球、旧く、開国の初めより、欽しんで、聖祖の恩を蒙むり、三十六姓を撥《つか》はして、琉球国に入る。旧例を稽査（かんがえしらべる）するに、原《も》と、朝鮮、交址《コーチ》、暹邏《シャム》、柬埔寨《カンボジア》と興販すること有り。是れに縁りて、卑国、陸続として資に依藉《たよる》するを得たりき。今迄、三十六姓世々久しく、人湮《ほろ》び、夷酋（琉球王）、指南の車路を諳《そらん》ぜず。是以（ここを以て＝そのような訳で）、販を各港に断つ。計《かぞ》ふるに、今に六十多年、毫も利の入ること無く、日に鑠《と》け、月に銷《と》けて、貧にして洗ふが若《ごと》し。況《いは》んや、又、地窄《せま》く、人希《まれ》に、賦税の入る所は、略《ほぼ》、出す所を償ふのみなるをや。期の如くんば、匱窘《とぼしい》せん。若《も》し、（琉球の貿易許可願いにつき）、議処（はかり決める）するを懇乞せざれば、則はち、国本日々に虚しく、民間日々に罄《むな》しからん。幸ひに、天使、頒封に案臨するに逢い、正に議処を懇乞して資をして富ましむるに当る。庶《こひねがはく》は、理合（これによって）、題請（上書して天子の裁可を仰ぐ）するを懇乞し、両院に通行して、引（渡航許可証）を給して、（琉球で）商販させ、毎年、定むるに一、二隻の船を以て率《りつ》と為し、例として、東洋の充餉、或ひは船隻の往来に比《なら》はんことなり。卑国、号引（ナンバー又は標識つきの引）を詳査して給するに、勘合の印信を以てし、回（次数）に照らして査験し、倘《も》し、回文（回答文）に印信無くんば、則はち、是れ別港に私通する情弊あり等因（云々）」と、前《すす》め来たり。

12　明が違法行為指摘　〝国是犯し日本と商取引〟

—咨文はさらに続く—

此に拠りて査らべ得たるに、貴国、引を給して通商せしむるは、原と、旧例無し。即はち、聖祖（洪武帝）の国初に、賜ひて三十六姓なる者有り。該《その》国入貢の航海、風涛測り叵《がた》く、彼の三十六姓なる者は、能く操舟を習知せるが為に、以て導引を為さしめしのみなり。豈《あ》に興販の為にして設けしならんや。夫れ、貴国は素より貧瘠を称し、既に、物産の通ずべき無く、貿易するに、又、資材の積儲に備ふべき無し。其の患ふる所の者は貧に在りと雖も、其の恃《たの》む所は以て安しと為す者《こと》なり。亦た、貧に在りとも、若し、富国を浮慕し、議して通商せんと欲し、名を往来に託し、貴国、実は、倭夷と市を為すを陰《かく》さば、但だに、奸を長ずるを禁ずることを隳《やぶ》るのみならず、将来、中国の憂いを遺さん。窃《ひそ》かに、争奪、啓釁、殺掠するを恐る。之に随へば、所謂、寇を延《ひ》いて室に入るるなり。亦た、貴国の為す所は、自保の計《（カ）》にあらざるのみ。豈《あに》惟《た》だ、利を失ふの害は、焉《これ》より大なるは莫《な》し。本寺等（太常寺・光禄寺）前に、貴国在《に》て、特に倭に舶を適《おもむ》かせ、亦た来たして貿易するに、本寺等、厳しく禁絶を示せり。一人も倭夷と交易する者を許さず。正に、此に見《あら》わるる有るなり。貴国、豈、利有るを知るべくして、害有るを知らず、目前に急にして、後患を覩ざらんや。通商の議は断じて開くべからず。貴国、此れより前、進貢船の回夷官、往々奸人《（カ）》を夾帯して、潜かに日本に販す。口を飄風に藉《か》りる者も亦た、査せざるべからず。仍つて之を申厳（ますますきびしくする）にするなり。合《まさ》に、咨覆（咨文で答える）を行ない、査照して施行するを為すことを煩はすべし。須《すべから》く咨者に至るべし。右、琉球国中山王に咨す。

万暦三十五年十二月十九日

この咨文は、琉球国から明国に対し、琉球で国際交易場を開きたい旨の許可願いについての国王咨文に対する、中国側の回咨（回答文）である。東アジア史と日本史を考察するうえで、きわめて重要な史料である。東アジア史の観点からいえば、㈠日中間の国際的緊張関係。㈡明の洪武帝によって構築された、東・東南アジア諸国をおおう、朝貢・冊封体制の性格。日本史の観点からいえば、日明間の外交調停者としての琉球国の位置づけ－その延長線上にその後設定されたのが日中両属の琉球国である。この咨文は、中国の本音として吐露したものである。

㈠についていえば、「貴国は以前に、進貢舟の回夷官（探貢官─清代になると、接貢官）、往々、奸人（中国人商人）をおびき入れて、ひそかに日本で販《あきな》いしている。飄風を口実にして、そのような行為におよぶ者も、これからは取り調べないといけない」と述べている。その中に、「往々」とあるから、れっきとした琉球の「回夷官」が、明の国防上の国是である海禁策を犯して、日本で商取引を頻繁におこなっていたとみえる。おもえば、さきにみた熊普達も回夷官であるから、熊普達事件も、そうした違法行為の氷山の一角をなすものにすぎなかった。そうした違法行為が、明国をいたく刺激し、日本に対する危機感と琉球に対する憤激をあからさまにさせたのは、その行為が、翩々《へんぺん》たる私人によってなされたものでなく、冊封体制の下で、自らと信頼関係にあるはずの琉球が、国家としてその行為を犯していると確証したからであった。そのような具体的犯例を指摘した上で明国は、「通商往来に名を仮りて、琉球が実は、日本と交易をすることを隠蔽《ぺい》するならば、それは、明国が奸（倭寇や国内の海賊）を禁ずることを破綻させるのみならず、将来、明国の外患となるであろう。……

琉球の交易許可願いを許せば、いわゆる、盗賊を導いて室にひき入れるようなものである。琉球のそのような行為は、自ら独立を全うする計ではない」と、琉球王を厳諭している。

筆者は、「対明国入貢と琉球国の成立」(『球陽論叢』六五頁)の中で、

程復が、一三七一年以前に入琉したのは、『祖訓の条章』＝琉明秘密協定の締結のためだった。その骨子は、明が琉球に「不時ノ朝貢」を認める。そのみかえりに、琉球は明に対し、「諸夷ヲ控制」し、「他国ノ(明国を)窮伺スルノ患ヲ杜《ふさ》」ぐため、明国の政治的指導を受けることを認める。明国の為に、「諸夷」＝「他国」＝倭寇に対する防波堤国家になる。これが、明の廷臣・程復と察度との間に結ばれた秘密協定の赤裸々な真相だろう。明にとって、朝鮮は倭寇に対する東の藩《まがき》であり、琉球は南の藩だったから、この二国だけは、多数の朝貢国の中でも、とりわけ優遇された。中国のリアル・ポリシーである。

と書いた。この咨文を読むと、ますます、その感をつよくする。時代の迫促状況が、そのことを見えやすくしている、ともいえる。

㈡についていえば、琉球の明国皇帝に対する許可願いの趣旨は、琉球国王の印信を押捺した「引」(ライセンス)を、交易参加国に発給し、それに基づいて、国際的交易場を琉球に開きたいが、許可してほしいということである。問題は、独立国である(とみなされてきた)国の琉球王が、国家主権の根軸をなす、外交権の行使について、(形式だけとみなされてきた)宗主国＝明に対し、その伺いを立てていること、そして、明はその外交権の行使を禁じ、琉球国はその禁止命令をのんだ。この事実は、琉明の冊封関係と琉球の独立性にとって重大である。

13　冊封で〝独立〟維持　日明両属体制は双方の思惑

琉明の冊封関係と朝貢貿易について、東恩納寛惇氏は、

朝貢関係は、大国に取つては、実を捨てて名を取るものであるに反し、小国に取つては、名を捨てて実を取るもので、それによつて、内政の干渉を受けるでもなく、冊封といつても、名義だけのことで、冊封によつて、始めて国王としての効力が発生するというわけでもない（『東恩納寛惇全集1』三三頁）。

と書いている。筆者は、前掲の『球陽論叢』（六五〜六六頁）で、同氏のその見解を批判したが、この咨文を読むと、なおいっそう、氏の見解が的外れの謬見であったことが判る。琉球が、東アジアという国際社会の中で、一箇の独立国として認められた最大の根拠は、琉球王が明の皇帝から冊封されたからである。冊封されない間は、琉球国世子は、明国に対しても、朝鮮や安南などの冊封体制下にある朝貢諸国に対しても、「琉球王」を名乗ることが出来なかった。琉球の独立性が、明の側から、つねに、強く規制されていたことが、わかるのである。

㈢についていえば、咨文中、明の皇帝が、「東西二洋の興販を開き、餉を充たし、以て辺費を足らす」という事実を、琉球王は指摘し、東西二洋の例のうち、「例として、東洋の充餉、或ひは船隻の往来に比《なら》はんことなり」と、東洋における既成事実に範を求めている。西洋とは、中国の西南岸より南洋群島にかけての地域を指しているが、「西洋の興販」とは、一五一六年のポルトガルの中国への来航をきっかけにして、広州に於てヨーロッパ諸国に許した交易のことを指している。一方、「東洋の興販」とは、朝鮮における、対日貿易のことを指して

いるとおもう。朝鮮は、一四〇〇年ころから、室町幕府や西国大名、琉球と盛んに貿易を行った。その際に、朝鮮国は、西国大名らに「文引」（朝鮮国王の印信つきの渡航証明書）を発給して、貿易許可のライセンスとした。この咨文で琉球王がいう「引」は、その内容が朝鮮国の文引と酷似したものである。琉球王としては、同格の朝貢国である朝鮮の交易方式が前例として、許可されてあるのだから、琉球国にも同様の許可を下して欲しい、と考えたのであろう。

さきに掲げた、『島津国史』の文禄二年十二月付、島津公から琉球王宛ての書翰に、「能く居間し、和親の約をして渝《かは》ること毋からしめよ。是れ貴国に望む所なり」云々という秀吉＝島津公の要望に対し、琉球王も、「夫《か》の両国和親の約の若《ごと》き、永永渝はること毋きは、固より願ふ所なり。敢へて力を尽さざらんや」と応えている。このようにして、秀吉は、明国との交易・外交関係再開において、琉球がその仲介者になることを命じたが、その意志と方式は、徳川家康にもそのままひきつがれている。その方式の延長線に沿って、家康は、のちに、島津氏の琉球入りを命じるのである。この咨文中にみえる、「引」発給による在琉交易場開設願いは、そうした家康の意向と、それと一致した琉球自身の利害の線に沿って、仕組まれたものであろう。しかし、現実には、琉球がそのような仲介の労をとること自体が、利敵行為として明から一喝された。それほどまでに日明関係は緊迫していた。そうした緊迫せる大状況があったから、家康と島津は、琉球を完全に公然と併呑することを憚かって、併呑の事実を明に対して隠蔽した。家康＝島津の側で、ついさきごろ朝鮮でまみえた明軍の強盛と、被冊封国が犯されれば援軍をくり出す宗主国・明への恐れがあったからである。一方、明国は明国で、琉球に対する島津入りのすべてを知悉していたにもかかわらず、家康＝島津の隠蔽作戦にそれと知りつつ乗ったのは、一つには、補給線が遠く海外にのびた沖縄海域における、日本との交戦を不利と見たからであり、二つには、琉球を通じて日本（島津）に利を喰わせ、中国南部への日本の侵出の野心を飼いならすのを得策と見たからであろう。そのような日明双方における、それぞれの思惑から、その後二七〇年の長きにわたる琉球の日明（清）両属体制が生まれたのである。

室町幕府の全国統治能力の弱さが原因となって、主に西日本から倭寇が出現した。もしも、倭寇の明に対する脅威がなかったならば、明の察度に対する入貢勧告も、まず無かったはずである。察度の入貢＝琉明冊封関係が無かったならば、琉球国の成立はついに見られず、たかだか、各群島単位で離合集散し、焼畑農業の煙があちこちからあがる、牧歌的な島嶼社会のままであったろう。

クチャやホータンなどの西域諸国、「ヌガラ」パレンバンやマラッカ国などの東南アジア諸国の成立と繁栄は、いずれも偉大なる世界国家・中国のすさまじい吸引力によるものだが、わが琉球国もまた、同様の歴史の力学によって生み出されたものである。やがて琉球の北方にもう一つの強力な磁場が発生し、双方の磁場からの琉球に対する吸引力によって、一六〇九年以降、琉球の日中両属体制ができあがるのである。筆者は、この世界史につながる、心浮き立つような琉球の歴史をひそかに楽しんでいる。

沖縄タイムス　一九八七年八月二十四日～一九八七年九月九日

北京にあった琉球館

〈上〉厳しい考査で通事に　「訳審」は必ず琉球語使用

本紙七月十四日の夕刊に、「北京にも琉球館」、七月二十二日朝刊に「北京の琉球館は『琉球学館』」と大々的に報道された時、驚きと喜びを感じた。特に十四日の記事の場合には「やっぱりそうだったか」の思いがあったからである。そのころは、拙著『歴代宝案の基礎的研究』の最終ゲラを送って間もないころであったから、「北京の」琉球館について見た記憶があったのである。さっそく調べてみると、台湾本『歴代宝案』の二五二ページの「琉球館序班・呉応麟先以違限圧差止有補欠暫給冠帯通事・孫時捷相応差委」とあるのがそれだった。その記事は万暦三十年五月初九日付であるから明代に属する。それから本紙九月三日の「読者から」欄に、大嶺雅由氏が「確認急ぎたい北京の琉球館」を寄せられたのを目にし、この問題に対する読者各位の関心の深さを改めて認識したので、この拙文を書いた次第である。

通事従え貢使を接待

序班は鴻臚寺の従九品官で、定員五十人であった。鴻臚寺の職掌は朝会・賓客・吉凶儀礼を取り仕切り、琉球等の貢使や謝恩使が天子にえっ見したり陛辞（お暇乞い）する時には鴻臚寺序班が引奏（貢使らを率いて奏上する）した。序班の職掌は侍班・斉班・糾儀及伝賛である。映画「ラスト・エンペラー」や「西太后」で、万余の文武の百官が皇帝の臨御の下、品級や職官別に多くの班に分けられ、だだっ広い紫禁城の中庭を埋め尽くしていたシーンを覚えている人も多いと思うが、その各班に分ける役目を斉班、各班に侍する（付添う）役目を侍班という。

それらの職掌の外に、礼部主客清吏司の管下にある会同館の方へ、鴻臚寺から出向させられた序班もいた。会同館にはそのトップに立って朝貢国からの方物の点検や庶務を取り仕切る提督会同館主事（台湾本『歴代宝案』の二五一ページの帯管提督会同館本司添註主事何《カ》がそれに当たる。本司は主客清吏司、何《カ》は人名）がいたが、序班はその下で通事を従えて貢使の接待や、館内における各国貢使と官許の明国商人との交易を差配するのが主な役目であった。右に出した台湾本二五二ページの琉球館序班・呉応麟は、鴻臚寺から会同館に出向していた序班であり、通事孫時捷はその配下にいた者にほかならない。

通事は明初から置かれていたが、一四六九年、「通事額員」として定数条例ができ、総勢六十人が次の十八カ国に配分されて会同館内に常設された。朝鮮国五人、日本国四人、琉球国二人、安南国二人、真臘《カンボジア》国一人、暹《シャ》羅《ム》国三人、占城《チャンパ》国三人、爪哇《ジャワ》国二人、蘇門荅剌《スマトラ》国一人、満剌加《マラッカ》国一人、達達七人、回回七人、女直七人、畏兀《ウイグ》児《ル》二人、西番五人、河西一人、緬甸《ビルマ》一人、雲南百夷等処六人。

『大明会典』巻之一百九「各国通事」の記事を読むと、これら会同館内の十八のセクションを併称する場合には「各館」と表現し、〝当該のセクション〟という意味の場合には「該館」と表現しているから、例えば「朝鮮国五人」の通事プラス序班から成る一セクションを「朝鮮館」、「琉球国二人」の通事プラス序班から成る一セクションを「琉球館」と個別的には呼称していたと思われる。台湾本二五二ページの「琉球館」がそれであることは疑いない。

成績で区別

これら六十人の各国通事は配属せしめられた国の言葉（夷語という）を通訳する中国人であり、例えば、朝鮮国通事は朝鮮語を、琉球国通事は琉球語を話すことのできる通事であった。これらの通事や序班は一旦採用されたからといってそれで定年まで身分が保証されていた訳ではなく、定期的に課される厳しい考査をパスしなければならなかった。考査の成績は一等・二等・三等の三グループに分けられ、一等のグループは従来通り職に就くことが許され、二等のグループでは罰を受けた上で暫く各夷語を習学させられ再試のチャンスが与えられたが、三等のグループは即刻クビにされ民にされた。民にされると、通事にともなっていた官籍を剥れて納税・徭役・兵役などの重い義務を負う一般民戸に編入されることになる。

通事はその勤務の合間に行われる「夷語」の教習も厳しかった。各館ごとに勤務年数が長く、最も夷語に習熟した通事を教師に立てて、毎日朝の暗いうちから「夷語」による演説をさせられた。毎日卯簿（出勤簿。中国では官吏の出勤時間が卯の刻＝六時だった）を置いて出欠をとり、勤務三年目・六年目・九年目ごとに行われる考査（勤務評定のための試験）のときにその卯簿が呈出された。その三つの考査を通過すると、通事は序班の官に昇進した。

その国の方言で尋問

そうして厳しく「夷語」を仕込まれた通事などの職掌は、通訳はもちろんのこと、会同館内にあっては各国の貢使一行を鈐束（厳重に取り締まること）し、貢使が入朝するときには引率し、帰国するときには伴送した。琉球国の貢使が入朝する時には、福建標下の通事が北京まで引率した。しかしそれらの職務に劣らず重要な――或は本来の――職務が通事には課せられていた。それは或る朝貢国の一行が明国で何かトラブルに巻き込まれるか、ひき起こすかした時、通事はその事件を訳審し、しかるべき筋を通じて奏聞する職務であった。『吏文輯覧』巻三によれば、「訳審」とは「凡そ夷人（琉球人等の外国人）の来るときには、必ず其の国の方言を以て審問するなり」ということである。さきに出した万暦三十年五月初九日付の咨文を読むと、礼部の主客清吏司が帯管提督会同館本司添註主事・何《カ》（帯管とあることから分かるように何《カ》は本庁である主客清吏司と会同館の両方の職務を兼務している）を通じて、琉球館の通事等をして琉球語で「訳審」させている。その訳審の案件は、琉球国が進貢した硫黄の額が国王の咨文では一万九千斤と記されているのに、福建の官衙が実際に収受して礼部に報告した額はただ五千二百三十斤と記されているが、その差額の究明についてである。その理由を琉球語で訊問された琉球国の長史蔡奎は、「ウフカジヌフチ、船ヌウカークナトービーテークトゥ、ユーワァヤ海ンカイ投ギ捨ティヤビタン」（原文は、風に遭ひて水に棄てたり）と琉球語で答弁したのであろう。その場合、久米村の蔡奎がいかに中国語に熟達していようとも、訳審は「必ず」（『吏文輯覧』巻三）琉球語を使ったのである。

〈下〉　福州琉球館は愛称　専用宿所で親しまれる

浙江省にも琉球語通事

なお、万暦二十九年（一六〇一年）ごろ、琉球の官舎・熊普達等が一千人の琉球人を率いて海賊行為を働き、沿岸警備にあたっていた明の官兵に抗敵し、浙江省で逮捕されるという事件が起こったときにも訳審がおこなわれた。その時の通事は浙江省標下の夷来序と李恵であった（台湾本『歴代宝案』二五六頁）。福建省標下の通事ならば話も分かるが、浙江省にも琉球語を専門とする通事がいたということは、筆者には少し驚きである。「大琉球国」の当時の行動範囲の広さを物語るものかと考えられる。夷来序と李恵は礼部が「辺方」である浙江省で「訪保」（探訪確保）し、北京の鴻臚寺に送って「夷語」を教習させ、「候欠通事」（通事補欠者）を経て通事となった者である。ちなみに、一三七五年、刑部侍郎李浩に随って琉球に来た通事・深子名も福建標下の琉球語を専門とする通事であったと考えられる。

さて、次に清代に目を移そう。従来の研究では、進貢期については、明代は明らかにされているが、清代については不明であった（例えば、沖縄タイムス社『沖縄大百科事典』の「進貢」の項を見よ）。『欽定大清会典』に詳述されているから、琉球を始めとするいくつかの朝貢国の貢期を出してみよう。琉球の貢期は順治十一年に二年一貢に定められた。しかし道光十九年（一八三九年）、越南《ヴェトナム》・琉球・暹羅《シャム》の三国は北京まで遠路を年ごとに雨雪にまみれて旅し、しかも貢期を定めてせかし促すので、貢献の負担は重い。それではわが清朝の体恤（他人の境遇をおもいやりあわれむ）を明らかにすることにはならない。そこで今後は三国の貢期を四年一貢にするということに改められた。他の二国はそのまま黙って受け入れたが、翌二十年琉球はすぐに清朝に請願して元の貢期に復した。

欠貢わずか七回

琉球の右の二年一貢による進貢を常貢または正貢という。康熙五年（一六六六年）、琉球はその常貢とは別に外貢（二年一貢）が清朝から認められていたから、琉球の進貢は事実上毎年一貢であって、その事実は『清史稿』と『中山世譜』の記事によって確かめられる。概して『清史稿』は常貢について、『世譜』は外貢について記している。今、この二書によって、嘉慶十一年（一八〇六年）から光緒元年（一八七五年）までの入貢回数を見るに、欠貢した年はわずかに七回にすぎない。

他の朝貢国の貢期は次の通りである。朝鮮、毎年一貢（これは清朝の北京定鼎以前の一六三七年の定め）。安南、三年一貢→二年一貢（この貢期は越南に引き継がれ）→四年一貢。暹羅、三年一貢→四年一貢。南掌、五年一貢→十年一貢。緬甸《ビルマ》、十年一貢。蘇禄、五年一貢。毎年一貢の国は琉球と朝鮮の二カ国だけであった。会同館における交易回数が無制限であったのもこの二カ国だけで、それは明朝から清朝がそのまま受け継いだものである。

玉河橋官房を定宿化

『欽定大清会典』巻五百十四「館舎」を見ると、雍正二年（一七二四年）の議准（議奏に対する天子の許可）と乾隆二年（一七三七年）の奏准（個人の奏に対する天子の許可）として、ロシア貢使が先に会同館に入った場合、朝鮮貢使の宿所を乾魚胡同（フートン）官房、琉球を含む「他国使臣」の宿所を玉河橋官房に指定した。その雍正二年から乾隆二年までの十四年間の入貢回数（宿所の使用回数）を『清史稿』によって調べてみるに、琉球十一回、安南四回、暹羅二回で、その他の国はゼロだから、玉河橋官房はほとんど琉球貢使の定宿化していたと言えよう。乾魚胡同官房の方は朝鮮貢使の専用化していたことはいうまでもない。

さらに、嘉慶五年（一八〇〇年）の奏准によれば、宣武門内の瞻雲坊及び正陽門外の南横街二処に在る会同館官房は、従来安南・琉球等の国の来使の館舎であったが、乾隆五十五年（一七九〇年）、安南・ビルマ・シャム・南掌（安南とシャムの中間に在った）等の国の来使を内務府の管下に移したので、これらの館舎はガラ空きになった。それでそれら館舎も内務府に収管させたとある。すると嘉慶五年以降も、琉球の最後の入貢になる一八七五年まで、それらの館舎のうちのどちらかは依然として琉球の来使の宿所にあてられていたはずである。今仮に乾隆年間（一七三六―一七九五年）の六十年間をとって、同一の宿所を割り当てられていた琉球・安南・ビルマ・シャム・南掌等の国の入貢回数を調べると次のようである。琉球三十二回、安南六回、ビルマ二回、シャム九回、南掌三回であって、琉球の入貢回数は他の四カ国の合計回数よりもはるかに多い。

正式には柔遠駅

さて、福州の琉球館は俗称であって、その正式の名称は柔遠駅【『礼記』中庸の「凡そ天下国家を為《をさ》むるに九経（九カ条の常法）有り。…遠人を柔《やはら》ぐるなり」からの命名】である。柔遠駅の前身は、もと泉州にあったが、永楽三年（一四〇五年）福州に移されて来遠駅と命名し、清代になって柔遠駅と改名され清朝に受け継がれた。『福州府志』によれば、同駅は明代「琉球諸番の使臣の館寓するの所と為す」とあり、『大明会典』によれば、呂宋国が万暦四年（一五七六年）に入貢し、貢道が福建とあるから、柔遠駅は琉球国と呂宋国の貢使の宿所であった。しかし、呂宋の入貢は数えるくらいしかなく、琉球の来使が毎年専用する形になっていたから、明の時いつしか福州で〝琉球館〟と愛称され、清代に引き継がれた。北京で琉球人が宿泊した館舎も長期にわたって―百年以上か―琉球人専用に近い様相を呈するようになっていたと考えられるから、特に乾隆五十五年以降、宣武門内瞻雲坊または正陽門外南横街の会同館官房も、地元の官民によって、〝琉球館〟と愛称されていたかもしれない。

沖縄タイムス　一九九二年十月二十八日～一九九二年十月二十九日

琉球王国成立と明国渡来人

〈1〉独立国家成立、育成に関与　通交開く上でも決定的役割

ここでいう琉球国とは、国家としての内実を満たす要件—国土・国民の統一、統治機構と官僚層、法体系—を備えた国家のレベルに達した琉球国を意味し、その意味での琉球国の成立のきっかけになったのが一三七二年の察度王の対明入貢であり、琉球国が名実共に完成したのが尚泰久王の代であって、それを象徴しているのが、王城の正殿にかかげられた〝万国津梁の鐘の銘〟であると筆者は考えている。そして、察度王から尚泰久王の代にかけて、琉球国の国家としての各要件を整備し充実させる任務を、明国渡来人たちが中核的に担っていたことがはっきりしてきている。

筆者が琉球史関係の漢文史料に初めて取り組んでから日が浅く、近々この七、八年のことにすぎない。しかし、その短い期間にもかかわらず、明朝の正史『明実録』や琉球王府の正史『中山世譜』や『球陽』の中で、数多くの驚くべき史実と出合った。それらは琉球史の根幹に関わる根本史料と思われるのに、これまでかつて先人の著書の中で見たことがなかったので、新鮮な驚きはなおのことであった。それらの史料のうちの白眉は、『明実録』に記されている明国渡来人の亜蘭匏、程復、王茂、懐機等に関するものである。これらの明国渡来人は、独立国琉球の成立と育成に中核的に関与し、また明国をはじめ朝鮮、安南、暹羅等の諸国との通交を開くうえでも決定的な役割を果たした。

筆者はこれまで、これら明国渡来人が琉球で果たした実績を整理して、琉球史の関係部分を書き換え、または書き加える作業を行ってきた。その成果を、沖縄市文化協会の『文化の窓』十号、十二号、十四号に、また『球陽論叢』にも発表した。そして近刊の拙著『歴代宝案の基礎的研究』の序文とあとがきにもまとめ、明朝を頂点とする東アジア冊封体制の中に琉球国を位置づけた。しかしこれら一連の拙稿はごく一部の読者を除いては、一般の諸氏の目には届いていないと思われるので、読者の皆さまにもご紹介しよう。

ここで本論に入る前に、念のために、明国渡来人で『明実録』に載っている人名を列記してみよう。なお、それらは察度王代から尚泰久王代までの人名で、二回以上にわたって重複する者もいる。肩書や所属のはっきりしている者はそれも記すことにする。

明初の琉球にいた渡来人

亜蘭匏、同、同、同、同、同、李仲（山北）、亜蘭匏、程復、葉希尹、亜蘭匏、同、葉希尹、亜蘭匏、程復、亜蘭匏、同、王茂（長史）、李傑、王達、李傑、林佑、楊麟、李傑、懐得（王相の子）、祖魯古（塞官の子）、仁悦慈（塞官の子）、程復、王茂、懐得、同、同、韓完義、鄭義才（山南）、懐機、鄭義才、李傑、鄔梅支（長史）、鄭義才、同、梁回、梁密祖（山南）、郭祖毎（長史）、鄭長、李敬、程安、梁求保（長史）、同、巴魯、林恵、鄭長、李敬、梁求保、沈志良、梁求保（長史）、吉且担、明泰、梁求保、梁回、蔡讓、梁回、程安、梁球、蔡讓、梁回、馬権度、蔡寧、馬権度、程鴻、梁回、李敬、同、蔡讓、呉斉、馬俊（通事）、程鴻（通事）、蔡寧、梁回、馬俊（通事）、程鵬、同、李敬

亜蘭匏は明国渡来人

「明実録」を開いてみると、亜蘭匏の名が十七回登場し、そのうち十回は琉球国の使臣として渡明している。その回数は「明実録」への最多出場者の一人「王弟」泰期の奉使五回をぶっちぎりにひ引き離している。『中山世譜』や『球陽』にも亜蘭匏の名は出ているが、それらはいずれも『明実録』の記事をふまえて書かれたものであって、それ以外に亜蘭匏に関する琉球独自の別個の史料があった訳ではない。だから『明実録』の十七カ所の史料が亜蘭匏に関する根本史料のすべてである。

〈2〉「亜蘭匏」の琉球人説に疑問　「球陽」に至る学問上の罪跡

さて、亜蘭匏の出自（アイデンティティー）についてであるが、『明実録』の亜蘭匏に関する十七点の史料の中に、彼が沖縄人であったことを証明する史料は一つもなく、また逆に明人であったことを明示する史料もない。しかし亜蘭匏が沖縄人であったことを暗示する傍証史料は一つもないが、明人であったことを暗示する有力な傍証史料はいくつかある。

ところが、今日ではいつのまにか亜蘭匏が沖縄オリジンの人であったかのように定説化している。亜蘭匏＝沖縄人説が定説化するに至った大本は、近代以降の学説に関する限り、東恩納寛惇氏にあるようである。同氏は碩学であったにもかかわらず、何の根拠もなしに論断するケースがしばしばあって、琉球史の大事なポイントポイント—例えば万国津梁の鐘が京都で鋳造されたとか、琉球国の符文や執照中に見える勘合が中国皇帝から琉球国王に賜ったものと断定していること等—で後進の歴史研究者をミス・リードし、それぞれにおいて誤った定説化の本になっている場合が多々ある。

大正十三年十一月、東恩納氏は「琉球人名考」（第一書房『東恩納寛惇全集6』三五七～四七八頁）を書き、その四一一頁で亜蘭匏のことを（Irafa?）とし、読み方そのものには（?）を付しているものの、出自そのものとしては「琉球人名考」のタイトルが示しているように、亜蘭匏を完全に琉球人として扱っている。その際、東恩納氏は亜が琉球人であることを示す典拠を挙げず、傍証する何ものも一切なしである。そしてその東恩納説を援引した最新の例としては、嘉手納宗徳氏が『沖縄大百科事典』（一九八三年刊）の中に亜蘭匏をとりあげているが、「琉球人名考」の（Irafa?）は現在の〈伊良波〉であろうとして東恩納説をうのみにし、臆説とすらいえない東恩納説を補強している始末である。そもそも、亜蘭匏を「いらは」と読むことにも大きな無理がある。ちなみに、東恩納氏は、「琉球人名考」の中に「懐得」を入れ、（Umitukū）と読んでおられるが、それは誤りであろう。東恩納氏は、他の琉球人〈例えば達魯（Tarū）〉を、正しく仮借文字で音読みしているのに、「懐得」を右のように訓読みにしておられるのは、他の読み方となじまず、不都合である。後の方でも触れるが、懐得《カイトク》は王相懐機の息子だと思う。

さて、亜蘭匏の出自（アイデンティティー）を歪曲するという学問上の罪跡をさらに近世にまでさかのぼってゆくと、『球陽』にまでいきつく。亜蘭匏の事蹟に関する『球陽』の改竄《ざん》の数々については『文化の窓』No.十四（本書の六九一～七二四頁に採録）に詳述したから、ここではその概要を書くにとどめる。

『明実録』には亜蘭匏について次の番号㈠で示す重要な記事がある。そして『球陽』には、その㈠の『明実録』の記事に依拠して書かれたと思われる記事（これを㈡で示す）がある。その㈠と㈡の記事を読み下し文にして左に示す。

㈠洪武二十七年（一三九四）三月己酉

命じて、琉球国王相亜蘭匏に秩正五品《ほん》を授く。時に亜蘭匏朝貢を以て京に至るに、其の国の中山王察度、請ひを朝（廷）に為すに、「亜蘭匏（琉球）国の重事を掌《つかさど》るを以て、品秩を陞授し、冠帯を給賜せられんことを乞ふ」と。又「通事葉希尹（と程復）等の二人に陞授し、千戸に充《あ》てられんことを乞ふ」と。詔して皆《ことごと》く其の請ひに従ひ、其の王相の秩をして、中国の王府の長史と同じからしむ。王相と称するは故《もと》の如し。仍りて亜蘭匏に公服一襲《かさね》、副使・傔従（従者）以下には鈔（紙幣）を賜ふ。差有り（注と傍点は筆者）。

㈡四十五年（一三九四）、王使を遣《つか》はし、請奏して以て王相を定む。

王、亜蘭匏を遣はし奏して王位の冠帯を乞はしむ。時に具疏して言はく、亜蘭匏は国の重事を掌る。乞ふ品秩を陞授し冠帯を給賜せられんことをと。又乞ふ、通事葉希尹等の二人を以て千戸に充てられんことをと。太祖、皆《ことごと》く其の請ひに従ふ。又礼部に命じ冠帯の制を図《えが》きて之れを示さしむ。亜蘭匏をして王相と称し、秩は中山王府の長史と同じからしむ。本国、国政を専掌する者を、王相と称するは、茲《こ》れよりして始まる（傍点は筆者）。

〈3〉 歴史の貴重な史料を改竄　球陽「明実録」に加筆と削除

いま、これら㈠と㈡の記事を俎上に載せて眺めると、『球陽』の記事㈡は、『明実録』の記事㈠に無かったものを加筆し、有ったものを削除して歴史の貴重な史料を改竄している様が歴然としている。今、その改竄の箇所を摘出して問題の所在を明らかにする前に、一体、㈠の『明実録』の記事は何を述べているのか、分かり易く箇条書きにすると左のようになる。

㈠亜蘭匏が洪武二十七年以前にすでに琉球国の王相になっていたこと。〈亜蘭匏が琉球国王相に任職したことについては洪武十六年（一三八三）正月丁未、洪武帝は宦官の内使監丞（正四品）梁民と尚佩監奉御

（正六品）路謙を琉球に遣はし、鍍金銀印の王印を齎《もたら》させて察度王に賜わった。その時、亜蘭匏も同帝の命で、琉球国王相の職を授けられたものと思う。〉

(二)明の洪武帝の命で、王相亜蘭匏が正五品の品秩を授けられ、その品秩が中国の王府の長史の品秩と同一にせしめられたこと。〈洪武帝朱元璋には二十六人の皇子がいたが、そのうち皇太子朱標を除く皇子が王爵に封ぜられて之国（シコク＝国に之《ゆ》くこと＝日本でいうお国入り）した。その「国」に王府＝王府長史司がおかれた。王府の長官は左・右長史で正五品官であった。それら中国の各王府の長官と琉球王府の長官たる王相亜蘭匏の品秩が皇帝の命でともに正五品にされた訳だ。〉

(三)亜蘭匏を琉球国王相の職に就けたのは洪武帝であったこと。〈琉球国王察度の頭ごしであった訳だ。〉

(四)亜蘭匏が明朝の正五品を授けられたことにより、明朝の文官同様、その品秩に見合った冠帯＝公服を賜ったこと。

(五)洪武帝から通事葉希尹と程復の二人に明朝の武官たる千戸（正五品）が賜与されたこと。

では、右の(一)〜(五)までの驚嘆すべき内容をもつ(一)の『明実録』の記事に比べ、(二)の『球陽』の記事では何が加筆され、何が削除されているだろうか。

〈加筆されたもの〉

「王、使を遣はして請奏し、以て王相を定む」。

この箇所の改竄のもつ意図は、「琉球国王相」の職を、琉球国中山王の洪武帝に対する単なる請奏（申告の意）によって、中山王の一存で「定」めたように見せたかったことである。しかし、(一)の原文には「請奏」という文字はなく、「察度為請於明」とあって、その内容は「奏請」を意味している。「奏請」の方は、奏上して裁可を請うという意味だから、極めて巧みな言葉のすり換えである。

「王、亜蘭匏等を遣はし、奏して王位の冠帯を乞はしむ」。

この箇所の改竄の意図は、㊀の原文では、王相亜蘭匏の為に正五品とその品秩に見合う冠服＝公服を賜るよう察度王が太祖に奏請した事実を、見出しのように書き改めて、察度に対する王位に見合う冠服の奏請であったかのように粉飾しているのである。

○「亜蘭匏をして王相と称し、秩は中山王府の長史と同じからしむ」。

ここに該当する㊀の原文では、「俾王相秩同中国王府長史」とあるのである。『球陽』の成立した十八世紀中葉には琉球ナショナリズムは十二分に成熟しており、㊀のその部分が示しているように、明の太祖が、明からの渡来人らしい亜蘭匏なる人物を、中山王の頭ごしに琉球国王相の職につけ、その王相の品秩を明朝の王府長史司の長史のそれと同一にしたという事実は、『球陽』の史官達の目からすればショックであり、隠蔽したくなる行動に駆られたのではなかろうか。その衝動が「中国王府長史」を「中山王府長史」と書き換えさせたのであろう。

〈削除されたもの〉

「亜蘭匏は国の重事を掌る。乞ふ品秩を陞授せられんとを。…太祖、皆く其の請ひに従ふ」。

㊀の記事には、「命じて、琉球国王相亜蘭匏に秩正五品を授く」とあって、洪武帝太祖の命で亜蘭匏に秩正五品が陞授されたと明記されているが、㊁の記事ではその「正五品」の三文字が削除されてしまっている。

「王相と称するは故《もと》の如し」。

この部分が㊁の記事では削除されている。亜蘭匏を洪武二十七年より以前に、琉球国王相に任命した者が洪武帝であったという事実を、『球陽』の編著者は、「称王相如故」という語句によって熟知していたから、それを削除してしまったものと思う。

○「仍りて亜蘭匏に公服一襲を賜ふ」。

「仍りて」は、その記事の前段で、亜蘭匏が正五品を賜った事を後段につなげる接続詞であって、前後の因果関係を示す働きをしている。明朝の官制では、品秩とそれに見合う公服とは不離一体であったが、亜蘭匏も実際には㈠の記事が示しているように、洪武帝から正五品の品秩と公服を賜った訳だが、『球陽』では「正五品」を削除したことと整合させる為に、「公服」の方も削除したであろうことは容易に窺い知ることができる。

〈4〉「亜蘭匏」は明国渡来人　傍証史料がいくつか存在

ここに見るように、意図的に黒を白と言いくるめるような『球陽』の亜蘭匏に関する記事が、あるいは歴史家東恩納寛惇の史眼を狂わせ、亜蘭匏を沖縄オリジンの人と誤認させた元凶かも知れない。

さて、ここから後が大事な点だが、亜蘭匏が明国渡来人であったことを暗示している傍証史料はいくつかある。それは次の通りである。

①察度王の対明入貢から第一尚氏王統の全期を通じ、明朝の官制に由来する官職—王相（国相）、長史、典簿、千戸、中憲大夫、通事等—および品秩を、明の天子から授与された琉球国の王臣はすべて明国渡来人のみであって、生粋の沖縄人には一人もいなかった。対明入貢への道を開き、『おもろさうし』に「唐商《たうあきな》い流《は》行《え》らちへ」とたたえられ、亜蘭匏の功績に勝るとも劣らない琉球国の重事を握っていた沖縄人の泰期でさえ、明朝の官品とは全く無縁であった。また後年第二尚氏王統を興す程に大功のあった沖縄人、御物城御鎖側官の金丸も同じであった。

②右と同じ事は他の朝貢国についても言える。『明史』巻三百二十、「外国一」以下に記載されている朝鮮、

安南、占城、真臘、暹羅、爪哇、三仏斉、パタニ、マラッカ、スマトラの各朝貢国について見ても、現地出身の王臣で、一人として明朝の官品や冠帯を請うた者もなく授与された者もいない。しかし明人でそれらの国の王臣になった者の中には、明の天子に官品や冠帯を懇請し、授与された者がいた。永楽四年（一四〇六）、旧港《パレンバン》の明国系人施進卿が、永楽帝から旧港宣慰使司の宣慰使（明の従三品官）を賜り、また、爪哇《ジャワ》国の高官亜烈《アリ》になっていた明国系人の馬用良は、正統元年（一四三六）、明の正統帝から明朝の四品に秩《つい》でられ、明朝の服制による金帯を賜った。

③亜蘭匏の「亜」字について、諸橋轍次著『大漢和辞典』によれば、「姓。（路史）亜、周公族」とある。また、『明史』巻三百二十五、満剌加伝に、通事「亜劉」なる人名が見え、臧励和等編『中国人名大辞典』にも「亜三」、「亜栖」なる人名がある。地球上の全人口の六人に一人は中国人であるといわれるが、その中国人の姓の数は約五千で、日本人の姓は約二十万といわれている。なぜそうなっているのか。日本では例えば源氏から木曽氏や足利氏等が出、読谷山王子から辺土名氏や源河氏等が出ている。日本で、父系の同一血族から多数の姓が派生することが出来たのは、日本に「同姓を娶《め》らず」の禁忌がなかったからである。一方、中国には太古からその絶対的な禁忌があったから、姓の数は増えようがなかった。その絶対的に少ない中国の姓の中に「亜」姓があり、亜を姓とする実在した人名の数々からして、亜を姓とする「亜蘭匏」なる明国人が琉球に渡来していたとしても何らおかしくないのである。

　明初の琉球史と切っても切れない人物として、明国渡来人の懐機がいた。琉球王府の正史『中山世譜』に懐機の名が初めて登場するのは、尚巴志王の「紀」中に、「宣徳の初め、懐機、王茂に続《つい》で国相に任じ、仕へて尚金福の代に至る。当時の人、懐機を尊びて国公と称せり」とあるのがそれである。しかし、『中山世譜』の編集者（蔡鐸・蔡温）は、故意にか偶然にか、次に示す『明実録』の懐機に関する最も重要な記

事を見落としているので、右の記事—懐機が国相に任職した年代を宣徳の初めとする—は誤りである。見落とされた記事とは、

○永楽九年（一四一一）二月癸巳

「〈前略〉琉球国中山王思紹、王相の子懐得と塞官の子祖魯古を遣はし、国子監に入れて学を受けしむ」（傍点は筆者）。

○永楽十六年（一四一八）二月乙未

「琉球国中山王思紹、長史懐機等を遣はして方物を貢ぜしむ」（傍点は筆者）。

とある二点の記事である。

※これまで見落としていたが、右の祖魯古の「祖」も中国人の姓である。

〈5〉 琉球の長史は正五品 「懐機」は永楽十六年で国相に

まず、後の方の記事についていえば、「長史懐機」とあるから、懐機は永楽十六年の時点で長史になっていたことが分かる。後で触れるように、皇帝の命で、永楽九年四月以降琉球の長史は正五品で、かつ琉球国相と同一とされた。長史が官名で国相はその職名となるのである。だから懐機は少なくとも永楽十六年の時点で国相になっていたことが分かる。

次に前の方の記事について考えてみると「王相の子懐得」とある王相懐某は誰であろうか。それは懐機その

人であると思う。そのことをほぼ疑いなく傍証する史料として『明実録』の記事を左に示すことができる。

○永楽九年（一四一一）四月癸巳

「琉球国中山王思紹、坤宜《くにかみ》堪彌等を遣使し馬及び方物を貢ぜしむ。並びに長史程復を以て来りて表もて言はしむらく、「長史王茂は輔翼すること年有り。茂を陞せて国相と為し長史を兼ねしめんことを請ふ」と。又言はく、「復は饒州の人にて、祖察度を輔《たす》其くること四十余年誠を勤めて懈《おこた》らず。今、年は八十有一なり。命もて致仕せしめ其の郷に還らしめんことを請ふ」と。之れに従ふ。復を陞せて琉球国相と為して左長史を兼ねしめ、致仕せしめて饒州に還らしめ、茂を琉球国相と為して右長史を兼ねしめり。仍りて坤宜堪彌等に鈔弊を賜ひて還らしむ」。

琉球国の統治機構の明朝及び明国渡来人による整備化という点で、右の記事中注目すべき要点は次のとおりである。

「長史程復を以て来りて表もて言はしむらく云々」とある点。それは八十一歳の程復が、彼自身と王茂の為の左・右長史への陞授と、自分の致仕願いを謳った表（上表文）を、自ら南京に齎捧し奉呈しているが、永楽帝が致仕願いを許すや、彼はもう琉球へ帰ることなくそのまま郷里の饒州に帰って行ったと考えられる。そしてそのことによって、欠になった左長史＝国相の官職は間をおかずに懐機に実授されたであろう。また、永楽帝の裁可以前にすでに、「長史程復」とあるように、その記事の時点－永楽九年四月癸巳より以前に、程復は長史になっていたことが分かる。また王茂も『明実録』の永楽元年（一四〇三）三月辛卯の条に長史である。程復の王茂に対する経歴上の優位から考えて程も王茂より以前か同時に長史になっていたであろう。

次に程復が琉球国王相に陞せられて左長史を兼ね、王茂が琉球国王相兼右長史に任じられた点。この二人の琉球国相に左・右長史を兼任させる措置は、制度的に中国王府長史と完全に一致させたものといえよう。洪武二十七年三月己酉の時点では、洪武帝の命で、琉球国王相に正五品を授け、その品秩を中国王府長史と同じからしめた。しかし、まだその時点では琉球国には長史の官名は無かった。

そして永楽元年三月には「長史王茂」がいた。しかし、その時点までの琉球の長史は、中国王府の長史とは違い、職掌が王相ではなく、品秩も正五品との連結がなかった。でも、とにかく長史の官名が琉球に出現したということは、この永楽九年四月癸巳の「琉球国相」＝左・右長史＝正五品という三位一体化、すなわち明朝における中国王府長史司の長官＝左・右長史＝正五品という制度的一体化へ向けての懸け橋になっている点が重要である。

〈6〉 複雑な立場の明国系高官　王統政変時に抵抗分子も

琉球国の長史程復が、明朝の文武官並みに天子に対し致仕（退官）の命を請い、その允可《いんか》ののち致仕している点は注目すべきである。「致仕」については新文豊出版公司印行『大明会典』巻之十三、吏部十二、致仕に、

〇洪武元年の令に、凡そ内外大小の官員にして年七十なる者は、致仕せしむるを聴《ゆる》す。其の特旨有りて選用する者は、此の例に拘《かか》はらず。

とある。内外とは首都南京の内外。「特旨」は天子の特命。まさに程復は天子の特旨により琉球国に選用されて

いたから、明朝の一般の官員より十一年長く致仕が許されなかったということになるのであろう。実に、明初における琉球国王府の明国系官員は、明の天子の特簡（特別選任）によって任官し、明朝の律令の致仕規定に法《のっと》って退官していたことになる。

次に、琉球国中山王思紹が、自らの名で奏上した表の中で、察度王のことを「祖察度」と表現している点。言うまでもなく思紹（のちに琉球では尚思紹と追記）は、第一尚氏の初代王であって、察度王・武寧王とは血縁がなく、当然王統のつながりもなかった。

察度王の対明入貢からこの永楽九年までの四十年間には、察度・武寧両王から恩顧を受けた沖縄人や明国渡来人も多くいたはずである。だから察度王統から第一尚氏王統へのクーデターの渦中にあっては、それに抵抗する分子が多くいたと考えなければならない。察度王の治下に亜蘭匏は王相に、程復と葉希尹は千戸に、そして王茂も何らかの顕職を与えられていたはずで、これら明国系高官たちは複雑な立場に立たされていたであろう。中でも明に閹者（去勢した幼児）を進上することを武寧王に進言したと思われる国相亜蘭匏は、察度・武寧王統の柱石として、クーデターに殉じたと思われる。

クーデターを起こそうとする者が最も恐れなければならない存在は、とりわけ、皇帝の命で琉球（これは琉球に限らず他の朝貢国への場合も同様―先に見たマラッカ国への通事亜劉を見よ）に送り込まれていた通事たちがあったと考えられる。例えば『明実録』洪武二十五年五月庚寅と同二十七年三月己酉の記事によれば、後の琉球国相となる程復や葉希尹も琉球語を話す通事として琉球に来ていたし、また同書の成化五年（一四六九）三月壬辰の条に、「琉球国中山王の長史蔡璟、其の祖は本《もと》福建の南安県人なりしが、洪武の初め、命を琉球国に奉じ、導引して進貢せしむるを以て、通事を授けらる。父、通事を襲ぎ、伝へて璟に至り、長史に陞せらる〈後略〉」とあって、明国人の祖父・父・孫の三代にわたって、歴代の皇帝の命で通事官を授けられ、さらに孫の蔡璟は長史に陞せられているが、その年代が成化年間のことであることは注目に価する。

なお通事の職掌は、単に明朝のために各朝貢国の言葉を通訳するのが目的ではなく、それ以上に、各国の情報収集に力点が置かれていたことは、次に示す『大明会典』巻之一百九の記事が余すところなく物語っている。

各国通事

洪武・永楽以来設立す。（天子の）御前にて答応する大通事は、都督（正一品）・都指揮（正二品）・指揮（正三品）等の官に統属せらるること有り。一十八処（琉球、朝鮮、日本等の十八カ国）の小通事は、来貢の四夷并びに来降の夷人、及び走回人口（明の密出国者で帰国した者）を総理す。凡そ一応の夷情（一切の外夷とのトラブル）有るときには、訳審（その関係国の方言で審問すること）して奏聞す〈以下略。注は筆者〉。

また、琉球に常駐せしめられた通事程復・葉希尹や蔡璟の祖父らのような人々の外に、折にふれて明から琉球にやってきた通事や宦官がいた。

〈7〉 三山統一の陰に懐機　上表文から王位簒奪の痕跡消す

一三七五年に刑部侍郎の李浩とともに来た通事深子名。一三八二年に来た宦官の尚珮監奉御路謙。一四二五年に尚巴志王の冊封使として来琉して以来、一四三三年までに四回も来琉した宦官に柴山がいた。彼は琉球に大安禅寺を建てた一四三〇年と、千仏霊閣を建てた一四三三年には長期滞留している。それらの人のうち、路謙の報告によって洪武帝は初めて琉球が三山に分立して相抗争している事実を知ったし、柴山は倭寇の八郎を、琉球の抗議を無視して、琉球から北京に連行している。

そのようにして当然考えられる厳しい明の監視網の中、思紹・巴志父子によるクーデター後の民心の分裂を、時には武力に訴え、時には新王朝の仲立ちで明朝の官爵を餌《えさ》に利益誘導をし、政治的説得で統一の方向へ導いた有力な中心人物―これは明の渡来人でなければならない―がいたはずである。その人こそ懐機であったと筆者は考える。武寧王が、思紹・巴志父子によって滅ぼされた永楽四年（一四〇六）からこの永楽九年までの五カ年間が、中山の民心の統一に要した期間であったろう。そして磐石な民心統一の下に、琉球に王位の簒《さん》奪があったことを隠匿する訳だが、明に対し、察度王が思紹の祖父ということにされて、琉球王府の官文書たる上表文から王位簒奪の痕跡が消し去られた。

朝貢国に、明の皇帝の冊封を受けた国王が弑されたり王位の簒奪があった時、明朝がいかなる反応を示したか。それは絶貢処分という生易しさを通り越して亡国にさえつながった。安南国ではそのようなケースで、永楽五年（一四〇七）、明朝に亡ぼされて直接統治された。また、高麗国でも国王が臣下に弑されたり、明の朝使を殺したりして永く絶交処分を受けていたが、一三九二年国王が権臣李成桂に亡ぼされ、李氏朝鮮が成立した。朝鮮では早速明に冊封を請うたがなかなか許されず、二十六年後の一四一八年になって、成桂の孫李祹の代になってようやく朝鮮国王に冊封されたのである。

以上、安南と朝鮮の二国の例でも分かるように、弑逆の罪を犯し、それが明朝に発覚した場合、朝貢国にとって致命的深傷《ふかで》となって絶貢処分を受け、悪くすると亡国にまで発展してしまう程だったことが分かる。

第一尚氏の初代琉球国中山王思紹の表の中に、察度の事を「祖察度」と書いて、いかにも察度王統からの王位の簒奪がなかったかのように細工したのは、思紹の中国人参謀が右二国に対する明朝の厳格な対応を知り悉《つく》していたからにちがいないのみならず、琉球国中山における王位弑奪事件は、右二国のそれと同時進行形のまさに同時代史そのものでもあった。そして二国の簒奪事件に関する情報収集に於ける華僑社会のネット・ワーク、それらの情報が明朝に与えるであろうインパクトの質を、的確に分析する能力において有利な立場に立ち得た者は、明の渡来人以外には考えられない。そしてその情報の的確な分析結果を、琉球王府内において、明朝に対して政策化しかつ実現化する能力を持っていた人は、懐機を措《お》いて外に考えられない、と筆者は思う。察度王統が治めていた琉球国中山の領域は、首里、那覇を中心に、勝連王国を除く本島中部の高々七、八カ間切にすぎず、そのような玩具のような超ミニ国家を、明を始め朝鮮、南蛮諸国と堂々とわたり合う一大交易国家に熟成させたのは政治の錬金術師懐機であった。

筆者は『文化の窓』No.13に「琉・朝間外交文書の考察——『李朝実録』が語る琉球史の一断面」を書いた。その中で、琉球国中山王察度は朝鮮国王に対し、洪武二十五年、同二十七年、建文二年（これは実際には武寧王が出したもの）にそれぞれ書翰《かん》を送ったが、その内容や体式は朝鮮国王に対して臣従的スタンスに立つものであったこと。そして、第一尚氏王統初代の琉球国中山王思紹は朝鮮国王に対し、初めて咨文を送ったが、それは内容や体式が一独立国の王として、朝鮮国王に対して対等のスタンスに立つものであったことを指摘した上で、「咨文は対等の二者間でやりとりする文書の形式であるから、独立国の王たる自己を自覚し始めていたことのあらわれである。より厳密に言えば、この尚思紹王から始まる質的変化は、同王個人の意識の変化というよりは、同王を載く統治組織全体の一定の成熟を現していると考えられよう」と書いた。

〈8〉 第一尚氏隆盛の基礎築く　四十年余も政治の実権握る

察度・武寧の背後にあって補佐し、朝鮮国王に対しかの臣従的スタンスの書簡を書いた時の王相は亜蘭匏であり、尚思紹王の独立的気概に満ちた咨文を書いた時の王相こそ、懐機その人であったことになる。この二人の宰相の、琉球国の国家体制に関する政治思想と外交感覚との間には大きな懸隔があった訳である。この二人の宰相の交代は、単に琉球の国家意識上の変化にとどまるだけでなく、より広く、深く国家の実質的要件をなす琉球国の統治機構・法体系の整備、官僚層の充実、国土・国民の統一の分野にまでその影響が及んだと思われる。

懐機は尚思紹王から尚金福王まで第一尚氏の五王に仕えることになる。まさに第一尚氏王統隆盛の基礎を築き、その屋台骨となった人である。懐機が第一尚氏王統の中にあって王相として四十年以上も政治の実権を握っていたという驚くべき事実は、彼の有能さに負うところがあったのもさることながら、それよりも懐機が、察度王統を倒して第一尚氏王統を開いた功労第一人者であって、歴代の第一尚氏の王たちが、彼に全幅の信頼と絶大な恩義を感じていたからではないだろうか。懐機が第一尚氏から「国公」という空前絶後の尊称を奉られた真意もそこにあったと考えられる。明朝でも左・右長史のことを大相とも呼んだ（『明太祖実録』巻四十八、五十二）。

『歴代宝案』第一集巻四三を繙《ひもと》くと、懐機は琉球国王相や琉球国王相府王相の肩書で、旧港管事官閣下や三仏斉国旧港僧亜剌呉閣下等と盛んに書簡をやりとりし、交易を行い、また、中国道教の総本山天師府と書信を取り交わしている。そして尚金福王の時に長虹堤を築く等、懐機は機略縦横の人であった。懐機の宰相ぶりにつき尚巴志王の冊封使柴山が、「其の王（尚巴志）己を上に飭《つつし》み、王相 政《まつりごと》を下に布《し》き、其の俗は皆《ことごと》く礼法に循《したが》ひて、熙々《ききじょ》如たるを見《あらは》せり」（『中山世譜』巻四）と活写しているが、そのような執政者としての王相府の機構は、永楽九年（一四一一）四月癸巳、永楽帝の命で琉球国王相と左・右長史とが連結させられた時点で、出来上がっていたと思われる。

明初の琉球国には明朝の文武の官員と同じ官品を持つ明国渡来人がおり、しかも、その簡命（選抜任命）者は明の天子であった。そして彼らの中の「琉球国王相府王相」が、約七十年にわたって琉球の政治の実権を握っていたと書くと、読者の中には、にわかには信じようとしない人もいるであろう。しかし、その事実は既に首里王府の正史『中山世譜』や『琉球国旧記』にも、疑問の余地なく明記されているのである。

『世譜』巻四に、「宣徳二年（一四二七）…則ち其の王、己を上に欽み、王相政を下に布く」とあって、時の琉球国王は、君臨すれど統治せずで知られるフランス革命後の君主のように、神棚に祭り上げられていた様はすぐ前の方でも示した。また、『旧記』巻之二、大夫の項に「〈前略〉且つ往昔、勅して、国王が六員の大夫を有せる時には、中憲大夫を許せり」と見えている。筆者は『李朝実録』世祖八年（一四六二）二月癸巳の記事を拙著『歴代宝案の基礎的研究』の中に引き、次のように書いた。「六曹は、あきらかにまず朝鮮が明朝の六部をまねたものであり、ついで琉球が朝鮮の六曹をまねたものであろう」（三一ページ）と書いた。朝鮮の六曹は吏曹・戸曹・礼曹・兵曹・刑曹・工曹であるが、右の『旧記』の「六員の大夫」とは、この六曹の長官のことを言っているのではなかろうか。また、明の官制では、中憲大夫は散官（格式だけあって役職の伴わない官）の従四品官、正議大夫は正三品官、中議大夫は正四品官である。

〈9〉 各段階で政治的意志、意図　懐機らも公式に琉球派遣

また、『旧記』巻之二に、「窃《ひそか》に按ずるに、『吾学編』に云《いは》く、〈尚巴志王の世代に、左長史・右長史有り、左長史は国政を掌る〉と。梁崇家譜に云く〈天順四年（一四六〇）庚辰、皇帝の簡命を奉《う》けて、特に中山王府長

史司に陞《のぼ》せらる〉と爾《しか》云ふ」とあって、明の皇帝による琉球国の長史の簡命が、天順年間になるまで行われていたことが明記されている。

察度王の対明入貢によって琉球が洪武帝から一国家として認知された訳だが、それはまだ形式的なものであった。やがて明朝は漸次段階的に、その新たに認知した皮袋としての〝琉球国〟の中に、独立国の要件を満たす諸実体（統治組織、官僚機構、法体系など）を盛り込むべく政治的指導を行ったと筆者は考えている。段階的政治指導とは、一三七二年の察度の入貢の受け入れ↓一三八三年の中山王察度に対する王印の賜与↓一四〇四年の世子武寧の冊封（この入貢・賜印・冊封の三つは、高麗、安南、占城の場合、入貢の年かその翌年に同時に行われている）の三段階の政治過程は、察度の入貢受け入れ↓亜蘭匏を琉球国王相に簡命し、王相亜蘭匏の手を通ずる賜印↓琉球国王相の品秩を中国王府長史と同一の正五品とする↓琉球国王相を中国王府長史の品秩・職掌・呼称法に於て一致させる、という別の過程とパラレルに遂行されているが、それら各段階の中に明朝の琉球に対する政治的指導の意志と意図を感じ取ることができる。

明朝の琉球に対する政治的指導の意志が並でなかったことの大きな点は、琉球の子弟に国子監への入学を許したことである。洪武五年高麗王王顓がその子弟を太学（国子監）に入学させることを奏請したが許されず、また宣徳八年（一四三三）、朝鮮国王李裪がその子弟を太学或は遼東学に入学させることを奏請したが、やはり許されなかった。こうして、明代を通じ朝貢国の子弟で、国子監への入学を許されたのは、独り琉球国の子弟だけであった。

さて、察度王統から第一尚氏の初代王尚思紹を経、尚巴志・尚忠・尚思達・尚金福と五代に仕え琉球国の政柄を握って来ていた明国渡来人の王相（制）も、『中山世譜』によれば、六代目の尚泰久王の時代から後は「名氏不伝」となり、一三五年後、第二尚氏の尚寧王の時代にはじめて「国相、尚宏」の名が現れ、以後沖縄人たる王の近親者が最後の国王尚泰の世代までつづいた。亜蘭匏の王相就任推定年たる一三八三年から尚金福王までの約七〇年間にわたって、琉球国の政治の実権は明国渡来人の手に握られていたが、尚泰久王の代に王相制が廃され、次の尚徳王の代には、「左・右長史二人、王命を出納す」（天順六年〈一四六二〉二月癸巳）と、左・右長史もかつてのように王相（国相）ではなくなって、政治上の実権が弱くなっていた様が窺える。そして第二尚氏の時代になると、明国渡来系の唐栄＝久米村の人士は国の政治の中枢部からは遠ざけられ、専ら、明・清への朝貢貿易業務の担当者になるのである。

むすびにかえて

程復、王茂、葉希尹らが、明朝から琉球へ派遣されていたことは『明実録』の記事によって明白だが、明初、琉球に渡来していた明国人で、『明実録』にその名が見える亜蘭匏や懐機のような人も、明朝から公式に派遣されていたことは間違いなかろう。というのは、明朝は「海禁」で知られる厳しい鎖国政策を布いていたので、もしも亜蘭匏や懐機が明朝の関知しない形で来琉していたとしたら、彼らは死罪に当たる罪人（逋逃）であったということになるから、彼らが明の皇帝の命で、琉球国の高官になれる可能性は万に一つも無かったであろうからである。

琉球新報　一九九三年二月十六日～一九九三年三月四日

※本稿の二八七頁で、「嘉靖十九年（一五四〇）」を「永楽五年（一四〇七）」に改めた。安南国が明朝に併合された歴史が、一四〇七年と一五四〇年の二回あった。本稿に該当する事例は、前者の方であるので書き変えた。

江差・那覇・福州を結ぶ海帯菜の路

〈上〉輸出の大半はこんぶ　限度額超え〝密貿易〟に

本紙（昨年十一月二十四日・二十六日）朝刊文化面に掲載された、北海道・江差町文化財調査委員・宮下正司氏の玉稿「江差昆布の琉球ロード」を拝読し、あらためて江差の昆布が琉球近世の黄金時代を支えた陰の大動脈であったことに熱く思いをはせ、江差・琉球の昆布ロードを福州にまで架け渡してみたい。

『清代中琉関係档案選編』によれば、琉球国の貢船が昆布（海帯菜）を積んで福州に行き、輸出したとの記事は乾隆二四年（一七五九）が初出である。初めてその輸出斤数が明示されているのが同二八年で十一万四千五百斤である。そして、同三二年には十七万七千五百斤になる。同五二年以降は十九万六千斤、道光二九年以降は二十万六千斤となる。咸豊三年には接貢船並びに護送船二隻で二十八万五千二百斤を輸出した実績もある。

乾隆五二年（一七八七）には、昆布十九万六千斤を含む十六品目が輸出され、その入口税（琉球の輸出税）は銀三百十六両九銭九分一厘で、そのうち昆布だけで銀百五十両八銭を占めているから、全輸出銀額の約四八％は昆布によるものであった。また、道光三〇年（一八五〇）には昆布二十万六千斤を含む十二品目が輸出されたが、全輸出銀額の約七二％は昆布によるものであった。ただし、実際には課税は免除された。清朝に入口・出口税があったとはいえ、他の朝貢国同様進貢・接貢船の三隻が無税になっていた外に、琉球王府の慶賀船や謝恩船と護送船等の貿易関税も免税の特典を受けていた。

『歴代宝案』によれば、福建布政司から琉球国中山王世孫尚（灝）に宛てた嘉慶十年九月初六日付の咨文に、福州の琉球館における琉球の輸出入に関する数字が出ていて、それを整理すると左のようになる。

A　琉球から持って行った銀（渡唐銀）五〇〇〇〇両
B　琉球館で輸出した額　六四九七八両
A＋B　一一四九七八両
―支出―
C　琉球館で輸入した額　一一〇六〇六両四銭
D　進京官伴帯去銀　五〇〇両
E　修葺両船工料用銀　一六〇両
F　添備鉄箍用銀　一二両
C＋D＋E＋F　一一一二七八両四銭
G　剰余銀　三六九九両六銭

銀一貫＝銀百両である。A五万両は五百貫に当たる。Aは俗に鍍唐銀と呼ばれ、幕府が薩藩と琉球に許したその最高限度額はそれぞれ三〇二貫ずつで、同額であった。そのうち薩藩の分を一番（御）銀と呼び、同藩が幕府に気がねして「琉球拝借銀」と呼ばせる場合もあった。琉球の分を二番銀と呼び分けた。そのA五百貫のうちには当然、薩藩の分も含まれている。

B　六四九七八両は六四九貫七八〇匁に当たり、これは全額琉球の銀であった。この銀高だけですでにAの渡唐銀額はおろか、幕法による最高限度額（六〇四貫）をも超えている。このBの銀も輸入資銀にまわされたから、幕法に照らせば琉球の進貢貿易は構造的に密貿易にならざるをえなかった。もちろん、このB銀額と「福州遣銀」等の銀を輸入資銀に投下したことを、琉球は幕府と薩藩に対し秘密にした。だから『琉球王国評定所文書』第一巻によれば、一七二三年に早くも、薩藩は琉球の抜売人の処罰を琉球の国法によって行うよう求めている。以来、幕末に至るまで本土で琉球の抜売事件が絶えなかった。そのつど幕府は薩藩に対し取締まり方を厳命した。しかし、琉球の密売を止められなかった。

さて、A＋B　一一四九七八両のうち輸入に投下した銀は、C　一一〇六〇六両四銭（千百六貫六十四匁）であった。従って、Cの銀額から六〇四貫をさし引いた五〇二貫六四匁は、一八〇五年の琉球の進貢貿易における密輸入額であったことになる。なお、よく問題となる福州官人（実は胥吏）への賄賂である「福州遣銀」等が右の支出の部に出ていないことは注目に値する。

〈中〉　幕命で渡唐銀を減額　最高輸入限度額を大幅超過

さて、この輸出限度額に関して琉球が薩摩と幕府に報告した記録としては、「十三貫六百目　二番方売上」（「琉球館文書」、『那覇市史』第1巻2、百四十七頁）、「十三貫五百目程　二番方売上　御用物料」（『近世地方経済史料』第十巻、三百八十四頁）がある。それからすると琉球は一八〇五年には、薩摩と幕府に報告した輸出額に比し、実際には約四十二倍の輸出をしていたことになる。

筆者が試算して得た入口税率約一・二五％を用い、『檔案選編』中に見えている各年度の免税額から逆算し、それぞれの年度の輸出銀額を数例示すと次の通りである。道光四年―銀六六五貫、嘉慶二二年―四七五貫、嘉慶一七年─四六六貫、道光八年─四二二貫等である。

次に琉球国が行った輸入についてみてみよう。幕法に照らせば、輸入の最高限度額は銀にして六〇四貫分であった。しかるに乾隆一二年に福建の地方官からなされた上奏文によれば、琉球の貢船に対する抜き打ち検査を行ったところ、貢使の報告では二隻の貢船に積んでいる貿易資銀は一万両といっていたが、実際には十万両を超えていた。しかも、その千貫（十万両）の帯銀は乾隆八年（一七四三）よりかなり以前に遡《さかのぼ》るだろうと報告し、そのままの事態が続けば琉球に対する「照律治罪」まで求めるという厳しいものであった（『檔案選編』一九頁）

筆者の考えでは、琉球が渡唐銀を右のように千貫余も舶載していくようになったのは、幕命で琉・薩の渡唐銀が八〇四貫から六〇四貫に減額させられた一七一五年の直後からであったと思っている。そして、その時点でできた琉球の渡唐銀に関する予算書─進貢料三〇二貫＋正銀四〇二貫をもつ─が、『近世地方経済史料』第十巻（三百八十四頁）に載っている物であろう。幕命で渡唐銀の減額が命ぜられた時、琉球は旧額の四〇二貫を温存して幕府と薩摩に秘匿し、それに新額を上のせしたのである。さらに言えば、その琉球の秘密の渡唐銀額（四〇二貫＋三〇二貫）に薩摩の渡唐銀三〇二貫を加えると千六貫になる。この銀額こそ、さきの『檔案選編』の上奏文にいう十万余両の銀の正体であろう。

筆者の試算によって得た清朝の輸出税率（約一・六％）を用い、『檔案選編』の中からいくつか琉球の輸入銀高を求めてみると次の通りである。道光二七年─約二千九百貫、同二八年─約二千百七十貫、同二九年─約三千百十五貫。これらは幕法の最高輸入限度額六〇四貫を大幅に超過している。

薩藩は十八世紀の中葉になると、頻《しき》りに琉球に対し自藩の渡唐銀の減額を望むようになっていたが、琉球はそのつど、それを思いとどまらせてきた。文政年間の成立とされる「琉球一件帳」によれば、「此近年弐拾二、三貫目程」に激減していた。しかし、既得権としての三〇二貫に将来復帰する可能性を勘案して、薩藩は幕府に対してはその減額について秘匿したであろう。

因《ちな》みに減少に踏み切ったのは一八〇八年のことであったと思われる（「琉球館文書」文化五年辰三月九日）。また、「琉球王国評定所文書」第一・二・八巻によれば、薩藩の道光二四、二五、二六年、咸豊四年の進貢料と接貢料はともに二四貫八百目となっている。また、同書の第二巻と八巻によれば、琉球の進貢料と接貢料もともに百貫目になっている。薩摩にとってはその減額は事実上、進貢貿易からの撤退を意味しているが、琉球にとっては、逆に貿易規模の拡大に向かっていたことは、さきに示した通り、二千～三千貫内外の輸入額が雄弁に物語っている。

「琉球館文書」や「琉球王国評定所文書」等の史料が物語っている限り、財政事情は琉球よりも遙かに苦しかったにもかかわらず、薩藩の琉球に対する態度は鷹揚《おうよう》なものであった。従って筆者は、琉球の偉大な政治家・蔡温が自著の「御教条」の冒頭で薩摩の政治を讃え、また琉球処分のはじめに、首里王府が今後も「薩州江御附従」したいと表明しているが、それがほぼ王府の真意であったと思う。

「琉球館文書」の文化二年九月二十日付の口上覚に、琉球から江戸上りのため王子使者が薩摩に行く時、薩摩藩主に琉球料理の「御膳進上の儀」と、音楽・舞踊を御覧に備えることが、「古来よりの規模」であったとある。江差の昆布と琉球の豪快な肉料理が御膳のメインコースであったと思われる。江戸上りに王府のシェフを随行させた外交術は粋である。

〈下〉 進貢貿易牛耳る琉球　薩摩の植民地支配ない

　これまで筆者が書いた史実から、読者諸賢は薩藩が進貢貿易から搾取したという事実がなかったことをご理解いただけたと思う。安良城盛昭氏もつとに、『新・沖縄史論』の中で伊波普猷の「唐一倍」説批判をおこない、次のように書いている。

「この大前提と思われた事実の信憑性《ぴょう》が最近にわかに揺らぎはじめたのである。すなわち、雑誌『日本歴史』一九七五年四月号（三二三号）に掲載された新崎貢『渡唐銀と薩琉中貿易』が関係資料を博捜してこの問題を実証的に検討した結果、『伊波普猷以来の琉球史家が唱えてきた薩摩藩による琉中貿易の莫大な利潤の独占とか搾取とかいう説は大分事実と相違するのではなかろうか』という批判を提起したからである」と。

　しかし、安良城氏の伊波普猷批判は残念ながら画竜点睛を欠く結果に終わっている。安良城氏は同書の「進貢貿易の特殊構造」（二二五頁）の中で、『御財制』から作成した「第1表」を掲げ、それをもとにして進貢貿易の損益勘定をはじき出し、次のように結論した。

「『御財制』によれば、確かに首里王府は、中国で白糸五千三百七十二斤を銀百八貫五百十七匁で購入し、これを本土で銀百五十六貫七百一匁で販売しており、その限りでは進貢貿易は銀四十八貫百八十四匁余、率にして四割四分余の高利潤＝いわゆる『唐一倍』をもたらしているかの如くであるが、この高利潤をあげるためにかかった経費が、なんと銀八十九貫五百七十八匁余に及んでいるのである。この経費のうちには、渡唐船の補修・償却費が銀二十貫四百八十一匁余、さらに北京・福州遣銀をはじめとする進貢貿易に不可避的にともなう間接経費六十七貫六百九十四匁余が含まれているのである。このように、進貢貿易に要する経費のすべてを首里王府ひとりが負っているが故に、王府の進貢貿易についての収支計算は赤字とならざるをえず、またそれ故に、貿易経費の負担から免れている薩摩と琉球諸士は、いわゆる『唐一倍』を享受しうる構造を進貢貿易はもっていたのである」。

しかし安良城氏のいう「北京・福州遣銀をはじめとする進貢貿易に不可避的にともなう間接経費六十七貫六百九十四匁余」は、平たくいえば貿易の過程で琉球が清朝の「官人」に贈る賄賂《わいろ》のことであって、明・清では陋規と呼ばれた。琉球がらみのこの陋規は明の最末期の崇禎年間以来のものであるらしいが、康熙五十二年、雍正七年、乾隆八年に三皇帝によって再三厳禁された。雍正帝などは交易場である琉球館の門前に石碑まで建てて永久に禁止した（『歴代法案』）。

さて、ここからが歴史の面白いところなのだが、琉球はこの「福州遣銀」等の陋規が清朝で禁止された事実を薩藩や幕府に対してずっと秘匿した。この「福州遣銀」等の費目が同治八年の「古老集記類の二」に収められている進貢料三百二貫の内訳に依然として含められているからである。実際には一七一三年以来、「福州遣銀」等にかかる経費は不要額になっていたのにである。

今、安良城氏が損益勘定に使ったのと同じ「第1表」を使い、その「福州遣銀」等六十七貫六百九十四匁を進貢貿易経費から引いて、輸入資銀に加算して計算し直すと、逆に銀八十四貫三百六十九匁余の黒字になる。しかも、その黒字もあくまで合法的な三〇二貫の枠内でのものであって、実際の輸入実績は千〜三千貫の記録もあるから、王府があげた黒字幅はもっと大きかったのである。

紙幅の関係で多くは書けなかったが、少なくとも進貢貿易の牛耳を取ったのは終始琉球の方であって薩摩ではなく、従って薩摩の琉球に対する植民地支配はなかった。島津氏の琉球入りは侵略ではなく民族統合であった。今こそ伊波普猷の「島津氏の琉球入りは沖縄人に取っては空前の大悲劇であって、その時に負うた痛手は心的傷害（プシヒッシェトラウマ）となって、今尚彼等（我等ではない—筆者注）を悩ましている。私はこの時代の沖縄人を、家が破産した為に娼妓に売られて、ヒステリックになった青春期の女性に譬へよう」等という一連の言説の当否について、みなが考える時期にきていると思う。

伊波の心酔者で沖縄独立論を唱えた山里永吉氏の「そしてその後（島津氏入り後—筆者注）三百年間、子々孫々の時代までも、搾取をつづけていったのである。（改行）こういった惨酷さは、同一民族の間では、とうていできるものではない。異民族と思えばこそ、できる侵略であり、搾取である」との言説にも史料的根拠はない。

琉球新報　一九九八年三月二十三日～一九九八年三月二十五日

琉球近世史と伊波普猷

1　琉球を植民地支配と捏造　〝薩摩の搾取〟は歴史になく

その生まれた時代によるのであろうが、沖縄の歴史上、伊波普猷ほど沖縄人に甚大かつ深刻な影響を与えた人物もいないのではないだろうか。国民教育が普及し、文字を通じてさまざまな情報が初めて広範な民衆の目に入った時代である。そして伊波は郷土出身者として、沖縄の学者、オピニオン・リーダーとしてだれよりも早く権威の座につき、だれよりも早くかつ多くの書物を世に出した人である。

伊波は、薩摩が琉球の朝貢貿易から搾取し、琉球を植民地支配したと捏造《ねつぞう》し、琉球の政治家は薩摩に対し卑屈な奴隷根性をもっていたと曲言して、沖縄人にトラウマ（精神的外傷）を与え、われらをして鹿児島人を憎悪させた。しかし実際には、いわゆる薩摩の搾取や植民地支配なるものは歴史現象として存在せず、また琉球の士族は薩摩に対しても幕府に対しても毅然《きぜん》としていた。暗黒の琉球近世史はあくまで伊波が捏造したバーチャルリアリティー（仮想現実）であったものの、われらの精神的現実の中には実在したのと同じ効果があった。巨大な憎悪のブラック・ホールを沖縄の歴史に固着させた伊波普猷とは、一体、いかなる性格をもった人だったのだろうか。この小論では、そのことに的をしぼって述べてみたい。

平凡社刊『伊波普猷全集』全十一巻に収められているすべての論文、エッセー、講演、書簡、談話等を、筆致によって分類すると、およそ次の三つの分野に分けられるだろう。

㈠博《ひろ》い専門的知識と分析で、学問的に深く掘り下げられている分野。
㈡史料や根拠になるものを明示せず、ことさらに暗いトーンで断言し、近世史を改ざんしている分野。
㈢史料や史実を曲解し、大事な歴史的事件を無視し、排除している分野。

㈠の分野では、伊波が大学で専攻した言語学を駆使し、学問的に琉球語の構造や系統を研究し、それを基礎にして「おもろ双紙」や、民俗や宗教の研究に一大金字塔をうち建てたもので、伊波の明窓浄机から泉のように湧きでた文化遺産そのものというべきものである。それは近代的研究スタイルで、日・琉同祖論を学問的に結実させたものとして、伊波がわれらにおくった学恩である。

しかし、㈡と㈢の分野で伊波が書いた論述は、㈠で自らが打ち建てた学恩を帳消しにしかねないほどの害毒を沖縄人の精神界に流した。まさに㈡・㈢の分野における伊波のスタンスは、ゴヤのいう、「理性の眠りは妖怪《ようかい》を生む」を地で行ったものである。

およそ歴史を研究する人は、普通だれであれ、自分がテーマに選んで取りあげようとしている事件を支える史料や、確証となるものがない場合には断定を避け、仮設や推定の形で世に問うものであり、一流の学者程その点は慎重である。ところが伊波は根拠をなす史料がない場合でも断定し、しかもそれは、愛郷者によく見られるように、明るい方向にではなく、必ず暗く絶望的な方向へ断定している。その上それらの断定は、琉球近世史の根幹にかかわっている場合が多い。

歴史論述者としての伊波の性格的欠陥をあらわにしているエピソードを一つ紹介しよう。当時、ルーテル神学大学教授比屋根安定は、沖縄タイムス紙一九六七年十一月二十四日付の朝刊に「尚家の人たち⑽」を寄せ、その中に次のように書いている。

昭和三年比屋根が沖縄に帰省し伊波を訪ねた時、伊波は「得意げに」こう言った。「尚順男（爵）も、遂にわたしに妥協を申し込んで来た」と。比屋根には伊波の言葉は、「首里党の代表尚順が、那覇党のおれに降参した」という意で、「少々思い上っているように」思えた。

ところが最近（一九六七年ころ）、例の尚順・伊波会談につき、比嘉春潮から次のような話を聞いた。比嘉「数十年前尚順男の方から伊波先生を招いたことがある。伊波先生は、ひとりでは心細かったらしく、わたしに同伴を頼んだ」。比屋根「松山御殿（尚順）は、どんな話をしましたか」。比嘉「別に大した話もなさらなかった。わたしの記憶に残るような話は、一つもなかった。ただ伊波先生がひとりで松山御殿にあいに行くのが、いかにも心細そうで、わたしに同行を促したのが、不思議でした」と。

肝心なことは、伊波が「得意げに」、「尚順男も、遂にわたしに妥協を申し込んで来た」と比屋根に告げたのは、もちろん、尚順・伊波会談がなされた直後あたりである。

2 「追遠記」、「私の子供時分」潤色、改ざんの曲筆　実の祖父を闇に除外

伊波の「追遠記」（『同全集』第一巻三三八頁）と、「私の子供時分」（同第十巻八七頁）を読むと、歴史の書き手としての伊波に危険なものを感じる。伊波の美意識ないし価値観—彼の強いナルチシズム（自己愛）と結びついた—によって、潤色、改ざん、排除、隠蔽《いんぺい》が自在になされているからだ。しかしその「追遠記」等を読んだだけでは、それら潤色等の曲筆に気づく術がなかった。

筆者がそれらの曲筆に気づいたのは、写本『魚姓家譜』（『那覇市史』第1巻8）と読み合わせたからである。伊波の元祖は新参・多嘉良筑登之親雲上普元（魚登龍）で、小宗は普元の三男普信、新参・許田筑登之親雲上である。そして普猷の曾祖父は七世普建で、その弟に普薫と普延（この二人は双生児）がいた。この三兄弟が魚姓一門で初めてそろって同時に譜代家に昇った。三名のうち普薫だけに子がなかった。

この三兄弟が譜代家に昇せられたのは、普建等の母真牛（六世普本の妻）が咸豊二年（一八五二）、「恭しく譜代家を賞賜せ蒙《ら》れた結果である。しかし残念なことに、その賞賜を受けた功績を具体的に記してある「其の書」の部分が「数行欠」になっているのだ。

今、その『那覇市史』を見るに、無系から新参家（下士）に、新参家から譜代家（中士）に取り立てられた事例を示す記事が三十六件も収録されている。

その三十六件を内容別に分類すると、献金によって新参・譜代家株が授爵された例が二十四件（銭百万貫―二件、同十七万貫―一件、同十六万貫―十一件、同十三万貫―二件、同八万五千貫―二件、八万貫―二件、同？万貫―一件〈許田・伊波家の分〉。古銀四十貫、同四十貫、同四十一貫―三件）、医療功績による例が五件、一般公務の功績による例が四件、系図座創設の際の申告漏れが後に認可された分が二件、官職の昇進に伴う爵位の陞敍一件である。それらのうち、献金による授爵二十四件中、八件が「祖母」・「母」・「妻」等女性に対する授爵であり、許田（伊波）家もこの例にあてはまる。

なお、普建等の母真牛の王府に対する功績も、まちがいなく献金であったと思う。女性の真牛が王府の官吏になり、医者になり、船乗りになって、王府に対して功績をあげることは全くありえず、他の七人の女性同様、真牛の場合にも、その譜代家授爵の功績は、献金以外には考えられないからである。

さて普猷の次の二つの文章は、大正五年、彼が四十一歳と、大正十年、彼が四十六歳の時に書かれたものである。

私の『家譜』を一読して、いつも悲しく思ふことは、近代に至るまで社会の表面に立つた人のないことである。祖父が十七才の時にこの寂しい『家譜』を見て泣いたといふのも無理でない〈中略〉。さてかういふことが発奮の動機となつて、彼は六七回程も支那に渡つて貿易をなし、漸く家産を造つて、後伊波村の地頭となり〈中略〉。私の今日あるは全くこの祖父のお陰である（「追遠記」『同全集』第一巻三三八〜九頁。傍点は筆者）。

物心が付いた時分、私の頭に最初に打込まれた深い印象は私の祖父さんの事だ。私の祖父さんは、十七の時、家の系図を見て、自分の祖先に出世した人が一人も居ないのを悲しみ、奮発して支那貿易を始め、六七回も福州に渡った人だ。私が四つの時には祖父さんはまだ六十にしかならなかったが、髪の毛も髭も真白くなつて、七八十位の老人のやうであつた（「私の子供時分」『同全集』第十巻、八七頁）。

さて普猷は、伊波家に富と栄光をもたらし、同家の中興の祖として己の「祖父」を称揚し、また、「私の唯一の教育者であつた祖父さん」、「私の今日あるは全くこの祖父のお陰である」と、感謝と尊崇の辞を捧げ、「祖父」の描写に多くの字数を費やしている。しかしその割には「祖父」の実名を一度も書いていない。その代わりに普猷は、「私が四つの時には祖父さんはまだ六十」であったと書き、暗に一八二〇年生の普薫が彼の「祖父」であることをほのめかしている。しかし普薫には子は一人もいない。

この冷厳な事実は普猷の異常な心性を焙《あぶ》り出している。まず、有能な官吏で容姿端麗な普薫を己の「祖父」

に引き寄せることで、普猷が普薫と自己同一化したがっていること。そのために実の祖父普達が完全に闇《やみ》の外に排除されていること。また、父普済が普薫に養子入りして伊波家を興した事実を、普猷は隠蔽している。「追遠」は『論語』学而第一にある言葉で、遠い祖先を追慕して大切な祭祀《さいし》をするという意味だ。そんな心性の普猷に、「追遠記」を書く資格があったのだろうか。

3　伊波家を栄進させた人物　曾祖父の名を一切記さず

次に許田家ひいては伊波家に富を築き、その富力で譜代家に栄進させた人物はだれなのか。この問題についても、普猷は譜代家の伊波家の当主として家譜の現本を所持し、現にそれを一読したと述べているから、当然その栄光の人物を知っていたことになる。またその人物がどのような働きによってその富を築いたのかについても、普猷は、父普済（普猷が三十五歳の時まで存命）、母マツル（同五十六歳の時まで存命）から聞き知っていたはずである。

さきに筆者は、写本『魚姓家譜』につき、譜代家の賞賜を受けた功績を具体的に記してある「其の書」の部分が、「数行欠」になっていると書いたが、その「数行欠」の部分こそ、すべての魚姓の中で許田家が初めて譜代家を賜った次第が書かれていたのであり、しかもその後、絶えてどの魚姓の家も譜代家に昇ったものがないのであるから、その欠になっている部分こそ、『魚姓家譜』の心臓部であった。普猷は例によって、許田家・伊波家に富と栄光をもたらした人物と、その働きについて、その場その時によって、それぞれ異なった書き方をしている。それは次の二通りである。

その一「祖父が十七才の時にこの寂しい『家譜』を見て泣いたといふのも無理でない〈中略〉。さてかういふことが発奮の動機となって、彼は六七回程も支那に渡つて貿易をなし、漸く家産を造つて、後伊波村の地頭となり…」(「追遠記」。「私の子供時分」も大体同じ。)

その二「曾祖父が進貢船、即ち冊封使をつれてゆく唐船の船頭となり支那へ行き、琉球へ帰ると士族となりました」(『同全集』第十一巻三八八頁)。

「その二」について吟味してみる。『魚姓家譜』によれば、許田家が譜代家に昇ったのは一八五二年で、「祖父」普薫が三十二歳の時であった。普猷はこれまた頑として書かないけれど、譜代士になったのは普薫一人だけでなく、その兄普建(普猷の実の曾祖父)、弟普延の三兄弟がそろって譜代士になっている。許田家のような新参家が譜代株を買うには、鳩目銭十六万貫(金貨にして三千二百両)という大金を王府に献金しなければならなかった。

進貢船や接貢船等王府直轄の公船への乗組員になるのは、それ自体有利な既得権(福州での貿易が公認された)であったから、その分野での乗り組みは、十七歳の未経験者で何のコネもない者には不可能に近い。加古のような下級の乗組員の任免といえども、王府各機関の推薦と審議を経、御船手奉行を経由して、評定所の決裁を受けた。

故に六、七回も福州へ渡ったという普猷の「祖父」のケースは、私貿易船の船員としてであったと思われる。普猷の書いている通りであれば、普薫は十七歳のころ船員になり、裸一貫から三十二歳までの短い間に六、七回も福州に渡り巨万の富を築いたことになるが、その心身の苦労は並大抵のものではなく、学問にうちこむ暇などなかったはずである。

ところが家譜によれば、普薫は学識が高く、官吏として抜群の職務遂行能力に恵まれた人であった。彼の職歴をなぞると、那覇系正、西村学校所主取（三回）、那覇惣横目、親見世大屋子、御兵具当、大和横目（二回）、評価主取（二回）、検束妓家之係、那覇港当主取（二回）である。中でも評価主取として、抜群の功績が認められ王府から褒書を受けている。六、七回も那覇・福州間を渡って潮焼けし、如才ない福州商人と渡り合って巨万の富を築いたたくましい那覇男と、黄冠を頂いた教養ある那覇紳士・許田普薫とでは、どうもイメージが合わなさすぎる。筆者は、そのたくましい那覇男は普薫等三兄弟の父許田普本であったと思う。

次に「その二」について吟味しよう。その中に、「士族となり」とあるのは、前後の文脈からして、譜代家になったという意味である。「曾祖父が進貢船、即ち冊封使をつれてゆく唐船云々」というわずか四十七文字を使って、伊波は実に四つの重大なミスをおかしている。その「冊封使」の乗ってきた船（冠船）は琉球に着くと破損か何かで使用に耐えなくなり、普猷の「曾祖父」が船頭の唐船＝進貢船に乗って帰国したことになる。無論、琉球史上そんな大事件は一度も起こっていないから、それに合致する記録は『中山世譜』をはじめどこにもない。また「曾祖父」の何代も前から許田家は士族（新参）であった。その許田家が譜代家に昇ったのは一八五二年である。一方、その前後にあった冊封は一八三八年に尚育王の、一八六六年に尚泰王の冊封があった。右の三つの紀年と事件は不動だ。ここでも冊封使や「曾祖父」の名前、「士族となった年」を一切書かないが、それが伊波普猷の流儀なのだ。虚言癖があったのだろうか。

4　ミー・ユカッチューの経緯に触れず　島津琉球入りは「大悲劇」か

さて、献金によって新参・譜代株が授爵された例が、『那覇市史』第1巻8中に二十四件あり、そのうち、授爵された理由（献金額等）について詳述されている部分が「欠」になっているのは、写本『魚姓家譜』ただ一冊だけである。

普猷は「欠」になる前の家譜の原本を目にしているわけだから、許田家に富を築いたいわれや、許田家・伊波家を譜代家に栄進させたいきさつ等について「追遠記」なり「私の子供時分」なりにあるがままに書いていたならば、ずい分と琉球近世史研究のはばを広げることができたのに、そうならなかったのは誠に残念である。

普猷は、「沖縄県下のヤドリ」（『琉球古今記』）に、彼の『全集』に唯一そこだけに書いているのであるが、「コーイ・ザムライ」についてかなり詳細に記述している。伊波家が「ユカッチュ」になったことが厳然たる事実であったにもかかわらず、そのことは一切触れようとしない。

> 琉球王国が末路に際して非常な財政難に陥った時、首里王府では、盛んに士族《ユカッチュ》を販売したという面白い事実がある。どんな平民でも、十六万貫（今の三千二百円）をお上に納めさへすれば、ミー・ユカッチューになることが出来た。これはやがて新参士の義で、琉球語では、姓名でも他の名詞でも、語尾の母韻を長く引っ張ると、軽べつの意になるのであるが、もう十六万貫張り込むと、彼のミー・ユカッチューはその一刹那から、ミーといふ限定詞が取去られて、語尾も短くされたのである（『同全集』第七巻、二八〇頁）。

因みに、「ミーといふ限定詞が取去られて、語尾も短くされた」事例、換言すれば、譜代家へ昇った例が、許田家ないし伊波家である。普猷は自分に都合が悪いと計算した場合には、小心翼々として美化・改ざん・隠蔽《いんぺい》にこれつとめるが、いったん、他者や琉球近世史のことになるや、暴露屋になり、情け容赦なく披露する。

その極め付きはこれである。伊波は、「夭折した私の弟の乳母に小禄生まれの者がゐたが、かつて難病を煩つた時、死人の肉のスープを飲んだことがあるとは、直接私が彼女の口から聞いた話である」(同全集第二巻一一七頁)という。死人の肉のスープなど、祖先崇拝とかたく結びついた遺体への畏敬《いけい》の念の強い沖縄で、しかも明治という時代に、所が小禄(現在那覇市内)であること、さらに、該死者の死亡時刻と調理した時刻までの時間の経過いかん、遺族や料理人の心情を考慮に入れると死人の肉のスープなど万に一つもありえない。

また伊波は、「悪くいへば、琉球には、つい三十六年前まで王冠・紗帽・五彩巾・黄巾・紅巾・青巾の色々の冠を載いた美しい奴隷が数限りなくゐた訳である」(同全集、第一巻四九二頁)とか、「島津氏の琉球入りは沖縄人に取つては空前の大悲劇であって、その時に負うた痛手は心的傷害《プシヒッシェトラウマ》となつて、今尚彼等(彼等の中に普猷自身はふくめていない――筆者注)を悩ましてゐる」(同全集、第二巻、四一六頁)などと、何の証拠もなしに述べている。右のような伊波説に対し、沖縄市文化協会の「文化の窓」(十六・十七・十九・二十・二十一号)で反証したから、ここではくり返さない。その代わり、一点だけ反証の例を挙げよう。薩藩では琉球をふくむ検地を、一七二二年と一七三七年に実施した。その結果領内一般に増税を命じた。琉球は田畑とも非常に増加していたが、薩藩にねばり強く交渉を続け、増税をまぬかれて明治にいたった(『沖縄県史21』(一九一～二頁)。

普猷は家長でありながら、老母と病妻と六歳の息子を捨てて出奔し、自家を崩壊させた。普猷によれば、普薫が死去した時、領地の伊波村の人々をふくめ、約五百人の会葬者があったという。さぞ広壮な墓であったと思われる。普猷は「私の『家譜』」とよぶ割にはそまつに扱った。「祖父さん」をふくむ伊波家のゆく末に「歴史家」の普猷はどんな思いをめぐらせただろうか。

伊波が書いた琉球近世史の叙述から意識的に排除または隠蔽されたものは多い。しかもそれらは歴史上きわめて重要なものである。それらのうちから一例を挙げよう。一八七二年には、新参東村嫡子・高良筑登之親雲上の母と新参泊村金城筑登之親雲上の母二人がそれぞれ銭百万貫ずつ、計二百万貫文を王府に献上し、二人とも譜代家を授けられた（前掲『那覇市史』第1巻8、九六頁、六三三頁）。鳩目銭二百万貫文は金貨に直すと四万両に当たる。時代は少しずれるが、一八一五年ごろの薩摩藩の経常収入は、金貨にしておよそ十四万両であった。たった二人の婦人が金貨四万両に相当する鳩目銭を献上し、王府財政を助けていたわけである。この事実は商都那覇の経済的活力を物語るものであり、那覇人の心意気を示すものである。自家がコーイ譜代家であったことをひそかに恥じる普猷の歪《ゆが》んだ心には、本来は大いに誇りとすべき那覇人の歴史も隠蔽すべき〝屈辱〟であったようだ。

このように見てきてもわかるように、普猷が書いた琉球近世史、特に薩摩に関する部分は、批判的に読む必要があろう。

5　論破された「薩摩の独占的支配」　文学的表現で琉球支配に短絡

昔読んだ本の中に次のようにあったことを思い出す。嘘《うそ》をつくなら大きな嘘をつけ。というのは、小さな嘘は日ごろみんながつきあっているからすぐにバレるが、大きな嘘ほどバレにくいからと。伊波が右の言葉に従ったとは無論思わないが、ただ結果としてはそれと同じバレない工夫をし、〝大きな嘘〟を随所で書いていることは事実だ。工夫とは、伊波が書いていることの、歴史学界や沖縄社会に及ぼした影響の深刻さとは裏腹に、彼の所論を支える史料的根拠を、決して、示さないということである。その典型的一例を挙げよう。

当時の琉球人は、水中に潜つて、折角おいしい魚を呑んだと思ふところに、引上げられて、すつかり、吐出させられる長良川の鵜と運命の類似者であつた（『同全集』第二巻、二二一頁）。

伊波の右の文章だと、琉球が福州で行った貿易資銀（渡唐銀）もすべて琉球が出し、その貿易からあがる利潤のほとんどを薩摩が搾取しつづけた、ということになる。事実本県では永年、学界においても民間においても、そのように信じ込まされてきた。ところが伊波のその〝大きな嘘〟もついに学問的にくつがえされた。崎原貢氏は、

然るに従来の研究では中国へ輸出する銀、つまり渡唐銀（略）の量や投資者及びその変遷が必ずしも明確にされていなかった。これまでそういう問題点も不明確のまま、薩摩を長良川の鵜匠に、琉球を鵜に譬《たと》える文学的表現を薩摩藩の琉球支配という史実に短絡させ、薩摩藩が琉中貿易を独占搾取したと結論し、約二世紀半の歴史を一言ですりかえて来たのである。本稿では薩摩藩が果たして琉中貿易を独占搾取し、莫大な利益をあげていたのかどうかという事を渡唐銀の研究を通じて追求してみたい（「渡唐銀と薩琉中貿易」、雑誌『日本歴史』一九七五年四月号・三二三号。沖縄県公文書館蔵）。

と述べ、ほぼ次のような結論に達した。島津氏の琉球入りの直後から渡唐銀の全額支出者は薩摩で、琉球人に渡して清国の商品を買ってきてもらう方式であったが、琉球は琉球独自の銀（隠投銀）も持って行って貿易した。島津氏の琉球入り直後から貞享年間（一六八四―一六八七）ころまでにおける薩摩主導の進貢貿易は、期待したほどのことはなく、次第に薩藩当局者も熱意を失っていったのではないかと。そして一六八七年に渡唐銀額に対する幕府の制限命令があり、以後、琉球と薩摩の渡唐銀額は同額ずつということになった。

歴史学者安良城盛昭氏も右の崎原の論考を取りあげ、それに対し、次のように全幅の同意を表明している。

（さきに例示した伊波の）見解は、これまでほとんど再吟味されることなく、あたかも近世琉球の歴史を考える上で動かすことのできない大前提的な事実とみなされてきたといっても過言ではあるまい。〈中略〉「伊波普猷以来の琉球史家が唱えてきた薩摩藩による琉中貿易の莫大な利潤の独占とか搾取とかいう説は大分事実と相異するのではなかろうか」という批判を（崎原貢が）提起したからである（安良城盛昭『新・沖縄史論』一二二頁。注は筆者）。

これで、薩摩が琉球の進貢貿易を独占搾取したという伊波の根拠なき妄論は、崎原氏によって論破され、安良城氏によって確認された訳である。しかし崎原氏が、「渡唐銀と薩琉中貿易」の結びに近いところで、天保元（一八三〇）年以降における薩藩による琉球の進貢貿易に対する再独占時代があったとしている一点は、せっかくの伊波普猷批判に関し画龍点睛を欠いている。崎原氏のいわゆる薩藩の「再独占時代」が存在しなかったことについては、拙著『琉球の朝貢貿易』（三五六～三五八頁）の中で具体的に論証した。なお同拙著において、筆者は『歴代宝案』や『清代中琉関係档案選編』の関係史資料を用い、崎原氏等が算定した貿易実績をはるかにこえて、実績を挙げていた実態を論証したが、その概要についてはすでに本紙、一九九八年三月二十三日－二十五日付朝刊に「江差・那覇・福州を結ぶ海帯菜の路」を書いて紹介した。

伊波語録によって彼の心性に触れよう。「琉球に『鶏《とり》の糞にも一つの長所がある』といふ俚諺があるが、琉球にも何か長所があると思ふ」（『同全集』第一巻、一五三ページ）、「実に聴いてうんざりするやうな琉球の音楽」（同一五六頁。同第十巻三三九頁にも同趣旨の記事あり）、「こゝで中学師範の教員は鳥なき里の蝙蝠だ〈中略〉琉球記者も時論記者も…豎子惜むらくは書を読まずと評せらるゝ連中だ（同第十巻五頁）」云々と。

「修身斉家治国平天下」という。身の修まらなかった普猷は、ついに、伊波家を斉《ととの》ええなかった。その普猷に、治国（琉球）と平天下（日本）について、あれこれと訓示を垂れる資格があったのだろうか。

琉球新報　一九九九年六月七日〜一九九九年六月十四日

第三部　史書投稿

秩禄処分と士族授産

はじめに

沖縄をのぞく本土一般についてみると、明治政府は、年額約六、〇〇〇万円の地租収入を元にして一億七千余万円の公債をおこし、その莫大な金額を費やして、三一万人余の秩禄処分費にあてたのである。本県における場合にも、秩禄処分をふくむ武士団の解体費は、本土一般の場合と同じように、沖縄の農民が納めた地租税のうちからあてられた。だが、その方法と内容がおおいに趣を異にするものであった。

従来、琉球藩が収納していた主なものは、①大蔵省貢納　②旧藩所用　③旧藩主及親族賄料　④中城王子知行　⑤佐敷殿知行　⑥旧藩士族家禄　⑦旧藩吏俸給　⑧宮古・八重山両島役俸　⑨各間切へ囲ヒ置　⑩救荒予備等々からなっていた。

廃藩置県後、明治政府はこれら現物納を基調とする封建的税目を意識的に薩藩と琉球藩からひきついだのである。この国税のうちから、本県の秩禄処分費にあてられたわけである。尚家の秩禄処分は、③④⑤およびその他、有禄者のそれは⑥および置県後租税に編入された部分（地頭作得・知行と呼ばれたもので、有禄者をして領地人民から直収させていたもの）のワク内からあてられた。

本県の秩禄処分は、金禄給付の期間の長さや、処分の利率・年限において、本土一般の場合よりも優遇されたものであった。ところが、これが明治政府の負担にならなかったのは、実にあの封建的国税の内容にあったのである。たとえば、①大蔵省貢納明治十二年度分は、名目上米八、二〇〇石であったが、実際には、「但現米上納無之砂糖大阪へ輸出シ売払金ヲ以上納イタシ候ニ付米ハ旧藩所用ニ差向」（『梧陰文庫』）という砂糖代納であった。もちろん毎年そういうわけではなく、米の納入もあったが、明治政府にとって、この沖縄の封建的貢租は、ウラにかくされた大きなウマ味であった。

明治政府はつとに、商品価値の高い砂糖に目をつけ、薩藩と琉球藩の税法を意識的にうけついだ。この代砂糖納（貢糖）は一八七三年（明治六）十二月一時廃されたが、置県以後復活し一九〇三年（明治三十六）までつづいた。代糖納は米四斗二升（一俵半）につき砂糖百斤という不当にアンバランスな割合だったが、かりに一八八五年（明治十八）の例でいけば、砂糖百斤につき一円強の収奪であった。貢糖の定数が八七万九〇三斤弱（外に欠補糖三万六、五七七斤余）であるから、名目額より約九、〇〇〇円も余計に納めたことになるのである。だから明治政府は、その代金納を許さなかった（『沖縄県史』十四、五五一頁）。また貢糖の外に、藩庁から受けついだ買上糖という特殊な税があって、これによって政府は大きな収入をえていた。買上糖というのは政府が農民から百斤につき三円二〇銭で買い上げ、これをたとえば六円五〇銭で大阪市場で売り払い畑祖の麦及下大豆の石代金と相殺してその残額を収納する制度である。

明治十四年度について見ると、これにより政府は七万円余の収益をあげた（『沖縄県史』十三、一二頁）。この買いあげ代金はあまりにも安いので、明治十六年からは四円ひきあげられたが、同二十三年にはまたもとの三円二〇銭になり、この悪税は一八九九年（明治三十二年）に廃され、代わって砂糖消費税という悪税が旧慣温存下である筈の本県に本土並に適用された。本県の秩禄処分はかなり優遇されたが、それは、沖縄の特殊な政治事情を直接反映したものであった。琉球処分の過程で、明治政府が気にしたのは、「日清両属」という歴史的要因と本土から隔絶した沖縄の地理的要因であった。

明治政府が真に恐れたのは、欧米列強が清国に加担し沖縄の帰属問題に介入してくることであった。沖縄の反政府的士族たちは、勢力そのものは微小であったが、動きようによっては政府の胆を寒からしめるものであった。そのような点から、それら士族層の既得権を保障し、不必要な刺激は避けねばならなかった。そこに「旧慣温存」政策が由って来る根拠があった。彼ら士族層の既得権を保証（禄の温存）するという、少なからぬ財政支出は、先に述べた封建的貢租の温存によって支えられた。

そのような本県の政治情勢のなかで、秩禄処分を実施するにあたり、明治政府は慎重に処した。すなわち、「県治ヲ行フニ土地ノ制ヤ風俗ヤ営業ヤ凡ソ該地士民ノ慣習トナルモノハ勉メテ破ル可ラス就中秩禄ノ処分社寺ノ処分山林ノ処分等ノ如キハ内地旧藩処分ノ穏当ヲ失シタルモノヽ覆轍ヲ踏ム可ラス」（琉球藩処分方法、第十四条）、という方針にそって、秩禄処分はおこなわれたのである。

第一節　秩禄処分　―有禄士族の処分―

一　尚家の秩禄処分

本県における秩禄処分は、封建領有制の身分的、階級的、政治的シンボルとして、その頂点に君臨した最大の有禄者たる尚家から着手された。本土各藩では、封建経済の内部からのゆきづまりと、欧米列強の資本主義的圧迫にあい、「藩」という割拠的自立はできなくなっていたが、明治政府はそれらの藩の膨大な負債をひきつぎ、そのうえで廃藩置県・秩禄処分がなされたので、おおかたの大名たちはむしろそれを歓迎したのであった。この方式は、だいたいそのまま尚家の処分にも適用された。

沖縄でも、停滞的な封建経済と苛酷な収奪―不当な換算率による貢糖・買上糖制と、薩藩の封建的インフレの沖縄への移出にほかならない一連の「文替り」とはその例である—の結果、各間切・島とも日ましに疲弊の度を加えていた。一八七二年（明治五）の時点で藩庁は、「鹿児島県用聞共」から高利付きで二〇万両もの借銀があった。

明治政府は琉球藩のこの負債に目をつけ、さっそくその肩がわりを申し入れたが、きたるべき琉球処分への糸口を与えることになるのをおそれて、藩庁はそれをことわり、東京第一国立銀行から二〇万円を借り入れ負債を返した。同行には五カ年賦でほとんど元利を返したが、それを果たせないまま廃藩置県を迎えたのである。また、藩庁財政の窮乏を示す一例としてその外に一八七二年（明治五）五月二十日、新参東村嫡子高良筑登之親雲上は、藩庁に銭百万貫文（二万円）を貸し、その代償として譜代家にとりたてられた。この種の借金は、たいてい「御所帯御難渋之砌平等所大屋子主取并大屋子加増大屋子御扶持渡差支候付」（『吉姓家譜』）とか、冊封使の接待費や進貢の費用等をまかなうためであった。

「全体不自由之小藩歳入之分ニテハ諸用費足合不申」（『沖縄県史』十二、六二頁）

藩庁は公務員のサラリーもまともには払えないという、封建制の内部からの崩壊はかなり進行していたようである。

さて、尚家の秩禄処分のころの一八七九年（明治十二）十月段階で、藩庁の負債は八万四、一〇二円、逆に同藩人民への「貸附金穀並不納物」は、八万三、四三〇円七四八四（銭位以下、七四銭八厘四毛のこと。以下上記の如くする。）であった。尚家秩禄公債処分もすでにすんだ一八八〇年（明治十三）三月十一日の布告で、政府は、右の負債額および債権額をひきつぐことを明らかにした。本土各藩の場合には、まずその負債の政府による肩がわりがあり、その後に廃藩置県→家禄奉還があったが、本県の場合にはその逆で、まず廃藩置県、秩禄処分（尚家の）があり、その後に負債（および債権）の肩がわりがあったのである。清国との帰属問題が気になるころであり、一刻も早く琉球藩を国内の一県にしたい政府の切迫感がそうさせたにちがいない。

一八七九年（明治十二）三月、廃藩置県が断行されるや同年の十月にははやくも、特別一割利付公債証書二〇万円が尚泰に下賜された。その金禄公債額の算出方法と内訳はつぎのとおりである。この金禄公債の金額を算出する基礎として、尚家の家禄査定がなされた。旧藩時代尚家の経費が藩租収入内から支出され、また世子中城尚典の俸禄も別に収入があるなど旧来のしきたりに準拠して決定されたものである。その内訳は、

①　旧藩王及親族賄料　八、八一二円二〇五
②　佐敷殿俸禄　一、〇六二円〇一三
③　中城殿俸禄　四、二三三円六五九
④　大美殿俸禄　三、八三〇円三六二
以上合計一万七、九三八円二三九

この外に尚家の近臣従者らの俸給が、旧藩時代同じく藩庫から支出されていたという旧例をひいてこの分も加算編入されて、都合二万円が尚家の家禄ということになった。

尚泰に下賜された一割利付の公債証書二〇万円は、かくて決定された右家禄二万円に一〇年を掛けて算出したものである。このようにして年々大金がその後支給されたわけだが、(註)この額は、政府自らも認めているようにたいへんな優遇であった。本土一般の公債処分の例（尚家と同額の家禄二万円の場合）と比較してみると、次のとおりである。

	尚家	本土の例
①　家禄	二万円	二万円
②　年数	一〇年	六年二分五厘
③　公債	二〇万円（①×②）	一二万五、〇〇〇円（同上）
④　利子一割	（年二万円）	五分（年六、二五〇円）
⑤　③④支払条件	不明	五年間元金据置き三〇年元利消却

同じ二万円の家禄に対し、一方は公債額が二〇万で他方は一二万五、〇〇〇円にすぎない。利子においては、ほとんど四倍弱である（『沖縄県史』十三、八九四頁）。

　この公債証書を売却して資本化する場合、両者の間には雲泥の差がつくわけである。

（註）ちなみに、明治二十三年の「高等官等年俸表」（服部之聡著『明治の政治家たち』上、一〇九）によると内閣総理大臣が九六〇〇円、各省大臣が六〇〇〇円である。当時の日本で、高等官が一番の高給取りであった時代に、公債二〇万円という額は莫大なものであった。

　このように莫大な額の公債をもとに尚家では、丸一商会、広運社を経営した。また尚家は、当時日本最大の鉄道会社、日本鉄道の大株主でもあり、明治三十一年の時点で五千株以上の大株主二四名のうちにはいっている。尚寅名義で八、六二一株、尚泰名義で七、四二四株であった（岩波『日本歴史』近代4、二五〇頁）。

　尚家の秩禄処分はこれまで見てきたとおり、きわめて優遇的なものであった。しかも、そのような優遇措置は右のことにとどまらず、さらに徹底したものであった。一八八五年（明治十八）五月二十日、県令西村捨三から内蔵両卿へ上申があって、それが採用され、明治十八年八月二十九日、特旨を以って尚泰四男尚順を士族へ入籍させ、年額二、〇七八円九五の金禄を支給することにしたのである。このとき尚順は、松山王子となった。ところで、この措置は、政府が沖縄県治の施政上金科玉条のようにうち出した旧慣温存とはあいいれないものであった。西村もいっているように、旧慣によれば、「尚家ノ旧例タル王子拾歳ニ至レハ分家シ知行三百石外ニ一ト間切ヲ与ヘ来リシ制度」（『金禄社寺禄　禄高調』、傍点は筆者）であったからである。尚順は一八七三年（明治六）四月六日生まれであるから、廃藩置県のあった十二年十月にはわずかにかぞえ七歳にも満たなかった。なお、尚順に対するそのようなおもい切った措置の裏には、次のような政府の思惑があった。

すなわち、不平士族による反政府的動きの根づよい沖縄で、「父子（尚泰・尚典）帰来毎ニ朝旨ノ優渥ヲ士民ニ説得シ且又今般脱清人取締方ニ於テモ種々心配着手候様ノ場合ニ立至リ其実県官ノ万語ヨリハ尚家ノ一言ニ如カス〈中略〉尓後一層寛厚ノ御取扱ニ帰シ候ハヽ延テ県治上ニモ幾分影響ヲ及ホシ此上ノ好塩梅ト相成可申」（前掲書）という施政上の深い配慮があったようである。ともあれ、「県官ノ万語ヨリハ尚家ノ一言ニ如カス」という尚家の伝統的な影響力を高く買って、政府は優遇的に同家の処分をしたのであろう。このように政府は沖縄に対する施政上の利害得失を基軸にして、あるときは旧慣をおしつけ、またあるときにはこのように旧慣を無視する。その旧慣の存廃のいずれの場合にも、まず政府の利益がはかられ、それに附随する形で、旧支配層に利益を恵与する－この種の旧慣無視・変更をふくめたものが「旧慣温存」政策の本領である。この本領がより鮮明に発揮されるのが、次に述べる旧上層特権階級に対する秩禄処分の優遇的措置である。

二　一般有禄士族の秩禄処分

本県の一般有禄士族の秩禄処分に着手せんとするにあたって、明治政府は鍋島県令赴任の一八七九年（明治十二）五月、大蔵省属官二名を本県に出張させ、「旧藩債之状実又家禄之給与高並其制度或ハ従前会計之始末歳入歳出等」（『沖縄県史』十二、三五七頁）につき精査させた。本土の場合、禄制はどの藩でも少数の上級士族には領地をあたえ、その生産物を以ってその家禄の一部にあてるという仕組の外は、大多数の有禄士族はたいてい廩米《りんまい》でその家禄が支給された。

沖縄の場合のように複雑な逓減《ていげん》法もなく、一定の家禄が子孫に相続された。ところが、沖縄の有禄者は、すべてその禄を領地の農民から直収するというように、沖縄の禄制は本土一般の諸藩とはおおいに趣を異にしていたので、出張を命ぜられた二人の属官は、県官として雇われた旧三司官（浦添朝昭・富川盛奎―月俸六〇円で県顧問に命ぜられる）と協議して取調べる必要があった。禄に関する原簿をとりよせて、石高人名など逐一照査したが錯乱をきわめたものであった。結局、数十日の日子を費やして質問点検を重ねたうえ、禄高の基本・実額などを調べあげたのであった。

秩禄処分の着手・作業についていて見るまえに、まず、有禄士族と呼ばれた者たちや、禄制について概略見てみよう。

王子は王の子弟および按司のうち、特別に勲功の認められた者が叙せられた。王の子弟から王子となるものは分家のとき知行三百石を給されたが、勤労によって知行が増すこともあった。なお、王子（という爵位）は、その身一代かぎりで、二代目からは按司となる。

つぎに按司とは、王子の相続人すなわち二代目以下の身分のものであり、知行は一代二代が二〇〇石、三代が一五〇石、四代が一〇〇石、五代が八〇石、六代以下が四〇石という具合に逓減的に給された。ところで、王子・按司が摂政に任ぜられたときには、家禄・役俸合計六〇〇石が給せられ、そのうえさらに勤功により在職中二間切の地頭となることができた。

さいごに、親方とは一種の位であり、十五人役中の申口《もうしくち》を勤めおえたものがこれに叙せられた。また久米村士族のうち大夫（支那進貢副使）を勤了したもの、その外、もっとも稀には特別功労ある平士がこれに叙せられたこともある。一般の親方は知行四〇石、平士から進んだ親方は二〇〜三〇石給された。親方は、総地頭もしくは脇地頭になる資格があった。親方で三司官に選ばれた場合には、家禄役俸合せて四〇〇石と一間切の地頭となることができた。なお、これまで右にあげてきた知行高たとえば、按司一代目の二〇〇石はあくまで草高であり、実高は六五石でこれを物成《ものなり》といった。これについては、後述する。

なお、明治二十八、九年の調べによると耕地の種類および坪数は、つぎのとおりであった（太田朝敷『沖縄県政五十年』五八頁）。

百姓地	二一、五七九・一町
地頭地	三、〇〇九・六町
オエカ地	一、八五〇・八町
請　地	九〇七・五町
仕明地	五、五〇七・九町
開墾地	二、三八九・二町
計	三五、二四四・一町

つぎに家禄の種類とその支給方法とについて見てみよう。旧琉球藩においては、家禄は二つのものからなっていた。知行、領地の二種である。その給与については、勲功の重いもの（たいてい身分の高いもの）には知

行と領地の二種を、軽い者には領地のみを給した。知行（俸禄ともいう）とは、もともと廩米《りんまい》から給与される性質のものであったが、実際には耕地人民から直収させたものである。その知行を受くべきものには、その保証書ともいうべき給人帳が藩庁から交付された。

つぎに領地とは、土地をもって給与するもので、一般に地頭地（采地《さいち》）とも呼ばれた。その領有者を地頭といった。地頭には、按司地頭・惣地頭・脇地頭の三種があり、按司地頭・惣地頭を両惣地頭といい、間切毎に各一人づつを置いた。脇地頭は村毎に一人づつ置かれた。

地頭地から収納する地頭の取り分を地頭作得と称し、その収納の方法は、地頭地より生ずる収穫高を三等分し、一分は農民の所得、一分は藩庁への租税、残りの一分を地頭作得とした。地頭地は元来一種の百姓地であったが、藩制のころにはすでに幾種類にも変容をとげていた。まず①自作地と呼ばれたもので、地頭地の全部または一部を地頭自ら耕作収益してきた土地。つぎに②拾掛地《ひろいかけち》と呼ばれたもの。これは、地頭が自己の欲する者に（相対示談で）小作せしめた土地。③質入地とは、地頭が負債の抵当に入れた土地。④村持地と呼ばれたもの、これは、元来の性質どおり地人の地割地となったものである。しかし、以上四種の地頭地は、藩庁が公認したものではなかった。これら地頭地は明治十三年以降地頭との関係をはなれ、明治十七年から、従来の耕作人に耕作権が認められた（『沖縄県史』二十一、一五五頁）。そのうち特に、②の拾掛地は一八八四年（明治十七）に国税に編入された「相対掛叶」（小作料）と密接な関係にあるので、注意を喚起しておきたい。

なお、これら領地を給与された士族には、藩庁より領地印章が与えられた。その印章には、ただその領地名のみが記されているだけで、その石高の詳細を記したものとしては、別に帳簿があり藩庁に常置された。地頭の補任は、逓減の末に特に功労なく地頭地をひきあげられるか、地頭が犯罪をおかすか、父子ともひとしく有禄者で、どちらかけずられるかして、ある領地が空きになった場合にはじめて、つぎの新しい有資格者にその領地が給与されたのである。だが、領地に余分がない時でも、特別功労あるものに限り、領地の代わりに廩米から給米が給与されることがあった。

また、地頭という役職に附随する役得として、後で述べる相対掛叶と夫役銭とがあった。後者はもともと家禄の一部分をなすもので、夫役という実役を免除する代償として、金銭を徴収したものである。脇地頭の場合、「知行高拾石ニ夫役弐人壱人ニ壱貫文壱ヶ月五度遣ノ賦ヲ以テ支配ノ村々ヨリ賃銭収納イタシ候」（『沖縄県史』十二、三六〇頁）とあるから、知行一〇石につき一ト月に十貫文（2貫文×5）、一カ年では一二〇貫文（二円四〇銭）となる計算である。惣地頭の夫役銭は、脇地頭の夫役銭の五〜十倍の額であったと推察できる。地頭作得の一部としての夫役銭は、藩庁とは一切関係のないものであったが、置県とともに租税に編入され、金禄の一部に組みこまれたものである。

廃藩置県がなされたころ、秩禄処分の対象になるべきものとして、政府が認めた有禄士族の数は三七八人で、その禄高総数は次のとおりであった。

①　米　　　八、七〇三石九斗一升四合
②　麦　　　三、九二八石九斗一升九合
③　下大豆　一、九六四石四斗三升三合
④　夫役銭　一七万〇、六二九貫五〇〇文

であった（『沖縄県史』十二、七〇九〜七一〇頁）。

さて、廃藩置県の断行があってから六カ月が経過し、明治十二年分の家禄受取の季節は切迫してきていた。

すでに見たように、琉球藩の場合、家禄が領地人民からの直収であるという変則的なものであったから、なおのこと政府―県当局はあせり、ジックリと対策と準備を練ることができなかった。初代県令鍋島直彬は、同年十月六日、内務卿・大蔵卿に対し、「本県士族江従前之家禄高廩米ヲ以テ更ニ御賜給方之儀ニ付伺」（前掲書三五九頁）を出した。その理由づけは、「県治ノ体裁ト為リシ以上ハ（地頭が）依然領地等ヲ有シ其租入ヲ直ニ収取スルノ謂レ無之」ということであったが、同時に、地頭が領地を有し、家禄を直収することを禁止するのが、さしあたり大きな目的でもあった。そして、その強硬措置にたいする暫定的弁償として、「従来ノ禄高ハ不相変廩米ニテ御賜給相成候様」（傍点は筆者）と主張した。そうすればまた、「士族一般モ愈朝恩ヲ奉戴シ速ニ皇化ニ沾ヒ候道モ随テ相開ヶ可申」という政治的効果をもネラッたものであった。なにはともあれ、有禄者層―琉球藩政の直接担当集団を彼らの土地人民から切りはなすということは、その後実施されなければならない秩禄処分の不可避の大前提になるべきものであった。

そのような政府にとって、四～六月ごろ、危惧すべき事件が現実におこったとき、当然のことながら政府はこれを拷問などの手段をつかって強圧した。この事件は、政府と沖縄の不平士族との間の政治的抗争の本質が、もっともあらわに露呈したものであった。それは政府の国権をまっこうから否定することを意味していた。事件とは、旧物奉行らによる麦の収納事件である。旧三司官で、この事件直後県顧問になった浦添朝昭の指図によるものであったが、「廃藩相成候テモ、都テ是迄通被仰付候段」という松田道之の御達をわざと曲解してとった行動であった。この事件はもっと根が深く、「島尻辺ノ間切ニテ仰セ日記ト題号有之候ヲ深リ出シ候処、夫ニ大和人ヨリ役職申付候テモ、不請付、且租税一件尋有之節ハ、役々不罷居候付、不相分ト返答イタシ、此件違犯候ハヽ可及斬罪、云々契約有之」（前掲書）と徹底したもので、まさに、秩禄処分で廃止しようとしたそのもの（領有制・徴税権）をめぐっての抗争であった。ことの重大さに驚いた政府・県庁は、同年八月、旧物奉行らを拘引しきびしく糺問するとともに、「下民ノ致方ニ候ハヽ不相構候得共役人ノ契約ト申候得ハ、事ニ因リ藩王江も可相懸」（前掲書）と尚泰に圧力をかけ、十月八日、尚泰から浦添らに厳達させている。なお、前掲の鍋島の伺は十月六日である。この事件に象徴されるような不穏な空気にうながされて、秩禄処分を糊塗的に急いだのであろう。さて、右の鍋島の伺をうけた大蔵・内務両卿は、そのことにつきさらに同年十月二十九日、太政大臣宛伺を出したが、さすがにそれは、鍋島の考えかたを秩禄処分のほうへ一歩進めたものであった。いわゆる、「今日県治ノ体裁ヲ為シタル上ハ依然領地ヲ給与シテ其米石ヲ直ニ収取スルハ不都合之次第」（『沖縄県史』十二、三五七〜八頁）と鍋島の文言をかりて強調し、将来はすべて、尚泰の例にならい金禄公債処分にしていく見込みであるが、禄制の点で、「外府県士族ト同視難致場合モ有」るから、まず両三年は石代相場で渡し、時機を見はからって改正していくほうが「却テ実地適応ノ御処分ニ可有之」という方針を示した。現物たる廩米支給から、石代相場による金銭支給の方へもっていこうというのである。ところで、十二年分の家禄は、すでに支給すべき季節でもあり、従来の案分により、「県庁ヨリ各村へ切符ヲ下付セシメテ交付ノ順序相立正米雑石等ヲ以テ旧ノ如ク賜給」し、翌十三年分より、現物支給を石代渡しに改めたほうがよろしかろうという案であった。この伺は政府に容れられ、これまで無慮三七八人におよんだ沖縄の有禄士族は、家禄の直収を禁じられることになったのである。

こうして明治十二年分家禄は、従来どおり現物で支払われたが、十三年以後両三年間石代渡しにするというその決定は、だが、とうとう実施にはいたらなかった。それは、「石代渡ニテハ豊歉ニヨリ年々不同ヲ生シ財政上不便不少ニ付」（『沖縄県史』十二、四九四頁）という理由からであった。地頭を地頭地・人民から切りはなし、かわりに廩米をもって支給するという。この訂正案を出したのは、内務卿松方正義らであったが、当時の日本の経済事情は、やがて彼松方自身によって整理されなければならないほどの猛烈なインフレーションであったから、石代相場の変動は当然すさまじいものが予想され、そういう事情が方針変更を強いたのであろう。結局、十三年分から金禄に改定し、それを五カ年間据え置き、十八年に金禄公債処分にしたい、という代案を示した。そしてその金禄の基準となる相場は、明治九・十・十一年の三カ年平均―米一石八円六八一、麦一石十三円七六□、下大豆一石一四円五四七―が採用された。また、実施方法は、各受禄者に金禄牒を下付するいっぽう、「各領地ハ勿論旧藩ノ印章（領地印章）等モ引揚ヲ命令」（前掲書）するという段取りを示した。

一八八〇年（明治十三）七月二日、松方らによってさし出された右の改正案は政府に容れられた。ここに、右の金禄支給方法による支給額、人数を等級別にしたものは、**第1表**のとおりである。

第1表　金禄計算書

金　額	人数	金　額	人数
50円未満	4人	950～1000	2
50円以上 100円未満	41	1000～1050	3
100～150	43	1050～1100	1
150～200	40	1100～1150	4
200～250	29	1150～1200	2
250～300	26	1200～1250	3
300～350	23	1250～1300	1
350～400	24	1300～1350	2
400～450	24	1350～1400	2
450～500	27	1550～1600	1
500～550	10	1850～1900	1
550～600	11	1900～1950	1
600～650	14	1950～2000	1
650～700	7	2000～2050	1
700～750	7	2050～2100	1
750～800	4	2150～2200	2
800～850	3	2200～2250	1
850～900	6	2450～2500	2
900～950	3	2500～2550	1

※この表の数字による支給はなかった。
『沖縄県史』14、496ページ

一八八〇年（明治十三）七月二日、金録支給のことが決定したのはすでにみた。だが、金禄額算出の基礎となった石代平均相場に狂いがあって、共計金に大きな誤算が生じたため、右決定による支給はまたもや実施されなかった。それでは、そういう大きな誤算をまねいた石代相場には、いかなる仕組みがあったのだろうか。その前に、地頭が地頭作得を収取する際に、家禄高（草高）から、物成（実収高）を割り出すのに用いる独特の計算方法をみてみよう。

家禄、役知、役俸、扶持米、粟は百姓から直納であるが、仮りに三斗二升の米をうけとった地頭は、「二斗五升起」と書き記した受取書をさし出した。その三斗二升を「先」といった。二斗五升起に一・二八（これは定数である。）を乗ずると先三斗二升になる。同様に、雑石（麦、下大豆）の収納についても、先三斗八升は二斗五升起に一・五二（これも定数である。）を乗じたものである。

家禄高（草高）が三〇〇石である場合、その物成（実収高）は、米八〇石二斗八合、麦一二石二斗四升、豆六石一斗二升づつであった。このように、家禄（草高）から物成を算出する算則について、旧琉球藩三司官浦添朝昭、富川盛奎はつぎのように答弁している。米については、「草高壱石ノ前ニ物成四斗之内米三斗七升ニ弐升ノ口米加ヘ候得ハ三七七四ト成ル夫ヨリ壱斗壱升四才引 是ハ高壱石ニ壱斗壱升四才相掛リ貢米八千弐百石ノ内ヘ差向百姓ヨリ直ニ蔵方ヘ相納候 三百石ニ掛レハ米八拾石弐斗八合出ル（後略）」（『沖縄県史』十二、三五九頁）。これは次のように考えていいとおもう。

まず、「弐升ノ口米」とは、そのまま米二升ということではなく、「草高壱石ノ前」の二升すなわち二％であり、三斗七升の二％にあたる高七合四才のことである。そこで、

高一石につき物成は

3斗7升＋7合4才＝3斗7升7合4才

3斗7升7合四才－1斗1升4才＝2斗6升7合

故に高三〇〇石につき物成は

　３００×２斗６升７合＝８０石１斗

この額は、答弁者の八〇石二斗八合と合致しないが、これは答弁者の単純なミスであろう。(註) また、雑石については、「右物成四斗ノ内三升倍ニ成シ候得ハ雑石ニ成ル夫ニ二升ノ口米加ヘ候得ハ六壱弐ト成ル三百石ニ掛ケ候得ハ雑穀出ル其三分弐ハ麦三分壱ハ豆ニテ候事」（前掲史料のつづき）以下同様に、

雑穀高一石につき物成は

　３升（４斗－３斗７升）×２＝６升

６升＋１合２才（口米）＝６升１合２才

三〇〇石につき雑穀物成は

３００×０・０６１２＝１８石３斗６升

そのうち麦は

１８石３斗６升×⅔＝１２石２斗４升

そのうち豆は、

１８石３斗６升×⅓＝６石１斗２升

ということになる。

（註）答弁者の指示どおり計算したら、この米についてだけ結果が一致しないだけで雑穀については一致している。

　以上みたように、米や雑穀の収支の際、起・先の別があったが、石代相場の算定にもまた起・先の別があった。右でみた定数一・二八（米の場合）や一・五二（雑穀の場合）は、石代相場を算定するときにもそのまま

つかわれた。七月二日決定の石代相場のあやまりについて、「過ル十二年八月旧三司官ヨリ差出タル三ヶ年平均相場ヲ採用致シ以テ全帳之計算結了セシ処曩ニ差出タル平均相場（たとえば米一石八円六八一）ハ起石ニ用ユル相場員数ニシテ先ニ直シタル石数ニ対シテ乗スルトキハ前記之割分ヲ除去シ（8円681÷1・28—筆者）残ル目安（六円七八二—同前）ヲ乗セスンハ相当セサルトノ主義ニ有之彼ノ石数ニハ起先ノ差別アルヲ曽テ承認スルモ壱石相場ノ員数上ニ起シ或ハ先ト称スル差別アルコト曽テ承認不致右様之筋ニ候ヘハ曩ニ差出タル書面中ヘ其明文ヲ欠クヘカラサル儀之処明文無之全ク記載方ノ不尽ナル処ヨリ多少相異ヲ醸生シ随テ減額ヲ見ル」（『沖縄県史』十二、七〇七頁、傍点は筆者）といい、暗に浦添らの故意の奸計をなじっている。結局、それぞれの一石相場は次のように訂正された。

第２表　沖縄県華士族金禄表

代数	人員	家禄	領地	領地代り給米	合計
一代	一六五人	五九八円三一銭二厘	八、一一八円六九銭三厘	二一〇円九四銭六厘	八、九二七円九五銭一厘
二代	二一人	八三七円五九銭	九、四九八円八七銭四厘	三八二円八三銭	一〇、七一九円二九銭四厘
三代	二四人	一、四五二円九八銭九厘	九、一九二円九三銭	五四円六九銭	一〇、七〇〇円六〇銭九厘
四代	三〇人	二、四八六円七一銭三厘	七、〇四九円七六銭七厘	〇	九、五三六円四八銭
五代	一八人	二、一五三円九九銭一厘	四、四八四円四七銭	〇	六、六三八円四六銭一厘
六代	一六人	二、〇八五円六六銭八厘	三、九三五円六四銭三厘	〇	六、〇二一円三一銭一厘
七代	一三人	一、九四八円九〇銭四厘	四、〇一六円五二銭四厘	〇	五、九六五円四二銭八厘
八代	六人	一、一二八円三一銭八厘	一、七四八円二三銭九厘	〇	二、八七六円五五銭七厘
永世	八五人	二四、八六六円　八銭一厘	三〇、五三二円四二銭八厘	二六円〇四銭三厘	五五、四二四円五五銭二厘
合計	三七八人	三七、五五八円五六銭六厘	七八、五七七円五六銭八厘	六七四円五〇銭九厘	一一六、八一〇円六四銭三厘

※この表の数字による支給は明治 13 ～ 15 年だけである。『沖縄県史』13、54 ～ 55 ページ

米　　　八円六八一　　↓　　六円七八二
麦　　　一三円七六〇　↓　　九円〇五三
下大豆　一四円五四七　↓　　九円五七〇

総計金一六万一、六〇九円七七とさきに算定されたものが、今度の計算では一一万六、八一〇円六四三となり、結局、四万四、七九九円一二七の減額であった。その人員金禄等は支給されなかったが、政府は、「更正ノ儀結了迄ノ間不給ニテハ士族一同窮乏ニ及フ勿論ニ付旧臘以来概算ヲ以テ内渡取計置」くということで、一応この問題に決着をつけたのである。この明治十四年十一月二十四日付改正の決定によって、客観的に、政府の政治的意図から見るならば、この日をもって事実上家禄奉還は結了したとみていいだろう。まがりなりにも領地領有者であった沖縄の有禄者が、政府の金禄生活者に質的に転化させられたからである。

日本近代史上、秩禄処分の一番大きな歴史的意義は、税制の統一や地租改正などとともに、日本資本主義体制への地ならし作業（資本の原始的蓄積や無産階級の創出）として不可避の前提条件であったことである。これに反し、本県の秩禄処分は、琉球処分の観点から、政府の政治的な意図だけでのみおこなわれたのである。旧来の税制や土地制度の据置きは、このことを物語っている。

それにしても注目すべきことは、麦収納事件の黒幕であった浦添らが、同事件と併行してあの不当な九・十・十一年平均相場を答弁している点である。彼らが、その直後の八月二十日、月俸六〇円で県顧問になったのは、必ずしも政府の強制にのみよるのではなく、彼らに代表される旧特権上層士族の経済的利益を最大限に擁護する立場から、むしろすすんで県顧問に任じたと見るべきである。

「琉球藩ヨリ引継シ相場書之粗漏」を指摘されて、浦添らは「驚入」って見せているだけで、「起」・「先」というもともと藩民に対して向けられてきた搾取のカラクリを、意図的に政府に向けたものとみてまちがいなかろう。「廃藩置県之際ニシテ諸事紛雑之余リ匆卒ニ出テタル（政府の）姿」（『沖縄県史』十二、七〇七頁）を見すかしたうえでの奸策であった。処分のことが確定した後も、浦添らの反政府行動は止まなかった。彼は反政府運動の徹底したリーダーでもあり、すでに明治九年三月には、幸地親方を密使として中国へ送ったり、十五年三月にも、与那原、富川親方等を駐日支那公使何如璋のもとへさしむけ、明治政府による廃藩置県の不当性を訴えしめた。

ちなみに、尚球著『廃藩当時の人物』は浦添朝昭について、「彼は漢学の素養頗る深く、決断力頗る強固なる人物にして、事務の才に長ず」、「当時の貴族は余りに世事に迂遠にして金銭を見る事土塊の如く、親譲りの財産を尽く遊蕩に消費するが如き集合なりし也。此中に在りて独り朝昭は此道（貨殖）に長じ」ていたと評している。

かくて、明治十四年十一月二十四日付改正による年額総計十一万余円の金禄は、十三年分から十五年分まで支給された。ところが、またまた、①金禄米相場にあやまりがあったこと、今度新たに、②「相対掛増高」が予算に編入されたこと、③「領地及ヒ給米増加並ニ新規金禄へ編入」されたことの三点により、十六年以降は①の分が追給され、十七年以後は②③の分がともに追給されることになったのである。十六年度には、金禄相場訂正による年額一万九、四三五円八四の十三～十六年までの遡及分七万七、七四三円三六が支給された。また、十七年度には、①右の金禄相場訂正による増加分一万九、四三五円八四、②「相対掛増高」が金禄に編入されて増加した分一万八、四六二円九一、③「領地及ヒ給米増加並ニ新規金禄へ編入」されて増加した分二、三〇〇円六四七である。①②③を合計すると、四万〇、一九九円四〇三である。第3表参照。

第3表

① 金禄米相場訂正に付増加した分　一九、四三五円八四銭

② 相対掛増高金禄へ編入に付増加の分 (A)一四、六〇二円二一銭七厘 (B)三、八六〇円六九銭九厘
(A)＋(B)＝一八、四六二円九一銭六厘

③ 領地及び給米増加並に新規金禄へ編入に付増加した分 (A)一、七六六円四四銭三厘 (B)五三四円二〇銭四厘
(A)＋(B)＝二、三〇〇円六四銭七厘

①＋②＋③＝四〇、一九九円四〇銭三厘

註：②、③項の(B)はそれぞれ内蔵両卿が追加要求した分（『沖縄県史』十三、五二～五三頁）。

この十六・十七年度以降における増加は、十六年十二月二十二日、県令岩村通俊から、内蔵両卿へさし出した膨大な伺書―「華士族金禄処分外五件」（『沖縄県史』十三、五三～一〇五頁）を逐一審議し、それを全面的に認めたうえで、それをさらに優遇的に書きかえて上申した内蔵両卿（山県・松方）の「沖縄県申牒華士族金禄外五件処分方之儀ニ付伺」（『沖縄県史』十三、四九頁　明治十七年一月十五日付）が、政府によって全面的に容れられた結果である。政府は沖縄県士族の秩禄処分に関する要求をすべてかなえてやることを既定の方針としたうえで、会計検査院長の岩村を本県に派遣し、右の岩村伺をなさしめたようである。

政府は、岩村を本県に出張させる前に、元老院議官補尾崎三良をすでに出張させている。それは、上杉県令

が刑法の適用や、村吏の冗員淘汰、税制の改定など「旧慣」を改め、旧特権士族連をいたずらに刺激するのをおそれて、民情を視察せしめるためであった。この尾崎の復命が、政府をして岩村の沖縄出張・県令兼摂（上杉解任）をなさしめたという（池田成章『過越方の記』）。

さて、つぎの尾崎の書翰は、秩禄処分に関する政府の意のあるところを示していないだろうか。一八八二年（明治十五年）十二月二十六日、宛名は、親泊朝啓、名城嗣知（二人とも本県士族で県官）である。

〈前略〉今般帰京貴地之情実其筋へ上申就中士族困難之事情相対叶掛米并心附役等之事共委細陳述致候ニ付今般太政官より検査院長従四位岩村通俊と申人を沖縄県へ出張被仰付実地に付士族之苦情を篤と取調可成寛典に処分すへきの御沙汰ニ有之就てハ相対叶掛之儀ハ勿論旧に復せられ可申又心附役之恩典も幾分の御採用可相成と存候猶同氏着県之上ハ、御両名より特に士族之情実委曲御陳述相成度、琉球士族之愁苦を開キ候時機此時を失シテハ再到来するの期無之候〈後略〉（前掲書、傍点は筆者）。

さて、ここで、本県秩禄処分に対する政府の方針をより鮮明につかむために、さきの岩村伺と内蔵両卿伺とを比較検討してみよう。本県の秩禄処分が、方法において本土一般と異なることになったのは、「華士族金禄処分ノ儀伺」（岩村）が、内蔵両卿を経由して政府に容れられたからである。これによって、一八八〇年（明治十三）より家禄を金禄に改定し五カ年間据置き、六カ年目すなわち一八八五年（明治十八）より金禄を公債処分にするという旨の十三年七月二日決定は、とりけされて、金禄支給の継続となった。その理由とするところは、いちいち能吏岩村の主張どおりになっている。すなわち、まず、沖縄の禄制と廃藩置県が本土一般と大いに異なり、「内地ト一徹ノ処分ニ出ルヲ得ズ」ということである。つまり、沖縄の禄制の大きな特徴のひとつである逓減法を利用しようというのである。岩村は、十三年から十五年までの金禄支給で、ほとんど総計三千円の逓減があることを指摘している「明治十三年ヨリ四十一年マデ沖縄県金禄支出決算額及増減一覧表」（第5表）によってみても、逓減一カ年平均額は一、二五一円四三三であり、二十九カ年間でほぼ三万六、二九一円五五七が逓減した。

また、一挙に公債処分にするとした場合「現下受禄ノ士族ハ無慮三百有余名ニシテ……至公至平ニ帰着セシメントスル頗ル難事ニ有之」（岩村伺）という技術上の理由をあげている。それからまた、仮に、一挙に公債処分を断行するとした場合、「其利子ト金禄トハ現収上大ナル差異ヲ生セサルヲ得サルモノアリ」（前と同じ）、そうなれば、（註）「受禄者ノ不満ヲ懐ク如何計リニ可有之歟ト深ク懸念罷在候」（前と同じ）という政治的配慮による理由もあった。上杉県令をたすけて、本県の諸制度を改革せんとしていた池田は、「我政府琉球廃藩の処分を行ふと雖も猶支那政府を憚りて敢て輙すく手を下さす旧慣墨守の主義を固執し恰も疼痛を摩擦するものの如し」と、政府の憶病さに歯ぎしりしている（池田前掲書）。しかも、そのころ朝鮮で壬午軍乱および甲申の変がおこり、政府は朝鮮をめぐって中国との緊張関係をふかめ、軍備拡張に本腰をいれはじめようとするところであった。

（註）ちなみに、明治四十三年の秩禄公債処分によれば、公債利子は金禄に対して約二五％～五七％の減少であった。

さて、十七年度から追給された分の内訳は第3表のとおりであった。まず①の一万九、四三五円八四は、「華士族金禄相場引直之件」（内蔵両卿伺）が裁可されてふえた分である。これは、旧三司官が米の金禄相場を誤まって、「仕上セ」米相場（旧王朝時代鹿児島藩へ貢納するとき用いたもので、五・六両月の平均相場である。）をもって答弁したものをもとにして金禄相場が確定・実施されてきたが、このたび、それを旧慣により八月相場にひきなおしたのである。では、ここで、「仕上セ」米相場を採用した十四年十一月二十四日付決定の「沖縄県士族金禄賜給額更正計算書」をみてみよう（第４表参照）。「六月相場」では米一石につき六円七八二であり、「八月相場」では九円〇一五だという。したがって第３表①の一万九、四三五円八四は
８７０３石９１４×９円０１９－８７０３石９１４×６円７８２によって出た数字である。

第４表

(1)	５９、０２９円９４銭５厘	（米８、７０３石９斗１升４合の代金）	１石につき６円７８銭２厘
(2)	３５、５６８円５０銭４厘	（麦３、９２８石９斗１升９合の代金）	１石につき９円０５銭３厘
(3)	１８、７９９円６２銭４厘	（下大豆１、９６４石４斗３升３合の代金）	１石につき９円５７銭
(4)	３、４１２円５９銭	（夫役銭１７０、６２９貫５百文の代金）	１円につき銅銭５０貫文

（『沖縄県史』十二、七〇九～七一〇頁）

なお、これよりさき、岩村伺では、この増加高を「来ル十七年度以降金禄相場御更正ノ上御支給相成候様致シ度」としたのだが、それをうけた内蔵両卿は、「従前相場トノ差額明治十三年以来十六年迄既ニ経過セシ分（１９、４３５円×４）県令ヨリ要求ハ無之候得共」（傍点は筆者）十六年度常用金の内から十六年度に支給するよう要求して政府に承認されたのである。岩村さえが要求もしない七万余円もの大金を、日本資本主義の確

立者である松方大蔵卿と、日本軍閥育ての親である山県内務卿とが、本県有禄者の代弁者となって要求したということは興味深いものである。

つぎに、②の増加分は、「華士族旧領地相対掛増高処分ノ件」（内蔵両卿伺）が裁可された結果である。その増加高の内訳は、**第3表**のとおりであるが、Ⓐの一万四、六〇二円二一七は、

11、725円606（米1石につき6円782）＋2、502円81（麦）＋369円727（下大豆）＋4円084（『沖縄県史』十三、七二頁）で出た数字である。Ⓑの三、八六〇円六九九は、15、586円291（米1石につき9円015）＋2、502円81＋369円727＋4円084－14、602円217で出たものである。つまり、岩村は、「華士族金禄相場御引直ノ義伺」をしながら、この相対掛増高の米相場を従来の六円七八二としている（Ⓐの額）が、内蔵両卿は今度の改定相場の九円〇一五で計算して岩村の矛盾を補い（Ⓑの額）、また岩村の上をいったのである。Ⓑの金額は、その差額高である。

ところで、もともと相対掛増高とは、一定期間の領主である地頭と在地の農民との間で、私的に相対示談してとり結んだ小作料（叶）のことである。旧藩時代には、藩庁はただそれを黙許しただけで各自の適意にまかせ、一切藩庁とのかかわりはなかった。公力による保証はなかったのである。廃藩置県にともなう家禄処分にあたり、相対掛増高のとりあつかいについて、鍋島県令には明確な見解も施策もなかった。彼はとりあえず、「年ノ豊凶民力ノ盛衰等ニ依リ其額ヲ増減スルコトニテ何分軽易ニ地租額ニ編入致シ難ク若シ之ヲ廃セントスレハ……士族ノ難渋ヲ来スノミニテ不可然……本年（十三年）ヨリ当分租税ト区別シ一旦本県ヘ収納シ士族禄高ノ外別途ニ相渡シ……右ノ如ク凡一二周年度ノ実験経過シテ其民力ニ堪ルト否ト篤ト確認候上見込相立」（『沖縄県史』十三、七二～七三頁）んとした。

鍋島の日和見的施策に対し、上杉は断固たる手を打った。彼は、相対叶掛が「一切藩庁ノ関係セサルモノ」

であったから、存廃とも各自の適意にまかせるということにした。しかし実際には、彼はもっと積極的にその廃止に努力している。

相対掛増高については、当初、政府としても定見はなかったらしく、そのために、さきの両県令はチグハグな手を打つことになった。すなわち、先任者の鍋島が、その徴収に尽力したあとで、後任者である上杉は、県官を間切に派して旧地頭・村民にたいし、そのとりけしを通達した。このような県庁の朝令暮改のうごきに触発されて、農民はその廃止を、地頭連はその給与の継続を出願した。この地頭連のうごきについては、前掲の尾崎の書翰の内容からもうかがい知れるように、尾崎は有禄士族の間を説きまわって、相対掛増金復活要求のため、「煽動」をしたらしい（池田、前掲書）。

以上のことでもわかるとおり、政府は岩村を沖縄へ出張させる前からすでに、相対掛増高を有禄者のために認める方針であったが、本格的にそれを調査し、正式にその上申をしたのは岩村である。彼は旧慣を無視し、かつ、事実上全く廃滅に帰しつつあった相対掛増高を強引に租税に組み入れ金録化したのである。

ちなみに、鍋島県令が徴収した「相対掛増高既未納調」（『沖縄県史』十三、七四〜七五頁）によると左のとおりであった。

	十三年分	十四年分
総額	二万一、四三六円五五四	二万一、三三六円四八二
既納	四、九八五円七九九	一、〇一一円九四
未納	一万六、四五〇円七五五	二万〇、三二四円五四二

第５表

年度	支出額	前年度比 増減△		年度	支出額	前年度比 増減△
13 年	115,033 円 876			28 年	143,862 円 614	441 円 633
14 年	115,033 円 876			29 年	141,345 円 521	2,517 円 093
15 年	113,729 円 941	1,303 円 935		30 年	140,319 円 051	1,026 円 470
16 年	189,098 円 023	△ 75,368 円 082		31 年	141,904 円 783	△ 1,585 円 732
17 年	152,382 円 779	36,715 円 244		32 年	140,322 円 972	1,581 円 811
18 年	152,847 円 817	△ 465 円 038		33 年	138,948 円 183	1,374 円 789
19 年	152,759 円 444	88 円 373		34 年	138,300 円 524	647 円 659
20 年	152,047 円 414	712 円 030		35 年	137,638 円 817	661 円 707
21 年	151,101 円 650	945 円 764		36 年	133,874 円 713	3,764 円 104
22 年	150,579 円 970	521 円 680		37 年	138,775 円 964	△ 4,901 円 251
23 年	149,631 円 791	948 円 179		38 年	136,905 円 091	1,870 円 873
24 年	147,391 円 277	2,240 円 514		39 年	134,483 円 301	2,421 円 790
25 年	146,203 円 939	1,187 円 338		40 年	134,089 円 830	393 円 471
26 年	145,496 円 622	707 円 317		41 年	133,054 円 700	1,035 円 130
27 年	144,304 円 247	1,192 円 375				
	合計支出額　4,111,468 円 730				逓減１ヵ年平均　1,251 円 433	

註：１　この表は『沖縄県史』13、895 ～ 7 ページによる。
　　２　42 年度は 133,459 円 000。43 年度の金禄は 133,101 円 000、これは予定額であり、実際の支給はなかった。

第６表

年度＼種別	本人受取	人　員	合 計 額
明治 34 年２月	4,764 円 503	45 人	69,461 円 441
〃　35 年２月	5,760 円 701	48 人	69,065 円 967
同年８月	4,103 円 56 口	41 人	66,627 円 152
〃　36 年１月	5,504 円 501	41 人	62,595 円 808
〃　37 年２月	6,707 円 813		62,432 円 088
同年８月	7,970 円 838	62 人	58,312 円 668
〃　38 年２月	9,184 円 284		61,075 円余
同年８月	13,672 円余	86 人	59,596 円余
〃　39 年８月	9,486 円 426		56,348 円 816
〃　40 年８月	11,182 円 880		59,574 円 960
〃　41 年１月	17,364 円 900	111 人	66,951 円 490
同年８月	20,615 円 880		67,112 円 000

註：この表は『琉球新報』から作成した。表中空白部分は当該記事がないことによる。なお、表中の合計額は、必ずしも最終的な総額ではない。

このように自然的に廃滅に帰しつつあった相対掛増高を、旧藩庁さえ放任し保証しなかったものを政府は公力をもって保証したのである。なお、十三〜十六年の四カ年分の遡及分を満額地頭連に支給した上で、右十三・十四年分の相対掛増高既納分は農民に返還された。

③の「旧琉球藩吏ノ内采地高給スヘキ者」らへは一八八一年（明治十四）十二月十日、すでに、若干の手当金が給付ずみであったが、こんど、新たに有禄士族として認められ、金禄支給の対象者になったのである。

こうして、さらに優遇的に改定された金禄は、一九〇九年（明治四十二）までつづいた。一九一〇年（明治四十一）までの累年表は第5表のとおりである。なお、金禄は年二回に分け、旧盆と旧正の直前に支給された。

ところで、ここで注目すべきことは、明治十三〜明治四十二年の三十年間にわたる金禄支給が、四〇〇人に近い有禄者に対してスムーズにおこなわれたわけではないということである。大部分の有禄者が、貧困か経済観念の古さから、彼らの金禄を債権者のために差押えされたり、競売処分にされたりしている。「有禄士族に於いて、債務を尽くし能はさるより、金禄下渡前に於いて債権者のために金禄を差押へられ、又は競売処分に付せらるる者あること毎年の常例にして」（『琉球新報』明治三十三年二月一日）、また、「本県の有禄者は大概三百人位なりしが、その内、本人へ直接下渡するは五十人位に過きさる由にて、余は前借者にして代理渡なりと」（前掲紙　明治三十四年二月一日）と報じている。金禄支給総額中にしめる「本人渡し」の額は第6表のとおりである。

また、差押え、仮差押えおよび競売に附せられた金額と人名を明治三十七年二月の例で示すと次のとおりであった。

債権者―たいてい銀行重役―による、そのような金禄の差押えに対抗し奸計をめぐらす債務有禄者がかなりいた。すでに明治二十年代から、有禄者中にも負債をもつものが多く、「毎年ノ家禄ハ債権者ニ委任状ヲ交付シ代人トシテ之ヲ請取ラシムルモノ」（『沖縄県史』十四、五〇一頁）が多かった。そのような有禄者の「中には親類

差押		仮差押	
人名	金額	人名	金額
真玉橋　朝　燿	460円783	普久嶺　啓　鼎	182円565
我如古　盛　緒	201円444	津波古　政　昭	207円683
嘉　数　良　郷	220円408	糸　満　朝　庸	167円461
高　安　朝　常	226円373	武　富　良　均	196円347
小波津　朝　公	212円178	富　島　良　成	149円942
祝　嶺　春　敦	119円530	大　里　朝　直	1,068円990
奥　原　朝　規	259円350		
湧　川　朝　弁	214円345		
前　川　守　薫	338円627	競売	
恩　河　朝　昌	192円546	大宜味　朝　隆	253円892

この表は『琉球新報』明治37年2月7日の記事から作成した。

故旧の縁故に依り仮装の証書を作りて配当を受け債権者を害せんとする企てに出るの疑ある者少なからざる由」（『琉球新報』明治三十六年八月二十一日）と報じているが、それは単なる疑いではなく、やがて、それに関する裁判問題をつうじて事実関係が判明した。たとえば、債務有禄士族が、「金禄の質権設定」をし、債権者による差押えをふせごうとする行為があった。こうして、同一の金禄をめぐって、質権（金禄を質にとったものの権利、たいてい、実際の金の貸与によるものではなく、双方申し合わせによる虚偽の契約であったという）と、それ以前にすでに成立していた債権と、どちらの方にその金禄に対する先取権（有効性）があるかについて裁判沙汰がもちあがった。明治三十六年三月二十一日の那覇地方裁判所における判決では、後者の方が認められ、金禄の質権設定は、無効であるという判決が下された（前掲紙）。またそれより前、この問題について、その決定をしきりに迫られていた政府も、「質権設定は無効なりとの事に廟議確定した」（前掲書　明治三十六年二月三日）。こうした判決や、政府決定は、債権者（たいてい有力者で、沖縄銀行・農工銀行・百四十七銀行の重役）に代理受取りを保証し、そして連続的に金禄公債証書の買収へと道をならすものとして役立った。

　さて、金禄の代理人受取り者のうち、大口の金禄を代理受取りしたのは、各銀行の重役らであった。例を左に掲げてみよう。

その一

一、総額六万九、〇六五円九五七（明三十五・二月下渡）

内

五、七六〇円七〇一　　本人受取

二万三、九九二円五一七　委任　高嶺朝申

二万三、五一三円四八三　〃〃　永江徳志

一万〇、四〇九円三九四　〃〃　山城高興

一、五二九円六一〇　〃〃　読谷山朝法

二八二円二〇四　〃〃　上運天憲直

八二〇円八五四　〃〃　津嘉山珍基

一八三円一二七　〃〃　当山嗣守

その二

一、金　六万二、四三二円〇八八（明三十七・二月下渡）

六、七〇七円八一三　本人受取

一万三、九二八円八一四　代理　山城高興

二万二、三〇七円六八八　〃〃　相良熊次郎

一万八、七七六円八八三　者〃　高嶺朝教

七一〇円八九〇　〃〃　津嘉山珍基

その三

一、金　五九、五七四円九六〇（明四十・八月下渡）
　一万一、一八二円八八〇　　　本人渡
　一万〇、九〇七円七四〇　代理　百四十七銀行
　一万七、一五一円三八〇　〃〃　沖縄銀行
　一万一、六三八円八三〇　〃〃　山城高興
　　二、九六八円三八〇　〃〃　津嘉山（珍基）
　二、七二五円七四〇　〃〃　高宮城

右の人物のうち、永江と相良は百四十七銀行那覇支店長、両高嶺は、沖縄農工銀行と沖縄銀行の重役、山城高興は那覇商業銀行の重役であった。なお、「その三」例は、金禄の代理受取りが、後の金禄公債証書買収への連続的な方向を示すものとして興味ぶかい。

さて、これまで「旧慣温存」政策をとりつづけてきた政府も、宮古の人頭税廃止・島政改革運動や、謝花昇らによる自由民権運動の要求にあったこと、に示されるような県民の政治意識の高揚、また、沖縄県民に地租の怠納者があっても、それをとりしまることができないなど、新しい資本主義的支配体制の整備が必要になっていた。明治四十三年、政府は、旧慣による地租で未徴収の約六〇万円を免除せざるをえなかった。政府はもうそれ以上「旧慣温存」政策をとりつづけていくことができなくなっていたので、県内からの要求を先どりし歪曲して、自らの資本主義的な支配体制を整備していったのである。

一九一〇年（明治四十三）四月二十八日、「沖縄県諸禄処分法」が公布された。「此際旧慣制度ノ唯一遺物タ

ル禄制ヲ整理スルハ、行政上頗機宜ニ適スルモノニシテ、又財政上ヨリ見ルモ右諸禄処分ハ国庫ノ負担ヲ減シ、畢竟国債整理ノ一手段タルニ外ナラサルモノトス」（『沖縄県史』十三、八九三頁）という趣旨のもとに処分しようというのであった。公債処分の歴史的意義は、従来支給してきた金禄が、処分のできない無期の定期金であったものを、公債という処分し得る－いつかは消滅する財産にかえるということである。この「処分法」は、一八七六年（明治九）発布の「金禄公債証書発行条例」をもとにしたものである。「処分法」の内容を、必要な条項をおって検討してみよう。

第二条　前条ニ依リ給与スヘキ国債証券ノ金額ハ第三条乃至第六条ニ依リ算出シタル各標準額ニ付現代禄高千円以上ハ千分ノ七十五、千円未満百円以上ハ千分ノ八十五百円未満ハ千分ノ九十五ノ割合ニ相当スル額ノ二十倍トス

現代高（明治四十三年度に支給される予定の金禄額）をA、第三条第1項の年数をBとすると、たとえば現代高一、〇〇〇円以上の国債証券額は、

$A \times B \times \frac{75}{1000} \times 20$ である。なお、$\frac{75}{1000}$、$\frac{85}{1000}$、$\frac{95}{1000}$ および乗数

二〇の意味については、護得久朝常の計算例（後出）の説明でのべる。

前項ノ規定ニ依リ算出シタル給与額中左ニ掲クル金額アルトキハ之ヲ削減ス

一　現代禄高ノ二十倍ヲ超過スル金額

この条項は次のことを意味している。前項の七五、八五、九五をCとすると、$\left(A\times B\times\frac{C}{1000}\times 20>A\times 20\right)$つまり$\left(B\times\frac{C}{1000}>1\right)$を成り立たせる現代高Aを支給された人の国債証券額は、(A×20)を超過した分をさし引いた額である。このような超過額が生じたのは、二〇〇円未満の現代禄高を支給された人々である。したがって二〇〇円以上の現代禄高の場合にはこの条項はあてはまらない。この条項のねらいは、給付国債の利子額が現代禄高を超えるのを防ぐためである。

二　第三条第一項第四条第一項ノ場合ニ於テ同一条項ヲ適用スヘキ上級ノ最小給与額ヲ超過スル金額

第三条第一項についてみてみると、たとえば、九九〇円の現代高をもらっていた人の標準額は九、一五七円五〇で、一、〇〇〇円の現代高の標準額九、〇〇〇円を上まわるという不合理が生ずる。それをさけるため、約九七三円~九九九円の現代高の人は、その国債証券の額面高及びその利子は、一、〇〇〇円の現代高の人のそれと同額になるようにしたのである。この条項のねらいは、「年限利率ノ関係上給与額ニ於テ上下ノ列ヲ乱ルモノアルトキ」(「処分法案説明書」)、それを調整するためである。第4条第1項の場合にも同様に説明できる。

三　第三条第二項第三項又ハ第四条第二項ノ場合ニ於テ同一条項ヲ適用スヘキ上級ノ最小給与額ヲ超過スル金額中前項ノ定率又ハ第三条第一項ノ年数異ル為生シタル金額

傍点の部分に問題点があるのであるから、前項の説明を参照。

第三条　永世金禄ヲ有スル者ニ対スル給与ノ標準額ハ現代ノ禄高ニ左ノ年数ヲ乗シ之ヲ算出ス

前項永世金禄ニシテ逓減セラルヘキモノニ付テハ前項ニ依リ算出シタル標準額ヨリ現代禄高ト逓減終了ノ代ノ禄高トノ差額ニ其標準額ノ算出ニ用ヰタル年数ヲ乗シテ算出シタル額ノ二分ノ一ヲ減ス

第７表

禄　　高	年　　数
1000円以上	9年
900円以上～1000円未満	9年2分5厘
800　〃　～　900　〃	9年5分
700　〃　～　800　〃	9年7分5厘
600　〃　～　700　〃	10年
500　〃　～　600　〃	10年2分5厘
450　〃　～　500　〃	10年5分
400　〃　～　450　〃	10年7分5厘
350　〃　～　400　〃	11年
300　〃　～　350　〃	11年2分5厘
250　〃　～　300　〃	11年5分
200　〃　～　250　〃	11年7分5厘
150　〃　～　200　〃	12年
100　〃　～　150　〃	12年5分
75　〃　～　100　〃	13年
50　〃　～　75　〃	13年5分
40　〃　～　50　〃	14年
30　〃　～　40　〃	14年5分
25　〃　～　30　〃	15年
25円未満	15年5分

『沖縄県史』13、891 ～ 892 ページ

計算例※

護得久朝常

現代禄高　六六七円九九三

次代　〃　五〇〇円六五九（以下永世）

六、六七九円九三〇　現代禄高に十年を乗じた額
八三六円六七〇　現代禄高と最後との差額に十年を乗したものの二分一の額
　　　　（６６７円９９３－５００円６５９）×１０×½
五、八四三円二六〇　標準額（６６７９円９３０－８３６円６７０）
四九六円六七七　右額の八分五厘（８５／１０００）に相当する額
九、九三三円五四〇　給与額（４９６円６７７×２０）
四九六円六七七　右の五分利子

ところで、ここで注目すべきことがある。給与額（国債証券）の5分にあたる金額と、標準額の8分5厘にあたる金額とは同額（４９６円６７７）である。つまり、実質的には標準額の八分五厘（$\frac{85}{1000}$）にあたる額が支給されたのである。標準額の八分五厘（$A \times B \times \frac{85}{1000}$）を二十倍したものの5分とは、（$A \times B \times \frac{85}{1000} \times 20 \times \frac{5}{100}$）であり、結局（$A \times B \times \frac{85}{1000}$）そのものである。「今日ニ於テハ5分利以外ノ国債証券ヲ発行スヘカラサルヲ以テ5分以上ノ利子ニ相当スルモノハ其実歩ヲ加ヘテ（$\frac{50}{1000}$にすべきを$\frac{C}{1000}$にして）之ヲ二十倍シ元金ニ換算シテ加増」（処分法案説明書）したのである。政府は、形式的には国債に関する法律に抵触することなく5分以上の実質的恩典を与えたわけである。

以下条項とその説明を省略する。

※　この計算例は『沖縄県史』十三、九〇〇～九〇二頁。

第三条　第一項も含めて五種の計算方法によって支給された。

さて、先に見たように、尚泰は本土処分の例にくらべて、年数において三年七分五厘、利率において五分も

恩典をこうむったが、この恩典のそれぞれ半分を本県の有禄者にも均霑した。すなわち年限において一年八分七厘五毛（ただし端数を切りすてて一年五分を採用）、利率において二分五厘だけ「内地金禄処分」の場合よりそれぞれ多い。これを表示すると第８表のとおりである。

第８表

	全　国		沖　縄	
金　禄　高	年　数	利　率	年　数	利　率
20,000	6年2分5厘	5分	10年	1割
1,000以上	7年5分	5分	9年	7分5厘
900〜1,000	7年7分5厘	6分	9年2分5厘	8分5厘
800〜900	8年	〃	9年5分	〃
700〜800	8年2分5厘	〃	9年7分5厘	〃
600〜700	8年5分	〃	10年	〃
500〜600	8年1分5厘	〃	10年2分5厘	〃
450〜500	9年	〃	10年5分	〃
400〜450	9年2分5厘	〃	10年7分5厘	〃
350〜400	9年5分	〃	11年	〃
300〜350	9年7分5厘	〃	11年2分5厘	〃
250〜300	10年	〃	11年5分	〃
200〜250	10年2分5厘	〃	11年7分5厘	〃
150〜200	10年5分	〃	12年	〃
100〜150	11年	〃	12年5分	〃
75〜100	11年5分	7分	13年	9分5厘
50〜75	12年	〃	13年5分	〃
40〜50	12年5分	〃	14年	〃
30〜40	13年	〃	14年5分	〃
25〜30	13年5分	〃	15年	〃
25円未満	14年	〃	15年5分	〃

『沖縄県史』13、891〜892ページ第3条
〃　903〜904第1条　｝より作成

（註）本表中の年数は、公債の消却年数を示す数字ではない。金禄高×年数は公債額面数字になる。

利率は公債額に対するもので、たとえば金禄高20,000円の場合、公債額は本土の有禄者は12万5,000円、尚泰は200,000円でそれに対する利子は、前者が6,250円、後者は20,000円である。

例えば利率の7分5厘は「処分法」第2条の $\frac{75}{1000}$ である。

これで、総額一三万三、四五九円の金禄は、一五七万九、四〇〇円の公債にひきなおされて支給されることになった。「処分法」の第九条に「本法ニ依ル給与ハ明治四十三年一月一日ニ於テ之ヲ為シタルモノト看做」とあるから、この公債証書の元金は五年間すえおき、六カ年目すなわち一九一五年（大正四）を初年として二五年間で元利消却されることになった。

しかし、そうして優遇的に処分・交付された金禄公債総額一六〇万円にちかい額のうち、明治四十三年九月ごろまでには、ほとんどの受給者がそれを地元の四銀行と個人に売却した。そのうちわけは、

沖縄銀行	八〇万円
農工銀行	三〇万円
共立銀行	一二万円
実業銀行	一二万円

であった（『那覇市史』第二巻上二七〇頁）。銀行間のはげしい買いつけ競争もあってか公債の売値は高く、公債額面一〇〇円にたいし九八〜九九円の相場であったという（前掲書）。

ともあれ本土一般では、金禄が公債にひきかえられたのが一八七六年（明治九）、五年間元金をすえおいて、公債の元利を全額消却したのが一九〇六年（明治三十九）であったから、沖縄の公債処分が本土におくれること実に三十四年であった。それだけ秩禄公債の資本化がおくれ、沖縄の資本主義発達のおくれの一要因となった。

第二節　無禄士族の処分と授産金の交附

一　心附役・渡清役の処分

沖縄の秩禄処分は徹底した上厚下薄であったといえる。優遇的に金禄公債処分を受けた「上」のほうについてはすでにみた。本来有禄者的でありながら、政府によって、一方的に「無禄士族」と断定された「下」のほうの処分についてみてみよう。(註)

(註) 心附役・渡清役になるのに必要な勤功は、途中でその勤功持が死亡した場合、子孫へ相続された。この十数年～数十年の勤功の後、心附役・渡清役になれる勤功制度を、岩村でさえ「官民双務ノ契約ニ係リ一種特別ノ家禄」(『沖縄県史』十三、一〇頁)と認めている。

政府によって「無禄士族」と断定されたものたちは、旧藩時代には「心附役」や「渡清役」を勤めた者のことである。旧藩時代この心附役は、俸給として心附という役得が与えられたので、そう呼ばれた。彼らは、心附役に昇進するまで、諸署の筆者として、薄給もしくは無給で長年勤めなければならなかった。たとえば、評定所筆者の場合、総員二一人のうち、八人は年俸米七石、五人は同じく四石、九人は無給であった。これら筆者達が、心附役に昇進するためには短くて七、八年、長くて四〇余年間借金して勤め、勤功を積まなければならなかった。その間生計を担当するのはもっぱら主婦であった。そうしてかちえた心附役の任期は、ほとんどの場合わずかに一年にしかすぎなかったが、けっこうまとまった金になったから、それで下積み期間中にたまった借金を返済し、家計の基礎をかためたのである。

首里の士族、伊是名朝睦の場合には、七才で城中の下庫裏へ奉公し、そこで四カ年、それから書院給仕が五カ年、それがすんで国学の学生として五カ年、二一才から二四才まで下庫裏当を勤め、そして東京留学三カ年という時に廃藩置県になった（『那覇市史』第二巻中の2、一五頁）。また評定所筆者の場合、その勤務時間は、午前八時から午後八時までであったという（右書、一四頁）。

心附役の所得には二種類あった。第一種は藩庁から明許されたものであり、第二種は黙許されたものである。明許されたものは、さらに、①「雑穀及砂糖ノ欠補」と②「蔵役人心附」米穀の二つに分かれる。①のうち雑穀の欠補とは、麦や下大豆の収納に際し、一石につき三斗六升（伊江島にかぎって二斗二升八合）を所定額より多く徴収し、砂糖の欠補とは、貢糖の場合一挺につき五斤、買上糖の場合百斤につき五斤をそれぞれ所定額より多く徴収し、自己の所得とすることができた。また②の蔵役人心附とは、米および雑穀とも一石につき一斗六升（宮古・八重山は八升）を余計に徴収し、これを所得としたものである。この明許されていた①②は、置県後も正式に租税として明治政府にひきつがれた。

また、第二種の黙許された心附にはいく種類もあって、錯雑をきわめたものであった。一、二の例をあげると、農民から物品を購入する際に、定数より若干増加しているか、相場より低価で買うかして、その超過物品または、あまった代価や取扱い手数料を役得として収得した。その役得は公私混同したもので分界の判明しないものであった。置県後、この第二種の黙許部分は廃滅した。政府の計算によると、一カ年統計の心附役所得高は六万八、四八〇円で、そのうち二万二、七〇〇円余が明許部分で、残四万五、七〇〇円余が黙許に属する部分であった。

また、渡清役というのは、中国に渡って進貢貿易のことに従事した旧琉球藩吏を総称したものである。渡清役に就くためには、無給や薄給で、各役署の筆者をつとめ、数年もしくは数十年の勤功を積まなければならなかった。彼らの収得する役得金は、扶持米と余勢米との二種からなっていた。扶持米は置県以来租税に編入され、余勢米は廃滅になった。なお渡清役のうち、福州大通事、北京大通事、在留脇通事、脇通事、総官は久米村士族の専掌であり、才府、官舎、大筆者、脇筆者は、首里・那覇の士族がこれをつとめた。

廃藩置県が断行されて、彼らは無禄士族として路頭にほおり出された。しかも、勤功のための多額の負債をかかえたままである。特殊沖縄的な封建的矛盾を背負わされたままであった。

このように、政府に冷遇されたこれら無禄士族たちは、あるものは県庁役人や、首里・那覇の吏員となったり、巡査になるものもいたが、大多数のものは、無為徒食の生活を強いられた。

廃藩から約一年後の五月二十四日、鍋島県令は、「心附補助之金額」八万六二五三円を授産用として下賜するよう政府に伺書を出したが、不採用になった。この情報はただちに、県庁に奉職する無禄士族から他の無禄士族に通報されたので、彼らは数百人大挙して県庁におしかけ、哀願をかさね、県庁に奉職する無禄士族もボイコットをおこしかねないうごきに出ていた。

一八八一年（明治十四）十二月八日、県令上杉茂憲は内務・大蔵両省に宛て上申書を出した。「旧藩同様ノ支給ニテハ巨額ノ金員相層ミ候ニ付別紙調書（註）ハ凡ソ五分ノ一ニ減シ尚逓減ノ法ヲ加ヘ極メテ節縮ノ見込ヲ立テ」（『沖縄県史』十二、七六八頁）、七万一、六〇一円二八六を元蔵役人に支給するよう要求した。それだけでもあれば、開墾その他生計のたしにもなるが、もし、それすら支給しなければ人心の帰背にもさし響き、県治上多くの妨碍となるであろうと書きそえた。これを受けた内務省は、上杉が要求した七万一、六〇一円二八六をとりあげ、その端数をきりすてて七万円とし、これを授産資金として下賜することを伺い出た。一八八二年（明治十五）五月三十一日、これが裁可され、元蔵役人（心附役）七七二名にたいしてやっと七万円が支給されたのである。また、それより先、渡唐役の分として久米村士族一五二人分三、六一六円三四が支給されていた。

（註）別紙調書とは「元蔵役人ニ於テ所得ノ分調」（『沖縄県史』十二、七六八頁）である。上杉は彼が要求した七万一、六〇一円余の金額を「十二年売却代ノ概算」を参考にして割り出している。下段の（註）と関連あり。

だが、この額は一人あたりにするとあまりにも少額であった。旧藩制時代に上等の蔵役三千円の収得をとるべきものも、四五百円、下等にいたってはわずかに五、六円にしかならなかった。そのうえ、人員も百余人ふえた。これでは過去の借金を返済するどころか、せっかくうけとった金子も債主にとりあげられたので、政府に対する請求運動はあとをたたなかった。

彼らは、数度請求して失敗した後、一八八三年（明治十六）三月、「三十万円」もしくは、「旧藩ノ時貢租穀物砂糖ニ係ル蔵役人ヘ給スベキ分五ヶ年御収入高」を要求した。前者三〇万円についてはその根拠となるものがつまびらかでないが、後者の「…蔵役人へ給スヘキ分五ヶ年御収入高」は根拠のある正当な要求である。その額は、約三五万八〇〇〇円（71、600×5）を暗にさしていたと思われる。その蔵役人へ給すへき分七万円余については、大蔵省も「七万千六百余円ノ調書ハ十二年度売却代ノ概算ヲ参考ニ付シタルモノ」（『沖縄県史』12、七六九頁）と否定はしていない。その七万円余の金額は、上杉によれば心附の明許の部分で、「今方ニ租額ニ組込ミ大蔵省歳入中」（前掲書七六八頁）であった。(註) この明許された心附は、当然これら旧心附役たちに支給されるべき筋のものであった。

（註）この心附の明許の部分について県庁（上杉）と政府側との間に大きな誤差がある。上杉は上述のとおり七万余円とし、岩村通俊は二万二、七〇〇余円としている（『沖縄県史』十三、一〇七頁）。このような誤差は、県民が国税として納めた現物を大阪へ送り出す方（上杉）と、それを受けとって売却し国庫へ入れる方（政府大蔵省＝岩村）との間の差である。ただ間ちがいないのは、七万余円相当の租税（旧藩時代の心附明許部分）を政府は十二年以来本島から収納しつづけたということである。政府はこの種の欠減・誤差についての説明を別のところで「貯蔵中鼠耗ト害虫トニ由リ」云々といっている（『沖縄県史』十三、四九七頁）。

この請願を直接うけたのは、上杉県令であったが、上杉も年間七万余円の心附を認めていたから、政府は窮地に立たされたことになる。その直後に上杉は解任され、県令を兼摂した岩村はこの問題ひきつぎ、そのような上杉の見方を廃し、政府側の見地から旧心附高→「授産資金恩賜金」高を計算した。彼は一カ年分「役得（心附）高金六万八千四百八拾円ハ従前ノ役得高ナレトモ置県以後官庫ヘ徴収セシモノハ説明書ニ所謂明許高即金二万二千七百余円ニシテ現ニ租税ニ編入セシモノナリ其他ハ彼ノ黙許ニ係ルモノナルヲ以テ爾後一般ニ廃滅セリ依テ現今官庫ノ収入高ハ即従前役得金額ノ殆ント三分一ニ当レリ」（『沖縄県史』十三、一〇七頁）という計数を基礎に、つまり国庫へ現収しつつある旧明許高を基礎にして支給高を決定しようというわけである。

つぎに彼は、廃役した無禄士族である心附役を旧慣によって資格づけをした。彼はそれを大別してつぎの二種および渡清役にわけた。

第一種　多年の勤労を積み、廃藩の時点ですでに心附役に就任する資格をそなえていたもの。上は砂糖蔵役人（所得金三、〇〇〇円）から、下は用物座手代（同二〇〇円）まで士族、平民あわせて七七二人いて、一八年先まで就職の順位がきまっていた。

第二種　勤功がややおとり、将来、あとわずかの年数をつとめれば、第一種についで一九年目から心附役に就任できるもの。士族、平民あわせて九七四人いた。

渡清役　五四年さきまで就任の順位と人数がきまっていた。「渡唐役」ともいう。

このようにわけたうえで、支給の方法、額を決めたのである。

まず第一種心附役の分については、国庫現収高を目安に旧慣による心附高（黙許部分も含む）の三分の一に減少し、それからさらに七万円（十五年にすでに第一種に対し支給ずみの分）をさし引いて一三万一、一一六円[註]をつぎの方法で支給することにした。初年の分、八一名一万〇、八五五円四四三から人数も金額も漸減させていき、一八カ年目の分、三人一八〇円〇三六を支給し、一八カ年賦で都合一三万一、一一六円を全額支給する計画である。

（註）（603、080円×1/3）－70、000円＝131、116円。そのうち（129、084円821－士族の分

2、031円179－平民の分）

つぎに、第二種は第一種より勤功が劣るので、一九年目に、第一種の明許高一カ年分二万二、六九八円の三分の一にあたる額、七、五六六円を分割平等に同時に支給しようというわけである。

さいごに、渡清役にたいする支給方法は、年数以外全く第一種心附役の場合と同様であった。すなわち、旧役得高一五万三、六三二円七七の三分の一にあたる五万一、二二〇円から三、六一六円三四（十五年支給ずみの分）をさし引いた額四万七、六〇三円六六を五十四カ年賦で支給しようというわけである。なお、勤功の足りない渡清役無資格者二六名分三一八円が支給されることになった。

一八八四年（明治十七）一月十九日、右の岩村による計数計算にもとづく支給方針は、政府によって承認された。かくて右金額は十七年以降政府予算に編入、翌年を初年とする第一種心附役と渡清役の分の年賦支給がはじまろうとしていた。前掲尾崎三良の書翰が示唆するように、政府はこれら無禄士族たちへの「授産資金」下賜そのものは既定のものとしていたが、有禄者にたいするようなおもいやりで、岩村の上申以上の優遇措置はとらなかった。なお、その後、心附役が六〇八人、渡清役が一〇四人ふえ、前者にたいしては二、四三二円、後者にたいしては、六二四円それぞれ追給があった。

さて、右の岩村方式による支給の第一年目に第一種心附役関係二、〇三一円一七九（平民心附役の分）、渡清関係三、六六七円（首里、那覇渡清役の分）を受けとる人が一部いただけで、はやくも大多数の無禄士族ども

は、その方式と支給額に変更をもとめた。すなわち、第一種心附役の者たち（士族だけ）は、十七年五月三十一日付で、「予定十八ヶ年間ノ交付高」一二万九、〇八四円八二を年賦受給する代わりに、その半額六万四、五四二円四一を一時に支給してくれるよう政府に歎願したのである。理由は、眼前の困難をしのぎたいということであった。その際、以後一切の苦情を申し上げません、という一筆を県庁にとられた。また渡清役の者たち（久米村人だけ）も同年五月二十四日、「予定五四ヶ年間ノ交付高」四万七、六〇三円六六を受給する代わりに、その半額二万三、八〇一円八三を一時に支給してくれるよう歎願している。その理由とするところも、例の一筆の件も心附役らの場合と同様である。その歎願は政府に承認され、実施された。彼らと行動をともにしなかった「平民ニ係ル筆者以下一時下付ヲ願ハサル分」（『沖縄県史』13、二六〇頁）は、二、〇三一円一七九で十八年から二十一年にかけて予定どおり給与された。また、「首里那覇渡清役一時下付ヲ願ハサル分」（前掲書）は三、六六七円で、十八年から二十三年にかけて予定どおり給付された。

以後一切苦情がましい請願はしない旨の請願とひきかえに、半額を一時にうけとったにもかかわらず、第一種心附役と渡清役たちは、連合してその後も政府に請願をかさねた。明治二十八年に請願総代を上京させ、五カ年間にわたって政府や国会に請願をつづけた。三十年一月、旧琉球藩吏九四三名総代は衆議院に請願書を提出した。

おりしも議会では、明治九年段階で処分もれした家禄償典禄のことが審議されていた。総代らの願意は、かつて旧三司官が心附役と渡清役とが受給すべき分として算出した、八〇万四、七九三円一二六から一六万七、六五八円一一六（十五、十八年両度受給ずみの分）をさし引いた額六三万七、一三五円〇一を残額として要求するということである。

一八八四年（明治十七）に半額一時支給の交換条件として提出した例の請書について、無禄士族らの言い分によると、「向後苦情歎願等不仕旨ノ請書草案ヲ県庁ヨリ示サレ之ニ捺印スルニ於テハ金ヲ下賜セラルヘキモ若シ捺印セサルニ於テハ下賜セサルヘシト厳達セラレタ」（『沖縄県史』十三、七五七〜七五八頁）ということがあったという。また、「廃藩置県ノ為メ職ヲ失ヒ俸ヲ殺カレ糊口ノ途全ク絶タルト同時ニ債鬼ノ督促益急ニ進退惟ニ谷マリ……窮困骨ニ徹シ飢餓前ニ逼リ流離艱難或ハ餓死シ或ハ食ヲ路傍ニ乞フ其甚シキ者ハ井ニ投シ壑ニ転シ自カラ死シテ苦患ヲ免カルヽニ至ル」（前掲書）というなかで、やむなく捺印したというのである。この請願書は、貴衆両院を通過したが不幸にもその議会は解散になった。そこで、総代たちは、政府に対してとりあげてくれるよう何回も申し入れたが、先へ先へとひきのばされた。三十二年五月十日、奈良原知事も政府に対し、この件に関する調査委員会を設置するよう上申した。

翌三十三年にも、五分利付公債処分による「旧琉球藩吏役俸処分法案」を衆議院に提出したが、今度は否決されてしまった（『沖縄県史』十六、一七六頁）

県庁側でもまじめにこの問題をとりあげざるをえなくなった。これら廃役士族の貧窮が深刻になっていたのである。三十二年十二月七日、沖縄県書記官椿秦一郎は政府に対し、「旧琉球藩ノ秩禄処分ヲ要スル事由」（『沖縄県史』十三、七〇三頁）を提出した。内容は、

一、役得地扶持（註）ハ共ニ秩禄ナルコト
二、役得地扶持ヲ受クヘキモノハ之ヲ要求スヘキ権利アルコト
三、役得ハ置県後今日迄国庫ノ収入トナリ居ルコト
四、秩禄処分ノ顛末並処分ノ方針一定セサルコト
五、請願者ノ窮状

の五項目からなる膨大な調査書・意見書である。そのうち、特に「三、役得ハ置県後今日迄国庫ノ収入トナリ居ルコト」は、政府の従来の主張・方針の逆手をとり、その欺瞞性をあばくものとおもう。かつて大蔵省は、「沖縄県無禄士族等へ下賜金ノ儀審案候処右心附ノ物件タル元来蔵役人等ノ給料ニ充ツル為メ徴収セルモノトハ乍申当時藩制ヲ以テ正租ニ増課シ而シテ諸税旧慣ニ仍ル以上ハ右増課ニ係ル分ヲ国庫ニ収入スルハ当然ノ節」（『沖縄県史』十二、七六九頁）といっているし、会計検査院長兼沖縄県令岩村通俊も、支給額算定を役得の「官庫現収高ヲ目的トシ」（『沖縄県史』十二、一〇七頁）ておこなっている。この政府の筋論をかりれば、十八年の一時支給によって、これら廃役士族に対する支給（処分）が完了したのであれば—換言すれば、封建的身分としての心附役・渡清役は消滅したのであれば、もともと彼らあっての「右増課ニ係ル分」—両役明許部分の国庫への収入を打ち切るのが当然である。

（註）地扶持は旧藩庫から久米村の一部士族一五才以上の男子に年額五〇〇石給与した扶持米のことである。椿はこれを久米村士族の永世禄といってもよいとしている。

ところが椿の計算によると、明治十二年から、三十六年までの二十五カ年間にたまりたまるであろうこれら明許部分の額は、三十八万二、九三六円四三（十五・十八年に支給ずみの十六万七、六五八円一一六等をさし引いたもの）にも達する筈であった。この約四〇万円に近い巨額の金は、当然役得者に支給すべきもので、もしそうしなければ、彼らをして政府を怨嗟せしめるのみならず、また一般人民をして政府はいわれなき公課を人民に負わしめるとの不可を鳴らしめる結果をまねくことになるという。彼らが、黒党・頑固党と称する支那崇拝の党とむすびつけば、「延テ県治上意外ノ憂事涌起スルナキヲ保セス」（『沖縄県史』十三、七三九頁）と警告している。

このような急迫にあってか、政府は、一八九九年（明治三十二）十二月二十五日、「沖縄県士族俸役下渡請願事件」を秘乙第二〇〇号を以って閣議に提出し、臨時秩禄処分調査委員に対して調査審議せしめた。同委員会は、大蔵省に徴収しつつある四〇万円ちかい金の問題には一切ふれずに、該俸役が秩禄ではなく、同委員会の調査審議事項外であることと、十八年に県庁が徴取した請書をたてに一連の請願を退けた。三十四年六月、政府はこの決定を、政府の決定としたのである。廃役士族らは、その後もこの種の請願をつづけ、四十五年三月二十五日にも衆議院に提出されたが、そのつど政府はナシのつぶてであった。

ところで事実、その政府自身の、そして椿の当然の筋論によって、政府は地頭代以下の地役人の場合には、その給料の国庫負担を保証した。すなわち「……従来ノ地役人諸給額ハ当分国庫ヨリ其ノ間切ニ支給ス」（沖縄県間切島吏員規定）。それに対する政府の説明は、これら地役人の役俸の源泉地であったオエカ地を、明治十三年、「百姓地同様貢租地ニ編入シ其ノ作得米免夫米ハ国庫ニ収入シ之ト同時ニ地役人諸給トシテ一定ノ石代相場ニ依リ右作得米及免夫米ノ石高ニ対スル金額ヲ年々国庫ヨリ支給スルコトトナレリ而シテ右国庫ニ収入スル作得米免夫米ハ本来貢租以外ニ属スル性質ノモノナルニ依リ今地役人諸給ヲ廃シテ全然之ヲ国庫ノ収益ト為スカ如キハ穏当ナル処置ニ非ス」ということであった。全く同じ経緯のものであるにもかかわらず、一方は認められ一方は認められない。置県後政府の県治方針にとって一方は全く消滅させられる運命にあり、一方は末端行政の直接担当者としてひきつづき不可欠であった。その差があらわれたものであろう。

結局「無禄士族」にたいし、実際に支給された額は左のとおりであった。

金一七万四、七六六円七六

内

金一四万二、九〇一円五九　　心附役の部
金　三万一、八六五円一七　　渡清役の部

この金額は、授産資金として支給されたが、このことは、政府が、心附役・渡清役を有禄者とせず、無禄者としてとりあつかったことと対応している。

二　士族授産と失業士族の動向

廃藩置県にともなう首里城あけ渡しと、諸般の事務ひきつぎで、首里・那覇の旧支配層は、職を失うことになった。

すでに、彼らは琉球王国の再興を夢み、廃藩置県に執拗に反抗しつづけてきたが、明治政府の国権をかけたかたい決意と武力の前に、ついに、それが避けられないものと断念し、次善の策に転じたのである。すなわち、まず、従来通りの家禄を確保したうえで、行政、徴税、警察などの事務をなげだし、一切県庁に協力しないという策略であり、かくて期待される県政の混乱ののち、清国の力にたよって琉球王国の再興を達成しようとしたのである。このような反動的な不平士族の運動は、少なからざる数の無禄士族たちもまきこみ、置県後も執拗につづけられた。このような士族の非協力運動にたまりかねて、処分官松田道之は、「百職皆ナ内地人ヲ取リ、遂ニ此ノ士人ハ一人ノ職ニ就クヲ得サル者ナ」き状態になるであろうと警告を発した。この警告は見事に的中し、その後、昭和二十年まで県庁の中に本県出身の高等官はほとんどあらわれなかった。

さて、みずからの職をなげ出しても、年々の金禄支給によって、優遇的にその生活が保障された有禄者＝旧上層特権階級はよい。問題は、無禄士族の失業問題である。だが、これら膨大な失業士族群は、本土におけるように、かならずしも廃藩置県のみによるものではなく、沖縄封建制における官吏任用の特異性からくるものであった。沖縄封建社会の制度・機構を、社会の末端で日常的に作動させていた二千人にちかい下級官吏（心附役・渡清役）たちは、王府－藩庁にとっては常設官であったが、彼ら官吏個々人としての立場からは非常勤職（勤功制度）にしかすぎなかった（前節参照）。停滞的農業生産による王府財政の卑小さでは、千七百余人の心附役と一七〇余人の渡清役たちをまかなうことはできなかった。王府は、封建制の中で生きのこるために、これら下級官職を自己の財政からきりはなし、心附役・渡清役という形で直接農村と対中国貿易からこぼれた役得に結びつけたのであろう。首里・那覇には当時六、〇〇〇〜七、〇〇〇戸の士族がいたが、三六〇〜三七〇戸の有禄士族をのぞけば、すべて潜在的失業者群であった。

そういうわけで、士族の失業問題は、得に廃藩置県によってのみ生み出されたわけではなかった。また、日本本土の場合、在官者以外の華士族に職業の自由を許したのがやっと一八七一年（明治四）であったのにくらべ、沖縄では、すでに「屋取り」という形で士族の帰農が許され、一七六三年には、士族の子女に商売が許されていた。「那覇の古い財産家など、その蓄財の過程を尋ねると、例のつけ届役（心附役）と、この模合の利用に依ったものが多い」（太田朝敷著『沖縄県政五十年』、一九七頁）ということであった。これら首里・那覇の失業士族の家庭は、貧困なりにそれぞれの場を得て安定していた。また「屋取り」した「居住人」たちの中にも、産をなした者がかなりいた。すでに、失業士族たちによってひきおこされるかもしれない社会・経済不安に対する安全弁は、そのような形で、はずされていたのである。このような歴史的事情によるのか、本県の場合、政府は不平士族（上士特権層）に過敏なほどの神経をつかったわりには、貧窮士族の救済としての授産事業はあまりない。授産事業といえるのは、授産金貸しさげによる大原開墾と沖縄織工場の二つぐらいなものであろう。

まず、久米島の大原開墾については、喜舎場朝賢は、同志山内盛喜、知念政憲と語らって、置県後まもなく、県官をつうじて政府に対し授産金貸しさげの請願運動をはじめていた。それと同時に、首里・那覇の各村吏員におさまっていた黒党の妨害にあうというなかで、喜舎場らは、首里・那覇士族のあいだを説きまわって同志を募った。明治十四年二月ころには、すでに一〇〇人の同志をえていた。

明治十六年四月、政府は、彼らに対し五、四〇〇円余を貸しさげることになった。それにともなって、県の方でも、農商課内に大原開墾事務係をおき、農商務課長心得太田祥介を主任とし、貸しさげ金は県に保管された。そして県属坂井了爾が直接監督の任にあたることになった。

明治十八年四月、喜舎場ら同志二〇人、常傭夫二〇人、沖縄監獄の囚人四〇人、看守二人、押丁二人、監督官（県属）一名の計八五人は、大原についた。こうして一六町歩の土地を開墾することになった。四カ月ほどかかって、住宅二〇軒、製糖小屋二軒、事務所一軒を建て、井戸・溜池を掘り、荒蕪地を開いた。食糧用として、とりあえず芋と、換金作物として甘蔗を植え、山羊・豚・鶏なども飼った。同年八月には、開墾のための基礎作業もかたづいたので、囚人は那覇に帰った。大原ヤドリは基礎ができた。

基礎作業も緒につき、開墾事業はこれからだというとき、農業の専門家として好指導で人望のあった坂井が急死し、後任として佐村某がきたが、その官僚的監督のいきすぎが悪影響となってあらわれた。また、そのほかにも、明治十八〜二十年の自然災害、特に二十年の秋にいたって、食糧不足をきたし、数十俵もの食糧の買い入れをせまられ、県から、救護金の交付を受けるほどの窮状におち入った。そのような人的、自然的災厄にあって、同志の脱退者が続出し、十九年に二人、二十年に六人、二十一年に三人と、三年間に一一人の脱退者が出た。授産事業として開墾が重視された割にはあまり成功したとはいえないだろう。

つぎに首里の真和志村に設立された沖縄県織工場についてみてみよう。授産事業として、織工場が設立されたのは、県人が機杼の業に長じていたからである。この場合にも、反対をとなえたり妨害をなす者がいるなかで、有志家の熱心な勧誘で織工が多少あつまり出した。これに心をうごかされた県令西村捨三は、明治十八年八月朝廷に授産金の貸しさげを稟請した。これに対し朝廷は、十年すえおき後、無利子の十年年賦払いで一万三、七七八円を貸しさげた。同工場は、県農商課の監督下におかれた。十九年八月にはその事業も緒につき、織機の回転をみるにいたった。明治二十三年度の経営規模をみると、資本金、一万七、〇〇二円一八〇、経費金、一万四、三〇二円九三五、収入金、三、七一三円五五九であった（『沖縄県史』二十、六二五頁）。これらの数字の中で注目すべきのは、資本金一万七、〇〇二円一八〇のうちから、下渡金をさしひいた自己資金が三、二二四円もあるということである。この金額は当時としては莫大なものであり、この資金を出資し下渡金をうけて同工場を経営したのは有力（禄）士族連であったと思われる。

明治二十三年一月、同工場は民間組合に下渡された。太田朝敷はその経営情況にふれて、「この織工場では久米島まがいの木綿紬など盛んに織り出して、一時は素晴らしい勢いであったが、何をいうにも士族商売の御多分に漏れず、後には儲けた金を使うことが本意となり、事業そのものの発展をおろそかにした結果、数年の後には有耶無耶に立消えて仕舞った」（『県政五十年』、一三四頁）といっているが、その後もほそぼそと維持していた。ちなみに明治三十二年における経営規模は、年間の製品数量、二、四八五反、職工数、男子二一人、女子一四八人であった（『沖縄県統計書』）。

明治三十二年十一月、沖縄織工場は株式会社沖縄織工場となった（『沖縄県史』二十、六二六頁）。場長は、首里門閥で沖縄銀行の重役である高嶺朝清で、取締役以下の重役もやはり首里の門閥であった（「株式会社沖縄織工場第一期計算報告」『琉球新報』明治三十三年一月二十五日）。

ところで、沖縄織工場設立の目的は、「本場ハ実ニ県下織物ノ標準ヲ示シ以テ一般ノ改良ヲ冀図シ衰勢ヲ一時ニ挽回シ……此計画ニシテ謬ラサラシメハ独リ士族ノ産業立ツノミナラス県下一般ノ福利ヲ増進スル」（『祝文集』）ということであった。これは、貧窮士族の救済としての授産事業ではなく、県の模範工場設立としての意義の方に、より重点がおかれていた。そのために、政府に選ばれたのが有力士族連であった。

これまで見てきたように、秩禄処分、授産事業において、その処遇はまさに上厚下薄であった。政府の授産金貸し下げによる開墾とは別に、自己資金や労力による本島中・北部の杣山開墾に参加する士族がかなりいた。この場合にも、資産ある有禄士族と無禄士族とのあいだには、優劣の差がはっきりしていた。中頭地方の杣山開墾は、明治二十七年三月と、同三十年五月と二回にわたっておこなわれ、四〇五万〇、一六八坪が開墾を許された（「中頭地方開墾地の情況」『琉球新報』、明治三十一年五月二十三日）。そこに移住した士族の戸数は、美里二二戸、越来七九戸、読谷山四一戸、具志川八戸、北谷九五戸であった。

その中で、もっともよく開拓し、漸次歩をすすめていたのは尚家の開墾で、そこに雇人として移住していくものも少なくなかった。

また、古来、甘蔗圧搾の動力は牛馬力にたよっていたが、「明治二十一年頃始メテ中頭郡読谷山間切字牧原ナル首里士族輩ノ開墾場ニ於テ水力圧搾器ラ使用シ」（仲吉朝助著『沖縄県糖業論』二一頁）、これが県内各地方にひろがっていた。規模と技術においてみるべきものがあったといえよう。

これに反して、他の開墾人はあまりよい成果をあげ得なかった。「全体中頭地方の開墾地は土質あしく耕作に多額の費用を要するがゆへに皆其資金に耐へすして半途に於て抛棄するもの多しとす或人の如きは五六百円の資を投して開墾に着手し是より追々好成績を見んとする処迄達して抛棄せりと云ふ……二丁の砂糖を作って三四円損失したる話は開墾人某の実験談なり」（前掲紙）。右で述べた士族の移住戸数二四五戸のうち、首里、那覇の無禄士族はわずかにその百分の三にしかすぎなかった。開墾に要する経費や、農具、家畜の購入費、土地改良費などの資金額はばかにならなかったであろうし、農耕が採算のとれるものとして軌道にのるまでの生活費も必要であろう。無禄士族が自立して開墾し農業する道は、けわしかったのである。なお、国頭地方の杣山開墾にも、二七二戸の士族が移住している。この場合にも、事情は中頭地方の場合と似たりよったりであった。

このような奈良原らによる杣山開墾政策は、貧窮士族の救済事業としては何ら意味がなかった。さきにも述べたように、沖縄廃藩置県のころには、沖縄士族の政府に対する政治的結集―危機の可能性は、ヤドリによる士族の帰農や、家禄の逓減法・勤功制度というなかで士族としての純粋な階級意識とともに、自己分解しつくされてきていた。旧藩時代に要路にいた反動的な有力士族に指導される反政府運動が、膨大な数の下級士族を政治的に結集できなかったのは、偶然ではない。士族の佩刀禁止（たぶん島津の琉球入り以後）、ヤドリ、家禄の逓減法・勤功制度は、士族のサムライ意識や身分意識を麻痺させていたから、封建制度打破に外ならない廃藩置県の際にも、現実的に対応したとはいえない。明治政府が、沖縄の士族授産事業に力を入れなかったのは、右の士族の階層分化の状態を看守して楽観していたからであろう。また、「旧慣」を温存することによって仕上げは上々だったのである。

『那覇市史』第二巻　通史篇　一九七四年三月二十五日

琉球処分　『近代日本の統合と抵抗』1

はじめに

琉球処分とは、明治政府による一八七二（明治五）年の琉球王国を暫定的に琉球藩とする（尚泰を藩王・華族へ）措置から、一八七九（明治一二）年の廃藩置県、それにたいする清国の抗議によって生じた琉球帰属問題をめぐる日清外交交渉の一連の政治過程であり、終局的には日清戦争により解決された。その意味で、琉球処分は、明治政府が一方的に強弁したようなたんなる内政問題ではなく、清国との外交交渉を避けて通ることのできなかった国際問題であった。それは中国と琉球との間に結ばれた約五〇〇年間の冊封関係、そして薩摩と琉球の間の約二六〇年間の附庸関係という両属体制――この他藩には見られない歴史性からくるものであった。それ故に琉球処分は一八七九年の廃藩置県で終わることなく、日清戦争を最終的決算とする長びき方を余儀なくさせられたのである。

明治政府が琉球の日清両属をやめさせ自己のみへ専属させる決定的な根拠は何もなかった。そこでその根拠とすべく打った最初の一手が、尚泰の冊封であった。そして琉球処分とのかねあいを計算しつつ強行した台湾出兵は、その目的が当初、不平士族の内乱を願う心を外に移す政略に立ち、あわよくば台湾を略取する腹であった。終局では、この事件を琉球処分への有効な既成事実の創出に利用している。既成事実の強引なつみかさねは明治政府の常套手段である。琉球処分への既成事実づくりは「万国公法」でいう琉球への実効支配になる要件を布石した。その既成事実を自己に有利な交渉の前提としつつ清国とテーブルにつくという手法である。その有利な持駒を自国の国権の確立にフルにいかす。「分島改約」案などは、清国との条約改正を通じて対欧米不平等条約を改正していく手がかりにすることが狙いであった。清国はそのような日本の外交方針に強い不信感を増大させた。が、一方で清国はこの日本の外交方針を反面教師とした。琉球という自国の朝貢国の帰属問題を日本とあらそうことを通じてそれを参考に、清国は同じ朝貢国である朝鮮やベトナムに日本方式を適用している。朝鮮やベトナムという自国の属国をつかって自己の国権の回復・確立のために利用した。[1] 琉球処分は、明治政府の国権確立運動の重要な一環であったが、その強烈な衝撃波がアジアの近隣諸国へ及んだのだ。

琉球国がはじめて中国に入貢したのは、一三七二年である。琉球王国が中国皇帝から冊封されその暦が頒布された。しかし朝貢関係の実質は、琉球にとっては貿易関係であった。琉球からの進貢方物にたいして、中国からはそれをはるかに上まわる返礼品が支給された。また別途に帯同していく進貢附塔物貨は貿易品で、法定価格によって市価よりはるかに高く評価され、官費をもって十数倍から数十倍の高価で買いとられた。また、「三十六姓」とよばれた中国帰化人が琉球で勢をえたこと。中国が一視同仁の教育方針で琉球の子弟を官費で国子監で学ばせたりして優遇したので中国を尊崇する国人が多かった。

一方、琉球の対薩付庸関係は一六〇九(慶長十四)年にはじまった。もともと薩摩のねらいは、琉球の対明貿易における経済的利益にあったから、従前どおり琉球国の存続をみとめた。幕府から薩摩に委任された対琉支配の主な権限は、国王の継嗣や三司官の任免はその承認を必要とすること。対琉統治とくに進貢貿易の監視のため、一六三一(寛永八)年以降在番奉行が那覇に駐在したこと。そしてこの薩摩による琉球支配の実態を琉薩双方の合意のうえで中国に秘し、琉球の対明貿易を継続した。万事に寛大な老大国を相手に琉球の両属体制というノン・フィクション劇が二七〇年間にわたって演ぜられた。

琉球の統治機構の頂点には国王がいる。王の諮問機関として摂政がおかれる。これは王の近親者たる王子・按司《あじ》中の重要人物を任ずる。そして領地としては王子・按司身分にたいして一間切（今日の町村）をあてられ按司地頭（家）とよばれる。

摂政の下に政局の実務を統轄する三司官がいる。この三人は親方身分の中から選挙でえらばれた。この選挙の有権者は王子・按司、親方、久米村（中国系帰化人の居住地）の諸役、那覇里主、表十五人等で上流階級である。親方身分にたいしては一間切があてられ惣地頭（家）とよばれた。

三司官配下の各局の長官と次官をあわせると一五人になるが、これを「表十五人」とよび、三司官とともに王府閣僚たる合議機関を形成した。「表十五人」には親雲上《ペーチン》身分の者から任用した。この身分にたいする領地は一村（今日の字）があてられ脇地頭（家）とよばれた。右のそれぞれの役職につくと役俸が支給された。

首里王府の統治機構は身分制を基軸にして官職と領有制が三位一体をなす有機的立体構造であった。王子・按司身分の中から摂政になり一間切を領有して按司地頭になる。親方、親雲上身分についても一定の官職と地頭になることは前述のとおりである。この三位一体の立体構造をやぶっての任官はほとんど皆無にちかかった。

一八五七（安政四）年平士牧志朝忠が、薩摩の横紙やぶりで強引に表十五人役に昇任したことが、「牧志・恩河」事件という一大パニックをひきおこした。このさい、牧志は平士から親雲上に叙せられ一村があてられ脇地頭になるという美事な三位一体の整合がなされている。

この事件をつうじて露呈された諸現象―琉球の国体変更（統治機構に加えられた外部からの圧力）に過敏に反発し、根拠のうすい流言蜚語とその自己増殖による泥沼化のとりこになりやすい社会心理、ファッショ化する保守派とその国政専断、事態収拾にたいする王権の無力等々は、正確な情報量の不足と相まって事態をいっそう深刻にした。

典型的な平士である牧志朝忠は、欧米から押し寄せてきた黒船の外圧を、たくみな語学力と外交手腕でかわした絶大な功績が薩摩藩主斉彬から認められて破格の抜擢をうけた。この下士族抜擢は幕末の西南雄藩において広く見られたことである。しかし琉球国では有能な下士族ほど窒息させられるような段階に低迷していたわけだ。その原因としては琉球が本土から地理的に隔絶していたことはいうまでもないが、なによりも、幕末から明治維新にいたる政治、経済、思想上における交流や歴史の共有が薩摩の対琉政策によって封じられていたこと。また琉球の独立国としてのあり方自体が、国内の鎖国体制という歴史現象を前提として中国と薩摩との間のきわめて不安定な国際関係の中に奇蹟的にぶらさがった形態であった。そして琉球の存立基盤たる経済において中国から五〇〇年にわたって信じられない程の過保護をうけてきた反面、対明入貢から十一年後の一三八三年に洪武帝の命により明国人の亜蘭匏が、琉球国王相に就任してから、琉球国王尚泰久がその王相制を廃止し、事実上琉球国の独立が完成した一四五四年までの約七十年間を除けば、中国からの内政干渉は皆無であった。そのような形で完成しきった琉球国の国政運営は、対中国交渉にさえ大過なければ能事足りるのであり、幕末の他藩に見られたような藩政改革は琉球の場合その必要性がまだなかった。いわゆる有能な下士族抜擢という歴史現象がなかった。

このような「磐石」な琉球の統治機構の中でおきた「牧志・恩河」事件が露呈した諸現象は、そのまま琉球処分の過程でおきた諸現象のプロトタイプとして先駆したものといえる。

当時の地頭家の戸数は、按司地頭家が三八家、惣地頭家が四一家、脇地頭家が二九二家であった。これら諸家の上流特権階級――表十五人以上の王府閣僚および摂政になれる人々――は、さらに、公私混同といえるほどの経済的な特権を与えられていた。砂糖の徴収、販売や進貢貿易の過程で、国家機関のシステムに便乗して公的な保護をうけ、莫大な利益をあげることができた(2)。

平士は科《こう》という官吏任用試験に合格すると、各役所の定役勤や渡清役になれた。無給で定役勤を五年から十数年勤め「星功」を積んで、収入のいい「心付役」につく。渡清役も、数年から長くて五四年の「星功」を積んだ後になれた。

地方農村の行政機構は、各間切・島、両先島ごとに編成された。間切・島の場合、地頭代以下の役人は土地の富農がなり、両先島は頭以下の役人はそこの士族がなった。地頭代以下の地方役人＝おえか人は、王府からおえか地とよばれる役地を給付された。おえか人になるには、富農の中から優秀な少年がえらばれて、自己の間切の領主たる首里の御殿（按司地頭屋敷）、殿内（惣地頭屋敷）に奉公に上った。数年から十数年の奉公期間中に筆算や礼儀作法、諸芸能がしこまれた。この主従関係は、彼らが出身間切のおえか人になってもつづき、そのまま首里の支配層と地方農村との重要なパイプ役となった。彼らは正月元旦と十五日には首里城への登城、国王への拝謁が許される(3)など、種々士族待遇された。

一般農民は琉球農村独特の地割制の枠の中で、各居住村単位で連帯責任制のもと、地割地の配当替え、村に割当てられた貢租額の各戸配当、犯罪の防止や取り締まりなど、内部調整して諸問題の解決にあたり、かなりの程度自己決定権が認められていた。その反面外部との接触や交渉がきわめて限られ、生活空間の外へ関心をしめしたり、直接生活のつながりをもつことが少なかった。以上が琉球処分によって破却されようとしていた琉球国の基本構造である。

一　琉球処分への条件整備
―政府統治権の琉球への扶植過程―

一八七一年七月―廃藩置県が断行されたその同じ年月に、「日清修好条規」が調印された。その第一条に「此後大日本国ト大清国ハ弥和誼ヲ敦クシ天地ト共ニ窮マリ無ルヘシ、又両国ニ属シタル邦土モ各礼ヲ以テ相待チ、聊侵越スル事ナク永ク安全ヲ得セシムヘシ」とうたわれている。これが調印されたとき、政府・外務省の当路者の脳裏にまずうかんだのは、日清両属の形であいまいに残されてきた琉球のことであったはずである。またそれから五カ月後の一二月には、台湾のいわゆる「生蕃」による「琉球民殺害」事件がおこり、琉球の所属をめぐる日中両国間の懸案事項として、いやでも琉球処分のことが意識されたとおもわれる。

一八七二（明治五）年五月二五日、大蔵大輔井上馨は、琉球処分について正院に建議をした。井上はその中で、「況百度維新ノ今日ニ至リテハ到底御打捨被置候筋ニモ無之ニ付、従前曖昧ノ陋轍ヲ一掃シ改テ皇国ノ規模御拡張ノ御措置有之度」とし、「彼ノ酋長ヲ近ク闕下ニ招致シ、其不臣ノ罪ヲ譴責」し、「彼ヲ使テ悔過謝罪茅土ノ不可私事ヲ了得セシメ、然後速ニ其版籍ヲ収メ明ニ我所属ニ帰シ、国郡制置租税調貢等悉皆内地一軌ノ制度ニ御引直相直」(4)るよう、急進的意見を具申している。この建議ほど明治政府が琉球の国内諸事情にいかにうとかったかを示すものはない。

井上の建議とほぼ同じころ、外務卿副島種臣も琉球処分問題につき歴史的に重要な建議をしている。「尚泰ヲ藩王ニ封シ、華族ニ列シ、其外交ヲ遏メンコトヲ請フ」(5)た。尚泰を酋長あつかいした井上とは現実政治の柔軟な見方とはこび方において天地のひらきがある。当時きわめてすぐれた漢学者であった副島の君臣論的名分論を現実政治に援用したものである。当時の琉球は儒教文化の強烈な磁場であり、副島はそこを絶妙に衝いたのだ。爾後、副島がつぎつぎと布石したものは、後続する琉球処分の論理面における骨子と、その運用面における筋道とを決定したといってもよい。松田道之がのちに琉球処分を行った論法とその運用は、実は副島によって敷かれたレールの上を走らせたようなものである。尚泰の藩王「御請」が、琉球側の明治政府にたいする外交上の論理的敗北の最大要因である。

この二者のほか、左院も答申したが、琉球の両属体制を踏襲するものでとるに足りないものであった。尚泰の処遇についても、「琉球国主ハ乃チ琉球ノ人類ニシテ、国内ノ人類ト同一ニハ混看スヘカラス」(6)といい、その見地から、副島が尚泰を華族とせよという案に反対した。

王政復古の大号令や戊辰戦争のあった一八六八年から七二年ごろにかけて、在薩の琉球館から、日本の国内政治の変革につきしきりに情報を書き送ってきた。その中に一八七一年の廃藩置県に関するのもあった。それらをうけて琉球国では、中国と日本とにかかわる自らの今後の方向について「国評」(上層特権士族による構成)にはかった。その結論は、㈠新政府の直轄を謝絶し、旧来どおり薩摩の付庸たることを請う。㈡朝廷直轄になるなら薩摩の管下に入りその指揮に従う。㈢従来江戸幕府に対する例に準じて朝廷へ通融する。㈣省略。㈤一新更始の際であるので、奄美五島の琉球への復古を願う(7)。この「国評」の中で、中国については言及していないが、それだけになおさら中国との関係断絶について、琉球人らが夢想だにしていなかったことのあらわれとおもう。このことは、琉球国の現状維持＝日清両属を当然のものとした暗黙の結論である。

そのころの琉球は、明治維新という大激変を対岸の火事視していた。琉球に関して鹿児島県から政府へ報告したものの中に、「依然旧法ヲ固守シ自ラ一小天地ヲナシ諸官堂々尊大ノ風ヲナシ且竭取暴斂ノ意ナキ事アタハス殊ニ世上ノ沿革形勢ニ至ッテハ更ニ其何事タルヲ識別セス屢鹿児島県庁ヘ時世不当ノ事共申立テ維新ノ日ニ当リ不都合ノ至リナリ」[8]とある。「鹿児島県庁へ時世不当ノ事共申立テ」とあるのは、疑いもなく右の五点をふくむ琉球の現状維持的要求を申し立てたことをさしている。

鹿児島県は一八七二年正月、伝事奈良原繁、伊地知貞馨を琉球に派遣した。明治維新の変革と、それに対処すべき琉球への指針をつたえることにあった。伝事としての役目を果たした翌一八七三年五月、奈良原は琉球にたいし明治維新を鼓吹し、その不可避性と意義を伝えた舌の根もかわかないうちに、自ら旧藩家臣団のリーダーとなり、帯刀結髪した旧家臣団二五〇名をひきつれて上京し、西郷留守政府に圧力をかけた。廃藩置県に反対して「是非本の姿婆に引戻せ」とすごんだ。奈良原にしても伊地知にしても保守派の久光側近であり、琉球にたいして決定的な指揮権なり影響力を行使することは元来無理だったのだ。幕末になると、薩摩の琉球にたいする威権は—薩摩がその行使を望まなかったこともあったろうが—行われなくなっていた。[9]

一八七二年六月二四日、さらに鹿児島県参事大山綱良は、在番奉行福崎助七を琉球の役人に会見させ、政府命令の趣旨を内訓させた。王子一人、三司官一人を「王政御一新付御祝儀且御機嫌伺」として参朝させよということである。従来世代わり等の折には旧幕府へ時々参勤いたされたのだから、今般のご一新については国王親ら参内するのが適当であるが、それは容赦するから右のとおり国王名代としてさし遣わせといった。政府の真意は、あくまでも琉球王府に尚泰冊封をうけさせることにあったのだが、そのことはおくびにも出さず、名代さし立てを認めて恩を売るそぶりを見せたのである。

大山はついで同県権典事右松祐永、権大属今藤宏の両名を琉球に派し、政府の命をつたえしめた。その趣旨は、従前、尚家にたいする琉球の安堵権が薩摩にあり、今日ではそれが鹿児島県にひきつがれていることを喚起し、尚家が今後も琉球を領有したいのなら、一刻も猶予せず入朝せよという。[10]尚泰冊封のことは依然としておくびにも出さず、朝廷—鹿児島—琉球という君臣的序列をはっきりさせ、尚泰冊封へすんなりもっていこうというハラなのだ。副島の遠謀であろう。

この強い勧告に接し、二日後の一四日、琉球は恭順の旨をこたえた。さらに一六日には、伊江王子、宜野湾親方を王政一新祝賀正副使に任じ、以下の役々の人選も決めた。この恭順から使者人選までのはこびは、きわめてスムーズである。このスムーズな諸決定の裏には、ぬきさしならない事情が推察される。すでに一八六七（慶応三）年王政復古の大号令が発せられ、新政府が発足したことは薩摩在の琉球館から情報が入っていた。(11) 薩藩から何の指令もなかったとはいえ、琉球は五年余も明治政府や朝廷にたいし何らの挨拶もしていない。日清両属を国是とし、今後もその体制をつづけていきたい琉球王府としては、維新によってそれに変化がおこるかも知れないことにたいし、ひそかなおそれがあったはずである。その釈明めいた口吻が、朝廷への今度の賀表の中に「奈セン海道険遠、且封守多事、久ク朝賀ヲ闕ク、実ニ悚懼ニ勝ヘス」(12) としてあらわれている。

琉球が「久ク朝賀ヲ闕」き、悚懼《しゅうく》にたえないという心理と領土権安堵への願望を政府に衝かれた。そのことが「藩王御請」へ急転直下誘いこまれた心理的動因であろう。再度にわたる鹿児島よりの使者がもたらした勧告文の中でも口上の中にも、藩王冊封のことは片言隻句すらなかったが、政府の真意はそこにしかなかった。

九月三日、伊江ら使者の一行着京。使者らは国賓待遇のもてなしを受けた。入朝拝謁の日どりは九月一四日。その日は天皇皇后両陛下をはじめ、太政大臣以下政府の高位高官が威儀を正し、この上なく冒しがたいおごそかな雰囲気が演出された。(13) そのような雰囲気の中で、国文学に造詣の深い宜野湾親方は、事実上この使節の大任をとりしきっていた。彼はなみなみならぬ国文学への理解と傾倒を通じて、皇室にたいする強い尊崇の念をいだく人物であったと推察される。(14) そのような役者と舞台装置のなかで尚泰の冊封はおこなわれたのである。

「藩王」と「琉球藩」はこうして誕生した。同時に尚泰は皇室を奉護すべき藩屏たる華族に列せられた。冊封詔文の「爾《なんじ》尚泰其レ藩屏ノ任ヲ重シ衆庶ノ上ニ立チ切ニ朕カ意ヲ体シテ永ク皇室ニ輔タレ」という至上命令を、政府は文字どおり政治的実効のともなうものと意図したのに対し、琉球側は中国皇帝からの冊封のように、また旧幕府との関係のように、たんなる儀礼的・形式的なものとタカをくくっていたのだろう。琉球側のこの歴史的、堕性的見方をみこしたうえでの政府＝副島のおそるべき狡智というべきである。後に琉球をめぐる日清両国の外交問題がおこったとき、自由民権派の論客でさえ、「清国政府ハ何ゾ我政府カ琉球ヲ藩トナシ尚泰氏ヲ華族トナシタル時ニ異議ナクシテ今日ニ異議アラントスル乎ト夫レ藩ハ即チ藩屏ノ謂ニシテ華族ハ即チ我帝室ヲ輔佐スルノ職則チ琉球ハ業已ニ我政府ニ領属スルノ名義判然タリ[15]」とみなしたほどの決定的に歴史的意義をもつものであった。松田道之もこの間の事情を率直に認めている。「抑モ琉球ハ純然我政府ノ管轄タルヿノ最モ著明ナルモノハ当藩ニ対シテハ去ル五年藩王ニ被任タルアリ清国ニ対シテハ征蕃役ノ始末ニアリ[16]」と。

一八四六年、仏軍艦が来琉し、しきりに対琉和親通商の申し入れを迫っていたことに関し、ときの薩公斉彬は幕府にたいして次のように具陳している。「琉球の久しく日清両国と交通せる事は、内外の共に知る所なり、故に国禁の故を以て、彼の要求を拒むも、彼遂に肯ずべからず、加之、若し清国の允諾を得て以て臨まば、我に於て之を如何ともす可からず[17]」と。ことほどさように尚泰冊封は大きな意味があったのだ。

伊江王子、宜野湾親方らが着京した日の翌日、琉球王府は在番奉行所に台湾「生蕃」にたいする問罪取止めにつき歎願書をさし出した。「御征罰被仰付候はば、おのづから、琉球より申上件之御企致発起候筋に推察屹と被及僉議何様の難題か可致出来哉も難計[18]」という理由からであった。台湾事件の発端は一八七一年一二月、台湾に漂着した琉球人六六人のうち、五四人が「生蕃」によって惨殺されたことにあった。

尚泰冊封の一〇月二五日、副島外務卿は駐日アメリカ大使デロングをまねき、台湾事情につき査問した。同公使は台湾通として知られていた米人のリゼンドルを紹介し、同人を外務省顧問に雇いいれ、台湾出兵の具体的準備作業に着手した。のち、英・米・露各国から台湾出兵は清国にたいする敵対行為であるから、それぞれ三国とも自国人と自国の船舶を日本政府が雇い入れることを拒否した[19]。スペイン代理公使オエダイも、台湾出兵は領土侵略を目的とするのであると抗議した。そのような列国の抗議にあい、明治政府は一たん出兵の中止命令を出した。命令をうけた西郷従道都督はこれを無視し、一八七四年四月二七日出兵した。西郷らは台湾を占領するや、長期占領の挙にいで、その既成事実を強請の手段にとり外交交渉を有利に転回しようとした。北京へは大久保利道が法律顧問のボアソナードを滞同して自らのりこんだ。その外交交渉において日本が一貫して主張した論点は、清国が台湾にたいして、官庁をおいて政令をしき、徴税し、軍隊を駐留させて人民を保護するなどの実効的政治支配を行使していないから、同地は清国の領土ではない、したがってそこにそのような実効支配を行使した国が領土権を得るのだということであった。日本は自国の主張を「万国公法」に基づくものであると強弁したが、列国からは全く認められなかった。にもかかわらず、日本政府は台湾への長期駐留と外交戦の二本立てで頑張った。これにたいして清国も国際世論の支持をえて一歩も退かなかったので、日清双方の主張は平行線をたどった。

　半年以上におよぶ膠着状態のあと、大久保は現実的妥協案ともいうべき「弁法ノ議」を申し入れた。大久保は、「日本在台之軍師」を清国威嚇の手段に使い、「弁法ノ議合ハサル上ハ蕃地ノ事ハ本国ニ於テ征服ノ目的ヲ達スル而已[20]」と最終通牒をつきつけた。日本政府は最悪の場合には清国と本気で戦争する気になっていたし、在台の日本占領軍のことを恐れた清国と、台湾をふくむ中国各地に多くの利権をもつイギリスは日清戦争になり泥沼化して自らの利権がおびやかされるのを心配した。そこで駐清公使ウェードのとりもちで、日本の要求どおり和議がなり条約（全三条）の締結がなった。その前文に、「台湾生蕃曽テ日本国ノ属民等ヲ将《モッ》テ。妄リニ害ヲ加フルヿヲ為スヲ以テ。日本国ノ本意ハ。該《ソノ》蕃ヲ是レ問フガ為メ。遂ニ兵ヲ遣リ彼ニ往キ該生蕃等ニ向ヒ詰責ヲナセリ[21]」とある。その第一条は、

一　日本国此次弁スル所ハ。原ト民ヲ保ツ義挙ノ為メニ見ヲ起ス。清国指テ以テ不是ト為サス。

とある。大久保はこれらをもって琉球人が日本人であることを清国が正式に認めたとして大いに満足した。明治政府は以後、この外交上の成果を琉球処分や、琉球をめぐる清国との外交交渉の中でフルに活用することになる。「節外生枝」式の強引な既成事実づくりと、その既成事実をフルに活用する方式は、明治政府の常套手段である。

一八七四年二月六日の時点で、政府は「琉球ヲ控御スルノ実権皆我帝国ニ在テ且遣使献貢ノ非礼ヲ止メシムルハ追テ台蕃処分ノ後ニ目的ア(22)」りと、すでに処分の段どりにつき明確な方針をもっていた。しかし、政府は「台蕃」処分の後まで琉球問題につき手をこまぬいていたわけではなく、処分への予備的作業として必要最少限度の措置を矢つぎ早やに講じた。その措置とは、台湾出兵をめぐる清国との外交交渉の中でも大久保が金科玉条のように論じた論理（＝「万国公法ニ拠ルニ無政ノ地ハ版図タルヲ得サル事諸国共同ノ論ナリ」）にかなう措置である。この「万国公法」による「無政ノ地」とは、ある政府がある土地・人民にたいし、官衙をおかず、政令を布かず、徴税せず、軍隊を駐留させて人民を保護せず等々、実効的政治支配のない状態である。

琉球使臣らによる「藩王御請」のあった翌日、副島外務卿はこの「万国公法」にいう実効的政治支配になる礎石をすえた。「今度琉球使臣尚泰ニ代リ封冊ノ詔書ヲ謹領シ候上ハ弥以我藩属ノ体制徹底ニ到リ候様御処分有之度件々左ニ申上候(23)」と正院に願出た。

一、琉球に外務省出張所を設置すること。

二、我政治制度を漸々宣布し、適否将来の目的を定めるため、同藩租税民政以下一体の風俗視察として、外務、大蔵官吏を派遣すること。

三、琉球藩王を一等官にすること。
四、尚泰に東京に於ける邸宅を下賜すること。
五、琉球藩王へ冠装束類皆具入朝の使臣三名へ直垂総て各へ一領づつ下賜度候事。

この五件は副島の注文どおり、「入朝ノ使臣帰藩迄」に実現をみている。この件と併行して政府は外務省にたいして、「先年来琉球藩ニ於テ各国ト取結候条約並今後交際事務其省ニテ管轄可致事(24)」を命じた。外務省出張所設置による外交権の摂取とともに、安政時代に琉球が米・仏・蘭三国と締結した条約も摂取する方針である。一八七三年三月三日、政府からこれら条約原本の差し出しを命ぜられて琉球ははじめてつよい抵抗をしめした。この条約原本は琉球が独立国である証しともなるものであったからである。政府と琉球の最初の本音の部分における衝突であったから、執拗にねばった。しかし、ついに政府の厳命の前におれ、一四カ月半もねばったあげく提出させられた。その提出は琉球の外交権喪失の最も象徴的な出来事であり、琉球がながく抵抗した真の理由は、「外交悉く其権能を失はば彼の両属政策の秘何によつてか保つことを得べき(25)」というにあった。この外交権の摂取のほか、摂政・三司官の人事権の一部をふくめ、つぎつぎと琉球の主権はとりあげられていく。

そのような主権喪失の不安のさなか八月一一日、東京在勤の琉官は、外務卿の私邸を訪い、琉球の両属体制のやむなき由来と国体制度の上に変革等のことなきよう訴えた。これにたいして副島は「外国との条約交戦等の外、国内の政治は凡て藩王に一任し、国体制度等従来の通りたるべきことを明言(26)」した。この言質をえて琉官らは大いによろこび、なお後証のために一札を請うたところ、副島は国体制度には直接ふれずに、「藩王閣下、昨年特命ヲ以テ、冊封ヲ賜リ、永久之藩屏ト被仰出候ニ付テハ、朝廷へ抗衡或ハ残暴ノ所業アリテ、庶民離散スル等ノ事アルニ非サルヨリハ廃藩ノ御処置ハ固ヨリ有之間敷候(27)」という覚書を交付した。明治政府は、「藩王冊封」を碁でいう征《しちょう》の一石として打ったわけだ。尚泰が藩王を「御請」した以上、独自の主権をかなりもっていた独立君主の立場から天皇制政体の一機関への転落を意味し、天皇（＝政府）の命令は絶対化した。そしてこの藩王冊封という布石をしたうえで、政府は〝琉球の清国との関係断絶〞を命ずる。五〇〇年の対中国の歴史性と、現実の琉球経済の仕組が中国との緊密な関係の中で維持されていたから、琉球の清国との関係断絶命令は、当時の為政者にとってそれ自体が琉球の破却を意味していた。明治政府の命令を藩王が拒否すれば、「朝廷へ抗衡或ハ残暴ノ所業アリ」と烙印を押され、藩王は中央政府の行政命令不履行の罪を問われて廃藩置県の断行を甘受しなければならない破目になるわけである。「藩王御請」のこのからくりが、のちに松田道之の口から白日のもとに言明されたとき、琉球側の怒りと狼狽は大きかった。はじめ、「藩王御請」を無事果たしたとして英雄あつかいをうけた伊江王子、宜野湾親方等にたいする評価も、この時点を境に逆転し死ぬほどの迫害を同胞からうけることになる。このときの心境を宜野湾は和歌に托した。

野にすだく／虫の声々喧びすし／誰が聞き分けて／品定めせむ

一八七四年七月一二日、琉球の管轄が外務省から内務省に移された。これにはいろいろな口実が付けられたが、見逃せないのは清国にたいする外交上の配慮が大きかったろうということである。この内務省への管轄がえは、中国側にたいし、琉球は内政の都合により廃藩置県に及んだのだということを回答した[28]が、そういえる伏線として先取りして打った手である。また、政府は松田を琉球に派遣して処分に着手する前後、清国駐劄の鄭永寧臨時代理公使にたいし、北京では琉球問題で外交交渉を行ってはならないことを命じた[29]が、その後も同様な命令を清国駐劄公使に命じている。清国駐劄の森有礼公使などは李鴻章の質問にたいし、「琉球藩ノ儀ハ本邦内務ノ所轄ニシテ外務ノ関係ニハ無之故右進貢差留候様ノ儀ハ一向承知不致旨[30]」政府の指示どおり返答している。内政の都合により琉球を処分するという既成事実づくりを清国の耳目のとどかないところで効果的におこなううえで、これらの措置は実に巧妙である。そのような意味からしても、琉球藩の内務省への管轄がえは、琉球処分着手への政府の決意表明である。

二　琉球処分

征台の役の局も結び、政府は予定の方針どおり、琉球処分にのり出した。処分の内容はつぎのとおりであった。

琉球藩

一　其藩ノ儀従来隔年朝貢ト唱ヘ清国ヘ使節ヲ派遣シ或ハ清帝即位ノ節慶賀使差遣ハシ候例規有之趣ニ候得共自今被差止候事

一　藩王代替ノ節従前清国ヨリ冊封受来リ候趣に候得共自今被差止候事

明治八年五月二十九日　　太政大臣　三条実美

琉球藩

一　藩内一般明治ノ年号ヲ奉シ年中ノ儀礼等総テ御布告ノ通遵行可致事

一　刑法定律ノ通施行可致因テ右取調ノ為担当ノ者両三名上京可致事

一　藩制改革別紙ノ通施行可致事

一　学事修業時情通知ノ為人撰ノ上少壮ノ者十名程上京可致事

右条件之通可心得此旨相達候事

明治八年六月三日

太政大臣　三条実美

右の件々の外に、その関連事項として左の御達があった。琉球藩にたいして、

一　在福州ノ琉球館廃止可被致事

一　鎮台分営ヲ被置事

尚泰にたいしては、

一　謝恩トシテ貴下上京可被致事

右の処分命令の諸事項についてはは最初の二件をのぞいて、政府はあらかじめ大久保利通をして琉官と予備交渉をさせていた。そのような訳で藩庁に該件々について予備知識があったとはいえ、今回御達書が手交されると度を失った。それは、琉官との予備交渉の中では「清国ニ臣事スルヲ絶ツ条件」(最初の二件)が琉球側に秘密にされ、(31)今回いきなりつきつけられたからである。また、藩制改革の骨子として藩王を一等官で勅任官にし、摂政を四等官で大参事にし、三司官を六等官で小参事にし、それぞれ奏任官にしようとした。このことは、藩王や摂政・三司官を天皇に直属する高等官にすることを意味し、彼らをふくむ琉球藩民にたいする統撫は「天皇陛下ノ裁制」(32)下にあることを意味し、藩にそのことを認めよということになる。「此御達書の旨至大至重に係り即答すべきに非ず宜く一般熟考精覈協議を為し後日返詞を奉るべし」(33)という形で双方の熾烈な論戦の火ぶたは切っておとされた。

右御達書の件々のうち、藩庁がすぐに受諾したのは、「刑法定律ノ通施行可致云々」、「学事修業時情通知ノ為云々」、「鎮台分営ヲ被置事」の三件で、清国に対して「故障」がないのでというのが理由である。謝恩として

尚泰に上京せよという命令については、王子を名代で入覲させるということで折合った。

政府と琉球役人の論理と立場は、端的にいって、「近代」対「前近代」の国家観・政治観におけるきわだった対立であったといえる。

琉球の対清国関係断絶を命ずる一件についての政府の論理は、「当藩ヲシテ清国ニ臣事隷属セシムルトキハ世界ノ輿論ニ対シテ答弁ノ条理ナキ所以ノモノハ他ナシ凡ソ世界ノ中林列シテ国ヲ成スニ其独立シテ万国ト対峙シ内治自主権物件上ノ権万国平行ノ権等ノ諸権ヲ十分有スルモノアリ他ノ一国ニ隷属シテ此諸権ヲ十分有スルコトヲ得ザルモノナリ此諸権ヲ有スルト有セザルトハ其国ヲ成スト成サザルトノ大義ニ関係シ〈中略〉今我ガ国ハ則チ独立対峙スルモノニシテ此諸権ヲ十分有スルモノナリ然ルニ版図内ノ当藩ヲシテ清国ニ臣事隷属セシムルトキハ此諸権中内治自主ノ権物件上ノ権ニ於テ十分有スルコトヲ得[34]」ないとした。「内治自主ノ権」とは国家の主権、「物件上ノ権」とは主に領土権を意味するのだろう。この近代的諸権を具備する国家（日本）の中では、自国の領土の一部（琉球）が他国（清国）と両属関係にあること自体が、自国の主権の侵害になっているという明快な近代的立場に立つものである。

これにたいし、琉球側の論理は「当藩之儀往昔者政体諸礼式不相立候上諸篇不自由為有之事候処　皇国支那へ属し御両国之蒙御指揮漸々政体宜罷成藩用之物件も御両国を便《たより》致調弁其外段々蒙御仁恤誠に皇国支那之御恩挙て難申尽実々御両国は父母之国と挙藩末々に至り奉仰罷在幾万世不相替忠義を励度志願御座候処自今支那への進貢慶賀並彼の封冊を請候儀被差止候ては親子之道相絶候も同前累世の厚恩忘却信義を失申事にて必至と胸痛仕[35]」と応えた。日清にたいする自藩の国際的秩序関係を「父母の国」、「忠義」という封建的長幼君臣序列の思想でとらえている。こちらもそれとして明快な立場である。一事が万事、「近代」対「前近代」の立場からの応酬である。松田が自己の所論を「万国公法」に基づく「条理」と強弁すれば、琉官も「信義は守身保国の要道万国の同じく好む所」と「信義」をもち出し、一歩もゆずらない。伝統と儒教的国際倫理観に立つ琉球官吏からすれば、ホヤホヤの舶来の「万国公法」がたんなる力をバックにした形式論（こじつけ）というより、一種冒瀆的な暴論として耳朶に触れたであろう。

だいたい、大久保＝政府は琉球処分がスムーズにはこぶとは思っていなかった。「兼而上申仕候通名分条理而已ヲ以一時ニ致変革儀ハ至難ノ情実有之候ニ付先藩治ノ体面ノミヲ改メ事務ヲ各官ニ配当セシメ現実之取扱振ハ従前之通据置其余ハ一切不問ニ置キ漸次人気ノ折合ヲ見定メ順序ヲ追ヒ着手致シ度」[36]という漸進主義であった。琉球に中国との関係を断絶せしめて日本の国権（主権）を確立し、藩制改革をして琉球を中央集権的天皇制の中に組み入れることにとどめ、あとは従来どおり藩王＝藩庁にまかせようというハラであった。そのとき大久保の頭には一八七〇年の藩治職制の構想がうかんでいたとおもう。

この政府の漸進主義ないし柔軟路線にもかかわらず、中国関係断絶が至上命令になっている以上、双方全面衝突は不可避であった。既述のように琉球経済は明国と清国から信じられないほどの過保護を五〇〇年間もうけつづけてきていたし、とくに上層特権階級ほどその恩恵をうけていた。彼らの国家（藩）運営構想では、日本国内だけの狭小な市場ではとても藩（国家）を維持していける自信がなかった、としてもごく当然であるからだ。

松田処分官は強硬一点ばりでのぞんだ。朝命を奉ずるならばよし、さもなければ「我は直ちに帰京政府は厳格な処分を行ふべし」[37]と脅迫した。松田は「清国ノ一件ニ至テハ此余幾百ノ懇諭ヲ費ストモ決シテ心服スル事難シ」[38]と見てとり、「藩ニ兵力ナク人民柔弱且純朴ナルニ依テ理勢我レニ敵スル事能ハス」と藩の足元を見すかし、「只条理ヲ執テ固ク動カス厳威論弁シテ威服セシムルニハ如カス」[39]と剛直にのぞんだ。「衆官吏は松田に責め立てられて夜も寝ず昼も休するなく毎日朝より晩に至り協議囂然として胸を燎き肝を砕き食も咽に下らず遂に精神困倦身体疲弊し酔ふが如く狂ふが如く面色悉く青ざめ大息を呼吸するのみなり」[40]という。

松田は、政府命令にたいする強硬な反対派を「士族以上ニシテ最モ甚ダシキハ彼ノ王族ノ一種タル按司以上ニアリ」[41]と看破した。さらに当時の藩王側仕喜舎場朝賢は処分劇の渦中から、より鮮明にその真相を伝えている。

「独り亀川党の衆官は大に失望し或は私かに涕泣して曰我等卿大夫の門地に居り世々爵禄を保ちたれども今後は日本維新の風格と為り唯学識ある者のみ官に昇り禄を受け我等の家門衰微し子孫凍餒すべしと（当藩の成規按司総地頭脇地頭平士各家格を定む王子の二男以下及び按司の二男総地頭脇地頭の長男は官爵世襲にして学識なしと雖も皆年長に随て自ら卿大夫に昇る按司の三男総地頭脇地頭の二男以下及び素よりの平士は常に平士となし学識ありと雖も卿大夫に昇るを得ず故に云爾）嗚呼此言を以て之を観るに衆官の務めて朝命を拒絶するは固より家格を保つの為めにし国を愛するに非ざること知るべし」[42]。

また喜舎場は言う。「我琉球遼遠洋中に孤立し国土偏少微弱自ら保持すべからず清国の版図に帰し其保護声援を以て外患なく内憂なく自ら建国をなし古来風習の礼楽刑政自由不羈の権利を有し上下雍睦生を安じ業を楽む若し一度清国の繫連を離るれば自然に自由の権を失ひ為に掣肘拘束せられ国家永久保つ可から」[43]ずと。これは時代や、琉球「国」社会の質的転換について深く洞察したものといえる。琉球は清国や薩摩にたいし一定の義務について「信義」や忠義をさえつくせば、かなりの程度融通のきくゆるやかな関係で、むしろ両方にたいして自由や独立の領域を広げえた。それに反し、「近代」は、領土のすみずみ、人民のあらゆる面にわたって直接に中央政府の各機関に緊縛される。喜舎場の炯眼は「前近代」と「近代」の時代のちがいを見ぬいている。

一つにはそのような理由で琉球の不平士族は朝命に抵抗したのである。

松田によれば、琉球士族は朝命にたいする立場において三党に分かれたという。遵奉派（のちに開化党とよばれた）と反対派およびその中間派（この両派をのちに頑固党とよんだ）である。開化党の中には勇敢にも朝命の遵奉を堂々と主張する者もいたが(44)、圧倒的多数をしめる頑固党の重囲の中では無力にちかかった。頑固党中の精鋭は、旧三司官亀川親方の名を冠した亀川党である。亀川党の前では三司官でさえちぢみあがった。亀川党は自らの意見に従わない人がいると、「妄言人を惑はす者とし甚しきは指名して以て某は日本に通情するものと目し悪声を加へて之を罵辱す有識の士は舌を巻き唇を鎖し胸中悲歎哀泣するのみなり(45)」とファッショ的に藩論を誘導した。

七月一四日に開始して以来平行線をたどるばかりで進捗の見られないことに辟易した松田は、ついに九月六日付の対弁書で尚泰に「反者」の烙印を押し、琉球藩にはしかるべき処分をすると厳責した。そこで尚泰は翌々日の八日、「危禍を蒙らんよりは寧ろ遵奉して社稷を全うするには如かず」と、朝命遵奉の命令を下した。これを知った亀川党は首里中各村々を煽動し、百余人で王城におしかけ、「遵奉の王命を取り消されんことを要求し、囂々然として闥を排ひ閣を欹き殿中大に騒擾す藩王驚怖せられ之を如何ともするなく」、自ら命令を取り消した。一方、遵奉の奉答書は、松田も他家へ避難するという騒擾のなか、路上で暴徒に強奪され松田の手には渡らなかった。松田はこの事件の真相をついに知らなかった。

尚泰の四男尚順は当時を回顧して、「亀川だけでなく頑固党の連中で前三司官や有志の連中が夜更にも父の所に詰めかけてあれやこれやと意見を申し述べてゐるのを聞いたが我々として歯がゆいと思はれるやうな失言も飛ばしてゐた。それからみると当時の琉球の政治は民主的だったわけだが、殊に亀川親方の失言は酷くすごい権幕であった(46)」と語っている。これをしても、「官爵世襲にして……卿大夫に昇る」ことができた親雲上《ペーチン》以上按司・王子までの上層特権士族の権勢（力）がいかにつよく、王府のたんなる一機関的存在にすぎない王権がいかに無力であったかがわかる。

また、琉球は、それまで「天皇」の歴史を共同体験してきてないので、他藩では〝殺し文句〟になる反者＝朝敵の烙印もそれほど心理的強迫にはならなかった。王権の無力とこのことが琉球処分を混乱させ長びかせた要因であった。

事態がこうして膠着状態にもどった九月一一日、藩が「今一応政府へ申上其上御採用無御座候は〆東京に於て直に御請可申候」[47]との約束を申しいれ、松田は藩に使者を上京させることを許した。松田は上京後復命書を政府に呈出した。その中で、右の約束にそむきなお朝命を遵奉しないときは、「司法以テ当藩王違制ノ罪ヲ処断シ行政以テ当藩王ニ命シテ土地人民ヲ奉還セシメ遂ニ琉球藩ヲ廃シ沖縄県ヲ置キ軍務以テ既ニ決定シタル所ノ分遣隊入琉ノ期限ヲ早クシテ地方ノ暴挙ヲ予防スルナリ」[48]と激越な調子で政府に廃藩置県の断行をせまった。

上京した政府歎願の使者池城親方らは、早速政府に処分とりやめの直談判をしたが却下された。池城らは松田との約束にそむき「御請」をせず、松田から食言ではないかと難詰されつつ、歎願をくりかえした。

池城らが政府へ歎願中の一八七六年旧閏五月二八日、清国から尚泰宛で、「昨年之接貢船ハ光緒元年即位之貢物并同治帝崩殂之香奠等持参可致筈ナルニ今日迄入津」[49]しない理由をもとめる咨文がきていた。池城らはこれを脅威としてとらえ、右咨文にたいし「返書致遷延候テハ不義不名ニシテ後日如何様ノ不都合醸成仕リ候モ難計ニ付」[50]、清国へ回咨したいと政府に願ったが、政府はこれを許さず、このことについては政府自身の責任において「相当可及処分」とあいまいにこたえた。これは政府が清国にたいしては一貫としてとりつづけた秘密主義のあらわれで、もちろんその場しのぎの遁辞にすぎない。

一方では琉球藩庁は、琉球処分撤回のため清国政府の援助を請願させる目的で、幸地親方を清国へ密航させた。最初の「脱清」である。一八七七年三月一七日、池城親方は東京で不帰の客となった。池城は一八七五年九月以来在京一年半にして、政府に歎願書を提出すること一四回に及んだが、目的を達せず、鬱々たる日をおくるうちに病をえついに客死したのである。池城の死は、藩庁と政府の板ばさみによる悶死である。

「〈前略〉藩王尚泰池城等ニ命シ松田大丞ニ請ヒ決死上京セシム船将サニ那覇港ヲ発セントスル闔藩人民池城等を誡メテ曰ク大政府ニ乞願シテ允准ヲ得ス空シク帰藩スル事アレハ之ヲ殺シテ赦セスト〈中略〉帰ランカ藩情決シテ動ス可カラス駐マランカ厳命奉セサル可カラス……」[51]

同年八月六日、「藩王御請」の立役者、旧三司官宜湾（宜野湾から改姓）親方が池城のあとを追うようにして死んだ。亀川党に牛耳られた頑固党によって、「天性聡敏気度宏敞」と敬慕された宜湾も悶死させられたのだ。郷国で吹き荒れているファッショの嵐が池城の判断の自由を奪い、およそ個人ではささえきれない責任の重圧によって圧死させられたのだ。

さて、さきに清国に密航した幸地親方らの歎願が功を奏し、清国政府は駐日公使何如璋に適宜の処置を命じた。こうして日清両政府は琉球帰属の問題について互いに自己の権利を主張し、論争は平行線をたどった。何公使の過激な抗議は、日清両国間の外交関係をきわめて緊迫させた。これは琉球問題をめぐる政府の対清国秘密主義を破綻させるものであって、そのことが、政府の琉球処分における当初の漸進主義を再検討させ、断固たる急進主義にきりかえさせた動因である。

一八七八年一二月一二日付で松田は内務卿伊藤博文に私信をおくり、自ら琉球処分官を買って出ている。[52]翌年一月二五日、松田第二回奉使渡琉。今回の使命は、㈠明治八年五月二九日付を以て命じた琉球の対清国関係の断絶。㈡琉球藩に裁判官を置き裁判事務をすべて国に引き渡すべし、という二件にたいする遵奉書の提出を督促することにあった。松田を渡琉させるにあたり政府は、強硬な態度で臨むよう箇条書きで訓令した。それ

は、清国と重大な国際的危機に発展するのを政府が真剣におそれたからである。松田は尚泰に、

〈前略〉拙者ノ聞ク所ニ依レハ幸地親方ヲシテ竊ニ支那ニ投シテ彼ノ政府ニ哀訴セシメ又上京親方等ヲシテ或ニ三ノ駐劄外国公使ニ倚嘱スル所アラシメラルヽ事種々隠匿ノ所為アリシト若シ果シテ真ナレバ実ニ政府ニ対シテ大不敬ナルノミナラス国憲ヲ犯スモ亦不軽今政府ノ厳ニ督責アルモ其実ハ貴下自ヲ招カルヽ所ナリ乞フ宜シク御自反可有之候(53)〈後略〉

松田にきびしい態度をとらしめたが、この時点までは琉球処分の範囲と程度は、「現実ノ取扱振ハ従前之通据置其余ハ一切不問ニ置」くという松田の第一回渡琉の時点の方針のままであった。そのことを伊藤は一月六日、すなわち松田の第二回渡琉直前、松田宛の私信で「初度之使節ニテモ再度ニテモ彼奉命スレバ依旧我藩属ト被成置可然心得ニ御座候乍然到底奉命之程無覚束事故廟議ノ決スル所ニ依リ更ニ異議無之候」と明言している。ただし、「廟議ノ決スル所」とは、琉球が奉命しないなら即廃藩置県を断行しようということを意味していると見てまちがいない。

政府が「到底奉命之程無覚束」と感じたのは無理もなかった。琉球では昨一八七八年には旧来どおり進貢船の発遣を関係官庁に命じたり(54)、政府が命じた「明治」の年号を使用せず清国年号を使っていたりした。松田が今回もたらした達書を見ても、藩庁ではうってかわって少しも恐怖の色を見せなかった。東京駐劄何公使の政府にたいする強硬な外交談判を頼もしくおもったからである。それで、今回の松田の督責をにべもなく拒絶した。そのおもてむきの理由は、「東京駐劄清国公使より弊藩使者等へ情実査問に因り告明致し候処既に外務省へ照会相成たる由就ては御協議不相成内遵奉仕候儀清国へ対し相済ざるのみならず彼より譴責せられるべくは必定(55)」ということだった。清国にたいして極度に神経をピリピリさせていたおり、清国かけての拒否に接し松

田＝政府の態度は決定した。この時点で廃藩置県は決定した。「後日の処分を俟てよ」と松田は即刻帰京した。政府は二月一八日、内務省内に松田を長とする臨時取調所を設け、処分方法手続の取調べを命じた。

松田は三月一一日、処分官として第三回目の渡琉を命ぜられた。園田警視補以下警部巡査一六〇人と、益満大尉の率いる歩兵大隊約四〇〇人が二五日那覇につき、二七日首里城に入った。松田は廃藩置県に関する御達四件を尚泰と琉球藩に手交した。

琉球藩王　尚泰

去ル明治八年五月二十九日並ニ同九年五月十七日ヲ以テ御達ノ条件有之処使命ヲ不恭実ニ難差置次第ニ立至リ依テ廃藩置県被仰出候条此旨相達候事

明治一二年三月一一日　　太政大臣　三条実美

松田は今回の任務の三大要件は、①「廃藩ノ令ヲ奉セシムル」こと、②「居城ヲ退去セシムル」こと、③「旧藩王ヲ上京セシムル」ことと規定した。[56] そして就中、「今般ノ処分上ニ就テハ旧藩王上京ノ一事ヲ最大要件トス上京ノ事挙ラサレハ百事好結果ヲ得サルヘシ」[57]とし、藩王上京のことを最重要視した。松田はこまかく神経をつかっている。この件に関する政府の達書は元は、尚泰にたいし「自今東京住居被仰付候事」とあった。現地にきて尚泰の「東京住居」が容易にははこばないことを見てとり、松田は自己の独断で、「御用有之至急出京可致候事」と書きかえて尚泰に交付した。[58] そして尚泰の「東京住居」命令関係の達書三件も秘された。藩庁はしぶとく抵抗し結局、松田の知謀によって、嫡子尚典を体よく東京に人質にとり、尚家の一家族を全員東京に移住させてしまうなど予想以上の成果をあげた。尚泰は東京出発までの間、家族や側仕の男女数十名を伴い城府を退き王世子邸（中城御殿）へ移った。

三月三一日、首里城は内務省官吏に引き渡され、陸軍歩兵数百人が入城した。

三　県政ボイコットと復旧運動

四月二日、松田は尚泰にたいし、廃藩置県にともなう土地人民その他諸件の引渡し、および士民一般にたいしては「廃藩置県ノ事及以来新県ノ命ニ従フ可キ旨布令」して、後々の方向を迷わしめないように命じた。三司官はこの命令をもち帰って衆官吏にはかり、日本の命令を拒絶して清国の援兵を待つべし、と結論を下し、これを固辞した。この結論は、以後日清戦争までつづけられた特権士族の主導する反政府運動の基本方針となる。

これら政府の命令や方針に反対する士族の抵抗体は中城御殿（世子邸）を拠点にして組織された(59)。中城御殿には、かつての評定所以下の諸庁が移ってきた観を呈し、かつての首里城の果たしていた機能を再現した(60)。県内はじめ東京や北京などからくる情報のセンターになり復旧運動の策源地となった。そこを拠点にして、県下各地方にたいする指揮と指令も、首里・那覇の士族はもとより、首里と緊密につながる地方役人層を通じて、地方へもくまなく貫徹した。運動は過熱し、日本の命令を奉じ官禄を受ける者は首を刎ね、運動に殉じた者にたいしては、共有金で妻子を撫恤救助するという誓約書を作製し、賛同者に署名捺印させた。

那覇の行政官庁たる那覇里主所や御物城、親見世および首里の各下級官庁には役人が一人も出勤しなくなった。そのような不利な状況下で、松田は武力をバックに抵抗を恫喝し、旧藩の事務帳簿がすべて県庁に引渡されたのは置県から四カ月半後の八月一五日になってからである。旧藩の諸般事務の引渡しが完了したのを境目にして、従来の寛大主義から一転して武断強行主義に転じた。旧藩庁役人を県政へ協力させるため、警官を中城御殿にふみこませ旧高官をかたっぱしから拘束し拷問にかけた。「此処で説諭するやら責めるやら、首里の警察署は一時歴々のお役人で充たされていた(61)」。

この強硬手段が功を奏し、旧三司官浦添と富川が県顧問官に任じた。主に秩禄問題をはじめ、士族の既得権を保障する立場に立って、県官の質疑にこたえた。政府の方針によるのであろうが、金禄高が本土の例よりもはるかに優遇され、一九一〇年の金禄公債処分までつづく(62)。こうして支給される金禄が、皮肉にも後続する復旧運動―とくに脱清の資金になるのである。県の強圧によって表面上服従したかに見えた士族もその心底では、「不日復旧無疑目下仮立ノ日本政令ハ表向キ丈頭ヲ下ケヲケ(63)」と腹背した。

しかし士族と言っても恵まれない境遇にいた平士の中には政府の人たちに情報を提供する者もいた。「首里の士族大湾仲吉松島久高の諸氏那覇の士族某々の如きは国人等が肯て県命を奉ぜずして前途を誤るの不幸に陥るを忘るゝは頑冥不霊の所為に外ならずと為し大に憤慨し群を離れ交を絶ち身を挺て密に県官に就き云為する所あり国人之を目にして探訪人（売国奴）と謂ひ娼嫉猜怨すること讐敵も啻ならず父母之を放逐し郷里之と交誼を断ち人類に齢せざるに至ると雖も毫も顧慮することなし(64)」との態度を堅持した。彼らのこの不退転の決意は、一定の明快な状況への認識と旧支配者階級復旧派にたいする批判精神の上に立っていた。大湾らによって、「国家の危難を拯ふを後にし自己の保存を謀るを先にし極力殫力唯日本の命令を拒絶するを是れ務め」とか「只清国の為めに信義を守るの仮面を蒙り衆を誘惑せり」と批判されたように、復旧派の運動には民心を得られない一定の弱さがあった。

こうして長期化の様相を呈した政治不安はさまざまな流言蜚語を生み戦争になるというような探偵情報も少なくなかった。物価高騰による不況や農作物不振がこれにともなった。その中で士族の中には極秘に「是迄通リニテハ活計ニ差支ヘ人民一般難渋ニ付早ク取極メ相成ル様ニ三司官ヘ上申スル方可然」[65]と閉塞状況の打開を考える者もいた。

鍋島県令は、県下人民に廃藩置県の趣旨説明と、県民に県への協力を求めるため、県官を県下各地方に派遣した。この各説諭班が現地に着いて受けた反応は、どこでも同じで、答弁内容や拒絶のし方が似かよっていた。各間切とも中城御殿からの指令で動いていると県では見抜いた。南風原間切の役人の場合は、「御趣意ヲ遵奉セス御達書并告諭書及ヒ辞令共一切推戻シ漫ニ其席ヲ立去ラントスル挙動」[66]を示した。どの間切でもこれと大同小異である。宮古ではサンシー（新県政に賛成の意）事件がおこり、警察署に雇われた人が殺された。こうして旧上層特権士族の組織的に指導する復旧運動は、一面では県政ボイコット運動としてあらわれ、他方では脱清運動として国際的に波紋をひろげていく。政府は琉球藩の廃藩置県を断行するにあたり、国民と清国に対して徹底的秘密主義でのぞんだ[67]。そのようにして一応廃藩置県はなされた。しかしさらにそのあとにまっていたのは、清国とのより厄介な外交交渉である。そのように予想される対清国外交戦略と県内復旧派士族の不穏な動向の全局を視野にいれて立案実施されたのが、沖縄県のとるべき道として枠をはめられた「旧慣」温存政策である。この政策は、旧上層特権士族（復旧派）をなだめるため、彼らの既得権を最大限に認めて金禄査定の中にもりこみ[68]、一方農民にもあまり負担をかけないようにするというようなものだった。この「旧慣」温存政策は松田によって策定された。政府が一貫して主張してきたように、琉球処分が日本国の内政の都合によってなされたとするならば、本来、その処分は沖縄の政治、経済、社会の各面における近代化を目ざすものでなければならなかった。しかし、現実に琉球処分が産み落としたものは、その方向とは正反対の「旧慣」温存政策であった。

四　琉球をめぐる日清外交交渉

一八七八年は琉球の清国への貢年にあたっていたが、琉球藩ではその発遣準備にとりかかった。これが背景にあって、駐日公使何如璋は、九月二七日、寺島外務卿にたいし「当年ハ貢年ニ相当リ候義ニ付姑ク其儘ニ被差置」(69)れるよう申し入れたが拒絶された。琉球の属否についても、清国がただ納貢朝聘を根拠にしていて、「実地政治」(70)をなすものとはいえないのにたいし、日本は「三百年来引続官吏ヲ置キ之ヲ管轄致候」と、諸外国の豊富な例を引用しながら何公使の所論をはねつけた。何は応答の中で時には怒気をふくんだ。何公使は寺島外務卿宛に、「琉球国ヲ復旧シ進貢ヲ阻止セラレサル様」という趣旨の照会文を出したが、そのときの怒気を行間ににじませている。「日本ハ堂々タル大国、諒ルニ肯テ鄰交ニ背キ弱国ヲ欺キ、此ノ不信不義無情無理ノ事ヲ為サ《ママ》サルトス……琉球ヲ欺凌シ擅ママニ旧章ヲ改ムルカ若キ、将タ何ヲ以テ我カ国ニ対シ、且ツ何ヲ以テ琉球ト約アルノ国ニ対セントスルヤ」(71)と。何公使はこれで鬱憤をはらしたが、これが日本政府に巧みに逆用された。右照会に対する回答で政府は何公使の右の文言を自己に対する「仮想ノ暴言」と規定し、「貴国政府ハ已後両国和好ヲ保存スルヲ欲セサルニ似タリ」(72)ときめつけた。日本政府のこの文言は感情的激語にみえて実はそうではなく、きわめて冷静に計算しつくされた布石であったことは、それ以後の日清外交交渉の経過の中で容易に看取される。何公使の照会文の日付が一八七八年一〇月七日、日本政府の右への回答文のそれが同年一一月二一日でこの間実に四〇日以上の間があるのである。

政府の回答がなされた一一月二一日あたりは、政府による琉球処分の決意と具体的準備がほぼ煮つまっていた。そういう背景の中で、何公使は琉球の対清国関係の復旧を核とする談判をもちかけたが、日本政府はそのつど同公使の「暴言」の部分の取消しと謝状の差し出しがないかぎり談判に応じないという態度を、とうとう琉球の廃藩置県がすんでしまう半年以上も貫きとうした。[73] これは完全に何公使をつんぼ桟敷におこうとする日本政府の策略であった。

日本政府は廃藩置県を武力を背景に断行すべく軍警の琉球発遣を準備していたが、何公使がその実否をただしたところ、日本政府はぬけぬけと住民取り締りのためだと答えた。さすがに何公使も「御差向ノ巡査兵隊トモ彼地ニ在住ト相成……彼土地ニ専ラ御手ヲ着セラレ候様ニテハ面倒ノ可生ハ必然ナリ」[74] と一気に廃藩置県になることをうすうす嗅ぎつけていた。焦燥した何公使は、せめて「琉球ノ義ハ加様ニ取計ト一言」[75] もらしても差支えないだろうと迫ったが、例の「暴言」をたてに逃げられた。

また一方で、政府＝松田処分官は徹底して琉球処分の過程を国民にも極秘にした。[76] その上で政府は在琉中の松田に何公使の動静を逐一知らせ、琉球処分の露見が清国との外交交渉に不測の波紋を投げることをさけた。一方で政府は駐清公使宍戸璣にたいし、清国から琉球の属不属について談判があったらそれに応ぜず、該件についてはすでに何公使と発論しているので、清国政府が同公使に命じて東京で談判すべきだと答えよと命じた。しかも廃藩置県のわずか二日前である。明治政府が何公使と真面目に談判してこなかったことと思いあわすと、この命令ほど清国を愚弄したものはない。

廃藩置県から四〇日以上も経過して、清国ははじめて正式に日本政府にたいしてそれを取りやめるよう申し入れた。日本政府はそれを拒否したので事態は紛糾し日清間に戦争への危機が高まった。しかし折しも清国はロシヤとイリ地方をめぐって領土紛争中で、一触即発の危機に直面していたから日本にたいし全力を傾注できず、前米大統領のグラントに調停をたのんだ。彼は双方の立場を公平に斟酌し、両国の和平を大前提とした、「支那ノ意ヲ失フ〡ナク亦日本ノ国権ヲモ損セサル一挙両全ノ策」[77] をさずけた。一八八〇年この調停案にそって日本が提出したのが「分島増約案」であった。清国への宮古・八重山（台湾に隣接す）の割譲は、清国の対外上の面子と国防上の実利とを満足させるものととらえられた。すなわち、日本が「琉球所有権ヲ確定スルニ至ラハ容易ニ略取セラルヘキ台湾島等以上此等ノ諸島ハ実ニ清国ニ対シテ一囲線トナリ到底清ヲシテ殆ント太平洋ノ使用ヲ失ワシムルニ至ルヘシ(78)」と、清国はグラントに「愁訴」しており、同氏は日本が二島を清国に与えて経界を確定し、太平洋の通路を開けば、清国はこの琉球分割案をのむだろうとした(79)。

また、他方日本の「国権ヲモ損セサル」策として増約案が生まれた。寺島外務卿による関税率ひき上げ交渉が失敗した直後、グラントは清国政府にあてて、一八七九年八月一三日付の書で「目下其国（日本―邊土名）ノ命脈ヲ悩ス所ノ彼ノ有害ナル各国条約ノ堅塞ヲ破リ以テ貿易上各国ト競争シ宇内ニ雄飛スルハ何ノ難キカ之レアラン……今ヤ日本駸々乎トシテ殆ト独立国ノ域ニ進入スルヲ以テ更ニ各ト条約ヲ改正スルノ時機ニ至ラハ現今ノ如キ条約（日清修好条規等―邊土名）ハ再ヒ日本ニ施行スルヲ得サルヘシ(80)」と書き、増約案と同趣旨の内容を容れるようすすめた。従来、清国は欧米列強にたいし内地通商・旅行を認め、最恵国待遇をあたえていたが、日本にはこれを許していなかった。逆に日本は欧米列強や清国にたいし内地通商・旅行を許していなかったが、列強には最恵国待遇を与え、清国には与えていなかった。この度の増約案では、日清お互いに最恵国待遇を認めあおうという内容を骨子にしている。これが通れば、日本は列強の対清国条約上の既得権に均霑して内地通商等の権利を入手できるが、清国は対日条約上列強に元来許されていない内地通商等の権利に均霑できないという不利があった。だから清国側は日本にたいしお互いに内地通商等を認めあおうという「特約相酬」を主張した。ところが、それではこまる事情が日本側にはあった。当時、日本は井上外務卿を中心に、列強にたいし内地通商を認める代わりに法権を回復しようとする条約改正交渉をすすめていた。その虎の子の内地通商を清国に認めたら列強はそれに均霑し、無条件にそれを入手してしまい対列強の条約改正交渉が水泡に帰してしまう。

　増約案のもう一つの大きな柱は、日清修好条規の年限（一八八三年三月）内に欧米列強と同時に清国と改正交渉したいということである。その理由は「各国ノ条約中ニハ特恵同潤ノ約アリ例ヘハ現存ノ日清条約ノ税則ヲ以テ今般各国ニ要求スル改正税則ニ比較スルトキハ殆ンド三分ノ一以下ノ低額ニ相成リ候故ニ他各国ニ於テ我要求ニ協同シ改正スルノ後ニ於テ支那国ノミ従前至低ノ税則ヲ存スルトキハ必ス異論ヲ生ス可ク云々」(81)というにあり、対清同時交渉なしでは、対欧米条約改正交渉そのものを延期せざるをえないというくるしい事情があった。

　外交交渉のさなか、清国は「特約相酬」論や「三分島」案を対案としてもち出したが、結局一八八三年一〇月二一日、日本案を呑んだ。清国側にイリ問題をめぐってのっぴきならない事情があったし、日本も露骨にロシヤに接近して清国の弱身につけこんだ。(82)一〇月二一日から一〇日以内に調印すると約束したにもかかわらず、その後清国側からは何の動きもみせなかった。日本は何度も調印の催促を迫ったが、その都度言を左右にして遷延された。裏面に、台湾事件で屈辱外交を強いられて日本に強い不信感をいだくようになった李鴻章の働きがあったのだ。今回も、日本が清露葛藤につけこみ増約案を脅請するものとみたからである。(83)

　日本はたくみにこの李の出方（成約の中変）を逆手にとった。清国の中変の非をならしてその責を問い、日本は全琉を支配したままで成約（分島増約案）の調印には応ずるが、それ以外の清国の申し出には一切応じない。しかも日本からは談判をもち出さないという「静位」の立場である。成約の「成（分島増約案の妥結―邊土名）不成（日本の全琉支配―同上）トモ於我不都合無之儀」(84)という立場である。

　ところが、さらに清国にとって国際情勢は不利に展開しつつあった。そのような中で劉坤一は「琉球ヲ丸ト日本ニ譲付シテ速ニ其ノ歓心ヲ結ヒ中国ハ力ヲ極メテ朝鮮ヲ保護シ以テ俄（露―邊土名）国ノ呑噬ヲ拒キ以テ封疆ヲ固クスヘシ[85]」と上奏している。清国の危惧を裏書きするように、フランスは「安南琉球ノ事項ヲ此時清国ニ迫候テハ如何哉[86]」と日本をさそい、榎本公使も「此際仏ト連合シテ瓊州ヲ仏ニ、台湾ヲ我ニ分領スヘシトノ説ハ頗ル時機ニ適セル通論ナリ本国ヨリノ私信ニ此説ヲ唱フル者少ナカラス[87]」と言っている。清国は安南事件や、一八八四年夏に勃発した清仏戦争によりフランスをにくみ、日本に接近するようになった。そのような危機の中で清国は、「フランスのベトナムの全土併合を承認することはたしかに『辺患』を将来にのこすことにはなるが、それはフランスとの全面戦争が中国本土を戦火にさらし、『全局』を動揺させることよりも害は軽いとして明確な対仏投降外交に転換[88]」した。このような清国の外交方針の大転換の中で琉球問題がウヤムヤにされ放棄されたのである。

（1）鈴木智夫「洋務運動と帝国主義」（『講座中国近現代史2』）三六頁。
（2）仲原善忠「砂糖の来歴補遺」（仲原善忠全集第一巻）。
（3）道光十五年乙未年『公事帳写』。
（4）松田道之『琉球処分上』（本邦書籍『琉球所属問題関係資料』所収）五頁。
（5）「沖縄沿革」（『台湾琉球始末』巻五）。
（6）松田前掲書、一〇頁。
（7）東恩納寛惇「尚泰侯実録」（『東恩納寛惇全集2』）三二一―三二二頁。
（8）松田前掲書、三頁。
（9）東恩納前掲書、とくに二四四頁。
（10）同右、三三一頁。

(11)「史料稿本」(『那覇市史』第二巻中4)。
(12)東恩納前掲書、三三二頁。
(13)「琉球使臣参　朝次第」(松田前掲書上)。
(14)尚球「廃藩当時の人物」(『那覇市史』前掲書)。
(15)同右、五八八頁。
(16)松田前掲書中、一四七頁。
(17)注(9)に同じ。
(18)東恩納前掲書、三三五頁。
(19)「台湾生蕃討撫一件」(『日本外交文書』)。
(20)同右、四六〇頁。
(21)松田前掲書、上三四一頁。
(22)那覇市史前掲書、二六四頁。
(23)同右、二四六頁。
(24)松田前掲書上、六九頁。
(25)東恩納前掲書、三四五頁。
(26)同右、三四六頁。
(27)松田前掲書上、二四六頁。
(28)那覇市史前掲書、五二一頁。
(29)同右、四七二頁。

(30) 同右、五一五頁。
(31) 松田前掲書中、二三頁。
(32) 同右、一三頁。
(33) 喜舎場朝賢『琉球見聞録』二〇頁。
(34) 松田前掲書中。
(35) 喜舎場前掲書、二四頁。
(36) 那覇市史前掲書、四七七頁。
(37) 喜舎場前掲書、四七頁。
(38)(39) 那覇市史前掲書、四八五頁。
(40) 喜舎場前掲書、七六頁。
(41) 那覇市史前掲書、四八五頁。
(42) 喜舎場前掲書、八二頁。
(43) 同右、二一頁。
(44) 同右、七九頁。
(45) 同右、八一頁。
(46)『那覇市史』第二巻中2、一七頁。
(47) 喜舎場前掲書、八四頁。
(48) 松田前掲書中、三三五頁。
(49) 同右、三九一頁。

(50) 同右、三八五頁。
(51) 明治九年七月一日「近事評論」(『那覇市史』第二巻中4)。
(52) 木山竹治『松田道之』(『琉球所属問題関係資料』) 一一四頁。
(53) 喜舎場前掲書、一一〇頁。
(54) 松田前掲書下、五五頁。
(55) 喜舎場前掲書、一一一頁。
(56) 松田前掲書下、四二七頁。
(57) 同右、二二三頁。
(58) 同右、一六三頁。
(59) 喜舎場前掲書、一二二頁。
(60) 松田前掲書下、二一九頁。
(61) 太田朝敷『沖縄県政五十年』三五頁。
(62) 拙稿「秩禄処分と士族授産」(『那覇市史』通史篇第二巻) 一六二頁。
(63) 井上毅『梧陰文庫』上一八五－一八九頁。
(64) 喜舎場前掲書、一四二頁。
(65) 松田前掲書下、六六三頁。
(66) 本邦書籍『琉球所属問題関係資料』第七巻、五九〇頁。
(67) 松田前掲書下一五六頁。本邦書籍『琉球所属問題関係資料』八巻二二一頁。
(68) 拙稿「幻の黒糖史」(『新沖縄文学』32) 一九九－二〇〇頁。

(69) 本邦書籍『琉球所属問題関係資料』八巻一六八頁。
(70) 同右、一七〇頁。一七五頁。
(71) 同右、一八九—一九〇頁。
(72) 同右、一九四頁。
(73) 松田前掲書下、五〇二頁、五〇八頁。
(74) 同右、二二三頁。(75) 同右、二四五頁。
(76) 同右、二〇〇頁、四九三頁。
(77) 渡辺修次郎閲、松井順時編『琉球事件』(本邦書籍前掲書所収)二四二頁。
(78) 注(69)前掲書、六四一頁。
(79) 注(77)と同書、二四四頁。
(80) 注(69)前掲書、四九六頁。
(81) 同右、七六一頁。(82) 同右、七七六頁。
(83) 同右、一〇九一頁。(84) 同右、九五〇頁。(85) 同右、一〇九二頁。
(86) 同右、一一七〇頁。(87) 同右、一一七九頁。
(88) 鈴木智夫前掲書、四二頁。

『近代日本の統合と抵抗』(1) 日本評論社 一九八二年二月十日発行

対明国入貢と琉球国の成立

はじめに

沖縄には、かつて琉球国という国家が存在した、ということ自体については、何人もこれを否定する者はいないと思う。しかし、これまでのところ、琉球国の成立に関する系統だった学問的論文はなく、個々の断片的所感の域を出ていないと思われる。それと、国家とは何か、いかなる条件を具備すれば、国家といえるのか、というような国家概念がこれまで、共通のモノサシとしておさえられていないので、個々の所論が互いに連関を欠き、論点がかみ合わず、その場かぎりになり、実りある学問的発展がみられない、という結果をまねいている。

中村哲氏によれば、国家の基本的な条件としては、国民・領土・統治組織の三つの要素を欠くことはできないとされ、このような国家三要素説は、伝統的な国家の定義として古くから支持されてきた。この三要素に加えて、主権・独立等の要素をあげる場合もある、とされている。(1) この国家規定は、国家の成立を論ずる基本概念として、十分条件をみたしていると考えられるから、以下、これをシタジキとして琉球国家の成立について行論することにする。さて、蕞爾たりとも〝大琉球〟とよばれた琉球国は、いかなるコースをたどり、いつごろ成立したのであろうか。

一　国民と領土の統一

その統一過程を年代を追って記する。

一二六四年、久米・慶良間・伊平屋等の諸島が入貢した。

一二六六年、奄美大島諸島が入貢した。玉城王のとき（延祐年間一三一四〜一三二〇年）、三山に分裂し、右の諸島が貢を絶ち入朝しなくなった、とある。(2)

一三九〇年、宮古・八重山がはじめて中山に入貢した。一四四九年、尚思達王が亜間美（奄美）なる者を、明へ進貢使として派遣しており、翌年には、尚金福が、やはり同人を派遣しているから、おそくともそのころまでには、奄美諸島が再度入貢していたわけである。その他の諸島の方も、その頃には、すでに入貢していたであろう。

ここで、一転して目を本島内に向けてみよう。琉球国家の形成にかかわる重大な政治的事件は次のとおりである。

一四〇六年、中山の武寧王が、佐敷按司・尚巴志に滅ぼされた。

一四二二年、北山が中山に滅ぼされた。攻める側は、尚巴志を総大将に、浦添按司・越来按司・読谷山按司である。その中山軍に驍将勝連按司が帰付していないということは、中山の威令が勝連の民と土地に及んでいないわけである。そのことは後述する。守る北山側は、緒戦から羽地・名護・国頭の諸按司が中山につき、終盤戦では北山王の股肱の臣・本部平原までが中山に寝返った。一四二二年、尚巴志王は、北山を監守するため、尚忠を今帰仁城に入部させた。

一四三〇年、南山は中山に滅ぼされた。これで、本島の方もほぼ統一された。しかし、本島の土地・人民が軍事的に完全に統一されたのは、中城按司・護佐丸、勝連按司・阿麻和利が、中山王・尚泰久に滅ぼされた時点である。そのことに触れる前に、右の三事件につき、それらが琉球国の成立過程で、いかなる歴史的特質をもっていたかを考察してみたい。

右の三事件の特質を解くキー・ワードは、結致《うっち》・寨官・按司である。結致を「うっち」と読むのは東恩納寛惇の説だが、私も意味・内容はこれにしたがう。ただし、読みは「某っち」と促音。タルーヤッチーやカミーヤッチーが、それぞれタルッチー、カミッチーになる塩梅である。結致（または結制、結、致ともいう）が、史料にはじめて登場するのは、一三八八年である。『明実録』(3)洪武二十一年九月壬申朔の条と、『世譜』(4)察度王、同年戊辰の条に、進貢使者として、「甚模結致《しいまっち》」の表記で出ている。これをかわきりに、以後、枚挙に遑がないくらいに頻出する。

『おもろさうし』(5)を繙くと、全一五五四首のうち、「おきて」の語をもつおもろが二十二首かぞえられる。「おきて」は「うっち」のことで、後年、「掟」という字の訓読みであて字された。しかし、「おきて」の意味は、掟の字義（さだめ・法律等）とは何の関係もなく、それは単なるあて字である。巻二十「こめすおもろの御さうし」に、

1354
一　真壁《まかび》　おわる
根《ね》国　おわる　世《よ》の主《ぬし》
百島《もゝしま》　島《しま》　討《う》ちちへ　凪《とゞ》やけれ
又真壁《まかび》人　選《ゑら》びよわちへ

又掟《おきて》 選《えら》びよわちへ
又那覇港《なはみなと》
橋《はし》 渡《わた》ちへ 道《みちへ》 渡《わた》ちへ
又那覇《なは》 渡《わた》て
いなそ嶺《みね》 淀《よど》しよわ

とある。

① このおもろは、真壁の世の主が、自己配下の者＝真壁人（根国人）を稲嶺掟《おきて》に補任し、同掟が任地の「いなそ嶺」（稲嶺）までみちゆくさまを歌ったものである。

② 尚真王の治世（一四七七〜一五二六）に諸間切に割拠していた諸按司を首里に集居させた。そのとき、各間切に、代官を首里から派遣した。その代官を按司掟《あじうっち》とよんだ。

③『公事帳写』に、「一、掟役被仰付御拝仕候ハ、早速嗳之村江家内引越職事相勤候事」（傍点は筆者、以下同）とある。これは、近世琉球の地方役人たる掟の任職について記したものである。この史料は、筆者が調査した旧美里間切内各村の掟に関する出身地調査と完全に一致している。一例をあげれば、美里村《むら》出身者は、決して美里村の掟にはなれず、他村である知花や山城村の掟になっている例がある。美里村の掟は他村出身者が任職するのである。

ここで、①・②・③と列記したのは、①（＝尚巴志や阿麻和利の時代）の「おきて」の性格をさぐるためである。この三者に共通していえることは、「おきて」なるものが、自己の任命権者の所在地（権力の拠点＝根国）から、距離的にはなれた任地へ移動するという特性をもっているということである。①についていえば、稲嶺掟は、あきらかに真壁世の主の臣下であり、互いに主従関係にある者である。

「おきて」は置き手で、手は、いわゆる、「家康の手の者」の手、つまり、配下の者の意であろう。例えば、嵬谷致《ぐいくっち》[6]は越来おきてで、中山王が、越来の軍政・民政のために派遣した浦添の者ということになる。なお、その当時、南山にも、隗谷結致《ぐいくっち》[7]なる者がいたし、また、南山には、鄔刺誰結制《うらしいっち》[8]なる者がいて、浦添の地にも南山の領地があったことになる。中山には甚麻之里《しまじり》[9]なる人物がいる。文字どおり、〝犬牙相制ス〟である。さらに、『明実録』の洪武二十六年（一三九三）の条に、中山に、寿礼結致《しゅりっち》[10]なる者がいた。一方、既述のように、一四二二年における、中山の北山攻伐軍の部将の中に、浦添按司なる者がいた。この二者の存在から、容易に帰納できることは、一三九三年と一四二二年の間に、中山の都城が、浦添から首里に遷移したということである。北山の滅亡について、『明史』に気になる記載がある。北山は、「其後、竟ニ二王ノ併ス所ト為ル」[11]とあるのがそれである。二王とは、中山王と南山王のことである。明の史官は、中山と南山から公平に自由に事件の経緯を聴取できる立場にあること。中山の北山攻め、きたるべき南山攻めにおける戦術・戦略からして、当面の二王の連合は、中山にとっては理想的な近交遠攻策であること。中山の首里遷移の時期。互いの領地が複雑にいりくんでいたこと。「かでしがわ」に関する口碑等々からして、北山攻伐のころ、中山と南山はきわめて友好的関係にあったと思われる。右『明史』の記事の信憑性が高い所以である。

閑話休題―つぎに、三山が入貢した洪武から、永楽の初期にかけて、「結致」と相並んで頻出する「寨官」というのがある。結論をさきに言えば、両者は全く同じ職掌のものだろう。沖縄人には、伝統的に某結致とよび、中国人には、寨官某と漢語でよびわけたにすぎないと思う。ところで、『明実録』や『世譜』に、「寨官ノ子仁悦慈」[12]とある。仁悦慈は沖縄人である。「仁悦慈は沖縄人である」と解したのは筆者の誤解であった。「仁」は中国姓である（諸橋轍次『大漢和辞典』巻一、五七八頁）。

漢語でいう城とは、南京城や長安城のように、広大な市街地を高い城壁で囲んだもので、寨とは、首里城や大阪城のようなものである。中山には、中国人の寨官として程復・葉希尹がいたし[13]、南山には、官生・李傑の父李某がいた。一三八三年に、洪武帝は三山の各王に詔勅をおくって和平を勧告したが、それは、沖縄が軍事的に乱れて、その隙を倭寇につかれ、その拠点にされることを恐れての神算からでたものと思う。とするならば、彼ら中国人寨官たちは、三山の接点におかれた「おきて」であったはずである。

これまでみてきた筆者の仮説が正しいとするならば、彼ら結致や寨官は、中山・南山王等上位の権力者と主従関係にある者である。一方、当時、按司は誰とも主従関係のない、独立性のつよい小領主であったと思う。自己の王統を建てた、英祖、察度、尚巴志、尚円らは、経済的・軍事的実力をバックにして、これら群立する貿易業者たる諸按司の利害に密着し、彼らの利権をたくみに配分し、調整しえた者であり、それらの王統を自滅させた玉城、武寧、攀安知、他魯毎、尚徳らは、その能力に欠けた者であった。利害によって離合集散するこの按司たちの向背が、いくたの王朝の興廃を決定づけた因子だった。

中山を簒奪した尚巴志の、経済力増殖と政権への階程を瞥見してみよう。「太祖が海禁令をはじめて出したのは洪武四年（一三七一、応安四）のころであるが、洪武二十七年、同三十年、宣徳八年（一四三三、永享五）、正統十四年（一四四九、宝徳元）、景泰三年（一四五二、享徳元）にもかさねて出されている。このように数次にわたって海禁令が出ていることは、中国人で海外に出て活動するものが少なくなかったことを逆に証明するものである。違反した者には極刑が課せられたが、下海者は一向に減少せず、むしろ増加の一路をたどった[14]」とあるように、海禁策が明の国是である以上、佐敷城跡からおびたゞしい中国青磁が出土する[15]からには、また以下に引く諸記事からして、尚巴志は密貿易者であった。『おもろさうし』巻の十九に、

1310
一　知念杜《ちゑねんもり》ぐすく
唐《たう》の船《ふね》
こゝら寄《よ》るぐすく
又　大国杜《ぢやくにもり》ぐすく

とある。明の国禁を破って許多の私貿易船が、明から巴志の勢力範囲たる知念にやってきていたことが知れる。

また、『明実録』に、

琉球国民才孤那等二十八人ヲ遣ハシテ国ニ還ヘス。〈中略〉初メ才孤那等、船ニ駕シ、河蘭埠ニテ硫黄ヲ採ラントシ、海洋ニ於テ大風ニ遇ヒ、小琉球ノ界ニ飄至ス。[16]〈下略〉

右につき、伊波普猷は、才孤那を知念間切知名村のソコニヤに比定し、才孤那なる人物以下を、尚巴志の配下の者であると、断を下しておられる。妥当な推論と思う。また、『世譜』には、

時ニ異国商船ノ、鉄塊ヲ装載シ、与那原在《に》テ貿易スルモノ有り。皆其剣（巴志の）ヲ見テ、之ヲ要《もと》ム。終ニ、満船載スル所ノ鉄ヲ以テ、之ヲ買フ。巴志、鉄ノ許多ナルヲ得テ、百姓ニ散給シ、農器ヲ造ラシム。百姓感服ス。[17]（注・ルビは筆者）

こうした貿易で得た、巨大な富をバックにして、巴志は、中山・浦添の名士たちに近づき、さかんに政治工作

をした。というのは、長年寨官・通事として察度王に仕えた程復・葉希尹の二人は、一三九四年、同王の奏薦で、洪武帝から、正五品の爵位と千戸の官位を下された。二人のうち程復は、中山簒奪後の尚思紹王にそのまま仕え、同王の奏薦でさらに左長史＝国相にまで累進した。また、やはり前朝に仕えていたと思われる王茂も、尚思紹王の治世に、その奏薦で、左長史＝国相に昇進している。また、察度が留学させた官生出身の高官・三五郎亹《もい》も、思紹にそのまま仕えている。この人などは、一三九六年に帰省し、武寧王は、一四〇三年、一四〇五年、一四〇六年と、彼を正使として明国に派遣しているが、その翌年には、中山王世子・思紹が彼を遣使している。このような王府高官の動きからして、巴志の積極的な政治工作の結果、事前に巴志に心を寄せる高官たちがいたことを暗示させる。

それらと関連するが、武寧には致命的な失政があった。一四〇六年、永楽帝に閹者を贈ったことがそれである。

琉球国閹《ママ》者数人ヲ進ム、上曰《しょう》ク、彼モ亦人ノ子ナリ、罪無クシテ之ヲ刑ス。何ゾ忍ビンヤ。〈中略〉彼（寧）朕ニ媚ビント欲シ、必ズヤ踵ヲ継イデ来タス者有ラン。天地ハ万物ヲ生ズルヲ以テ徳ト為ス。帝王ハ乃ハチ人類ヲ絶ツ可ケンヤ。竟ニ之ヲ還ヘス。(18)（注と傍点は筆者）

永楽帝がいうように、進上を受けたならば、武寧は次々と罪なき者を宮刑にし、進上したであろう。この閹者進上の一件は、ことの性質上、中国人高官—国相・亜蘭匏あたりの入れ知恵であろう。そのような秕政を背景に王府内に内訌がおこり、その隙を巴志につかれた。巴志が挙兵した時、「武寧慌忙シ、軍ヲ催シテ拒禦ス。奈《いかん》セン諸按司、戸ヲ閉シ枕ヲ高クシテ、曾ツテ之ヲ救フコト莫シ(19)」という四面楚歌の窮地に陥った。これら諸按司とは、利害によって離合集散する盟友・仇敵ではありえても、武寧との主従関係はなかった。

尚巴志と、その一卵性双生児ともいうべき阿麻和利らの諸按司をして、経済的に大をなさしめたものは、国禁を犯して渡琉してくる明の私貿易船であった。

○一三九四年―〈前略〉是ヨリ先、上《しょう》、海外諸夷ノ多ク詐ハルヲ以テ、其ノ往来ヲ絶ツ。唯、琉球・真臘・暹羅ニノミ入貢スルヲ許ス。而シテ縁海ノ人、往々私ニ諸番ニ下リ、香貨ヲ貿易ス。蛮夷ヲ誘ヒテ盗ヲ為スニ因リテ、礼部ニ命ジテ厳シク之ヲ禁絶セリ[20]〈下略〉

○一四三八年―福建按察司副使・楊勲、竜渓県民ノ私ニ琉球国ニ往キ貨ヲ販フヲ鞫ス。例トシテ械ヲ当テテ京ニ至ラシム。勲、擅《ほしいまま》ニ発遣ス。都察院、勲ヲ劾シテ逮ヘ、獄ニ下ス。坐《ゐながら》ニシテ罪ヲ贖ヒ職ニ還ヘル[21]〈下略〉

○一四五二年―刑部ニ命ジテ、榜ヲ出シテ禁約シ、福建沿海ノ居民ノ、中国ノ貨ヲ収販シ、軍器ヲ置造シ、海船ニ駕シテ琉球国ト交通シ、招引シテ寇ヲ為サシムルヲ得ルコト毋カラシム[22]〈下略〉

○一五四二年―〈前略〉琉球既にしばしば（私に中国私人と）交通に與《くみ》し[23]〈下略〉（注は筆者）。

これらの史料をみれば、明国との密貿易がいかに頻繁に、大規模におこなわれていたかがわかる。わざわざ「琉球国」を名ざしにして、榜（立札）を立てて禁約しているくらいだから、目にあまるものがあったのだ。しかも、「招引シテ寇ヲ為サシムル」とあるからには、中国人と共謀して、海賊行為の一つや二つはやったのであろう。ともあれ、これらの密貿易者が横行できた背景には、「総督備倭都指揮僉事・王謙等、浜海ノ軍民ノ賂ヲ受ケテ、之ヲ縦チ海ニ下シテ魚ヲ捕ヘシメ、尅ク軍粮等ヲ減ズル不法ノ事ニ及ブ[24]」とあるように、密出入国を

取り締まるべき役人の腐敗が大きかった。廉潔な浙江巡撫・朱紈は、

外国ノ盗ヲ去ルハ易ク、中国ノ盗ヲ去ルハ難シ。中国瀕海ノ盗ヲ去ルハ猶ホ易ク、中国衣冠ノ盗ヲ去ルハ尤モ難シ(25)

と、それら貪官汚吏を激しく批難した。密貿易の盛行について、田中健夫氏は、「朝貢船貿易の制度と海禁政策との影響を最も大きく受けたのは中国沿海諸地域の商人である。商品流通経済がかなりすすんだ段階で、このような政策を強行することは、はじめから無理なことであった。明初以来二〇〇年間の海禁の時代に、公許を得ない私貿易すなわち密貿易が執拗にくりかえされていた事実がなによりの証拠といえよう。一五〜六世紀になると、貿易の主流はすでに朝貢船貿易ではなく密貿易に移ってしまったといってもよい状態となったのである。(26)」と書いている。朝貢貿易に拠る武寧や尚泰久に対し、密貿易に拠る尚巴志や阿麻和利の実力は、考古学が示すかぎり、相頡頏していたのである。

一四二九年、南山では、他魯毎王の秕政がもとで内乱になり、中山に気脈を通ずる者が出た。巴志は南山を滅ぼした。巴志は、明朝にそのことを報告した。これに対し皇帝は、

爾琉球国、分レテ鼎足ヲ為シ、人民ノ塗炭スルコト百有余年ナリ。比、爾ノ義兵、復タ太平ヲ致ス。是レ朕ガ素意ナリ(27)。

と積極的に称揚した。これは、一三八三年、太祖が、「琉球三王互ニ争ヒ、農ヲ廃シテ民ヲ傷フト。朕甚ダ焉ヲ

憫ム」[28]と三王に和平を勧告したのと、一見、乖離するかのようである。しかし、両者の奥底を貫ぬく、明朝の対琉策の基本大綱は、不変であったと思う。すなわち、琉球国（中山）の政治が安定し、明国に対する倭寇の窺伺を許さず、中国南海の風波の静謐ならんこと、これである。

尚巴志の三山統一で、軍事的統合は飛躍的に進捗した。しかしながら、第一尚氏の権力を支える軍事力をみるに、それを構成する武将たちは、必ずしも全員が王の家臣団化していた訳ではなく、なお、王に帰付しない諸按司がいた。その代表者が、勝連按司の阿麻和利であった。

勝連按司・阿麻和利ハ、身ハ儀賓ノ貴キニ居リナガラ武ヲ兼ネ、芸ハ衆ニ出ヅ。諸按司ヲ視ルコト草芥ノ如ク、驕傲已ニ極マリテ、常ニ弑簒ノ心有リ。[29]

「芸」とは文芸であろう。万事に自信過剰な阿麻和利の存在感を、これほど簡潔に活写した文章もあざやかだが、勝連城の出土品も、この名文に劣らず雄弁である。亀井明徳氏は、勝連城の発掘調査の結果を、「グスク採集の輸入陶磁」にまとめておられる。

勝連城から出土している輸入陶磁器をみると、〈中略〉ほかのグスクにくらべて、大量でしかも良質の陶磁器が出土することである。瞥見する限り、勝連の出土陶磁は首里に劣ることはなく、むしろ優れている感じがする。〈中略〉中山王察度から第一尚氏へと、対明貿易は中山王統が掌握していたようにみえるが、その中山を構成する按司集団の貿易行為に対して、中山王統が覇権をもっていたのか否か、疑問が生じてくる。[30]

それからすると、「真玉《まだま》　金《こがね》　寄《よ》り合《や》う玉の御内《みうち》」[31]とうたわれた勝連城は、やはり、おもろで称讃されたとおりであったのだ。そうして、阿麻和利について、「京《きや》　鎌倉《かまくら》　此《こ》れど　言《い》ちへ　鳴響《とよ》ま」[32]とうたい、また、「勝《かつ》連《れん》わ　何《なお》にぎや　譬《たと》ゑる　大和《やまと》の　鎌倉《かまくら》に　譬《たと》ゑる」[33]とあるから、勝連城は、明と日本の商品を交易する一大拠点であったのだ。

また、明朝は「都御史奏スルニ、其ノ使臣ノ多クハ福建逋逃ノ徒ニ係リ、狡詐百端、殺人放火シ、亦中国ノ貨ヲ貿《あきな》ハント欲シ、以テ外夷ノ利ヲ専ラニスルヲヤ」[34]と喝破している。このように、中山王の進貢使者の中にさえ、明朝が倭寇の予備軍とみなした「福建逋逃ノ徒」が多くいたのだから、彼らの朋輩が、阿麻和利のまわりにいて、「外夷ノ利ヲ専ラ」にしても、何ら不思議ではない。深く晴れわたった日に、木々のこずえが乱れさわぐときなど、これら東西南北のともがらのことを想うと、妙な物ぐるおしさを感ずる。

阿麻和利、護佐丸、大城賢雄（鬼大城）は、近親である。この三人は、共通の祖先・伊波按司から出ている。とくに、阿麻和利は、大城の父親とはいとこ同志である。伊波按司は、伊波に蟠踞して自己の勢力を中南部に張りひろげた。具志川・越来・勝連・読谷・恩納・中城・瀬長・玉城・高嶺等に子孫がくいこみ首里にとっては、あなどりがたい大勢力であった。[35]伊波按司の鼻祖《とおつおや》は英祖王で、小宗の今帰仁仲宗根若按司が、一三二二年、北山王怕尼芝に敗れるという波乱を経て、その孫の伊覇按司（伊波按司の父）が、石川の伊波に落ちのび、そこに根づいた。この毛並みのよさから受けつがれた、阿麻和利の人心収攬術、護佐丸の築城術、おもろ作者としての大城、[36]これらの異才は、誰知らぬ者とていない。この三人は、当時の沖縄では、一大勢力を形成しうる必然性と、武力的・文化的背景をすでにもっていた。政略結婚を用いて、この三人の間に楔（王女百度踏揚）

をうちこんだのが、魔王尚泰久であった。一四五八年、まず、阿麻和利が護佐丸を滅ぼし、ついで大城が阿麻和利を討った。そして、その後まもなく尚泰久は、女婿の大城を葬った。こうして、武力的に第一尚氏に対抗できる者は一人もいなくなった。第一尚氏の近交遠攻策は、尚巴志の中山奪取以来五十年ぶりに完了した。こうして、琉球の国家誕生への第一の課題—領土と国民の統一は達成されたわけである。

二　統治組織の整備過程

琉球王府の統治組織が、急テンポで整備される契機は、一三七二年の対明入貢である。入貢によって琉球の経済が飛躍的に高まり、経済の規模と構造に対応する形でうながされて、内発的に整備されていったのだろうか。それもある。しかし、それだけではない。それは琉球の外部から、明朝によって、既成のセットとしてもちこまれた要素が大である。機構も人も。琉球を治める為の中国人スタッフと機構が、当時の琉球に実在したことは、おいおい史料で示すとして、それでは、一体、㈠明朝は何の為に、そのようなアブノーマルな工作をし、㈡察度は、また、どうしてそれを甘受したのだろうか。㈢それを甘受した沖縄の社会的成熟度はどうだったか。㈣その外部からの統治組織を、琉球側がいかにして、自らのうちに漸次吸収し、外部勢力を排除していき、自前の琉球国の統治組織として確立していったのか。これが本項のテーマである。

一四一一年四月、明帝に対し、察度王に仕えていた中国人・程復なる者が、老齢の為致仕し帰国したい旨奏請した。〈前略〉復ハ饒州ノ人、其ノ祖察度ヲ輔スルコト四十余年、誠ヲ勤メテ懈タラズ。今年八十有一。

命モテ致仕シ、其ノ郷ニ還ランコトヲ請フ。（帝）之レニ従ヒ、復ヲ陞セテ琉球国相ト為シ左長史ヲ兼ネシメ、致仕セシメテ饒州ニ還ヘス。(37)〈下略〉

とある。「察度ヲ輔スルコト四十余年」とあるから、程復は、少なくとも一三七一年以前に、洪武帝の命で入琉し、察度に仕えていたことになる。入貢の年の一三七二年以前である。また、

琉球国中山王ノ長史蔡璟、其ノ祖ハ本、福建南安県人ニテ、洪武ノ初、命ヲ琉球国ニ奉じ、導引シテ進貢セシムルヲ以テ、通事ヲ授ケラル。(38)〈下略〉

とあるから、璟の祖父蔡崇も、入貢以前に程復の通訳としてともに入琉しているようだ。これがキーポイントの第一点である。つぎに、「(程復) 請命致仕、還其郷、(皇帝) 従之」である。これによって、程復が皇帝の官人であり、その資格のまま琉球に派遣されていたことがわかる。「致仕」は、仕（官職）を致す（奉還）ということで、皇帝におかえしして辞任することである。致仕は、『大明会典』巻之十三に、詳細に規定されている。

〈前略〉洪武元年、凡ソ内外大小ノ官員年七十ナル者ヲシテ致仕セシムルヲ聴《ゆる》ス。〈中略〉十三年、文武官六十以上ノ者ヲシテ皆ナ致仕スルヲ聴ス。二十六年、凡ソ官員年七十以上ニシテ、若果《もし》、精神ノ昏倦セバ、親身《みずから》、京ニ赴キ面奏スルヲ許ス。如《もし》、吏部ノ照査ニ准ジテ相同ジケレバ、方ニ官ヲ去リ職ヲ離ルルヲ許ス。〈下略〉

厳格な規定である。許可を俟たずに致仕すれば、叛逆罪に問われかねないきびしさを窺わせるものがある。

一四七四年、琉球は、それまでの中国における琉球使臣らの、たび重なる犯罪行為を理由に、明朝によって、「不時ノ朝貢」から二年一貢にされ、正貢外の附搭物貨の禁止その他の懲罰を受けた。その措置は、琉球にとって、大幅な収入減になったので、必死になって復旧を願った。翌一四七五年、一四七七年、一四七八年、一四八〇年と、たてつづけに復旧を願ったが、許されなかった。

○一四七八年の場合―〈前略〉而シテ其ノ世子尚真、乃ハチ奏シテ、一年一貢ナランコトヲ欲シ、輒ハチ先朝ノ事ヲ引キ、妄リニ諸夷ヲ控制スルヲ以テ言ト為ス。其ノ実情ヲ原《たず》ヌレバ、市易ヲ図ルヲ欲スルニ過ザルノミ。況ンヤ、近年都御史奏スルニ、其ノ使臣ノ多クハ福建逋逃ノ徒ニ係リ、狡詐百端、殺人放火シ、亦中国人貨ヲ貿ハント欲シ、以テ外夷ノ利ヲ専ニスルヲヤ。其ノ請ヒニ従ヒ難シ。命ジテ止ダ前勅ノ二年一貢ニ依レ[39]（傍点は筆者）。

○一四八〇年の場合―琉球国中山王尚真奏ス。臣伏シテ祖訓ノ条章ヲ読ムニ、臣ノ国ニ不時ノ朝貢ヲ許セリ。故《ことさら》ニ臣ノ祖父ヨリ以来、皆一年一貢ナリ。邇年、巡撫福建大臣、臣ノ国使ノ法規ニ違ヒテ利スル者有ルヲ以テ、臣ヲシテ二年一貢セシム。此ハ誠ニ臣ノ罪ナリキ。然ルニ臣ノ祖宗ノ慇懃ニ貢ヲ效ス所以ノモノハ、実ニ中華眷顧ノ恩ニ依リ、他国ノ窺伺スルノ患ヲ杜ガント欲スルナリ。旧例ニ仍ルヲ乞フト。上、允サズ。其ノ使臣・馬怡世ノ陛辞スルニ及ビ、仍テ尚真ニ勅ヲ賜ヒテ曰ク、曩ニ爾ノ国ノ使者ノ入貢スルニ、往々仮リテ饋送スルヲ以テ名ヲ為スニ因リ、我中国ノ臣工ヲ汚シ、其ノ実、以テ己ガ利ト為ス。又、傔従ヲ箝束スルコト能ハズシテ、以テ殺人放火、民財ヲ強劫ス。又、私ニ違禁ノ衣服等ノ物ヲ造ルコト、倶ニ顕跡有リ。故ニ定メテ二年一貢ノ例ト為ス。朝廷、富ハ万方ヲ有ツ。豈、爾ノ一小国ノ為ニシテ冗費ヲ裁省センヤ。此ノ例ハ既ニ定マレリ。再ビハ紛更シ難シ。特ニ茲ニ省諭ス。王其レ之ヲ審カニセヨ[40]（傍点は筆者）。

これらは、平時ならば、いわずもがなの本音（贅言）であって、語るにおちた訳で、双方の経済的窮迫がしからしめたものである。

琉球側の本音とは、①明国の為に「諸夷ヲ控制スルヲ以テ」、一年一貢を当然の権利だとする主張。また、②「祖訓ノ条章ヲ読ムニ、臣ノ国ニ不時ノ朝貢ヲ許セリ」であり、「臣ノ祖宗ノ慇懃ニ……患ヲ杜ガント欲スルナリ」という部分に凝縮されている。この二点は、いわんとする内容は同一である。「諸夷ヲ控制スル」＝「他国ノ窺伺スルノ患ヲ杜」ぐ、の関係にあるからだ。また、尚真がそこで言っている「祖訓」とは、『大明会典』巻之一百五、礼部、六十三、「琉球国」の項の〈祖訓〉である。それは、「大琉球国ノ朝貢ハ不時。王子及陪臣之子、皆太学ニ入レテ書ヲ読マシム。礼待スルコト甚ダ厚シ……」とある。「祖」とは察度をさしていると思う。「諸夷」＝「他国」は、倭寇と読みかえることができる。

本筋にもどる。程復が、一三七一年以前に入琉したのは、「祖訓の条章」＝琉明秘密協定の締結のためだった。その骨子は、明が琉球に「不時ノ朝貢」を認める。そのみかえりに、琉球は明に対し、「諸夷を控制」し、「他国ノ（明国を）窺伺スルノ患ヲ杜」ぐため、明国の政治的指導を受けることを認める。明国の為に、「諸夷」＝「他国」＝倭寇に対する防波堤国家になる。これが、明の廷臣・程復と察度との間に結ばれた秘密協定の赤裸々な真相だろう。明にとって、朝鮮は倭寇に対する東の藩《まがき》であり、琉球は南の藩だったから、この二国だけは、多数の朝貢国の中でも、とりわけ優遇された[41]。中国のリアル・ポリシーである。

琉球の明に対する朝貢関係については、東恩納寛惇の次の評価が、今日でも定説となっている感がある。

朝貢関係は、大国にとっては、実を捨てて名を取るものであるのに反し、小国にとっては、名を捨てて実を取るもので、それによって、内政の干渉を受けるでもなく(42)〈下略〉。

はたしてそうだろうか。明国をとりまく情勢は、そんなに悠暢なものではなく、「北虜南倭の禍」は、明国を国防の奔命に疲れさせ、その財政を逼迫させた。とくに、太祖洪武帝が琉球を招諭して入貢させたころが、倭寇のもっとも猖獗した時期である。(43)倭寇対策として、太祖は一三八四年、湯和に命じて海岸を巡視させ、山東・江蘇・浙江方面の沿海地域に五十九の城を築き、「備倭行都指揮使司」をおき、兵士は、人民の四丁から一人をとり、五万八千七百人を徴して各地に分駐させた。翌年は、福建の沿海に五衛指揮使司と十二の千戸所をおいて倭寇に備えた。(44)そして、これらの駐屯部隊には、建造費の厖大な巨艦が配備された。これらの出費のため、さしもの大帝国も、宣徳末から正統年間にはいるころには、財政が不如意になる。『明実録』をみると、洪武年間に、浙江沿海衛所だけで、その備倭海舟が七百三十艘あったが、老朽化し、一四四〇年現在、わずか百三十二艘を有する有様で、監察御史・李奎は、これでは「不足備倭」と奏上している。(45)一四五〇年には、福建の沿海二十四衛備倭船が、老朽化して修補にたえなくなっていた。(46)また、一四五三年には、日本国王と使臣の附進物の買い上げ価格を大幅に引き下げた。(47)

明国にとって、朝貢関係は、たて前の水面下に、つねに国防というナショナル・インタレストがあるのであって、決して「実を捨てて名を取るもの」ではなかった。また、「内政の干渉を受けるでもなく」という点についても、それは史実に反する。察度王代から尚金福王代までの約五十年間（琉球国の建設期）は、明国皇帝が勅任する中国人の王相、亜蘭匏・程復・王茂・懐機が、琉球の政治のトップに立ち、各王は神棚にまつり上げられていた。その事実をしも、内政干渉でないとするならば、何を内政干渉と呼ぶのだろうか。

亜については、「王相・亜蘭匏、仕ヘテ武寧ニ至ル。本国政柄ヲ掌ル者。王相ト称スルハ此ヨリ始マル[48]」とある。亜の琉球における任官については、次の史料が示している。

命ジテ、琉球国王相亜蘭匏ニ秩正五品ヲ授ク。時ニ亜蘭匏、朝貢ヲ以テ京ニ至ル。其ノ国中山王察度、請ヲ朝ニ為ス。亜蘭匏、国ノ重事ヲ掌ルヲ以テ、品秩ヲ陞授シ冠帯ヲ給賜セラレンコトヲ乞フ。又、通事葉希尹等二人ニ陞授シ、千戸ニ充テラレンコトヲ乞フト。詔シテ皆ナ其ノ請ニ従フ。其ノ王相ノ秩ヲシテ中国王府長史ト同ジカラシム。王相ト称スルハ故ノ如シ[49]。〈下略〉（傍点は筆者）。

『大明会典』巻之十によれば、「王府左右長史」は正五品官であり、右の記事と一致している。右の記事で注目に値するのは、その時点で、すでに、「国ノ重事ヲ掌」っていたこと、「称王相如故」とある点である。亜の王相任官の任命権者は察度王か洪武帝か。後出する程復、王茂の王相任官は明国皇帝が勅任している。それからして、亜の場合も皇帝勅任であろう。これらの人事問題についても、当然、程復と察度が事前にとりかわした秘密協定の認承事項であったと思う。

往昔、尚巴志王世代、左長史・右長史有ルナリ。左長史ハ国政ヲ掌ル、ト吾学編ニ見ユ。天順四年庚辰、中朝皇帝ノ簡命ヲ奉ジテ、特ニ中山王府長史司ニ陞セラル、ト梁崇家譜ニ見ユ[50]（傍点は筆者）。

とあり、『会典』の記載では、正五品官のワク内に、「王府長史司左右長史」とあるが、右『由来記』の「左長史・右長史」といい、「中山王府長史司」の語句といい、いずれも本場中国の官職名を、そのまま琉球にスライドさせた移入品である。ほかにも、たとえば、「中山王察度、遣其臣典簿程復等」[51]（傍点は筆者）とあり、この典簿も、『会典』巻之四の王府官によれば、左右長史につぐ「首領官」である。当然、その属官である審理・典膳・奉祠・典宝・良医・工正等の中国人各官も、中山王府の中にいたであろう。

明初、琉球において、左長史は王相（国相）を意味し、国王にかわって国政をとっていた。そのことは、「其ノ王、己ヲ上ニ欽ミ、王相政ヲ下ニ布キ、其ノ俗皆ナ礼法ニ循ヒテ、煕煕如タルヲ見《しめ》スナリ」[52]とあることによってあきらかである。察度王から尚金福王にいたる五、六十年間、琉球王は、君臨すれども統治せず、というシンボル的存在にまつり上げられていたのである。そうした、強力な外国の政治勢力をあっさりと受け入れていたこと自体、察度の周辺に、ながい伝統によって門閥化、世襲化した支配層や強国な統治組織がまだ存在せず、国家が成立するほどには社会が成熟していなかった証左である。

さて、明初に、権勢を誇っていた長史も、天順年間になると、王相と同格でなくなり、次第に格式が低下してきていたことは、『世譜』が雄弁に物語っている。「二年（一四六六）丙戌、王、正議大夫程鵬・長史梁賓等ヲ遣ハス」[53]とあるように長史は、新設の正議大夫の下位になっている。

窃カニ按ズルニ、往昔、唐栄ノ官員、命ヲ奉ジテ、正使ト為リテ入貢ス。時ニ勅命アリテ大夫ト為ル。且ツ往昔、勅シテ、国王ノ六員ノ大夫ヲ有スル時ハ、中憲大夫ヲ許ス。近世ニハ此ノ職有ル無シ。但《ただ》此官爵有ルノミ[54]〈下略〉。

とあるから、もとは、中国皇帝の勅命によって、琉球王府のトップに立つ大夫の人事に介入してくることがあったのである。なお、正議大夫といえば、礼部・戸部・吏部・刑部・兵部・工部の六部の侍郎（次官）と同じ正三品である。琉球国正議大夫程鵬などは、大明国の宮廷に参朝するときは、まばゆい程の栄光のうちに礼遇されたわけである。

その正議大夫や長史は、琉球王府の政治の中枢から遠ざけられ、専ら、朝貢関係の職務に限定された。一四五二年ごろ、国相・懐機が死ぬと、それを機に国相制にピリオドを打ち、尚泰久は一四五四年、その職掌を奪って自ら「琉球国掌国事」となった。そのころ軍事的敵対者たる阿麻和利、護佐丸らを剿滅したことを想い合わせると、泰久の政治家としての懐の深さを示してあまりあるものがあるといえよう。

一四三三年、宣徳帝の天使柴山が、沖縄に千仏霊閣を建てた時の碑記に、「無県郭之立、無丞尉之官」(55)とある。すると、尚巴志の治世のころにはまだ、地方行政の官舎と官吏の制度の未整備を思わせる。しかし、尚泰久の時代には、

一、琉球国王ハ、或ハ一、二ヶ月ニ一タビ朝ヲ受ケ、或ハ一ヶ月内ニ、再ビ朝ヲ受ク。朝会ノ時、三層殿上ニ坐シ、群臣冠帯ヲ具シ、庭下ニ拝ス。(56)

一、朝官ハ、凡ソ人ヲ用フルニ在位人ノ薦挙ヲ聴《ゆる》ス。奴婢・土田・家舎及ビ軍器等ノ物ヲ官給ス。如シ不能ナレバ之ヲ黜《しりぞ》ケ、并ニ其ノ給スル所ノ物ヲ収ム。常時、百余人闕内ニ在リテ事ヲ治ス。五日ゴトニ相遞《か》ハル。又四五人ノ長有リテ番ナレバ出デズ。若シ己ガ意ヲ以テ数々《しばしば》出入ヲ行ヘバ、則ハチ之ヲ黜クルコト上ノ如シ。其ノ入番ノ時、皆公廩ヲ受ク。其ノ中ノ一人ハ首ニ居リテ総理ス。(57)

とあって中央地方の統治組織が、ほぼ整備されていたのである。

三　琉球国の独立と主権

泰久の時代は、沖縄ナショナリズムが勃然とおこった時代でもあった。政治・経済および教学など、文化全般にわたって、約八十五年もの間、強烈な中国文化の洗礼をたっぷりと受けてきた。アイデンティティー喪失の危機の時代である。幸いにも、沖縄は、中国のみならず、日本とも、朝鮮とも、南蛮諸国とも交通し、幅の広い動点観察・複眼思考によって、自己を多面的に見すえることができた。その観察によって得たものに照らし、自らを、冷徹に国際社会の中に位置づけ、巧みに独立宣言に昇華させたものが、「万国津梁ノ鐘ノ銘」である。

琉球国ハ南海ノ勝地ニシテ、三韓ノ秀ヲ鐘メ、大明ヲ以テ輔車ト為シ、日域ヲ以テ脣歯ト為シ、此ノ二ノ中間ニ在リテ湧出スルノ蓬莱嶋ナリ。舟楫ヲ以テ万国ノ津梁ト為リ、異産・至宝ハ十方ニ充満セリ。刹地ハ人・物ヲ灵ニシ、遠ク和夏ノ仁風ヲ扇グ〈下略〉

まず、この鐘が、寺にではなく政庁たる正殿にかけられたこと。それでハッキリしている。自らも帰属する琉球人のことを、明への表文中に「番人」(58)（蛮人）と書く久米村人たちには、琉球が独立国であることの認容を、琉球人高官たちには、独立の自覚をうながさんがためである。「輔車相依」と「脣亡歯寒」とは、相互の利害関係が非常に密接なたとえで、いわば彼此の関係が、相身互い・対等の関係ということになる。琉球が大明と日域と対等なんだぞ、ということをいっていることに外ならない。

『世譜』は、和漢の無数の文献を引用しているが、自己の古文献をも随所で引用している。古い時代の沖縄にも、政治・行政の手段として、国家統治の武器として、高度な次元で受容されていたかどうかは別として、文字・記録があきらかにあったようである。それも日本から入っている。

咸淳年間（一二六五〜九四年）、（英祖）王、輔臣ニ命ジテ寺ヲ浦添ノ西ニ建ツ。名ヅケテ極楽ト曰フ。是ヨリ先、一僧、名ハ禅鑑、イヅコノ人ナルカハ知ラズ。舟ニ駕シテ那覇ニ飄至ス。王、命ジテ精舎ヲ浦添ニ構ヘシメテ、極楽寺ト名ヅケ、禅鑑禅師ヲシテ焉ニ居ラシム。是レ我国仏僧ノ始メナリ[59]〈下略〉。

とある。寺名、その創建年代、固有名詞禅鑑、これらは、つぎ下されてきた記録なしには、荒唐無稽でないかぎり、書けないものである。

本年（一三八四）八月二十一日、護国寺開山住僧・頼重法印入滅ス。蓋シ頼重ハ乃ハチ日本人ナリ。何年ニ国ニ至リ、以テ寺ヲ波上山ニ建テツルカ、今ニ考フルベカラズ[60]〈下略〉。

とあるのも同様である。この時代の琉・日関係が緊密であったことを示す史料は、各種の史書に散見する。[61]このように、文字入琉の糸は、一縷のごとく、細いものであったにせよ、かえって強靱で絶えることなく、尚泰久王治世の仏教隆盛の時代へとつながっていく。そうしてついには、この日本からの系譜――撰文者・相国住持渓隠安潜、大工・藤原国善――によって「万国津梁ノ鐘」が生まれた。一歩も二歩も明国よりだった支点を日本寄りにした訳だ。「此ノ二ノ中間」に等距離をたもとうとした、尚泰久の意志のあらわれである。この意志は、遠く明治の琉球処分における頑固党のエトスでもある。

かくて、琉球を国家として成り立たしめる基本的要因たる、国民・領土がうちかためられ、その統治組織が完成をみ、アイデンティティーの危機が刺激されてナショナリズムが燃えさかり、独立と主権を確立したのが、覇王尚泰久の治世である。一四五八年、尚泰久王によって、首里城正殿にかけられた「万国津梁ノ鐘」は、梵音を震わして、琉球国の誕生を無外に広示したのである。

註(1)　平凡社『世界大百科事典』二五二頁。
(2)　横山重編『琉球史料叢書』第四巻所収『中山世譜』（以下『世譜』と書く）三七頁。
(3)　日本史料集成編纂会編『中国・朝鮮の史籍における日本史料集成明実録之部㈠』（以下『明実録』と書く）三九頁。
(4)　『世譜』四三頁。
(5)　校注者・外間守善、西郷信綱『おもろさうし』（岩波書店、以下引用したおもろの通し番号もこの本による）。
(6)　『世譜』四三頁。
(7)　同書四七頁。
(8)　『明実録』九二頁。
(9)　同書九〇頁。
(10)　同書四五頁。
(11)　日本史料集成編纂会編『正史之部㈠』三〇三頁。
(12)　『明実録』四二頁。

(13) 『世譜』四三頁。
(14) 田中健夫著『倭寇』一〇五～六頁。
(15) 沖縄県立博物館『沖縄出土の中国陶磁』(下)沖縄本島編 一一三頁。
(16) 『明実録』四二頁。
(17) 『世譜』五四頁。
(18) 『明実録』七二頁。
(19) 『世譜』四八頁。
(20) 『明実録』四六頁。
(21) 同書一六〇頁。
(22) 同書二一三頁。
(23) 『那覇市史 資料編』第一巻3、八五頁。
(24) 『明実録』二一〇頁。
(25) 註11と同、一九九～二〇〇頁。
(26) 田中前掲書、一〇五頁。
(27) 『世譜』五八～九頁。
(28) 同書四二頁。
(29) 同書七〇頁。
(30) 註15と同、一〇三頁。
(31) おもろ一一三三番。

(32) 同一一三四番。
(33) 同一一四四番。
(34) 『明実録』二六四頁。
(35) 『石川市史』三一～四四頁。
(36) おもろ三四二・三四三番。
(37) 『明実録』八六頁。
(38) 同書二四七頁。
(39) 『明実録』二六四頁。
(40) 同書二六六頁。
(41) 例えば、同書二一頁〔壬申〕の記事によれば、他の朝貢諸国が、貿易日を「五日一次」に制限されていたのに比し、琉球と朝鮮にはその制限なし。『大明会典』巻之一百五によれば、他の諸国の貢期が三年以上であるに比し、おおむね朝鮮が一年一貢、琉球が不時朝貢乃至一年一貢だった。同巻之一百十三によれば、附搭物貨（貿易品）の買い上げ価格においても、琉球は破格の優遇をうけた。錫毎斤五百文（琉球は八貫）。蘇木毎斤五百文（同十貫）。胡椒毎斤三貫（同三十貫）。
(42) 『東恩納寛惇全集』1　三三頁。
(43) 田中前掲書、五八頁。
(44) 同書五九頁。
(45) 『明実録』一六六頁。
(46) 同書二〇八頁。

(47) 同書二一八頁。
(48) 『世譜』四〇頁。
(49) 『明実録』四七頁。
(50) 横山編『琉球史料叢書』第一巻所収『琉球国由来記』巻之二、五六頁。
(51) 『明実録』五〇頁。
(52) 『世譜』六〇頁。
(53) 同書七三頁。
(54) 横山編同叢書第三巻所収『琉球国旧記』巻之二、四四頁。
(55) 『世譜』六〇頁。
(56) 日本史料集成編纂会編『李朝実録之部』(二) 五七五頁。
(57) 同(三) 六九〇頁。
(58) 国立台湾大学印行編『歴代宝案』第一冊、第一集、巻十二、四一三頁。
(59) 『世譜』三五頁。
(60) 同書四二頁。
(61) ① 応永二十一(一四一四)年十二月二十五日付、将軍足利義持より尚思紹に宛てた復書(小葉田淳著『中世南島通交貿易史の研究』一五頁)。
② 一四一七年十二月、「帝因琉球国使臣回還時宣諭. 汝国与日本国交親. 後日. 征日本. 則汝国必先引路. 使臣惶恐回去」(『李朝実録之部』(一) 一〇七～八頁。傍点は筆者)。
③ 同書をみると、九州探題や九州各地の諸大名が、丹木・胡椒・蘇木等の南蛮産を、朝鮮国に、大量に集中豪雨

のように売りこんでいる。一四一八年にはじまり、一四三〇年に物価騰貴の原因で朝鮮が買い上げ停止をするまでの期間つづく。その南蛮産を九州各地に売りこんだのは琉球人だった。

『球陽論叢』一九八六年十二月十日発行

第四部　雑誌投稿

運賃問題の基礎的研究

――砂糖運賃問題を中心にして――

一　『御財制』にあらわれた運賃計算

『御財制』は、仲原善忠氏の推定によると、一七二三年以降のものだとされている（沖縄タイムス社刊『仲原善忠選集』上巻、三〇二頁）。この推定があやまりでなければ、『御財制』の記事は、一七二三年を降ることそう遠くはないものであろう。

『御財制』はある年における、琉球王府の予算や歳入歳出の数字をもつ財政書である。これらの数字の中には、薩摩藩への貢納物にかかる運賃や、琉球王府自身の御物《ぐむち》にかかる運賃が数字として多数でている。しかも、それらは、運賃計算の祖型というか、むしろすでに定式化した形を示してさえいる。現在のところ、運賃問題の史料としては決定的な事実関係を示す最も古い史料であろう。

(一)　貢納物と運賃

まず、薩摩藩への貢納物にかかる運賃問題をとりあげ、琉球の御物である砂糖にかかる運賃計算の諸問題を鳥瞰的にながめることにしよう。『御財制』の「諸払中」の項目を逐次おっていく形で考察を加えていこう。なお、行論の便宜上、原史料の各項目に(A)、(B)、(C)等の符号や句読点等をつけた。

出物

(A)　米六千八百四拾三石壱斗九升八合九勺五才

一、出米七千三百六拾壱石五斗九升二合、御賦米九百九拾九石七斗二升二合九勺一才、合八千三百六拾壱石三斗壱升八合九勺壱才之内現米仕上せ分。余ハ御奉行方乗間三部八運賃届成分、銅御賦飯米、壱番方返上物積間運賃届成分、出物諸品物代引合抔左ニ記之。

この項の数字（六、八四三石余）は、全貢米（出米＋賦米）額八、三六一石余の内現米上納した分であり、残余額は(B)項以下に含まれる。

(B)　同六拾石六斗九升四合四勺四才

一、御奉行横目衆附々衆足軽乗間四百六拾石之三部八運賃届成分。

この「御奉行衆横目衆附々衆足軽乗間」四六〇石という数字は、すでに定式化していて、次章でとりあげる天保五年（一八三四）の史料にもそのままでてくる。この天保五年の史料では御奉行以下の任期（三年交代）の関係上、「隔年平し」で計算するという明文があるが、このB項にはそれがない。しかし、「平《なら》し」（½）をしてはじめて、この項の計算が成り立つのであり、任期が三年交代であるという事実とも合致する。

この六〇石六斗九升四合四勺四才は、左の計算によって出た数字である。

$460石\times\frac{38}{144}=121,3888\cdots$　これを平にし（$\frac{1}{2}$）にすれば、

$121,3888\times\frac{1}{2}=60,69444\cdots$

なお、「三部八運賃届成分」とあるから、この六〇石余の米は内運賃であり、四六〇石の内にふくまれている運賃である。だから、この四六〇石は、次の四つに仕分けできる。

〈積高四六〇石〉

内

① 三三八石六斗一升一合一勺一才　本届

$460\times\frac{106}{144}=338,61111\cdots$

② 九五石八斗三升三合三勺三才　本届運賃

$(460\times\frac{106}{144})\times\frac{30}{106}=95,83333\cdots$

③ 一九石九斗一升三合一勺九才　部下届

$(460\times\frac{106}{144})\times\frac{8}{136}=19,91319$

④ 五石六斗三升七合二勺三才　部下届運賃

$(460\times\frac{106}{144}\times\frac{8}{136})\times\frac{30}{106}=5,63723$

①＋②＋③＋④は四六〇石。②＋③＋④をならしたものが六〇石六斗九升四合四勺四才である。四六〇石は薩摩藩の積荷であるが、その運賃六〇石余は琉球側が支払っている。

(C)　米四拾九石三升一合五才

一、壱番方返上物積間百八拾《ママ》八斗壱合八勺八才之三部八運賃届成分

ママとしたヵ所は一八五石八斗壱合八勺八才でなければならない。

計算は左のとおりである。

$$185,80188\times\frac{38}{144}=49,0315$$

これも内運賃計算であり、(B)の場合とまったく同様に仕分けできる。「壱番方返上物」は薩摩藩の御物であるので、薩摩藩がその運賃を支払うべきであるが、そうはせずに、琉球から同藩へ納める貢米のうちから支払った。その精算や手続については、『近世地方経済史料』第十巻（以下、単に『史料』と記す。）三五二頁に、「一番方渡唐返上物届間に相掛る運賃は、（薩藩の）御物より被成下候付、毎年琉球より積登候節は、部下米之内より船頭共へ相渡、総引結（薩藩の）高所へ差出申候」とあるとおりである。なお、右文中の部下米は、ここでは次の(D)項中のそれであると推定できる。

(D)　同弐千四百九拾弐石五斗五升七合八勺二才

一、三行之三部八運賃

三行とは、六、九五二石九斗二升四合四勺四才（Ⓐ＋Ⓑ＋Ⓒ）のことである。計算は左のとおりである。

$$6952,92444 \times \frac{38}{106} = 2492,55782$$

これは、外運賃による計算である。外運賃とは、たとえば、この運賃米二、四九二石余が、届米、六九五二石余の内にふくまれず、その外に支払われるものである。

ちなみに、外運賃の計算は、運送すべき貨物（届）の数量に $\frac{38}{106}$（$\frac{30}{106}$－三部運賃、$\frac{8}{106}$－八部部下り届）をかける。内運賃の計算は、同じく $\frac{38}{144}$ または $\frac{8}{136}$ をかける。この分母、一四四（一〇六＋三八）や一三六（一〇六＋三〇）の中には、それぞれ運賃の比率を示す三八や三〇がふくまれている。このことからも、内運賃の場合、それが運賃貨物の中にふくまれることがわかるのである。なお、一〇六という数字は、薩藩の一石が琉球の一石六升にあたることからきている（『史料』三一〇頁）。

さて、このⒹの中の部下届米のうちから、Ⓑ、Ⓒ、Ⓔの額がさしひきして支払われたことはほぼまちがいないので、その部下届米額を算出すると、左のとおりである。運賃Ⓓは外運賃であるので、まず、この運賃Ⓓと届（Ⓐ＋Ⓑ＋Ⓒ）とを合計すると、九四四五石四斗八升二合二勺六才となる。この額を積高とすれば、Ⓑ項の説明で見た内運賃の計算法が適用できる。計算は左のとおりである。

〈積高九四四五石四斗八升二合二勺六才〉

①　六、九五二石九斗二升四合四勺四才　　本届

$$9445,48226 \times \frac{106}{144} = 6952,92444$$

②　一、九六七石八斗八合八勺　　本届運賃

$(9445,48226\times\frac{106}{144})\times\frac{30}{106}=1967,80880$

③　四〇八石九斗九升五合五勺六才　　部下届

$(9445,48226\times\frac{106}{144})\times\frac{8}{136}=408,99556$

④　一一五石七斗五升三合四勺六才　　部下届運賃

$(9445,48226\times\frac{106}{144}\times\frac{8}{136})\times\frac{30}{106}=115,75346$

さて、右のうち、①本届と③部下届は薩摩藩蔵方へ、②本届運賃と④部下届運賃は船頭取り前である。(B)、(C)、(E)の米額は③部下届米のうちから差引いて払われたのである。

(E)　同百五石壱斗二升九合七勺二才
一、御奉行横目衆附々衆足軽御賦飯米

この額も(D)の中の部下届の内から支払われたことはすでにみた。このことについては、『琉球館文書』安永五年の条に、「琉球諸在番奉行并役々衆御扶持米の儀、此以前は出物御米の内差引相払来候処、部下米の儀は都て（薩藩の）御物米の事にて、右躰の払は部下米の内より相払候様去寅年被仰渡候付、出物米引払候例格を以部下

届米の内差引相払来候。」とみえている。また『史料』の三六五頁にも、「御在番奉行并役々衆御扶持米之儀、無運賃にて部下り米に御引合被ニ仰付一候事」とみえている。『琉球館文書』の引用文中問題となるべき点は、傍点を付したヵ所である。その種のさし引き払いが、去寅年（一七七〇年）に仰せつけられたとあるが、この章の末尾でさらに明らかになるように、さし引き払いは、この『御財制』の中ですでにおこなわれているのである。また、右『史料』からの引用ヵ所に「無運賃にて」とあるが、この点は、この『御財制』と一致している。

(F)　同弐千三拾五石九斗八升一合六勺九才
一、同千三百三石弐斗六升四合七勺五才　　大和御用物代出物引合分品物積間運賃壷巻（一字不明）かり

出米千三百三石二斗六升四合七勺五才に対する「大和御用物」は通常、御用布や焼酎類である。本来なら、この千三百三石余の石高に対する運賃は、約四六七石(1303石×$\frac{38}{106}$)で足りるところを、「大和御用物」を右米高に代えて納めさせられたために、二、〇三五石余の運賃米高になっており、四倍強の運賃米を出血させられたことになる。積荷としての性質上、御用布や焼酎の方が、米よりそれだけ船間を必要としたからであろうか。

ちなみに、新里恵二氏は、薩摩への貢租負担額は、運賃を算入し、起先法による増米をも勘定に入れれば、約一万四、二七五石となるとしている（『沖縄歴史を考える』二九八頁）。ところで、新里氏のこの一万四、二七五石に一五六八石(2035石－467石)を加えると、一万五八四三石となる。『琉球館文書』の文化五年の条に、「諸出米取合運賃相込《こめ》、壱万六千八百石余相及、仮令豊作の年柄ニも全上納成兼」とある。この額が、年による増減はあるにしても、琉球から薩藩への貢納米負担額としての真実の数字であろう。すると、「大和御用物」代

納による運賃米の増額分を右の新里氏の数字に加算すると、より真実の額に近づくわけである。

なお、(A)～(F)までの出米の外に、「牛馬口銀代米　運賃共」米百五十六石八斗五升五合七才が見えるが、なぜかこの分は別項として扱われている。以上七項が『御財制』に見える薩藩への貢納額の全てである。

ところで、下の計算は注目に値する。

すなわち、右の計算から言えることは、本来、薩藩が支払うべきもの（(B)、(C)、(E)）を、そうはせずに琉球から薩藩への貢米のうちからさしひき精算する形で、琉球側から支払っているということである。

6,843.19895	(A)
60.69444	(B)
49.03105	(C)
105.12972	(E)
+) 1,303.26475	(御用物代米)
8,361.31891	(出米＋賦米)

以上が『御財制』の中にあらわれた、貢納額と運賃計算に関する史料である。この史料がおしえてくれた特徴的な点は、左の三点である。

一、(B)、(C)、(E)が、本来、薩藩の財政支出負担行為額であるが、琉球からの貢米の内から差引きされていること。

二、「御奉行横目衆附々衆足軽」が薩藩の琉球詰役々であり、その乗間が四六〇石であり、そこには薩藩の貨物が積載されている。

三、貢米のうち、一三〇三石余が「御用物引合」にされたことにより、本来の運賃額より、四倍以上の出血運賃となっていること。

(二)　館内届砂糖と運賃

つぎに、『御財制』にあらわれた砂糖運賃の計算についてみてみよう。

『御財制』にあらわれている館内届砂糖（王府の財源）の額は、八十七万斤であるが、そのうち、大和船で運送された額が五四万一〇九〇斤六合七勺三才であり、一方、楷船で運送した額が十八万斤である。楷船は運賃のかからない王府の官船（御物船）であるので、ここで問題になるのは、専ら大和船積荷砂糖にかかる運賃についてである。『御財制』では、右五十四万斤余の砂糖にかかる運賃が左の二とおりある。

(一)　大和船より仕上せ砂糖
五拾四万千九拾斤六合七勺三才
拾弐万七千五百三拾五斤七勺弐才　運賃
(二)　同（銀子）六貫五百四匁六厘弐毛六才
米百六拾三石三斗四升八合壱勺三才代壱石ニ付三拾九匁八分壱厘七毛、シ《ママ》七才直段
但仕上せ砂糖五拾四万千九拾斤六合七勺三才積間弐千百六拾四石三斗六升弐合六勺九才之八部部下

(一)の場合には、運賃は砂糖であり、(二)の場合には、運賃は米である。この二種の運賃問題を解くカギとして同治八年（一八六九）に編集された「古老集記類の二」（『史料』所収）の三八七頁に、「御銀船館内用船運賃之事」がある。

御銀船館内用船運賃之事

但砂糖拾万斤積登候例、左之通石と〆四百石也、砂糖百斤に米四斗之積高に引合候也。

一　運賃砂糖二万三千五百七十斤　砂糖運賃は百斤に付二拾三斤五合七勺也、十万斤の高にては此通船頭取前也、

右之四百石に相掛る八部部下り米三十二石先、起にして、三十石一斗八升八合六勺七才。

内

二十三石五斗二升九合四勺　部下届御物上納也

六石六斗五升九合二勺七才　部下運賃船頭取前也

右古米渡之事

右の史料は砂糖十万斤を運送した場合の計算例であり、砂糖十万斤の運送は米にして四〇〇石の運送にあたると引合例があらかじめきめられている。この砂糖と米の引合例は、八部部下り運賃米の米高を算出するためのベースとして決めたものであろう。

十万斤にかかる三部運賃砂糖は二万三千五百七〇斤であり、八部部下り米にかかる運賃は三十石一斗八升八合六勺七才である。

十万斤（米四〇〇石）の八部部下りにかかる運賃米の計算は詳細に説明されているが、かんじんの運賃砂糖（十万斤にかかる二万三五七〇斤）についての計算の説明がない。そこでまず米運賃についてみてみると、

四〇〇石にかかる八部部下りは、

$400\times\frac{0.08}{1.06}=30,18867$（外運賃の計算）

そのうち運賃は $30,18867 \times \frac{30}{136} = 6$石6斗5升9合2勺7才

したがって部下届と同運賃の仕分は、

二十三石五斗二升九合四勺－部下届（薩摩藩へ上納分）
六石六斗五升九合二勺七才－部下運賃（船頭取分）

ということになる。

さて、今見たように八部部下り米の算出が外運賃による計算であり、一〇万斤にかかる運賃砂糖二三五七〇斤も当然外運賃であらねばならない。いま仮に、運賃砂糖の計算も米の三部八運賃の計算法に準じてなされたとして外運賃で計算してみると左のとおりである。

$$100000斤 \times \frac{30}{106} = 27358斤$$

という結果となる。この数値は、二三五七〇斤と一致しない。そこで、二七三五八斤という数字はあくまで、米運賃の計算法を準用した結果であり、一〇万斤に対する運賃砂糖二三五七〇斤は、それが決定された時点での砂糖相場や米相場を勘案し、調整しなおされた数字であると考える。ながい運賃問題の歴史の中で、船頭（薩摩）はつねに運賃砂糖を欲しがり、琉球側はつとめて運賃米を渡したい心理的情況の中で調整し決定された、きわめて政治的な運賃額であったろう。

さて、本論にもどるとして、『御財制』の砂糖運賃計算の問題であるが、結論をいうと、これはまったく右の「御銀船館内用船運賃之事」の規定と寸分たがわず一致している。さきに掲げておいた『御財制』の二種の運賃計算についてみよう。

まず、㈠についてであるが、五十四万千九拾斤六合七勺三才の届砂糖の運賃が、砂糖で十二万七千五百三十五斤七勺二才である。この運賃率は、十万斤の届に対し二万三五七〇斤であり、「御銀船館内用船運賃之事」の運賃砂糖についての規定と一致している。

つぎに、㈡についてであるが、届砂糖五十四万千九十斤六合七勺三才の積間が、石数に換算して二一六四石三斗六升二合六勺九才であり、これの八部部下りが、米百六十三石三斗四升八合一勺三才であるとなっている。この運賃計算も、「御銀船館内用船運賃之事」の運賃米の規定と一致している。すなわち、運賃米百六十三石余は届二一六四石余（砂糖十万斤＝米四〇〇石の引合をもとにした、砂糖五十四万斤余に対応する米高）の$\frac{8}{106}$にあたる高である。

これで、『御財制』の砂糖運賃計算が、完全に、一八六九年（明治二）ごろまでおこなわれていた「御銀船館内用船運賃之事」の規定と一致していることが証明されたのである。またこの規定は、『琉球館文書』のいう「仮屋続砂糖積船の儀、三部運賃は砂糖相渡、八部部下ニ相懸り候運賃は米相渡し」という内容とも全く一致している。

結論をいえば、少なくとも、『御財制』のころ（一七二三年）には、砂糖運賃についての規則は、左のとおりになっている。

届砂糖十万斤につき、

運賃	砂糖	二万三、五七〇斤	三部運賃
	米	三〇石一斗八升八合六勺七才(起)	八部部下運賃

二　砂糖運賃の計算問題

(一)　館内届砂糖と運賃

琉球は、年々生産する黒糖を鹿児島へ仕上せしてこれを売却し、財政収入の大半をこれから得ていたのである。琉球王府の所帯方で徴収された御物砂糖が、鹿児島在の琉球館におくられ、そこで入札にかけて換銀されたのである。こうして得られた銀高は、天保のある年には、琉球の銀建て財政収入の九四%を占めていた。

黒糖の生産、徴収、販売の過程で、琉球にとって一番困難でやっかいな問題は、黒糖の海上輸送の問題であった。そのなかでも、もっとも核心的な問題は、運賃の問題であった。この問題を接点として、薩摩権力と緊張的折衝がなされてきたのである。

そのことは『琉球館文書』が雄弁に物語っている。二一五項目の記事のうち、四四項目の運賃関係記事がみえている。これらの砂糖運賃関係記事の内容上の共通点は、たとえわずかな砂糖でも、自己の手元に確保し、防衛するという悲痛な調子である。

一七九六年以降、定数化した砂糖積船の数から推して、館内届砂糖額は一五〇万斤内外であったが、それにかかる運賃砂糖は、ほぼ館内届額の五分の一にも達していた。『琉球館文書』の享和三年（一八〇三）の記事によると、「砂糖積船の儀は、当分都て砂糖ニて米運賃無之、砂糖運賃の分、惣て凡三十万斤余ニ相及候故、館内蔵方当時至て不自由罷成居候処ニ続料右式減少仕候付ては、至て迷惑仕」という実情であった。砂糖運賃が高くつけば、それだけ王府の財源が減るから、王府の役人たちにとって、運賃額をいかに最少にくいとめるかが、国家財政上の至上命令であった。運賃問題は、そのまま琉球の休戚にかかわっていたといっても過言ではない。

さて、砂糖運賃の種類および計算法は、『史料』にあらわれているかぎりでは三つある。この三つの計算法を整理し、あきらかにすれば、砂糖の運賃問題を研究する糸口をとらえたことになるであろう。

いま、さいわいにして、砂糖運賃に関する三種類の計算法をすべて内包する一史料があるので、これを検討し、未知数の運賃砂糖と運賃米の額を確定してみよう。

この史料の日付は、「午二月二十六日」（二六四頁）とあるが、その午年は、「右之通天保（天《ママ》保五年甲午）年蔵役より習請候事、当時之賦此通にて候也」（『史料』二七二頁）とある午年と同じ午年と考えられる。以下、行論の便宜上、その史料を「午二月二十六日」史料とし、(A)、(B)、(A')、(B')という符号を付した。その史料（同書二六三頁）はつぎのようなものである。

館内届砂糖百五拾万斤

　内

(A) 上国之使者役々乗間并見次間届砂糖

四万千三百三拾八斤壱合二勺五才

(B) 御在番奉行并横目衆御両人、附役衆御両人、書役御一人、御用達衆御一人、足軽両人乗間届砂糖隔年平し。

五万七千五百斤

〆九万八千八百三拾八斤壱合弐勺五才

　但運賃は米にて渡る。

春楷船積荷

拾八万斤
館内秋用船両艘積入分、一艘に拾七万斤づゝ、御証文表
三拾四万斤
右同忠石五拾石之届砂糖、乗間見次間砂糖之内。
九千二百壱斤三合九勺
右同忠石七拾五石之届砂糖、乗間見次間砂糖之内。
壱万三千八百弐斤八勺五才
御銀船両艘積入分、一艘に拾七万斤づゝ。
三拾四万斤
右御銀船両艘忠石、乗間見次間砂糖之内。
九千二百壱斤三合九勺
重秋下り浜崎太平次船積入分。
拾五万五千斤
右重船大島仕繰艘ハセヲ苧積下候忠石。
九千二百壱斤三合九勺
(A')
右忠石総額二二五石之届砂糖（この項は原文になし―邊士名）
四万一、四〇七斤二才
平秋下リ両艘積入分、一艘に拾五万斤づゝ。
弐拾五万二千五百六拾七斤六合八勺

右同乗間見次間届砂糖之内。

(B′) 五万七千四百三拾弐斤三合弐勺

夏楷船之儀《カ》、春楷船同様拾八万斤積入申筈候処、右通御証文付之船々多数被ニ差登一候上、忠石積重等漸く相重候付、当分積入分。

拾三万三千五百九拾三斤七合四勺五才

〆百五拾万斤

右の史料にあらわれているかぎり、「館内届」砂糖は、積荷としての性格上、三種に分かれている。まず、普通の船間に積む砂糖であり、届砂糖の大部分がそこに積込まれている。つぎに、忠石とよばれる特殊な積荷である。さいごに、乗間、見次間届砂糖である。このように、三種からなる砂糖積荷には、それぞれに対応した三つの運賃計算法があった。それは左のとおりである。

㈠ 「三部運賃は砂糖相渡、八部部下ニ相掛候運賃は米相渡」という計算法。

㈡ 忠石砂糖にかかる運賃で、これはすべて米運賃である。

㈢ 乗間、見次間砂糖にかかる運賃で、これもすべて米運賃である。

以上三つの計算法であるが、これらについて意味、内容を検討し、それぞれの計算法にもとづいて、前掲史料の「館内届」百五十万斤にかかる運賃額を計算してみよう。なお、春夏両楷船は琉球の官船で運賃はかからない。運賃がかかる船舶は、御銀船以下七艘の大和船である。この七艘は、古米船（または古米立船）と呼ばれている。

まず㈠の計算法について。これについては、すでに前章第二節で述べた「御銀船館内用船運賃之事」が該当するので、その説明はくりかえさない。ただ、この運賃規定が、いつまでさかのぼりうるか、明確にそれを示す史料はないが、それを示しているのではないかとおもわれるのはある。すなわち、「古米立船の儀、何色積入候ても運賃は砂糖米帆反ニ刻付無親疎可致支配旨」が、元禄元年（一六八八）に布達されている。この布達には、三部運賃は砂糖、八部部下りにかかる運賃は米であるという明確な規定はないが、やはり、㈠の計算法の祖型をなすものであることにはちがいない。㈠による計算は左のとおりである。

砂糖十万斤の届に対して、運賃は

㈠ ｛ 砂糖　二三、五七〇斤－三部運賃
　　　米　三〇石一斗八升八合六勺七才（起）　―八部部下り

つぎに、㈡忠石として運送される砂糖にかかる運賃についてみよう。忠石とは、大和船が王府のためにその特殊な積荷を運送した場合、それに対する特別償与として、帰りの便に一定の積荷を積ませることである。当時、薩摩から琉球に荷物を積下る場合、その運賃は片運賃である上、帰りの便のための積荷がない場合もよくあった。そのため空船のまま琉球で越年におよび、迷惑しているから積荷－特に砂糖を積ませろという苦情がましい要求がたえなかった。だから、「帆柱積船の儀は船々兼而相嫌申事」といわれるように、忠石は、いやな―実入りの少ない積荷を琉球へ積渡ることに対する特別償与である。忠石に関する規定は左のとおりである（これは「午二月廿六日」史料の注釈文の一部である）。

一、右両艘（館内秋用船）之内一艘は毎年鍋積入差下候付、定式忠石五拾石之外、猶又忠石二拾五石積重申付候事。

附帆檣積下候節は、本文忠石之外猶又七拾石積重申付候得共、此役は毎年にては無レ之、両三年間には四五ヶ年に一度相当候付、賦立除け置候也。

一、御銀船一艘に付、定式忠石弐拾五石、両艘にて都合五拾石積重申付候事。

一、大島仕繰ハセヲ苧積船、忠石五拾石積重申付候事。（『史料』二六四頁）

忠石は、その源初においては米であったろう。いつのころからか砂糖にかわっている。忠石としてはこぶ砂糖にかかる運賃は左の様にきめられていた。

一、五十石　　口船重荷積高

届砂糖九千二百一斤三合八勺九才

米十三石一斗九升四合四勺五才　右之三部八運賃　（『史料』三九七頁）

忠石五十石は、砂糖九千二百一斤三合八勺九才（「午二月廿六日」史料では、合以下が三合九勺である。）に引合にされている。この砂糖斤高を運べば、運賃として船頭に一三石余の米が渡される規定である。その額は、次のように内運賃による計算によってみちびかれる。

$$50\text{石} \times \frac{38}{144} = 13,19445$$

なお、本節のはじめのところにかかげておいた「午二月廿六日」史料をみると、乗間、見次間に、この忠石砂糖が積載されているが、これはあきらかに、あくまで忠石砂糖であって、乗間、見次間砂糖ではない。したがって運賃計算も忠石のそれによるべきである。

(二)　忠石五〇石にかかる運賃は米で、十三石一斗九升四合四勺五才である。

さいごに、乗間届砂糖にかかる運賃についてみてみよう。御在番奉行以下足軽までの「乗間定」は左のとおりである。

乗間定

一、百五十石－奉行

一、五十石つゝ－横目附役四人、一人に付

一、四十石つゝ－書役用達一人に付

一、十五石つゝ－足軽一人に付　(『史料』三九四頁)

右の史料中、書役、用達、足軽の人数が不明であるが、「午二月廿六日」史料の当該部分と照合すると、書役と用達がそれぞれ一人、足軽が二人である。この奉行以下九人の乗間を合計すると四六〇石となる。この石高は、『御財制』中の「御奉行横目衆附々衆足軽乗間四六拾石」と完全に一致している。

なお、「午二月廿六日」史料の(B)の乗間四六〇石の届砂糖が、隔年ならしにして五万七千五百斤になることについては、砂糖十万斤に対し米四百石という引合例が、ここでも生きているのである。この引合例をもとにすれば、四六〇石は砂糖十一万五千斤にあたる。これをならし（½）にすると、五万七千五百斤となるわけである。『御財制』の当時には、この四六〇石の乗間には、薩摩側の積荷が積まれていたが、天保甲午年には、史料が示すように琉球の館内届砂糖が積まれていることがわかる。ただ、その乗間四六〇石にかかる運賃は、『御財制』の当時からかわっていないと考えていいであろう。したがって、乗間四六〇石にかかる運賃は左のとおりである。

㈢　乗間四六〇石にかかる運賃は米で、隔年ならしにして六〇石六斗九升四合四勺四才である。

以上、三種類の運賃計算法を確認したので、それぞれの計算法に基づいて、所与のテーマである前掲天保甲午年二月廿六日付史料の届砂糖百五十万斤にかかる運賃を割り出してみよう。

ところで、古米船七艘の積入高合計額を算出するにあたって若干問題点がある。すなわち、(A)「上国之使者役々乗間并見次間届砂糖」－四万千三百三十八斤一合二勺五才の内訳が、(A')忠石二二五石の届砂糖－四万千四百七斤二勺であることはまちがいない。

また、(B)「御在番奉行并横目衆御両人、附役衆御両人、書役御一人、御用達衆御一人、足軽両人乗間届砂糖隔年平し」－五万七千五百斤の内訳が、(B')「右同乗間見次間届砂糖之内」－五万七千四百三十二斤三合二勺であることもまちがいない。

つまり、(A)＋(B)（九八、八三八斤一合二勺五才）と、(A')＋(B')（九八、八三九斤三合四勺）とは同内容である。実際に、掲示額とその内訳とのあいだにこのような差異が生じたのは、乗間と忠石という、互いに砂糖との引合例がちがうものどうしが組み合わされたからである。前者の引合例は、米四百石に対し砂糖十万斤であり、後者のそれは、米五〇石に対し砂糖九二〇一斤三合八勺九才である。このように互いに引合例がちがうのに、前述したように、乗間、見次間に忠石届砂糖が積まれたからである。

なお、(A')の忠石は、船頭の権利として一定額が与えられるものであり、王府側の恣意で勝手に加減できないが、(B)の乗間届は王府が自由に減額できる、その結果が(B')の額であることはまちがいない。帳尻を百五十万斤にあわせねばならないから、そのような操作がおこなわれたのである。ただし、運賃計算をするについては、(A)をとるか(A')をとるか、はたまた(B)をとるか(B')をとるかは一切問題にならない。なぜなら、(A)も(A')も忠石額はあくまで二二五石であり、(B)も(B')も乗間は四六〇石である。この二者がそれぞれの運賃計算の基礎であるからである。定式の忠石や乗間に対し、その積載高に実際には多少の過不足があっても、運賃はやはり規定どおり支払われたにちがいないからである。

さて、古米船（大和船）七艘の積載分は、合計百十八万六四七四斤七合と出た。この斤高を三種別に仕分けすると、左のとおりである。

(イ)　普通の船間－百八万七五六七斤六合八勺

(ロ)　忠石－二二五石（この届、四万一四〇七斤二勺）

(ハ)　乗間、見次間－二三〇石（四六〇石のならし、この届、五万七、五〇〇斤）

右の三種別のうち、運賃計算の直接の基準となるのは(一)ではその斤高、(二)では忠石の高、(三)では乗間の高である。この(イ)～(ハ)の種別に、それぞれ前掲の(一)～(三)を適用して運賃額を算出すると左のとおりである。

(一)｛砂糖―二十五万六三三九斤余
　　　米―　三三八石四斗四升五合余（起）

㈡　米——　五九石三斗七升五合余（起）
㈢　米——　六〇石六九四合四勺四才（起）

したがって、館内届砂糖一五〇万斤にかかる運賃は、砂糖で二五万六三三九斤余、米で四四八石五斗一升四合余（起）である。なお、この米の場合であるが、実際に運賃として手渡すときには、起を先にした額五三三石七斗三升二合（448,514×1.19）であることは、新里恵二氏の研究（勁草書房刊『沖縄史を考える』二九八頁）によってあきらかである。

(二)　琉球館詰役々心附砂糖

薩藩への使臣として与えられる琉球館詰役々の乗間は、その⅔が王府蔵方に買いもどされ、そこに館内届砂糖の一部が積載される、その砂糖を乗間砂糖と称した。また、前節(A)が示しているように、そこに忠石砂糖も積載されることもあった。だから、この乗間の問題は、館内届砂糖にかかる運賃問題を補完する看過し得ない要素である。

さて、琉球館詰役々の定員は、時により多少の増減はあったが、ここで問題としてとりあげる天保年間には、在番親方一人、与力一人、蔵役一人、筆者二人、手伝一人であった。これらの役々には、それぞれ定式の乗間が与えられた。

乗間、見次間については、『琉球館文書』に簡潔に述べられている。「上国の使者役々定式乗間并滞在の方見次間の儀、跡々（従来）船頭方へ米運賃相渡候例ニ御座候」（天明三年の条）とある。上国の使者（年頭使者）は、寛文七年以降すべて親方がこれに任じ、在番親方となり、そのまま琉球館に滞在した。乗間、見次間は、古米船のうちの一艘のなかにしたてられていた。上国の使者および役々の船間を乗間といい、滞在の方（琉球館詰になるべき人々か）の船間を見次間と称したようである。

これら乗間・見次間（の権利）を上国の使者役々ならびに滞在の方から琉球蔵方が買いとり、そこに蔵方の諸品穀物砂糖等を積込む。蔵方は、乗間・見次間を買いとる代料として砂糖をその年の出来高に応じて、米ととり混ぜて使者役々に渡した。その間の事情については、『琉球館文書』の天明三年の条に、「使者役々事、在旅中諸続料自分才覚ニては、不相調付、為心附右二間（乗間と見次間－邊士名）の内、王子は三ヶ壱、親方以下は三ヶ二蔵方へ売渡、代料等の儀は、砂糖出来不出来次第見合を以、米相交、使者役々へ相渡申候」とみえている。この心附としての乗間・見次間から得る砂糖や米は、今日流にいえば、出張手当みたいなものである。

この琉球蔵方に買いとられた⅔の乗間と、その代料として使者以下役々に渡された砂糖と米の行えを追い、白日の此方へひきもどすのが、この節の課題である。実のところ、幸いにして、この課題にこたえる好史料があるので、筆者としては、それに若干の解説をつければよいのである。その史料とは、前節で用いた「午二月廿六日」史料とともに、館内届砂糖百五十万斤の詳細と行方を示す三つの史料群の一要素をなすものである。その史料は、「午二月廿六日」史料の(A)「上国之使者役々乗間并見次間」のうち、琉球館詰役々の乗間について説明したものといえる。その史料は、『史料』の二六四頁から二六六頁にまたがる、「在番」以下「楷船々頭水主中」に対する心附砂糖の割りふりを示す史料である。

以下、順次その史料にそいながら、在番親方以下楷船々頭水主中までの乗間高と、それに対する心附砂糖の計算について実地にみてみることにしよう。

〈在番親方の分〉

乗間（百石－百五〇石の⅔）に積入れ、琉球館蔵方へ届いた砂糖額

一、二万五〇〇〇斤（四〇〇石につき砂糖十万斤の引合だから、乗間百石の積高は二万五〇〇〇斤）

右届砂糖二万五〇〇〇斤－乗間百石－にかかる三部八運賃は船頭へ渡る。その額は、二六石三斗八升八合九勺($100石 \times \frac{38}{144}$)である。この計算は、忠石にかかる三部八運賃の計算($50石 \times \frac{38}{144}$)である。なぜなら、この問題は、前節で用いた「午二月廿六日」史料の(A)－忠石の運賃計算－と関連する問題であるとみなされるからである。

二、運賃砂糖　五一九五斤五合

この斤高が、形式上、右届砂糖二万五〇〇〇斤にかかる砂糖運賃（とみなされるもの）であり、これは、心附として在番親方へ渡された。なお、この運賃砂糖の計算は原則として、百斤につき二三斤五合七勺の割合でなされた、とおもわれるが、完全には一致しないのもある。この割合で計算すると、二万五〇〇〇斤の運賃砂糖は、五、八九二斤五合となる。在番親方は、受けとった五、一一九斤五合の砂糖を、自分持の運賃付で楷船で積のぼり、自分の収入とするのである。この方式は、在番親方以下楷船々頭水主中の場合までまったく同じである。

〈与力の分〉

乗間（一四石－二一石の⅔）に積入れ琉球館蔵方へ届いた砂糖額

一、三、五〇〇斤

右届砂糖三、五〇〇斤－乗間一四石－にかかる三部八運賃米、約三石七斗($14石 \times \frac{38}{144}$)は船頭に渡る。

二、運賃砂糖八二四斤九合五勺

届砂糖三五〇〇斤に〇、二三五七を乗ずると八二四、九五となり、これは完全に一致している。

〈蔵役并筆者の分〉

乗間（十八石六斗六升－二八石の⅔）に積入れ、琉球館蔵方へ届いた砂糖（一人に付）

一、砂糖四、六六五斤

右届砂糖四、六六五斤－乗間一八石六斗六升－にかかる三部八運賃米、約四石九斗二升四合一勺六才は船頭へ渡る。

なお、「但、蔵役は、楷船より罷登候付本行届砂糖（四、六六五斤）は、楷船惣積高に込る」とあり、蔵役の乗間に積まれるべき分の砂糖は、楷船に積まれたので、その運賃米はここではのぞかれるわけである。

二、運賃砂糖九五六斤五合四勺づつ

右の傍点を付した「づつ」は、筆者の乗間が蔵方のそれと同額だったことを意味しているが、注意を喚起しておきたい。なお、四六六五斤に〇、二三五七を乗ずると一、〇九八・五四〇五となり、実際と一致しない。

〈手伝の分〉

但書は、右蔵役の場合と同じ。したがって、届砂糖は楷船惣積荷高にこもるので、原文に届砂糖額がなく、したがって乗間額もわからないが、〈百斤につき二三斤五合七勺〉の割合をもとにして、乗間運賃砂糖百九五斤六合三勺から逆算すると、約三石三斗二升（四石九斗八升の⅔）となる。なお、後で見るように手伝（手代）の定式乗間は五石であり、右四石九斗八升とほとんど一致している。だから、〈百斤につき二三斤五合七勺〉という運賃率は、この史料中の一連の運賃砂糖計算の基礎になっているとみてよいだろう。

二、乗間運賃百九五斤六合三勺

〈楷船々頭水主中の分〉

但書は右に同じ。右と同様、乗間額がわからないが、乗間運賃砂糖一、七〇九斤九合六勺一才から逆算すると一〇石八斗四升（一六石二斗六升の⅔）である。後で見る琉球国の乗間定には、楷船々頭の乗間は一〇石とあるが、水主（四〇人）のそれは見あたらない。すると、その後、水主たちにも六石二斗六升の乗間が与えられるようになったのだろうか。

一、乗間運賃砂糖千七〇九斤九合六勺一才づつ
（一艘分－春夏両楷船のうち）

その起源はいつなのかわからないが、右のとおり上国人（ここでは琉球館詰役々）の心附として、それぞれ定めおかれていた。乗間の額に応じて、琉球蔵方より砂糖が渡された。上国人は届・運賃共各自の名義で持のぼり、届は館内蔵方へおさめ、運賃砂糖は自分運賃で楷船々員にたのんでさしのぼせた。これで薩州での公界（くげえ）用、続料に充当したのである。

右にみた上国人の心附乗間についての規定は、『球陽』附巻三（球陽研究会編・読下し編）の尚敬王十一年（一七二三）の条に、「薩州及宮古・八重山に遣わす使臣・使僧の跟伴並びに乗間を改定す」という記事がある。その中から親方以下琉球館詰役々の乗間額を抽出すると左のとおりである。

役名	乗間
親方	百五十石
与力	二十一石
蔵役	二十八石
琉仮屋手代	五石
楷船頭	十石

右の役のうち、琉球館手代は、同手伝のことであろう。というのも、「旅衆月数定」(『史料』三八三頁)でも、手代の名が見えて手伝の名が見えない。また、「館内定式役々」(『史料』三三七頁)には、手代も手伝も見えていない。おもうに、その増減や存廃がその時その時の必要に応じてなされたようである。また、右の『球陽』の史料には、琉球館書役の名と乗間が見えないが、それは、蔵役のそれと同額の二十八石であることがわかった。

この『球陽』の史料の数字と、「午二月廿六日」史料の乗間の数字とは一致している。すると、この乗間規定とそれに関する砂糖との関係も、少なくとも一七二三年まではそのままさかのぼりうるわけである。

さて、楷船や運送船や馬艦船は、琉球の官船であるので、琉球蔵方の御物(蔵方届砂糖等)には運賃はかからない。では、これら官船の船頭・水主たちはいかなる収入によって生活していたのだろうか。楷船の場合を見てみよう。

楷船には船頭(一人)以下四十一人の定式乗組員が乗務していた。彼ら四十一人には乗間十六石余が与えられていたが、なお、左の史料が示すように、別の収入もあった。

一　楷船両艘一艘向
　砂糖二十九万五千斤程
　　内
十八万斤程　　蔵方届
一万千五百斤程　　中乗琉球役主従自物
四万六千斤　　船頭積間
　　内

二万八千七百五十斤
　但、王子三司官物奉行用物料、船頭相対にて年々積登申候。
八千五十斤
　但在番親方并滞在之役々続料前条同断積登申候。
九千二百斤
　但、船頭自物并相対次第諸士自物も積入申候。
五万七千五百斤　水主四十人積間
　但、水主共自物并相対次第諸人自物も積入、此の運賃を以渡世仕事御座候、外に壷箱類も積入申候。

右史料が物語っているのは、楷船一艘の積高二十九万五千斤のうち、王府の御物である十八万斤は無運賃であるが、その外の四万六千斤は、船頭積間に積込まれており王子、三司官、物奉行、諸士の自物砂糖である。その運賃は船頭に渡る。また、そこには、船頭の自物砂糖も積込まれており、それからの収益もばかにならなかったであろう。

また、五万七千五百斤は水主四十人積間に積込まれており、その運賃は水主四十人へ渡る。同積間には、水主ら自身の自物砂糖も積込まれている。こうして、楷船が御物船としては無運賃であるが船頭・水主たちが渡世できる仕組みとなっていたのである。

ついでにいえば、在番親方乗船になっていた運送船も、すべての点で楷船同様のはたらきをしていた。また、やや規模はおとるが、馬艦船も、御物船として就航しており、按司親方以下の自物等を運送している。はたらきとしては前二者とかわらない。

三　砂糖運賃問題をめぐる琉・薩交渉史

天保二年（一八三一）になってはじめて、薩藩への貢糖が課されたことは、故仲原善忠先生によってすでに論証されたところである。また、その貢糖にいたる過程について先生は、「薩摩が琉球を命令一本で動かしたかどうか、また琉球の役人が自らの利益を守るにいかにネバリ強く奮闘したかという好例を示すものである。彼等は柔道のネワザで、強く抵抗し、一八〇年もねばって来た強靭な連中であった。」（沖縄タイムス社刊『仲原善忠選集』上巻、二八七頁）と解釈しておられる。この解釈は、「琉球館文書」の研究にもとづいて下されたものであるが、私も先生の解釈に基本的に同意するものである。

ただ、琉球の役人たちが、琉球の利益を守るために、受動的抵抗ばかりをこととしていたのではなくて、積極的に琉球の経済的利益の伸張につながる要求をし、たびたび成功している。また例えば、琉薩双方の利害が対立して薩摩側の要求がおしとおされる場合でも、琉球側は、係争中の要件とは別個に、次善の要求を出して双方ともおりあうという例がよくみられる。これが、貢糖に最終的に帰結していく、砂糖をめぐる琉薩交渉史の実相だとおもう。したがって貢糖も、この妥協的交渉史の結果であり、その反対給付として琉球側も利益を得るというわけである。ただし、妥協的といっても、第一義的に薩摩の利益が優先したことにちがいない。

なお、このころ、琉薩とも財政・経済は極度に悪化していたから、双方ともその交渉の場では真剣勝負であった。そういう事情から、琉薩関係－琉球の薩摩に対する服属の強度や、支配関係の内容が交渉史の中にそれだけ鮮明にあらわれていると見ていいとおもわれる。この観点からも、砂糖をめぐる琉・薩交渉史は重要なテーマであろう。

ところで、この交渉史の中実は、『琉球館文書』にあらわれているかぎりでは、砂糖運賃をめぐる問題に外ならないことが判然としている。ただ一点だけ、琉球王府存立の大黒柱ともいうべき買上糖制をほりくずすような申し入れが、薩摩側からなされたことがある（右書安永二年の条）。だが、その種の申し入れは、その後絶えてなかった。薩摩にとって、琉球は金づるであり、莫大な額–多い時で銀九〇〇〇貫文の債務者であったから、王府の支配体制の倒壊は避けねばならなかったであろう。

さて、「琉球館文書」によって、琉・薩間の砂糖運賃問題について考察してみよう。便宜上、左のように分類して考察をすすめていきたい。

㈠　サツマ側（大和船々頭）の要求事項。

①　すでに慣習化ないし定式化していた運賃についてのとりきめを、自己の有利な方向へなしくずす要求

②　大和船（古米船）の増便をはかること。

㈡　琉球側の要求

まず、薩摩側の要求からみてみよう。

館内届砂糖の積船は、古米船と楷船とであったが、「古米船砂糖積船の儀は、往昔より米運賃相渡候処、中興より砂糖運賃罷成候付ては、第一古例も相捨り……」（前掲書享和三年二月）と変遷している。その直接の原因は、①、②と分類しておいたような、薩摩権力のバック・アップにささえられた大和船々頭どもの執擁な要求の結果である。その要求のパターンは、たいてい、薩藩の御船奉行から琉球在番奉行経由で王府へ申し入れがなされるという手順である。薩藩では、船頭某の要求を許可したが、（琉球が）よく吟味して返答せよという形式が多い。

明和八年（一七七一）、秋下り文太郎船は「積穀帆一反ニ届三拾石、外ニ運賃の儀都而砂糖相渡候様願申出」

て、薩藩はこれを許している。琉球館は、このことを察知して、この願を断るよう首里に書きおくった。断りの理由は、「仮屋続砂糖積船の儀、三部運賃は砂糖相渡、八部部下りに相懸り候運賃は米相渡来候処」、部下り運賃まで砂糖で渡しては琉球方が至極さしつかえになるから、ということであった。だから、部下り運賃は諸船同様米を渡すべきだと進言している。

だが、文太郎の願―八部部下り運賃まで砂糖でもらいたいという願は、その時点では琉球に断られたようだが、結局、その直後、同趣旨の願が薩摩権力を楯におしきられたようだ。というのは、享和三年（一八〇三）の記事に、「此三四拾ヶ年比《ごろ》ニても可有御座哉」、帆掛り三拾石（二三反帆として、23×30＝690で六九〇石積だから砂糖を積むとしたら、一七万二、五〇〇斤である）の船に砂糖を積み、外運賃計算ですべて砂糖運賃を渡すなら、御銀船の役目をつとめましょうと申し出て、薩摩の許可するところとなった。琉球側は当然それを断ったけれども、薩摩がそれを許さず、「是迄右仕向ニて御銀船は帆掛り三拾石外運賃都て砂糖ニて相渡」という結果になっていた。

また、安永六年（一七七七）にも、池田という男が薩摩に願い出て、薩藩は琉球に対し、「砂糖拾九万斤積切二艘外運賃是又砂糖を以可相渡旨」を命じて来た。琉球はこれを断ったが、薩摩は「是又御取揚無之」、池田の願意をおし通した。そんなこんなで、「古例」がなしくずしにされ、享和三年（一八〇三）の時点では、「砂糖積船の儀は、当分都て砂糖ニて米運賃無之、砂糖運賃の分、惣て凡三拾万斤余ニ相及候」という結果になっていた。

安永八年（一七七九）、船頭小根占の長助は、渡唐船の帆檣を積んで琉球へ来たが、（おそらく、わざと）遅着し、帰りのための積荷がなく、空船で越年に及び迷惑しているから、楷船積荷砂糖のうち十万斤を積ましてほしいと、薩摩の御船奉行衆次書を以て琉球側に申し入れた。

さて、砂糖をはじめとする諸物資の船積については、琉球所帯方から薩摩の琉球在番奉行へ「船間申請」が出され、同奉行の権限で各用船への積荷高が認可されるという手順がふまれた。そういう砂糖の積荷高のうち、両楷船の積荷高は、あらかじめ除外して「船間申請」することが認められていた。砂糖不作や、(この長助船のような)定数外の船のわりこみのため、各用船の積荷高が規定積載量より減量するようなことがあっても、両楷船の積高(十八万斤、のちに二九万斤余)を無条件に確保するのが、そのネライであった。運賃のかからない楷船に関するそういう特別なとりきめは、琉球側にとって相当な利点であったわけである。

そこで、当然琉球側は、右のような長助の願いを断った。理由は、「楷船砂糖引下ケ長助船へ積入候得ば、運賃付ニて相渡候故、其分仮屋続料相減別而及迷惑申積御座候」ということであった。また、もし仮に長助の申し入れを認めるということになれば、従来の「仕向も相替」り、楷船に対する特恵措置という古例がなしくずしになることを警戒したからである。

しかし、結局、長助の要求はしぶしぶながら認められざれるを得なかった。理由は簡単である。「帆柱積船の儀は、船々兼而相嫌申事の由候付、(長助の)訴訟御取揚無之候ては、後年帆柱積船入用の節、乗船被仰付候ても難渋ケ間敷可申出儀案中の筈候間」、ということであった。それで、在番奉行衆とも相談の上で、長助船に十万斤を積ませ、その運賃砂糖二万三、五七〇斤を渡している。

天明三年(一七八三)、薩摩藩は、「乗間・見次間届砂糖」も砂糖運賃で渡すよう命じてきた。『球陽』附巻三によると、乗間は「貨物を装載するの処」とある。これについては前章第二節で説明したので、ここではくりかえさない。

このたびの薩摩の命令どおりであれば、使者役々と船頭両方に二重に砂糖運賃を渡さなければならなくなり、それだけ館内届砂糖高が減じ、さしつかえになるから、使者役々へ渡すべき砂糖を止めなければいけないことになる。しかし、その砂糖とても心附として渡してきたものであり、渡すのを止めると、使者役々の薩摩での勤務ができなくなり、至極さしつかえるので、琉球側としては、命令どおりにはいたし難いと返答している。

また、「右二間（乗間・見次間）の儀、何色薩入候ても米運賃相渡置候定例の段ハ、元禄七戌年書留相見得申候間」ということも、薩摩の命令に対する反対理由としてあげている。対薩摩交渉において、琉球はつねに定例や古例をたのみ、薩摩側は逆にそのなしくずしをはかるというくりかえしであった。

右のサツマの命令は一応撤回されたようである。なぜなら翌天明四年にも、船頭伝兵衛から、乗間・見次間届砂糖の運賃を砂糖・米で半分づつもらいたいと申し入れがなされているからである。しかし、さきに見たように享和三年（一八〇三）の時点では、運賃は砂糖だけとなり、米運賃はなくなっていたから、この乗間・見次間砂糖の運賃も、享和三年まではすべて砂糖運賃にかわっていた筈である。

薩摩側は、これまで見てきたように、執擁に、くりかえしくりかえし運賃砂糖を少しでも多くとるべく働きかけてきた。その外にも――といっても結局、砂糖運賃のより多い獲得につながるのであるが――、琉球航路へより多くの御証文船を就航させることを求めてきた。薩藩としては、それらの船頭や船主から、免許税みたいな収入もあった。

寛政七年（一七九五）、薩藩は、「万一積荷不足の年柄も候ハハ、船々汰積」をする条件で重秋下船二艘づつをさし下そうと申しつけてきた。琉球側は、積荷不足の年柄には船々汰積みするというが、そうなれば、当然、琉球官船である楷船や漕運手船へも割合汰積みとなる筈である。すると、その分だけ館内届砂糖類が減るからという理由で断ったが、薩摩の申し入れどおり、翌年から二艘増便することになった。これで定式七艘の古米船（大和船－砂糖積船）の数がそろった。なお、この定式七船の外に、館内届砂糖積船として、琉球の官船があった。楷船二、運送船二－文化九年には馬艦船二艘がある－があった。これら官船には、年によって増減があった。

そのような薩摩の増便要求が琉球側の経済的脅威となった点は、官船まで「船々汰積」みすることであった。「汰積」みは、砂糖不作で積荷が不足した場合、または、琉球に遅着した大和船が「船賦」りに割り込んできた場合におこなわれた。

「沙積」みという熟語に関連する用語例を『琉球館文書』から抽出してみよう。

「尤凶作の節積石引入候ハ外船々御定の斤数に応、平等に汰下ヶ積入候様」(享和三年九月)。

「古米船并春夏楷船、運送船、都合拾壱艘の外ハ積荷手当無之候処、積荷不足の年柄ニは両楷船へは割下の沙汰ニ不及、大和船七艘、運送船弐艘致汰積候様御請文を以被仰渡置候」(文化五年)。

右の用語例からして、「汰積」みとは、不作で積荷砂糖が不足した場合など、船々御定の斤数に応じ(『史料』三九八〜三九九頁によると、当時の大和船はすべて二三反帆である。また、帆がかり三〇石というのが当時のきまりであったから、一艘が六九〇石積みである。これは砂糖にして、一七万二、五〇〇斤ときまっていた。)積荷の過不足を調整して、平等に各船に積荷を割りあてることを意味している、とみてまちがいなかろう。なお、「汰積」みの読み方であるが、「汰り積仕」(享和三年九月)というおくり仮名からして、「ヨリヅミ」と読むのであろう。

薩摩の増便要求に直面するたびに、琉球側は、最後の防備線として、「楷船両艘并手船両艘の積荷は割下不仕、大和船迄候積仕候様」と条件づけすることを忘れない。なお、さきに引用して文化五年の記事が示すように、両楷船は汰積みの対象から外されているが、運送船(手船)二艘は対象内になっている。琉・薩間の妥協のあらわれである。

以上が、薩藩の対琉砂糖交渉の主な主眼点である。ところで、琉球はその間薩摩側の攻勢に対してただ防戦にこれつとめただけではない。琉球側の要求もちゃっかり認めさせていたのである。つぎに琉球側のあげた成果についても見てみよう。

まず、寛政九年（一七九七）、「冠船相済迄の間」という条件づきで、手船両艘をさし登せることが許可されている。琉球にとって、官船をさし登せることは、それだけ多くの財政収入を得る道につながる。これは前年に、秋下り船両艘が増便された代償であろう。というのは、「琉球秋下船重両艘被差下候付、琉球方迷惑相成候趣を以」て、その増便に反対したが、とうとうおし切られた、という書き出しではじまり、その文脈のつづきに、「然は手船両艘差登候儀、冠船方用金手当仕候御取訳を以、冠船相済迄の間難有御免被仰付置儀ニ御座候」（寛政九年・一七九七）とあるからである。

ところで、手船二艘（春・夏運送船）は、実は、それより先一七九三年にすでにそのさし登せが許可されている。そのときの期限が五ヶ年であるから一七九七年で切れる。それで、期限更新のため、「冠船相済迄の間」という条件づきで延期願をして許可されたのである。その間の事情は、「乾隆五十八丑年（一七九三）前喜屋武親方在番之時奉レ訴、五ヶ年御免被二仰付一、其以来年限筈合（年限切れ）之節は、年次之願申上相済来候処、嘉慶七酉年（一八〇二）伊江親方在番之時年次之願申上候処、厚思召を以往々運送船二艘づゝ差登候様被仰渡候事。」（『史料』三五二頁）と述べられている。

寛政一二年（一八〇〇）に冠船（尚温の）も済んだので、期限は切れた。琉球は経済的困難を理由に、さらに七年の期限延期を願い出た。結果は、「運送馬艦登方の儀も当年迄年限筈合差留筈候得共、先達て奉訴趣有之、又は当酉年（一八〇一）より先三ヶ年、是迄の通御免許被仰付置御事候」（享和元年の記事）とあるとおりである。

このようにして、年々期限を更新していく形で手船さし登せをかちとっていった。その間、大和船々頭らとの利害の対立があった。たとえば、彼らのうちの一人は、「大和船積石相減候儀、畢竟馬艦船多艘罷登、其上蔵方納砂糖の内、諸士申請（砂糖）過分の及斤数候故、館内届砂糖相減候段」（享和元年の記事）を薩藩に対し告発したりしている。

しかし、そのような障害をおして、一年の断絶もなく手船さし登せはつづいていたようだ。すなわち、「尤寛政五年丑年（一七九三）以来去年迄拾九ヶ年の間引続御免被仰付置候付」とあり、さらにあと五ヶ年の期限更新を願い出ている。『琉球館文書』は文化一〇年（一八一三）できれているので、もう同書ではその後のことは分からないが、少なくとも道光午年（一八二二か一八三四）付の史料に、運送船一艘と馬艦船二艘がみえている（『史料』四〇二頁）。おそらく、明治五年の琉球建藩までつづいたのではなかろうか。

ちなみに、一七九六年以降、蔵方届砂糖運送用船としては、定式古米船七艘に両楷船の九艘ときまっていたので、馬艦船や運送船ははじめから諸士自物砂糖運送用船である。琉球側は、これらの手船に関する交渉において、薩摩に対し時には感情的な言辞を用い、非難めいた調子で相手を論難する場合もままあった。そういう事は、琉・薩双方の極度の財政逼迫という事情に強いられたものである。

まず、琉球の場合であるが、「近年琉球不運のみ打続去ル申年以来去年迄五ヶ年中ニ渡唐船壱船、砂糖積大和船三艘、御銀船一艘、馬艦船三艘、楷船一艘、都合九艘致破船、太分の銀高相廃り、其外琉球并両先嶋風旱災変無断絶」というふうに、多くの富を失い、「古来より未聞の難渋」というパニック状態におち入っていた。又その上、「現当ハ其以来定式使者の外、江戸立王子使者、翌年右謝恩使」という具合に莫大な出費が必要であった。

ちょうどそのような折、使者乗船は楷船にせよという命令を受けたのである。なお、これまでは、安永二年（一七七三）、薩藩は琉球の申し出に対し、使者乗船として楷船両艘だけでは不可能ならば、外に船を造立ててでもそれを使うようにという命令を与えていた。

楷船へ使者乗船ということになれば、その分だけ砂糖積荷が減る。そうして、「楷船へ難積受、我物相残候ハハ、自大和船へ積入、〈中略〉楷船の儀は続料運送の為、跡々（従来）より蒙御免、取仕立置候手船ニて、運賃も無之候付、砂糖其外進上物、又は諸遣用の品々精々積入、乍其上御国船よりも積登申事候処、態々無運賃の船ニは積荷相下ケ、砂糖運賃を以御国船申受候筋相成候ハハ琉球必至と禿入」（寛政五年の記事）として、冷ややかに峻拒している。琉球一分のギリギリの利益擁護といえる。

この問題は、薩摩の琉球支配の根源までたちかえって考えさせる極点まで来ようとしていたのである。「右付ては随分相済長（だけ）の儀共は万端扣居御訴訟ヶ間敷無御座様、折角心懸罷在事御座候得共、国土の荒廃に相掛儀を押置候てハ却て御領分の詮も無之、偏ニ御国の御介助迄ニて相立罷在候琉球の儀候」（同右）という言葉には、自嘲やうらみごとや冷厳な真実やが交々響いている。

さて、琉球が対薩交渉であげた成果は外にもある。たとえば、第二章第一節で引用した「午二月廿六日」史料で見た、御在番奉行以下足軽まで九人の薩摩役人たちの乗間四六〇石に、琉球の館内届砂糖が積まれている点である。『御財制』の時代にはまだ薩摩の荷物が積まれていたが、その後、彼ら薩摩役々からその乗間を買い上げたのであろう。

また、文化八年（一八一一）、楷船一艘につき十八万斤、馬艦船は同じく十万斤づつと砂糖積荷の額が決められていたが、道光二年（一八二二）に、琉球側の願いにより、楷船一艘二十九万斤、馬艦船は同じく二〇万斤づつと改定された。古米船（大和船）七艘の積荷高が依然として十七万斤にすえおかれたことを思うと、快挙である。

また、さきに見たように、享和三年（一八〇三）の時点で、館内届砂糖の運賃がすべて砂糖になり、総額およそ三〇万斤余に達していたが、天保年間にはすでに、もとにもどされた。そのことは、「御銀船館内用船運賃之事」（『史料』三八七頁。）や、本稿第二章第一節の「午二月廿六日」史料を見ればあきらかである。

これまで見てきたように、琉・薩間の砂糖交渉史は、ギヴ・アンド・テイクの関係で進められてきたと見て大過なかろう。封建的支配関係がタテマエである以上、薩摩側の一方的な命令で事が決しそうなものだが、実際には、琉球側の主張や要求もほとんど相半ばして通っている。その原因は何であったろうか。私はその原因は、琉球の想像を絶する借銀高に象徴される財政・経済の危機であり、琉球の役人たちももうそれ以上後退と譲歩はゆるされなくなっていたとおもう。だから、「（琉球の）国土の荒廃ニ相掛儀を押置候てハ却て御領分の詮も無之、偏ニ御国の御介助迄ニて相立罷在候琉球の儀云々」と、そこにひらきなおることができたのである。

すると、「館内借銀高」＝琉球王府の借銀高をみるのは、あながち無意味ではなかろう。『琉球館文書』から抽出してみよう。

寛政四年（一七九二）――銀八〇〇〇貫余

この年、「去ル辰巳無類の凶歳以来、諸士百姓必至と疲入、年貢米相滞、蔵方至て及当惑」とある。去る辰巳とは、天明四・五年で、全国的な飢饉にみまわれた年である。

寛政六年（一七九四）――銀九〇〇〇貫余

この年、財政逼迫により、部下り米十ヶ年間の免除を願出る。

ちなみに、天保元年のものとおもわれる史料（『史料』二七二～二七四頁）によると、年間の銀建収入の全額が一、七二二貫余にすぎない。この額が実質上の琉球政府の財政収入であるが、右に示した九〇〇〇貫がいかに莫大な銀額であるかわかるであろう。しかも天保元年より三十数年も前の借銀高である。

このままでは、琉球王府の財政は破産するより外にないから、琉球側は、寛政七年（一七九五）、銀主共へ詫を入れて、六部利を二部利付にまけさせた。しかし、それでも琉球館は逼迫したので、さらに銀主共に詫を入れて、文化一〇年（一八一三）より、その二部利を元金の方にくり入れし、（おそらく無利子にして）借りなおすという形にしたのである（『史料』三八一頁）。

一方、薩摩藩の方も、その財政事情は破産寸前にまで陥っていた。原口虎雄著『幕末の薩摩』によると、同藩の借金高は、元和二年（一六一六）に一、〇〇〇貫余（二万両）だったのが、逐年かさんでいき、文政十年（一八二七）には、とうとう三二万貫余（五〇〇万両）に達していたという。ところが、文化十二年（一八一五）の同藩の経常収入は、十四万両余にすぎなかったという。破産寸前というよりは、むしろ破産そのものの財政といった方がよいかも知れない。

琉・薩間の砂糖をめぐる交渉史を考察する場合、交渉の背景として、今見たような双方の財政事情をぬきにしては考えられない。たとえば、この砂糖をめぐる交渉史の終着駅は天保二年の貢糖であるが、これとても、必ずしも薩藩の強権による強制のみで決したとはおもわれない。文化五年（一八〇八）に、「諸出米取合運賃相込、壱万六千八百石余相及、仮令豊作の年柄ニも全上納成兼」とあり、たとえ、豊作の時でも米一万六、八〇〇石余をおさめることができなかったことがわかる。

しかし、もっとたち入って考えると、右の貢米をおさめることができないというより、だんだん年とともにおさめることができなくなってきていた、というのが真実であろう。また、たとえば、享保（一二年）目録高による貢納額は、この文化時代のそれとほとんど同額であるが、享保十二年の段階では、その貢納額が貢納可能な額として査定されたはずであるからである。

琉球も近世日本の貨幣経済の渦の中にまきこまれた。この歴史的過程に辛うじて対応していけたのは、琉球の場合には、まさに砂糖という商品をもっていたからである。したがって砂糖の生産高は順調に伸びたが、逆に、商品価値の低い米ー特に琉球米は価値が低く一般に本土産米の半値であったというーは、その生産額は逐年減少したであろう。こうして文化年間には、貢米をおさめ兼ねるようになったのである。

米の代わりに砂糖でもらいたい薩摩の事情（天保の改革）と、なるべく従来どおり米で納めたいが、それができなくなっていた琉球の事情とが、貢糖をうみだした背景であり、動因そのものといってもよいだろう。

ちなみに、明治六年に、琉球藩は国税としてただ貢米八、二〇〇石を納めればよく、その運賃米はもちろん、代糖納の必要もなくなっていた。しかし、現実には、「但現米上納無之砂糖大阪へ輸出シ売払金ヲ以上納イタシ候ニ付米ハ旧藩所用ニ差向」（『梧陰文庫』、明治一二年）とあり、折角の米納の代わりに砂糖で納めたようなものである。これで、明治三六年まで、国税の中に貢糖額八七万斤余が算入されるハメになったのである。皮肉といえば皮肉だが、産業構造上、当時としては止むをえなかったのかも知れない。

「研究報告」『新沖縄文学』第二十八号　沖縄タイムス社　一九七五年

幻の黒糖史

一　貢糖と買上糖について

薩摩在の琉球館に毎年おくられてくる王府の御物砂糖が、貢糖や買上糖の名目で徴収されたものか、貢糖の名目だけによるものか、はたまた買上糖の名目だけによるものか、まだかならずしもはっきりしていない。この問題については、諸先学の説があいまいで疑問の余地が多少あるので、私も一石を投じてみよう。

この問題をとりあげる糸口として仲原善忠氏の「砂糖専売と薩摩藩」（『仲原善忠選集』上巻所収）から、この問題にふれられている部分を紹介してみよう。仲原氏によれば、貢糖には広義の貢糖と狭義の貢糖とがあるとされている。前者は田租として農民が王府に納めるべき貢米の一部を砂糖で換納することであり、後者は、王府が薩藩に納めるべき貢米の一部を砂糖で換納することであるという（前掲稿二八九頁）。そして広義の貢糖は、一六四六年（正保三）から実施され、狭義の貢糖は一八三一年（天保二）から実施されたという。

ところで、薩藩への貢糖が歴史上実在し、その実施が一八三一年（天保二）からであることは、仲原氏が引用した数種の史料が明示していてうごかせない。

では、いわゆる広義の貢糖はどうだろうか。私は広義の貢糖なるもの、つまり農民から王府に換納した砂糖は税制上実在しなかったと推測している。その根拠は、①どの先学も「貢糖」（以下仲原氏のいわゆる広義の貢糖をこのように表記する。）についての直接・間接の史料を提示されておらず、私自身管見の範囲内だが、それについての傍証史料でさえ見たことがない。②明治十三年度の買上糖額が一七四万八千八百九十二斤であった（『沖縄県史』一一巻、一八三頁）が、この額は、『琉球一件帳』（文化十二年ころ）が示す「諸間切納砂糖高」一七六万八千七百九十八斤八合六勺三才とほぼ一致している。③また『琉球館文書』によれば、一八世紀の末ごろからすでに、王府から琉球館へおくられた御物砂糖の数量が一五〇万斤となり、一八一二年以降は重出米代銀向の名目で二四万斤の焼重ねが命じられたので都合一七四万斤となった。

さて、私が②において買上糖の数額を示し、これと「間切納砂糖高」や、③年々王府から琉球館におくられる御物砂糖高と比較したのは、つぎのような意図からである。すなわち、「間切納砂糖高」（および御物砂糖高）が買上糖額と等値であり、同一内容であることを証明して、いわゆる広義の貢糖が歴史上実在する余地がなかったことをみちびき出さんがためである。

まず②について説明しよう。明治十三年は沖縄で廃藩置県のあった明治十二年の翌年であり、政府が「旧慣温存」政策をうち出してまもない年である。また、税制の改正は民心の動揺と直接つながる可能性がつよいので、明治十三年度の買上糖額一七四万斤余は、そのまま同額を政府が琉球藩からひきついだ額であるとみてまちがいない。一方、『琉球一件帳』の「諸間切納砂糖高」（『那覇市史』資料篇第一巻ノ2、四〇八頁）－惣都合百七十六万余斤に関していえば、この額以外に王府蔵方へ収納されたとみられる砂糖は、『一件帳』中のどこをさがしてもみあたらない。もっとも、「未延補砂糖」と称し、年貢米や雑穀の代わりに約十五万斤の砂糖が、具志川、越来、読谷以下六ヵ間切島からの上納分がみえている。しかし、この「未延補砂糖」が正規の税制からは外れた、非常の特別措置にすぎないことは、その説明書にあきらかである。すなわち、「具志川は遠所誠に疲間切で仕上せ御米納兼候ニ付年々右の高納め候へば御国元へ差登払（売却）候て運賃諸雑費差引いたし其余計にて仕上せ御米に大分引合いたし申仕向」（前掲書四〇九頁）とあるように、この「未延補砂糖」は、いささかも「貢糖」を暗示するものではない。というのは、この非常特別措置が、王府の利益からではなく、これら疲弊間切の請願によっていたことを知れば十分である。これら疲弊間切のこの種の請願は、「継年李ヲ以」ってする請願のくり返えしくり返えしで、置県以降までずっと認められてきていた（『沖縄県史』十一巻、三七二頁）。

こうして、『琉球一件帳』の「諸間切納砂糖高」百七十六万余斤は、買上糖による納砂糖である可能性がきわめてつよいということができる。というのは、一部の産糖間切で坪例の例下げがあっても、他間切では焼重ね命令がおこなわれ、全体としては、買上糖額は年々一定であったからである。なお、明治十三年度の買上糖額一七四万八千八百九二斤との間に、約一万九、九〇六斤のひらきがある。この差額分を説明しているのは、次の史料であることはまちがいない。

一、重出米料二千樽積船一艘運賃は米之由　但斤に〆二十三万斤程右御国元へ重出米代銀上納、森山覚之丞請込にて於㆓大阪㆒代銀致㆓上納㆒、右返済砂糖二千樽づゝ年々積船御証文付を以被㆓差下㆒、於㆓館内㆒覚之丞へ右二千樽直渡いたし、館内入札直成を以出米代差引いたし候、尤二千樽にては出米代銀足合不申候付、不足分は覚之丞方へ借状相渡、六部利付を以致㆓首尾㆒候筋にて、先年以来相畳り候借銀当分三百貫〆程も有㆑之由承り候（小野武夫編『近世地方経済史料』第十巻三五八頁）。

右の傍点部分が示しているように、砂糖相場に値くずれがあった場合、正規の砂糖斤高（二〇〇〇樽）以上に出費がかさんだ。この事情が、前記約一万九、九〇六斤のひらきを説明するものであろう。

また、『琉球一件帳』の「諸間切納砂糖高」の記事が、重出米代銀向砂糖の焼重ねが命じられた文化九年以降

—文政十二年（一八二九）〜天保六年（一八三五）の記事であることは稲村賢敷氏の推定（『那覇市史』資料篇第一巻2、三九二頁）によってあきらかである。

さきに、「貢糖」が存在しなかったことの根拠としてあげた、③琉球館々内届砂糖の額が一七四万斤余であったこと、そしてこの額が、例の明治十三年度の買上糖の額とまったく同内容をなすものであり、同時に、②の「諸間切納砂糖高」とも同様なことがいえるということを説明しよう。ここで、王府が琉球館に年々送っていた御物砂糖の数量を、『近世地方経済史料』第十巻から、あらわれているかぎりのものを抽出してみよう。

①一五〇万斤—一八三四年（二六三頁）

②一七五万二、九四三斤—一八二九〜一八三〇（年？）（二七二頁）

③一五〇万—年月日不明（三五〇頁）

④一七四万六一〇八斤—道光午年（三九六頁）

⑤一七四万斤—天保（？）卯年（四〇二頁）

右の五つの砂糖数量を示す数字は、二種類に分類できる。（①、③）と（②、④、⑤）と分類できる。要するに、二四万斤〜二五万斤余の「重出米向」砂糖がその中に含まれているかいないかのちがいである。（①、③の場合に、「重出米向」砂糖が含まれていないのは、その史料としての独自の性格からいって当然のことである。なぜなら、①の史料の性格は、館内届砂糖一五〇万斤にかかる内運賃計算による運賃砂糖・米の内訳を明らかにするためのものであるから、それとは別途の積船と運賃計算をする「重出米向」砂糖を除外してもむしろ当然のことである。③の史料の性格は、王府の純財産である館内届砂糖一五〇万斤（一万二千樽）を「立入」十三人に入札させた史料である「重出米向」砂糖は、重出米代銀を肩がわりした商人に対し、その代償として与えるものであるから、もはや王府の財産ではない、だから右一五〇万斤とは区別されても当然のことである。

ちなみに前掲書四〇二頁〜四〇三頁をみてみると、「重出米向」砂糖に関する記事が二つみえている。これらの史料は、「重出米向」砂糖の性格とそのとりあつかいのちがいを較然としめすものである。前者では「登砂糖百五十万斤」の内訳がしめされ、それとは独立に－「外」として、「一砂糖二十四万斤－重出米向十匁引」がみえる。一方、後者の方では、「砂糖百七十四万斤」のうちに、「重出米向」砂糖が「二十四万斤浜田助太郎へ出米向二千樽」として含められている。浜田は「重出米」代銀請込人である。この場合一七四万斤は、明瞭に一五〇万斤と二四万斤との合計額であることがわかる。なお、前掲の数字②にいたっては端数まで一致している。すなわち、一七五万二、九四三斤は、一五〇万斤の御物砂糖と二五万二、九四三斤の「重出米向」砂糖とからなっている。

さて、これまでみてきたとおり、薩藩に積のぼせた琉球王府の御物砂糖の数量は、厳格な船数制限により、十八世紀ころ以降カッキリ一五〇万斤にきめられていた（この点については、拙稿「運賃問題の基礎的研究」『新沖縄文学』二十八号でやや詳説した）。また、「重出米向」砂糖も二〇〇〇樽（約二四万斤）ときまっていた。ちなみに、「重出米向」砂糖は、天保二年以降実施されたいわゆる狭義の貢糖への伏線をしめすものであろう。琉球側からすれば貢米の一部（重出米）を砂糖で換納しているからである。

以上、広義の貢糖といわれる、農民の王府への代納糖が存在しえなかったことを論証してきたが、その論証の骨子は左のとおりである。

一、一七九五年（寛政七）以降、御物砂糖積船の数が十一艘になったが、その積載量から逆算し、また、『琉球館文書』の享和三年の条に、当時、砂糖運賃が砂糖でおよそ三〇万斤に達していたことから逆算し、王府の御物砂糖は一五〇万斤にきまっていた。これは以後一定額である。

一八一二年以降、二十四万斤の焼重ねが命じられた。これは一八三九年に、中止され、その敷地を「細め」ることになったが、二十四万斤という額は、黒糖生産性の増大によって補充されたものであろう。この両者を合計すると一七四万斤である。

二、『琉球一件帳』は、文政十二年〜天保六年ころ、「諸間切納砂糖高」が一七六万八、七九八斤余であることを示し、これ以外に正式納砂糖を示す数字はみあたらない。

三、明治十三年度の買上糖額は、一七四万八、八九二斤であった。なお、重要なことは、買上糖額は一定であり、ほとんど動くことがなかったことである。

この三点を要約しよう。「二」の主張は、これ以外に税制上諸間切納砂糖はなく、一七六万余斤が、その年の諸間切納砂糖高のすべてである。「一」の主張は、薩藩による砂糖積船の厳格な制限により、王府から琉球館に送られた館内届砂糖は、「重出米向」砂糖をふくめて約一七四万斤ときまっていた。これ以外に、王府財産として館内に届く砂糖は一切なかった。「三」の主張は、明治十三年度の買上糖額が旧「重出米代銀向」と同額の二四万斤をふくめ、旧藩からそっくりそのままひきつがれた額であり、それは年々一定額であったことである。

以上の主張から、この三つの数字は同一物であり、同一物につけられた三つの名称にすぎないことがわかる。この三つの名称は、砂糖に関与する各行政機関の事務的必要からそれぞれ命名されたものに外ならない。そして、本稿の目的からいえば、三者とも買上糖である。くどいようだが、「貢糖」のはいりこむスキなどないのである。

道光午年（一八二二年か一八三四年）に、鹿児島へ仕上せされた琉球官民の砂糖は左のとおりであった（小野、前掲書一〇巻四〇一〜四〇二頁）。

一、一五〇万斤　　蔵方届（王府の財源）

二、　九四万斤　　諸士自物

三、　二四万斤　　重出米料
四、　八二万斤　　琉球詰之面々並船々交易砂糖
計　三五〇万斤

また、一八二九年～一八三〇年（貢糖がまだあらわれていないから）の史料とおもわれる『琉球一件帳』も、砂糖総高として三五〇万余斤をあげているが、これらの数額以外に考えられる砂糖は、もはや焼過砂糖だけである。焼過砂糖は農民が自由にできる砂糖であり、「貢糖」とはどうしてもむすびつかない。

私はさきに、定式買上糖の額を明治十三年度のそれをとり、約一七五万斤とした。一方、仲原氏は約一八八万斤としておられる。彼我の差額は、定式額に欠補糖（本来これは買上糖ではなく、その徴収に際し余分に徴収し蔵役人の心附にあてられたもの）が算入されたものであると考えられる。欠補糖は買上糖一〇〇斤につき五斤というきまりで、約八万七、〇〇〇斤になる。

二　買上糖の起源について

従来、貢糖と買上糖を論ずるさい、その評価やとりあつかい方において、前者を主とし、後者を従とするような傾向がみられる。貢糖が薩藩との関係ですぐれて政治的な意味あいをもち、トピック性に富むとはいえ、買上糖はその規模といい、対中貿易をふくむ琉球の経済活動の動力源であったという点からすれば、買上糖に対するこの冷遇は不思議というほかはない。おもうに、貢糖は薩摩の収奪というイメージがつよく、そこからの照りかえしが各論者の意識につよく作用し、それに重きをおくということをなさしめてきたのだとおもう。

前節の「貢糖」なる鬼子も這般の意識界から誕生したものとも考えられる。このことは、必然的に買上糖の起源がいまなおあいまいにされてきていることと無関係ではない。実在もあやしい幻影の「貢糖」（いわゆる広義の——農民が米穀の代わりにおさめた）をひたすら追いもとめ、買上糖（王府の銀建て財政の大黒柱——商業立国琉球の存立基盤である）を軽視しすぎもはなはだしい。とすると、これもひとつの歴史的なものかもしれない。

さて、それでは仲原氏が命名したこの広義の貢糖といわれるものは、何を根拠にしてなされたものであろうか。その根拠の端緒は同氏が引用する、当間、古波蔵両家の家譜にあるのである。この両家の家譜は、仲吉朝助、安次富松蔵氏以来今日にいたるまで、「貢糖」の起源をしめす史料として重要視されてきているものなのである。両家譜は内容的にみて大同小異なので、仲原氏もおもに引用している当間家家譜の記事についてみてみよう。

順治三年丙戌三月、先是従薩州借銀九千両以六年画為必償之期、然不能如期因召諸士御客屋、右借銀於償之見当有存旨者承可具伸等之由、故与薛氏古波蔵筑登之親雲上賀親、談其事伸情、為作於百姓中欝金砂糖、禁止私之売買、一手取之遣于薩州、有多利潤乎云々、由是法司嘉其言先慮為大和之御利潤、啓御在番奉行諏訪杢右衛門殿、啓奏薩州以仕上世米之内五十石之代銀、可買欝金為主取、与賀親買欝金六千斤、同四年丁亥夏、差上于鹿児島府、売代銀拾弐貫目、有多利、故為褒償、賜米拾石〈後略〉

「貢糖」の起源をしめす史料として右の史料をつかった人々には、仲吉朝助氏、安次富松蔵氏があり、仲原氏によれば、とくに仲吉氏の説が古典的なものとなり、祖述されてきたとされている。仲原氏も右の史料を根拠として、「貢糖」が開始された時期を一六四七年（正保四）としている。最近の例としては、『沖縄県史三　経済』（八八頁）が、仲原氏のこの説を踏襲している。

ところで、右の当間家家譜の史料はほんとうに「貢糖」についての記事であろうか。それをすなおに、先入観にとらわれずに読むならば、むしろそれは買上糖とその語源を暗示するものとしかおもえないのである。

その史料中には、「貢糖」を示唆するような文言―たとえば「地租ノ幾分カヲ砂糖デ以テ換納セシメル」―は一字一句もみあたらない。むしろ、「為作於百姓中糴金砂糖」、「禁止私之売買」、「一手取之遣于薩州有多利潤乎云々」という文言は、買上糖のことを述べているととった方が自然ではなかろうか。当間と古波蔵は「可レ買二糴金一、為《な》二主取一ト」ったのであるが、砂糖を買収する主取もおかれたはずである。これが買上糖の起源をしめす史料でなければ、なおさら、「貢糖」の起源をしめす史料でもないであろう。

かくて設置された砂糖の買収のための機関は、漸次整備されて、十六年後の一六六二年（寛文二）には砂糖奉行が設置されるようになった。砂糖がいよいよ琉球経済の主役として登場する予兆である。

一六四六年の砂糖買いあげの当初においては、おそらく買いあげ額も少なく、それに投入する王府の資金もたかがしれていたであろうが、年とともに買いあげ額も資金も膨張していき、これに対する苦肉の策として案出されたのが、後年にみる買上糖制であろう。すなわち、畑作物である砂糖をしだいに畑租のなかの麦・下太豆と相殺していく方向へと制度化されたのである。この制度化の過程は、一六四六年の買い上げ開始から一六六二年の砂糖奉行設置までの十六年間に完了したとおもわれる。

買上糖制の起源について、『一木書記官取調書』は、「年代詳ナラズ」とし、安次富氏は、「貢糖ノ起源ト何等コトナルコトナシ」として一六四七年としている。仲原氏は、「買上糖に関する記述は管見の及ぶ範囲では『中頭方の具志川間切公事帳』（一七三五）が初見である。」（仲原前掲書、四一一頁）とし、これを根拠にして（とおもわれるが）、買上糖制の起源を一七三五年としている（右書四〇九頁）。しかし、当の「中頭方の具志川間切公事帳」の記事は、買上糖の精算方法の手続に関することだけであって、内容としてはそれ以外に何もない。仲原氏が買上糖に関する史料の初見をもって、その起源とすることはあまりにも飛躍に失するものではなかろうか。

さて、各種の史料集や文書の中に、買上糖の記事は数多く発見されるが、「貢糖」（いわゆる広義の）に関するそれはみあたらない。買上糖に関する事項を二、三抽出してみよう。

まず、前節でもとりあげた『琉球一件帳』の「諸間切納砂糖高」が買上糖による徴収額に外ならないということを、ここでは別の角度から論証しよう。右のうち南風原間切納砂糖高は三万八千四十八斤である。一方、明治十五年度分の同間切の買上糖納入高は三万四六一五斤である（安次富松蔵『旧琉球藩ニ於ケル糖業政策』、二四頁）。この両者のひらきは、三五三三斤あるけれども、前者もやはり買上糖にちがいないとおもう。買上糖の納額は年々一定だったはずである。では、この両者のひらきは、一体、どう説明すべきであろうか。そのひらきは、同間切における「坪例」の「例下」げの結果生じたものと考えられる。

「坪例」とは、王府によって査定され、命令された、一坪あたりの砂糖生産額のことであり、産糖間切の各村々単位にきめられていたものである。これによって各村々の納砂糖高がきめられた。「例下」げとは、ある村の「坪例」を王府がひきさげること、換言すれば、その村の納砂糖高の軽減を意味した。

『近世地方経済史料』第十巻の二二六～二三〇頁の一連の史料は、南風原間切の各村の「坪例」と「例下」げについて克明にしるしている。同間切の地頭代たちは、「七ヶ村共総躰薄地之所に而萠立薄、毎度上納高筈合兼、買入れを以相弁候方も有レ之、今形に而者何歟風旱之異変差当候節者、必至及二難儀一可レ申哉と至極心配仕居申事御座候間、何卒本行之通御例下げ被二仰付一被レ下度奉願候」と願い出たが、それはほとんどそのままみとめられている。それを左に記す。

一斤四合八勺七才→一斤二合（一斤三合）　兼城村
一斤二合→一斤五勺（一斤二合）　津嘉山村
一斤五合二勺→一斤二合（一斤五勺）　山川村
一斤一合→九合五勺（一斤二合）　仲里村
一斤四合八勺七才→一斤三合（一斤三合）　宮平村
一斤六合二勺→一斤三合（一斤一合）　宮城村
一斤二合→一斤五勺（一斤五勺）　本部村

右は、南風原間切十ヶ村の中、七ヶ村についての「坪例」の変遷をしめす数字である。カッコ内はさらにその後改定された県政時代にまでひきつがれた「坪例」の数字である。これらの数字からもわかるように、南風原間切の場合、「例下」げはあっても「例上」げはなかったはずであるから、『琉球一件帳』の南風原間切納砂糖高三万八千百四十八斤が、その後の「例下」げにより多少減額したとみなければならない。その減額した結果がさきにしめした明治十五年度分の同間切の買上糖納高三万四、六一五斤に外ならないとおもう。したがって、『琉球一件帳』の「諸間切納砂糖高」中の南風原間切の分も買上糖にちがいないということである。
『御財制』にも買上糖関係の記事はあるが、「貢糖」に関するものはみあたらない。同書の「畠方代之上納」の部に左のようにみえている。

一、九万四拾九貫五拾文
　麦豆八百九拾三石三斗五升九才代請
一、麦豆代請之儀其時々相場見合《みあわせ》、代申渡候

右の数字は説明を要する。王府は麦豆八九三石余を納めしめるかわりに、それにみあう額の砂糖を納めしめた（この場合、仮りに一〇〇斤につき鉄銭一八〇貫文で買いあげる形式をとる）。あくまでも形式上の買い上げであるので、この時点では代価を交付せず、本来納めるべき麦豆の石代相場と相殺したうえで、残余があればその額を農民に還付した。また、麦豆の石代相場の変動によって当然追徴もあった。

分九万〇〇四九貫五〇文は、麦豆八九三石三斗五升九才のその年の相場として王府に収納されたことになっている金額である。この金額も買上糖制の性質上形式である。この形式的金額の背後にある実体が砂糖－買上糖である。「御銀賦」の部にみえる、「間切割懸高七拾万斤」こそその実体である。買上糖制は、王府にとって二段階の手順をふむ。第一段階は諸間切からの「買い上げ」であり、第二段階はその砂糖を琉球館で売却するという外部との関係である。だから、産糖間切の農民との関係は第一段階までである。時の麦豆石代相場との相殺は、あくまで砂糖百斤につき鉄銭一八〇貫文とのあいだでなされるのである。

だから、麦豆の相場が年とともにあがり、一方、一斤一八〇貫文の買上価格が王府によって恣意的におさえられると―現にそうだったのだが―、畑租の追徴も命じられた。幕末に薩藩の都合で生じた「文替り」で、鉄銭の銅銭に対するレートが三二分の一まで下落し、王府はこれを利用してただみたいな安価で買上糖を手に入れることができた。また、第二段階からは農民との関係を一切はなれ、買上糖を館内届砂糖などと呼びなおし、第一段階とは比較にならないぐらいの高値で売ることができた。第一段階は鉄銭勘定であり、第二段階は銀建て勘定である。このことはさきにしめした麦豆八百九拾三石三斗五升九才の代請が、分九万貫余になっており、一方、「諸間切割懸高七拾万斤」の館内での売値が銀建てでしめされているとおりである。

なお、筆者がここで引用している『御財制』そのものは、「畠方代之上納」の部の麦豆八九三石余と「諸間切割懸高七拾万斤」とを直接むすびつける形ではしめしていない。一見まるで両者はたがいに無関係で別々にとりあつかわれているかのようだ。もしもこのようなとりあつかい方が、王府によって意識的になされたとするならば、それはどうしてだろうか。おそらく、一方では農民に対するうしろめたさからであり、他方では、常に琉球の砂糖に食指をうごかそうとする薩摩の目から、買上糖の実体を隠蔽する必要があったからであろう。とくに、薩摩は王府の買上価格よりも高値をつけ琉球王府の買上糖制にゆさぶりをかけた（『琉球館文書』安永二年九月）。王府にとって、薩摩のこの出方は恐怖以外の何ものでもなかったろう。『琉球一件帳』といい、『御財制』といい、『近世地方経済史料』等々、いずれも王府財政の大黒柱ともいうべき買上糖が、直接なまの形ではでてこないのも今推測した理由からであろう。

それにもかかわらず、筆者が、さきに引用した『御財制』の部分が買上糖制をしめすものにちがいないとする根拠は、㈠代請の分九万貫余、とあること。王府の税制では畑租を代金納するシステムはなかった。畑租で金銭と関係をもつのは買上糖制をつうじてだけである。㈡麦豆が代請されていること。買上糖制で買上糖と相殺するのは麦・下太豆であったこと。㈢『御財制』中に「貢糖」をしめす字句や数字はなく、麦・豆八九〇石余と砂糖七〇万斤もの多額をうごかせるシステムは買上糖以外に考えられない。「代請」という言葉も買上糖制と密接な関係をもつ言葉である。たとえば、南風原間切から明治十六年に県庁に出された「御買上糖代金請求」(安次富松蔵『旧琉球藩ニ於ケル糖業政策』)をみよ。

ちなみに、さきに筆者が買上糖にちがいないと推定した、『一件帳』中の「諸間切納砂糖高」一七六万余斤によって代納された麦・豆の高は、同『一件帳』中にみえる「一、代請に成る雑石は九百五拾弐石七升壱合八才」(『那覇市史』第一巻2、四〇七頁)という数字であろう。この場合にも、買上糖と麦・豆は、一見、無関係のようにあつかわれている。

また、琉球王府の各官庁の職掌事項中に、買上糖のことはみえているが、「広義の貢糖」に関するそれは全くみあたらない。買上糖関係を職掌する官庁をあげると左のとおりである。

銭御蔵
〈前略〉麦豆代請取、諸座へ渡銭、砂糖代之類、文配相携候事。
砂糖座
諸間切売上之砂糖取納仕出迄、此座之構也。

(『近世地方経済史料』第一〇巻三二二頁および三二九頁)

さいごに、『琉球館文書』にも買上糖関係の記事は散見する。文化十年の条に、「年々の出来高皆同蔵方へ買入申渡、脇商売迚は一切不相成筋の国法ニ候」とある。また同書の安永二年の条では、薩藩が王府に対して、黒糖三〇万斤の買上げを申しこんでいる。その方法は、「右砂糖御買入直成の儀は、跡々より琉館屋（琉球蔵方の意）へ買入来候定直成有之由候付、砂糖百斤に付銭弐百文ツツ直増を以御買入被仰付代料渡し方の儀は琉出米之内其之年之相場を以直成替ニて代料差替御買入可被仰付候」ということで、まったく王府の買上糖制と同じ方法であるばかりか、買上げ値段も王府の買上げ値段より百斤につき銭二百文ずつ高値をつけた。

琉球側は、もちろん必死に薩藩のこの申しこみをことわった。これまでみてきたように、琉球国をささえていたのは黒糖であったといっても過言ではない。そしてそれは買上糖制によって王府に徴収されたから、この買上糖制は琉球にとって大きな意味をもっていた。この薩摩の申しこみは、もしそれが現実におこったら、王府の買上糖制をほりくずし、ひいては琉球国を倒壊させる薩摩の経済的琉球入りになりかねなかった。

三　黒糖でつづる琉球小史

近世から近現代にかけての琉球経済は、黒糖生産のモノカルチャー的経済である、といっても過言ではあるまい。とくに、近世日本の鎖国政策が生んだ閉鎖的国内市場の中では、琉球の黒糖が外国糖とそれほどきびしい競合関係をもたなかったから、琉球の黒糖のモノカルチャー性は極点にまで達していた。天保年間には、実質上琉球の全財政収入にあたる銀建て財政収入の九四％が、黒糖の販売によって得られるという不健全さをしめしている。

しかし、逆に、黒糖という切り札がなかったら琉球国は、あのドラスチックな幕末期の貨幣経済・商品経済の嵐に対応してゆくことができなかったであろう。

というのも、琉球が、自らの財政収入の十倍にも達する宿債を返済しえたこと。また、明治五年の琉球建藩の時点でかかえていた二〇万両もの借金をほとんど返せたのも、砂糖がもとでになっているからである。

さて、仲原善忠先生の卓抜な研究によって、家禄として領地を与えられた有禄者（このものたちが王府の高給官吏になった）には、その領地が産糖間切である場合、領地の正頭々高に応じて一定の砂糖を収得する特権が認められていたことが判明した。たとえば、具志頭間切を領有した者で、総地頭は四、八七五斤、脇地頭は二、四二一斤の砂糖を収得することができた（『仲原善忠選集』上巻四二六頁）。総地頭（親方）の石高は無役の場合、四〇石が最高であるから、四、八七五斤の砂糖は、銀高に換算して、四〇石の領地からあがる全収入の大半をしめていたと考えられる。

ところが、明治政府の琉球士族の秩禄処分関係公式文書（『沖縄県史』資料篇等）中に、砂糖についての字句は一字一句もあらわれていない。有禄者と砂糖との右のような深い関係からすれば奇異である。禄高があくまでも石高でしめされ、砂糖は、麦や下太豆とともに米高に換算されて、石高すなわち禄高の中にかくれているからであろうか。しかし、石高から金禄に計算するにさいし、米、麦、下太豆、夫役銭はでてくる（『沖縄県史』十二巻、七〇九〜七一〇頁）のに、砂糖がでてこないのである。

だが、さらに金禄計算の内部を子細に考察すれば、しいてそのことを奇異とするにもあたらないようだ。私は、砂糖の金禄計算の分が、米や麦・下太豆の値段を水まし査定することによって、その中に算入されているとおもう。このことは、琉球米の相場をめぐって政府と有禄者との間にホットなやりとりとなって数字にあらわれ出ている。

琉球士族の金禄計算は、明治九・十・十一年の米、麦、下太豆の那覇における平均相場にもとづいてなされた。そのうち、政府による米相場の査定は、当初、一石につき八円六八銭一厘だったのが六円七八銭二厘になり、さらに最終的に九円一銭五厘におちつく。この相場の変転は、琉球の役人側と政府側の虚々実々のワタりあいをしめしている。このワタりあいの中で、琉球の老獪な外交官たちは、しきりに砂糖のことを口にしたであろう。ちなみに、明治九・十・十一年の三ヵ年平均の東京正米相場は一石五円五三銭である。琉球産米の品質はわるく、本土産米の半値しかしなかったことをおもうと、当然、右の一石九円一銭五厘の中には砂糖の分も水ましされているとみるべきであろう。

麦・下太豆についても、米の場合におとらず水まし査定されていることがわかる。金禄計算にさいし、政府は当初麦一石につき一三円七六銭、下太豆一石につき一四円五四銭七厘というウソのような高値に査定していたが、さすがにそれぞれ九円五銭三厘と九円五七銭にひき下げた。それでも相場の倍以上の査定であることにちがいはない。ちなみに、明治十八年における税品売却表によると左のとおりである。

米一石	五円四一銭三厘
麦一石	三円四八銭九厘
下太豆一石	三円五四銭五厘

（『沖縄県史』十三巻、四九八頁）

また明治二三〜同二七年の五ヵ年平均をみると左のとおりである。

米一石	七円四四銭五厘

麦一石　　　五円三七銭九厘
下太豆一石　　五円七六銭七厘

（前掲書二十一、二二〇頁）

この麦・下太豆の一石相場と、金禄計算における麦・下太豆の一石相場のひらきは誰がみても不自然であり、その間に砂糖を介在させないとどうしても説明がつかない。なお、金禄計算の中で、一石相場で、米のそれよりも麦や下太豆の方がたかいというのも示唆的である。買上糖制によって砂糖は麦・下太豆と密接な関係をもつものであるのが、そのあらわれではないだろうか。なにはともあれ、金禄計算における麦・下太豆の法外な相場が、王府時代の買上糖制における麦・下太豆の砂糖に対する交換比率を反映またはひきついだものとすれば、沖縄の農民の辛酸のほどがさっせられるというものである。それにしても、琉球史の中で、どうして砂糖がこうも正体不明であるのか。

いずれにしても、名目上四〇石の家禄（無役として親方の最高額）が、額面どおり米だけを基準にし、かの四、八七五斤の砂糖をまったく除外した金禄計算を、有禄者たちがとうてい容認しなかったであろうことはまちがいない。これら有禄者たちはまたほとんどそのまま政治的有力者でもあり、王府の要路に参画すべき有資格者であった。だからこの者たちには右に述べた砂糖の特権の外、中国貿易の中でも「諸士免銀」という特権が認められていた。秩禄処分交渉の中で、彼ら有禄（力）者は、これらの経済的特権を金禄の中に算入することをつよく要求したことであろう。これら特権は家禄や役俸という公式の額面にはあらわれないが、秩禄処分──特に金禄算定の中で公然化したものであるとみてよかろう。

さて、文久元年にはじまった「文替り」は、明治元年にいたり、ついに、銅銭一枚につき鉄銭三二枚ひきあいにまで昂進した。この「文替り」の悪作用は、買上糖制とくみあわされることにより、犯罪的なまでに相乗効果を発揮した。ただでさえ安価だった買上糖価がさらにその三二分の一の低価になったからである。王府はさすがに明治十一年、旧のごとく、砂糖一〇〇斤三円二〇銭にあたる銅銭勘定にもどしたが、少なくとも一〇年間は、砂糖一〇〇斤につきわずかに十一銭二厘五毛というただみたいな安価で買上げていたのである。これによって、近代の沖縄農村の疲弊は決定的になり、生産構造における貧血症と生活意識における無気力さは、「文替り」によって仕上げられたのではあるまいか。

ともあれ、「文替り」によって、王府は農民と農村を犠牲にして多くの収入がえられたこと。そして、従来、薩摩藩への貢米は、運賃米をふくめて約一万六八〇〇石にものぼっていたが、明治五年の琉球建藩以後明治十二年まで、国税がすべて－運賃なしで－わずかに米八、二〇〇石のみを納めればよいことになったうえ、貢糖がまったく自己の財源になったこと、これらの経済上の理由が、王府の要路者をして「琉球国」という社稷維持の幻想をいだかせたのではあるまいか。

ちなみに、廃藩置県から三カ月たった明治四年十月十五日の段階での王府の立場は、「御当地ノ儀薩州ノ御幕下相成候以来、段々被為蒙御高恩、其上外ニ隣国迚モ無之、不自由ノ小邦、専薩州ヲ便《たより》国用弁来、且ハ海路ノ最寄旁付、イツレニモ薩州相離候テ不叶」（『那覇市史』資料篇第二巻中4、一〇五頁）として、従来どおり薩摩への服属関係を維持することであった。何よりも、薩摩在の琉球館のことがあたまにあったからであろう。王府にとって、琉球館は砂糖を換銀する最も重要な機関で、二百数十年もなれ親しんできたものであった。いわば、琉球の貨幣経済の心臓部の役目を果たしてきたもので、これなしには、琉球国の存立は考えられないものなのであった。

黒糖という甘いアヘンが、琉球の要路者に社稷維持の幻想をいだかせ、その幻想が、その後、中国をバックに意識する反政府運動をとらしめたとすれば、沖縄の近代史あるいは現代史にとって、これにすぐる悲劇はない。もはや死馬にひとしくなっていた琉球の農村にムチうつように、息も絶えだえにたどりついて来た琉球国は、「文替り」によってさらになぶられ、近代化へのスタート・ラインに立ったときには、すでに精も根もつきはてていた。

ともあれ、琉球は、いわゆる「薩摩支配」下で二四点もの国宝と多数の重要文化財、芸能・音楽・美術や各種工芸品を創造し、地方文化としては他の追随をゆるさないほどの気迫と精神の集中をしめした。が、一方、同時に、具志頭間切の御手入れや、具志川、越来、読谷、北谷等の各間切が、破産状態におちいり、王府も租税上特恵措置をとらざるをえないありさまになっていた。このように、琉球文化の陽をささえ、また同時に陰へ導いたのはともに黒糖であった。琉球農民の血と汗の結晶である黒糖は、薩摩にわたって銀にかえられ、その一部は対中国貿易の資銀として、琉球経済の動力源であった。この東アジアにおける琉球人の勇躍が、琉球人の文化的創造の潜在的因子ならば、黒糖は琉球人の精神的活動の分野においても決定的な役割をになったというべきであろう。黒糖は、琉球にとって、蔭にも陽にもダイナミックなはたらきをしている。

「研究報告」『新沖縄文学』第三十二号　沖縄タイムス社　一九七六年

地割制度の基礎的研究

―南風原文書を中心にして―

はじめに

沖縄の地割制度の研究は、田村浩の『琉球共産村落の研究』において包括的に論じられて以来今日まで、第一線の歴史研究者たちによって深化されてきている。地割制度が沖縄の近世農村社会を根底的にささえる基本構造である関係から、多くの研究者がその研究に情熱をもやし指をそめてきつづけているのもゆえなしとしない。私にとっても地割制度は、近世沖縄が経済的には貧しいながらも、異様に神秘的な密度で独自の地歩をしめていたその空間として、またよい意味でもわるい意味でも琉球人の特性を育んだ培養器として観ぜられ、それを沖縄史の中で見失なうことは、とりもなおさず沖縄近世史そのものを半分がた失なうことになるのではないか、という危惧と愛惜の念にたえずとらわれてきた。

地割制度の研究が、いわば、点として点在していた次元の地平に、美里間切東恩納村に関する地割史料が経線としてひきいれられることによって、はじめて、ぢかに嘉永の地割現場とつながりができた。この史料の出現は、真摯な研究者の情熱と意欲を刺激し、今では多くのすぐれた研究成果があがっている。ただこの東恩納村の地割史料は、地割地の配当情況（結果）や地割方法や社会的背景に関する説明が概略的にしか述べられておらず、地割過程を中心とする生の動態的・立体的側面に欠けるうらみがある。また、かんじんの田方の地割についての史料が欠け、地割が田畠一括であったのか、別個であったのかはっきりしないから、「一地」の坪数が具体的にいくらになるのか計算のしようもない。そういう史料の欠陥とそれに制約された研究の限界はさけられなかった。

そのような史料の事情から、地割研究は、いわば、平面図の次元から立体図の次元へ離陸しようにもなすすべがなかったといえる。そんなときに、幸いにも、南風原村《ムラ》の地割史料が発見されたことはまさに旱天の慈雨であり、今後、地割制度に関する研究を飛躍的にたかめる〝よび水〟になることはまちがいない。東恩納村の地割史料を経線とすれば、これは緯線である。この両史料は、性格的に対極をなすものであり、相互補完しうるものである。この両史料の比較研究をまってはじめて、地割制度の立体的にして動態的な研究成果が期待できるといえる。この南風原文書は、沖縄史が学問的に再点検される気運にある今日、その象徴的な時代の先鋒として、重厚さと貫禄が十分である。この史料を県の重要文化財に指定した県の措置は賢明であり、郷土文化を大切にする精神の発露したものとして高く評価したい。

一　東恩納村の地割問題

東恩納村の地割についは多くの先学諸氏がとりあげ、実りある研究成果として一般にあきらかになっている。それにもかかわらず私がここであらためて同村の地割問題をとりあげ言及しようとするのは、つぎの理由からである。ひとつは、東恩納村の地割史料が地割の方法の説明と結果を示すものであるのに対し、南風原村の地割史料は地割帳（「竿入帳」や「地割日記」）そのものとして残っており、地割に参加した全地人一人ひとりの名前、配当された田畠の一筆一筆が克明にしるされていることや組わけや一地の中身などが具体的にあらわれている。前者の史料が地割の実施に関する輪郭や社会的背景についての説明として重要であるのに対し、後者の史料は地割の中身そのものといえる。したがって、この両者は相互に補完しうる部分がある。

東恩納村の地割問題をここでとりあげる理由のもうひとつは、両村の地割が非常に対象的性格をもっているということである。たとえば「地」(一地とか一地五分とかいう地割地の単位をあらわす地を総称して以下このように「」を付してあらわす。)の内容規定のちがい、地割の結果としての階層分化の度合いのはなはだしい差などがそれである。こういう両村における地割の差異を視野の中に入れつつ地割問題をとりあげるのが、結果として両村それぞれにおける地割の実体をより鮮明にとらえる方法であろうし、沖縄全体における地割の実体の解明に近づく方法でもあろう。東恩納村における地割問題を、とくにその方法にしぼりながらみてみよう。

「地割仕様左之通
一、地百四十四地
大割地頭《ちがしら》十八人
但一組にて八地与合《くみあわせ》、尤八地与《くみ》にては百四十四地に相成申候。
右地割之仕様は、一番配《くばり》より十八番配迄、地方《ちかた》等分に置、鬮《くじ》取様は一番より十八番迄札書調《かきととのえ》、此札数置候て地頭十八人へ右札鬮相取らし」(『近世地方経済史料』第九巻一四頁。引用文中のルビは筆者。)て、まず大割をする。

東恩納村の地割に付せられる全耕地を百四十四地と設定する。一方地割に加わる地人を十八組に組分けし、それぞれの組に代表者として地頭《ちがしら》をおく。その十八個の各組に八地ずつあてるようにする。１８×８＝１４４

で、都合一四四地になる。

まず全地割地を等分に十八個の組に分置し、それぞれの組に1〜18の番号をつける。一方、十八枚の木札をこしらえ、それらにも1〜18の番号を書き入れて鬮札とする。この十八枚の鬮札を十八人の地頭たちに一枚ずつクジ引きさせて大割がきまる。かりにAという地頭が五番と記入された鬮札を引けば、Aに代表される組は、五番の組の土地をひきあてたことになる。

このようにして大割りがなされるが、次に各十八組内の各戸ごとの小割りが最終的におこなわれる。地割の対象になる戸数は六六戸であるので、十八組内のそれぞれの構成戸数は三・六六六……である。四戸から三戸程度の構成である。「小割は地頭十八人にて其方計りにて小割わり方為レ致《いたさせ》候様申付」（前掲書一五頁）というふうに実施した。小割りは組内の家内の厚薄＝担税能力や家内の人口を勘案してきめられたのである。

東恩納村では「地」は面積であらわされた。仲原善忠によれば畠方の一地は五五五坪ずつときまっていた。私はこの説に対しては疑問があるが、行論の都合上、参考までに紹介しておく。つぎの史料にみるように同じ一地でもその単位当たり収量に大きなひらきがあった。したがって叶高（租税高）にもひらきがあった。

地方《カ》配分け并地位上中下之付様
荻敷畠配分け
一、一番配より五番配迄
但一番より二番配迄は上畠、三番より四番配迄中畠、五番は下畠付候也〈以下略〉
飯料畠配分け
一、一番配より十二番配迄

但一番配より四番配迄は上畠、五番配より八番配迄は中畠、九番配より十二番配迄下畠〈以下略〉

（前掲書一六頁）

このように畠方における地位の区分けがはっきりとなされていた。ちなみに、右の一連の史料のなかに十三番配以下十八番配までの地位の付様と田方に関する地位の付様がふくまれていない。右の史料のつづきの部分には田方にも、上田、中田、下田の地位がちゃんとあったことが示されている。とすると、田方の地位の付様に関する規定は右の畠方同様存在していたが、田方の分は右の一連の史料から単に省かれたにすぎないと考えられる。東恩納村では地割に付せられた地目は荻畠敷、飯料畠、田方（本田と苗代田）の三種類である。

畠位上中下の付方は「一番配より九番配迄候時は、三分割に〆一分は上畠、一分は中畠、一分は下畠、たとひば一番配より三番配迄は上畠、四番配より六番配迄は中畠、七番配より九番配迄は下畠と相記候也」といい、三等分する原則のようで、前掲の荻敷畠や飯料畠の場合もほぼそのとおりに分けられている。この位づけの原則を田方にあてはめることができるならば、左のように推測することができるであろう。

「一番配から六番配までは上田、七番配から十二番配までは中田、十三番配から十八番配までが下田。」

もしも、実際に右の推測のとおり地割が実施されたとしたら、一番配から五番配迄の大割をうけた地人たちは、荻敷と飯料畠（芋畠）と田方の三種類、六番配から十二番配までの地人たちは飯料畠と田方の二種類、十三番配から十八番配までの地人たちは田方のみの配当をうけたことになる。他のものはなくても最低限生活に必要なものは飯料畠であろうから、十三番配以下の地人たちはそのままではたいへんこまる。そこで、この者たちは請懸（掛）畠方のうちから請懸かりをして生活を維持したのであろう。

さて、このように地位の区分けがはっきりとなされていたが、叶高もそれに応じてきめられていたのである。

荻敷に例をとって上畠と下畠をくらべてみると左のとおりである。

上畠－六、七〇九坪六分
右踏立叶　麦五石一斗六升四合四勺七才先
下畠－五、七六二坪八分
右踏立叶　麦一石八斗一升四合二勺九才先（前掲書一七頁）

坪あたりにひきなおすと、上畠が約七合七勺、下畠が三合一勺である。両者の差約二・五倍である。大きな差といえる。同じ一地でも一番配内の一地（上畠）と五番配内の一地（下畠）とでは、単位当り収量と叶高にこれだけの差があったのである。

クジをひくという、その行為と結果とに自己自身が責任をとるという偶然性－それはクジ引きに参加する全員にとって平等でもあり、そうでもないといえる。地割地の配当が権利として、各人にとって利益となるような場合においては、クジ引きは平等で最善の方法であろう。逆にそれが義務であり負担にしかならない場合にはクジ引きによる方法は不平等－というよりはナンセンスであろう。結果的に三二地もの土地が一個人に集中しているという事実がそのことを象徴的に物語っている。地割地の配当をクジ引きによって受けても、それに見合う叶高を現実に納入できないという実情が、東恩納村における不平等だが現実的な地割をなさしめているといえる。

このような地割方法でも豊作のときは問題はない。が、一たん凶作にみまわれた場合には大問題となろう。東恩納村の地割の周期は一〇年である。この地割方法でかりに上畠・上田をひきあてた地人は、次の地割年までの一〇年間は、その耕地を耕しつづけなくてはならない。そのような生産関係がつづけられていた期間にも天候不順や台風などによる凶歳に何度もみまわれたはずである。凶作にあえば、上畠も下畠もなくひとしく収量が激減するが、その時一番打撃を受けるものは、クジで上畠・上田を配当された家であるはずである。こういう家は、当然貢納のための借銭・借米と家内労働力の身売りが避けられず、永年のこうした集積が多数の地倒人を出す最大の要因であろう。一地人に三十二地が集中しているということは、十八個の組のうち四組までが完全に地倒れした勘定になる（４×８地＝３２地）。

東恩納村の地割におけるこれらの欠陥—①「地」の単位を面積であらわす。②同数の「地」でも単位当たり収量に大きなひらきがある。③組によっては地目のくみあわせがちがう。—が同村における階層分化を激成した重大な要因のひとつではあるまいか。

第1表をみると、表中三カ村のうち、階層分化の程度が最も著しいのは東恩納村であり、次に稲嶺村、ついで南風原村である。なお、後述するように、南風原村における地割の最終結果は第一表中のとおりではなく、さらにもう一層分化したものである。しかしそのことを考慮にいれても、三村の分化の程度は第1表のとおりであることにちがいない。一番分化の激しい東恩納村とその対極である南風原村とを比較検討すると興味深い結果が得られるはずである。両村における分化の程度の著しい差異はその原因をどう説明したらよいであろうか。両村におけるさまざまな内部要因がその原因であろうが、その中でも、両者の地割の方法のちがいが大きく作用していると考えられる。このことを念頭におきつつ南風原村における地割の実態をさぐってみよう。

第１表

	戸	%	戸	%	戸	%
32 地					1	1.5
7 地以上			1	1.1	1	1.5
6 地以上			2	2.3		
5 地以上			1	1.1	2	3.0
4 地以上			6	7.0	7	10.6
3 地以上	16	9.2	16	18.8	4	6.0
2 地以上	57	32.9	28	32.9	8	12.1
1 地以上	86	49.7	24	28.2	18	27.2
1 地未満	14	8.0	7	8.2	25	37.8
	173	100	85	100	66	100
	南風原村（一八九六）		稲嶺村（一八九九）		東恩納村（一八五二）	

安良城盛昭（「勝連間切南風原村文書史料調査中間報告」『古文書等緊急調査報告書』18 頁）

二　南風原村地割の実態

(一)「地」の内容規定

東恩納村と南風原村の地割の方法や内容における最大の相違点の一つは、「地」の内容規定のちがいといえる。東恩納村の場合「地」は面積であらわされる。たとえば一地は畠方で約五五五坪にあたり、どの一地も約五五五坪である。そしてこの一地はたがいに地味がちがうから、単位当たり収量も叶高（貢租高）もバラバラである。これに対し、南風原村の「地」は叶高（貢租高）を基準にして石高であらわされる。たとえばこの場合の一地は畠方で二斗五升三合六勺八才である。この一地はどの一地でも二斗五升三合六勺八才であり、この石数を叶高として産するであろうと査定された坪数の土地が地割地として配当される。したがって東恩納村の場合とは正反対に叶高は同額だが、面積がバラバラである。この南風原村における「地」の規定のし方を最初に指摘されたのは安良城盛昭氏である。「『新門』は三地の配当を受けるが、全耕地が三百地であるので、『新門』は全耕地の一％を配当されることとなる。この場合、田の叶米総額二三・八七七石の一％に当たる〇・二三八七七石の叶米の田が配当されるべきだとみなされており」（安良城氏「勝連間切南風原村文書史料調査中間報告」『古文書等緊急調査報告書』二〇頁。傍点は筆者。）とあるが、傍点を付した部分「全耕地」とあるのは氏のかんちがいで、氏のいわれる「叶米総額」に置きかえるのが正しいとおもう。氏のいわれるとおりであれば、三地を配当された人たちの坪数はすべて同じということになるが、それは事実に反する。三地を配当された人々の実際の坪数（田）はつぎのとおり。新門（二六七・二坪）、牧門（三〇三・七坪）、ます田原（二六八・三坪）である。これはほんの一例であるが、くわしくは後でみよう。

南風原村の「地」の問題は、同村の地割の特質を解きあかす鍵であり、もっとも根本問題であるので、さらに別の角度からもみてみよう。つぎの第2表をみていただきたい。

第2表の1

茯　敷　上々　10,410坪、坪に1合5勺5才～1合3勺取立て（平均坪に1合3勺9才3分6厘6毛）
(1)麦　14石5斗8合　但300地に割り、1地につき4升8合3勺6才ずつ

茯　敷　上　13,680坪、坪に1合2勺～1合取立て(平均坪に1合4才2分1厘5糸)
(2)麦　14石2斗5升6合　但300地に割り1地につき4升7合5勺2才ずつ

畠　方　中ノ上　12,892坪、坪に1合～8勺取立て（平均坪に9勺2才6分1厘5毛5糸7寸）
(3)麦　11石9斗4升　但300地に割り1地につき3升9合8勺ずつ

畠　方　中　13,984坪、坪に7勺～5勺取立て（平均坪に5勺1才9分1厘6毛4糸7寸）
(4)麦　7石2斗6升　但300地に割り1地につき2升4合2勺ずつ

畠　方　下　34,800坪、坪に4勺～2勺取立て（平均坪に3勺9分5厘6毛9糸）
(5)麦　10石7斗7升3合　但300地に割り1地につき3升5合9勺1才ずつ

かねく　中　10,290坪、坪に1合2勺～6勺取立て（平均坪に9勺3才2分9厘4毛4糸6寸）
(6)麦　9石6斗　但300地に割り1地につき3升2合ずつ

かねく　下　9,542坪、坪に5勺～2勺取立て（平均坪に2勺3才5分8厘）
(7)麦　2石2斗5升　但300地に割り1地につき7合5勺ずつ

畠　方　下々　37,594坪8分、坪に1勺5才～2才取立て（平均坪に1勺4才6分7厘4毛9糸）
(8)麦　5石5斗1升7合　但300地に割り1地につき1升8合3勺9才ずつ

総計　143,192坪8分
　　　叶麦76石1斗4合

この表は畠方「地割日記」から作成した。

第2表の2

苗代　上田　4,913坪、坪に1合4勺～1合2勺取立て（平均坪に1合2勺6才3分9厘9毛3糸）
(1)米　6石2斗1升　但地人300地に割り1地につき2升7勺ずつ

苗代　中田　3,876坪9分、坪に1合1勺1才～8勺取立て（平均坪に1合2才9分1厘7毛2糸7寸）
(2)米　3石9斗9升　但地人300地に割り1地につき1升3合3勺ずつ

本田　上　11,760坪4分、坪に1合～8勺取立て（平均坪に9勺2才2分6厘7毛4糸3寸）
(3)米　10石8斗5升1合　但地人300地に割り1地につき3升6合1勺7才ずつ

本田　中　2,957坪3分坪に7勺～5勺取立て(平均坪に5勺9才7分5厘4糸4寸)
(4)米　1石7斗6升7合　但地人300地に割り1地につき5合8勺9才ずつ

本田　下　3,316坪8分、坪に4勺～1勺取立て（平均坪に3勺1才9分2厘8毛3糸6寸）
(5)米　1石5升9合　但地人300地に割り1地につき3合5勺3才ずつ

総計　26,824坪4分
　　　叶米23,877石

この表は田方「地割日記」から作成した。

第2表の1は南風原村の申年地割（明治二九年に同村で実施された地割。以下このように記す。）の際に、地割地として供せられた全畠方の坪数（一四三、一九二坪八分）と叶麦総額（七六石一斗四合）を地位別に分類し、その分類別叶麦額を掲示したものである。また第2表の2は田方に関するもので、全坪数（二六八二四坪四分）と叶米総額（二三、八七七石）についての内容や性格は畠方の場合と同じである。この畠方と田方の二者が申年地割の際に地割地に供せられた全耕地である。この第2表の1、2をもとに「地」の性格・内容をさぐってみよう。

第2表の1と2からそれぞれ一例ずつぬき出して説明しよう。

〈例一〉

荻敷上々一万四百十坪、坪ニ一合五勺五才より一合三勺迄取立、平均坪ニ一合三勺九才三分六厘六毛

一、麦十四石五斗八合

但三百地ニ割リ一地ニ付四升八合三勺六才ツツ

右の史料は、荻敷上々一〇、四一〇坪からあがる叶麦額が十四石五斗八合であることを明示している。但書きの意味するのは、14・508石÷300地＝4升8合3勺6才ということである。但書きの部分の「一地ニ付四升八合三勺六才」に該当する、「⑴荻敷上々」から「⑻畠方下々」までの八個の数字を合計すると二斗五升三合六勺八才になる。この数字こそ「一地＝二斗五升三合六勺八才」の数字である。このことから、全三百地（七六石一斗四合）の中で荻敷上々からあがる叶麦額のしめるのは一四石五斗八合であり、そのことと対応して、一地（二斗五升三合六勺八才）の中で荻敷上々からあがる叶麦額のしめるのは四升八合三勺六才であることがわかる。ここで大事なポイントは、一地の数字的内容を計算する被除数が、面積ではなく叶高（一四石五斗八合）であるということである。このことから、南風原村の地割の際の「地」は面積ではなく叶高がその

基準であったことをここでも示している。

〈例二〉

苗代上田四千九百十三坪、坪ニ一合四勺より同一合二勺迄取立、平均坪ニ一合二勺六才三分九厘九毛三糸

一、米六石二斗一升

但地人三百地ニ割リ一地ニ付二升七勺ツツ

この史料もいわんとするところは、〈例一〉の史料とまったく同内容である。すなわち、全三百地（二三、八七七石）の中で苗代上田からあがる叶米額のしめるのは六石二斗一升であり、そのことと対応して、一地（七升九合五勺九才）の中で苗代上田からあがる叶米額のしめるのは二升七勺であるということである。ここで問題になるのは但書きの「地人三百地ニ割リ一地ニ付云々」である。この但書が実際に内容として意味しているのは、「6石2斗1升÷300地＝2升7勺」である。とすると、「地人三百地ニ割リ」というのは何を意味するのだろうか。それはこうであろう。さきに全叶米額二三、八七七石＝三〇〇地と設定されていることを示した。同時に、地割に参加した全地人（一七三人）に配分された「地」数を集計すると次の第3表に示すように三百地になる。このことから全叶米額二三、八七七石＝三〇〇地＝地人（一七三―但書き中の「地人」はこれをさす）という等式がなりたつ。

第3表

①「地」	②「地」の額		③地人の人数	①×③	②×③	
0.50	126.84 合	(39.78 合)	8 人	4.00 地	1014.72 合	(318.24 合)
0.75	190.26 〃	(59.38 〃)	6 〃	4.50 〃	1141.56 〃	(356.28 〃)
1.00	253.68 〃	(79.59 〃)	24 〃	24.00 〃	6088.32 〃	(1910.16 〃)
1.25	317.10 〃	(99.48 〃)	14 〃	17.50 〃	4439.40 〃	(1392.72 〃)
1.50	380.52 〃	(119.37 〃)	35 〃	52.50 〃	13318.20 〃	(4177.95 〃)
1.75	443.94 〃	(139.29 〃)	13 〃	22.75 〃	5771.22 〃	(1810.77 〃)
2.00	507.36 〃	(159.18 〃)	31 〃	62.00 〃	15728.16 〃	(4934.58 〃)
2.25	570.78 〃	(179.07 〃)	7 〃	15.75 〃	3995.46 〃	(1253.49 〃)
2.50	634.20 〃	(198.96 〃)	13 〃	32.50 〃	8244.60 〃	(2586.48 〃)
2.75	697.62 〃	(218.88 〃)	6 〃	16.50 〃	4185.72 〃	(1313.28 〃)
3.00	761.04 〃	(238.77 〃)	16 〃	48.00 〃	12176.64 〃	(3820.32 〃)
計			173 人	300 地	76104.00 合	(23874.27 合)

※この表は畠方および田方の「竿入帳」と「地割日記」とから作成した。(　) 内の数字は田方。なお、田方の叶米総額が、名目総額の 23,877 石と一致しないのは、田方の場合「地」の額－たとえば 0.75 地に計算上１合７勺４才のくいちがいがある。この分を修正すると、総額が23,876 になり名目額にかなり近づく。それでなくてもわずかに３合の差にすぎない。

この媒介項でつなげて、「地人三百地ニ割リ」の「地人」の意味するのを考えると、六石二斗一升は、地人一七三人（三〇〇地）に配分されている叶高である。換言すれば、三〇〇地（一七三人）の中にしめる苗代上田の叶米額は六石二斗一升である。これを三〇〇地で割ると、一地につき二升七勺ずつということになるわけである。最初地人一七三人（三〇〇地）が前面に立ち、つぎにそれは三〇〇地の背後にしりぞき、最終段階では、三〇〇地だけがのこる。こうして、但書きを書いた筆者の頭において、「地人→三〇〇地」という変換がおこっている。一種の概念移入?による変換である。この変換を妥当ならしめているのは、第2表の1・2でいえば、〝苗代上田～本田下の全田方が、その筆数・坪数においてほぼ同等にまんべんなく一七三人全員に配当されている。畠方の場合も同様である〟という事実である。このことは後で明示する。したがって但書き中の「一地ニ付二升七勺ヅツ」とあるのは、文字通りの意味とたとえば五分地についてはその半額だという比率をも同時に示している。

第3表をみれば、「地人」（一七三人）が、三〇〇地に割られ、「七六石一斗四合（二三石八斗七升七合－田方）＝三〇〇地」といかに有機的にリンクされているかがわかるであろう。

(二)「地」の内部構成

一地とは、畠方の場合二斗五升三合六勺八才という叶高で示され、一地の配当をうけた人は二十四人いたわけである。「地」の段階は、五分からスタートして逐次二分五厘きざみで増してゆき三地までの十一のクラス分けになっている。

南風原村の場合、一地は二斗五升三合六勺八才という叶高で統一されているが、同じ一地でも、二十四人に配当された一地の中身―筆数や坪数や地位別は当然それぞれにちがう。「地」の中身がどのようなもので、同一

「地」（たとえば一地）の中身がどの程度のひらきであったかを調べるのが本節のねらいである。一地の配当をうけた人は二十四人いるが、史料の散逸で実際に「地割日記」中に残っているのは、そのうち十七人分である。この十七人分について、それぞれの一地の中身—筆数、坪数、地位別をみてみよう。「地割日記」によって一例だけは完全な姿を紹介しよう。

仲元小

一地　二十四番(注一)
一、麦二斗五升三合六勺八才(注二)
右之渡
東表原本主浜元(注三)南ノ切　　上々坪ニ一合三勺五才（高屋）(注四)
一、同四升七合三勺九才　　荻敷三十五坪一分
いり嶋ノ前原本主大礼　　上　坪ニ一合一勺（高屋）
一、同二升八合五才　　同二十一坪五分
嶋ノ後原本主前外間　　上　坪ニ七勺（高屋）
一、麦二升二合六勺八才　　荻敷三十二坪四分
はんた毛原本主蒲上門　　かねく上同一合（高屋）
一、同三升三合　　同三十三坪
浜崎原本主松元小　　右同下坪ニ二勺（高屋）
一、同八合五勺六才　　同四十二坪八分
ふちゃ原本主東江　　中之上坪ニ八勺（高屋）

一、同三升七合六勺八才　　同四十七坪一分
勢理客原本主長浜　　中　坪ニ五勺（高屋）
一、同二升二合八勺五才　　同四十五坪七分
かんとう原本主むと牧門下ノ切　　下坪ニ三勺（高屋）
一、同一升四勺四才　　同三十四坪八分
たけ（き）原本主新屋敷請東ノ切　　下坪ニ二勺（高屋）
一、同七合四勺二才　　同三十七坪一分
本嶋原本主高屋　　下坪ニ三勺五才（高屋）
一、同四合二勺四才　　同十二坪一分
同原本主前蔵ん当　　下々坪ニ一勺（高屋）
一、同八勺四才　　同八坪四分
上長田原本主奥里東ノ切　　下坪ニ二勺（高屋）
一、同一升三合二勺六才　　同六十六坪三分
まつ原本主仲間蒲上ノ切　　下々坪ニ五才（高屋）
一、同三合五勺　　同七十坪
同原同く中ノ二切　　下々坪ニ五才（高屋）
一、同四合七勺六才　　同九十五坪一分
上長田原本主東田のはた下ノ切　　下坪ニ二勺
一、同八合八勺八才　　同四十四坪四分

こゑし原本主池ん根　　下々坪二二才（高屋）
一、同一勺四才　　同七坪一分
本馬場（注五）　　同二勺五才
一、同一合一勺七才　　同四坪七分
〆二斗五升三合六勺九才
内過（注六）
一才

〈注〉

（注一）南風原村では地割に参加した一七三人の地人をまず三十五組に大割してから、つぎに小割をした。二十四番とは、その中の二十四組であり、仲元小は二十四組に入っていた。

（注二）この額面が一地の表示額で、一地持であると査定された仲元小の名目額である。（注六）も参照せよ。

（注三）本主《もとぬし》浜元は申年地割の前の地割のときに、この東表原荻敷三十五坪一分を配分されたか、もしくは地割後の同荻敷の異動により、申年地割の時点まで同地の最終的保有者であったものである。

（注四）これは朱印であるが、検査ずみの証明としておした検印。高屋という地人は申年地割にも加わっている。畠方の検印はすべて高屋の印章がおされ、田方の方はすべて（仲與）がおされている。この印章は仲与根の略であろう。この両者は村役人であろう。なお、検印の場所であるが、それが坪数を示すか所でなく、必ず坪あたりの叶高を示すか所－地位を示すか所におされていることに注目すべきである。同村の地割が面積を基準にしたものでなく、叶高を基準にしたものであったことがこれによっても傍証されよう。

（注五）畠年地割で地割地として供せられたのは一四三、一九二坪八分（この叶麦高七六石一斗四合）で、地人一七三人とともに三〇〇地に割られている。これはかなり古い年代に定式化したものと考えられる。この定式化した地割配当は仲元小の場合、「本馬場」の前項の「こゑし原七坪一分」までである。仲元小はこの「本馬場」以下四筆の畠方を割りあてられているが、この四筆は、あの一四三、一九二坪八分の中には含まれない定式外のものである。このことは他の一七二名の場合にも同様であるので、「本馬場」以下は本稿の取りあつかう対象からはずした。

（注六）仲元小に配当された十六筆、六三二坪九分から納めるべき叶麦額を実際に集計したのがこの二斗五升三合六勺九才である。この額と、仲元小が一地持として納めるべき額面二斗五升三合六勺八才（注二を付したもの）とを比較すると前者の方が一才だけ多い。これが「内過一才」の意味である。叶麦一才分の土地が額面より過当配当であることを示している。この場合叶麦額が一地＝二斗五升三合六勺八才になるように地割地をうまく組み合わせて配当するのであり、しかも、後にみるようにどの一地持の配当地の組み合わせをみても、上々～下々までの地位の土地がほぼ同比率で同筆数であることをおもうと、この誤差は驚くべき程の微少さであることがわかる。

仲元小に配当された一地の中身－筆数、坪数、地位別は、右にみたとおりである。十六筆で六三二坪九分。これを地位別に分類すると（ただし、「中ノ上・中」を中に、「かねく上・中・下」をかねくにまとめて掲げる）、上々－一筆。上－二筆。かねく－二筆。中－二筆。下－五筆。下々－四筆。である。これが仲元小に配当された一地の中身であるが、地位別にみると「上々」から「下々」まで八種類すべての地位の地割地がふくまれている。このことは以下に示す外十六人の一地の中身も全く同様である。

◎亀浜川門－十六筆で五一七坪六分

上々―一筆。上―二筆。かねく―二筆。中―二筆。下―六筆。下々―三筆。
◎上門―十四筆で四八一坪三分
上々―一筆。上―一筆。かねく―二筆。中―二筆。下―五筆。下々―三筆。
◎兼元小―十五筆で五三三坪五分
上々―一筆。上―一筆。かねく―二筆。中―二筆。下―五筆。下々―四筆。
◎新屋敷―十四筆で四六六坪四分
上々―一筆。上―一筆。かねく―二筆。中―二筆。下―七筆。下々―一筆。
◎招上門ます―十五筆で五二三坪六分
上々―一筆。上―二筆。かねく―二筆。中―二筆。下―六筆。下々―二筆。
◎東田原―十三筆で五一八坪六分
上々―一筆。上―一筆。かねく―二筆。中―二筆。下―五筆。下々―二筆。
◎蒲大石根―十四筆で五四四坪三分
上々―一筆。上―一筆。かねく―二筆。中―二筆。下―六筆。下々―二筆。
◎いり大石根―十五筆で五一四坪
上々―一筆。上―二筆。かねく―二筆。中―二筆。下―六筆。下々―二筆。
◎前上ノ当―十五筆で五〇九坪
上々―一筆。上―二筆。かねく―二筆。中―二筆。下―六筆。下々―二筆。
◎東上門小―十七筆で五五二坪八分
上々―二筆。上―一筆。かねく―二筆。中―三筆。下―五筆。下々―四筆。

◎むと親田―十六筆で四四三坪二分
上々―一筆。上―二筆。かねく―二筆。中―二筆。下―六筆。下々―三筆。
◎浜端―十六筆で五三七坪八分
上々―一筆。上―二筆。かねく―二筆。中―二筆。下―六筆。下々―三筆。
◎小堀端―十三筆で四九六坪三分
上々―一筆。上―一筆。かねく―二筆。中―二筆。下―六筆。下々―一筆。
◎東ん当―十四筆で五三三坪
上々―一筆。上―二筆。かねく―二筆。中―二筆。下―四筆。下々―三筆。
◎小湾―十五筆で五三八坪八分
上々―一筆。上―二筆。かねく―二筆。中―二筆。下―五筆。下々―三筆。
◎大庭小―十五筆で四三八坪四分
上々―一筆。上―二筆。砂地―二筆。中―二筆。下―五筆。下々―三筆。

右十七例の一地の内容から次の三点が看取できる。
①十三筆が二人、十四筆が四人、十五筆が六人。十六筆が四人。十七筆が一人である。
②坪数は下限の四三八坪四分および四四三坪二分と上限の六三二坪九分の三筆がしいていえば平均値からややはなれているものの、のこりの十四筆はいずれもわずかに九〇坪内で振幅しているにすぎない。
③上々から下々までの地位の土地が、十七人の一地の中にほとんど均等にバランスよく配分されている。
右の三点が一地以外の「地」の場合も同様に指摘できるかどうか、内容的に一番極端な三地の場合を例に

とってみよう。三地の配当をうけた人は十六人いたが、そのうち「地割日記」中にみえているのは十一人分である。その十一人分のうち、叶高（前掲仲元小の史料でいえば、後尾の「〆二斗五升三合六勺九才」にあたる部分）が実際の合計と完全に一致するのが六点、一致しないのが五点ある。その五点は次のようなくいちがいがある。「ます田原（実際合計額が叶高より二合四勺八才多い）」、「仲与根」（同二升九合二勺五才多い）、「いり仲田原」（同三勺多い）、「前外間」（三勺六才多い）、「大石根小」（八合六勺九才多い）となっている。このうち、「仲与根」と「大石根小」の場合にはくいちがいがはなはだしく史料的価値がうすい。のこりの三点は、七斗六升一合四才（＝三地）の叶高に対し微少なくいちがいにすぎないので、史料的価値をいささかも減じていないとおもう。そこで、三地十一点中から九点をとりあげてみよう。

◎前毛たい—二三筆で一、二五五坪四分
上々—二筆。上—三筆。かねく—四筆。中—四筆。下—六筆。下々—四筆。
◎東上門—二三筆で一、二八五坪二分
上々—二筆。上—二筆。かねく—五筆。中—五筆。下—六筆。下々—三筆。
◎高良—二三筆で一、三一四坪三分
上々—二筆。上—二筆。かねく—三筆。中—三筆。下—八筆。下々—五筆。
◎ます田原—二五筆で一、三五八坪八分
上々—四筆。上—二筆。かねく—四筆。中—四筆。下—七筆。下々—四筆。
◎田端—二三筆で一、三六〇坪三分
上々—二筆。上—三筆。かねく—四筆。中—五筆。下—七筆。下々—二筆。

◎招上門―二一筆で一、二九五坪
上々―二筆。上―二筆。かねく―三筆。中―四筆。下―七筆。下々―三筆。
◎いり仲田原―二二筆で一、二九八坪六分
上々―二筆。上―三筆。かねく―三筆。中―四筆。下―七筆。下々―三筆。
◎前外間―二二筆で一、二五二坪四分
上々―三筆。上―二筆。かねく―四筆。中―四筆。下―六筆。下々―三筆。
◎新門―二四筆で一、二四七坪
上々―二筆。上―三筆。かねく―三筆。中―四筆。下―八筆。下々―四筆。

こうして掲げてみると、三地の場合も一地と同様な三つの特徴があげられる。すなわち①たがいに筆数がほぼ同数。②たがいに坪数がほぼ同じ。③上々から下々までの地位の土地が、それぞれの配当分の中にバランスよく、ほぼ均等に配分されている。

東恩納村の地割の場合「地」は面積であらわされる。配当分が同じく一地でもクジ引きの結果次第では、貢納額に雲泥の差がつく。一方、南風原村の場合「地」は、叶高であらわされる。こちらの場合は逆に同じ一地でも坪数に差がつく。しかし、そのような場合でも、坪数等に極端な差がつかなかったことは、右に見たとおりである。それらの点で、南風原村の地割は東恩納村の地割に比し、きわめて平等であり、クジ引きの不可避的にもつ偶然性をほとんど排除したものといえよう。この偶然性を排除するために―換言すれば、さきに一地や三地の例から看取された三つの特徴（美点）を貫徹し実現するために、南風原村では地割の予備的作業―全地割地一筆ごとの測量、等級づけ、叶額の算定等々は東恩納村とはくらべものにならない程綿密になされている。その予備的作業の経過については、さきにふれた安良城氏の報告書にくわしい。また、南風原村の地割地は総じて小さくほとんどが三〇～五〇坪の土地である。このことも、さきにあげた三点を実現する要因といえるかも知れない。東恩納村と南風原村における二種の型の地割方法を比較して、どちらが不作の年につよいだろうか。私はまちがいなく後者の方がつよく、それ故にその分だけ相対的に分化が進行しなかったのだとおもう。

(三)　組と地割実施過程の復原

東恩納村の地割の場合、地割地と地人をそれぞれ十八組に分けてから地割をしたのであるが、南風原村の場合にも三五組に分けて地割を実施した。南風原村の地割の場合、畠方も田方も同じく申年（明治二九年）に実施されているから、地割の周期も同じであろう。また、組の数も地割に参加した地人の数も人物もその人物の持地数も共通であった(注)。すなわち、畠方の場合にも田方の場合にも、組の数は三五組で、参加した地人の数も一七三名で、田方の地割に参加した地人は畠方の地割にも参加しており、Aという地人が畠方の地割で一地持ならば、田方の地割でも一地持であるという具合にである。それから、一組～六組は、各組に十一人の地人が配属され、七組が九人、八組が八人、九組～十三組は七人ずつ、十四組は五人、十五、十六組は四人ずつ、十七組～二四組は三人ずつ、二五組～三一組は二人ずつ、三二組～三五組は一人ずつ配属されている。これも田畠双方に共通であるし、さらに、一組から三五組までの各組における「地」の内部構成まで共通である。たとえば、畠方の場合の九組内の「地」の内部構成は一地、一地二分五厘、一地五分、一地七分五厘、二地、二地五分、三地からなっているが、田方の場合の九組の内部構成もこれと一致する。このように、畠方の地割と田方の地割における組に関する性格や内容はほとんど共通であるが、ただ一点だけちがうのがある。それは、三五組の各組内における地人の配属がちがうということである。一例をあげれば、東り門は畠方の場合には一番組に配属されているが、田方の場合には四番組に配属されているのである。ここでは畠方の場合にしぼって組の問題をとりあげよう。

〈註〉田方の場合、十五番組と二七番組とにそれぞれ一人ずつ欠がみえる。これは史料の散逸によるものとおもわれる。でも右で述べた畠方と田方における組に関する共通点からその欠員について論理的に推測ができる。その十五番組について双方を照合してみると、二地が欠けている。一方、二地持で畠方には見えて田方で見えない地人は後大庭である。こうして田方十五番組で欠落しているのは後大庭（二地持）ということになる。同様にして、田方二七番組で欠落している地人はます大礼（一地五分持）ということがわかる。

〈一番組〉
伊保（五分）、東江（七分五厘）、蒲大石根（一地）、田端牛（一地二分五厘）、いり金城（一地五分）、のろ殿内（一地七分五厘）、蒲上門（二地）、東親田（二地二分五厘）、前上門（二地五分）、東り門（二地七分五厘）、いり仲田原（三地）
〈二番組〉
伊計当（五分）、後金城（七分五厘）、東田原（一地）、伊盛（一地二分五厘）、まつ親田（一地五分）、前田原（一地七分五厘）、前浜（二地）、宮城（二地二分五厘）、川ん根（二地五分）、新里（二地七分五厘）、仲与根（三地）
〈三番組〉

仲与根（五分）、大石根小（七分五厘）、東外間（一地）、仲石（一地二分五厘）、蒲浜端（一地五分）、門ノ屋（一地七分五厘）、与古田小（二地）、仲間（二地二分五厘）、いり仲石（二地五分）、後ノ屋（二地七分五厘）、まつ田原（三地）

〈四番組〉

牛外間（五分）、桃原樽（七分五厘）、浜門小（一地）、仲親田（一地二分五厘）、東大礼（一地五分）、仲元（一地七分五厘）、親田（二地）、大庭（二地二分五厘）、浜元（二地五分）、田原小（二地七分五厘）、招上門（三地）

〈五番組〉

川はた小（五分）、新門（七分五厘）、新屋敷（一地）、ます田原（一地二分五厘）、長浜（一地五分）、毛たい（一地七分五厘）、浜川門（二地）、いり仲後（二地二分五厘）、前親田（二地五分）、下上門（二地七分五厘）、田ノ端（三地）

〈六番組〉

東上門（五分）、東蔵ん当（七分五厘）、東上門小（一地）、勝連（一地二分五厘）、前仲（一地五分）、前桃原（一地七分五厘）、後浜端（二地）、前栄野比（二地二分五厘）、上ノ蔵（二地五分）、本部（二地七分五厘）、新門（三地）

〈七番組〉

前ん田（五分）、東ん当（一地）、まつ仲後（一地二分五厘）、仲座（一地五分）、東田ノ端（一地七分五厘）、平安名屋（二地）、徳盛（二地二分五厘）、東仲（二地五分）、高良（三地）

〈八番組〉

いり高良（五分）、大庭小（一地）、前仲石（一地二分五厘）、真栄田（一地五分）、いり上門（一地七分五厘）、むと松元（二地）、蒲外間（二地五分）、池ん根小（三地）

〈九番組〉

浜端（一地）、儀保（一地二分五厘）、いり門小（一地五分）、永村（一地七分五厘）、仲門（二地）、田原（二地五分）、牧門（三地）

〈十番組〉

兼元小（一地）、池ん根（一地二分五厘）、東仲村（一地五分）、真川門（一地七分五厘）、まつ仲石（二地）、ます栄野比（二地五分）、前毛たい（三地）

〈十一番組〉

招上門ます（一地）、伊礼門（一地二分五厘）、上門小（一地五分）、いり栄野比（一地七分五厘）、東栄野比（二地）、外間（二地五分）、東外間（三地）

〈十二番組〉

小湾（一地）、真川（一地二分五厘）、大礼（一地五分）、川ノ上（一地七分五厘）、後田ノ端（二地）、上ノ屋（二地五分）、栄野比（三地）

〈十三番組〉

亀浜川門（一地）、具志堅（一地二分五厘）、徳元（一地五分）、大石根（一地七分五厘）、いり上ノ蔵（二地）、門口（二地五分）、大石根小（三地）

〈十四番組〉

浜端小（一地）、東仲石（一地二分五厘）、ます宮城（一地五分）、栄門（二地）、ます田原（三地）

〈十五番組〉
蔵ん当四男（一地）、ます大礼（一地五分）、後大庭（二地）、東上門（三地）
〈十六番組〉
いり大石根（一地）、前田ノ端（一地五分）、奥里（二地）、前外間（三地）
〈十七番組〉
田里小（一地）、桃原（一地五分）、松堂（二地）
〈十八番組〉
上門（一地）、蔵ん当（一地五分）、下謝名（二地）
〈十九番組〉
むと牧門（一地）、徳里（一地五分）、九年母たう（二地）
〈二〇番組〉
蔵ん根（一地）、後田原（一地五分）、安保次（二地）
〈二十一番組〉
むと親田（一地）、兼元（一地五分）、後上門（二地）
〈二十二番組〉
前上ノ当（一地）、ます親田（一地五分）、高屋（二地）
〈二十三番組〉
小堀端（一地）、蒲田ノ端（一地五分）、東松田原（二地）
〈二十四番組〉

仲元小（一地）、上ん当（一地五分）、仲（二地）
〈二十五番組〉
比嘉（一地五分）、いります田原（二地）
〈二十六番組〉
牛田ノ端（一地五分）、東仲後（二地）
〈二十七番組〉
蒲高屋（一地五分）、仲田原（二地）
〈二十八番組〉
後蔵ん根（一地五分）、蒲親田（二地）
〈二十九番組〉
亀金城（一地五分）、松元小（二地）
〈三十番組〉
吉元（一地五分）、松元（二地）
〈三十一番組〉
蒲牧門（一地五分）、桃原小（二地）
〈三十二番組〉
上原小（一地五分）
〈三十三番組〉
前蔵ん当（一地五分）

〈三十四番組〉

　金城（一地五分）

〈三十五番組〉

　湧川（一地五分）

一番から三十五番までの組をみまわすと、一つの大事なポイントを見だすことができる。三十五のどの組にも、同一の「地」が二つ以上は決して含まれていないということである。たとえば、一番組の中に「二地」は一つしか含まれていないし、六番組の中に「二地五分」は一つしか含まれていないというようにである。この事実を次のように表わしておこう。

(A)　三十五のどの組も、その中に同一の「地」を二つ以上は含んでいない。

また、三十五組内に組み分けられた一七三人の地割の実際を見ると、査定された叶高（前節で引用した仲元小に関する史料で〈注二〉を付した部分）と実際の地割地の叶高（同じく仲元小に関する史料の末尾「〆」の額にあたる部分）との差（過不足）はごく微少である。南風原文書全体を通観して、差の一番多い場合でもわずかに二勺一才にすぎず、九割以上は才単位の差でしかない。この事実をつぎのようにあらわしておこう。

(B)　村から査定された叶高と実際の地割の叶高との差（過不足）はごく微少である。この事実は一七三人全員の場合にあてはまる。

また前節で言及した事実を再びここに掲げよう。

(C)　上々から下々までの地位の土地が、持「地」数に応じ一七三人のそれぞれの配当分の中にバランスよく、ほぼ均等に配分されている。

以上(A)、(B)、(C)の三事実をよりどころにして、南風原村における地割方法を復原してみよう。南風原村では、地割にさきだって次の三つの下準備が念入りになされたであろう。

① 地人一七三人を、それぞれの家内人口にもとづいて、「五分」から「三地」までの十一階の「地」にクラス分けする。

② 畠方総坪数一四三、一九二坪八分を、三十五の各組の持高数―たとえば一番組は十九地二分五厘、十五番組は七地五分―に応じて、一~三十五番組の各組内の各「地」内に、地位別にバランスよく均等に配分しておく。

③ クジ札を一七三枚用意する。②で各組に配分した「地」数にいちいち対応させる形で、それぞれの札に「何地何番」と記入する。たとえば、「一地何番」と記入された札は二十四枚、「三地何番」と記入された札は十六枚というふうに用意する。全体で一地の人は二十四人、三地の人は十六人ときまっているからである。

以上①、②、③の下準備が済むとあとはクジ引きである。たとえば、「一地」と査定された二十四人は、「一地何番」と記入されている二十四枚のうちから一枚ずつひく。申年地割で「一地十四番」をひいた人は浜端小であり、「三地十六番」をひいた人は前外間だったわけである。このクジ引を仮に「グループ別」クジ引き法と名付けておく、この方法によれば、さきに掲示した事実―

(A) 三十五のどの組も、その中に同一の「地」を二つ以上は含んでいない。

という原則をはじめて満たすことができる。もしかりに、その「グループ別」クジ引き法に反して、「一地」の人が一人で二枚の札をひいたり、「二地何番」の札をひいたら、一つの組内に「一地」や「二地」が二箇も生じてしまう可能性があり、(A)の事実に反してしまう。(A)の事実から「グループ別」クジ引法が帰納される。

南風原村におけるこのクジ引きは、一七三人の地人を三十五組に組み入れるためにおこなわれたのであり、一七三回のクジ引きがすべてであり、畠方の筆数一筆ごとについてクジを引かせたのではない。この「グループ別」クジ引き法によって、一七三人の地人が三十五組のそれぞれの組内に入る。②の下準備作業は、各地割地の地味による等級づけに対する各地人の信頼と合意が前提になっていなければならない。一七三の地割地の叶高が一七三の「地」の叶高に一致または最接近するように、三五組内で微調整して組み合わされる。クジ引きによって、各地人は、こうしてあらかじめ組み合わされた地割地と機械的に結びつけられる形で一七三人の地割がきまっていく。

　このような各組内における緻密な操作によってのみ、さきに掲げた事実―、

(B)　村から査定された叶高と実際の地割の叶高との差（過不足）はごく微少である。この事実は一七三人全員の場合にあてはまる。

という事実をはじめて実現することができる。もしも仮に、各組内においてさらにクジ引きによって地割をおこなったとすれば、(B)の事実を実現できないのみならず、

(C)　上々から下々までの地位の土地が、持「地」数に応じ一七三人のそれぞれの配当分の中にバランスよく、ほぼ均等に配当されている。

という事実にも反することになってしまう。

　こういうわけで、南風原文書をつらぬく(A)、(B)、(C)という三つの根本事実から帰納して、次のように結論を出しても無理ではあるまい。すなわち、①、②、③の下準備作業の完了をまって、一七三人の地人にクジをひかせ、彼らを三十五組のいずれかにあまさず組入れる。下準備作業で地割過程の大半は終了したようなもので、クジ引きで一七三人全員が三五組内に組み入れられると、地割は自動的に完了する。この結果を帳付けして地割の全過程が一応完了する。

三　南風原村地割後の地割地の異動

私がさきに、「地割の全過程が一応完了する」と傍点をわざわざ付したのには、その理由がある。地割後にかなりの地割地が異動しているからである。

南風原村の地割方式が東恩納村のそれに比べ、「地」の内容の規定のし方、配当の平等性、バランスよい地割地の配分等において特筆すべき美点が多く、地割におけるクジ引きによる偶然性が少ない点から、地割地の配当にあらわれた階層分化の度合いがひくいということはすでにみた。しかし東恩納村に比し、度合いは低いながらも、南風原村における地割地の異動はかなりの程度みとめられる。それがどうあらわれているか、その実際を見るとしよう。その異動の模様は、「地割日記(注)」中の上段に記されている叶高の脇に朱書であらわされている。たとえば、

七分五厘地　二番　　後金城
なんし毛原本主桃原小　　上々坪ニ一合三勺（高屋）
いり上門ニ成ル（朱書）
一、同三升七合九勺六才　　荻敷二十九坪二分
一、　〃　　〃
一、　〃　　〃
―後略―

とある場合、三升七合九勺六才の叶額と、それを産する荻敷二十九坪二分の地割地が、後金城からいり上門へ渡ったことを意味している。このようにして「地割日記」を調べていくと、地割地の出入のない人はいない。いちいちすべての例をあげると煩わしいほどなので、いまかりに、地割地の出入のいずれかが十筆をこす異動のある人の例を第四表に掲げてみる。ここでは異動情況の上限がつかめれば十分だからである。

〈注〉この「地割日記」という表題に関し、安良城氏は「日記」という表現の適否について疑問をいだいておられる（前掲報告書）。私の考えでは、この冊子は名寄帳形式の地割配当帳であると同時に、日々に異動する地割地の異動情況を追跡し記帳するための帳簿でもあったとおもう。げんに「地割日記」は地割地の異動をしめす朱書でいっぱいであり、年月日入りで異動情況がしるされている例もかなりある。この後金城の例についていうと、次回の地割年に「なんし毛原の荻敷二十九坪二分」の「本主」になるのは後金城ではなく、いり上門なのである。こういうわけで、この冊子のもつ「日記」としての存在は大きいと考えられる。

異動した地割地の「出」と「入」とを差し引き計算した結果をみると、一〇筆以上の異動だけでも一〇件にのぼっている。異動した地割地の地位をみると、上々から下々まで無差別に異動しているので、一〇筆以上の異動が一〇件もあったということは、ほぼ一地持規模の家で、全持地が異動した例が一〇件もあった勘定になる訳である。出入が一〇筆以下の分もふくめると、当然異動情況はもっと大きい。ただ、ここでは、工夫と苦心のすえおこなわれた地割が、各地人の持地数の最終的な結果にはなっておらず、その後かなりの規模で地割地の出入があったのだということがわかれば十分である。このような異動の結果、Aという地人が最終的に保有した持地数が、次の地割の時点でのAの持地数である。Aはその持地に対する「本主」となるわけである。そのことをこれから証明しよう。

「本主」の持地数を一人ひとりについて集計してみると、地割地の異動の実態をはじめさまざまな問題解明の

第４表　（異動地の出入情況）

屋　号　（地）	入		出		出入差引き	
蒲上門（２地）	11筆	271坪	５筆	248坪	６筆	23坪
のろ殿内（１地７分５厘）	9	231	11	441	－2	－210
東江（７分５厘）	0	0	11	349	－11	－349
東田原（１地）	12	531	3	105	9	426
川ん根（２地５分）	14	351	8	304	6	47
与古田小（２地）	8	288	15	660	－7	－372
いり仲石（２地５分）	11	377	0	0	11	377
仲間（２地２分５厘）	6	256	10	406	－4	－150
親田（２地）	6	325	10	382	－4	－57
大庭（２地２分５厘）	10	300	3	111	7	189
新屋敷（１地）	0	0	13	414	－13	－414
前親田（２地５分）	9	299	14	632	－5	－333
本部（２地７分５厘）	13	568	不明	不明	－	－
後浜端（２地）	0	0	13	514	－13	－514
前桃原（１地７分５厘）	1	31	18	834	－17	－803
池ん根小（３地）	14	834	不明	不明	－	－
いり上門（１地７分５厘）	7	265	10	384	－3	－119
むと松元（２地）	5	128	10	340	－5	－212
前毛たい（３地）	18	714	11	647	7	67
東外間（３地）	10	445	不明	不明	－	－
大礼（１地７分５厘）	11	343	6	243	5	100
大石根小（３地）	4	162	14	719	－10	－557
いり上ノ蔵（２地）	10	377	4	80	6	297
大石根（１地７分５厘）	13	479	12	442	1	37
ます宮城（１地５分）	3	90	15	589	－12	－499
東仲石（１地２分５厘）	3	108	11	372	－8	－264
前外間（３地）	19	919	9	545	10	374
奥里（２地）	10	470	1	26	9	444
桃原（１地５分）	3	126	13	483	－10	－375
徳里（１地５分）	7	309	10	419	－3	－110
ます親田（１地５分）	11	454	9	309	2	145
仲（２地）	18	674	11	488	7	186
上ん当（１地５分）	14	671	不明	不明	－	－
東仲後（２地）	3	139	13	467	－10	－328
蒲親田（２地）	13	608	8	325	5	283
亀金城（１地５分）	11	278	4	195	7	83
桃原小（２地）	3	112	10	373	－7	－261
上原小（１地５分）	4	223	10	429	－6	－206

※表中「不明」とあるのは、散逸による不明を意味する。

視角がひらけてくる。たとえば、「地」の決定は、その地人の家内人口だけによったのか、あるいはそれに「家内の厚薄」が加味されて決定されたのかどうか。村の役人層に地割地の集中がみられるかどうか。どの地人が地割の対象者からはずれて、どの地人が新たに加入したか、等々について重要な問題解明の視角がえられるとおもう。「本主」の持地は「地割日記」と「竿入帳」からひろい出せる。前者の場合なら、前掲の後金城に関する史料でいえば、「本主」は桃原小であり、その持地は二十九坪二分（叶麦三升七合九勺六才）である。また後者なら、次の史料についていえば、

嶋ノ前原川ノ上
一畠方三十八坪六分
新里
長十間
よく三間九合
よく二間四合
二地七分五厘二番ニ入ル
上々
坪ニ一合三勺
叶五升一勺八才

「本主」は川ノ上であり、その持地は三十八坪六分（叶麦五升一勺八才）である。この両帳とも部分的に散逸か

所があって残念であるが、両者をつきあわせるとかなり有無相補うことができる。そのようにして、「本主」一人ひとりの持地数を、その実体である「地」数＝叶高の集計によって示してみよう。なお、前の方では畠方の三十五組とその構成員を示したので、ここでは田方の方の組と構成内容順に「本主」とその持地数を列挙してみる。そうすれば田方の方の組とその構成員を知ることにもなり一石二鳥であるからである。

ところで、第5表をみるにあたりさしひいて考えなければならない点がある。ちょっと困ったことに同名の屋号をもつ地人が六組あるのだ。これは「本主」の場合、みわけがつかないからやっかいである。その六組とは次のとおりである。

三地五番	仲与根	三地十二番	大石根小
五分七番	仲与根	七分五厘四番	大石根小
三地九番	東外間	三地六番	ます田原
一地十三番	東外間	一地二分五厘八番	ます田原
三地四番	新門	三地十一番	東上門
七分五厘二番	新門	五分五番	東上門

この六組に共通していえることは、どの組も一方は例外なく「三地」持であるということである。「地」数が家内の人口のみで決定されたと考えられるし、三地が最高の「地」数であるから、三地をこえた分は形式的に帳簿上分家として新立したものと考えられる。右六組中三地以外の六戸はそのように申年地割の時点で新立した分家であろう。「本主」の持地高を集計する場合に困るのは—たとえば仲与根に例をとると、三地持の仲与根なのか五分持の仲与根なのかは、「竿入帳」や「地割日記」の記載のし方からしてまったくわからないということである。そこで**第5表**を作成するにあたり、たとえば「本主仲与根」とある場合、やむなくこれを全部三地

の仲与根の方にまとめ、五分の仲与根の持分を○とした。他の五組も同様に三地の方にまとめた。

第５表（本主の叶高）

	屋号	「地」	田方叶高	畠方叶高
			合	合
①番組	伊　保	５分	57.71	134.32
	後金城	７分５厘	118.84	405.45
	上　門	１地	83.83	315.70
	池ん根	１地２分５厘	149.91	287.24
	大　礼	１地５分	159.35	246.35
	仲　元	１地７分５厘	61.84	248.54
	平安名屋	２地	54.35	317.59
	前栄野比	２地２分５厘	133.60	588.37
	ます栄野比	２地５分	176.98	642.03
	田原小	２地７分５厘	237.19	496.69
	招上門	３地	128.65	415.91
②番組	川端小	５分	101.79	347.02
	新　門	７分５厘	－	－
	東ん当	１地	81.79	338.13
	伊　盛	１地２分５厘	83.72	619.72
	いり金城	１地５分	343.49	716.02
	川ノ上	１地７分５厘	169.86	403.71
	蒲上門	２地	169.10	470.58
	いり仲後	２地２分５厘	190.10	726.12
	東　仲	２地５分	135.70	647.76
	下上門	２地７分５厘	189.38	565.16
	前毛たい	３地	215.12	639.35
③番組	いり高良	５分	0	0
	東　江	７分５厘	67.18	314.03
	小　湾	１地	0	0
	仲　石	１地２分５厘	139.50	223.05
	真栄田	１地５分	104.78	330.11
	前桃原	１地７分５厘	97.64	280.09
	後田ノ端	２地	147.85	510.00
	大　庭	２地２分５厘	198.20	473.23
	上ノ蔵	２地５分	464.24	961.15
	本　部	２地７分５厘	182.08	738.11
	池ん根小	３地	143.15	585.85
④番組	前ん田	５分	5.50	119.44
	大石根小	７分５厘	0	0
	兼元小	１地	7.42	225.29
	まつ仲後	１地２分５厘	84.85	142.62
	東大礼	１地５分	52.07	298.91
	いり栄野比	１地７分５厘	436.62	919.79
	蒲親田	２地	168.82	373.80
④番組	徳　盛	２地２分５厘	92.98	492.39
	前親田	２地５分	234.32	654.25
	東り門	２地７分５厘	88.74	542.42
	新　門	３地	393.88	634.55
⑤番組	東上門	５分	－	－
	桃原樽	７分５厘	4.83	146.42
	蔵ん根	１地	262.76	343.96
	東仲石	１地２分５厘	81.53	366.19
	上門小	１地５分	186.62	646.74
	永　村	１地７分５厘	0	40.62
	桃原小	２地	199.90	557.33
	宮　城	２地２分５厘	247.98	316.79
	前上門	２地５分	161.50	228.38
	後ノ屋	２地７分５厘	87.28	315.98
	仲与根	３地	150.18	1193.68
⑥番組	牛外間	５分	88.24	226.94
	東蔵ん当	７分５厘	－	304.50
	小堀はた	１地	238.30	241.54
	田ノ端牛	１地２分５厘	0	0
	徳　元	１地５分	211.05	700.48
	真川門	１地７分５厘	83.95	478.96
	九年母たう	２地	199.91	331.16
	東親田	２地２分５厘	230.74	449.09
	外　間	２地５分	978.81	1221.00
	新　里	２地７分５厘	97.05	303.68
	ます田原	３地	274.94	877.34
⑦番組	仲与根	５分	－	－
	仲元小	１地	0	14.63
	仲親田	１地２分５厘	219.48	560.24
	桃　原	１地５分	62.44	293.70
	のろ殿内	１地７分５厘	178.96	317.86
	松元小	２地	94.75	347.83
	仲　間	２地２分５厘	167.58	341.42
	上ノ屋	２地５分	136.09	487.74
	松田原	３地	317.04	703.87

	屋号	「地」	田方叶高	畠方叶高
⑬番組	東外門	1地	−	−
	真川	1地2分5厘	72.14	364.69
	蒲高屋	1地5分	60.61	370.06
	門ノ屋	1地7分5厘	8.56	450.83
	後上門	2地	197.00	273.46
	浜元	2地5分	142.05	931.41
	栄野比	3地	428.31	1111.54
⑭番組	招上門ます	1地	0	0
	前仲石	1地2分5厘	38.16	137.78
	上ん当	1地5分	137.61	472.43
	武太松元	2地	149.47	240.59
	いり仲田原	3地	205.61	542.98
⑮番組	東上門小	1地	107.46	167.49
	蒲浜端	1地5分	102.74	−
	後大庭	2地	−	279.22
	高良	3地	79.30	523.68
⑯番組	東田原	1地	29.10	178.92
	まつ親田	1地5分	302.75	280.16
	与古田小	2地	0	94.02
	田ノ端	3地	192.35	384.20
⑰番組	むと親田	1地	0	165.15
	前仲	1地5分	31.32	234.63
	松元	2地	270.98	717.20
⑱番組	浜門小	1地	85.64	97.46
	兼元	1地5分	124.74	301.48
	後浜端	2地	109.30	343.85
⑲番組	蒲大石根	1地	101.13	305.18
	前蔵ん当	1地5分	19.89	231.87
	東仲後	2地	43.38	373.24
⑳番組	前上ノ当	1地	75.03	268.41
	湧川	1地5分	21.28	209.01
	下謝名	2地	174.78	478.05

	屋号	「地」	田方叶高	畠方叶高
⑧番組	伊計当	5分	75.24	235.13
	浜端小	1地	196.51	400.33
	ます田原	1地2分5厘	−	−
	金城	1地5分	120.82	880.67
	大石根	1地7分5厘	507.03	604.71
	仲門	2地	165.76	416.14
	蒲外間	2地5分	0	353.96
	前外間	3地	441.93	1122.61
⑨番組	新屋敷	1地	0	58.00
	勝連	1地2分5厘	180.01	406.69
	ます宮城	1地5分	148.72	339.05
	前田原	1地7分5厘	342.69	694.88
	親田	2地	211.34	877.58
	川ん根	2地5分	331.77	581.85
	東外間	3地	175.14	703.82
⑩番組	田里小	1地	0	0
	儀保	1地2分5厘	104.66	333.28
	後蔵ん根	1地5分	98.32	591.64
	いり上門	1地7分5厘	46.13	332.96
	いります田原	2地	−	32.40
	門口	2地5分	280.77	513.18
	牧門	3地	120.18	354.86
⑪番組	蔵ん当四男	1地	0	0
	伊礼門	1地2分5厘	−	84.57
	前田ノ端	1地5分	102.21	163.78
	東田ノ端	1地7分5厘	50.83	555.95
	浜川門	2地	245.78	769.69
	いり仲石	2地5分	222.12	264.90
	東上門	3地	119.84	814.06
⑫番組	むと牧門	1地	76.09	150.91
	具志堅	1地2分5厘	54.06	152.44
	徳里	1地5分	44.22	202.20
	毛たい	1地7分5厘	0	23.03
	栄門	2地	155.23	349.21
	田原	2地5分	534.30	665.66
	大石根小	3地	225.15	1203.41

	屋号	「地」	田方叶高	畠方叶高
㉛番組	上原小	1地5分	147.75	449.83
	前浜	2地	51.00	223.05
㉜番組	仲座	1地5分	148.30	340.11
㉝番組	東仲村	1地5分	39.58	140.18
㉞番組	いり門小	1地5分	162.40	328.02
㉟番組	蔵ん当	1地5分	83.77	625.18

徳里蒲	5筆	(119.33合)
国吉	6筆	(254.39〃)
田端小	13筆	(251.88〃)
仲後	12筆	(406.03〃)
東田原小	9筆	(180.08〃)
徳里松	1筆	(22.68〃)
吉元小	10筆	(94.48〃)
松ん根	3筆	(90.54〃)
上浜川門	2筆	(39.35〃)
蒲大石根小	2筆	(29.39〃)
前大礼	1筆	(3.00〃)
蒲仲石	4筆	(71.88〃)
仲間蒲	4筆	(67.11〃)
仲村小	2筆	(7.05〃)
新屋敷小	1筆	(3.16〃)
前浜門小	1筆	(7.74〃)
東浜端小	1筆	(49.04〃)
ます仲後	1筆	(7.04〃)
ます上門	1筆	(23.10〃)
蒲田端	8筆	(232.25〃)

これは畠方に関する数字であり、(　　)内は叶麦高をしめす。

	屋号	「地」	田方叶高	畠方叶高
㉑番組	いり大石根	1地	15.84	137.92
	前大礼	1地5分	0	0
	東松田原	2地	89.42	461.25
㉒番組	亀浜川門	1地	0	289.53
	後田原	1地5分	210.11	307.37
	松堂	2地	313.66	507.04
㉓番組	大庭小	1地	70.28	408.55
	ます親田	1地5分	141.37	624.88
	いり上ノ蔵	2地	240.72	549.99
㉔番組	浜端	1地	125.56	593.05
	蒲牧門	1地5分	184.09	330.86
	仲	2地	203.78	489.66
㉕番組	亀金城	1地5分	101.43	281.37
	東栄野比	2地	229.14	460.97
㉖番組	長浜	1地5分	119.23	503.38
	仲田原	2地	349.86	966.38
㉗番組	ます大礼	1地5分	0	546.22
	奥里	2地	0	82.64
㉘番組	蒲田ノ端	1地5分	122.40	431.80
	高屋	2地	148.28	541.05
㉙番組	牛田ノ端	1地5分	48.69	155.06
	まつ仲石	2地	92.78	326.61
㉚番組	比嘉	1地5分	90.64	391.25
	安保次	2地	125.15	390.14

もうひとつ困ったことは、畠方「竿入帳」が十九冊のうち二冊かけ、畠方「地割日記」の方も散逸がかなりあるということである。ただ、この両者はたがいに有無相補なって欠落部分がかなり復原はできる。畠方「竿入帳」は、一冊から十九冊にかけて順次上々から下々まで地位順に配置されている。次の二冊は四番帳と十二番帳である。前者はほとんど上畠をふくみ、後者は下畠である。前者は大きい場合に一筆で叶額が七升にのぼることも予想される。後者は下畠であるので、一筆の叶額はわずかなものである。

問題は四番帳であるが、この帳簿の中に本主として外間（約四地七分五厘）、大石根小（約四地七分五厘）、栄野比（約四地五分）、前外間（約四地五分）、仲与根（約四地五分）の五人がふくまれる可能性は多くてそれぞれ二回であろう。この仮定の上に立って、四番帳と十二番帳の二冊分が追加されるとしても、その分は高々七分五厘（一斗九升二勺六才）分であろう。この額が万一外間や大石根小の分に追加されるとしたら五地五分になる。南風原村においては、五地五分という叶高が畠方として考えられうる最高の持「地」高であったろう。

第5表をみると、異動の結果、実際には持「地」が四地以上になっている者もおり、〇になている者もいる。**第5表**の「本主」の叶高を、一地＝叶米七升九合五勺九才（叶麦二斗五升三合六勺八才）、二地＝叶米一斗五升九合一勺八才（叶麦五斗七合三勺六才）、三地＝叶米二斗三升八合七勺七才（叶麦七斗六升一合四才）を基準にして、「一地以下」、「一地以上」、「二地以上」、「三地以上」、「四地以上」、「五地以上」、「六地以上」、「十二地以上」のグループに分類すると**第6表**のとおりである。

第6表

	畠方	田方
一地以下	38	29
一地以上	74	52
二地以上	37	37
三地以上	9	10
四地以上	5	6
五地以上	0	4
六地以上	0	2
十二地以上	0	1

第6表をみると、地割後にかなり地割地の異動があったことが歴

然としている。畠方の分化は田方に比較して振幅がせまい。明治二十一年以降甘蔗作付制限が撤廃され甘蔗生産に対する意欲の昂揚との関係もあるであろう。また米づくりは水の管理や労働のわずらわしさや換金効率からいっても敬遠されたのではあるまいか。

さて右に述べた史料的欠陥とは無関係に次のことはまちがいなくいえる。第5表をみたらわかるとおり、本主としての持地高が田畠共に0になっている人は六人いる。田端牛、いり高良、招上門ます、小湾、蔵ん当四男、田里小の六人である。この六人は、おそらく、中年の前の地割のときには地割に参加しなかった者たちであり、中年の地割で新規に参加した者たちであろう。

また、第5表別欄にみられるように、仲後（一地五分以上）、国吉（約一地）、田端小（約一地）、蒲田端（約一地）を筆頭とする二〇名の本主たちがいた。この者たちは、逆に、中年地割の一七三名の中にははいっていない。この者たちのうちいく人かは、以前地割参加者であったにちがいない。そうすると、南風原村では、当時二〇〇戸前後の戸数をプールにして、その中の一七三戸で地割がおこなわれていたと考えられる。

東恩納村の場合、持地高の評定は「家内之厚薄人数之多少見合、地人中熟談之上割直」すという方法でなされた。東恩納村では、持地高の決定においてより大きなモノサシにつかわれたのは、「人数之多少」よりも「家内之厚薄」の方であった。南風原村の方では、この点はどんなであったろうか。

第5表の中で、本主として外間は畠方で四地七分五厘の持「地」高と、田方で十二地以上の持「地」高になっているが、中年地割の時点では、外間は「二地五分」としか評価されていない。このことは重要なポイントである。外間は俗謡にまでうたわれている屈指の大地主で、「フェーバラフカマ」の通称で中頭地方では広く知られている。東恩納の「たうノ屋」にあたるのが南風原村では「フェーバラフカマ」である。とすると、中年地割における外間の「二地五分」という評価には、「家内之厚薄」という基準ははいっていないとみるべきである。

ということは、南風原村では、「地」の評定は「家内人数之多少」という基準だけでなされたといえよう。

つぎに、南風原村の村役人と地割との関係についてみてみよう。申年（明治二九）前後において村役人をしていた人々はつぎのとおりである。

〈明治二五年〉

耕作当　松元武太

掟　具志堅亀

〈明治二六年〉

下知人　栄野比　金

掟　仲田原松金

総下知人　東外間真次

下知人　田ノ端

下知人　金城筑登之

これら七人の名前は、「地割日記」の折り込みの裏面に書かれている。本来用ずみの用紙をホゴにしないで逆に折りまげて再利用しているのである。文字通りの裏面史である。

これら七人の外に、「高屋」と「仲与」の印章が「地割日記」中にみえるから両者ともに村役人であったはずである。なお前者は畠方の「地割日記」中に、後者は田方のそれの中にその検印がみえる。後者は「仲与根」のことであろう。以上計九人の村役人が本主として－地割地の最終的な保有者として、どの程度の叶高を持っていたであろうか。

松　元	（二地）	田方（三地五分弱）	畠方（二地七分五厘強）
具志堅	（一地二分五厘）	田方（七分五厘弱）	畠方（五分強）
栄野比	（三地）	田方（五地五分弱）	畠方（四地五分弱）
仲田原	（二地）	田方（四地五分弱）	畠方（三地七分五厘強）
東外間	（三地）	田方（二地二分五厘弱）	畠方（二地七分五厘強）
田　端	（三地）	田方（二地五分弱）	畠方（一地五分弱）
金　城	（一地五分）	田方（一地五分強）	畠方（三地五分弱）
高　屋	（二地）	田方（一地七分五厘強）	畠方（二地二分五厘弱）
仲与根	（三地）	田方（二地弱）	畠方（三地弱）

各人の名前のすぐ下に示してある「地」数は、申年地割時における「地」数である。この「地」数（家内人口）が、前申年地割の時点でも同数だと仮定すると、彼らが村役人だという理由で格別に持重ねさせられたり、持軽みになったりしているということはないとみてよい。右九人のうち、田方で持重ねになっている人は四人であり、畠方で持重ねになっている人は五人である。田畠双方において、持重ねも持軽みも相半ばしている。

むすび

私は南風原村の地割を考察するにあたり、つねに東恩納村の地割を念頭におきつつ稿をすすめてきた。その中で感じたのが二つある。両村の地割地の地味のちがいと歴史的条件のちがいの二つである。まず両村の地味のちがいであるが、南風原村の上々畠は叶高が坪に一合三勺九才であり、上々と上とを平均したものでも坪に一合二勺二才である。それに対し、東恩納村の方は、一番上質の荻敷上畠で坪に七勺七才であるにすぎない（『近世地方経済史料』第九巻一七頁）。田方の方は、逆に東恩納村の方の地味がよい。同村の上田一坪につき叶米が一合八勺強に対し、南風原村の上田は同一合四勺である。この畠方における地味の差が、東恩納村では地割において階層が極端に分化し、南風原村ではゆるやかにしか分化していないことの原因であるといいうるであろうか。また、南風原村においては、畠方より田方の方が分化がすすんでいるが、これは、同村において、畠方の地味より田方の地味が相対的にうすいということと関係があるであろうか。これらの点はにわかに断定できないが、まったく無関係ともおもえない。

つぎに両史料における歴史的条件のちがいについていえば、東恩納村の地割史料は、同村が疲弊の極に達していた中でおこなわれた地割に関する史料である。村の有力者への土地集中が生産力向上をめざし、客観的に社会進歩の方向へ合致する意志的なものではなく、逆に、疲弊という社会的病理現象の中で、その情況におしまくられる形で、それ以上の悪化をくいとめるというだけのうしろ向きの対応策のあらわれである。一方、南風原文書は、明治二十一年の甘蔗作付制限の撤廃という歴史的に意義深い光明をへ、現に黒糖生産が飛躍的に伸びていくという社会的気運の中で行われた地割に関する史料である。この歴史的条件のちがいが、両村の地割における階層分化の進展におよぼした影響もまた見のがせないであろう。

南風原村は古琉球の要衝であった勝連城々下の主邑である。そこで歴史的に培われてきた気風—重厚さと進取の精神は今でも脈々とうけつがれて生きている。私は南風原文書の筆写のため、かれこれ一年ほど同字の公民館にかよったが、そこには、獅子舞の獅子頭や念仏者のゆかりのものとおもわれる墨痕さびた木牌が格護されている。また、ムーチーの時節であったが、そこへむかうため部落の入口にさしかかると、頭上に一条の縄がさしわたされ、それにはムーチーがはさみこまれていた。公民館についてから自治会長の親田さんにそのことをおうかがいしたら、それは部落外からくる悪風をはねかえすまじないで、部落の四すみ入口にはるとのことである。その作法は、古式どおり、輪番でその年にあたった根人が、縄を通常とは逆のひねりであざないムーチーをはさんではるとのことであった。

そういう祖先からの古式を忠実にまもりとおす同じ人々が、同時に、農地改良事業の成功によるスイカの冬出し本土出荷や大規模な養豚団地を経営しているのである。そうした新機軸の事業も同部落の活力と和の精神なしには考えられない。その精神は公民館の異常な活気の中に容易に感じとられる。

南風原村がそのような気風の村なればこそこの貴重な文書もよく保存されてきたとおもう。その部落民のかけがえのない気くばりに対し心から敬意を表したい。なお、この史料をはじめて世に紹介した那覇市史編集室元職員の国吉鉄雄氏の労を多としたい。

「研究報告」『新沖縄文学』第三十九号　沖縄タイムス社　一九七八年

第五部　私版

天山陵は拝領されたか

『文選』にこんな古詩がのっている。

去《さ》れる者《もの》は日《ひび》に以《もっ》て疎《うと》まれ
生《い》ける者《もの》は日《ひび》に以《もっ》て親《した》しまる
郭門《くわくもん》を出《い》でて直《ただ》ちに視《み》れば
但《ただ》見《み》る　丘《きう》と墳《ふん》とを
古墓《こぼ》は犂《す》かれて田《た》と為《な》り
松柏《しょうはく》は摧《くだ》かれて薪《まき》と為《な》る
白楊《はくやう》に　悲風《ひふう》　多《おほ》く
蕭蕭《せうせう》として人《ひと》を愁殺《しうさい》す
故《もと》の里閭《りりよ》に還《かへ》らんと思《おも》ひ
歸《かへ》らんと欲《ほっ》するも道《みち》の因《よ》るべき無《な》し

（花房英樹氏読み下し）

この作者不明の漢詩ほど、このたびの天山陵破壊問題と、時空をこえてかよいあうものはない。漢代では、古墓が犂きならされて畑となり、跡かたもなくなった。その墓地にやさしい色どりをそえていた松やこので柏も切り倒されくだかれて薪にされ、一条のけむりとなって消滅した。ましてそこに眠っていた人のことなどは、もう誰にもわからない。わが古琉球の英雄、尚巴志とて非情な歴史は許そうとはしない。

天山陵破壊の最初の下手人は米軍であった。米軍は首里を陥れ、敗走する日本軍を追撃して南部に迫った。その時、赤田道路造成のための敷石として、天山一帯の自然石が割りとられ、先祖以来の屋敷の地面が一〇米も低くなったという話を数軒の家で拝聴し、耳を疑ったことも再三である。戦後の滄海変じて桑田となる大破壊のさなかに天山陵がまず大きな犠牲をこうむった。そうして、米軍が喰い散らかした跡にやって来たのが当時の首里市役所で、その時に、天山陵の命ともいえる羨道が大分破壊されたという。

天山陵が造営された丘陵のことを、地元の大中では古琉球以来、「石の頂」とよんでいる。そのイシヌ・チージは、破壊によって、現在ではその名に値しない平地になり下っているが、もとは、首里のどこからでも目につく突兀たる丘阜だった。天山陵の最も注目すべき構造上の特長は、自然を一切破壊せず、自然に抱かれる形、自然と調和する形で造営されていたことである。天山陵は大きな墓室が三座、三間間隔ぐらいの間をおいて東西にならんでいる。そして、それぞれが一室ずつその奥に「奥つ城《き》」をもっている。王者の墳墓にのみゆるされた豪壮なアンテルームである。計六つの墓室が地下深いところで、羨道によって連結されている。多和田真淳氏の教示によれば、この荘重にして豪奢な結構は玉陵とは質的にちがうという。

西平守夫氏の戦前の記憶では、その西の墓室の裏手に、百人近い人が一度に入れる深い自然の岩窟があって、その奥の暗い岩の壁に石積の入口が二つあいていた。おどろおどろしい樹林の奥に、その岩窟があって、そのさらに奥に幽界への入口そのままに、ぶきみな口をあけていたといわれる。今、その二つの入口がいともあっさりと露出している。のぞきこむと自然の胎臓にくいこんだ巨大な怪物のはらわたを想わせる。そのはらわたがやわらかい土にではなく、固くかわいた巨岩にくいこみうねりこんでいっている。こんな凄味のあるものがこの沖縄にあったとは。三〇米の山塊の基底部の土の部分を掘り拡げ、墓室の床、天上、壁、羨道を丹念に石で積みまわしてあったのだ。これは地虫のように地底深くくぐっての作業であるが、石工の立場に立ってみただけで、身のけがそそけ立つ思いだ。この結構をまのあたりにすると、尚巴志王の富と権力の巨大さ、君臣関係の成熟度の熱さ、中国文化のなみなみならぬ咀嚼のほどがわかる。

天山陵建造の時期

天山陵が造られた時期については、東恩納寛惇が、はじめ、「尚真が先考妣の為めに玉陵を営建した時に、前代尚巴志の霊を慰めその修福の為めに、天山陵を修めたものかと考へられる」(『南島風土記』)と説いたが、後に、「恐らくこれは王相懐機の信念建策に基づくものであらうと思はれる」(「三六姓移民の渡来」)と書きなおしている。私も後者の方が妥当だと思う。それは、第二尚氏の功業を余さず採録する方針で編まれた正史の一つ『琉球国由来記』巻3の「墳墓」の項に、浦添極楽山(ゆうどれ)と玉陵の二つが明記されているが、天山陵はない。これを以て、天山陵が第二尚氏の手によって営まれたものでないことが判明しているからである。また「琉球尚巴志近ゴロ薨去ヲ蒙リ、請ウテ本国都城外ノ天斉山ノ縁《ほとり》ニ葬陵シタリ」(『歴代宝案』、懐機の書翰、東恩納寛惇の読み下し)とあって、巴志の没後すぐに天山(天斉山)陵が造られたのであろう。

天山陵受難のはじまりは、その永因は、第一尚氏から第二尚氏への王朝交代にある。その近因をなす物語の記事が、第二尚氏王朝の正史『中山世譜』、『球陽』にのっている。「又遺老伝に云ふ。むかし、諸王、慈恩寺を以て廟と為す。其の廟、王城と尤も近し。尚徳亡き後、其の貴族廟に入りて不時に泣哭す。其の声王宮に聞こゆ。是れに由り尚円王、地を泊村にトして、改めて国廟を建つと云ふ」（『世譜』）とある。第一尚氏から第二尚氏への王朝交代は、ほとんど無血クーデターである。それだけに、首里には第一尚氏一族と累代の重恩を受けてきた貴族が多数のこっていたはずである。その貴族たちが、時をえらばず、慈恩寺（今日の首里支所構内）で尚徳王の遺徳をしのんで泣哭し、その声が城中にまできこえた。これはもう政情不穏そのものである。泣哭は天山陵でも当然おこなわれたわけで、これが尚巴志以下尚徳までの諸王の遺骨が第二尚氏の命で、天山陵から強制的に移葬させられた真相であろう。

強気の王―尚徳

尚徳王の御筆「關關タル雎鳩ハ河之洲ニ在リ窈窕タル淑女ハ君子ノ好求」が比嘉春潮の『沖縄の歴史』にのっている。儒教の聖典の一つ『詩経』の詩の一節である。その写真を書家の吉里鳳水氏におめにかけ批評をあおいだ。氏によると、唐の欧陽詢の筆になる「九成宮醴泉銘」の書体によって揮毫されたもので、線の強靭さと余白とのひびき合いの妙において一流の書であると評された。尚徳王の人と為りについて、書を通じての吉里氏の評言が、史家のそれと符節を合わすように一致していたのには驚いた。すなわち、あまりにも強い自負心と自尊心―これである。一四六六年、尚徳王は背いた奇界島を征討せんとして親征した。「遂ニ二千余ノ兵ヲ率ヰ路シテ安里村ヲ歴《すぐ》ルニ、一鳥ノ飛ビ鳴キテ過《よ》ギルヲ見ル。王、弓ヲ把《と》リ、天ヲ仰ギ祝《いの》リテ曰ク、若シ我レ奇界ヲ平ヒラグルコトヲ得バ、一矢モテ鳥ヲ射落サン。若シ平ヒラグルコト得ザレバ、又、射ルトモ得ザラン。祝畢ハル。絃《つる》響キ矢発セラルルヤ、早クモ已《すで》ニ鳥地ニ落ツ」（『世譜』巻五、原文は漢文）とある。一体何という自信だろう。失敗することなど微塵も考えていない。

第一尚氏が滅ぼされたのは、一説では尚徳王の亡き後、一説では尚徳王の久高島への渡海中の不在をつかれてのことだという。いずれにしても、人を威服せずにはおかないエネルギーを放射する尚徳王の前では、安里大親のシャーマニズムも、金丸の練達した権謀も歯が立たなかったのであろう。尚徳王は朝鮮から方冊蔵経（一切経）を将来したりして文化事業の面でも大きな足跡をのこしている。尚徳王は、応仁の乱のまっさい中にあたる一四六九年に宝算二九歳でみまかった。尚徳王ほど第一尚氏王朝の末路を象徴している人はいない。尚巴志、尚忠、尚思達、尚金福、尚泰久、尚徳。琉球にとって、もっとも個性豊かな時代を、もっとも豪奢に、もっとも豪邁に、もっとも自由に、もっとも短命に。キラ星のごとく君臨してきた王たちよ。ああ目くるめく鴻業よ。ああ天山よ。むざんやな尚徳王。

風水（フンシ）の法を活用

「地理」の観点から天山陵に迫ってみよう。

第二尚氏王府が地理（風水《ふうすい》―俗にフンシ）を中国に学ばせたのは、一六六七年、周国俊国吉通事がはじめてである。また一七〇八年に蔡温が学んで帰った。これは国家の存立にかかわる枢要な学問として王府が学ばせたもので、今日いうフンシのイメージとは、およそ、学問の体系性、国家性という点でまるでちがう。単なるサイエンスをこえた神聖な学問であった。一七一三年尚敬王は即位の年に、正議大夫毛文哲・都通事蔡温らに、首里城、国廟、玉陵を相せしめた。その所見が『球陽』と『琉球国旧記』にのっている。その所見を、この小文の論旨にそって摘要すると、首里城は、「国殿が向かって立つ方角が甚だよく、殿前の道の線もその向きが、殿の正面の方角と直角にならないのが絶妙な点である。また、広福門、漏刻門、瑞泉門、歓会門の諸門が、左に曲がり右に折れして一直線上に並んでないのは風水の法によくかなっている。

―中略―もしこれら城門の諸門を（正殿に向けて）一直線上に並べて開門したならば、（城の）資財が耗散し、必ず思いがけない憂患がおこるだろう。決して向きを変えてはいけない」とある。右の所見のように正しい風水の法に照らして営建したのは第一尚氏である。

第二尚氏の正史『琉球国由来記』巻三の宮殿の項を見ると、第二尚氏の手で営まれたとする記事は、(1)尚真王代に百浦添之欄干、(2)尚元王代に君誇之欄干が、(3)尚真王代に西之御殿が、(4)尚豊王代に南風之御殿が加建されたと明確に述べられている。しかし、肝心の正殿については何の記事もなく、ただ「当国宮殿、天孫氏始経営也」とあるだけであり、歓会門以下十の諸門についてもまた、ただその名を列挙するだけで、創建年代その他一切ない。同巻の榜門の項をみると、(5)待賢門（守礼之門）は、尚清王代に創建したこと。『中山世鑑』巻五に、(6)尚清王代に、城の東南の城壁を補強したことが見えている。第二尚氏の手が首里城に加えられたのは以上の六点だけであるのは明らかである。蔡温は右の所見の中で、首里城は、土地がせまく山がちで、やたらに起伏しており、辺在する形になっている。しかも広く平らかな地形上の長所もない。しかしそのような地形、地勢上の欠陥を克服して長所にかえて、理想的な都城に仕上げたのは、風水の法の絶妙な活用のためである、と指摘している。伊波普猷も東恩納寛惇も、全琉を統べる都城としての首里城を営建したのは尚巴志王であるとしている。（伊波「三山統一と海外貿易」）。私もその説に推服する。すると、第二尚氏の賢臣蔡温は言外に、第一尚氏の首里城造営を絶賛したことになる。

蔡温の所見の中で最も重要なのは、次の点である。首里城をその気脈によって抱護する山岳が三つある。それは弁ヶ嶽と「石之頂」と仲里嶽とである。わがイシヌ・チージが山脈を結ぶ要地として挙げられている。「王城ノ風水ニ係ル所、大ニシテ且ツ重ナル者」の一環としてである。王城の死命を制すると考えられた国家枢要の霊地としての位置づけである。しかも第二尚氏王朝中期以降に重大な影響力をおよぼした不世出の巨人蔡温によって学問として位置づけられたのだ。

知花城に「夏氏大宗墓碑銘」（一八五二年建立）があって、その中に大城賢雄の眠る墓の風水について、風水師鄭良佐与儀通事親雲上が見分けした文がきざまれている。⑴墓が南向きであること。⑵山体が堅固であること。⑶諸木がおい茂り、墓の前後左右と遠近の抱護が気脈貫いていること。⑷墓の前方を川が流れていること、等の点をあげ、すべて風水の法にかなう理想的な墓相であると評している。今、イシヌ・チージと天山陵のことを地元の方の協力によって戦前の姿に復元し、その前に立つと右の与儀親雲上の所見は、全く天山陵のことを評しているのではないかと思われるほどである。両者とも風水の法がぴったりと一致している。一方、第二尚氏の玉陵は、右の与儀親雲上の所見とはすべて相反している。玉陵に対する蔡温の評価は、君家の墓陵にもかかわらず、救いようもないくらいひくい。「ケダシ玉陵ハ奇形ナリ。俗眼ノ及ブ所ニアラズ。今暫ク其ノ略ヲ誌シ、以テ後ノ君子ヲ俟ツ」とくるしい逃げ方をしている。玉陵も、伊是名の玉陵もともに北北西に向いている。後者は尚円王金丸の父祖の墓であるが、彼の父祖の来由した方角地を暗示しているのだろうか。はたまた、あまりにも中国文化に傾斜しすぎた第一尚氏の文化政策に対するゆりもどしの文化的な象徴なのだろうか。少なくとも、風水の法から見ると、首里の域内で、王家の墓陵としての最適地は第一尚氏によって選ばれてしまっていたようだ。

イシヌ・チージの真の所有者

昨年の暮、天山陵の問題が新聞紙上で報道された時には、正直のところびっくりした。昔、三山統一した英雄の姿が、伝説的あいまいさから、急に、具体的に彼の体臭のしみこんだ遺跡と結びつくことになったからである。そして、その後現地に行って見て、地元の方々の話をうかがっていくうちに、自分の歴史家としての怠慢をタナに上げて、憤激するやらあきれるやら、という日々がつづいた。私の告白もふくめて、尚巴志の墓天山陵が首里城のお膝元にあったということを一体いくたりの歴史家が知っていたのか。ここに天山陵と、ひいては第一尚氏に対する正当な評価への限界があったのではないか。地元では天山のことどもについては代々百も承知だったのだ。東恩納寛惇も明治時代にとっくに『南島風土記』の中で明快に論じている。戦前の歴史界、文化界の責任は問うまい。しかし、戦後、多和田真惇氏によって天山陵の保護が、琉球政府時代や今の文化財保護審議委員会に対して、何度も何度も申し入れられたにもかかわらず、今日の二次三次の破壊をまねき、いまだにその責任さえ問われていない。多和田氏によれば、あの時点で文保委が着手しておれば、手遅れではなかったのである。とくに、天山陵をふくむイシヌ・チージ約四〇〇坪の霊地がまるまる一私人の私有地になってしまっているという、より深刻な問題も回避されていたであろう。

ここでは、天山陵をふくむイシヌ・チージが一私人の私有地になりうるはずがなかったということを、私は一歴史家として、歴史学の範囲内で論証したい。現在、天山をふくむイシヌ・チージ約四〇〇坪の所有者はA氏である。A氏は今から約二〇年前（二〇年は法的時効期限）に、イシヌ・チージを自己の所有地として、保存登記の申請をし、今日では法的に同氏の所有地になっている。これまでの新聞報道等によれば、A氏が二〇年前にイシヌ・チージを自己の所有地とした根拠は、(1)同地がA氏の先祖に王家から拝領されたこと。(2)天山陵にA氏の先祖が初代から三代まで葬られたこと。この二点である。

結論を言えば、この(1)、(2)のことをうらづける史資料は何もない。これまで天山陵について書かれた新聞記事や、那覇市教育委員会に提出された報告書を読むと、(1)、(2)のことを既定の前提として書いてあるが、その記事や報告書を書いた人にその史料的根拠を問い正したところ、すべてA氏の陳述だけをもとにして書いたという。そこでA家の家譜その他の史資料を調べて見たが、(1)についても(2)についても何の証拠になる記事もなかった。今、県内でのイシヌ・チージ所有に関する認識は事実上は、すべてA氏の一方的な陳述のみによってなされているといっても過言ではない。そこで、以下、私は歴史学の常識によって、天山陵をふくむイシヌ・チージが、一私人に拝領されたはずがないということを逐一論証しよう。

(1)　イシヌ・チージは首里城を地理（風水）的に抱護する国家の霊地であって、王家といえどもそれに手をつけることはできない。ましてや、王府の一機関にしかすぎない、王権の弱い第二尚氏の一王が、国家の霊地を軽々に拝領する権利はない。琉球処分の時、国家としての公有財産（たとえば首里城とその敷地）から一尚家（王家）の所有する財産（たとえば玉陵とその敷地）は峻別されたのでもわかる。王家が拝領できるのは、自己の家の所有財産内にかぎられていたはずだ。

(2)　「首里古地図」によると、天山陵の前面空閑地に、王府の鍛冶奉行所があった。東恩納寛惇はその著『南島風土記』の中で、「古老の言では現にこの屋蓋と思ぼしき石材も鍛冶職の水溜に使用していたと云うている」（傍点は邊士名）と書いている。常識から考えて、この鍛冶奉行所は、王府が消滅した明治十二年まであったことになる。イシヌ・チージがA家に拝領されていたのなら、どうして王府の鍛冶奉行所がそこにあったのだろう。記述や論証において完璧を期する碩学東恩納も拝領のことは何一つふれていない。

(3)　右の鍛冶奉行所跡に戦前、三、四軒の茅葺きの住宅が、戦争になるまで数十年も不法占拠していた。そこが管理者不明の公有地だった証左である。

(4)　A氏が自己の先祖が三代まで葬られていたというういわゆる天山の西室は、地元ではむしろ坊主墓として呼び親しまれている。地元の人の陳述では、昔円覚寺の僧侶がそこに墓参によくきていたという。これで、イシヌ・チージがA家に拝領されていなかった確固たる証拠ははっきりしていると信ずる。ところで、A氏の御先祖にあたる北谷王子朝里の姫君が尚永王妃となり、一六三七年に死亡し天山陵に葬られた。その後一七五一年になって玉陵に移葬された。A氏は北谷王子朝里の御名を石にきざんで天山陵に建てているので、唯一右の王妃の一件を勘ちがいして、天山陵が、そして希望的に拡大解釈して、イシヌ・チージ全域四〇坪がA家に拝領されたと思うようになったのだろう。

何の証拠もないが、今かりに、A氏がいわれるように、A氏のご先祖が元祖から三代まで天山陵に葬られていたということを認めるとして、しかも天山陵が拝領されていたとしても、それは西の墓室だけであって、全天山陵ではない。ましてやイシヌ・チージ全域に対する所有権は錯誤に基くものであると信ずる。私は一刻も早くA氏が天山問題について、関係当局と円満に解決してほしいと希望してやまない。また、那覇市や県ものことにもっと真剣にとりくんでもらいたいものだと熱望する。

王府は、かつて正史の中で、「大中石之頂等ノ処ハ、スナハチ山脈ノ結ブ所ニテ、ヨロシク土ヲ傷《やぶ》リ石ヲ破ルベカラズ。只ヨロシク土ヲ相シ木ヲ栽へ、以テ其ノ力ヲ扶《たす》クベシ」と祈るように国民に訴えた。巍々としてけだかくそびえたっていた昔のイシヌ・チージは、もはやかえっては来ないが、せめて豊満な樹林で傷口をいやしてあげられないものだろうか。

あらたまの
　世にこそあらめ
うつろにも　神のいまさぬ
　天山あはれ

『せあらとみ』創刊号　一九八四年十二月

歴代宝案を考察す

はじめに

歴代宝案は、琉球国と明・清両朝との関係のみならず、日本本土・朝鮮・東南アジア諸国との関係にも連なり、広範囲の地域と水域に光被し、しかも、遠く一四二四年から、ここ一八六七年にいたる四百数十年におよぶ壮大な記録の宝庫である。その中に盛られている自由で友好的国際関係の解明作業は、国際化社会がしきりに標榜される今日、きわめて時宜をえた一大事業である、と言っても過言ではないだろう。このごろ、沖縄県でも、本格的長期プロジェクトとして、歴代宝案の解明作業をスタートさせた。不当にも矮小化されてきた――或いはしてきた琉球史の当然の栄光が陽の目を見るのも間近いことであろう。このような折に、つい過日、那覇市の文化振興課から、『那覇市史―歴代宝案第一集抄』(以下『第一集抄』と略記する)が、多年に亘る知的エネルギーの結晶として、上梓されたことは、今後、各人により各界において、宝案研究が熱気を帯びて取り組まれていくようになることが予想されるが、その研究の起爆剤となるものと評価したい。筆者としても、宝案と格闘を始めて日が浅く、その上梓を、旱天に慈雨を仰ぐが如く待望してきたが、その宿望が叶い、慶びも一入である。ところで、宝案中の咨文の文書構成の理解において、『第一集抄』の共同執筆者のお一人である西里喜行氏と多少見解を異にする所があるので、他の研究者諸賢にとって、他山の石にともなれば望外の幸いと、自らの浅学菲才をも顧みず、敢えて筆を執った次第である。斯界の諸兄の御叱正を賜ることが出来れば幸いである。

西里氏は、「三　宝案文書の構成分析」と題して、「宝案文書は純然たる漢文文書の故に難解なのではない。また、中国古典や白話文の引用が少なくないために難解というわけでもない。宝案文書の難解さの主たる原因は、むしろ文書構成の複雑さにある。宝案文書を正確に理解するためには、文書構成の分析に習熟していなければならない。従来の研究では、この点に十分な注意が払われていないように思われる。」（『第一集抄』解説、二四頁）と書いている。

筆者も、「宝案文書を正確に理解するためには、文書構成の分析に習熟していなければならない」という見解には同意する。しかしながら、せっかくのその見解にもかかわらず、西里氏自身が文書構成の分析と解説をしたものの中に、いくつか疑問に思われる点があるので、それらの箇所を指摘し、愚見による分析と解説を、試みに対示してみたい。

まず、解題の三一頁から三三頁にかけて展開される「F文書構成の分析（六）（二三九文書）」について検討する。

〔原文〕―西里氏が付した句読点を除去する。以下同様―筆者
福建等処承宣布政使司為慶賀進香事奉欽差提督福建軍門都御史態（熊カ）案験准礼部咨該本部題主客清吏司案呈奉本部送該琉球国中山王世子尚豊咨差王舅毛泰時等壱拾陸員名齎捧表文管送方物赴京慶賀皇上登極并追熹宗悊皇帝香品其進到表文及方物已経本部具題進及今該国長史蔡錦等前赴徳陵行礼外所拠差来員役礼応具題欽賞琉球国中山王世子尚豊差来王舅長史等官毛泰時等一十六員共彩段玖表裏羅肆疋紗帽一頂鈒花金帯一条織

金紵糸衣一套計参件靴襪各一双折鈔錦（綿カ）布三十疋給賞抽剰本国附搭土夏布価値生絹弐十五疋等因合咨貴院移行布政司転行琉球国知会施行等因奉此擬合就行為此備繇移咨前去煩為査照施行須至咨者

右　咨　琉球国

崇禎肆年睦月初六日　咨

〔読み下し文〕—西里氏

福建等処の承宣布政使司、慶賀進香の事の為めにす。欽査提督福建軍門都御史熊の案験を奉じたるところ、

「礼部の咨を准けたるに、

『該《ここ》に本部の題につき、主客清吏司案呈すらく、

〈本部より送りたるものを奉じたるに、

《該琉球国中山王世子尚豊、咨もて王舅毛泰時等一十六員名を差わし、表文を齎捧し、方物を管送し、京に赴きて皇上の登極を慶賀せしめ、并びに熹宗悊皇帝に香品を追《おく》らしむ。その進到せる表文および方物は、已《すで》経に本部より具題して進めたり。及いま該国の長史蔡錦等、前《すす》みて徳陵に赴き行礼するの外、所拠《くだん》の差来せる員役は、例としてまさに具題し、欽賞せしめらるべし。琉球国中山王世子尚豊の差来せる王舅・長史等の官の毛泰時等一十六員は、共に彩段九表裏・羅四匹・紗帽一頂・鈒花金帯一条・織金紵糸衣一套、計三件、靴襪各一双・折鈔綿布三十疋もて給賞せらるべし。抽（分）して剰《のこ》れる本国の附搭土夏布は、生絹二十五疋に価値《あたい》せり》、

等の因あり〉、

まさに貴院に咨すべし』、

とあり。布政司に移行す。琉球国に転行して知会せしめ、施行せしめられよ」、等の因あり。これを奉けたり。擬してまさに就行すべし。此が為めに、繇を備え移咨して前去せしむ。煩《ね》為《が》わくば査照して施行せられよ。須く咨に至るべき者なり。

右、琉球国に咨す。

崇禎四年六月初六日

咨

これにつづけて、右の文章について、以下のように西里氏の解析と説明がなされている。

「……まず、公文書の収発経路の順序を示せば、①礼部の上奏→②礼科の抄出→③主客清吏司の案呈→④礼部の咨→⑤軍門都御史の案験→⑥福建等処承宣布政使司の咨→⑦琉球国、ということになる。礼部の上奏文の内容は少なくとも五つの段階（官庁）を経て琉球へ伝えられたのである。各段階について検討しよう。

① 礼部の上奏。中山王世子尚豊の使節が崇禎帝の即位慶賀の表文・方物および天啓帝への香品を持参してきたので、使節の全員に賞給し、持ち運んできた土夏布を絹二十五匹で買い取ることにしたいという趣旨の上奏文を、礼部が皇帝へ提出し、裁可された。

② 「本部より送りたるもの」。一般的には「本部より送りて礼科の抄出したるもの」のことであり、略して「礼科抄出」ともいう。裁可された礼部の上奏文は礼科へ送られ、礼科がその謄本を保管し、抄本を作成して礼部の一部局たる主客清吏司へ送った。

③ 主客清吏司の案呈。礼科抄出を受け取った主客清吏司は、一部を手元にファイルし、一部を礼部堂上（礼部の長官）へ差し出した。主客清吏司から案呈されてきたものは、確認済みの公文書と見なされ、前例とし

ての効力を付与される。」と説明されている。④以下は略す。

この（二三九文書）に対する西里氏の分析と説明において、筆者が疑問に感ずる主な点は、「該本部題主客清吏司案呈奉本部送該琉球国中山王世子尚豊咨……」を、「該《ここ》に本部の題につき、主客清吏司案呈すらく、本部より送りたるものを奉じたるに、該琉球国中山王世子尚豊、咨もて……」と読み下している点である。そのように読み下した根拠として、前掲の②「本部より送りたるもの」以下の説明と、③主客清吏司の案呈以下の説明がなされている。そして、その②と③にかかわる同氏の誤解が、①礼部の上奏に対する誤解の原因になっている、と筆者には思われる。①、②、③を読んで、氏のそのような理解を帰納していくと、それぞれが実際に包含している内容から云って、西里氏によれば、「該本部題」＝「本部より送りたるもの」＝「礼科抄出」ということになる。なお、氏のいう①礼部の上奏は、「該本部題」を指している、と考えられる。しかしその解釈にはいくつかの無理がある。

まず、問題の箇所を見ると、

Ⓐ『該《ここ》に本部の題につき、Ⓑ主客清吏司案呈すらく、
Ⓒ〈本部より送りたるものを奉じたるに、
《該琉球国……価値《あたい》せり》

とある（符号は筆者）。右の西里氏の読み下し文を注意ぶかく読むと、それがいかに非論理的な文章であるかが分かる。今、西里氏自身の説明をかりて解釈すればこうなる。Ⓐの本部の題を作成する手続きとして、Ⓑの主

客清吏司の案呈がある。この二者を時間的に置けばⒷ→Ⓐである。つぎに礼部は、Ⓐを皇帝に送り、それがⒸ礼科抄出された。その時間的関係はⒶ→Ⓒである。そして、Ⓑの主客清吏司の案呈の中にⒸの礼科抄出が含まれていると云うから、その時間的関係はⒸ→Ⓑである。すると、この三者は無限軌道上を循環する三つ巴ということになる。なお、私見によれば、「該《かの》本部題」が文法的に文脈としてかかるのは、《……世子尚豊》までである。

また、西里氏の読み下しによれば、琉球の使臣に対する欽賞につき、礼部から皇帝に対する請命もなく、且つそれに対する皇帝の裁可もない。西里氏のいわゆる「本部より送りたるもの」を見ると、ただ、「欽賞せしめらるべし。」や「給賞せらるべし。」（傍点は筆者）とあるにすぎない。これらはいずれも、「欽賞」という行為の表現において、まだそのことが起こらない未然の表現である。そのような西里氏の読み下し文に従えば、〝欽賞する予定になっている〟という内容を、礼部は琉球国に知会せしめたことになるが、それは常識としてもおかしい。そこの部分は、「欽賞スベケレバ……錦布三十疋ヲ給賞セリ。」と、已然形ないしは完了形として読み下すべきであろう。

ともあれ、皇帝への請命もそれに対する裁可も含まないという題やそれに対する礼科抄出はありえないから、「該本部題」＝「本部より送りたるもの」＝礼科抄出だとする西里説はあたらない。

つぎに、西里氏の②「本部より送りたるもの」について検討しよう。氏は、「本部より送りたるもの」＝「本部より送りて礼科の抄出したるもの」＝「礼科抄出」だ、と解釈している。筆者は、そのような解釈に対して疑義がある。すなわち、咨文等の中には礼科抄出が引用されている場合には、必ず、当該部分が礼科抄出であることを示す用語があり、それは常套的なものである。例をあげる。

㈠……該本部題儀制清吏司案呈奉本部送崇禎元年十月二十七日礼科抄出「欽差提督……等因奉聖旨『該部知道』欽此欽遵」抄出到部送司……（国立台湾大学印行『歴代宝案第一冊』―以下『台湾本』と略称する―一四六頁上段〜一四八頁下段）。

㈡……主客清吏司案呈奉本部送礼科抄出「琉球国中山王……等因具奏聖旨『覧奏具見……礼部知道』欽此欽遵」随「将礼金……呉鶴令齎回」外抄出案呈到部……（同書一五三頁）。

㈢……該本部題主客清吏司案呈崇禎十二年十二月十二日奉本部送礼科抄出「琉球国中山王……縁繇具奏奉聖旨『礼部看議速奏』欽此欽遵」抄出到部送司案呈到部……（同書一五五頁）。

これらの例文中「……」と括った部分が、礼部の咨文の中に引用された礼科抄出であり、通常、抄出「……欽此欽遵」抄出という形をとる。また、『……』と括った部分は皇帝の裁可文である。例外なく、……奉（聖）旨『……』欽此欽遵……という形をとるから、これも容易に見分けられる。

このように、礼科抄出が引用されている場合、例えば、『該部知道』欽此欽遵……というような、皇帝の裁可文と礼科の参署（例えば、欽此欽遵）が記されているものである。これら、礼科抄出の存在を示す目印は、レーダー・スクリーン上に点滅する輝点に劣らず忠実なものである。ところが、いま西里氏が掲出している（二三九頁）のどこを探しても、「礼科抄出」が引用されていることを示す、これらの目印がない。それ故に筆者は、「本部送」は「礼科抄出」ではなく、それは「本部より送りたるもの」とは読み下せないと考える。

この問題を他の角度からも掘り下げてみる。『第一集抄』の二五九文書（三八〇頁『台湾本』一五三頁）を読み下してみる。

礼部、頒封ノ事竣ハリテ、特ニ餽金ヲ辞シ以テ使節ヲ重カラシムル為ノ事：主客清吏司案④呈シ、本部ヲ奉ジテ送⑤リタルトコロ、礼科⑥抄出シタルニ、「琉球国中山王尚豊ノ前事ヲ奏①'シタル内ニ称スラク、『崇禎六年、欽差使臣戸科左給事中杜三策、行人司正楊掄ノ、大典ヲ頒ツタメ宣播セラレタル恩綸ヲ捧ルヲ蒙リ、奕葉光華シ山川ハ恒ニ輝キ、冠裳物采ハ国ト与ニ更新セリ。号令ハ茲《これ》従《よ》リ伊《こ》レ始マル。此レ誠ニ天朝ノ特ニ之ノ殊恩ヲ賜ハルハ而《すな》ハチ、臣豊曠世ノ奇遇ナリ。臣拝受シテ感激スルニ、曷クンゾ懽忭ニ勝ヘンヤ。惟フニ皇上無外ニ函蓋シ、寡昧ノ躬ニモ覃恩ス。労勤ニ至ツテハ、禁従シテ重ク窮僻ノ国ヲ履ムヲ辱ナフスルモ、愧トスル所ハ、臣ノ小邦ハ荒野ニシテ以テ誠ヲ将《おこな》フ無シ。故ニ宴款ノ際ニ于テ、物ニ代フルニ金ヲ以テスルニ、乃ハチ二使臣大義ヲ堅持シ、固却シテ受ケザルヲ辱ナフス。窃カニ謂フニ、天使ハ清白ニシテ、自ラ誠ヲ持シテ、聖朝ノ、臣節ノ重キヲ外国ニ為セバナリト。藩臣ノ表（上表）スルハ、第《た》ダ微臣徳ニ酬ヒ功ニ報ユルコトナルニ、万ニ一ツモ展《の》ブル莫シ。殊ニ旧礼ニ慚ヅルハ、微敬ヲ缺ク有リテ、伸ベザルコトナリ。謹ミテ、返還セラレタル屢次ノ宴金二封共計一百九十二両ヲ将ツテ、本ヲ具シ、遣ハセル王舅呉鶴令等ニ附シテ順賫セシメ、奏聞シテ、聖明ノ勅シテ二使臣ニ賜ハリテ収受セシムルヲ懇乞ス』等因ト具①奏シタレバ、聖旨ヲ奉③ジタルニ、〈奏②スルヲ覧ルニ、具ニ該国ノ誠款ヲ見《あら》ハセリ。但シ、杜三策等ノ固辞シタル例ノ餽ハ、正シク使臣ノ体ヲ得タルモノナレバ、礼金ハ還《ま》タ来使ニ着シテ賫回セシムルヲ、礼部ニ知道セヨ〉トアラセタマヘバ、此レヲ欽ミテ欽遵セヨ」トアリ。随《ま》タ「礼金ヲ将テ即チニ使臣呉鶴令ニ発還シテ賫回セシメヨ」ト外《な》ホ⑥抄出セラレ（ここに到部送司ノ四字が省略されている）、案⑦呈セラレテ部ニ到リタルニ、〔擬《はか》リテ合ニ就チニ行スベシ〕トアリタレバ、此ガ為ニ、合ニ貴国ニ咨⑧スレバ、明旨ノ内ノ事理ヲ遵奉シ、欽遵シテ祇領スルヲ施行スルヲ為スコトヲ煩ハスベシ。須ラク咨ニ至ルベキ者《なり》。右ハ琉球国王ニ咨ス。

崇禎八年二月初二日　対同シタルハ都吏薛大勲、頒封ノ事竣ハリテ餽金等ヲ辞スル事

この二五九文書の中にあらわれている各種の文書の授受の時間的順序は①～⑧の番号順である。なお、①＝①′、⑥＝⑥′である。

ところで、この文書そのものの作成過程はつぎのとおりである。

㈠　主客清吏司が案呈した。案呈＝起案して礼部尚書にさし出した。

㈡　主客清吏司は、「本部ヲ奉ジ」＝礼部尚書の決裁を受けた。

㈢　主客清吏司は、右の決裁文書を礼科に送った。礼部が具題にあたり、礼科の「稽察」を受ける為である。

㈣　礼科は、それに対して、尚豊の奏文とそれに対する皇帝裁可を抄出文にまとめ、礼部に抄出した。

㈤　礼部は、受けとった礼科抄出を主客清吏司に送り、その趣旨にそって再度案呈せしめた。

㈥　礼部（尚書）は、その案呈を決裁し、主客清吏司をして、琉球国王に咨文（二五九文書）を送らしめた。

この筆者の読み下し文と解釈においては、この二五九文書の咨文を作成するにあたっては、まずはじめに、白紙の状態で、主客清吏司の案呈がある訳である。換言すれば、西里説のように、主客清吏司が案呈をする前に、「礼科抄出」を同司が礼部尚書をさしおいて受け、それを自らの案呈の中に盛り込んで、礼部に案呈している訳ではないのである。

『中山世譜』巻七の尚清王の条に、王が、その冊封使陳侃等に対し、金四〇両を饋ろうとして固辞されたが、世宗に働きかけてその勅命を通じて受けとらしめたという前例がある。しかし、この二五九文書の咨文の作成にあたっては、その前例についていては全く言及していない。筆者思うに、この二五九文書の場合のように、前例がなく（又はなきに等しく扱われ）、従って各清吏司が案呈する以前に、礼科抄出が無い場合には、咨文等を作

成するにあたって、まず司の案呈＝起案からスタートするものだと考える。それは常識的に考えても当然であろう。

ところが、西里氏のように、「主客清吏司案呈すらく本部より送れる礼科の抄出を奉じたるに、……」（『第一集抄』三八一頁）と読み下すと、案呈の中に、不可避的に礼科抄出を含んでしまうことになるから、このように前例がなく突発的なケースの場合でも、司の案呈からスタートすることがなく、必ず礼科抄出がまずあって、同氏が明言しているように、礼科抄出＝司の案呈という形で咨文が作成され、しかも礼部尚書の関与や決裁が無くてもよいことになる。そもそも、咨文等の作成にあたって、必ず礼科抄出がまずあるのならば、礼部が礼科の「稽察」を受ける必要も機会も無いではないか。

そのような西里氏流の読み下し方は、氏の理解の基層に根ざすものであるらしく、『第一集抄』の随所に見られる。例えば、「儀制清吏司案呈すらく、本部より送れる琉球国中山王世子の咨を准《う》けたるに称すらく」（傍点とルビは筆者。二九八頁）とあるが、これはきわめて不可解な文体である。

これで、主客清吏司等の案呈には、礼科抄出を含む場合とそうでない場合とがあり、またたとえそれを含む場合でも、「礼部ヲ奉ジ」という形で礼部（尚書）の決裁をうけない以前の案呈は、単なる起案文ないし参考資料にすぎない、と見る訳である。

礼部が礼科抄出を受けることなしに、主客清吏司の案呈（起案文）からスタートして作成された咨文の例（二六一文書、『第一集抄』三八五頁。『台湾本』一五四〜一五五頁）をもう一点出してみる。

礼部、進貢ノ為ノ事：主客清吏司Ⓐ案呈スルニ、〈儀制清吏司ノ付Ⓑ文ヲ准ケタルトコロ、内ニ開《しる》スラク、「①本部ヲ奉ジテ送リタルトコロ、Ⓒ礼科抄出シタルニ、②『本部ノ前事ヲ題スラク、〈琉球国王尚豊咨スルニ、《陪臣正議大夫蔡錦等ヲ差ハシ、表箋ヲ齎捧シ、方物ヲ管送シテ京ニ赴キ、進貢セシメン》等因ト、部ニ到リタレバ、Ⓓ司ニ送リテ査得セシメタルニ、硫磺、土夏布ハ、福建布政司ニヨリ南京該庫ニ解赴シテ交収セシメタリ。所拠《くだん》ノ進到セル表箋ハ、相応《これにより》テ転送セラレ査収シタレバ、転進セン〉等因……』②……」①ト、移Ⓑ'付セラレテⒺ司ニ到リタレバⒻ案査シタルニ、崇禎七年十一月内ニ、該琉球国王尚豊、特ニ王舅呉鶴令ヲ遣ハシ、表文ヲ齎捧シ、方物ヲ管送シテ京ニ赴キ、謝恩セシメタリ。該本部題スルニ、奉欽依《うけたまはれ》ル表文ハ、内府ノ司礼監ニ送リテ交収セシメタリトアリ。外《な》ホ今該《かの》前因ヲバⒻ通査シタレバⒶ案呈セン」ト、部ニ到リタレバ看得シタルニ、琉球国王尚豊、特ニ陪臣正議大夫蔡錦等ヲ遣ハシ、万寿ヲ慶賀スル表文及ビ皇太子ノ千秋ノ箋文ヲ齎進シテ前来セシメタレバ、既経《すで》ニ該司、有《みぎ》ノ前例ヲ査シタリ。相応テ恭進センコトヲ題請センガタメ、臣等細ニ該国ノ表箋ヲ閲スルニ、其ノ皇太子ノ千秋ノ箋文ト、万寿ノ表文トニ異事無ケレドモ、違式ニ属セリ。但シ、外国ニ係ルハ例トシテ題参セザレバ、合無《よろし》ク例ニ照シ、司礼監ニ送リテ交収セシメ、臣ノ部ハ仮《かさ》ネテ再ビ、箋文ノ体式ヲ将ツテ差来ノ陪臣ニ給発シテ該国ニ齎至セシメ、責《たしか》ニ以後ハ式ノ如ク撰進セシメタシ。臣等イマダ敢ヘテ擅ニ便ゼズ、恭シク命ノ下ルヲ候チ、遵奉シテ施行セン等因ト、崇禎九年三月初四日、Ⓖ本部尚書兼翰林院学士加俸一級黄等具題シタルトコロ、②『初七日聖旨ヲ奉ジタルニ、Ⓗ（是《よろ》シ）トアラセタマヘバ、ⓘ此ヲ欽ミテ欽遵セヨ』②トⒿ抄出セラレテⓀ部ニ到リタレバ、Ⓔ司ニ送リタルガ、Ⓛ案呈セラレテ部ニ到リタルニ、Ⓜ擬リテ合ニ就チニ行スベシトアリ。此ガ為ニ合ニ貴国ニ咨スレバ、本部ヨリ給発シタル箋文ノ体式ニ遵照シ、以後ハ式ノ如ク撰進スルヲ施行スルヲ為スコトヲ煩ハスベシ。Ⓝ須ラク咨ニ至ルベキ者《なり》。右ハ琉球国王ニ咨ス。

崇禎九年四月二十五日　代弁シテ対同シタルハ都吏薛大勲

Ⓐ案呈＝Ⓐ'案呈。主客清吏司の案呈の範囲は、案呈Ⓐ〔……〕案呈Ⓐ'の部分である。このⒶ案呈＝Ⓐ'案呈は、Ⓕ案査＝Ⓕ'通査の語句が示しているように、進貢物と表文等に関して、礼部が主客清吏司に調査させ、同司がその結果をまとめて部に呈出したものである。注意を喚起しておきたいのは、西里氏の理解するところに反して、このⒶ＝Ⓐ'案呈が単なる調査報告文であって、「確認済みの公文書と見なされ、前例としての効力を付与される」ものなどではなく、またその中に礼科抄出を含んでないうえ、この二六一文書の咨文の為の起案文でさえないということだ。一方、Ⓛ案呈は、この咨文の為の起案文であり、その中にⒿ抄出を含んでいる。

Ⓑ付文＝Ⓑ'移付。この付文の範囲は、「①本部ヲ奉ジテ……①」の部分である。

Ⓒ抄出について。その範囲は、『②……②』の部分である。通常、礼科抄出の目印は、抄①出『……』抄①出であるが、ここでは後の方が省略された形である。②一方、『②……②』ト抄Ⓙ出セラレ……の方は、逆に前の方が省略された形である。いずれの場合でも、そこに礼科抄出が引用されているのは明らかに判る。

Ⓖ「本部尚書兼翰林院学士加俸一級黄等具題」を、内容は別として、別の形式で表現したものが、例えば「奉二本部一送二礼科一」である。「奉二本部一」の「奉」は、例えば「奉遵」（まもりしたがう）や「奉体」（上意を承けて行う）の「奉」に通じ、「うけ守る」、「おしいただく」などの意である。ここでの「奉」には、奉《う》けるという意味はない。

Ⓙ抄出セラレテ部Ⓚニ到リタレバ、司ニ送リタルガについて。抄Ⓙ出がまず礼部に抄出され、つぎに礼部が主客清吏司にそれを送っている。この順序についても西里氏は誤解しているので、注意を喚起しておきたい。

Ⓓ司は、儀制清吏司であり、Ⓔ＝Ⓔ'司は、主客清吏司である。

Ⓜ擬リテ合ニ就チニ行《こう》スベシについて。いま、『吏文輯覧』巻二を見るに、「擬合」は、「事ノイマダ施行セラレザルニ、預メ其ノ事ヲ擬ルナリ。合ハ当ニ此クノ如クスベシ、ナリ」（三一九頁）、また、「議擬」について、

「擬ハ律ニ照ラスナリ、議擬ハ共ニ議シテ律ニ照ラスヲ謂フナリ」(三三〇頁) とある。「行」は、「咨行」や「転行」の「行」で、行政文書を発送すること。この「擬合就行」とは、主客清吏司の案呈の末尾に書かれた、礼部に対する文書取扱い上の提言であろう。あるいは、この四文字は、本来、礼科の礼部に対する参署（指令文）として礼科抄出の末尾に書いてあったものを、主客清吏司がその抄出を自らの案呈の中に引用するにあたって、その四文字を、〝直接話法〟で書き込んだもの、とも考えられる。「擬合就行」は、前例や礼科抄出などをよく吟味し、それにそって咨文を就《ただ》ちに発送せよ、というほどの意味であろう。

Ⓝ須ラク咨ニ至ルベキ者《なり》。『吏文輯覧』巻二に、「須至咨者」のことを、「須ラク咨文ヲ送至スルヲ要スベシ、ナリ」(三二八頁) とある。また「者」＝也である。

以上、長くなったが (二三九文書) を分析した西里氏の、②「本部より送りたるもの」が「礼科抄出」である、とする説がまちがいであることを論証しえた、と思う。

つぎに同氏の③主客清吏司の案呈について、筆者が疑問とする点は、(二三九文書) 中に引用されている礼部の咨文に対する同氏の理解のし方である。同氏は礼部のその咨文を、『該《ここ》に本部の題につき、主客清吏司案呈すらく、……〈中略〉……まさに貴院に咨すべし』と読み下しているからには、その咨文の作成過程に関する同氏の理解においては、主客清吏司の上級官庁である礼部も、その長官たる礼部尚書も一切関わりがなくても良く、専ら主客清吏司の「案呈」だけで、礼部の咨文の中身を構成しうるかのようである。その裏づけとして、西里氏は、「主客清吏司の案呈」について、「主客清吏司から案呈されてきたものは、確認済みの公文書と見なされ、前例としての効力を付与される。」と書いているが、また逆に言えば、そのような読み下し文は、この見解に忠実に沿ったものとも言える。

西里氏の理解するところによれば、「案呈」は、咨文の作成過程における役割りや、その構成要素として、通常に理解されているよりも、はるかに重要なものとして位置づけているわけだが、それでは「案呈」とは、通常にはどのように規定されているだろうか。西里氏自らが引用しているところによれば、

『吏文輯覧』によれば、「案呈」とは、「六部清吏司および各処の経歴司が本衙門の堂上（長官）に呈するの文」（『第一集抄』、解説一五頁）。

とある。そのどこにも、同氏のいわゆる「案呈されてきたものは、確認済みの公文書と見なされ、前例としての効力を付与される」という、比較を絶する程に重要なはずの記述が見あたらない。これは西里氏が主観的に付加した単なる私解のようである。そのような解釈が当たらないのは、筆者が今しがた検討した二五九文書や二六一文書の解説によっても明らかである。

中国の他の王朝にもいえることだが、明や清の皇帝は独裁者であった。しかし、いくら独裁者でも、広大な帝国の複雑多岐な行政事務を、一人でこなすのは不可能である。そこで皇帝の独裁権を皇帝の名のもとに代行する膨大な官僚機構が必要になる。ここでの問題に即して言えば、礼部の咨文が法的に発効するのは、皇帝の独裁権の一部の代行者である、礼部の長官の礼部尚書が、主客清吏司等という下級官庁から案呈されてきた文書（起案文）に署名し、決裁することを通じてであったと考える。換言すれば、主客清吏司の案呈に、たとえ皇帝の裁可文＝礼科抄出が含まれていようとも、それに礼部尚書の決裁がないかぎり、それは礼部内の単なる起案文書や討議資料に過ぎないと考える。

筆者は、（二三九文書）の文書構成をつぎのように理解する。まず読み下し文を掲げ、それに沿って説明しよう。

福建等処承宣布政使司、慶賀・進香の為の事：欽査提督福建軍門都御史態《熊カ》ノ案験⑤ヲ奉ジタルトコロ、「礼部ノ咨④ヲ准ケタルニ、該《か》ノ『本部ノ題①ニツキ、主客清吏司案呈シ、本部ヲ奉ジテ該琉球国中山王ノ世子尚豊ニ（②咨を）送リタルトコロ、咨③スルニ、〈王舅毛泰時等一十六員名ヲ差ハシ、表文ヲ賚捧シ、方物ヲ管送シテ京ニ赴キ、皇上ノ登極ヲ慶賀シ、并ニ熹宗悊皇帝ニ香品ヲ追《おく》ラシム〉トアリ。其ノ進到セル表文及ビ方物ハ、已経《すで》ニ本部ヨリ具題シテ進ゼリ。及《ま》タ今該国ノ長史蔡錦等徳陵ニ前《すす》ミ赴キテ礼ヲ行ナヘリ。外《な》ホ、所拠《くだん》ノ差ハシ来タラセル員役ニハ、例トシテ応ニ具題シテ欽賞スベケレバ、琉球国中山王ノ世子尚豊ノ差ハシ来タラセル王舅・長史等ノ官毛泰時等一十六員名ニハ、共ニ彩段九表裏・羅四疋・紗帽一頂・鈒花金帯一条・織金紵糸衣一套、計三件、靴襪各一双・鈔ニ折スル錦布三十疋ヲ給賞セリ。抽シテ剰レル本国《その》ノ附搭セル土夏布ノ価ハ、生絹二十五疋ヲ値《あ》テタリ。合ニ貴院ニ咨④スレバ、布政司ニ移行シテ琉球国ニ転行セシメ、知行セシムルヲ施行スベシ』等因トアリタレバ、此レヲ奉ゼリ。擬《はか》リテ合ニ就チニ行スベシ」ト（案験⑤が）アリタレバ、此ガ為ニ備繇シテ移咨シテ前去《ゆか》シムレバ、査照シテ施行スルヲ為スコトヲ煩ハスベシ。須ラク咨ニ至ルベキ者《なり》。右ハ琉球国ニ咨ス。

崇禎四年六月初六日

まず礼部が、欽差提督福建軍門都御史の態《熊カ》に咨文を送り、その咨文の内容を、布政司に移行し、同司をして同咨の内容を琉球国に転行せしめるべく、態《熊カ》に指令した。そして態《熊カ》はその旨を案験にしたためて布政司に送り、同司はくだんの礼部の咨の内容を琉球国に転行して知会せしめた、というのが、この二三九文書の収発経路である。この点については、西里氏も筆者も同じ考えである。ところが、文書構成の分析と解釈において最も重要である、その収発経路の結節部分に対する読み下し方については、筆者とは大きくいちがう。西里氏は、当該箇所を次のように読み下している。

……等の因あり〉、まさに貴院に咨すべし』、とあり。布政司に移行す。琉球国に転行して知会せしめ、施行せしめられよ」、等の因あり。これを奉けたり。擬してまさに就行すべし。此が為に、繇を備え移咨して前去せしむ。煩為《ねが》わくば差照して施行せられよ。……（傍点は筆者）

前の傍点部分「布政司に移行す」は、西里氏の読み下し文によれば、軍門都御史態《熊カ》の、布政司に対する行為として読まれているが、それは誤りであって、そこは、礼部が「貴院」＝軍門都御史に咨文を送るので、「貴院」が布政司ニ移行シテ琉球ニ転行セシメ、知会セシムルヲ施行スベシ云々と読むべきであり、その部分は、礼部の「貴院」に対する指令文の一部（礼部の咨文の一部）なのである。また、後の傍点部分「擬してまさに就行すべし」という指令文を、同氏は、布政司の琉球国に対する指令と誤解している。「擬リテ合ニ就《ただ》チニ行スベシ」とは、軍門都御史の布政司に対する指令文なのである。

筆者が、自らの読み下し文中に付した①～⑤および④'～⑤'の符号は、それらの文書の授受がなされた時間の順序を示したものである。なお、②「咨」、⑤'「案験」は、文脈上その箇所に、それらの潜在することが想定しうる。

①「本部ノ題」は、礼部の上疏文である。この「題」は、おそらく、崇禎帝の即位と、天啓帝の祭礼につき、礼部が琉球国に知会し、それぞれの為の使者を派遣するよう慫慂する咨文を、琉球国に発送してよいか否かについて書かれた内容で、すでに裁可をうけていたもの。この「題」の写しは、④「咨」とともに、欽差提

督福建軍門都御史態《熊カ》にも送られた。
②「咨」は、①「題」が礼部に礼科抄出され、その抄出を引用して主客清吏司が案呈し、その案呈を礼部尚書が決裁（礼部ヲ奉ジ）して作成された咨文である。
③「咨」は、世子尚豊が、礼部からきた②咨によって、皇帝の登極と前皇帝の祭礼とを知ったから、それぞれの為の使者の派遣と、方物や礼物等を奉る趣旨の咨文を、使者に持たせて礼部に送った、その咨文が③「咨」である。
④「咨」は名詞で、④′「咨」は動詞形だが、結局、どちらもその内容は、礼部が軍門都御史に送った同一の咨文である。
⑤「案験」＝⑤′「案験」。
この④「咨」＝④′「咨」や⑤「案験」＝⑤′「案験」のような関係は、この（二三九文書）のように、いくつかの文書の授受をその内容として含む型の咨文においては、あてはまるのが通例である。

問題点を立体的に把握する一助として、この（二三九文書）以下に出てくる関係官庁と、その職掌について補足説明しておこう。

明朝の六科について

凡ソ毎日早朝、六科、官一員を輪《めぐ》ラセ（輪番）、殿廷ノ左右ニ於テ、執筆シテ聖旨ヲ記録セシム。仍ハチ文簿内ニ於テ、某日、某官ノ某、欽ミテ記スルコト相同ジト註写シ、以テ壅蔽（聖明を蔽う）ヲ防グ。

凡ソ各衙門（礼部などを指す）ノ題シタル奏・本ノ状ノ、旨ヲ奉ジテ発落シタル事件ハ、開坐（かきしるす）シテ具本（書面をさし出す）スルニ、戸・礼・兵・工・刑ノ五科ハ、倶ニ吏科ニ送リ、毎日早朝、六科ノ掌科官ト同ニ御前ニ於テ進呈ス。

凡ソ六科ノ毎日収到（受け取る）スル各衙門ノ題スル奏・本ノ状ト、奉有シタル聖旨ハ、各々奏目ヲ具シ司礼監ニ送リテ交収セシム。又文簿ノ陸続セル編号ヲ置キ、本状ニ開具シ、倶ニ監ニ送リテ交収セシム。

凡ソ六科ノ毎日接到（受け取る）スル各衙門ノ題スル奏・本ノ章ハ、逐一書冊ニ抄写シ、五日ニ一タビ内閣ニ送リ、以テ編纂ニ備ヘシム。

礼科について

凡ソ毎日各衙門ノ、御前ニテ面奏シ、并ニ奏本等ノ項ノ事理ヲ封進スルトキハ、倶ニ先ヅ印信・奏目ヲ具ヘ、本科ニ送リテ類写シ、司礼監ニ送リテ進呈セシム（『大明会典』巻二一三）。

六科ハ、侍従・規諫・捕闕・拾遺、六部百司ノ事ヲ稽察スルヲ掌ル。凡ソ（翰林院が）敕宣ヲ制シテ（六科に）行スルニ、大事ハ覆奏シ、小事ハ署シテ之レヲ頒ツ（抄出する）。失有ラバ封還（封《ふう》してかえす）シテ執奏（意見などを取次いで天子に申し上げる）ス。凡ソ内外ヨリ上章スル所ノ疏ハ下スニ、分類シテ抄出シ、参署（参考意見を書きしるす）シテ（六）部ニ付シ、其ノ違誤ヲ駁正ス。

吏科ハ、凡ソ吏部ノ引選（官吏を奏薦する）スルトキ、則ハチ掌科－即ハチ都給事中ニシテ、本科ノ印ヲ掌ルヲ以テ、故ニ名トス。六科トモ同ジ－、同ニ御前ニ至リテ旨ヲ請フ。外官ハ文憑ヲ領ケ、皆先ヅ科ニ赴キテ画字ス。内外官ノ考察ニハ自陳セシメテ後、則ハチ各科ト与ニ具奏ス。拾遺シテ其ノ不職者（職に堪えざる者）ヲ糾《ただ》ス。

戸科ハ、光禄寺ノ歳入スル金穀、甲字等十庫ノ銭鈔・雑物ヲ監スルニ、各科ト与ニ之レニ兼泣シ、皆三月ニシテ代ハル。内外ニ田土ヲ陳乞シ、隠占・侵奪スル者有ラバ、之レヲ糾ス。

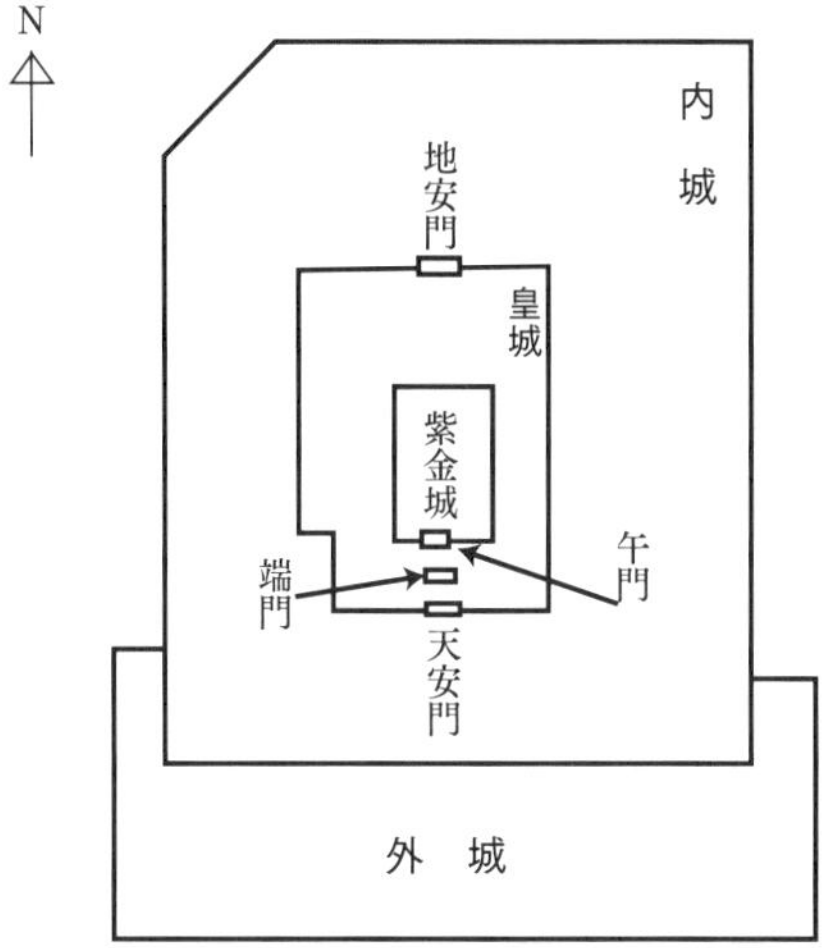

図Ⅰ　紫金城(故宮)、皇城、内城、外城の関係を図示した。
門の名前と場所は本稿と直接関連する最小限度を図示するにとどめた。陳舜臣『北京の旅』より。

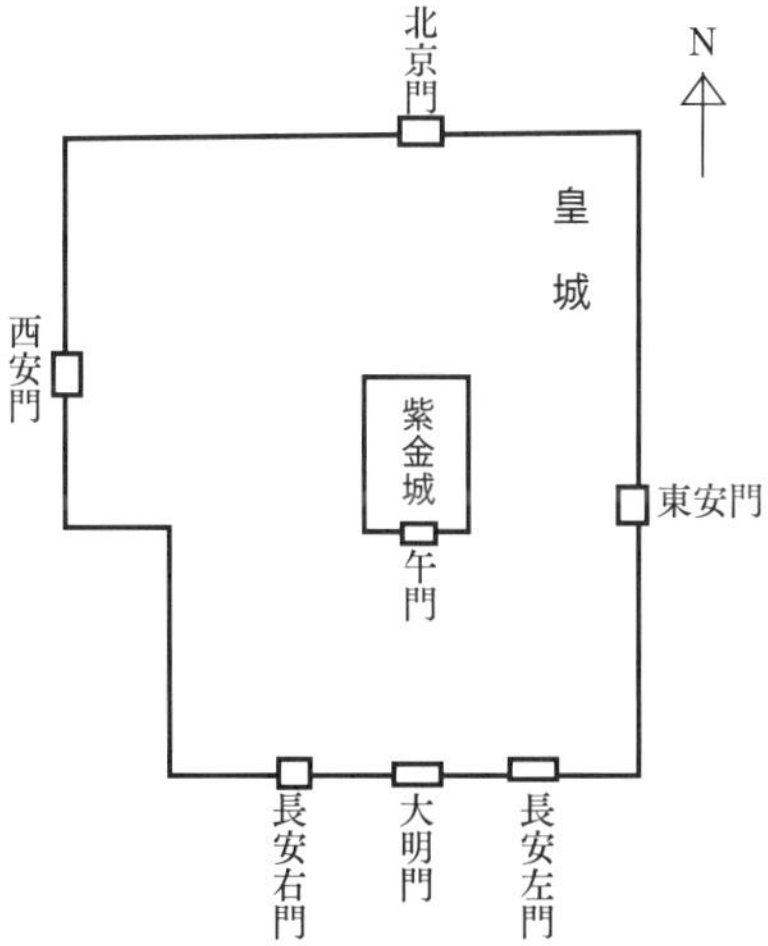

図Ⅱ　明朝の紫金城と皇城。
皇城の長安左門の南（城外）に接して、六部以下の建物がならんでいた。礼科以下の六科の建物は皇城（内府とも闕内とも）内にあた。『大明会典』より。

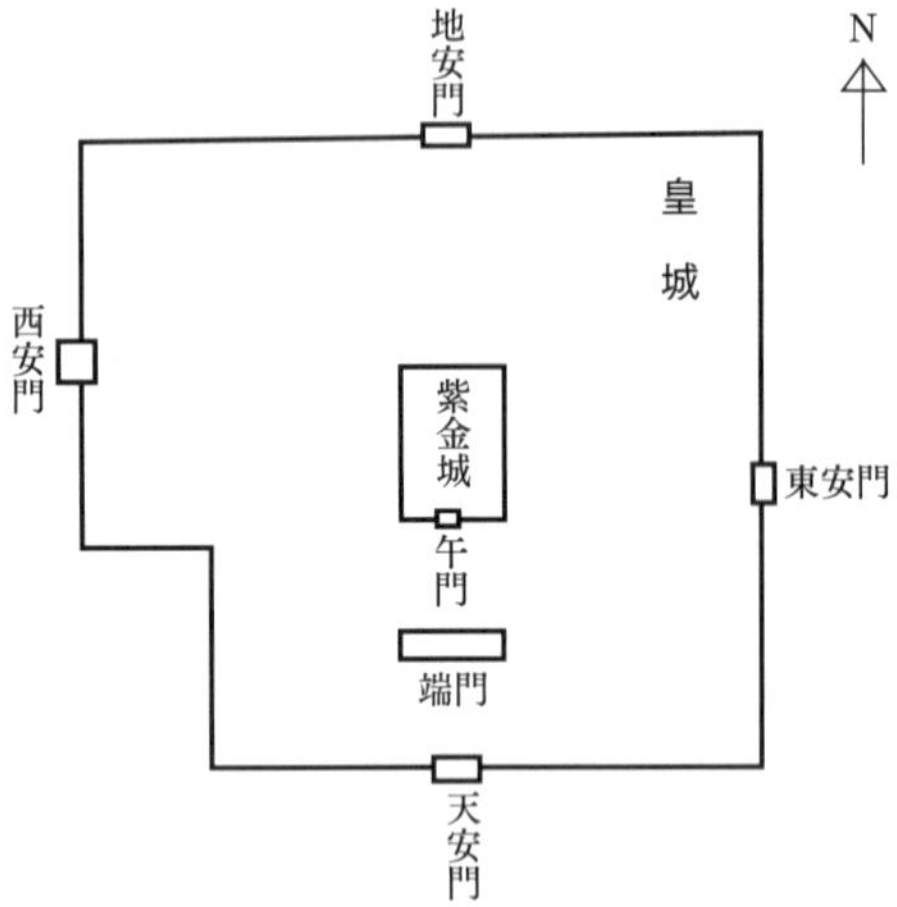

図Ⅲ　清朝の紫金城と皇城。
紫金城には、外朝（太和殿、中和殿、保和殿）と内庭（乾清宮、交泰殿、坤寧宮）があり、乾清宮は皇帝の寝宮であった。六科は端門内にあり、六部は内城（図Ⅰ参照）にあった。『欽定大清会典』より。

礼科ハ、礼部ノ儀制ヲ監訂スルニ、凡ソ大臣、曾《かつて》経糾シテ削奪セラレ、玷士有ラバ、論者ハ之レヲ紀録シ、以テ贈諡ノ典ニ核ベシム。

兵科ハ、凡ソ武臣ノ、誥敕ニ貼黄スルトキ、本科ノ一人、監視ス。其ノ引選スルトキニ画憑スルノ制ハ、吏科ノ如シ。

刑科ハ、毎歳二月下旬ニ、前一年ノ南北ノ罪囚ノ数ヲ上リ、歳終ニハ、一歳ノ蔽獄ノ数ヲ類上（まとめてたてまつる）シ、十日ニ一タビ実在スル罪囚ノ数ヲ閲シ、皆法司ニ憑リテ移報シテ奏御セシム。

工科ハ、軍器局ヲ閲試スルニ、御史ト同ニ節慎庫ヲ巡視シ、各科ト与ニ宝源局ヲ稽査ス。

而シテ主徳ノ闕違、朝政ノ失得、百官ノ賢佞ナルトキニハ、各科或ハ単疏シテ専達シ、或ハ公疏ニ連署シテ奏聞ス―六科ニ分隷スルト雖モ、其ノ事ノ重大ニ属スル者ハ各科皆通奏スルヲ得。但シ事ノ某科ニ属スルトキハ則ハチ、其ノ科ヲ列シテ首ト為ス―。（『明史』志第五十、職官三）

清朝の六科について

科鈔（論旨・章奏）ヲ発シ、在京各衙門ノ政事ヲ稽察シ、而シテ其ノ文巻ヲ註銷（取消す）ス。

吏科ハ、吏部・順天府ヲ稽察ス。

戸科ハ、戸部ヲ稽察ス。

礼科ハ、礼部・宗人府・理藩院・太常寺・光禄寺・鴻臚寺・国子監・欽天監ヲ稽察ス。

兵科ハ、兵部・太僕寺・鑾儀衛ヲ稽察ス。

刑科ハ、刑部・通政使司・大理寺及ビ河南道ヲ稽察シテ刷巻（帳簿を調べる）ス。

工科ハ、工部ヲ稽察ス。

毎月両次、各衙門所弁ノ事ヲ以テ、造冊シテ科ニ送リ註銷セシム。其ノ限ヲ逾ヱテ因《わけ》有ル者ハ、皆冊内ニ於テ声明セシム。故無クシテ限ヲ逾ユル者ハ、科ニ由リテ指参（名指しで弾劾する）ス。皆月ノ終リニ於テ具題セシメ、年ノ終リニ河南道ニ由リテ題ヲ彙《あつ》メシム。

凡ソ科鈔ハ、給事中、本ヲ内閣ニ於テ親接ス。給事中一人ヲ以テ、直日ニ内閣ニ赴キテ本ヲ接ス。各〻其ノ正鈔・外鈔ニ分ケテ部ニ下ス。本章モテ命ヲ下スニ、事ノ某部ニ属スル者ノ、即ハチ某科由リ清・漢文ニテ鈔《うつ》シ、某部ニ交出スルヲ正鈔ト為ス。如シ数処ニ関渉スル者ノ、即ハチ本ヲ以テ別科ニ送リ、転発セシムルヲ外鈔ト為ス。応ニ封駮（詔敕のよくない者を封《ふう》還して、その反駁意見を申達すること）スベキトキハ以聞《いぶん》（天子に上書する）ス。部院督撫ノ本章、已経《すで》ニ旨ヲ奉ジタルモ、如シ確カニ施行スルニ未便ナルノ処有ラバ、該科封還シテ執奏スルヲ許シ、如シ内閣ノ票籤スル批本ノ錯誤シ、及ビ理ノ協ハザルトキハ、並《ま》タ駁正スルヲ聴ス。……惟《た》ダ密本ハ則ハチ鈔セズ。密本ハ科ニ由リテ号ヲ登《しる》シ、原封《ぷう》ヲ以テ部ニ送リ、該部弁ジ畢リテ仍ハチ密封シ、科ニ送ル。（文中の割注とルビは筆者）

つぎに西里氏の、「G　文書構成の分析（七）（三〇八文書）」を検討しよう。

〔原文〕

福建等処承宣布政使司為咨送遠人回国事案照順治八年拾壱月初伍日奉撫院都御史張憲牌准礼部咨主客清吏司案呈奉本部送拠福建布政使司咨呈起送琉球国差来齎表官壱員周国盛人伴弐名堅義遂志併招撫土通事壱員謝心振等到京除将齎到投誠表文随即恭進外于順治八年九月初八日蒙欽頒勅諭一道欽賞該国差来齎表官周国盛綵緞二表裏銀二十両人伴二名堅義遂志毎名布二疋銀五両招撫土通事謝必振綵緞一表裏銀十両倶在京給領訖今倶回還除移咨兵部給以応付外令差鴻臚寺琉球館通事序班呉国鼎跟役二名伴送至福建撫院交割査照旧例早令出境回国差官到彼即令回還相応一併咨会案呈到部為此合咨前去煩為即撥好船人夫転行琉球国及該布政使司知会施行等因准此備牌行司即便査照旧例撥好船人夫将該国齎表官周国盛等早令出境回国其転行該国事宜察明旧例俟将起程日備由詳院以憑施行其欽頒勅諭一道暫為収上司庫仍先具文回報以便咨覆等因奉此遵行在巻今差通事官謝必振齎捧勅書并同齎表官周国盛人伴二名堅義遂志帰国合就移知為此備由移咨貴国煩為査照欽遵施行須至咨者右咨琉球国

順治九年六月初二日　咨

〔読み下し文〕――西里氏

福建等処承宣布政使司、遠人を咨送して回国せしめんが事のためにす。案照するに、順治八年十一月初五日、撫院都御史張の憲牌を奉じたるところ、「礼部の咨を准けたるに、『主客清吏司案呈すらく、〈本部より送れるものを奉じたるに、《福建布政使司の咨呈に拠れば、〔琉球国の差来せる齎表官一員周国盛、人伴二名堅義・遂志、併《ならび》に招撫土通事一員謝必振等を起送して京に到らしむ」とあり。齎到せる投誠の表文を将て、随即に恭しく進むるを除くの外、順治八年九月初八日、勅諭一道を欽頒せられ、該国の差来せる齎表官周国盛に、綵緞二表裏・銀二十両、人伴二名の堅義・遂志に、毎名布二疋・銀五両、招撫土通事謝必振に、綵緞一表裏・銀十両を欽賞せらるるを蒙る。倶に京に在りて給領せしめ訖《おわ》れり。今、倶に回還せんとすれば、兵部に移咨し、給して以て応付せしむるを除くの外、鴻臚寺琉球官通事序班の呉国鼎、跟役二名を差わして伴送せしめ、福建撫院に至りて交割せしむ。旧例を査照して早かに出境回国せしめられよ。差官、彼に到れば即ちに回還せしめ、相《あ》い応に一併に咨会すべし》とあり〉。案呈して部に到る。此れが為に、合に咨して前去せしむ。煩為《ねがわ》くば、即ちに好船の人夫を撥して琉球国及び該布政使司に転行し、知会施行せしめられよ』等の因あり。此れを准けたり。牌を備えて司に行す。即便に旧例を査照して好船の人夫を撥し、該国の齎表官周国盛等を将て早かに出境回国せしめよ。其の該国に転行するの事宜は、旧例を察明し、将に起程せんとするの日を俟《まち》て、由を備えて院に詳し、以て施行するに憑《よ》らしめよ。其の欽頒の勅諭一道は、暫く司庫に収上し、仍りて先ず文を具えて回報し、以て咨覆するに便ならしめよ」等の因あり。此れを奉けたり。遵行して巻にあり。

今、通事官謝必振を差《つか》わし、勅書を齎捧せしめ、並びに齎表官周国盛、人伴二名の堅義・遂志と同《とも》に帰国せしむ。合に就ちに移知すべし。此れが為に由を備えて貴国に移咨す。煩為《ねがわ》くば査照して欽遵施行せられよ。須く咨に至るべき者なり。

右、琉球国に咨す。

順治九年六月初二日

この（三〇八文書）に対する西里氏の分析と読み下し文についての、筆者の批判は、さきの（二三九文書）におけるのとほぼ重複するので、ここでは、問題点について簡単にふれ、筆者の分析と読み下し文を掲げるにとどめる。

まず、原文の二行目から三行目にかけて、「奉本部送拠福建布政使司咨呈……」とある箇所は、これまで見てきた種々の咨文の例からして、「奉本部送（礼科抄出）拠福建布政使司咨呈……」とあるべきところ、（　）内の四文字が省略された形である。同じく九～十行目（本書の五行目）の「撫院交割査照旧例」の箇所は、「撫院交割（……等因具題奉聖旨）査照旧例」とあるべきところ、（　）内の七文字プラス・アルファーが省略された形である。十行目～十一行目の「回還相応一併咨会案呈到部」の箇所は、「回還（欽此欽遵抄出到部送司）相応一併咨会案呈到部」とあるべきところ、（　）内の十文字が省略された形である。

これら省略された語句は、いずれも常套語句であり、咨文の発送者が、文体を簡潔化する為に、そのように省略しても、当然、相手方が十分にその省略部分を再構成して把握できる、と想定した措置である。その省略部分を念頭において読み下すと左のとおりである。

福建等処承宣布政使司、咨シテ遠人ヲ送リ回国セシムル為ノ事：順治八年十一月初五日ニ奉ジタル撫院都御史張ノ憲Ⓐ牌ヲ案照シタルトコロ、「礼部ノ咨ヲ准《う》ケタルニ、①『主客清吏司案呈シ、本部ヲ奉ジテ送リタルトコロ、（礼科抄出したるに）②〈『福建布政使司ノ咨呈スルニ拠レバ、《琉球国ノ差ハシ来タラセル齎表官一員周国盛、人伴二名堅義・遂志、併ニ招撫土通事一員謝必振等ヲ起送シテ京ニ到ラシム》トアリ。齎到セル投誠ノ表文ヲ将テ随即《ただち》ニ恭進シタルヲ除ク外、順治八年九月初八日ニ于《おい》テ勅諭一道ヲ欽頒セラレ、該国ノ差ハシ来タラセル齎表官周国盛ニ、綵緞二表裏・銀二十両、人伴二名堅義・遂志ニ、毎名布二疋・銀五両、招撫士通事謝必振ニ綵緞一表裏・銀十両ヲ欽賞セ蒙《ら》レタレバ、倶ニ京在《に》テ給領セシメ訖《た》リ。今倶ニ回還セシムルニ、兵部ニ移咨シ給シテ以テ応ニ付スベキヲ除ク外、鴻臚寺琉球館通事ノ序班呉国鼎ト跟役二名ヲ差ハシ、伴送セシメテ福建撫院ニ至ラセテ交割セシメタシ』②（……等因《云々》と具題したるところ、聖旨を奉じたるに）《……旧例ヲ査照シテ早カニ出境回国セシメヨ。官ヲ差ハシテ彼《かしこ》ニ到ラセテ、即チニ回還セシメヨ》トアラセタマヘバ、（此を欽みて欽遵せよ）〉と、（抄出せられて部に到りたれば司に送りたるに）、相応《これにより》テ一併ニ咨会スベシ、ト案呈セラレテ部ニ到ル。此レガ為ニ、合ニ咨シテ前去《ゆか》シムレバ、即チニ好船ト人夫ヲ撥シ、琉球国及ビ該布政使司ニ転行シテ知会セシムルヲ施行スルヲ為スコトヲ煩ハスベシ等因《云々》』①トアリタレバ、此レヲ准ゼリ。牌Ⓐ'ヲ備ヘテ司（布政使司）ニ行スレバ、即便《ただち》ニ旧例ヲ査照シ、好船ト人夫ヲ撥シ、該国ノ賫表官周国盛等ヲ将テ、早カニ出境回国セシメヨ。其ノ該国ニ転行スル事宜ハ旧例ヲ察明シ、俟ツニ起程ノ日ヲ将テシ、由ヲ備ヘテ院ニ詳《しょう》シ以憑《より》テ施行セヨ。其ノ欽頒スル勅諭一道ハ暫ラク司庫ニ収上スルヲ為シ、仮リテ先ヅ具文回報シ、以テ便ハチ咨覆セヨ」等因《云々》トアリタレバ、此レヲ奉ゼリ。巻ニ在ルヲ遵行センガタメニ、今通事官謝必振ヲ差ハシテ勅書ヲ賫捧セシメ、賫表官周国盛、人伴二名堅義・遂志ト并《とも》同ニ帰国セシム。「合ニ就チニ移知セシムベシ」トアリタレバ、此ガ為ニ、由ヲ備ヘテ貴国ニ移咨スレバ、査照シテ欽遵シ施行スルヲ為スコトヲ煩ハスベシ。須ラク咨ニ至ルベキ者《なり》。右ハ琉球国ニ咨ス。

順治九年六月初二日

「……」は撫院都御史張の憲牌を、福建等処承宣布政使司がその咨文の中に引用したもの。なお「合ニ就チニ移知セシムベシ」も憲牌の一部である。

『①……』①は礼部の咨文で、撫院都御史張がその憲牌の中に引用したもの。

『②……』②は礼部の題で、礼科抄出の中に引用されたもの。これが題であることがわかるのは、一つには、皇帝の聖旨であるとしか考えられないところの、⦅査照旧例早令出境回国差官到彼即令回還⦆があるからであり、二つには、それをうけて礼科抄出され、その抄出を引用して、主客清吏司が……相応《これにより》テ一併ニ咨会スベシ……と礼部に案呈しているからである。

〈……〉は礼科抄出で、礼部の咨文である『①……』①の中に引用されたもの。

《……》は福建布政使司が礼部に送った咨文で、礼部の題『②……』②の中に引用され、それがさらに孫引きされて、礼科抄出〈……〉の中に引用されたもの。

⦅……⦆は皇帝の聖旨で、礼部の題『②……』②に対する敕裁である。


なお、「奉撫院都御史張憲Ⓐ牌」と「備牌Ⓐ'行司」とを比べて考えると、前者は、布政使司が撫院の憲Ⓐ牌を奉《う》けたことであり、後者は、撫院が牌Ⓐ'を布政使司に行（発送）したこと。憲牌の憲は牌を修飾する敬称。結局こうした関係は、憲Ⓐ牌＝牌Ⓐ'の授受において、鏡に写した様なもので、この二者は、互いに表裏の関係にある同一物である。

また、西里氏は、「なお、撫院都御史の憲牌の引用の後に、『遵行在巻』という用語が用いられていることに注意しておきたい。『遵行して巻にあり』とは遵守すべき先例として記録に留められているという意味のようである。」と解釈しているが、「遵行在巻」をそのように、解釈すると、西里氏の読み下し文が示している様に、その四文字と前後の文脈がうまくつながらない。「遵行在巻」の「巻」を、筆者は、布政使司が現に奉《う》けとった、撫院都御史張の「憲牌」のことを指していると解釈する。すなわち、「巻ニ在ルヲ遵行シ」と読み、「憲牌に在る趣旨のとおりに遵行し云々」という意味だと思う。

つぎに、西里氏の「H　文書構成の分析（八）（三三八文書）」の検討にうつる。

〔原文〕

福建等処承宣布政使司……又為前事奉巡撫部院許令牌准礼部咨主客清吏司案呈奉本部送礼科抄出多羅温郡王蒙等会議題前事内開礼科抄出礼部題前事内開礼科抄出福建巡撫許題前事等因該臣等会議得拠琉球国王称恭順天朝三年両貢所有方物乃涓俟万一微忱今船破物失在天朝垂恤遠人雖免補備在敝国効順愚誠実難苟安為此補進金銀罐等物前経奉旨免其補備今此所進来之物理宜発回但拠該王咨称敝国効順愚誠実難苟安等語相応収受可也又一議前経礼部議題既奉旨寛免今所補進金銀罐等物相応仍発回可也康熙五年六月二十九日題七月初二日奉旨琉球国貢物船破飄失該国王復行補進具見恭順之誠深可嘉尚但前已有旨准免補進這補進金銀器皿等物仍著発回欽此欽遵抄出到部送司奉此相応移咨案呈到部擬合就行為此合咨前去煩為査照旨内事理欽遵施行等因到部院准此擬合就行備牌行司備照咨文内奉旨事理即便転移欽遵施行等因奉此今准前因合就移知為此備由移咨貴国煩為査照欽遵施行須至咨者

右　咨　琉球国中山王尚

康熙六年七月二十五日

〔読み下し文〕―西里氏

福建等処承宣布政使司……（略）……又、前事の為めにす。巡撫部院許の令牌を奉じたるところ、

a「礼部の咨を准けたるに、

b『主客清吏司案呈すらく、

c『本部より送れる礼科の抄出を奉じたるに、

d〈多羅温郡王蒙等の会議して題せる前事あり。内に開すらく、

e《礼科の抄出せる礼部の題に前事あり。内に開すらく、

f《礼科の抄出せる福建巡撫許の題に前事等の因あり。該臣等、会議し得たるに、琉球国王の称に拠るに、〔天朝に恭順して三年に両貢す。所有の方物は乃ち涓埃なるも、万一の微忱なり。今、船破れ物失う。天朝に在りては、遠人を垂恤して補備するを免ずと雖も、敝国に在りては、愚誠を効順するに実に苟《かりそめ》にも安んじ難し。此れが為めに金銀罐等の物を補進す〕》とあり。前に経に旨を奉じて其の補備を免ぜらるれば、今此《ここ》に進来せる所の物は、理として宜しく発

f′ 回すべし》

とあり。但だ、該王の咨に拠るに称すらく、

〔敝国、愚誠を効順するに実に苟にも安んじ難し〕等の語あり。

e′ 相《あ》い応《まさ》に収受すれば可なるべし》

とあり。又、一議するに、前に経に礼部議題し、既に旨を奉じて寛免せらるれば、今、補進する所の金銀罐等の物は相い応になお発回すれば可なるべし。康熙五年六月二十九日題し、七月初二日旨を奉じたるに、〔琉球国の貢物、船破れて飄失するにつき、該国王また補進を行わんとす。具《つぶさ》に恭順の誠を見《あらわ》せり。深く嘉尚すべし。但だ、前に已に旨ありて補進を免ずるを准《ゆる》されば、這《こ》の補進の金銀器皿等の物はなお著して発回せしめよ〕、とあり。此れを欽しみ欽遵せり。抄出、部

d′ に到れば司に送り、此れを奉けしめよ。相い応に移咨すべし〉

c′　とあり』

案呈して部に到る。擬して合に就行すべし。此れが為めに、合に咨して前去せしむ。煩為わくば、旨

b′　内の事理に査照して欽遵施行せられよ』

等の因あり。部院に到る。此れを准けたり。擬して合に就行すべし。牌を備えて司に行し、備《つぶさ》に咨文内

a′　の奉旨の事理に照して、即便に転移して欽遵施行せしめられよ」

等の因あり。此れを奉けたり。今、前因を准けて合に就ちに移知すべし。此れが為めに、由を備えて貴国に移咨す。煩為わくば、査照して欽遵施行せられよ。須く咨に至るべき者なり。

右、琉球国中山王尚に咨す。

康熙六年七月二十五日

〔読み下し文〕――筆者

福建等処承宣布政使司、……又前事ノ為ニ、巡撫部院許の令牌Ⓐヲ奉ジタルトコロ、〔礼部ノ咨Ⓑヲ准ケタルニ、「主客清吏司案呈シ、本部ヲ奉ジテ送リタレバ、礼科抄出Ⓒシタルニ、『多羅温郡王蒙等、会議シテ前事ヲ題Ⓓシタル内ニ開《しる》スラク、〈礼科、礼部ニ抄出スルニ、《前事ヲ題Ⓔシタル内ニ開スラク、《礼科抄出スルニ、福建巡撫許前事ヲ題Ⓕシタリ》等因《云々》トアリテ、該《か》ノ臣等（礼部の）会議シ得タルニ、琉球国王ノ称スルニ拠レバ、〝天朝ニ恭順シテ、三年ニ両貢ス。所《くだん》有ノ方物ハ乃ハチ涓埃ニシテ、万ニ一ツノ微忱ナリ。今船破レ物失ナハル。天朝ニ在リテハ、恤レミヲ遠人ニ垂レテ補備ヲ免ズルト雖モ、敝国ニ在リテハ、効順ノ愚誠トシテ実ニ苟安シ難シ。此レガ為ニ、金銀ノ罐等ノ物ヲ補進シタシ〟トアルモ、前ニ旨Ⓖヲ奉ズルヲ経テ、其ノ補備スルヲ免ジタレバ、今此ノ進来スル所ノ物ハ、理トシテ宜シク発回セシムベキナリ》トアリ。但

シ、該王ノ咨ニ称スルニ拠レバ、〝敝国、効順ノ愚誠トシテ、実ニ苟安シ難シ〟等ノ語アレバ、相応《これにより》テ収受シテ可ナリヤ。又一ノ議アリテ、前ニ礼Ⓗ部ノ議シテ題Ⓔスルヲ経、既ニ旨ヲ奉ジタルニ、寛免セラレタレバ、今補進スル所ノ金銀ノ罐等ノ物ハ、相応《これにより》テ仍ハチ発回セシメテ可ナリヤ〉ト、康熙五年六月二十九ニ題Ⓓシタルトコロ、七月初二日、旨ヲ奉ジタルニ、〔琉球国ノ貢物、船破レテ飄失シタレバ、該国王、復タ補進ヲ行ハントスルハ、具《つぶさ》ニ恭順ノ誠ヲ見《あら》ハセリ。深ク嘉尚スベシ。但シ前ニ已ニ旨有リテ補進ヲ准免シタレバ、這《こ》ノ補進ノ金銀器皿等ノ物ハ、仍ハチ発回セ著《し》メヨ〕トアラセタマヘバ、此レヲ欽ミテ欽遵セヨ』ト、抄Ⓒ出セラレテ部ニ到リタルニ、司（主客清吏司）ニ送レトアリタレバ、此レヲ奉ゼリ（礼部が礼科に対し、その旨を承知いたしました、ということ）。相応《これにより》テ、案呈セラレテ部ニ到リタルニ、「擬①リテ合ニ就《たゞ》チニ行スベシ」トアリタレバ、此レガ為ニ、合ニ咨Ⓑ′シテ前去《ゆか》シムレバ、旨内ノ事理ヲ査照シ、欽遵シテ施行スルヲ為スコトヲ煩ハスベシ」等因《云々》ト、部院ニ到リタレバ、此レヲ准ゼリ（部院が礼部に対し、その趣旨を承知した、ということ）。「擬②リテ合ニ就チニ行スベシ」トアリタレバ、牌Ⓐ′ヲ備ヘテ司ニ行スレバ、備《つぶさ》ニ咨文内ノ奉旨ノ事理ニ照シ、即《ただち》便ニ転移スルヲ欽遵シテ施行セヨ〕等因《云々》トアリタレバ、此レヲ奉ゼリ（布政使司が部院に対し、その旨を承知いたしました、ということ）。今前因ヲ准《う》ケタルニ、「合③ニ就チニ移知スベシ」トアリタレバ、此レガ為ニ由ヲ備ヘテ貴国ニ移咨スレバ、査照シテ欽遵シ施行スルヲ煩ハス。須ラク咨ニ至ルベキ者《なり》。右ハ、琉球国中山王尚ニ咨ス。

康熙六年七月二十五日

〔……〕は、巡撫部院許の牌である。令牌や憲牌の「令」とか「憲」は敬称。

「……」は、礼部の咨文である。

『……』は、礼部に対する礼科抄出。

〈……〉は、多羅温郡王蒙等の題である。「多羅」は満州語の美称。温郡は地名。蒙は人名。蒙は温郡王。

《……》は、礼部の題を引用した礼科抄出文。Ⓔ＝Ⓔ'の題は、「康熙四年二月初一日題」（『第一集抄』五五二頁、四〜五行目）とある「題」と同一。

⸨……⸩は、礼部のⒺ題の内容の一部。その中のⒻの題は、右と同じく、「福建巡撫許疏称」（五五一頁、十二〜十三行）とある「疏」と同一。

〃……〃は、琉球王の咨文。

〔……〕は、蒙等の題＝〈……〉に対し、皇帝が下した敕裁。

「①……」は、礼科の礼部に対する指令で、それを主客清吏司が自らの案呈の中に、直接話法で引用したもの、と解する。

「②……」は、礼部の部院に対する指令。

「③……」は、部院の布政使司に対する指令。

Ⓐの「令牌」＝Ⓐ'の「牌」。

Ⓑの「咨」＝Ⓑ'の「咨」。

Ⓒの「抄出」＝Ⓒ'の「抄出」。

Ⓓの「題」＝Ⓓ'の「題」。

Ⓖの「旨ヲ奉ズル」は、Ⓔ＝Ⓔ'の「題」に対する皇帝の敕裁を奉《う》けること。

Ⓗの「礼部」の語は、その語を含むパラグラフ＝〈トアリ。但シ、該王ノ咨ニ……可ナリヤ〉の部分が、礼部の文章ではないことを示している。礼部が自己を自称する語は、「本部」又は単に「部」であるからである。

このパラグラフは、蒙らの題の一部であることを示している。

（三三八文書）について分析し解釈した訳だが、ここで、西里氏と筆者との間にある主な相違点を摘記してみる。

西里氏は、「②礼部のコメント（補貢品は発回すべし－筆者註）をふまえて、多羅温郡王蒙らが審議の上題奏した。郡王蒙らの題奏の範囲は読み下し文のe……e′の部分である。ここで郡王蒙らは、折角琉球から『愚誠を効順』したいと申し出て来ているのだから『収受』すべきであるという見解を述べている。」と書いているが、筆者の見解によれば、西里氏のいわゆるe……e′の末尾の部分（とあり。但だ……可なるべし》）とある部分だけが、蒙らの題の一部分だとおもう。

なお、西里氏は、右の箇所を、《……等の語あり。相《あ》い応《まさ》に収受すれば可なるべし》と読み下しているが、そこは、蒙らが皇帝の諮詢をうけてする奉答であるから、「……等ノ語アレバ、相応《これにより》テ収受シテ可ナリヤ」と、敕裁を仰ぐ姿勢で読むべきであろう。

「③多羅温郡王蒙らの見解をふまえて、礼部は再度上奏する。礼部の再上奏は読み下し文のd……d′の部分に含まれる。ここでも礼部は、一旦補貢免除の決裁が下りたのだから、やはり『発回』すべきであると提案して、再度裁可を得ている。」と書いているが、氏のいわゆる、「d……d′」の部分は、筆者の解釈では、筆者のいわゆる『……』＝礼科抄出の部分と、「……」＝礼部の咨の一部が含まれている。このパラグラフの中で、題（Ⓓ′）しているのは多羅温郡王蒙らであって、その題（Ⓓ′）をさして、「礼部は再度上奏する」という氏の指摘は誤解である。それが礼部の題ではない歴然たる証拠は、そのパラグラフの中に「礼部」（Ⓗ）の語があるからである。

また、右のパラグラフについて、氏は、「……発回せしめよ」、とあり。此れを欽しみ欽遵せり。抄出、部に到れば……」と読んでいるが、そのように読むと、礼科の方が「聖旨」に対して「欽しみ欽遵」していることになる。それに対して筆者は、『……〔……発回セ著《し》メヨ〕トアラセタマヘバ、此レヲ欽《かしこ》ミテ欽遵セヨ』と読む。「欽此欽遵」の四文字は抄出（文）の末尾に必ずある常套語であるから、抄出する相手方の官庁に対する礼科等の指令語である、と解する。

つぎに西里氏は、〈④再度の裁可を得た礼部の上奏は、礼科で抄出されて礼部に送られてきたので、礼部はこれを管轄下の主客清吏司に送ってコピーさせた、とひとまず考えておく（このあたりの手続きが通常の場合よりもやや複雑で、「抄出到部送司奉此相応移咨」の意味を十分掌握しきれていない。礼科の抄出は、通常、まず主客清吏司へ送られるはずであるが、ここでは先に礼部へ到りその後に主客清吏司へ送られる手順になっているように見える。緊急の場合には、先に礼部へ送ることになっていたのであろうか。あるいはまた、「送司」の「司」は主客清吏司ではなくて、布政使司であって、礼部の再上奏とその決裁の旨を礼部から布政使司へ送るよう、礼科から礼部へ「移咨」したとも考えられる。いずれにしても今後の検討課題である）。〉と書いている。この麻のように乱れた、西里氏の、宝案文書理解の文中に、筆者の同氏に対する疑問の骨子は、問わず語りの形で述べられている。

「礼科の抄出は、通常、まず主客清吏司へ送られるはずである」と書かれているが、それは誤解である。「抄出到部送司……」は、氏を困惑させているようだが、それは何もこの（三三八文書）にだけ出ているのではなく、氏自身が『第一集抄』の中に掲げている（三五一文書）や（三五四文書）にも、それぞれ「抄出到部」（三九頁）、「抄出到部送司」（四一頁）などとあり、また、本稿の三七頁でとりあげた（二三九文書）の検討の中で、筆者が出した三文例のうちにも、㈠「抄出到部送司」、㈢「抄出到部送司」とある。また㈡「抄出案呈到部」の方も、「抄出（到部送司）案呈到部」の省略形であることが逆にわかる程である。また、『吏文輯覧』巻二に、〔礼科抄出〕を説明して、「……又凡ソ奏聞ノ事ハ、例トシテ六科ニ下シ、方《はじ》メテ抄シテ六部ニ送ラシム」（三三九頁）とある。

およそ筆者が台湾本『歴代宝案』の第一冊を通読したかぎりでも、すべて、抄出↓某部↓某清吏司となっているのであって、西里氏が言うように、抄出↓某清吏司↓某部という事例は一例も見たことがない。『大明会典』や『欽定大清会典』にも、西里氏のその見解を裏づける事例はない。

西里氏が、「抄出↓某清吏司↓某部」という錯覚をおこした、そもその原因は、「抄出到部送司」という豊富な実例から出発するという常道をわざわざ避けて、いかなる史料的裏付けもなしに、自ら主観的に設定した「案呈」＝「抄出」というドグマに固執し、そこから出発したからである、と思われる。

また、〈あるいはまた、「送司」の「司」は主客清吏司ではなくて布政司であって、礼部の再上奏とその決裁の旨を礼部から布政使司へ送るよう、礼科から礼部へ「移咨」したとも考えられる。〉と述べているが、この咨文（三三八文書）の発送経路が、礼部↓巡撫部院↓福建等処承宣布政使司↓琉球国中山王尚であることは、誰が見ても明らかな事実である。西里氏の右の見解は、氏自らも認めているこの事実を根底からくつがえすものである。また、礼科から礼部へ移咨したとも考えられる、と書くに至っては、いわゆる「文理荒謬」である。西里氏は、礼科が礼部を「稽察」する監察機関であって、換言すれば、咨文等を稽察することはあっても自らそれを移咨したり発送したりする、一般の行政機関ではない、という事実を忘れているようだ。

この（三三八文書）を考察して気付いた点は、この咨文が成立してゆく過程で礼科（を含む六科）という官庁が大きな役割を果たしているな、ということである。礼部とか、福建巡撫とか、多羅温郡王蒙とかの題が、必ず礼科の手元を通過し、それら文書の時間的配列や内容の整理や必要な指令等、関係官庁間の連絡調整において、礼科が心臓部ともいうべき太いパイプ役をはたしているという事実である。その太いパイプを、各官庁の各種の公文書が互いに往還する中で、この（三三八文書）のような咨文が次第に煮つめられて、成立してきている訳である。

西里氏の「I　文書構成の分析（九）（三五一文書）」を検討する。

〔原文〕

礼部為琉球国具表進貢方物事礼科抄出該本部題前事内開照得琉球国世子尚貞差耳目官富茂昌正議大夫蔡国器等進貢到部査得本年二月内臣部題覆福建巡撫劉秉政題前事一疏内開琉球国世子尚貞差耳目官富茂昌等駕船二隻進貢一船先到福建応将現到一船所載貢物及来使照例准其来京此進貢硫磺留福建総督巡撫収貯臣部移咨工部於応用処使用其一船被風飄失遭賊連船劫去進貢方物縁由応俟琉球国来使到京之日問明再議具題等因奉旨依議欽遵在案今得貢使耳目官富茂昌正議大夫蔡国器于到部問你們進貢来駕船二隻内一船被風飄失遭賊劫去是何情由抛供康熙九年在本国二船装載貢物開洋来至福寧州界外桑山偶遇颶風抛錨不及一船飄失不知去向何処後至福建省提督王進功将颶風飄失一船之人解送来時方知被賊劫去等因該臣等議得琉球国原進貢熟硫磺一万二千六百觔馬十匹螺殻三千個常貢外加鬃煙一百匣番紙四万張蕉布一百疋……除被風飄失遭賊劫去一船所載貢物無庸査議今進到硫磺存貯福建外其螺殻一千五百個蕉布五十疋番紙二万張鬃煙五十匣応交与総管内務府照数査収其馬五匹交付内阿墩可也臣等未敢擅便謹題請旨等因康熙十年八月二十七日題本月二十九日奉旨依議欽此欽遵抄出到部相応移咨為此合咨前去煩為査照施行須至咨者

右　咨　琉球国中山王世子

康熙十年九月十六日

〔読み下し文〕―西里氏

礼部、琉球国より表を具し方物を進貢するの事の為(カ)めにす。

礼科の抄出せる該本部の題に、前事あり。内に開すらく、「照し得たるに、琉球国世子尚貞、耳目官富茂昌・正議大夫蔡国器等を差わし、進貢して部に到る。査し得たるに、本年二月内に、臣が部より福建巡撫劉秉政の題せる前事に題覆するの一疏内に開すらく、

『琉球国世子尚貞、耳目官富茂昌等を差わし、船二隻に駕して進貢せしむ。一船は先に福建に到る。応に現に到るの一船の載せる所の貢物及び来使を将って、例に照らして其の京に来るを准すべし。此の進貢の硫黄は福建に留めて総督巡撫に収貯せしめ、臣が部より工部に移咨し、応に用うべきの処において使用せしむべし。其の一船、風を被りて飄失し、賊の船を連ねて進貢の方物を劫去するに遭うの縁由は、応に琉球国の来使の京に到るの日を俟ちて問明し、再議して具題すべし』等の因あり。

旨を奉じたるに、〈議に依れ〉とあり。欽遵して案に在り。

今、貢使の耳目官富茂昌・正議大夫蔡国器、部に到るを得れば、你們の進貢来駕せる船二隻の内、一船は風を被りて飄失し、賊の劫去に遭うとは是れ何の情由なるやを問う。供に拠るに、〈康熙九年、本国に在りて二船貢物を装載して開洋し、福寧州界外の桑山に来至するや、偶々《たまたま》颶風に遭い、錨を抛つも及ばず。一船は飄失し、何処へ去向するやを知らず。後、福建省へ至り、提督王進功、颶風にて飄失せる一船の人を将って解送し来るの時、方めて賊の劫去を被るを知れり〉等の因あり。該臣等、議し得たるに、琉球国、原《もと》、熟硫黄一万二千六百觔・馬十匹・螺殻三千個の常貢を進貢するの外、鬃煙一百匣・番紙四万張・蕉布百疋を加う。……風を被りて飄失し、賊の劫去に遭うの一船の載せる所の貢物は査議を庸《もち》うるなく、今、進到せる硫黄は福建に存貯するを除くの外、其の螺殻一千五百個・蕉布五十疋・番紙二万張・鬃煙五十匣

は、応に総管内務府へ交与し、数に照らして査収せしめ、其の馬五匹は、内阿墩へ交付せしむれば可なり。臣等、未だ敢えて擅便せず。謹しみて題して旨を請う」等の因あり。康熙十年八月二十七日題し、本月二十九日、旨を奉じたるに、〈議に依れ〉とあり。此れを欽しみ欽遵せり。抄出して部に到れば、相い応に移咨す。此れが為めに、合に咨して前去せしむ。煩為わくば査照して施行せられよ。須く咨に至るべき者なり。

右、琉球国中山王世子に咨す。

康熙十年九月十六日

〔読み下し文〕―筆者

礼部、琉球国ノ表ヲ具シテ方物ヲ進貢スル為ノ事：礼科抄出①スルニ、「該《か》ノ本部ノ前事ヲ題②シタル内ニ開《しるす》ラク『照得シタルニ、琉球国世子尚貞、耳目官富茂昌、正議大夫蔡国器等ヲ差ハシ、進貢シテ部ニ到ラシメタレバ、査シ得タルニ、本年二月内、臣ノ部題覆③シタルニ、〈福建巡撫劉秉政ノ前事ヲ題④シタル一疏内ニ開《しるす》ラク、《琉球国世子尚貞、耳目官富茂昌等ヲ差ハシ、船二隻ニ駕セシメテ進貢ス。一船ハ先ニ福建ニ到リタレバ、応ニ現ニ到レル一船所載ノ貢物及来使ヲ将《もっ》テ、例ニ照シテ其ノ来京ヲ准《ゆる》スベシ》トアリ。此ノ進貢スル硫磺ハ、福建ニ留メテ総督巡撫ニ収貯セシメ、臣ノ部ヨリ工部ニ移咨シ、用ヰルベキ処ニ於テ使用セシメタシ。其ノ一船ハ、風ニ飄失セラレ、賊ニ遭ヒテ船ト連《とも》ニ進貢ノ方物ヲ劫去セラレタル縁由ハ、応ニ琉球国来使ノ到京ノ日ヲ俟チテ問明シ、再議シテ具題③'スベシ〉等因《云々》トセリ』トアリ。旨ヲ奉ジタルニ、〔議⑤ニ依レ〕トアラセタマヘルヲ欽遵シタルハ、在案ス。」『今、貢使耳目官富茂昌、正議大夫蔡国器ノ部ニ到ルヲ得タレバ、你們《あなたがた》ノ進貢来駕船二隻ノ内、一船ノ風ニ飄失セラレ、賊ニ遭ヒテ劫去セラレタルハ、是レ何ノ情ナリヤ、ト問ヒタルトコロ、供スルニ拠レバ、（康熙九年、本国在《に》テ、二船ニ貢物ヲ装載シテ開洋シ、福寧州界外ノ桑山ニ来タリ至リタルトキ、偶〻颶風ニ遭ヒ、錨ヲ抛ツモ及バズ。一船ハ飄失シテ、何処へ去キ向ヒタルカヲ知ラザレドモ、後ニ福建省ニ至リタルニ、提督応進功、飄風ニ飄失セラレタル一船ノ人ヲ将テ、解送シテ来タリタル時、方《ようや》ク賊ニ劫去セラレタルヲ知レリ）等因《云々》トアリ』。⑥該《か》ノ臣等議シ得タルニ、『琉球国ノ原ヨリノ進貢タル、熟硫磺一万二千六百觔・馬十匹・螺殻三千個ノ常貢外ニ、鬃煙一百匣・番紙四万張・蕉布一百疋ヲ加ヘリ。……風ニ飄失セラレ、賊ニ遭ヒテ劫去セラレタル一船所載ノ貢物ハ、査議スルヲ庸ヒル無ク、今進到セル硫磺ノ、福建ニ存貯スルヲ除ク外、其ノ螺殻一千五百個・芭布五十疋・番紙二万張・鬃煙五十匣ノ、総管内務府ニ応《まさ》ニ交与スベキハ、数ニ照シテ査収セシメ、其ノ馬五匹ハ、内阿墩ニ交付シテ可ナリヤ。臣等イマダ敢ヘテ擅《ほしいまま》ニ便ゼズ、謹ミテ題シテ旨ヲ請フ』等因《云々》ト、康熙十年八月二十七日ニ題②シタルトコロ、本月二十九日、旨ヲ奉ジタルニ、〔議⑦ニ依レ〕トアラセタマヘバ、此レヲ欽ミテ欽遵セヨ」ト、抄①出セラレテ部ニ到リタレバ、相応《これにより》テ移咨ス。此レガ為ニ、合ニ咨シテ前去《ゆか》シムレバ、査照シテ施行スルヲ為スコトヲ煩ハスベシ。須ラク咨ニ至ルベキ者《なり》。

右ハ琉球国中山王ノ世子ニ咨ス。

康熙十年九月十六日

右の読み下し文中に付した①～⑦および、①′～③′の符号を付した語句を説明すれば次のとおりである。

① 「礼科抄出」＝①′「抄出」

② 「題」＝②′「題」

③ 「題覆」＝③′「具題」

④「題」の内容は、《……》の範囲である。

⑤〔議ニ依レ〕は、③「題覆」＝③′「具題」に対する皇帝の裁可。

⑥「該《か》ノ臣等」は、礼部の官僚を、礼科の側から指称したもの。

⑦〔議ニ依レ〕は、②「題」＝②′「題」に対する皇帝の裁可。

さて、こうして見ると、この（三五一文書）には、⑥を除き、①～⑦まで六種類の文書から成り立っていることがわかる。そこで、この六種類の構成要素が、この（三五一文書）という全体のなかで、互いにどのような関係でつながり合っているかを、正確に把握することは大事なことである。それが正確に把握されているならば、裏を返せば、正しく読み下されていることになる訳である。ところが、西里氏の読み下し文を読むと、その点で多くの混乱が見出される。それらのなかから、文書構成の解析上看過できない問題点を二、三抽出して見ると、左のとおりである。

まず、「臣部題覆福建巡撫劉秉政題前事一疏内開琉球国世子尚貞……」の部分を、西里氏は、「臣が部より福建巡撫劉秉政の題せる前事に題覆するの一疏内に開すらく、『琉球国世子尚貞、……』と読んでいるが、そのように読むと、『琉球国世子……照例准其来京』の部分が、「臣が部」＝礼部の題覆に開《しる》されていたことになるが、それは事実に反する読み方である。事実としては、その部分は福建巡撫劉秉政が題した一疏内に開《しる》されていたのである。また、福建巡撫の職掌事項からしても西里氏の誤読は明らかである。従ってその部分は、『臣の部題覆シタルニ、〈福建巡撫劉秉政ノ前事ヲ題シタル一疏内に開《しるす》ラク、《琉球国世子尚貞、……照例准其来京》……〉……』と読むべきだろう。

つぎに、原文の「再議具題等因奉旨依議欽遵在案……」の部分を西里氏は、「……再議して具題すべし』等の因あり。旨を奉じたるに、〈議に依れ〉とあり。欽遵して案に在り。……」と、読み下している。そのように棒読みしてしまっては、当の具題者である礼部が、まるで他人事のように具題し、かつ、「旨を奉じ」たのが礼部であるかのような錯覚を読者に与えてしまうだろう。実際には、まず礼科が「旨を奉じ」て、それを礼部に抄出し、それをうけて礼部は欽遵（執行）した、それら一連の決裁文書が保管（在案）されていると礼科が言っているのである。この箇所は、礼部の題↓礼科抄出文↓皇帝の裁可↓礼科抄出文という三種類の文書が連結されている。それぞれの文書のもつ行政文書としての特質と立場を正確に把握し、細心の注意をこらして読み下すべきであろう。

原文の末尾の方の、「其馬五匹……欽此欽遵抄出到部」とある部分を、西里氏は、

「……、其の馬五匹は、内阿墩へ交付せしむれば可なり。臣等、未だ敢えて擅便せず。謹しみて題して旨を請う」等の因あり。康熙十年八月二十七日題し、本月二十九日、旨を奉じたるに、〈議に依れ〉とあり。此れを欽しみ欽遵せり。抄出して部に到れば、……

と読み下している。その読み下し文に対して、筆者は、文書構成の分析上、次の三点の疑問がある。

㈠「其の馬五匹は、内阿墩へ交付せしむれば可なり。」の部分は、それに直続する「臣等、未だ敢えて擅便せず。」以下の文脈に対して内容的に、―皇帝に対する尊敬表現として―木に竹を接いだ連結のし方になっている。つまり、「交付せしむれば可なり」と読むと、それは、礼部が自己の見解を、対等の立場から皇帝に対して押しつけていることになり、「謹しみて題して旨を請う」礼部の立場とは相容れないからである。

㈡『謹しみて題して旨を請う」等の因あり。康熙十年八月二十七日題し、本月二十九日、旨を奉じたるに、〈議に依れ〉とあり。』の部分は、あまりにも棒読みに過ぎている、と言わざるを得ない。この部分は、原文では、

礼部の題→礼科抄出の文→皇帝の裁可文と連結している訳だが、これら異種の構成要素たる文と文との間の相互関係を明確に把らえ、それらの連結部に、適切なテニヲハを送って読んでこそ、せっかくの文書構成の分析が、読み下し文の中にいきいきと表現されてくるのではなかろうか。西里氏のこの場合、文書構成の分析の不徹底が、そのまま読み下し文における棒読みとなって露われているようである。

㈢「此れを欽しみ欽遵せり。抄出して部に到れば……」と読むと、〈議に依れ〉という皇帝の裁可を、礼科が欽しみ欽遵することになる。しかし、この敕裁を執行するのは礼部であって、監察機関たる礼科ではないから、この氏の読み下し文は根本的事実にも反する。これと同様の誤解・誤読については、この文書の前の部分でも見たし、また、(三三八文書)の所でも指摘した。くり返しになるが、「此レヲ欽《かしこ》ミテ欽遵セヨ」は、「此レ」(敕裁)を、礼部が欽んで欽遵するように指令した礼科の礼部に対する指令文である。以上、この三点にかかわる当該箇所については、筆者の読み下し文を参照されたい。

おわりに

さきに、筆者は新聞紙上に、『歴代宝案を読む』という小論(本書の二三〇〜二六五頁に収載)を発表したことがある。それに対して西里喜行氏は「わがテーマとその周辺—琉球処分」(沖縄タイムス、一九八七年九月十四日)の中で、「幸い、琉球エスニシティーは歴代宝案という膨大な量の外交文書を遺している。ただ、難解な漢文であるために、正確な読解がなされないままつまみ食いされ、『歴代宝案を読む』と称して途方もない誤読の上に楼閣を築く事例もみられるので、歴代宝案全体の正確な読解作業が必要である。琉球エスニシティーの遺産を正しく後世に伝えることを、避くべからざる責務であると考え、ここ十年ほどの間、私も歴代宝案研究会の共同研究に参加してきたが、その成果はまもなく『那覇市史』の資料篇として刊行されるであろう。」（傍点は筆者）と論難した。

筆者は、同氏がわが小論について何を述べたかったのか、その意図と文意がまだよく判らない。ただ一研究者として感じたことの一つは、筆者が『歴代宝案』を「つまみ食い」した、と非難されている点についてである。『歴代宝案』は、単に狭い沖縄（日本）の歴史史料たるにとどまるだけでなく、東洋史上の文化遺産であり、また、その学問研究の上から云えば、中国や朝鮮その他の関係諸国の共有財産でもある、と筆者には思われるのだが、西里氏の目からすれば、それら外国の研究者の、『歴代宝案』研究も「つまみ食い」になるのだろうか。

二つには、筆者が、『歴代宝案を読む』と称して、途方もない誤読の上に楼閣を築いている、と指摘している点である。どこが誤読なのか、いかなる理由で誤読なのか、西里氏は、その学問的根拠を一切あげていないので、ただ困惑するばかりである。参加して十年の歴代宝案研究会という玉座を以て胸壁となし、詔勅のような言辞を弾丸にして、一市井の研究者を威服しようとする。

いわゆる筆者の「誤読」が何なのか、どこがそうなのかを知りたくて気になり、せめて自力で、その糸口なりヒントなりを掴みたくて、『第一集抄』に展開されている同氏の〈解説〉—「歴代宝案文書の様式と構成」を熟読してみた。その所感をまとめたのが本稿である。

『せあらとみ』第三号　一九八九年三月

第六部　年間誌投稿

われらがうちなる琉球人たち

沖縄人の性格については、明の建国者洪武帝が「礼義之邦ト為ス」と評価し、景帝も「琉球ハ素《もと》ヨリ王化ニシタガフコト、他国ト同ジカラズ」と褒めた。そして沖縄自身は首里に「守礼之邦」の扁額をかかげて自讃した。それを自嘲※して伊波普猷は、「奴隷根性」と決めつけた。今日の評価は、「心のやさしさ」というのが通り相場である。どちらの評価もそれぞれの時代相を背景にして、それなりの妥当性はあるだろう。しかしそれだけでは物足りない。もっと外にもある。それについて書くことにする。

無心に流れている歴史という時間と情況、それらに働きかけ、また逆にそれらから骨がらみにされつつ、その時々の沖縄人の性格も形づくられてきた、ということ。Aの時代の典型的な性格は、B・C……の時代にうつり変わっても完全には消滅せず、子から孫へと重層的にたたみこまれてきているのではないか、と思う。琉球国の成立から、中国、日本、朝鮮、南蛮諸国と通交した大交易時代の沖縄人の基調をなす性格は、礼儀でもなく、奴隷根性でもなくやさしさでもなかった。勇気、自由、行動、素朴といったものだった。その大交易時代の精神は、今のわれわれの内部のどこかにも封印されて、たたみこまれているはずだ。自分の先人のことなのに、まばゆさを感じつつ、五〜六〇〇年の昔を訪れてみる。

『明実録』の「大宗実録」巻五〇の一四〇六年一月十一日の条に次のように書かれている。〈琉球国が閹者《えんじゃ》（原文にある閹者は誤字）数人を進上してきた。帝がおっしゃるに、「彼らもまた人の子である。罪もないのに宮刑（去勢）を受けるとは不憫なことよ」と。礼部（外務・文部省をあわせたような官庁）に命じて彼らを琉球に送り返すように云った。礼部の役人が云うに、「もしも送り返えすということになれば、琉球人が、わが明国に靡《なび》く心をくじいてしまうことになりはしないか、と恐れます。どうか（今回だけは受け入れて）、琉球王に勅命して再び閹者を贈ることを禁じなさいませ」と。帝はおっしゃった。「琉球人に朕のこの考えを教え諭すには、（勅命のような）空言より、（受けつけないというきっぱりした）行為で示した方がよいのだ。今きっぱりと送り返さなかったならば、琉球王は朕に媚《こ》びて、必ずや次から次へと閹者を進上してくるにちがいない。天地は万物を生み出すからこそ尊いのだ。（その天地と徳をともにする）帝王たる朕が、人類の種を絶《た》つようなことをしてよいだろうか。」と、ついに閹者を琉球に送り返した〉。

よく云われるように、日本が中国から輸入しなかった制度は、わずかに宦官と科挙と中国式城市の三つであるという－ただし、琉球には「科《こう》」という下級官吏選抜試験があった。部分的受容である。閹者を明国に進貢するように武寧王に入れ知恵したのは、一つには当時、沖縄の政治の実権を握っていた王相《おうしょう》の亜蘭匏《あらんほう》（中国人）であったと考えられる。閹者進貢の意図やメリットについては、これまで解明されていない。しかしその不明な点は、司馬遼太郎『韃靼疾風録』（上）によって氷解した。〈朝鮮国は、明に対し、去勢者を多く進貢した。前王朝の高麗時代、元《げん》に多くの宦官を進貢したことが先例となって、明に対しても、それをつづけたのである。進貢すれば、それをうわまわる下賜品がくだる。従って、これを輸出とすれば、去勢者を積極的に輸出した国は、あるいは朝鮮ぐらいのものだったかもしれない。ひとつには、もしその去勢者に学者や権謀の才があれば、後宮で勢力を得るに相違なく、そうなれば決して朝鮮に不為《ふため》な政策がとられることはあるまい、という思惑《おもわく》も大きかった。事実、進貢された朝鮮人宦官は、朝鮮王朝内においてたんねんに養成された既成の者のうち、とくに容貌、才質のすぐれた者がえらばれた。当然、かれらの幾人かが、歴世の明の後宮で頭角をあらわした。朝鮮において王太子を決めるとき、あらかじめ内定した者の是非を明の皇帝にうかがい、皇帝が是としたとき、勅使が北京から朝鮮にくだる。その勅使は正式の大官であるべきところ、明の第三代永楽帝（一三六〇〜一四二四）以来、宦官がやってくるのである〉。

洪武帝（永楽帝の父）は、〈歴代王朝の歴史を吟味して、後漢や唐《とう》の滅亡の原因のすくなくない部分が、宦官《かんがん》の跋扈《ばっこ》にあることを知り、それを予防しようとしました。……そこで、洪武帝は宦官の数を制限し、宮殿の門に鉄牌《てっはい》をかかげ、内臣（宦官）の政治干与を厳禁し、違反する者は斬《き》る、と定めたのです。……（第二代皇帝で）学問好きの建文帝《けんぶんてい》は、儒教倫理によって、いっそうの宦官に対する取り締まりをきびしくし、宦官はほとんど人間扱いされなかったのです。彼らが建文帝政府に、恨《うら》みを抱いたのはいうまでもありません〉（陳舜臣『中国の歴史』Ⅱ）。

建文帝―洪武帝の孫で永楽帝の甥―から政権を奪うとき、永楽帝は、〈宦官の支援を得ていますので、永楽帝はその報酬として彼らを信任し、要職につけることにしました。宮殿の門に鉄牌をかかげて厳禁した宦官の政治干与は、永楽帝が解禁したことになります〉（前書と同じ）。

こうみてくると、武寧王に閹者進貢のことにつきヒントを与えたのは、朝鮮の先例であった可能性がつよくなる。一三九二年に、武寧の父察度王は、はじめて使者を朝鮮に派遣し、以後、一三九四年、一三九七年、一四〇〇年とつづけざまに派遣しているから、武寧王が閹者を進貢した一四〇六年以前に、かなり頻繁に朝鮮と通交し、かつ同国の事情に精通していたと考えられる。そうして舶来された朝鮮の情報は、王に代わって政治の実権が集中していた王相府に集められ、王相亜蘭匏ら中国人によって政策として煮つめられ、実施されたのであろう。

一四六二年二月二八日付の朝鮮の『李朝実録』によれば、琉球国の正使普須古《ふすこ》（うふぐすく）と副使蔡璟（久米村の人）は、朝鮮の廷臣李継孫の「攻戦之事ヲ問フ」という質問に対して、「本国ノ俗ハ死ヲ軽ンズルコトヲ尚《たっと》ビ、進ムコトヲ知リテ退クコトヲ知ラズ。戦ヘバ勝タザルコト無シ」と昂然と答えている。今日の大人しい、「物わかりのよい」沖縄人の耳からすれば、右の答弁はあまりにも不遜にすぎて、外国人の発言のようである。しかし、中国人が書いた琉球人像を読むと、普須古らの発言内容はかけ値なしで、実のあるものだったことがわかる。

◇◇◇◇

一五三四年七月二日、冊封使《さっぽうし》陳侃は世子尚清を封じて、琉球国中山王とした。その時代の封舟―冊封使の座乗船は、当時の造船技術の水準からすれば、世界に冠絶する巨艦であった。陳侃の封舟は、長さ一五丈（約五十二米）、巾二丈六尺（約九米）、マストの高さ約二十五米、船室が二十三艙という、当時の中国船としては中クラスの大きさだった。陳侃の封舟は、「国威を壮にして外醜（琉球人や日本人などの外国人）の胆を寒からしむる」という、尊大な中華思想の誇示がネライの一つでもあったから、五色旗大小三十余面、刀鎗弓箭をそなえ、佛郎機《ふらんき》（大砲）を装戴するという完璧な軍艦であった。しかし、それ程の巨艦でも、琉球へ向かう洋中で台風に襲われたからたまらなかった。船腹に大きな穴があき、そこからの浸水は絶望的で、ほとんど「分崩」の危機に頻した。台風は、尊大な中華思想に下された天譴《てんけん》にも似て、賢《さか》しらな文明の驕《おご》りをいましめるかのようだった。船中は生き地獄と化し、きびしい儒教倫理による身分のわけへだてなく、死の恐怖を共有した。泣き面に蜂とは陳侃一行のことをいうのだろう。やっと久米島まで辿りつくと、今度は風向《むき》の急変で、目的地の那覇港を目と鼻の先に睨《にら》みながら北の方伊平屋島まで流されてしまう。一五三四年五月十七日のことであった。

翌十八日、世子尚清、三司官を漂着した封舟にゆかせ、牛、羊、酒、米、瓜、菜をおくって船中の人々を犒《なぎら》った。尚清の命により、三司官は、沖縄男児四千人を四十艙の舟に分乗させ、彼らに封舟を那覇港まで曳航させたいと申し出た。ときが夏季であり、南風になるので、逆風にさからっての曳航《えいこう》である。その日のうちに曳《ひ》きはじめているから、一日以内にそれだけの人数と舟を、世子の号令一下《いっか》集めえていることは驚きである。当時の琉球国の総人口はおそらく十万以内で、本島周辺だけなら六〜七万人という時代である。大明の贅美《ぜいび》を尽くした巨艦を、四、〇〇〇人、四〇艘の漢《おとこ》たちが曳航する図は壮観であったろう。かりに残波岬から観望するとしたならば、視界におさまるかぎりの洋上は、凛《りん》とはりつめ、力漕する陽声は波の声に和して聞こえてくる。破天荒な意志と行動が真夏の海をカンヴァスにして描かれ、波と風と人の声が空気を震わせて海人のリズムをかなでる。曳航は、終始中国の客人たちのド胆を抜きながら、一週間の日子を要して完了した。

冊封の大典も滞りなく終えた。天使《てんし》陳侃以下はミーニシを得て帰国するのを待つ間、那覇港のほとりなる天使館に滞留していた。その七月二十五日の夕刻、豪雨をともなった大型台風に見舞われた。陳侃はその夷《い》国の夜の恐怖を『冊封使録』に平明に書いた。茅《かや》ぶきの家はことごとく吹っ飛ばされた。この天使館といえどもギシギシ音がして、眠れるどころでは無い。一睡もできないで中堂に起坐していると、門の窓や四壁が跡かたもなく吹っ飛んでしまっている。その時になって気がついてみると、港口に泛《うか》べてある自分たちの封舟は、台風対策などしてなかった。心配で配下の者をそこにやって探らせようと言いつけたところ、皆が云うに、外は真暗闇で牛と馬の区別もつかない。そこまでの道順をたどるなんてとてもできません。風のおさまるのを待つべきです、と。なるほど、こうも風雨が強くては、強制することもできない。明け方になって封舟のところに行ってみると、目をみはった。なんと尚清王はとっくに手をうってあり、三司官を現場にゆかせ、琉球人数百人を指揮させ、封舟のまわりを警護させていたのである。そのなりゆきを聞いてみると、三司官以下の人々は夜中にここに来たとのこと。三司官といえば琉球官人中の尊者である。首里からここ那覇港まではかなりの距離であるにもかかわらず、遠路もいとわず台風を衝いて来ていたのだ。余《よ》は意中おもわずつぶやいた。華夏（中国）の人というものは、風雨《ふうう》　冥《くわいめい》の夕べには、窓をとじ戸を閉めてそれを避ける。それでもなお不安で恐れるものである。そのような日に、風を衝き雨をおかして人の家に行く者があるとすれば、近親の者であっても、ただうろたえるだけで、けっして中へ入れないぐらいだ。（この三司官以下の行為を目のあたりに見るにつけ）、（中国の人で）いったい誰がこのように、他人のやるべき事をわが事のようにして、艱険《かんけん》をも辞さないで行動するだろうか、誰もしはしない。夷（琉球）の君臣の絆《きずな》はまことに感服すべきことであるよ。

福建の人士がいつも口にするのだが、琉球人は驍健《ぎょうけん》である、と。（自分も実見してみて）まさにそのとおりであると思う。おもうに、生まれながらに膂力《りょりょく》があって、飢えや労苦に耐え、熟壁（伊平屋の中国名）から曳航する時など、朝から晩まで食べず、夜中《よるぢゅう》眠なくても、病気にならないのは、賤者にかぎらない。三司官のような尊貴な人でもまた勤動に慣れていて、大風暴雨の夜にもかかわらず、必ずおきて配下の者と共に歩行し、港のほとりに雨風に打たれたまま立ちどうし、船の漂蕩《ひょうとう》を防ぐのだから。寒湿でさえも琉球人を病《や》ましめることはできない、と。

中国には儒教の根本的教えとして、「君子ハ労シレ心ヲ小人ハ労スレ力ヲ」という鉄則がある。いま、中国の君子《くんし》である陳侃の目の前で、琉球の三司官が「労レ力ヲ」て見せたのだから、通常であれば、陳侃はその三司官のことを小人《しょうじん》と一方的にきめつけたにちがいない。

のちに、清朝のとき、大英帝国の大使クラスの人で、部下とともにイスを片付けているのを中国の役人に目撃され、一方的に小人ときめつけられて、以後、交渉の相手にされなかった人もいる。だが、陳侃は今見たように、その三司官を称揚している。それは彼における儒教的信念の動揺である。それはきっと、陳侃が暴風の船中で延々と死の淵《ふち》をのぞかせられた体験。その死の影におびえつづけた封舟に小舟に乗って、福建から琉球まで平然と伴走してきた琉球人の中にみなぎる精気を認めたこと。そして陳侃は、三司官の中に至誠と勇気と力とを、根本的な感動をもって発見したからにちがいない。後天的に学習によって身にまとった美々しい外装と、世俗的な権威によって荘厳《しょうごん》された身分が大自然によって丸裸《まるはだか》にされた。そうした抜きさしならないギリギリのところで、陳侃は琉球人を観察し、その実像を在るがままにとらえることが出来たのである。

◇◇◇◇

さきにみた『李朝実録』に、一四六二年ごろの琉球のこととして、こんな面白いことが書かれている。もし夫が酒に酔って妻に乱暴し、妻が「神堂」にかけこんだ場合、国家はその夫を斬罪に処する。斬罪にならない場合でも遠島《えんとう》に処せられる。それだから世の夫は自分の妻を虎のように恐れている、と。まだ儒教による男性上位の鋳型《いがた》に嵌《は》めこまれる以前の、おほらかな自由さを感じさせる。そのような時代の雰囲気をつたえる記事を一つ出してみる。

『琉球国由来記』巻十四の「中城間切」の中の「旧跡」について、このように書いている。

〈糸蒲に寺院があった（その古い階段は今も残っている）。その寺号、年代ははっきりしない。本尊は不動明王。宗旨は真言宗であったようだ。その坊主という人は、補陀落《ふだらく》坊主であった）。その坊主という人は、ユキヤ・ノロの知人であったが、彼がそのノロの家に立ち寄り茶をふるまわれた折のこと。ノロには八才になる娘がいて、肌がすけて見える裙（かかん）を着て座中で遊んでいた。母親は見苦しいと思って娘をそこから追い払った。娘はそれをネにもった。ちょうどその時に、娘の父親でノロの夫にあたる人が帰宅した。娘はさっそく座中から追い払われた次第を父親につげ口したので、父親は、坊主と女房が二人きりで居たのは、さだめし密通したのであろう、と邪推し、二人のところにどなり込んだ。夫は妻を折檻《せっかん》したので、女房も負けずに云い返した。ノロという名をもらい、粗相《そそう》ひとつ無いのに、幼い娘のそしり言《ごと》を真にうけるとは何だ。面目を失ってしまった。こうなったらもうどうしようもない。ユキヤ・ノロの筋目は、断絶だ断絶だと云って、おのが乳房を噛《か》み切って自害してしまった。

坊主も、なにしろ不意のことで、面目丸つぶれとなって寺に帰り、持ち金を津覇ウガン・糸蒲ウガンに埋《うず》め、この金子《きんす》は末世《まっせ》の用に立てようと云った。そして自分は、寺中において櫃《はこ》に入った。するとにわかに火が燃え出した。弟子どもはあわてながらも、燃える櫃を外へ引っぱり出した。櫃のフタを明けてみると、坊主の死骸はかき消えていた。

◇◇◇◇

去年の夏は、ギリシャが熱波《ねっぱ》に襲われて、千人を超す死者が出た。そのさ中に、エジプト、トルコ、アテネを旅した。ボスポラス海峡に立つルーメリ・ヒサール城を訪れた時、摂氏四〇度の猛暑を忘れてしまう程に、夢想だにしなかった尤物《ゆうぶつ》を見た。その時はじめて見たものなのに、変な感じだが、懐《なつ》かしいと思った。その兄弟分が、かつて、一万キロ米も東方のわが琉球国にもあって、記録にちゃんと残っている。記録にだけあって、実物はすでになく、それが遠い異域《いいき》でいきなり対面することができた、その感傷にひきづられて気持ちを整理するよりも早く、懐かしいとおもったのだった。

城内の小さい広場に、鉄鎖の切れ端が野ざらしになって、〝保存〟されていた。大人の手首よりやや太目の鉄棒をよじってつくったもので、永年海中に漬《つ》かっていたにしては、さほど腐食してなく、今でもその用を足せそうな程であった。この鉄鎖が、ゴールデン・ホーンの湾口に、約三〇〇米にわたって張られていた訳だ。東ローマ帝国がコンスタンチノープル（のちトルコ人がイスタンブールと改称）にたてこもって、オスマン・トルコの最後の猛攻にたえていたとき、籠城《ろうじょう》軍側の海船やヨーロッパからの使者や援助物資やらが、城内に入るときには、その鉄鎖を海中に沈めて通過させ、通過後はすぐに巻き上げて湾口をふさいだ。東ローマ帝国にとって、鉄鎖は文字どおり最後の頼みの〝綱《つな》〟だった。精強を誇るトルコ軍も、そのために大きな犠牲を強いられ、ほとほと手を焼いていた。万策《ばんさく》つきたかに見えたとき、トルコ軍は奇想天外《きそうてんがい》な動きに出た。敵前、夜陰《やいん》に乗じて、鉄鎖の内側に通ずる運搬用の道―厚い板を敷きつらね、その上に牛や羊のアブラをたっぷりと塗《ぬ》った―を急造した。船長を船首に、舵手を船尾につけて、帆を張ったままの七〇隻の二段撓《かい》船、幾隻かの三段撓船や五段撓船を、アブラの板道を滑《すべ》らせて、一夜のうちに運びこんでしまった。これで東ローマ帝国は、一〇〇〇年以上続いた歴史に終止符が打たれた。その板の道は、二〇〇フィートをこすような高地をこえて、長さが約一万メートルにもおよぶものだった。西洋史の方では、コンスタンチノープルの陥落と東ローマ帝国の滅亡は、古代が終わり、中世がはじまる画期的事件の一つである。

ルーメリ・ヒサール城で鉄鎖を見た時、とっさに、昔、わが那覇港口に張られていた鉄鎖のことをおもった。そして連鎖的にパレンバンにもそれと同じ物があったはずだ、とおもった。旅行から帰る早々、永積昭著『東南アジアの歴史』を捜《さが》し出して開いてみると、こう書かれていた。趙汝适《ちょうじょかつ》（宋代の人）は、その著書『諸蕃志』に、〈以前パレンバンの港の入口に鉄の鎖があり、海賊が来れば港を閉鎖し、商船が来れば開放してこれを迎えたと記し、「いまでは平和が続いているので不要になり、岸辺に積み上げてある」と言っている。〉と。琉球国がパレンバンと正式に通交を開始したのは、一四二八年である。諸般《しょはん》の事情を考慮に入れると、琉球がパレンバンあたりから、鉄鎖を港口に張る知識と技術を導入したのは、その年よりも後のことであろう。一方、地中海の東ローマ帝国の鉄鎖のパレンバンのそれとの関係になると、どれが兄で、どちらが弟になるかわからない。

ただし、西側か東側か、どちらかが他方に学んだことはまちがいなかろう。そのどちらの場合でも、わが琉球の歴史と、東ローマ帝国の歴史とが、一万キロメートルも離れているのに、つながりがあった訳で、まさにクサリがとりもつ縁《えん》である。

『琉球国由来記』巻八、「屋良佐森ノ沖ニクサリ瀬ノ事」の中に、那覇港口の鉄鎖について、こう書かれている。「此《この》クサリ瀬ハ、ヤラザ森城ノ下ニ有（リ）。昔ハ鉄ノクサリ作（リ）、津ノ左右ニ張テ、賊船襲来アラバ防ント、用意シケルト云（ヘ）リ。クサリヲ繋《つな》ゲル石ナレバ、爾曰《しかいふ》トゾ。此クサリ、近キ頃迄《ころまで》、親見世《おやみせ》ニ有シト云（ヘ）リ。

また、『琉球国旧記』巻之一、「硫黄城《ゆうわあぐすく》」については、こう書かれている。〈往昔之世、王、海賊ノ来リテ侵《おか》スヲ恐レ、預《あらかじ》メ精兵ヲ発ス。軍器ヲ整ヘ置ヒテ、硫黄ヲ此城ニ収貯シ以テ拒禦ニ備フ。故ニ硫黄城ト曰フ（以下略）。

右に並べた二つの記事は表面上は、互いに没交渉《ぼっこうしょう》のように見える。だが、前者の「鉄鎖」と、後者の「精兵」とは、外敵に対して不離一体《ふりいったい》の補完関係をたもつものである。そのことは、コンスタンチノープルの鉄鎖が、海軍との連係プレーで、防禦の妙用を倍加していたことで容易に判《わか》るのである。

魚を専門にしている友人から、かつて鯉について教えられたことがある。大きな池の鯉は大きく育ち、小さな池の鯉は小さくしか育たないというのだ。この事実は、我々のように、小さな島に住む人間にとっては、実に意味深長である。もちろん、我々の体格の大小についてではなく、精神性の大小とどう関わるかということについてである。

ちっぽけなコルシカ島に生まれたナポレオンが、まぎれもなく世界性を持つ大人物であったことの反面、大陸の国土に生まれた者で、自分の郷里の外へ出たこともなく、平凡な一生を過ごした人も多くいた。それからすると、人間の精神的成長の如何《いかん》は、生まれた土地の大小というよりは、その人物が肉体的・空間的に、―先人がそのように集積した対外関係の経験を心の糧《かて》として―精神的に、自分の生地の境域を超えきれるか、ということにかかるようである。自分の生地の境域である琉球孤を、自ら肉体的・空間的にこえて、中国・朝鮮・日本・東南アジアまでに精神のテリトリーを拡げたのが、普須古や蔡璟のような琉球人であり、自らは肉体的・空間的に圏外へ出たことは無くとも、精神的はたらきで世界性を手に入れた琉球人が、たとえば尚清王である。大交易時代の人々である。

　この沖縄の土地と歴史が消滅した、とまで絶望し、衝撃を受けた琉球処分―精神の退嬰《たいえい》時代の幕あけ―から、今日まで一一〇年が経過した。永遠の責苦《せめく》と思えた絶望感も、このごろ急速にうすれゆき、その雲間からはところどころに、強い日射しさえ洩れてくるようになった。時間は魔術師だ。津嘉山正種、粟国安彦、津堅直、祖堅方正、具志堅用高、安仁屋宗八、石嶺和彦の諸志は、この新しい時代の先兵だ。

※小生は、伊波普猷が、琉球史の中における琉球人のことを「奴隷根性」等と書いたことに関し、この『文化の窓』No.十が出た一九八八年の時点までは、伊波の「自嘲」によるものと勘違いしていた。しかし、『文化の窓』No.十六（一九九四年）に「伊波普猷と薩摩」を書いた時以後からは、それらは伊波の異常な自己愛から発した全く根拠のない侮蔑から書かれたものであることに気付いた。そうした伊波普猷説については、本書の八〇九～八六〇頁に収載した、「沖縄を呪縛する妖人・伊波普猷」（『文化の窓』No.二十　一九九八年、No.二十一　一九九九年）で集中的に取り上げた。

『文化の窓』No.十　一九八八年

On an achievement of the king Shōsei, an ancestor of our family.

— An extract from「われらがうちなる琉球人たち」〔Concerning Ryukyuans within ourselves〕, an article for『文化の窓』 No.10, 1988.

According to Yijo sillok（李朝実録）〔Veritable Records of the Yi Dynasty〕-Korea, under the date 28th Feb. 1462, Fusuko, envoy, and Saikei, deputy envoy from Ryukyu kingdom, answered triumphantly, "We Ryukyuans make much of looking down upon a death as our manners and customs", when asked about a battle by Yi Chi-Sun（李継孫), a courtier of Korea. And, "so we does not know in any way a retreat but only advance. And We win always a battle whenever we fight", they replied. To todays Okinawans who are "as gentle and sensible as sleepy", I dare say, the remarks is so arrogant that those sound like one uttered by an alien.But other figures about the then Ryukyuans described by a Chinese, show that their remarks abobe -mentioned toward Mr. Yi turn out to be just real without an exaggeration.

On 2nd july 1534, Ch'en K'an 陳侃, Sappōshi 冊封使〔Chinese imperial envoy to the Ryukyu who in acharge of appointing a prince to the king in the name of Emperor〕, enthroned prince Shōsei the king. In those days, Hōshū, 封舟, a personal ship for Sapposhi, had ever been outstandingly mammoth, from the shipbuilding standard in the world.

The Hōshū of Ch'en K'an was about 52m. in length, about 9m. in width, with 23 cabins and main mast 25m. high, but for Chinese ship, neverthless, she was rather smaller one in size. Ch'en K'an's Hōshū, according to himself, was perfect battle ship equipped herself with 30 colorful flags, swords, spears, bows and arrows and fu-lang-chi〔Chinese for franquis（佛郎機）, or Portuguese, meaning cannon〕, aiming at enhancing the national prestige and at astonishing foreign barbarians (such as Ryukyuan, Japanese and so forth), in other words, aiming at displaying ostentatiousy haughty Cinocentrism.

Even such a gigantic ship, however, suffered the bitterest experiences when she was hit, on the voyage to Ryukyu, by typhoon. With two big holes in the hull, seawater rushing in through which was too much to bail out, therefore, the crews were on the verge of the collapse of their ship. The typhoon, just like reprimand made by heaven, was felt admonishing them not to be so impertinent about their civilization. The situation on board seemed changed into a hell on earth, where a fear of death was shared among them all wihtout partiality of every social standing made by severe confucianism.

In the case of a party of Ch'en K'an, misfortunes did not come to them singly. It came about in 17th. may 1534, that the party could arrived at the Kumejima island belonging to the Ryukyu with many difficulties at last, when the direction of a wind changed suddenly, which led to being drifted nothward to the Iheya Is., seeing reproachfully Naha, the very land of their destination.

On the 18th. prince Shōsei despatched a Sanshikan 三司官〔Three high officeres of the regency of the kingdam〕 to the Hāshū drifted ashore at the Iheya Is. and made him reward them by presenting cows, goats, wine, rices, cucumbers and vegetables. And the Sanshikan proposed to Ch'en K'an, under the order of the prince, that He was ready to offer 40 ships with 4,000 men aboard and would like to make them tow the Hōshū to Naha. The proposal was accepted with pleasure. It was summer time, so they got a south wind. The Hōshū, therefore, was to be towed against an unfavourable wind.

As the tow was begun in the course of the day the Sanshikan visitted, and that in only single day an arrangement for towing had being completed, it was quite marvelous that no sooner had the prince ordered than such a many peope and ships for towing could be procured. The whole population, in those days, may be inferred, in comparison with about 8,000,000 people of Japan, that the Ryukyu would have less than 100,000 only, or as less of as 60,000~70,000 without the populations of Miyako and Yaeyama Is.. From whence the 4,000 shipmen were able to be called up in a day.

The sight of towing a gigantic battle ship, indulged in every possible luxury by great Ming dynasty, by 4,000 of stout men and 40 ships, would be spectacular.

There would be an atmosphere felt tense like a big ropes, with which "a tug in afternoon" was made, on field of a vision over the ocean. You would be able to hear men shout rhythmically from over rowing ships, harmonized with swelling waves, if you had looked over the scene away from the cape Zampa. you might enjoy yourself to see a panorama, as if full of your sight were occupied with a scenery painted on a natural canvas of summer ocean, with vivid rhythms arisen up from mouths of 4,000 seamen to a melody of waves and wind. It took a week for the seamen to complete the task, astonishing Chinese guests, all the way, by their surprising toughness and diligense, as Ch'en K'an recognized.

The ceremony for appointing the prince to the king Shosei went off smoothly. Thereafter, while Ch'en K'an the imperial envoy and his suite were waiting for miinishi〔first north wind of the year〕 which comes at the early winter, they had been staying at the Tenshi-kan 天使館〔the imperial house for Tenshi to stay〕, neighbouring on port Naha; Tenshi means envoy of Chinese Emperor. Meanwhile, on the evening of 25th of July, a big typhoon with heavy rains hit them again. Ch'en K'an described plainly a sense of fear which seized on him on his Shi

Liu-ch'iulu 使琉球録〔Account of a Mission to Ryukyu〕. Following sentences are ones I translated literally into english from the book written in Chinese by Ch'en K'an : "Every thatched roof was blown off away. Even this Tenshikan had kept sounding squeaky ominously, so I could not get a wink of sleep that night. I was up all night at central hall, when it turned out that all the windows and walls of the gate were swept off completely. At that right moment, I recalled the fact that we had not took measures for our own ship at anchor at the port against typhoon. I, then, ordered, on my mind, my subordinates to go to the ship and to research. But they all, insisted on that it is too dark for them to discriminate a cow from a horse, so they simply could not trace the way to there. They said to me, 'You might as well wait the typhoon to ease off, please'.

It was, indeed, a too bad weather to compel them to do so. At dawn, I myself went to our ship and saw the scenery around her. To my surprise, the King Shosei had already taken steps to deal with the Hōshū, in other words, he had sent the Sanshikan and made him conduct several hundreds men to gurd the ship against typhoon. A man taught me that the Sanshikan and his men had already come here in last midnight under the tempest. By the way, as for 'Sanshikan among Ryukyuan officials, he is one of noble men himself. He had come here, despite the worst weather, from Shuri without hesitation, from whence, I thought, it is fairly distant to here in Naha. I, unconsciously, murmured to myself, "We Chinese people would avoid a disaster by shutting ourselves up in houses, in such a stormy night of pitch dark as we had last night, and still, we would afraid of it even under our covering roofs. In a similar day as one above-referred to, if a person should visit us, we would never let him in, only confused from a fear, even if he were a near relative."

(Everytime I saw, with my own eyes, the Sanshikan and men beneath him serving for us), I thought, in vain, about my countryman who never toil away to help others' task, moreover, when it should be done by ourselves with horrible danger like this case, there would be no single Chinese in the world fitting the same occasion as of Ryukyuan.

"What a admirable relations between the king and his retainers in this barbarian country!"

People of Fukien 福建, the opposite shore of Formosa, through where, as a regulation, Ryukyuan embassies for taking tributes to Ming and Ch'in Dynasty, had landed in China to go to Peking, would make it rule to say that Ryukyuan people were tough. I, Ch'en K'an too, believed it true by realy observing them with my own eyes. I thought that they had naturaly strong muscle, and could endure a hunger and hardship. On towing from the Iheya Is., for example, it was not necessarily a man of low birth who never fall ill without taking no food during the day and no sleeping all night. Such a noble man as the Sanshikan too was accustomed to toiling, and did not fail to stay up, in spite of tempest night, go out on foot together with his men and prevent the Hōshū from being swept away, keeping stand near by the port exposed himself to the wind and rains. "Even cold moisure could not make them ill."

There had been an inviolable rule as a fundamental confucianism doctorine, what is called,「君子労心小人労力」〔"A man of virtue serves by his mind, a man of little consequence by his body."〕. Well, as the Sanshikan conducted himself "by his body", in the presence of Ch'en K'an, a typical man of virtue of Ming dynasty, if in the usual case, it's only natural that the Sanshikan might be regarded, one-sidedly, by him as a man of little consequence. Later in Ch'ing's times, for example, a higher classes man of the United Kingdom, in dipromatic charge with Chinese mandarins, was regarded one-sidedly as a petty official, because of his being seen by them putting chairs, together with his men, in order for their conference, and, since then, no Chinese officials treated him politely.

Now, however, Ch'en K'an made much of and admired the Sanshikan, as above-mentioned. It, I dare say, would lead Ch'en K'an to his being shaken about a faith for the confucianisum doctorin within him. And why so? The fact that he had been compeled to look into an abyss of death almost all the way of voyage to Ryukyu and witnessed Ryukyuans who, all the way aboard their own smaller ships than Hōshū, without a sense of fear and confusions as usual as ever, had accompanied the Hōshū, under a continuous panic of death, made Ch'en K'an acknowledge them to be full of energy and spirit. And, over and above, he, with profound impressions, foud out a sincerity, courage and strength in the Sanshikan. These might be a reason why Ch'en K'an didn't consider the Sanshikan as a man of little consequence.Ch'en K'an would be, so to speak, stripped by a natural powar of gorgeous costumes decolated by confucianism and earthly authority. From that extreme situation point of view, he could observe Ryukyuans vividly and make a real image of those time's Ryukyuans.

(拙稿「われらがうちなる琉球人たち」『文化の窓』No.10　沖縄市文化協会刊 127~129頁)

沖縄の焼畑考

――縄文文化を尋ねて――

筆者の住んでいる赤道屋取《ヤードゥイ》りは、家譜や『具志川市史』および伝承によれば、およそ十八世紀後半に七戸をもって成立している。知花十字路と赤道十字路のほぼ中間あたりに位置し、昔の行政区画でいえば、美里間切の松本村、知花村、登川村、具志川間切の宮里村の四カ村にまたがっていた。祖国復帰のころまでは、朝、雨戸をくると、正南の方角約一六〇〇ｍのところに、ワシンムイを見ることができた。まかやの白い穂波でおおわれた、なだらかな稜線をもつワシンムイは、『おもろさうし』に、「越来世の主の　鷲の嶺　ちよわちへ……」とある「鷲の嶺」であるが、その嶺のあたりに、越来世の主が六ツ股の御倉を建てていたのである。貿易のための公倉であったらしい。その嶺の北麓一帯には、嘉陽、仲松、諸見里の諸氏がやどる仲原屋取りがある。嶺の左手には、アマミキヨの聖地チカジャンモーが聳えているが、それは、島の東側を航走する舟人にとって、最も顕著なランドマークだったという。この赤道屋取りと仲原屋取りによって南北からかこまれた耕地は、広大かつ肥沃である。

筆者が、近年、ごく自然に抱いた疑問点は、わが屋取り発祥のころ、こんなにも広い耕地を、わずか七戸の人たちが耕していたのかと、いうことであった。しかし、よく考えてみると、もともと知花、松本、登川や宮里の人々の方が該赤道原の地人（ヂーンチュ）であったのだから、その大部分は彼らによって耕されていたのだ、と一応の結論は得た。だが、まてよ、あとさらに三〇〇年遡ってみるとどうなるのだろうか。イマメーの人智の所産にすぎない地人とか地割制度はおろか、松本村も知花村も登川村も宮里村も文字どうり消滅してしまうのだ。知花、松本の伝承および『中山世譜』によれば、一四五八年に阿麻和利が滅びたが、その後、鬼大城＝大城賢雄が知花城で殺されたころ、松本村の人々は、知花城の南麓の窪地から現在の場所へ移住しているし、知花の人々もそれと前後して、現端ヶ山ダムの湖底にあった古島から約二キロはなれた現在地に移住しているのである。そのころの知花の戸数はわずかに七煙り（ナナキブイ）であったという。また、登川村が池原村から分村して成立したのは、近々一七三九年のことにすぎない。そして、具志川間切の宮里村も、登川分村よりは古くない時代に、海辺の塩屋あたりから現在地に移住してできた村であるという。

今、知花に伝えられている口碑によれば、現地に移住する前には、古島の方から今の知花方面に木炭を焼きに来たという。当時は、現知花区の方こそ、攻守所をかえて、人煙まれな山中であったわけだ。沖縄本島の全人口が十万に満たない当時、たとえば、知花の場合、たった七戸の人手で、太古さながらに、まだ斧鉞を入れない原始林を、いかなる道具を使い、いかなる方法で開拓して、屋敷にし、耕地にしてきたのだろうか。結論をさきにいえば、焼畑農法である。現に、知花の古島から、今の知花区へ通ずる中間点には、典型的な焼畑地名である、「内喜納」（ウチヂナー）が横たわっている。内喜納は後世の当て字で、原義は織木庭《うちきなあ》である。縄文時代以来、沖縄人が慣れ親しんできていた焼畑農業による原始林の焼き払い、これである。「かなり低い農業技術の段階で、森林地帯で農業をやるということになりますと、農耕のための裸地をつくるには、森を焼いてしまうのがもっとも簡単な方法なのです」（上山春平共著『続・照葉樹林文化』九一頁）。また、「照葉樹林文化における農耕の最初の段階は雑穀栽培の段階であり、それはまず焼畑の形をとる、ということになるように思われます」（同書、同頁）。本土の方では、「少なくとも縄文晩期には焼畑での雑穀栽培がはじまっていたのではないかとさえ考えられる可能性がある」（上山春平編『照葉樹林文化』三一頁）。沖縄も典型的な照葉樹林地帯である。そして、本論でみるように、近世の沖縄ではさかんに焼畑が行われていたから、沖縄における焼畑農業も、本土のそれと軌を一にして縄文時代にその淵源があるようにおもわれる。「ヤキナ」とか「ヤブ」等の焼畑関係用語が、本土と同一だからである。

そもそも筆者が、沖縄における焼畑農業について研究したいと思いおこしたきっかけは、田中健夫氏の『対外関係と文化交流』に目を通している時であった。玉稿中の次の一文に触れた時、誇張でなく、つよい啓示のようなものを受けた。

山地の多い対馬では作付面積はきわめて少ないが、そのなかでもっとも多いのは畑で、そのつぎが木庭《こば》であった。木庭は元来木場で、木の生えているところという意味であるが、普通には森林原野を焼いて、そのあとにつくった焼畑のことをさしている。〈中略〉

木庭作の実際は、最初の年をアラケ・アラキ、二年目をヤクナ・ヤキナ、三年目を三年ヤクナなどとよび、二～三年の間に麦・蕎麦・粟・豆などを植え、そのあとは少なくとも一〇年くらいは放置して荒らすという方法をとる。〈中略〉コバナギをすると約一か月間そのままにしておき、木や葉が枯れたころをみはからってコバヤキを行い、その後鍬で耕す。これをパルという（二三五～二三六頁）。

いうまでもないことだが、文中のヤキナに目を奪われた。また、沖縄では、常畑のことをパル、ハルというが、これは焼畑からきたことばだった訳である。ヤキナをきっかけにして、その後、文献史料類に芋づる式に導かれていくうちに、沖縄でも大規模な焼畑が行われていたのだと確信した。まず、東恩納寛惇氏の「南島風土記」（『東恩納寛惇全集』7）を開き、「屋慶名」の項を読んだ。

〈前略〉この地はもと屋部村と唱へてゐたが度々火災に苦しみ、屋慶名（ヤケナ、焼けなと通ず）と改名したと遺老説伝に見えてゐるがもとより後の穿議であらう（傍点、注は原文のまま、601頁）。

とある。そこでつぎに『遺老説伝』を繙いてみるとこうある。

往古の世、与那城郡屋部村は、年々屢々火災に遭ひ、房室燬失し、民生憂に勝へず。一日君真物出現する有り、村民に嘱して曰わく、屢々火災有るは乃ち屋部の名有るを以てなり、若し屋部の名を改めずんば、其火災を免るるを得ざらん、早く名を改めて以て屋慶名と呼べ、即ち火災以て止む可しと。村民之を聞き拝謝し、已に改めて屋慶名と呼ぶ。此より以後、未だ嘗て火災有らずと云ふ（島袋盛敏訳『遺老説伝』九三頁）。

この記事の中で重要と思われるのは、「屢々火災有るは乃ち屋部の名有るを以てなり」とある「屋部」の語の意味である。「ヤブ」とは何だろうか。そこで、平凡社『世界大百科事典30』の「やきばた」の項を読んだ。それによると、焼畑は、縄文時代から最近まで、ほぼ日本全土の山間地で行われてきており、焼畑に関する呼称は、それぞれの地域によって、次のように呼ばれているという。〈焼畑〉、〈切畑〉、〈切替畑〉、〈薙《なぎ》畑〉、〈刈《かり》畑〉、〈刈《かり》生《ふ》畑〉、〈鹿野《かの》畑〉、〈かのやき〉、〈やぶ〉、〈さす畑〉、〈木庭《こば》作〉などいろいろな名前が並べられている。

それらの中で、筆者の目にとまったのは、勿論、〈やぶ〉である。宮崎県・熊本県・静岡県などの山地では、焼畑地のことを「ヤブ」と呼ぶ場合がある（大林太良編『山人の生業』一二五頁）。〈やぶ〉は焼畑のことであったのだ。筆者の思考は、これら一連の文献の間をめまぐるしく往復した。さきに見た「南島風土記」と『遺老説伝』中に出ていた「屋部」に照準をあてて、あの屋慶名の記事を解釈すれば、つぎのようになる。

屋慶名がしばしば火災にみまわれた、その出火の原因は、焼畑の火そのものにあったのではないのか。ヤキナもヤブも焼畑のことなのだから。かつては焼畑でもあった住宅地域の至近距離で、焼畑をおこなったための飛び火による延焼ではなかったのか。筆者にはそうとしか考えられない。なお、屋慶名村の前身が屋部村であったことの名残として、屋慶名海岸の小島、「やぶち島」が現存する。東恩納氏の史眼には、ヤキナやヤブが焼畑関係の用語としてまだ見えていなかったから、「もとより後の穿議であらう」と簡単に片付け、またヤケナの意味を「焼けなと通ず」と注釈している。それは、方言のヤキーンナ（焼けるな）からの附会と考えられるが、もしそうだとすると、これは言葉のウワッ面に眩惑された浅見である。ヤキナは、田中氏の前掲稿にもあったように、山を焼き払ってできた裸地の二年目のものである。その意味でヤキナは、燃焼がとうに終わって冷却している状態である。ヤケナは、その原義に忠実に表記すれば「焼ケ庭」（やけなあ）であろう。後で見るように、縄文時代には、「なわ」「なあ」「にわ」にはガーデンの意味をもつ前に、単にプレイスの意味があったはずだ。ヤケナは焼けた所という意味だったと思う。一方ヤブは、後でも考察するように、火、炎、焼く、焼ける等の原義があったと考えられる。こう考えると、しばしば火災にみまわれた屋慶名の人たちが、ヤブを恐れて敬遠し、ヤケナを選びとった気持ちが理解できるのである。そう考えれば、同村が焼畑から出自したいわれを保存し、かつ、恐るべきヤブという言霊《ことだま》からのがれられるという中世人らしい精神構造が、より分かり易いではないか。東恩納氏は、「もとより後の穿議であらう」と、その火災伝承に水をかけたが、これなどは、文献批判における度の過ぎた懐疑主義も、時として、大事な歴史的史料を埋もれ火にしてしまうという格好の例である。屋慶名のつぎのターゲットは、当然、名護市の屋部である。一つには、ことばとしてのヤブについて、二つには、その屋部の久護家（屋部ウェーキ）にあるキナワ畑関係史料である。キナワ畑とは、焼畑のことである。すると、昔の名護間切屋部村は、その村名が示しているように焼畑の本場であって、それで、おそらく県下唯一とおもわれる生の焼畑関係史料が残されてきていることと無関係ではないだろう。近年とみにいわれるようになった、天皇支配以前の日本史として、縄文時代が脚光を浴び、とりわけ沖縄においては、その中にしめる沖縄の縄文文化が重要度を増してきている。その縄文文化の一方における背骨になるのが焼畑農業である。

今、ここに『眉屋私記』という書物がある。筆者の上野英信氏は、琉球の古典音楽に対する深い理解と、ほおずりをするようないとおしさをこめて、屋部の自然・歴史・人物などについて、書きしるしている。その中に、『球陽』附巻におさめられている「屋部霊験記」を、読み下し文に直して引用している。

一年（ある年）、球陽（琉球）大干シテ都鄙（とひ　みやことといなか）ノ人民甚ダ以テ愁憂ス。凌雲村人ヲ招キ、之ヲ慰メテ曰ク、愁ウルナカレ、怕《オソ》ルルナカレ、我汝ノタメニ雨ヲ祈ラント、草庵ノ後松嶺ノ内ニ地ヲ払イテ壇ヲ設ケ、昼夜怠ラズ経ヲ念ジ法ヲ咒（ジュ）スルコト已ニ七日ニ至レバ、果然黒雲四起シ、沛然トシテ雨降ル。村落人民鼓腹シテ歓喜ス。試ニコレ凌雲徳ヲ以テ天ニ感ゼシメタルモノナルカ。又屋部村常ニ火多クシテ房屋ヲ焼ク。凌雲自ラ草庵ヲ結ビ亦壇ヲ設ケテ経ヲ念ズ。コレヨリ以後火災ヲ起コサズ。亦コレ凌雲徳ヲ以テ災ヲ消スヤ已ニ疑ナキナリ。

（ ）内のルビ、注は筆者が付した。文中、「又屋部村常ニ火多クシテ房室ヲ焼ク」とあるが、これはさきに見た、屋慶名村の前身たりし「屋部村」の伝承と気脈相通ずるもので、千鈞の重みのある史料である。これで、ヤキナやヤブの語が、火と関係があり、焼畑と関係があるということに、もはや疑問をさしはさむ余地はない。

屋部村のキナワ畑について吟味する前に、他のキナワ畑関係史料についてもみてみることにしよう。

覚

きなは畠之儀、百姓喰実成し下され候付て、村々親疎無く配分致す筈候処、其儀無き由、宜ろしからず候間、村境構最寄次第百姓中熟談の上、頭数相考え親疎無く配分致し、其段首尾申し出でらるべく候、以上。

但し、竿入畠差引致し、本地多数所持候村は、其見合い之れ有るべく候

卯十一月朔日（延享四年丁卯）

源河親雲上

安里親方

恩納間切

検　者

（乾隆十二年原恩納間切仰渡日記）

（『近世地方経済史料』十巻　二〇六頁）

以下、この史料を「恩納間切仰渡日記」と称す。右文中の「喰実」は「くやみ」と読み、焼畑のことである。そのことは、笹森儀助がその著『南島探験』の中で明らかにしている。「登レハ則チ辺土原野トス実ニ沖縄島第一ノ大原野ト唱フ大凡二百町歩位アリ名ハ原野ナレトモ過半ハ無税畑トシテ開ケ居レリ又タ此地方総テ原野ヲ指サシテ喰実《クヤミ》（或人曰ク喰実原野トハ切換ヘ畑ノ如キモノナリ）ト云フ」（六十三頁。ルビと注は原文そのまま）

右の喰実についている割注の中の「切換へ畑」とは、さきに引いた『世界大百科事典30』中の焼畑の別称

「切替畑」のことである。また、柏書房『日本史用語辞典』にも切替畑は焼畑と同じ、とある（三四七頁）。さて、これらの史料から基本的事実が三点あげられる。㈠きなわ畑は焼畑のことで、喰実ともいう。㈡きなわ畑は屋部村にのみあったのではなく、地人（ヂーンチュ）の数に比して地割地としての常畑が少なく、広く山林をもつ間切の村民には、日常の食糧確保のために、特典としてきなわ畑（喰実）の分配が認められていた。㈢きなわ畑は無税地であった。

ここで㈡に関して注目すべき史料が、『南島探験』に示されている。「慶長十五年　検地以後土地ノ変遷ヲ顕サントシテ左ノ間切異同表ヲ略出ス」という趣旨で、薩藩による慶長十五年（一六一〇年）の検地による土地の面積（名寄帳）と、寛延三年（一七五〇年）琉球藩が竿入れ（測量）した土地の面積（竿入帳）を比較し、前者より後者がどれだけ増加したかを示すためのものである。その比較は、恩納間切・本部間切・今帰仁間切・大宜味間切の四カ間切について、それぞれにおける田、畑、屋敷の面積を数字で比較したものである。そこで注目すべきことは、本部間切の場合だけ、田、畑、屋敷以外にキナワ畑の項が付されており、しかも、その面積の記載が、名寄帳（一六一〇年）には無いが、竿入帳（一七五〇年）には、五十九町一反九畝十八歩とある点である。筆者の疑問は、笹森が掲示した比較表で、時代の古い方にキナワ畑がなく、しかも、本部間切以外の三カ間切にそれの記載がないということである。

さて、さきにも見たように、一七四七年の「恩納間切仰渡日記」によれば、同間切にもきなわ畑があった。また『南島探験』によれば、国頭間切の辺戸にも二百町歩という広大な喰実＝きなわ畑があった。また、すぐ後で見るように、名護間切屋部村にも五〇万坪を越すキナワ畑があった。なかでも、恩納間切にキナワ畑があったのに、それが『南島探験』の中に数字としてあらわれず、また、今帰仁、大宜味間切の場合にもあらわれていないのは、次の理由によると思う。本部間切について言えば、同間切では、キナワ畑の焼畑としての本来の性格を漸次失いながらもその名称と面積が伝えられてきていたから、笹森が問題の資料について聞き書き調査した時点（明治二十六年）で、本部間切の役人は、笹森の質問に答えることが出来たのである。他の三カ間切についていえば、そこではキナワ畑の名称さえ忘失してしまう程に、焼畑としての性格が変わってしまい、それがすっかり「開墾→常畑」の経過をたどり、明治二十六年の笹森の調査の時点では、キナワ畑として意識に浮上しなかったのであろう。これは笹森が本部間切の役人から聴取したものと思うが、キナワ畑について、つぎのように書いている。「キナワ畑ハ元山野ノ内旧琉球藩ニテ開墾ヲ免《ゆる》シタルモ地所悪敷（あしき―筆者）故無税ニ据置クナリ」（『南島探験』八四頁）と書いているが、明治二十六年の時点で、キナワ畑が本来焼畑であったという事実が忘れられ、変遷の過程の中の一形態であった開墾地として認識されていた証拠である。なお、本部以下四間切すべてに、慶長十年（一六一〇年）の名寄帳に、キナワ畑の数字が見えないのは、当時、それが存在しなかったからではなく、むしろ逆に、より大規模に、無規制的に存在していたが、縄文時代以来連綿してきた仕来たりに従って、課税対象の埒外に放置されていたから、名寄帳にも記載されなかったまでだと考えるわけである。ところで、「慶長十五年、従御国元御検地被仰渡候事（『御当国御高並諸上納里積記』、『那覇市史』第一巻2、六七頁）の中に見えている「山畑」は、もと焼畑だったものが常畑に開墾されて日の浅いものであったと考えられる。「山畑」については後出する。

ここで、屋部村のキナワ畑について考察しよう。屋部の久護家に伝えられている史料群を仮に久護家文書と呼ぶ。それは、内容別に十八冊のとじこみからなっている。キナワ畑関係史料は、そのうち、㈠「アサウ原御指令済帳簿」（明治十八年一月二十八日）と㈡「仕明本立并屋部村山キナワ畑日記写」の二冊である。これらを読むと、屋部村には、その所有形態において、二種類のキナワ畑があったことがわかる。その一は、名護間切内の各村々に平等に割り当てた分で、屋部の地人（ヂーンチュ）に配分されていたもの。これは屋部村の村有地といってもよい公有地である。その二は、国王から久護家に拝領されて、同家の私有地になっていたもの、である。この公有地としてのキナワ畑は、さきに見た「恩納間切仰渡日記」のキナワ畑と同性格のものであり、その中には、一地人としての久護家の配当分も当然含まれている。ではまず、㈠「アサウ原御指令済帳簿」の方から読んでみよう。原文は候文だが、現代仮名づかいによる読み下し文にする。

屋部村人民共、私小作地字ナ（名）アサウ原ト申地所引揚ルノ旨、申掛ラレ候ニ付、願意ノ趣左に申上候恐懼ニ尠（堪カ）ヘズ御座候ヘドモ申シ上ゲ奉リ候。私所持アサウ原山キナワ畑ノ義、先祖ヘ拝領相成リ、請ケ続キ異議無ク持通シ来リ候処、村民共ニハ往昔ノ事ハ容易ニ相分ラザル見込ミヲ以テ右地所奪取ノ慾心差シ発《おこ》シ、明治五年ニ至テハ、私亡父（久光氏）ヘアサウ原請求候証拠之レ有リ候ハバ、検視セシメ候様申シ聞ケルニ付、往古ノ事急速ニハ答弁成リ難ク、穿鑿ノ間ハ待チ居ラレ度申シ入レ、諸帳簿等相調べ候ヘドモ、数百年来経行キ候故爛失相成リタルヤ見当之レ無シ。然レドモ拝領地ノ段ハ皆人ノ知ル事ニテ、祖親ヨリ直伝ハ今ヲ距タル八代以前ノ祖先壮年ノ頃《ころ》ヨリ役職連次、地頭代役等九年引続キ相勤メ、人民等補益相成ル事共段々取計ラハレ、殊ニ康熙年間ノ比《ころ》、山林御巡幸ノ御時、御休息所一斬（軒カ）新ニ自費ヲ以テ日ナラズ造営シ、其ノ御時アサウ原ノ地所並ニ御端布・御馬具等拝領成シ下サレ、皮（彼カ）ノアサウ原ハ屋部村キナワ畑帳簿ヨリモ迦（逃。はず）シ置カレ候段伝ヘ承ハリ、紗綾御端布二端・御馬具等モ今迄格護相成リ、尤モ御支配御日記等モ相糺シ候ヘバ、屋部村山キナワ畑ニアサウト申字ナ（名）之レ無ク、トマ原ト絵図ニ相連レ候故、村民等ニハ帳簿ニアサウト申原ナ（名）ハ之レ無ク、其ノ名ハ私クシ付名ニテ、トマ原ト同地ノ形ニ申シ成シ候ヘドモ、同所田方仕明ノ御手形ニアサウ原ト書キ記サレ、土手印《しる》ベニモアサウ原ト之レ有リ。又ハ針図帳《はりずちょう》ニモアサウブリクト相見ヘ、該《そ》ノトマ原トハ原名分明ニ相替ハリ、私地所相違無キ段申逑（述ヵ）べ候ヘドモ聞取ラズ、翌明治六年ニハ間切並ニ旧両惣地頭田地御役場ヘモ訴ヘ出デラレ候ニ付、該ノ屋部村キナワ畑坪数相試シ申シ出デ候様御達シ相成リ、村民並ニ亡父モ相合ヒ、地所絵図表坪試シ致シ候処、御支配帳簿ニハ屋部村キナワ畑高、皮（彼ヵ）ノ村境内ニ三十一万九千五百六十七坪、安和村境内ニ三万千二百五十六坪合計三十五万八百二十三坪ト相見ヘ候処、現坪ハ五十万八千九百二十一坪七分之レ有リ。アサウ原引除ケ候テモ十八万九千三百五十四坪七分ハ帳簿ヨリ坪過相成リ候ニ付仕来タリノ侭押シ置カレ、最早此迄十年余モ経行キ候ヲ、今般ニ至テハ村民共ヨリ、私所持ノ屋敷妨害致シ、段々相談ヲ加ヘ候ヘドモ承諾之レ無ク、已《やむ》ヲ得ズ番所並ニ御役所ヘモ訴ヘ申シ上ゲ奉リ、当分御裁断ノ央《なかば》ニテ候故、右事件ニ憤リヲ含ミ色々邪心ヲ生ジ、村民キナワ畑ヨリモ迦（迯ヵ）リ置カレ、数百年請ケ続キ持チ通シ来タリ候地所今ニ引揚ルトノ申シ掛ケ、何トモ安着成リ難キ次第ニ御座候。之レニ依リ願ヒ申シ上ゲ奉リ候ハ、私所持アサウ原ノ義、前顕（前記）ニ申シ上ゲ候通リ、帳簿等ニモ村民キナワ畑ヨリモ迦（迯ヵ）リ置カレ、先祖以来受ケ続キ数百年来持来タリ、私所持ノ段ハ、皆人ノ知ル事ニテ候処、此ノ節ニ至リ右地所引揚ゲラレ候テハ子孫ノ本意ヲ失フ而已《のみ》ナラズ、先祖ニ対シ不孝此ノ上無キ次第ニテ、至極胸痛罷リ在リ申ス次第ニ御座候間、何《なに》卒《と》ゾ特別ノ御詮議ヲ以テ、従前ノ通リ私ヘ持チ通サセ候様仰セ付ラレ下サレ度、此ノ段哀願候也。

名護間切屋部村八十八番地平民
岸本久明　㊞

明治十六年十二月七日

明治五年、久明の亡父、久光の代に、アサウ原の所有権問題が、久護家と屋部村民との間にもちあがったとき、久光が名護間切ならびに「両惣地頭田地御役場」に裁定を仰いだところ、いったん久光の勝訴となった。その後、明治十六年に久明の代に、再び同じ土地問題がむしかえされた。その時、同人から県に提出された「願書」が、この史料である。なお、文中にみえるブリクとは、「石の群立つ所をいう」（宮城真治著『沖縄地名考』八二頁）とある。本稿のすぐ後に出てくる「岩岸」はそのブリクのことを指称しているのだろう。県では、明治十八年一月十九日、沖縄県令（県知事の前身、同十九年七月知事に改称）西村捨三の「指第六十二号」を以って、岸本久明の勝訴と裁定した。その指令は左のとおりである。候文を読み下す。

指第六十二号

書面願之趣、岸本久明が拝領地ト認定致シ難シト雖モ、百年内外開墾・耕作セシヲ以テ、該地所有之権コレ有リ候条、諸地高入之義、吏員連署ヲ以テ、更ニ願出ズベキ事

明治十八年一月十九日

西村県令は、久明に「該地所有之権有之候」と裁定を下し、あとは私有地の一形態である「請地」高入のための必要な事務手続を国頭役所経由で、名護地頭代に対して指令している。ついでにそれも見てみよう。

番外第廿六号

其間切屋部村、岸本久明畠地取戻方之義ニ付願ヒ、今般別紙（指第六十二号のこと）之通リ御指令相成リ候条、夫々下渡シ、然レバ、該開墾地請地高入之義、吏員連署ヲ以テ願出候様、取計ルベク候事

明治十八年一月廿八日

国頭役所㊞

仲兼久安吉殿

追テ、該願書、本庁及ヒ当役所へ壱通宛、参照之為メ留メ置候ニ付、此段申進候也

久明が提出した「該願書」が裁定の決め手になっていたわけである。それだけ、時の沖縄県としても「該願書」に信憑性をおいた訳で、またその分、その史料的価値も公認されていることになる。明治十八年四月、名護間切地頭代・仲兼久安吉以下十二名の吏員が連署して、「請地高入之義ニ付御願書」が、県庁に提出された。その中で、岸本久明は、アサウ原の現坪を六万五千五百坪としている。これを受けて沖縄県の収税課役人二名がアサウ原に下向し、検視の上、坪高とそれに対する上納額の算定をした。坪高は、「字阿さう原山山畑」七万八千坪、内四千五百坪は岩岸で、その分をさし引いて、七万三千五百坪とした。この山畑七万三千五百坪に対する納税額は、麦一石五斗五升八合先、（但し、重出米籠ル）であった。こういう、元、焼畑であったものを開墾して畑にしたものを山畑と呼んでいる。これは記憶しておいてよい。なお、岸本久明は、自己所有のアサウ原のキナワ畑のことを、「該願書」の中で、「小作地」と称し、西村県令は「指第六十二号」の中で、「百年内外開墾・耕作セシヲ以テ」と形容し、国頭役所（所長・諸見里朝奇）は、「開墾地」と称している。それからすると、アサウ原のキナワ畑は焼畑としての実体を明治十六年をさかのぼる百年内外に失ない、開墾されて常畑にかわり、小作地に出されていたことがわかる。

さて、『名護六百年史』の著者、比嘉宇太郎氏は、その著書の中で「広大な阿蘇（アサウ－筆者）原を、当家では、拝領地だといい、これに対する地券も所持していた。」（一五五頁）と書いているが、比嘉氏のいう「地券」は久護家文書の中になく、また、明治五年の紛争の時点でも、「諸帳簿等相調部候得共数百年来経行キ候故爛失相成タルヤ見当無之」とあって、「地券」がなかったことを明記している。また、西村県令も指令書の中で、「拝

領地ト認定難致ト雖モ」云々と言っていることは「地券」がなかったことをウラ書きしている。だから無用な土地紛争に発展した訳であって、「地券」があったとすることは、あきらかに比嘉氏の誤解である。

ところで、アサウ原のキナワ畑が国王から久護家に拝領された年は正確には何年で、何王の時だったかについては定かではない。情況証拠をもとにおおよその判定を下す外はないが、筆者は次のように考える。さきに見た久明の願書によれば、「康熙年間ノ比《ころ》山林御巡幸ノ御時、御休息所一斬（軒ヵ）新ニ自費ヲ以テ不日造営シ、其御時アサウ原ノ地所並御端布・御馬具等拝領被成下」とある。一方、『球陽』によれば国王が北部の山林御巡幸をしたのは、一七二六年（雍正四年）に尚敬王が、一七七八年（乾隆二七年）に尚穆王がおこなっている。この二王の御巡幸の年のうち、康熙年間（一六六二～一七二二）のころに近いのは尚敬王御巡幸である。一方尚穆王のそれは五十六年の差である。そのような簡単明瞭な理由から、筆者は、アサウ原のキナワ畑を久護家に拝領したのは尚敬王であり、一七二六年のことであったと判定したい。

つぎに、久護家文書の㈡「仕明本立并屋部村山キナワ畑日記写」についてみよう。そのうちここでは、本稿と関係のない「仕明本立」の部分を省き、キナワ畑関係のみを紹介する。

山キナワ畑日記写　　屋部村

乾隆十六年辛未正月御支配

山キナワ畑三十五万八（ママ）百二十三坪

内

うへ原かきけまた原

十万六千百三十七坪

安和村かみさき原
一万四千二百四十九坪
うへ原
百五十坪
　　但三行六年あらし三年作

とま原
十六万三千百八坪
安和村やまかま原
一万七千七坪
　　但二行七年あらし作（ママ）三年作

安ねん原并大まつ原
三万七千五十六坪
　　但八年あらし三年作

安ねん原
七百十二坪
　　但四年あらし三年作

同所原
一万二千三百四坪
但九年あらし三年作
右屋部村山キナワ畑御帳面表写取差上申候以上
酉　　　　　　　　　　　　　仮惣耕作
閏六月　　　　　　　　　　　大兼久親雲上

これを読むと、この屋部村のキナワ畑の支配《しくばり》（分配）は、乾隆十六年（一七五一年）であったことがわかる。屋部村キナワ畑の総坪数および、内訳、所在地などは、明治十六年の土地紛争のころまで変わっていない。なお、内訳八行を合計すると、三十五万七百二十三坪になり、原文の総合計額の三十五万八百二十三坪と一致しない。この百坪の誤差は、「写取」るときの単純な誤記かなにかであろう。なお、右の土地紛争の過程で、安和村かみさき原、同やまかま原の二行を除外して、屋部村境内のキナワ畑六行を実測したところ、五〇八、九二一坪余の面積があった。

さて、さきに見たように、恩納間切におけるキナワ畑の分配は乾隆十二年（一七四七年）であり、屋部村の分配は同十六年（一七五一年）であって、殆ど同時代であったから、「乾隆十二年原恩納間切仰渡日記」中に見るとおり、屋部村内部における分配も、「村境構最寄次第、百姓中熟談の上、頭数相考、親疎無く配分致し、其段首尾申し出らるべく候」とあるような方法で、行われたであろう。配分の作業過程や決定は、すべて村内人民の自治にまかせられていた訳で、その結果を、間切番所に報告すればよかっただけであったようである。

つぎに、「但三行六年あらし、三年作」とあるのは、この三行（三筆の土地）は、六カ年間荒し（林閑地にし）、その後三カ年間耕作して、また六カ年間荒し、その後三カ年間耕作し、……というローテーションであったことを示している。以下、同様に「七年休閑、三年耕作」、「八年休閑、三年耕作」、「四年休閑、三年耕作」、「九年休閑、三年耕作」というローテーションの焼畑であった訳である。このように、乾隆十六年御支配のころには少なくとも、キナワ畑は焼畑であったことがこの史料によってはっきり分かる訳であって、この史料の価値はきわめて高い。なお、本部間切や羽地間切の「あらし山」は今では嵐山の字を当てているが、その原義は、焼畑の休閑期間を意味する「あらし」であろう。

「これらの焼畑では、作物は二～三年間栽培するだけで、その後は休閑地になり、また別の新しい耕地が開かれる。休閑の期間は十年から十五年ほどで、森林が回復すると、そこでまた焼畑が営まれるわけです」（上山春平共著『続照葉樹林文化』九四頁）といわれている。右にいうインドや東南アジア北部の照葉樹林地帯の焼畑と、この沖縄のキナワ畑とは、互いに同じ照葉樹林地帯であるという共通の自然的基盤といい、同様な方法で営まれていたことがわかる。また、さきにみたように、このキナワ畑の方法は対馬のコバ作の場合と殆ど同一であったことがわかる。日本の焼畑で作る作物は常畑のそれと全く同じで、アワ、ソバ、ダイズ、アズキ、ヒエ、ムギ、サトイモ、サツマイモ等で、そのうち、寒冷地の作物であるソバ以外は、沖縄のキナワ畑でも当然作られていただろう。

ここで、喰実《クヤミ》について見てみることにしよう。さきに見た『南島探験』中にもあったように、喰実は「切換へ畑」＝焼畑である。また、「恩納間切仰渡日記」にも喰実が「きなは」畑と同義語として使われている。同仰渡日記の末尾に、「但竿入畠、差し引き致し、本地多数所持候村は、其の見合い之れ有るべく候」とあって、常畑である「竿入畠」が十分にあり、従って、地割に供される「本地」が多数ある村は、喰実の割り当て許可を見合わすということである。喰実は無税地であって、食糧供給地に恵まれない山村にとっては、なかなか粋なはからいだったといえる。「喰実」はその字面からして、また、「仰渡日記」の内容が示唆するところからして、その原義は食糧を意味していただろう。そこから得られた食糧の生産者消費を目的として、納貢の為の労働力としての農民の生命維持と、その後継者の再生産の為に許された焼畑が喰実なのである。喰実は山地にかぎって許された。山地での耕作は、いきおい、給肥や灌漑《かんがい》等の不要な略奪農法たる、焼畑農業にならざるをえない。そのような因果律によって、喰実とは排他的に焼畑のことをさすようになったと思われる。喰実に関する記事を、『近世地方経済史料』第九巻から拾いあげてみよう。

◉尤御筆者長嶺里之子親雲上候事は、……夫よりせん城たう喰実境よす苗《よそか》御見分被レ成、入相《いりあい》時分伊豆味村御宿え御帰被レ成候（二一六頁）

◉（山御奉行同仮御筆者御事、……喰実御仕立松敷一敷、……御見分相済入相時分本部番所へ御帰り成らるべく候事（二三七頁）

「喰実御仕立松敷」とは、「本来は松敷に指定してある用地を喰実にすることを許してある、その松敷」の意味だろう。

◉天願長尾山之内、喰実境之番土手相損候所も多ク罷在（二五二頁）

◉国頭間切喰実不足に付、去酉年与世山親方御見分を以、松山内より喰実成し下され候処、安田村下し置かれ候敷地石原又は薄地之所にて、作職成り難く敷地替之願申出、去年具志川親方松山御見分之砌替え地成し下され候。且又金武間切惣慶村つふた山之儀、喰実内へ長く差入り、猪相集まり作毛の故障に相成る之由訟之趣之れ有り、具志川親方御見分の上喰実内に成し下され候に付、此節針竿致し、安田村本敷は消除、新敷《あたらしき》者組入申候、以上。

乾隆三十六年辛卯十二月

田地方奉行

名嘉原親雲上

（二五四頁）

文中の「石原」も「薄地」も、要するに瘠《やせ》地である。作職は営農。ところで、「金武間切惣慶村つふた山は、喰実敷地内に長い距離にわたって喰いこんでいるので、（そのつふた山から喰実内に）猪が寄り集まってきて、作物を害しているという趣旨の訴え出がある。具志川親方が御見分《わ》けの上、そのつふた山も喰実敷地に切り換えることを許可したから云々と、つい微苦笑してしまう程リアルな文章である。ともあれ、北は国頭間切から、南は具志川間切まで喰実＝焼畑が存在していたことが、文献史料によって確認できた訳である。つぶた山は現宜野座村中央公民館一帯の凹地である。

日本本土では、今でも一部には植林と関連した焼畑が残存し（「やきばた」、平凡社『世界大百科事典』）ている。沖縄でも、それと全く同じ経過と形態をとっていた。関連記事を、『近世地方経済史料』第九巻から抽出してみよう。

◉一、定式薪山松御支立敷場え、兼て小木なぎ取り、七月中限り焼払い致し、尤も敷内へ萠立（出芽）候杉は組立て、焼払いの砌、守護向念を入れ、夫々仕合せ（処置）申し候（一八七頁）。

◉一、当秋定式松御仕立敷坪之儀、見分け仕り置き候所え、七月中限り焼払い致し置くべく候、尤もはらはら（山腹）は松種子、底々はいちよ（木名）種子蒔き入れさせ候間、夫々之種子取り調べ置くべく候事（一八九頁）。

右の二例は、説明するまでもなく、焼畑農法を林業に応用した例である。

羽地間切

◉口上覚

藪山十八万坪

右は恐多く御座候へども申上候、当間切藪山之儀、咸豊二（一八五二）子年、下附を乞い、御印紙表去年迄にて仕立て相掛り申候処、杣山之内猶又本行之坪高（十八万坪）藪山に相成り、薄《すすき》わらべ雑曲木生茂り、御用木一ゑん萠《も》え立ち申さず、今成りにては急度《きっと》焼払いを以て仕立替え仕まつらずんば、往々御用木弁じ兼申すべきと至極心配仕り罷り在り申候間、何卒《なにとぞ》当年より来る未年迄三ヶ年、一ヶ年に六万坪宛《づつ》以前之通り諸木御仕立て方仰せ付られ下され度願ひ奉り候。尤も間切造作を以て仕立て方仕るべき儀御座候へども、大分之坪高何とも力《つと》むる能はざる次第に御座候間、御憐愍思《おぼ》し召し上げられ、年々三ヶ月分之日用銭高仕立て料成し下され度、是れ又願ひ奉り候。

此旨幾重《いくへ》にも宜しき様仰せ上げられ下さるべき儀、頼り奉り候以上。

巳閏五月　西掟　南風掟　大掟　首里大屋子　惣山当　地頭代

右之通り相違御座無く候間、願之節御取持ち仰せ付けられ度、存じ奉り候、以上。

巳五月（安政四年丁巳）　山筆者　検者（二二八頁）

この史料の趣旨は、薮山十八万坪を、年六万坪づつの三年計画で仕立て（造成）がえしたいが、その必要経費を支給してもらいたいという、羽地間切から王府に対する請願である。ここで肝心なのは、「薮山」とは何かという事である。右の請願文を注意深く読めばわかるように、「薮山」とは、「焼払いを以て仕立て替え」する植林用の山のことである。すると、「薮」は「屋部」と同じく「やぶ」に対する当て字で、前者は訓読み、後者は音読みによる単なる当て字であるにすぎない。だから、この「薮山」の「薮」は、「火の」とか、「焼く」とかの意味で、「草木が多く茂り合っている所」という意味はない。

「やぶ」という言葉は、日本に漢字が入って来る以前、古く縄文時代からあった倭語とおもわれる。では、その「やぶ」は何を意味したか。屋慶名村や屋部村にまつわる火災伝承、そして、それが焼畑と関連することからして、おそらく、「やぶ」の語源は、火、炎、焼く、焼ける等の意味だったろう。そう考えると、本土の「薮医者」と沖縄の「ヤブー」はどちらも医者のことだが、意味は似て非なるものである。「薮医者」は、「薮のようにわずかの風邪《かぜ》にも騒ぐ意。一説に〈野巫医《やぶ》〉で、まじない・加持を加える医者という」、「医術がたいへんまずい医者」（三省堂『広辞林』）のことである。薮医者は蔑称語であるが、沖縄のヤブーは、本来は蔑称の意味は含まれず、近代西洋医学の普及につれて、それとの比較で時代遅れの語感を持つようになり、結果的に軽い蔑称の気味をおびてきてはいた。ヤブーは医療の手段として、ブーブー、灸を施すが、これらはいずれも火を使う。車→クルマー（車夫）の造語法と全く同じ要領でできたのが、火＝ヤブ→ヤブーであろう。「薮医者」が死語にならないのに、ヤブーが死後になっているのは、両者が語源を別にする全く別系統の言葉であるからである。

焼畑と切っても切れない関係にあるのが猪である。農民にとって、焼畑内の作物を喰い荒らされる猪害は深刻であったから、その対策には多くの労力と資財と知恵が傾注された。猪の侵入を防ぐ主なものとして、猪垣（イノシシガキ・イノガキ）と落とし穴がある。だから、逆に、猪垣のある所には焼畑（キナワ・喰実）があったことになる。但し本稿でいう猪垣とは、前近代から明治三十年代の土地整理事業の時代までのものを意味する。焼畑の所在地を確認するため、北部の各市町村をかけ足で踏査してみた。西海岸では、南から恩納村字山田、同仲泊、同瀬良垣、同伊武部、名護市字喜瀬、同幸喜、大宜味村字大兼久、同根路銘、国頭村字奥間、同辺戸。東海岸は、宜野座村字祖慶、東村字平良、同宮城をまわった。それらのうち、石の豊富な村では石を用い、それらの乏しい村では、海のテーブルさんご、丸太、ニガ竹を用いて猪垣を築いた。辺戸の平良新次郎氏（明治三十四年生）は、「辺戸から宜名真まで猪垣が、万里の長城のようであった」と証言し、奥間の大西亀福氏（大正八年生）も、「ここから名護まで猪垣が続いている、と聞いた」と証言している。これらの証言に、筆者が踏査した結果を加味すると、北の辺戸から南の山田まで、ほとんど切れ目なく猪垣がつづいていたと考えても無理ではないと思う。東海岸の方でも、旧国頭間切と久志間切の往時の過疎地域で断絶があったものの、大体において、北の奥部落から南の屋嘉まで猪垣が続いていたと考えられる。

屋部の「とま原」、本部の「喜納」、大宜味村大兼久の「きんなあ原」などは、海岸から一～二キロも奥地にあるが、他間切のキナワ畑もほぼ同様である。また、その「きんなあ原」を走る猪垣にいたっては、実に標高三六〇米の山頂にまで達している。北部を長円形のドーナツに見たてると、内円の線が猪垣で、その中の空洞部分が王府の杣山にあたりそこに猪を囲い込む形になっていた。そのドーナツの肉の部分が、ほとんど喰実・キナワ畑（焼畑）で占められていたと考えれば分かり易いだろう。北部の海岸線をドライブしながら視界におさまる段々畑ないし、ゆるやかな斜面地にある畑は、元キナワ畑だったものと考えて大過ないであろう。ことほど左様に北部のキナワ畑は広大なものだった。

辺戸の平良新次郎氏（明治三十四年生）は、昭和十年ごろまで、自らも焼畑を行い、奥部落でも行っていたと証言。根路銘の宮城倉栄氏（明治四〇年生）も宮城静雄氏談を紹介し、同区でも明治三〇年代まで焼畑を行っていたと証言。奥間の大西亀福氏（大正八年生）も七才のころ、両親の焼畑農業を実見したと証言。東村平良の宮城徳善氏（大正三年生）も伊是名区との中間の海に近い所で、アキケー（開き換え）畑という焼畑農業を、小学生のころ実見したと証言している。

無税地であるにもかかわらず、キナワ畑に対する猪害対策施設である猪垣の維持・管理について、首里王府は現地の間切・村に厳重に手入れさせた。例えば、『球陽』巻十七、尚穆王の三十六年十一月二十二日の条に、次のような記事がある。


大宜味郡に有る所の猪垣は、大風雨の時、多く損壊すること有り。其の修葺に至りては、稼穡（農作業）の時を論ぜず、各村分派し、屢々《しばしば》巡修す。是《ここ》を以て（そのような訳で）、毎年多く人力を費やす。塩屋村前の山川親雲上、前の前田親雲上、前の山川親雲上、屋古前田村前の前田親雲上、塩屋村宮城筑登之、金城筑登之、山城筑登之、田湊村金城筑登之、渡野喜屋村大城筑登之、根路銘村大城筑登之等、相会して商議し、各百姓を勧《はげま》して、公務・農事を妨げざるの時、及び月夜に当たりて、石頭を持ち集めしめ、塩屋、屋古前田、田湊、渡野喜屋、根路銘等五村の民夫を発動し、石を以て猪垣を改築せしむること長さ二千六百三十一歩・高さ七尺より四尺に至る。上届《じょうかい》（前の）申年に工を興し寅年に至りて全く成る（あしかけ七年の工期）。若し夫れ猪垣にして、堅固なること有ること無くんば、則ち農事の妨げ、此れより大なるは莫《な》し。是《ここ》を以て、往々両年に一遭（一回）、大概樹木六万余株、民夫七千八百九十余名を将《もっ》て、其の垣を改修す。

是れは意外の費《ついえ》に係る。各々皆前の如く、心を留め慮を発し、固く石垣を築く故に民夫・樹木の費《ついえ》無く、永く郡中の便利と為《な》る。此れに依りて、各頭目及び掌管役等（各地頭代及び惣山当等の役人たち）、由を備へて（その趣旨を添付して）朝廷（首里王府）に報明せり。随ひて各々に褒賞を賜ふ。

徒手空挙で歩くことさえ難渋する急な傾斜地での作業であり、しかも足かけ七年もかかった難工事であった。今黙々と続く猪垣は、往時の堅固な雄姿というにはほど遠いが、注ぎこまれた農民たちの心血は十分に見てとれる。

キナハ（ワ）↓キナー↓チナーと変化したであろう。すると、中南部の地名である、喜納、内喜納、照喜納、知名等ももとは焼畑であった。宮城真治氏は前掲書に、焼畑にちなむ地名として、宜名真、屋慶名、安慶名、振慶名、水無島、識名、金武、具志堅、古堅、宇堅、津堅、健堅を列挙している。古堅は本土の焼畑であるフルガノ（古鹿野）と同義だろう。

中南部の平野に恵まれた所では、鉄器の普及が著しく進んだグシク時代にかけて、焼畑の常畑化が急速に進んだようである。

名護市の勝山に、ウチナーバル（宇喜納原）というのがあるが、これなども明らかにキナワから派生した地名である。この地名はきわめて刺戟的である。この島の名であるオキナワ（ウチナー）も、キナワを語根としてできたものではないのか。かつて焼畑がこの島全部をおおっていたこと。ついでにいえば、鹿児島県の屋久島のヤクも対馬の焼畑農業のヤクナと同系統語であって、焼畑農業からの命名であろう。屋久島は「放射状の十七河川の河口付近にきわめて小さい沖積平地があるにすぎない。〈中略〉農業は不振で切替畑が多い」（平凡社『世界大百科事典』）とある。切替畑は焼畑のことである。このように、「沖縄」も「屋久」もともに、焼畑を共通の母胎とする兄弟である。さきに『球陽』巻十七の中で見た、大宜味郡の「屋古前田」の屋古も屋久島のヤクと同義であろう。

沖縄の屋部と同母の兄弟と思われる地名（もと焼畑）を、本土からひろいあげると次のようになる。養父《やぶ》郡・養父市場〈兵庫〉、養父〈愛知〉、藪川〈岐阜〉、藪田〈富山〉、藪田〈岐阜〉、養母田《やぶた》〈佐賀〉、藪塚、藪塚本町〈群馬〉、藪原〈長野〉、藪路木島《やぶろきしま》〈長崎〉、八保《やほ》〈兵庫〉、養母《やぼ》〈鹿児島〉などで、ほぼ全国に分布している。

さて、キナワ畑に近代的所有関係が法認されたのは、明治三十二年に公布された沖縄県土地整理法によってであった。同法の「沖縄県土地種類」によれば、キナワ畑を次のように規定している。

国頭郡ニ在ル百姓地山野ニシテ其ノ性質取扱共ニ百姓地山野ト同様ナルモ唯々一般ノ百姓地山野ハ藩庁（置県後ノ県）ノ許可ヲ得ルニアラサレハ開墾スルヲ得サルモ本地ハ所属村ノ持地人又ハ其ノ認諾ヲ得タル者ハ随意ニ開墾シ得ルノ差アルノミ

右の規定の中に言及されていないが、キナハ畑は元は焼畑であり、無税地であったということである。キナハ畑は次の同法第二条の条項によって処分された。

第二条　村ノ百姓地　地頭地「オエカ地」「ノロクモイ」地上納田「キナワ」畑ニシテ其ノ村ニ於テ地割セル土地ハ此ノ法律施行ノ日ヨリ一箇年ヲ経過シタルトキニ於テ最終ノ地割ニ依リ其ノ配当ヲ受ケタ

ル者又ハ其ノ権利ヲ承継シタル者ノ所有トス

国語学者や言語学者などの専門家をのぞけば、『日本書紀』などに書かれている上代日本語に対する特別な親近感ということについて、われら沖縄人ほどにつよいものを抱いている者は、日本の他の地方にも少ないのではなかろうか。と思うのは、きわめて専門的に語注を付された言葉で、沖縄方言と全く同じか、少し変化しただけの言葉が多く見い出され、そのつど欣こびかつ驚くからである。例えば、「又飢しかりし時に」、「不平《やくさ》みたまふ」などとあるが、前者については、語注などなくてもストレートに解る。「飢《ヤー》さたいに」である。後者は語注に、「ヤクサムは、弥臭ムの意。不平は、不満の意。」とある。すると、「やくさみ」の「や」は接頭語で、語根は「くさむ」である。本県人ならば、クサ・ミチュンを即座に連想するはずである。さて、以下は、木庭の「庭」の研究余滴である。

日本書紀を読み進んで、「方《まさ》に難波碕《なにはのみさき》に到るときに、奔《はや》き潮《なみ》有りて太《はなは》だ急《はや》きに会ひぬ。因りて、名《なづ》けて浪速《なみはやの》国《くに》とす。亦浪花《なみはな》と曰《い》ふ。今、難波《なには》と謂《い》ふは訛《よこなま》れるなり。」（神武天皇、戊午年の春二月）のくだりに来た時、軽い胸さわぎを覚えた。それまでニハ《(ワ)》・ナハ《(ワ)》（庭）のことを考えつづけてきていたから、ナニハはナ庭で、さらにナンバと変化したのではなかろうかと考えたからである。現に、大阪市南区・浪速区の一帯はナンバ（難波）と呼ばれているではないか。タニハ（田庭）がタンバ（丹波）と変化したことからの推理である。また例えば、団子《ダンゴ》、備後《ビンゴ》、昆布《コンブ》の撥音「ン」は、沖縄方言では、ダーグ、ビーグ、クーブと長音になる。すると沖縄方言の中では、ナニハ↓ナンバ↓ナーバ↓ナーファと変化する。ところで、また、沖縄の方音で、バ音がファ音になるのは、例えば立場がタチファ、裁判がサイファン等と発音されることから明らかである。『琉球国由来記』巻八の「那覇由来記」の中に、「抑《そもそも》那覇ノ濫觴《らんしょう》ヲ尋《たずぬ》ルニ、今ノ呉姓我那覇、居住ノ屋敷ノ内ニ、当初石有之。形茸ニ似タリ。茸ヲ世俗ニ、ナバ（ナーバ）と云故《いうゆえ》ニ此所ヲ人呼テ、ナハト云 倣《いいならわし》ケルガ」とあり、那覇のことをナーバととなえていた時期があったことを物語っている。ナーバを茸（ナーバ）に付会しているのは、ナーバの真の由来を忘失した後世の人の罪の無いご愛嬌にすぎない。ナニハ（浪速）とナーファ（那覇）は同根から生じた兄弟ということになる。ゆくりなくも、父母未生以前の記憶をよび醒された心持である。

朝倉書店『日本地名大事典3近畿』で「なにわ　難波」の項をひくと、「…難波崎を通る潮流の勢いが急なためとか、付近の海に魚が多いためナ（魚）ニハ（庭）から変化したためとか、海との関係に由来をもつ。」とあって、少なくとも、ナニハの語源が「ナ庭」ではないかとした私の推論も無理ではないだろう。それでは、ナ庭のナとは何だろうか。さきに出した日本書紀の「難波《なには》」、「浪速《なみはや》国」、「浪花《なみはな》」はすべて波と関連している。また、一般的には、ナニハとは読めない「浪速」をナニハと読ませているからには、潮流が速い「波庭《ナニハ》」という自然現象を下敷きにして命名していることは疑いない。岩波『古語辞典』をひくと、「なごり　余波・名残」は、〈ナミ（波）ノコリ（残）の約という。波のひいたのち、なおも残るもの。〉とあり、「なだ　灘・洋」は、〈ナはナゴリ（余波）・ナヲリ（波折）のナと同じで波、ダはアヒダ（間）のダに同じ。波の立つ所の意。〉とあり、「ナヲリ　波折」は、〈波が幾重にも重なること。〉とある。これらの例からして、ナニハのナは、ナ（魚）ではなくナ（波）と見るべきだ。ナニハ（波庭）と対応して、ナーファもナーファ（魚場）ではなく、ナーファ（波場）であろう。伊波先生の「那覇の起原は漁場」を読むと、いきなり、ナーファのナはナ（魚）とされているが、沖縄方言でも魚のことをナといったのかを含めて、その根拠は何もあげてなく、論外であるから肯定も否定もできない。

「那覇築港誌」（『那覇市史』第二巻下）を見ると、「沿岸附近は珊瑚礁より成る暗礁処々に起伏し、航海者常に困難を感せり《ママ》。」、「北或は西北の風に当たりては常に波浪を起し、甚しき時は激浪岩礁に砕け、泡沫飛散して航海者の視線を遮《さえぎ》ること亦少なからず。其高さ港口附近に於いて、七尺内外に達し」とある。長虹堤などのできるはるか以前の「うきしま」あたりでは、白い波頭が幾筋も見られたことだろう。ナンミン（波之上）という絵のような地名もそんなところから生まれたにちがいない。

沖縄の方言では庭のことをナー（ナハ《ワ》）という。標準語（ニハ《ワ》）をもとにすると、ナニハ→ナンバ→ナーバ→ナーファ→那覇となるのに対し、方言（ナハ）をもとにすると、ナナハ→ナナー→ナーナにしかならない。すると原始の沖縄にいて那覇の地に命名した一群の人々は、庭をニハと発音する一派だったことになる。タニハ→タンバ→ターバ→田場もニハ系列である。一方、タナハ→タナー→ダーナ→田名の方はナハ系列の一派である。この系列がつけた地名には、喜納、照喜納、知名、伊敷索などがある。

なお、『古事記』（岩波書店・日本古典文学大系）に、「建内の宿禰の大臣沙庭《さには》に居て」（二二九頁）とあり、沙庭に注して、「記伝には、神の託宣を請う場で、清場（サヤニハ）の切まった語である」、とある。ナニハの例で見たように、ニハはハに音韻変化する。するとサヤニハはサヤハになる。そう、わが斎場御獄である。琉球王府評定所の『混効験集』に、「さやはたけのたけ　知念間切に有御獄也」とある。「斎場」という表記をみるに、音といい義といい絶妙な命名で、王府の史官の教養の高さをしのばせるものがある。

原始の沖縄には、同じ倭人でも、「庭」の発音において、ニハ系統とナハ系統がいたことになるが、どちらもわれらの祖先である。焼畑でいえば、原始沖縄には、木庭（キナハ、キナー、チナー）派と屋部《ヤブ》派の二派がいた。屋慶名の村名が、屋部村から改名されたという伝承（『遺老説伝』）は、ヤブ派からヤキナ派への勢力の移行を反映しているのかも知れない。

「伊平屋渡《いひやど》立つ波」とは、そのままでもう詩境にある。倭語の用法として、「淡海《あふみ》の海《み》」よりは、もう一皮だけ古層にあるようだ。この冬、はじめて伊平屋島に渡った。備瀬崎を過ぎると、古来、難所とされるグシチャー・ドゥとイヒャ・ドゥに揉まれた。また、はるかに北航すると、シチトゥ・トゥ・ナカ（七島灘）が雄名をはせている。

これだけ、トゥ・（ドゥ）を並べられると、トゥ（ドゥ）とは何だろうか、と考えざるを得ない。少なくとも、潮流と島との関係に規定されて、形づくられた海の或る形状に名づけられたもののようである。『混効験集』に、「せと　浪のうちあふ所也。和詞明石のせと、虫あけのせととあり」とあるが、その「せと」の「と」のことだろう。瀬戸内海、室戸、鳴門、能登などの「と」も、沖縄の「とぅ」だろう。「イノウ」や「ヒセ」も海の一形状を表すものだが、「ト」、「トゥ」は、それらよりは沖の方＝船舶の航行できる辺りで、かつ島影が視界におさまる範囲の内洋に名づけられたもの、と思われる。

アサトとかトグチという地名は、安、里、渡、口とかの漢字（外国語）が日本列島に入ってくる以前からあったはずである。アサは浅い、トは海であるから、アサ・ト（安里）は、本来は浅い海という意味だ。一四五一年、尚金福王が、安里橋からイベガマに至る長虹堤を築いた頃までは、那覇の安里も海岸であった。また、トグチのグチは例えば昔の那覇港口に名づけられていた、宮古口、唐船口、倭口の口で、倭語本来の用法である。ト・グチは、本来の意味に即して表記すれば、海口で、海への出入り口という意味であろう。

ところで碩学橋本進吉は、「タ行の音は『チ』『ツ』が今と違っていると思います。『チ』はｔｉ、『ツ』はｔｕであると思います。」（「古代国語の音韻に就いて」）と述べている。橋本氏が正しければ、例えば、手のことを、古代日本人もわれら同様「ティー」と発音していた訳である。また、ｔｕという音もあったのだから、古代には案外室戸（ムルトゥ）鳴門（ナルトゥ）、能登（ヌトゥ）などと発音していた可能性がある。日本国が文字を最初に使ったのは、四七八年の倭王武の上表文であったという（ただし執筆したのは帰化人）。また、平安時代にかなが考案された。中国語（漢文）の導入と文字の使用は、爆発的なまでに、日本語の文法と音韻に一大発展と変化を与えた。その結果をとらえて、明治時代にチェンバレンによって、琉球方言と日本方言との関係を「姉妹語」である、と規定されて以来今日まで踏襲されてきている。文字の使用以前の弥生時代において、果たして、動詞や助動詞などの活用、係り結びの法則など、国文法は後世に見られるように精密なものだったであろうか。否、である。時間をさかのぼればさかのぼるほど、沖縄方言と本土各地の方言は分かちがたいものであったと思う。両者が「姉妹語」関係の方向へ鋏状変化し始める起点は、ちょうど大和朝廷の成立期と重なり、律令制導入以後に激成されたようである。

明治十二年の廃藩置県によって、同じ日本国民として暮らしていくことになった時、われらの祖父母は魂《たま》ぎるほどに同胞に対して違和感を抱いた。そう感じさせたのは律令制以降の歴史を共有せず、また「姉妹語」という言霊《ことだま》による共鳴の微弱さが作用していたからである。われらの魂魄の芯部に深刻な影響を与えたのは、戦後までつづいていた洗骨であった。洗骨は、倭人に通有する「きよし」の一発露なのだがわれらの魂を、この明かるかるべき照葉樹林の風土に、重く深くつなぎとめる鎖となった。『徒然草』の第三十段に活写されている四十九日（シジュウクニチ）にいたる法要の乾き方は、今日とさほど変わらないほどである。そのヤマトの土俗も、大和朝廷以前には、沖縄と似たりよったりであった。『古事記』に、イザナギの命が、死んだイザナミの命に、黄泉《よみ》の国にあいに行く記事があるが、その情景はそのまま沖縄にも通じるものである。

『文化の窓』No.十一　一九八九年

付記

筆者は六三三頁に、「名護市の勝山に、ウチナーバル（宇喜納原）というのがあるが、これなども明らかにキナワから派生した地名である。」云々と書いたが、その説は誤解だったので訂正する。今日では、「オキナワ」・「ウチナー」は本書の第一部「おきなわ」の原義の中で、「オキナワ」＝熾庭であると論証しなおした。

新説・琉球国物語

一三七二年に、察度王が明朝に入貢した時、同王は、進貢の正使として、「弟」の泰期を遣わしたことになっており、『中山世譜』に、「察度王、其の詔を受け、即ち弟泰期を遣はし、表を奉じて臣を称す。」とある。その記事は、『明実録』の、「楊載、瑠球国に使ひす。中山王察度、弟泰期等を遣はし、表を奉じて方物を貢す。」をそのまま信用してひき写したものである。

琉球側が「王弟泰期」としたものを、明側がそのまま信じて『明実録』に書き、それから四〇〇年後に、その記事がブーメランのように自分の手元に帰り、琉球の史官が、その実録の記事を、そのまま真実として、世譜に「王弟泰期」と書いた、と見てまちがいなかろう。

それでは、泰期は、本当に察度王の弟なのだろうか。筆者は、そうではないと考えている。まず、『明実録』を読むと、永楽五年四月乙未の条に、尚思紹が武寧王の世子と書かれており、成化七年三月甲申の条に尚円が、尚徳王の世子として書かれている。それからして、『明実録』が、琉球側の申し立てを、そのままウ呑みにして、事実でない記事を書くことがあった、ということが分かる。また、琉球側は、対明外交の重要問題につき、そのように、事実でない申し立てをすることがあった。この事実は、泰期＝王弟説の当否を論ずる第一のカギになる。

対明外交上の必要から、王府が事実を枉《ま》げたものを、そのまま事実であるかのように記述している例は、世譜の中に少なからず見受けられる。例えば、尚寧王は、「王舅」（原義は王の母方のおじ）の肩書きで、つぎの人々を中国に派遣したと書かれている。

万暦　三十年、王舅、毛継祖
同三十四年、王舅、毛鳳儀
同四十二年、王舅、呉鶴齢
同四十五年、王舅、毛継祖

「王舅」を文字どうりにとれば、右の三名の人は、尚寧王の母の兄弟ということになる。ところが、その世譜自身の記事によれば、尚寧の養母は、尚氏北谷王子朝里の娘であり、実母は、尚永王の妹である。尚寧の舅《おじ》は、いずれにしても尚姓でなければならず、毛姓とか呉姓では断じてない。

また、同書によれば、尚豊王も、王舅・毛鳳儀、同馬勝連、同毛泰時、同毛時輝、同向鶴齢らを中国に派遣した。だが、尚豊の養母は尚姓で、実母は寵姓だと書かれている。しかも、そのうえ、毛鳳儀などは、尚寧・尚豊父子の共通の「王舅」である。

これほどあからさまな矛盾であることからして、「王舅」を送り出す琉球にとっても、受け入れる中国にとっても、「王舅」は、単に使節の正使につける肩書にすぎなかったのであろう。その点、問題の「王弟」も、単なる肩書であって、文字どうりの意味ではないだろう。

〝王弟と呼んでくれるのは、光栄でなくもないが、でも俺は察度王の弟ではない〟と、つぶやきつづける声がする。おもろの中から。

泰期＝王弟説の当否を決める第二のカギは、おもろである。

1117
ふるけものろの節
一宇座《おざ》の泰期《たちよも》思いや
唐商《たうあきな》い　流行《はゑ》らちへ
按司《あんじ》に　思《おも》われゝ
又意地気《いちへき》泰期《たちよも》思いや

（『おもろさうし』日本思想大系、岩波書店）

その登場人物は、泰期、按司、ふるけものろ、の三人である。泰期の行為が、単に「流行らちへ」、「思われゝ」であって、何の尊敬表現もない。この表現だと、彼ら三人の社会的地位は、泰期のそれが、ふるけものろに対しては、よくて同等かそれ以下。按司に対しては、その臣下と見るのが妥当だ。

このおもろを虚心に読むとき、この按司は、あきらかに単数形である。彼は、読谷山の宇座・古堅一帯を治める小土豪で、泰期は、その配下にあって、彼のために海外貿易の任務についていた。むろん、察度の対明入貢以前からである。あと一押し眼光紙背に徹する読み方をすれば、「按司に思われゝ」とあることの真意は、察度の入貢によって、その按司もそれ以後の王府の官営進貢貿易のシェアにあずかることができた、その按司の欣《よろ》こびと、泰期の功績を称えているのだ。

1118　ふるけものろの節

一宇座《おざ》の泰期思《たちよも》いや
波《なみ》　出《い》ぢへ
殿《との》　見《み》ちへ　来《き》よもん
又意地気《いぢへき》泰期思《たちよも》いや

これまた、泰期に対する尊敬表現はない。

1119　ふるけものろの節

一宇座《おざ》の泰期思《たちよも》いや
意地気《いぢへき》泰期思《たちよも》いや
鏡色《かがみいろ》の孵《す》で水《みづ》よ　みおやせ
（以下略）

これなどは、逆に、「みおやせ」と、泰期の行為の謙譲表現があって、尊敬表現がない。

なお、「あおりやへが節 1116 一読谷山《よんたむざ》　おわる　思《おも》い　真泰期思《またちよも》い　げらへ世誇《ほこ》り　ちよわちへ　崎枝《さきよだ》に　おわる」に歌われている、「思い真泰期思い」は、尊敬表現があること、ふるけものろの節になっていないこと等からして、さきに出した三首に歌われている、「泰期思い」とは別人であろう。

常識的に考えて、泰期が、世譜に書かれているように、本当に察度の弟だったならば、彼は、読谷山のおさえとして、きわめて重大な任務と権威を、王から与えられて、そこに据えられていたことになる。そうであるならば、一体、なぜ泰期に対する尊敬表現がないのか。また、なぜ、あれほどの偉業をなしとげ、おもろに歌われた泰期が、察度王の弟であると、おもろに歌われていないのか。答えは、泰期が察度の弟ではなかったからである。その同じ世譜の記事によれば、察度の母である天女は、奥間大親との間に、「一女一男ヲ生ム」と書かれている。もちろん「一男」とは察度王のことであり、弟がいたとは書いていない。泰期は、宇座で生まれ育った人物である。

泰期が、察度王の弟であるか、そうではなくて、読谷山宇座の人であるか、によって、琉球史の相貌が、天と地、陰と陽ほどのちがいを見せることになる。前者だと、泰期は、察度王の一臣下として、単に同王の入貢という意志の代行者にすぎず、また、察度以下泰期をふくめて、入貢勧告という明の積極的働きかけに対し、それを受諾した消極的受動者であったにすぎないことになる。しかし、後者の場合だと、泰期と読谷山に代表される貿易業者等と彼らを生んだ各地方―たとえば、今帰仁按司と今帰仁、勝連按司と勝連、佐敷按司と佐敷、大里按司と大里―という、浦添、首里以外の各地の部分〳〵が、生き生きとあぶり出されてくるのである。事実、考古学上の発掘は、この後者の方とより一致するのである。「大交易……遺産との出合い」（沖縄タイムス一九八九年八月二十九日）の中で、考古学者の知念勇氏は、「中国の焼き物が出《で》だすのは大体12世紀からで、13世紀になると急に増えてくる。」と述べ、また、タイ、ベトナムの焼物の沖縄からの出土についても「13世紀になるとちょっと数が増えて来る。たくさん出る遺跡も増えてくる。」と述べておられるが、泰期は、そのように、12世紀あたりからさかんに外国と交易した、貿易業者の系譜をひく者の一人であった。

泰期は、おそらく、福建あたりの中国語に通じた貿易業のベテランであったろう。また、逆に、琉球語を解する、福建人もいたであろう。一三七五年、刑部侍郎、李浩が、琉球に来たとき、彼についてきた「通事、深子名」は、琉球語を李浩のために通訳する土通事であった可能性が高い。

以下は、情況証拠に基づく、大胆な仮説である。琉球が明に入貢する前年、一三七一年、泰期は、貿易のため、福建に滞留していた。その時彼は、新生の明朝が海禁策―中国人の海外への渡航禁止、外国人の中国への入国禁止―を強くうち出しているのを知り、足元がくずれ落ちる様な絶望感を抱いたはずである。しかし、その反面、新たな光明もあった。明朝に臣を称して来る国を積極的に受け入れ、そうした朝貢国には、有利な見かえりと、貿易を許すという国策のことである。そうした積極的な入貢勧告のために、国の四方にはりめぐらされた明朝のレーダー網に、すすんでキャッチされたのが泰期であった。そして、一三七二年、泰期は、明の使者楊載を導いて、琉球に招來し、察度と対面させた。こうして、泰期は、琉球の対明入貢―唐商いをはやらせたのである。

歴代宝案によれば、宣徳三（一四二八）年、琉球国王相・懐機から、旧港（パレンバン）管事官にあてた書翰の中に、「那弗答」という語があり、小葉田氏らは、それに注釈して、ナフタ（那弗答）は、ペルシャ語のna-khudaであり、それがマレー語になってnakodaまたはnachodaというとある。そして、その語は「船長」という意味である、とある。また、それが中国語の中に入って、哪嗒（na-ta）、南和達（nan-ho-ta）、刺達握（la-ta-wo）、喇噠（la-ta）などと表記されているという（A. KOBATA, M. MATSUDA : RYUKYUAN RELATIONS with KOREA and SOUTH SEA COUNTRIES）。

さて、八重山民謡の、安里屋ユンタの囃し、〃マタハーリヌ・チンダラ・カヌシャマヨ〃は、インド・ネシア語であるという。それがヒントになって、十五世紀の八重山のナータ・フージ（人名）のナータも、もとは、右のペルシャ語のナフタではなかろうかと、考えるようになった。

明朝は、さきにも書いたように、国是として、終始一貫、海禁策をとった。それを犯して中国に近づく外国船は、海賊とみなされて、悪くて命を失い、普通には、積荷とともに船を没収された。その外国の違犯船を取り締まる明の海防官も、明末になると、中国の貿易商や外国人と結託し、賄賂をとり、不法に入港させて、自らも貿易に出資し、暴利を貪るようになって、法が有名無実化していた。

さて、その海防官の不正を罰する律令は、『大明会典』につぎのように書かれている。

一凡守把海防武職官員、有犯受通番土俗・哪嗟報水、分利金銀貨物等項、値銀百両以上、名為買港、許令船貨私入、串通交易、貽患地方、及引惹番賊海寇出没、戕殺居民、除真犯死罪外、其餘倶問受財枉法罪名、発辺衛永遠充軍。

筆者は、ズバリ云って、右の哪嗟報水は、わがナータ・フージの源語だと思う。

さて、江戸時代の紀州藩の儒学者、高瀬喜朴は、右の漢文を、翻訳風に次のようによみ下している。

一凡海辺の警固用心に指《サシ》おかるゝ武職の官人、若《モシ》番国に通じて一味する其処の人、又ハ哪嗟《ナタ》（西域のゑびすの名。）などの金銀商売物、高《タカ》銀一貫目より以上をおくり、ミなと入《イリ》をさせよと頼むをうけこみ、これによって船につミたる売物等を内所にてミなと入《イレ》させ、夫《ソレ》によりて一味し、物を交易し、その便にのりて、所の害になる事をのこし、夫《ソレ》より番賊海賊などを引こミ、所の民をそこなひ殺すことをする者ハ、其軍官ハ真犯の死罪をのぞひて、其の余ハともに受ケレ財ヲ枉ルレ法ヲの罪を問て、辺土の衛所に発して永遠軍卒に充る也。

右の一文を読むに、さすがに学者だけあって、ツボをはずさない見事なものである。しかし、哪嗟報水の四文字の取り扱いには、困惑のあとがありありと見え、報水の二文字をキレイに省略している。

徳川幕府は、長崎出島での対清貿易において、中国商人に交易を許す条件の一つとして、学問のある中国人を日本に連れてこさせ、明・清会典や明・清の法令類の研究の一助にさせたという。高瀬翁も、そうした中国人の手助けをかりて、研究したと思われるが、哪嗟報水だけは、当時の中国人にとっても縁が薄くなっていたとみえ、ギブ・アップしたようである。

つぎに、荻生物観（徂徠の弟）も、右会典の同じ律例のヵ所を読み、訓点を付した。それに対して、兄の徂徠が国字解（注釈）をつけた。それは次のとおりである。

一凡守把海防武職官員有犯受通番土俗哪嗟報水分利金銀貨物等項値銀百両以上名爲買港許令船貨私入串通交易貽患地方及引惹番賊海寇出没戕殺居民除真犯死罪外其餘倶問受財枉法罪名発辺衛永遠充軍

「守把海防武職とは、海外の夷船を押ゆる官人なり。通番土俗とは、海辺のものども番国と通商する風俗なり。哪嗟は、通番の頭目となり。土人の頭目の番人と通商するを云なり。番と云は外国のことなり。土と云は中国の内にて全く中国ならぬものを云なり。報水分利と云は、処ならわしにて、番国の船より出さする礼物の名なり。値銀は、代銀なり。買港と云は、番国人、代銀百両以上なる貨物を出せば、其川入を買切る意にて、名を買港と云なり。〈以下略〉」（徂徠物茂卿著『律例対照・定本明律国字解』七五九頁）

さて、物観の付した訓点に従って忠実に読み下すと、次のようになる。

一凡そ海防を守把する武職の官員、通番の土俗哪嗟の、水分利を報ずる金銀と貨物等の項の値銀百両以上なるとを受るを、名《なづけ》て買港と為《す》るを犯すこと有りて、許して、船貨をして私に入り、串通交易して患を地方に貽《のこ》し、及び番賊を引惹し、海寇出没して、居民を戕殺せしむるは、真犯の死罪を除く外、其の餘は、倶《とも》に財を受る枉法の罪名に問して、辺衛に発して永遠に軍に充つ。

右の物観の読み方の中で、筆者が疑問に感ずる点は、左の三点である。

(1)「海辺を守把する武職の官員、……名て買港と為るを犯す」とある点。この読み方だと、買港という違犯行為をはたらいた者は、海防官ということになるが、それは、あきらかに事実に反する。筆者の解釈では、買港をはたらいたのは、「通番土俗」(番国に通じて一味する其処《そこ》の人)と「哪嗟報水《ナータフージ》」(外国人の海商)である。同じ『大明会典』(新文豊出版公司印行)には、「売港」という用語もあるのだから(一八七九頁)、その読み方は誤解だろう。この不合理を是正するには、「港を買は為《せ》」と読むべきであろう。

(2)「哪嗟の、水分利を報ずる……」とある点。筆者は、「哪嗟報水《ナータフージ》」は外国人の海商のことで、この四文字は分離できない一連語だと思う。これを分離して読んだために、「水分利を報ずる」などという、およそ漢文らしくない読み方になっているのだ。

(3)「金銀と貨物等の項の値銀百両以上」と二種類の金銀が別個のものとして並列して読まれている点。ここは、高瀬喜朴が「金銀商売物、高《タカ》銀一貫目より以上をおくり」と読んだのが正しい。大明律例の常套表現に対し、高瀬の読み方の方が一致しているからである。つまり、強盗・横領・賄賂など金品のからむ犯罪の量刑を、銀両の数量に換算して表現するのが大明律例の常套表現であるが、その点、高瀬の読み方の方が、それとよく合っているということである。

つぎに、徂徠の国字解の中にある疑問点を検討しよう。

(1)「通番土俗とは、海辺のものども番国と通商する風俗なり。」とある点。筆者は、高瀬が、「通番土俗」を、「番国に通じて一味する其処《そこ》の人」と解釈したのが正しく、実に警抜だと思う。というのは、明の史上に名高い月港二十四将のような①海辺の貿易商や鄭芝竜一族、②外国からやってくる海商、③それらとグルになった海防官。この三点セットが揃って、明朝の海禁策を内外から破ったのである。高瀬の炯眼は、「通番土俗」を、①のような人々に比定して解釈している訳である。ちなみに、「俗」には、「世の人」という意味がある。

(2)「哪嗟は、通番の頭目なり。」とある点。「哪嗟」については、さきにも見たように、小葉田氏らが、ペルシャ語に起源をもつ語で、「船長」の意味であるとされ、高瀬も「西域のゑびすの名」とし、双方微妙な差異はあっても、中国人から見て外国人という共通項を持っている。徂徠のその解釈だと、「哪嗟」は中国の土着の人ということになるが、そうすると、(1)で示した三点セットを構成できないという弱点があるから、「哪嗟」の解釈はやはり高瀬の方が真実に近いとおもう。

(3)「報水分利と云は、処ならはしにて、番国の船より出さする礼物の名なり。」とある点。筆者は、さきにあげた物観の読み方に対する疑問点(2)によって、徂徠のこの解釈は信憑性が薄いと思う。この点は、筆者が下文で試みる読み下し文と併せて参照されたい。

また、中国文化大学日本研究所助教授の鄭梁生氏も、『明・日関係史の研究』で、会典の同じヵ所を取り上げておられる。日本文への読み下し文は付されてないが、次のように解釈しておられる。

文中にある「哪嗟」とは、海船を司るものをいい、「哪嗟報水」とは、水の補給に対する反対給付であろう。

右の文をみると、鄭氏は、「報水」を文字どおり―本来の表意文字として―、解釈していることが分かる。多分、「水に報いる」という意味に解しておられるのであろう。

しかし、鄭氏のそのような解釈に従うと、その漢文を日本文に読み下すとき、大きな矛盾にぶつかるのである。氏の解釈によれば、守把海防武職官員らは、「哪嗟」の船に水を補給し、その反対給付として、「哪嗟」から金銀貨物等の項を、受け取るという風に解されるが、そのように、双方に、ギブ・アンド・テイクの関係が一たん完結してしまうと、下文の「許令船貨私入」（哪嗟の船を私に港に入れしめることを許す）という、官員らのより大きな違犯である便宜供与が宙に浮いてしまう。

さきにみたように、高瀬喜朴は、「報水」と「許令船貨私入」との二つを天秤にかけ、法令の趣旨を生かして読み下すギリギリの必要から、「報水」の方を切り捨てて、急場をしのいだ。しかし、高瀬翁の読み下しといえども、原文の一部を切り捨てた以上、やはり、完全とはいえない。

さて、筆者は、さきにも示唆しておいたように、「哪嗟報水」を、ペルシャ語に起源をもつ、一まとまりの連語だと解する。哪嗟報水とは、明初の中国人にとって、本来ペルシャやアラビアなどの西方から船でやってきて、明の海禁策を犯して中国の水域に不法に入り、土地の中国人と密貿易する海商のことを意味していたであろう。これが転訛してニックネームになったのが、八重山のナータフージである。そのように解すれば、次のように矛盾なく読めるのである。

一凡そ海防を守把する武職の官員にして、番（外国）に通ずる土俗（土地の人）と哪嗟《ナータ》報水《フージ》より、分利の金銀貨物等の項の、銀に値《あ》てて百両以上なるを受け、港を買は為《せ》るを名（目）として、船貨をして私《ひそか》に入れしむるを許すことを犯し、串通（ぐるになること）して交易し、患を地方に貽《のこ》し、及《ま》た番賊・海寇を引惹して出没せしめ、居民を戕殺《しやうさつ》せしむること有らば、真犯の死罪を除く外、其の余は倶《とも》に、「財を受けて法を枉《ま》げる」罪名に問《と》ひ、辺衛（辺境守備隊）に発《おく》りて永遠に軍に充《あ》つ。

八重山のナータ・フージは、『球陽』に尚泰久王六年、「名田大知」と見え、尚真王二十四年には、「名田大翁主」と見えているが、同一人物で、仲宗根豊見親《とよみや》や遠弥計《おやけ》赤蜂《あかはち》保武川《ほむかわ》と同時代人である。稲村賢敷氏は、その著書、『倭寇史跡の研究』の中で、名田大氏《なーたふーじ》が生まれた屋敷趾から、青磁破片や、南蛮焼破片及はなれ焼破片が多く収得されるとし、宿敵、おやけ赤蜂との関係を、「支那及南蛮地方に於ける縄張り関係で以前から仲が悪く戦乱が続いていたのではないかといふ事も想像される。」と書いておられる。筆者は、ナータ・フージという言葉（人名）は、マタハーリヌ・チンダラ・カヌシャマヨーという言葉と、大体同時代に福建もしくはマレー半島あたりから、八重山に入ったのではないかと推量する。ちなみに、名乗り頭に「信」の字をもつ人は、ナータ・フージの子孫で、例えば、元早大総長の故大浜信泉氏がそうである。

筆者は、「対明国入貢と琉球国の成立」（『球陽論叢』所収）を書き、その中で、「琉球王府の統治組織が、急テンポで整備される契機は、一三七二年の対明入貢である。入貢によって琉球の経済が飛躍的に高まり、経済の規模と構造に対応する形でうながされて、内発的に整備されていったのだろうか。それもある。しかし、それだけではない。それは琉球の外部から、明朝によって、既成のセットとしてもちこまれた要素が大である。機構も人も。」と書き、その根拠として、そのころ琉球国の政治の実権を握っていたのは、琉球国相とよばれた中国人で、察度王代から尚金福王代までの六〇年間、亜蘭匏・程復・王茂・懐機らが連続して国相の地位にあった。しかも、その国相は、明の皇帝の任命で、程復などは、中国の官員の肩書のままその地位にあったこと。琉球国相は王相ともいい、王相府には、皇帝から叙せられた正五品官の左、右長史がトップに立っていたが、中国の王府でも、左・右長史がトップで、やはり正五品官であった。そして、琉・明どちらの場合も、ともに、その下に同じ典簿という官名があった。また、それらの琉球王を神棚に祭り上げて、「王相政ヲ下ニ布《シ》キ」（柴山碑記）と書いた。

東恩納寛惇が、「琉球人名考」の中で、亜蘭匏のことを、(irafa:)《イラファ》と出した憶説が、いつのまにか定説化し、亜が沖縄人であったかのような観を呈している。だが、それはまちがいであると思う。

まず、亜姓が、中国の苗字の総数がそれほど多くはないにもかかわらず、その中にちゃんとあること。また、琉球で、長史・典簿・千戸・王相などの中国の官名をもらった人々は、すべて中国人であり、のちの時代に、正議大夫とか都通事とかの中国系の官名をもらった人々も、すべて久米系の人々であって、生粋の沖縄人には、廃藩置県になるまで、一人もいなかった。

さて、『李朝実録』に、十五世紀中葉における琉球王府の統治機構に関する、きわめて注目すべき記事が載っている。

地勢宮闕《きゅうけつ》の制を問う。〈中略〉王宮は乾清殿（明の王宮と同名である）と曰《い》い、三層あり。正門は紫宸と曰い、城は三重あり。左・右の長史二人、王命を出納す。凡そ王の挙動には、女官剣を杖《と》りて侍衛す。闕内は、常には軍士無く、只、城外に於いて、軍士、日を更《か》えて直宿す。五軍統制府、議政司、六曹を設く。各々堂上が四員あり。郎廳なし。只、統制府に於いて、郎廳二員あり。……

右にいう琉球の五軍統制府は、あきらかに、明の五軍都督府の名称と編成をまねたものである。五軍都督府は、明朝の天下の軍事を統《す》べる最高の機関で、左・右・中・前・後の軍都督府からなっていた。六部の中の兵部が、戦前の日本の陸・海軍省にあたるのに対し、五軍都督府は、陸軍参謀本部と海軍軍令部をあわせたような官庁であった。

また、琉球の議政司は、それに似た官庁名が、明朝の政府機構の中に見い出せないが、政を議する司（やくしょ）という、職能面の類似官庁を比定するならば、明の内閣にあたるものではないだろうか。

『明史』によって、内閣の歩みをたどる。まず、永楽帝成祖が即位すると、解縉・胡広・揚栄ら才識の大学士をえらび、文淵閣に入れて、機務に参与せしめ、それを内閣とよんだ。仁宗のとき、閣職は漸くたかくなり、景泰年間には、六部が天子の詔敕をうけるとき、内閣の統制をうけるようになり、閣権はますます重くなった。嘉靖以後になると、閣臣らの朝位の班次（皇帝の前に、尊卑の順にならぶ席次）は、六部の上に列《つら》なった。ちなみに、六部の尚書（長官）は正二品官、閣臣の中極殿大学士等は、従四品官であった。

つぎに、琉球の六曹は、吏曹・戸曹・礼曹・兵曹・刑曹・工曹ということになり、明の六部をまねたものであろう。六部とは、吏部・戸部・礼部・兵部・刑部・工部である。なお、朝鮮国でも六曹といった。五軍統制府・議政司・六曹には、各々堂上が四員づついた。明朝では、堂上は堂上官ともいい、中央、地方官庁の長官と次官をいい、庁舎の堂上にいて執務したから、そう呼んだのである。郎廳は、明朝におけるカウンター・パートが不明だが、明の郎中にあたるような中堅の官員をさしたものであろう。

『李朝実録』によれば、尚泰久王は、中国から技術者を招来し、鋳銭法を学ばせた。その時、鋳出したのが、〈大世通宝〉である。大世は、いうまでもなく、尚泰久王の神号〈おお世のぬし〉に由来する。大国、日本でさえ、実用にたえうるものとして、自前の銭貨を始めて持つことができたのは、豊臣秀吉が、朝鮮の役のとき、彼の地から技術者を連れてきて学んで以後のことである。それを思うと、〈大世通宝〉の出現は、独立国・琉球の完成度を示すバロメーターである。（『せあらとみ』同人）

『文化の窓』No.十二　一九九〇年

琉・朝間外交文書の考察

―『李朝実録』が語る琉球史の一断面―

一　はじめに

明国は洪武元（一三六八）年に成立し、それと同時に周辺諸国に対して入貢勧告の使者を派遣した。それに応えて翌洪武二年には、高麗（のち朝鮮）・占城《チャンパ》が入貢し、同三年には渤泥・旧港《バレンバン》・西洋瑣里（南印度の地）が入貢し、同四年には眞臘・暹羅《シャム》が入貢し、同五年には琉球・呂宋《ルソン》・瑣里（南印度の地）が入貢した。洪武の初めに瓜哇《ジャワ》が、永楽二（一四〇四）年に日本が入貢した。

こうして明の洪武・永楽・宣徳年間に入貢した国または地域は、六四の数に及んだ。

琉球は、洪武五（一三七二）年に察度《さっと》が明の太祖の招諭に応えて入貢し、皇帝から琉球国中山王―中山・山南・山北というときの「山」は沖縄島のこと。中山は沖縄島の中部、山南は沖縄島の南部、山北は沖縄島の北部の意。また例えば太平山は宮古島のこと―の称号を与えられて、明朝を宗主国とする東アジア及び東南アジア冊封体制のネットワークの中に組み入れられた。

そのネットワーク内における各朝貢国の序列は、皇帝から各国に頒賜された三種類の印章によってランク付けされた。金印・鍍金銀印・銀印の三等級によるもので、序列の順に頒賜された。

万暦『大明会典』によれば、金印の国は、朝鮮国、日本国、哈密《ハミ》の三国。鍍金銀印の国は、琉球国、安南国、占城国、瓜哇国、旧港の五国。銀印の国は、烏思蔵《ウスツァン》、朶甘《ダカン》の二国。単に「印」と記されている国および都司衛

所は、暹羅国、渤泥国、蘇門荅剌《スマトラ》国、蘇禄国、古里国、満剌加《マラッカ》国、柯枝国、順義王、奴児干都司、建州兀者等衛・千百戸所、安定衛、罕東衛等であった。

洪武五年の対明入貢以後、琉球は明の皇帝から国として認定され、東・東南アジアの国際社会に仲間入りした。歴代宝案の巻三十九を見ると、琉球国は右のような冊封体制のネットワーク内において、鍍金銀印を与えられた国として、朝鮮、暹羅、満剌加の諸国から外交文書としての咨文を受け、同四〇・四一巻を見ると、琉球国は朝鮮、暹羅、瓜哇、蘇門荅剌の諸国に咨文を送ったことがわかる。

それらの咨文による文書のやりとりは、完全に対等の関係においてなされたものであった。

それら諸国のうち、琉球に関する文献史料をまとまった形で持っている国は朝鮮である。『李朝実録』や『海島諸国記』等がそれである。以下、『李朝実録』を中心に琉球国と朝鮮国との間の外交関係について瞥見してみたいが、行論中単に『李朝実録』とあるときには、日本史料集成編纂会編『中国・朝鮮の史籍における日本史料集成　李朝實録㈠～㈤』のことを指している。

二　琉球国王から朝鮮国へ

琉球と朝鮮との外交関係において、交通を求めて積極的に働きかけたのは琉球の側からであった。それは、李成桂が高麗国を倒して朝鮮国を建国した年、洪武二五（一三九二）年八月十八日、「琉球国中山王、遣レ使来朝」という形で始まった。そして同年の「後十二月」の条に、「是年、琉球国中山王察度、称レ臣奉レ書、遣二通事李善等一、進二貢礼物一、并送二還被虜男女八口一。」とある。この前後の二つの記事は、察度王が派遣した同じ使節に関するものであろう。

琉球国から朝鮮国に対してなされた遣使は、右の洪武二十五年の遣使を皮切りに、正徳四（一五〇九）年、等閑意《ともい》なる者の使送人―李朝では使者について、日本国王や琉球国王の使者を使臣と呼び、諸巨酋・九州都元帥・諸酋の使者を使送と呼び、対馬島主の使者を特送と呼んだ―が琉球国王の書契を齎《もた》らすに至るまでに、三十五回に及んでいる。

ところで、洪武二十五年後十二月、琉球国中山王察度が朝鮮国に遣使したときの記事であるが、それは「琉球国中山王察度、称レ臣奉レ書」となっている。これを文字通りに解釈すると、琉球国王が朝鮮国王に対して自ら臣と称し、書を奉っている訳である。すると、この彼我の関係は対等ではない。その時に奉った書も咨文ではなかったことになる。なぜなら、咨呈は中国の官文書の一形式で、二品以上の対等の官衙間でとりかわされる文書であるからである。たとえば、正二品衙門である六部は同じ正二品衙門の都指揮使司に対しては平咨を用い、正一品衙門の五軍都督府に対しては咨呈を用い、従二品衙門の布政使司に対しては照会を用いた。

さて、朝鮮国王に書を奉った琉球国王察度の意識は、「又中伊集院太守藤原頼久、称レ臣奉レ書」（太祖四年、洪武二八年四月戊子）や、「日本国日向州太守源氏島津元久、上レ表称レ臣、献二土宜一」（世宗零年、永楽十六年十月庚寅）とある、九州南部の小領主たる藤原頼久・島津元久らの意識と同じであった。

察度王の朝鮮国王に対する臣従的スタンス―これは多分に外交儀礼・辞令的なものであったのかも知れないが―は、その後も続けられた。左の『李朝実録』の記事はそのことをよく物語っている。

琉球国中山王察度、遣レ使奉レ箋、献二方物一（太祖三年、洪武二十七年九月丙午）。

琉球国王察度、遣レ使奉レ箋、献二方物一（定宗二年、建文二年十月丙午）。

箋は君上にたてまつる文体のことであり、動詞「奉」も「献」も目上の人に物をさし上げる意である。ここでも察度王の臣従的スタンスを読み取ることができる。

筆者は『球陽論叢』（球陽論叢編集委員会編）に、「対明国入貢と琉球国の成立」を寄稿した。その中で、琉球が洪武五（一三七二）年に明に入貢し、皇帝からフォーマルに琉球国として認定されたこと、しかし、その琉球国の形態は、あくまでも明の天子という外在的権威による形骸的なものであって、一独立国としてはその内実がまだともなっていなかった（その点、朝鮮国や暹羅国等は明への入貢か否かとは関係なく、一独立国としての内実をすでに十分に備えていた点、「琉球国」とはまるでちがっていた）こと、その内実—琉球の国民と国土の統一、統治組織、法体系等の整備—を実現し、また、察度王代から尚金福王代までの約八〇年間に亘って、「琉球国」の政治の実権を握っていた中国人の王相（亜蘭匏《あらんほう》・程復《ていふく》・王茂《わうも》・懐機《くわいき》）制をやめ、統治組織の外へはじめて排除したのが尚泰久王であったこと、尚泰久王（在位一四五四～一四六〇年）の代に、琉球国は名実ともに兼ね備わった独立国を成立させえたことを論証した。

洪武五年に名目的にスタートした琉球国が、独立国としての内実を打ち固めた尚泰久王代へのゴールをめざして営為した発展段階の中に、朝鮮国王に対して「称臣奉書」と書いた察度王代の内実獲得の到達度をひきあてて見るならば、それは離陸への滑走開始—草創期にあたるといえるだろう。

つぎに対朝鮮国外交において、察度・武寧（さきの『李朝実録』の記事の時点—建文二年には、実際には察度はすでに亡く、武寧王の治世になっていた）の王統の、「琉球国」に関する国家観を質的に転換させたのは第一尚氏王統の初代尚思紹王であった。彼は永楽七（一四〇九）年、初めて外国の王である朝鮮国王に対して咨文を送った。咨文は対等の二者間でやりとりする文書の形式であるから、独立国の王たる自己を自覚しはじめていたことのあらわれである。より厳密に云えば、この尚思紹王からはじまる質的変化は、同王個人の意識の変化というよりは、同王を戴く統治組織全体の一定の成熟を現していると考えられよう。

『歴代宝案』によれば、琉球国王が外部から咨文を准けたのは、宣徳二（一四二七）年五月二十四日付の咨文が最も古く、それは、明朝の正二品衙門の礼部から発送されたものであった。また、琉球国王が初めて礼部に咨文を送ったのが洪煕元（一四二五）年閏七月十七日のことである。前間恭作遺稿・末松保和編纂『訓読吏文』巻之二によれば、正二品衙門の六部の前身たりし中書省（洪武十三年革）が、高麗国王に咨文を送っており、同書巻之三によれば、正二品衙門の礼部と遼東都司が、朝鮮国王に咨文を送っているのが見える。それらのことから考えてみると、琉球国王及び朝鮮国王の官位は、明国の官僚組織内の正二品官に相当するものとして位置づけられていたのだろうか。この種の外国王の官位についての規定は、『大明会典』中にその記載がない。いずれにしても、明朝の正二品衙門である礼部等を媒介項として、琉球国王と朝鮮国王とがともに正二品官待遇であり対等であると、明朝および琉・朝両国でつよく意識されたであろうことはまちがいない。

尚思紹王が朝鮮国王に送った咨文は、外国の王に送ったもののうち、現在目にすることが出来る最古の咨文であるので、全文を左に出してみる。「　」で括った部分が咨文である。ただし、その冒頭部の標題や結尾の日付け等の部分は、『李朝実録』の編者によって省略されている。

琉球国中山王思紹、使ヲ遣ハシテ来聘セシム。咨ニ曰ク、「一ツ、酬謝ノ事。照得《いは》ク、洪武年間、累《しきり》ニ貴国使ヲ遣ハシテ国ニ到ラセ、及《また》珍貺ヲ恵ムヲ蒙リ、盟耗ヲ通ジテ与《とも》ニ休戚を同《とも》ニスルヲ得タリ。不幸ニモ、後ニハ先祖王察度及ビ先父武寧相継デ薨逝シ、以テ各寨不和ヲ致シ、連年征戦シテ息《や》マズ、一向《まったく》疎広《とだ》へ、イマダ謝ヲ伸ベルヲ得ザレバ、深ク惶愧ヲ負フ。今深ク大明皇帝遠人ヲ柔懐シ、王爵ニ寵封シテ地方ヲ掌管セシメラルルヲ荷《いただ》キ、欽遵シテ朝貢スルヲ除ク外、切《ひそか》ニ念《おも》フニ、隣国ト義交スルノ一節ハ、亦タ合《まさ》ニ使ヲ遣ハシテ往来シ、音耗ヲ相通ヅルベシ。是《ここ》ニ四海一家ヲ為サバ允当為《た》ルニ庶《ちか》カラン。此レガ為ニ、専ラ正使阿《あ》乃《ら》佳《かあ》結制《うっち》等ヲ遣ハシ、本国ノ海船ニ坐駕サセ、礼物ヲ装載シ、国王ノ殿下ニ前詣《まゐ》リテ奉献セシメ、少《いささ》カ酬謝ノ誠ヲ伸ベントス。叱納セラレンコトヲ幸希《こひねが》フ。所拠《くだん》ノ今去《ゆ》カセル船人ト附搭物貨ハ、仍リテ売買セシムルヲ容《ゆる》シ、早カニ打発シ回国セシメテ便益ト為《な》ラシムルヲ乞フ。今、奉献スル礼物ノ数目ヲ将《もっ》テ、開坐《かきつら》ネテ前去《まゐら》セ、合《まさ》ニ咨シテ知会スベシ。礼物、胡椒一百觔《きん》、象牙二枚、白礬五百觔、蘇木一千觔。一ツ、逓送ノ事。婦女・呉加ノ告称スルニ拠レバ、原《も》ト羅州等処ノ人民ニ係リシガ、往年ノ前間《さきつころ》ニ於テ、倭寇ニ虜掠セラルルニ因リ、本国ヲ流離セリト。告ゲ乞フラク、郷ニ回《かへ》リ民ト為リテ住坐《すまゐ》セント。告グル所ヲ参照スルニ、遠人ニ係干《かかわ》ル。理合《これにより》テ就《ただ》チニ行《こう》セバ、此レヲ得ラレヨ。今発《おく》ル婦女・呉加等ハ船ニ就《の》セテ前去《まゐ》ラス。今発《おく》リ去《ゆ》カセル婦女ハ三名。呉加、三徳、就帯《つれ》ル少女・位加ナリ。」（太宗九年、永楽七年九月庚寅）。

翌永楽八年にも尚思紹王はひきつづき朝鮮に宛てて咨文を送っている（太宗十年十月壬子）。以後、琉球国王が朝鮮国王に咨文を発送した事例を、すべて列記すれば左の通りである。

㈠　夏礼久《かにく》、咨文ヲ奉ジ跪キテ進《まゐ》ラセリ。咨ニ曰ク…（世宗十三年、宣徳六年十一月庚午）。

㈡　琉球国中山王尚金福、道安《だうあん》ヲシテ来リテ方物ヲ献ゼシム。其ノ賷シ来《きた》セル咨文ニ曰ク…（端宗元年、景泰四年四月辛亥）。

㈢　琉球国王ノ使送友仲僧《いうちゅうそう》等八人、来リテ土物ヲ献ズ。其ノ咨文ニ曰ク…（世宗四年、天順二年三月丙申）。

㈣　琉球国中山王、普素《うふぐす》古《く》・蔡璟等ヲ遣ハシ、来リテ土物ヲ献ジ、本《その》国ノ漂流ノ人口ヲ領回セシム。其ノ咨ニ曰ク…（世宗七年、天順五年十二月戊辰）。

㈤〈前略〉琉球国中山王尚真、謹ンデ朝鮮国王殿下啓《まう》ス。〈中略〉仍リテ特ニ正使梁広・副使梁椿等ヲ遣ハシ、謹ンデ咨文并ビニ礼物ヲ齎サシム…（燕山君六年弘治十三年十一月丁卯）。

また、『歴代宝案』巻四〇・四一によれば、琉球国王から朝鮮国王宛に次のような咨文が発送されていたことがわかる。

(a)宣徳六年六月十九日付の咨文。
(b)成化六年四月初一日付の咨文。尚徳王が日本人新右衛門尉平義重を使者として、咨文と土儀を送った。
(c)咨文―「琉球国中山王尚　為敦鄰好事」。万暦四〇年正月二十六日発給の符文を持って上京した法司（三司官）馬良弼によって、北京にて朝鮮国の使臣に手交。
(d)咨文―「琉球国中山王世子尚豊為敦情礼篤交隣事」。天啓二年春上京した正議大夫蔡堅によって、北京にて朝鮮国の使臣に手交。
(e)咨文―「琉球国中山王世子尚　為敦情礼篤交隣事」（天啓三年閏十月十六日付）。同上の日付の符文を持って上京した鄭俊によって、北京にて朝鮮国の使臣に手交。
(f)咨文―「琉球国中山王世子尚　為敦情礼篤交隣事」。崇禎三年正月十九日発給の符文を持って上京した正議大夫鄭俊によって、北京にて朝鮮国の使臣に手交。
(g)咨文―「琉球国中山王世子尚　為敦情礼篤交隣事」。（崇禎四年三月付）。王舅毛時耀・正議大夫鄭子孝によって、北京の都門会館にて朝鮮国の使臣に手交。
(h)咨文―「琉球国王為敦情礼篤交隣事」（崇禎九年　月　日）。崇禎九年十月初八日発給の符文を持って上京した正議大夫林国用によって、北京の都門会館にて朝鮮国の使臣に手交。

(i)咨文—「琉球国中山王尚　為敦情礼篤交隣事」（崇禎十一年）。正議大夫林国用によって、北京の都門会館にて朝鮮国の使臣に手交。

さて、前に列記した『李朝実録』の記事（㈠〜㈤）を、右の『歴代宝案』の記事（(a)〜(i)）と校合してみると、㈠の咨文と(a)の咨文とは同一の咨文であることが分かる。

また、『宝案』の咨文（(b)）についていえば、これに関する記事が『李朝実録』の中に見あたらない。咨文(b)によれば、尚徳王は朝鮮国王に対し、布匹や南蛮産の香料等三十五品目にものぼる数量の礼物を贈呈している。しかし、その咨文が朝鮮国に届いていないということは、その咨文とともに件の礼物が、使者新右衛門尉平義重によって横領されたと見てまちがいない。

右の㈠〜㈤の咨文（実録）と(a)〜(i)の咨文（宝案）のうち、㈠と(a)の咨文は同一であり、(b)の咨文は朝鮮国に届いていないから、その二通をさし引くと、両国の文献で確認できる琉球国から朝鮮国に届いた咨文の数は、十二通ということになる。

三　琉・朝間に暗躍する国際的詐欺団

ところで、その十二通の咨文の外にも、琉球国王の使者と称する者たち（多くは博多の人）によって、琉球国王の名と印信をもつ「書契」や「書」が朝鮮国に齎らされ、『李朝実録』に記載されている。

しかしながら、筆者思うに、それらの「書契」や「書」は、琉球国王の名を騙《かた》り、印信を偽造して作った偽書であり、また、それらの文書を朝鮮に齎したいわゆる琉球国王の使者たちもすべてニセ者であったと考えている。その根拠は、琉球国王が朝鮮国や暹羅国などの外国の王たちに外交文書を発送するときには、例外なく必ず咨文を発送しており、それ以外の「書契」や「書」の体式で送った事例は一件もなかったからである。それについては、『歴代宝案』の第一集の巻四〇と四一を見よ。

そして、「書契」や「書」が齎らされた時にかぎって、朝鮮側はしばしばその内容に疑義を抱き、且つそれを齎した使者に対しても疑いをもつか、ときにはニセ使者であると断定している。しかし、咨文が齎らされた時には、そうした疑惑は一件も生じてない。咨文は、琉球国王のクレデンシャルス（信任状）としてはたらき、朝鮮国でそのまま信用された訳であった。

ところで、咨文の外に、朝鮮国に齎らされたいわゆる琉球国王の「書契」や「書」についての記事を、『李朝実録』から摘記すると左のとおりである。

(1) 琉球国ノ使送人、土物ヲ将《もっ》テ来リテ進《まゐら》スト称スルモノ有リ。其ノ書契ト図書ハ皆ナ琉球国ノモノニアラズ（世宗五年、永楽二一年正月）。
(2) 琉球国ノ使者倭僧道安、班ニ随ヒ、国王尚泰久ノ書契ヲ上《たてまつ》ル（世祖元年、景泰六年八月戊辰）。
(3) 琉球国王尚徳、僧自端西堂等ヲ遣ハシテ来聘セシム。其ノ書契ニ曰ク…（成宗二年、成化七年十一月庚子）。
(4) 琉球国王尚徳、内原里主等ヲ遣ハシテ来聘セシム。其ノ書ニ曰ク…（成宗八年、成化十三年六月辛丑）。
(5) 琉球国王尚徳、使ヲ遣ハシテ来聘セシム。其ノ書契ニ曰ク…（成宗十年、成化十五年六月丁未）。
(6) 琉球国王尚徳、敬宗ヲ遣ハシテ来聘セシム。其ノ書契ニ曰ク…（成宗十一年、成化十六年六月丙辰）。
(7) 琉球国王尚円、新四郎ヲ遣ハシテ来聘セシム。其ノ書契ニ曰ク…（成宗十四年、成化十九年十二月丁丑）。
(8) 琉球国王、耶次郎等ヲ遣ハシテ来聘セシム。其ノ書ニ曰ク…（成宗二十二年、弘治四年十二月）。

⑼琉球国王尚円、梵慶ヲ遣ハシテ来聘セシム。其ノ書契ニ曰ク…（成宗二十四年、弘治六年六月戊辰）。

⑽琉球国中山府主、僧天章等ヲシテ来聘セシム。其ノ書ニ曰ク…（成宗二十五年、弘治七年五月戊戌）。

⑾礼曹啓スラク、今琉球国王ノ使臣ハ本国《その》ノ人ニアラズ、乃ハチ日本倭ノ書契ヲ受ケテ来レル者ナレバ、請フ宣慰使ヲ遣ハスコト勿《な》ク、通事ヲシテ迎ヘ来タラシメヨト。之レニ従フ（燕山君十一年、弘治十八年七月辛丑）。

⑿又啓シテ曰ク、等閔意《ともい》ノ使送人、琉球国王ノ書契ヲ賫来スルモ、前ノ書契ト踏《お》ス所ノ篆文同ジカラズ（中宗四年、正徳四年八月丁卯）。

右に列記した十二通のいわゆる琉球国王の「書契」や「書」は、結論を云えば、すべて偽書である。さきに挙げた証拠の外にも決定的な証拠がある。それは、燕山君六年、弘治十三（一五〇〇）年十一月に琉球国王尚真の咨文を賫捧して朝鮮国にきた上官人（正使）の梁広の発言内容につきている。彼は「昔我が国人此《ここ》ニ来レリ。四十年ノ後ニ我亦タ此《ここ》に来タルノミ」と云い、それを受けて『実録』の記者も「壬戌」の条に、「謄録ヲ考フルニ、則チ彼ノ国ノ使者ノ来タルハ辛巳ノ年ニ在リ」と記している。辛巳の年とは西暦一四六一年にあたる。また、その梁広らが賫した琉球国王の咨文に、「是《ここ》ヲ以テ先祖ヨリ、建・天祥寺、経伝無キヲ謂《い》フニ因リ、特ニ正使普須古・副使蔡璟等ヲ差ハシ、咨文ト礼物ヲ賫捧シテ詣前《まゐ》ラセリ」（丁卯）と明記されている。それからして、梁広の云う四〇年前と、『実録』の云う「辛巳年」とは、世祖七年、天順五年十二月戊辰に、普須古と蔡璟が朝鮮にやって来たその辛巳年のことを指している訳である。すると、天順五年十二月戊辰からこの弘治十三年十一月壬戌にいたる四〇年間に、いわゆる琉球国王の使臣と称し、かくて賫らされたいわゆる琉球国王の「書契」や「書」は、すべてニセ使者であり、偽書であったということになる。

朝鮮国では、いわゆる琉球国王名を持つ書契等が齎らされたとき敏感に反応し、使者や文書に対するレジティマシー（合法性・正当性）につき疑惑し、当惑し、あるときには拒絶反応を示した。

いま、⑴から⑿までの「書契」や「書」に対して朝鮮国が示した反応のうち、琉球の外交における特質を浮き彫りにしていると思われる点を摘記してみよう。

まず、⑵についていえば、一四五五年、いわゆる琉球国王尚泰久の使者・博多の道安が、同王の書契と称するものを朝鮮に齎した。それから四年も経った一四五九年、道安は、五五年に朝鮮国王から琉球国王へ送った礼物を、帰途対馬島で奪取されたので、国王の書契だけは息子に託して琉球に送った、と朝鮮国王に訴えてきた。朝鮮国の詰問に対し、対馬島主宗成職《しげもと》は「発憤千万」なこととして否定した。

筆者が判定するに、その事件は対馬に着せられた濡れ衣で、琉球への礼物は道安が横領し、くだんの書契も琉球にとどけなかったと思う。なぜなら、一四五八年三月に琉球国王の咨文を携えて使者・友仲僧が朝鮮に来るが、その咨文には、両国にとって由々しき大事件であるべきくだんの礼物横奪事件については何も言及されていないし、友仲僧の口頭による発言もないからである。また、一四六一年十二月に琉球国使者普須古らが齎した咨文の中にも言及されていないのはおかしい。

つぎに、⑶について考えよう。一四七一年十一月、いわゆる琉球国王が、先王睿宗の弔礼の使者として僧・自端西堂を、新王成宗の即位の賀慶使として平佐衛門尉信重を朝鮮国に遣わし、一人に一通づついわゆる琉球国王の書契を齎らさせた。そのうち、信重が齎した方の書契に、「…且ツ伝聞スラク、敝邑（琉球のこと）ノ海島ニ処《を》ル者、大小ト書契ヲ偽作シ、以テ日本国中ノ書史ト為シ、上邦（朝鮮）ノ官受ヲ煩ハスト。敝邑ノ知ラザル所ナリ。敢テ請フ信受スル勿レ。故ヲ以テ符ヲ剖《さ》キテ二枚ハ則チ（朝鮮国に）上進シ、亦二枚ハ則チ（琉球国に）留メテ以テ後証ト為シタシ。皆ナ平佐衛門尉信重ノ諳定スル所モテ啓上セシムベキ者カ。若シ亦タ密ナラズシテ海島ニ処ル者ノ聞伝セバ、則チ海涯ノ処処ニ敝邑ノ使者安カラズ。但《た》ダ高明モテ修察セラレヨ」（割注は筆者）と、一種の勘合についての申し入れがあり、そのことは朝鮮国に受諾された。そのことは、朝鮮国王の答書に、「…且ツ海島ノ人ノ行詐ノ事ナルヲ示スタメ、特ニ符信ヲ送リ、以テ後日ノ験ト為サンコト、謹ミテ已ニ領受セバ、敢テ宣泄《もら》サズ」（世宗二年十二月庚辰）とあるによって明らかである。

さて、右の勘合申し入れという破天荒な詭計は、その分だけ鮮やかに、自端西堂と信重一味がニセ使者であることを示している。それはなぜか。

今、『歴代宝案』第一集巻四二―この巻中に、琉球国から明国以外の諸国宛に発給された執照がすべてまとめて収められている―を通読してみるに、それら執照の対象国として旧港、暹羅、満剌加、安南、巡達、仏太泥の六ヶ国の国名が見え、それらは宣徳三（一四二八）年から嘉靖四十三（一五六四）年までの期間をカヴァーしている。しかしそこには朝鮮国宛に琉球国が発給した執照は一通も含まれていない。執照は明・清への進貢船および右の諸国への渡航船に対して給付した渡航証明書である。そして、すべての執照には必ず、例えば、「今給㆓玄字壹佰柒拾貳號半印勘合ノ執照㆒」というような常套句が書かれているから、執照は勘合そのものといっても過言ではない。

その執照中の勘合の字号―例えば右の「玄」字―は琉球国王の即位（冊封ではない）の年に選定され、その王の在位期間中用いられる。例えば尚真王の在位期間中の字号は「玄」字であったが、次の尚清王の在位期間中のそれは「黄」字であった。そして、このことは大事なことだが、字号は千字文から順次選定されたといわれるが、それは各王代に一字づつであったことである。

ところが、信重らの勘合の字号は二字であった可能性がつよい。「符ヲ剖《さ》キテ二枚ハ則チ上進シ、亦タ二枚ハ則チ留メテ以テ後証ト為シタシ」とあるからである。おそらく信重らの勘合字号作成の方式は、「琉球」の琉字と球字の二字をそれぞれ左右にタテ割にする方式で、都合四つの半印ができる。それらを四枚の符に押し、その四枚をクロス・カウンターさせて組み合わせ、二枚を朝鮮に二枚を琉球にとどめるという方式のようである。それは、おそらく、日・明間で「日本」の日字と本字を半印にした日明勘合の方式をマネたものであったにちがいない。しかるに、琉球王が発給する勘合の字号は一字である。この点からしても、信重らの詐欺行為は露見しているのである。

ちなみに、東恩納寛惇先生は、『黎明期の海外交通史』の「航海について」の中で、執照や符文中にあらわれている勘合は明・清の皇帝から琉球王に賜ったもので、各王の冊封のたびに改め給されたと述べておられる。しかし、その見解は誤りであり、実際には、それらの勘合は、各琉球国王の権限で中国や暹羅・安南・巡達・旧港・満剌加・仏太泥らの各国王（明・清はそれぞれの福建布政使司か）と、琉球国王がそれぞれ二国間交渉で取り決めたもので、明・清の皇帝とはかかわりがないものであった。その二国間交渉において、勘合を含む執照について、琉球国王からその取り決めを申し入れられた時、朝鮮国ではそれを断ったと思われる。だから『歴代宝案』の中に、対朝鮮国の執照が一通も含まれていないのだ、と筆者は考える。なお、朝鮮国が琉球国王のその申し入れを断った理由は、後にも触れるように、明朝から、琉球と「私交」しているとニラまれるのがこわかったからだと思う。この問題は、琉球国の外交史にとって大事なものであるので、近く出版予定の拙著『歴代宝案の基礎的研究』（校倉書房）の中で取りあげて詳述した。

さて、いま(3)の成宗二（一四七一）年十一月庚子の僧自端西堂・信重らに関する記事から順に、(9)の成宗二十四（一四九三）年六月戊辰の梵慶・也次郎らに関する記事に至るまでを通読してみると、(3)の自端西堂および信重、(4)の内原里主、(5)の新四郎左衛門四郎（新時羅）、(6)の敬宗、(7)の新四郎（(5)の新四郎左衛門四郎と同一人物）、(8)の耶次郎、(9)の梵慶・也次郎（(7)と(8)の耶次郎の三者は同一人物）の六名は、同一のグループで、琉球国王の名をかたって朝鮮国王を騙した国際的詐欺団であったことが判る。

まず、自端西堂・信重、内原、敬宗らが一味であることを示す根拠は、彼らが朝鮮国に齎らした書契と書契との間に、互いに関連する語句があるからである。(3)の信重の書契に、「剖《さキテ》レ符《ヲ》二枚《ハ》則《チ》上進《シ》、亦《タ》二枚《ハ》則《チ》留《メテ》以《テ》為《ス》二後証《ト》一」とあり、(4)の内原里主の書に、「抑《モ》亦《タ》先レ是《ヨリ》、割《さク》二我印篆《ヲ》一之半片《ヲ》、投二｜置《シ》于殿下《ニ》一、以《テ》下為《ス》二将来《ヲ》一使者之見給《げんきふヲ》上、為《シ》二往来之信《ト》一」(見給は呈示の意か)とあり、(6)の敬宗の書契に、「更《ニ》告《ゲテ》二印刻之左券《ヲ》一、奉二｜置《シ》于殿下《ニ》一以《テ》合《セ》レ符《ヲ》者《ば》云々」とある。いずれも倭臭のする漢文である為、難解な点はあるが、三者とも同一の符信について言及しているものと見てまちがいなかろう。

また、(4)の内原里主の書に、「成化六年、適《たまたま》二仮《かリ》道《ヲ》於日域《ニ》一、専《ラ》二傭《やとヒ》冷泉津《ノ》嘉善大夫同知中枢府事信重《ヲ》一、以《テ》奉《リ》レ書《ヲ》」一(冷泉津は博多。同知中枢府事は朝鮮の官名で、信重は朝鮮の官職を受けた受職倭人でもあった)とあるから、信重・自端西堂と内原が一味であったことを示し、また、(6)の敬宗の書契に、「于《おいテ》レ茲《ここニ》成化十有二年、陋邦(琉球のつもり)偶《たまたま》致《シ》二聘問《ヲ》於上国《ニ》一、忝《かたじけのうシ》二恩渥《ヲ》一」とあるのは、あきらかに成化十三年における内原里主の聘問のことを指している。成化十二年とあるのは、くだんの書契の日付けを指し、内原が朝鮮国に着いたのが同十三年であった訳で、内原里主と敬宗がグルだったことを物語るものであろう。

たび重なる詐欺行為が図に当たって気がゆるんだのか、敬宗のとき、書契の中に初歩的なミスを犯した。「同知事礼曹判書・李承召《りしょうしょう》啓《シテ》曰《ク》、前者《さきニ》有《リシトキ》下齎《もたらシテ》二琉球国王《ノ》書契《ヲ》一而来《タルコト》上、其《ノ》国王《ノ》名《ハ》尚徳《ナリキ》。其《ノ》後変《ジテ》称《ス》二尚元《ト》一。今敬宗齎《スニ》レ書《ヲ》、又称《ス》二尚徳《ト》一。且《ツ》云《フ》二成化十五年庚子《ト》一(成化十五年の干支《えと》は己亥であって庚子ではない!)。其《ノ》書未《いまだざる》レ可《カラ》レ信《ズ》也。琉球《ノ》使者(敬宗をさす)、類《すがたハ》非《あらズ》二其《ノ》国人《ニ》一、倭人《ノ》行販《シテ》而到《リ》、因《リテ》レ受《ルニ》二書契《ヲ》一而来《タルモノナラン》。今敬宗亦未レ可レ信也。本曹(本官と同じ)慰宴之時、願《ハクハ》問《ヒ》二書契之辞《ヲ》一、以《テ》験《しらベタシト》二信否《ヲ》一。上(成宗)曰ク、其《レ》問《へ》レ之《ヲ》。然《レドモ》不《レ》レ可《カラ》二窮詰《ハス》一也」(成宗十一年六月己未)とある。しかし、「然レドモ窮詰ハスベカラザレ」とあるように、朝鮮側にもお家の事情があって深追いはしなかった。このことについては後述する。

つぎに、(5)の新四郎左衛門四郎、(7)の新四郎・耶次郎、(9)の梵慶・也次郎について考えてみよう。『中庸』に、「隠《いん》より見《あらは》るるは莫《な》く、微《び》より顕《あきら》かなるは莫し。」とあり、マタイによる福音書に、「おおわれたもので、現れてこないものはなく、隠れているもので、知られてこないものはない。」とあるが、新四郎らの所行を見るにつけ、真に至言である。

一四九三年六月六日、梵慶と也次郎なる詐欺師が朝鮮に現れる。これで、朝鮮・琉球・博多の間で織りなされてきた長期に亘る国際的詐欺事件の全貌が、一気に露見してしまうことになる。いわば、ドミノ現象を絵に書いたような崩壊現象といえる。

(A)左承旨金応箕《きんおうき》啓シテ曰ク、也次郎琉球国王ノ書契ヲ受ケテ来タル者《こと》、凡《すべて》三度。初メニ来タセル書契ノ印文ハ、則チ前日ニ他ノ使臣ノ賚シ来タセル書契の印文ト同シ。而ルニ後ニ来タセル書契及ビ今来タセル書契ハ印文ノ字画ノ大小ガ頓《とみ》ニ殊《ことな》レリ。且ツ前ニ来タセル書契ノ内ニハ、并《とも》ニ符験・印信ノ半隻ノ詞ヲ録送セリ。故ニ其ノ使臣、浦所ニ来泊スルトキニハ、則チ必ヅ先ヅ符験ヲ合ハセ、而《しか》ル後ニ接待セリ。今此ノ語無ケレバ、尤モ信ジ難シ。〈中略〉金応箕、又成化六年ニ琉球国王尚徳が送ル所ノ、印ヲ右隻ニ着セル書契ヲ将《もっ》テ以テ入リ、仍リテ啓シテ曰ク、尚徳此ノ書ヲ送レリ。其ノ後ノ書契モ亦タ此ノ印ヲ着シテ以テ送レバ、則チ以テ憑験ト為シテ接待セリ。今尚円ガ送ル所ノ印跡ト尚徳ノモノト異ナル有リテ、而《すな》ハチ相合フ事無シ。」(成宗二十四年六月辛未)。

右にいう也次郎の朝鮮国への三度の参朝のうち、「初メニ来タセル書契」とは、(7)の一四八三年十二月に尚円王の名を騙って、正使新四郎とともに副使として齎した書契のことを指している。引用文中の「前日ニ他ノ使臣ノ賚シ来タセル書契」・「前ニ来タセル書契」は、(3)の一四七一年十一月に自端西堂と信重の齎した書契と、(4)の一四七七年六月に内原里主が齎した書契と、(5)の一四七九年六月に新四郎左衛門四郎が齎した書契と、(6)の一四八〇年六月に敬宗が齎した書契とをまとめて指している。「後ニ来タセル書契」は、(7)の一四八三年十二月に新四郎・耶次郎が齎した書契と、(8)の一四九一年十二月に耶次郎が齎した書契とをまとめて指している。「今来タセル書契」は、(9)の一四九三年六月に也次郎と梵慶が齎した書契を指している。また、「成化六年ニ琉球国王尚徳ガ送ル所ノ、印ヲ右隻ニ着セル書契」とは、(3)の一四七一年十一月に自端西堂と信重が齎した書契を指している。それにしても、いわゆる尚徳王の書契を詐称した(3)・(4)・(5)・(6)の段階までは、さすがの朝鮮国も、彼らが大山師であることを見抜けず、「必先合符験、而後接待」したのであり、そのニセ書契を、「為憑験而」接待していたのである。

(B)〈前略〉也次郎等賚シ来タセル琉球国王ノ印跡ハ篆文ヲ成サズ、成化己亥年ノ漂流人解送ノ書契内ノ印跡ト同ジカラズ、詐偽ノ明カナルコト甚シ（成宗二十四年六月）。

右にいう「成化己亥年漂流人解送書契」とは、(5)の一四七九年六月に新四郎左衛門四郎が齎した書契を指している。

(C)礼曹啓シテ曰ク、郎官ヲ東平館ニ遣ハシ、琉球国使臣（梵慶・也次郎）ニ詰問セシメテ曰ク、汝等持チ来タレル国王ノ書契ノ印跡ハ、己亥・癸卯両年ノ書契ノ印跡ト同ジカラザレバ、信ヲ取ルベキトシ難シト（成宗二十四年六月甲戌）。

右にいう己亥年とは、(5)の一四七九年六月に新四郎左衛門四郎らが来聘した年であり、癸卯年とは、(7)の一四八三年十二月に新四郎・耶次郎らが来聘した年のことである。

さて、まず、(A)の史料から云えることは、(3)・(4)・(5)・(6)の四つの書契に押されていた「琉球国王」の印文は、同じ印文であったこと。その四つの書契の印文と、(7)・(8)・(9)の書契の印文とは同じでなかったこと。さらに、「尚徳」王の印文(3)・(4)・(5)・(6)と「尚円」王の印文(7)・(8)・(9)とがちがうとも云うのである。

中山王察度が明の洪武帝から琉球国中山王の印(鍍金銀印)を賜ったのが一三八三年。そして一四五三年、布里・志魯の乱でその印は首里城とともに鎔壊し去ったが、翌年、鍍印を改めて賜り、以来、歴代の琉球国王の手に伝えられて明・清交替期に至った。だから琉球国王の印(文)はその一つであるべきであったから、「尚徳」王の印文と「尚円」王の印文とがちがうということは、ありうべからざることであった。

つぎに(B)の史料からいえることは、(5)の一四七九年六月に新四郎左衛門四郎の齎した書契は偽書であったとはいえ、その印文の書体は、少なくともまだ篆書の法にはかなっていた。それに対して、(9)の一四九三年六月に也次郎が齎したものは、その体をさえ成していなかった。

また、(C)の史料からわかることは、いま一四九三年六月に梵慶と也次郎が齎した書契の印跡は、己亥(一四七九)年六月と癸卯(一四八三)年十二月の書契の印跡ともちがうという。そうなると、尚円という一人の王が二つの国王印を持っていたことになる。実際には、琉球国王の印は一つで、察度王統から第一尚氏王統へ、第一尚氏王統から第二尚氏王統へと受けつがれた。その中の一王が二つの王印を持つということは、そういう二重の意味でありえないことだった。王国たる朝鮮国も自ら亀紐金印の国として、その事情を十分に承知していたから、その矛盾点を「琉球国使臣」の梵慶らに、当然のことながら詰問した。

梵慶答えて曰く、「国王が書契を封緘し、それを我に与えたので、我はただそれを受け取ってここに持って来ただけである。（封の中味を見てないので）印跡が同じものであるのか、ないのかについては我の関知するところではない」と。

也次郎答えて曰く、「吾は国王の書契を受けて、すでに朝鮮に四度も来たが、印跡の同異については、どうして自分などが知り得よう」と。

也次郎は自ら朝鮮に四度奉使したと述べているが、すでに見た三回の外に、あとの一回は、どうやら成宗十（一四七九）年五月辛未の条に「押物・要時羅也而羅」とある人物が彼のことで、都合四度の奉使ということになるのであろう。

問「一国の主たるものが、どうして二印を用いるということがあろうか。おまえらが詐欺を働いているのは明白である。」と。也次郎曰わく「以前、博多の人で道安というものが、しばしば琉球国王の書契を受けて貴国に使いして来たけれども、我もまた博多の人である。琉球に居住している者でさえ、或は琉球の国事を知らないであろう、ましてや我は琉球の人ではない。琉球国王が用いる印が、或は一つ或いは二つ、場合によっては十あるかも知れないが、そんなことをどうして我が知るか。望みたいのは、ただ、速やかに琉球国王の書契に対する返書を頂きたいだけである。」と、開き直った。

かくて成宗は、廷臣らから意見を聴取した上で、梵慶と也次郎が齎した「琉球国王」の書契を偽書と断定し、彼ら二人をニセ使者と見做した。しかしながら、朝鮮国では、二人が齎した「琉球国王」の礼物を謹んで収領し、梵慶と也次郎らを「巨酋之使ニ視《なぞら》」えて接待した。琉球国王に対しては、答書に「不腆ノ土宜」を添え、梵慶らに持ち回えらしめた。琉球国王の使者と称して朝鮮に来朝した者で、琉球国王使臣の支待の礼（西班三品の列―これは一四三一年に決められたことで、日本国王使臣の例と同じ）で遇されなかった最初の例となった。

さらに、(3)の自端西堂・信重から(9)の梵慶・也次郎まで、彼らが琉球国王のニセ使者であった決定的証拠は他にもある。それについては夙《つと》に東恩納寛惇先生が、「朝鮮との交通」（『黎明期の海外交通史』）の中で指摘した所であるが、自端西堂以下の「使者」達が朝鮮国に迎えられた年月が、彼らを遣わしたとする琉球の各王の在位期間と一致しないということである。いま左に、自端西堂以下の者が、朝鮮国に来朝した年月日、差遣したとされる琉球国王名、「使臣」名、当該琉球国王の在位期間を順に示す。

(3)一四七一年十一月　尚徳王　自端西堂・信重　〔尚徳王在位一四六一～一四六九年〕
(4)一四七七年六月　尚徳王　内原里主　〔同右〕
(5)一四七九年六月　尚徳王　上官人新時羅・副官人三末三甫羅・押物要時羅也而羅・船主皮古仇羅　〔同右〕
(6)一四八〇年六月　尚徳王　敬宗　〔同右〕
(7)一四八三年十二月　尚円王　新四郎・耶次郎　〔尚円王在位一四七〇～一四七六年〕
(8)一四九一年十二月　尚円王　耶次郎　〔同右〕
(9)一四九三年六月　尚円王　梵慶・也次郎　〔同右〕

右のことから云えることは、自端西堂から敬宗にいたる者たちは、死者である尚徳王が朝鮮に派遣しており、新四郎・耶次郎・梵慶らは、死者である尚円王が朝鮮に派遣したことになり、自端西堂以下の面々がニセの琉球国使者であったことはこれでも明らかである。

ニセの琉球国使者梵慶・也次郎らが来た翌年の一四九四年三月にも、「琉球国中山府主使僧」天章なる者が朝鮮国にやってきた。

地方官呂承堪の、「なぜ（琉球国王と称さずに）自ら府主と称するのか」という質問に対し、天章は「前王はすでに亡くなり、そのあとを嗣いで新王が立ったが、まだ命を受けない故である」云々と嘘言を並べた。ちなみに一四九四年の時点における琉球国王は尚真であるが、その在位は一四七七〜一五二六年で、冊封の命をうけたのが一四七九年であったから、天章は二重のウソをついた訳である。また、その「中山府主」の「書」にぬけぬけと、「近年此ノ国（琉球）ノ使者ト号シ、貢船ヲ（朝鮮に）渡シテ商売ヲ為セドモ、是レハ則チ謀書ナリ、其ノ出拠ヲ知ラザレドモ、伝聞シテ驚畏スルコト少ナカラズ。仍リテ謹ミテ使僧ヲ遣ハシ以テ聘礼ヲ致サシム。其ノ謂《おもひ》ハ則チ新タニ別符ヲ賜リテ契約ヲ合ハセ、以テ他日使船ノ誠信ト為サントスルモノナリ。後来、亦タ是《ただ》此ノ印ニアラズンバ敢テ信ズル莫《な》カレ」（成宗二十五年五月戊戌）と並べたが、朝鮮国では、さすがにこの「書」を偽書と判定し、梵慶・也次郎らの前例同様、「巨酋使送」の例によって遇した。

また、燕山君十一（一五〇五）年七月には、「日本倭」が「琉球国王」の書契を受けて朝鮮にやってき、中宗四（一五〇九）年八月にも、「等閑意《ともい》使送人」が「琉球国王」の書契を賚したが、いずれもニセ物と判定された。

さて、琉球国王の朝鮮国王に宛てた国書が咨文であった場合には、例外なく本物であったが、それらが「書契」とか「書」の体式になっていた場合には、例外なく偽書であった。

しかし、ここで読者諸兄の注意を喚起したいことが一つだけある。燕山君六（一五〇〇）年十月丁卯の記事を見るに、「琉球国使臣粛拝ス。其ノ国王ノ書ニ云ク、『琉球国中山王尚真…仍リテ特ニ正使梁広・副使梁椿等ヲ遣ハシ、謹ミテ咨文并ニ礼物ヲ賚シ、順搭シテ前《まゐら》セテ捧献セシム…』」とあるが、この「書」の場合、その文中にたまたま「謹賚咨文并礼物」という語を含んでいたから、その「書」が紛れもなく咨文であることが判ったのである。

ところがやっかいなことに、まず「書」云々と書きおこして、その後続する「書」の文中に咨文であることを示す語句を含まない事例が一つだけあるのである。そのような例として左に示す「書」があるけれども、筆者は、その「書」が「咨文」という語句を含まないにも拘わらず、それが咨文であり、本物の琉球国王の国書であったと思うのである。


琉球国王、遣使来献土物、并送我国漂流人孔佳等二名。其致書曰、恭惟賢王、稟聡明之資、懐温厚之徳。践阼以来、国富民安、信講礼、敦光隣、奚意高明、重煩英念、恵以方物。受之有愧、却則不恭、懐報匪忘、晨昏銘刻。茲者薄献礼儀、聊酬万一。亦有漂流人孔佳等、送回貴国。謹啓以聞。別幅、丹木九百四十三觔〈後略〉（世祖七年四月己巳）。


この書が琉球国王の咨文であり、しかもそれが琉球国王尚徳の本物の国書であると思う根拠は、それを朝鮮に齎した琉球国使僧徳源が、朝鮮国漂流人梁成等を母国に送還しているからである。

船軍梁成等は一四五六年正月二十五日、済州を発船したが、大風に逢って難破し、二月二日、琉球国に漂到した。そして一四六一年五月、徳源が祖国に送り届けるまでの期間、梁成らは琉球に滞在して、その政治、産業、貿易、軍事、民俗、自然等広範囲の分野に亘って緻密に観察し、それが報告されて『李朝実録』に記録されている。その記事は、十五世紀中葉の琉球の実情を克明に記した第一級史料であるとして、東恩納寛惇先生が「朝鮮との交通」の中で詳しく紹介されている。

とりわけ注目すべきことは、梁成らが首里城内における国王尚泰久の日常生活や政治について、至近距離から観察を行っていることである。そのように琉球国の深奥部に入って観察することのできた梁成を、祖国朝鮮まで送り届けた徳源が琉球国のニセ使者であったはずがない。したがって、徳源が齎した「書」も、真正の琉球国の国書＝咨文であったにちがいないと見る訳である。

さて、この節のさいごに朝鮮国に対する国際的詐欺団の極め付きをもう一つ紹介することにしよう。

久辺国主李獲、閔富ヲ遣ハシ、来タリテ土宜ヲ献ゼシム。其ノ書ニ曰ク、〈中略〉夫レ敝邑ノ州ヲ為スヤ、南海ノ中ニ僻処シ、蕞爾《さいじ》タルコト匹偶スルモノ無シ。毎歳大明国ニ事《つか》へ、遣ハシテ貢船ヲ入ル。又琉球・南蛮ニ好《よしみ》ヲ通ジ、而シテ行李ノ往来ニ遑《いとま》アラズ。数々《しばしば》（貴国に）聘問ヲ企ツルモ、以テ相止ムコト年有り。数歳ノ前、日本国薩摩ノ人某、来リテ吾国ニ家《いへ》シ、粗《あらまし》海程ノ可否ヲ知レリ。因リテ命ジテ以テ専使ト為シテ下情ヲ陳ベシム。臣（李獲）不肖ナリト雖《いへど》モ、貴国ト同《とも》ニ大明国ニ事へ。同ニ李ヲ以テ姓ト為ス。夙縁庶幾《ちか》カルベキカ〈後略〉（成宗九年十一月庚申。注は筆者）

礼曹啓ス、久辺国主李獲、年ハ今二十四。其ノ国、東西ハ六日ノ程《みちのり》、南北ハ十日ノ程ナリ。西ノカタ五日ノ程ヲ距《へだ》テテ、中国ノ船ノ泊処アリ、地名ハ九重ナリ。東ノカタ一日ノ程ヲ距テテ、木海島内ニ釣魚人之レニ居ル。南ノカタ順風七日ノ程ニテ南蛮ナリ。北ノカタ二日ノ程ヲ距テテ琉球国、八日ノ程ニテ薩摩州ナリ。〈中略〉前年四月初十日、書契ヲ受ク。十二日発程シ、琉球国ニ到ル。留ルコト二日。同年八月。薩州ニ到ル。今年二月発程、対馬島ニ到リテ泊ス。〈中略〉一、（久辺国の）言語ハ、雑《まじ》ルニ中朝・琉球国ノ言ヲ以テス。一、官爵、国主ハ則チ中朝ヨリ遥授セラレ、陪臣ハ則チ国主之レヨリ授ク。（成宗九年十一月辛未。注は筆者）。

右に述べられている「久辺国」の位置や地勢からすれば、台湾に比定してみたくなる誘惑に負けそうになるが、やはり詐欺にすぎない。ただ、筆者にとって腑に落ちないのは、「毎歳大明国ニ事へ、遣ハシテ貢船ヲ入ル」とか、「臣不肖ナリト雖モ、貴国ト同ニ大明国ニ事へ、同ニ李ヲ以テ姓ト為ス。夙縁庶幾カルベキカ」とあることについてである。

すなわち、朝鮮国は明に対して毎年一貢を許された模範国であるので、「久辺国」なる国が、本当に毎歳明に入貢し、「国主」が爵を遥授（冊封）されている国であるかどうかは、入貢した折にでも調べればたちどころに判明する筈であるのに、調べてみようともしなかったようである。その為、それから四年後の成宗十三（一四八二）年二月、「久辺国」主李獲が使者を再度よこした折にも、朝鮮国ではその対応に苦慮している。朝鮮国が北京でおおっぴらに「久辺国」について調べることができない事情があったかと思われる。もしも朝鮮国が調べるとしたら、朝鮮国の「私交」が明《みん》にバレる。そのことこそが朝鮮が最も恐れなければならないことであったから、といえないだろうか。筆者おもうに、「久辺国」は薩摩グループの詐欺団によってデッチあげられた架空の国であった。

総じていえば、朝鮮国は博多の道安などの「賊首」や自端西堂以下の詐欺グループ、西日本の「巨酋」たちに対して寛大でありすぎた。その態度は、朝鮮がおかれていた複雑でむつかしい歴史的・国際的位置から強いられたものであった。少なくとも一つは、明の巨大な圧力をどうかわしていくかであり、もう一つは倭寇問題であった。前者に対しては対明恭順策、後者に対しては倭寇懐柔策となってあらわれた。この二つの政策は、煎じつめればいずれも朝鮮の安全保障に関わる基本で、車の両輪のようなものであった。

対明恭順策を解明する語として、『李朝実録』に頻出するキー・ワードは「私交」である。この朝鮮国の「私交」の概念は、まずすべての前提として、明の皇帝と朝鮮国王との間に儒教的君臣関係があり、その公的関係以外に、朝鮮国王が他の国王や勢力と何らかの関係を持つことを意味しているようだ。「私交」は朝鮮にとって自らを戒める一種の強迫観念であって、朝鮮が「私交」についてわがことのようにして明史から学んだ事件は、一三八〇年の胡惟庸《こいよう》の獄であったろう。その事件で、左丞相胡惟庸は洪武帝に対する謀叛の罪状の一つとして、日本や北元の外国勢力と結んだことが挙げられた。朝鮮としては、一歩まちがえると明の疑惑を招き、亡国の危機に至るものとして、明《みん》から「私交」の烙印を押されることを何としても避けねばならなかった。朝鮮国の「私交」観念は、多分に被害妄想的なものであったが、漢・唐・元代に中国から未曾有の国家的・民族的危機を強いられた朝鮮としては無理もないことであったろう。

しかしながら、建国間もない十五世紀の初頭、朝鮮国は明から「私交」とみなされても弁解できないような事態になっていた。しかもそれは、明が国防上最も神経を尖らせていた倭寇がらみであった。

倭寇懐柔策の大成功によって、当時の朝鮮には、投化倭人、使送倭人、興利倭人と呼ばれる日本人が多数往来し、「商倭絡繹《らくえき》搔擾《そうじょう》之弊」（太宗九年七月壬午、一四一四年）というありさまであったし、朝鮮の官職を授けられた受職倭人も数多くいたし、富山浦《ふさんぽ》・乃而浦《ないじほ》・塩浦《えんぽ》の三浦には、朝鮮が危険を感じる程に倭人が多数居住するようになっていた。

李氏朝鮮の外交の一翼だった倭寇懐柔策は、めざましい成功をおさめたが、反面、同国の手足を縛る元にもなっていた。それで、琉球国（王）の使臣を詐称して来朝する倭寇に対し、その悪事を完全に見敗っていたにも拘わらず、その摘発と防止を徹底することができなかった。例えば敬宗が来た時に、成宗は「其レ之レヲ問へ、然レドモ窮詰スベカラズ」といい、梵慶・也次郎が来た時、礼曹は「也次郎等答書ヲ受ケント欲スルコト甚ダ懇ロナリ。今若シ拒ミテ従ハズンバ、則チ獣心ノ輩ナレバ、曲直ヲ計ラズ、憤リヲ懐クヤ必セリ。姑《しばら》ク其ノ請ヒニ従ヒタマヘ」と啓し、強く自己規制した。

　また、世宗の治世に日朝間の外交的窓口業務の権限を与えていた対馬の宗氏に対しても、何か腫れ物にでも触るような気配りを示している。すなわち、梵慶と也次郎が来た時、礼曹が、「…凡ソ倭使ノ来ルトキニハ、皆ナ対馬島ヲ経由シ、路引（パスポート）ヲ受ケテ来ル。今、（梵慶らを）接待セザレバ、則チ島主亦タ必ズ之レヲ愧《は》ヂン。臣等意ニ以為《おも》フニ、書契ノ真ニアラザルノ意ヲ明言スベシ。而シテ略例ニ従ッテ答賜シ、之レヲ待ツニ常倭ノ如クセバ、則チ彼（島主）ハ必ズ愧ヂテ服セン」と啓したのに対し、成宗も「啓スル所ハ当レリ」と同意した。かくてニセ使者のシッポを掴みながらも、相応の接待をしなければならなかったから、「国家府庫ノ虚竭、南方ノ供億ノ費ハ言フニ勝《た》フベカラズ」と、財政的苦衷のほどを吐露している。

　そのような事情があってか、明から「私交」という疑惑をかけられるのを恐れ憚るような記事が、『李朝実録』に頻出する。その早い時期の例として、次の記事が見える。

　通事・姜庚卿、遼東ヨリ回リ啓シテ曰ク、七月初四日、倭賊旅順口ニ入リ、尽ク天妃娘娘殿《てんぴちゃうちゃうでん》ノ宝物ヲ収メ、二万余人ヲ殺傷シ、一百五十余人ヲ擄掠シ、尽ク登州ノ戦艦ヲ焚《や》イテ帰ル。上（太宗）崔閑ニ命ジ、承政院ニ伝教セシメテ曰ク、「倭中国ヲ寇スルコト数々《しばしば》ナリ。而《しか》モ今ヤ甚シト為ス。帝（永楽）若シ怒リテ之レヲ征セント欲セバ、則チ必ズ助征ノ命有ラン、将ニ之レヲ若何《いかに》セントスベキカ。且ツ我国ハ日本ト交通シ、倭使絡繹タリ。帝若シ之レヲ知ラバ、則チ必ズ咎《とが》ヲ我ガ国ニ帰セン。亦将ニ之レヲ如何《いかに》セントスベキカ。」ト。柳思訥対ヘテ曰ク、誠ニ慮ルベキナリ、ト。（太宗十五年七月戊午、一四一五年）。

　皮肉なことに、朝鮮の対明恭順策と倭寇懐柔策とは互いに矛盾し、二律背反する性質を帯びていたが、その両者のバランスを取ろうと努力したところに朝鮮国の苦労があった。

その例として、例えば、「然ルニ古ヘヨリ、人臣ノ義トシテ私交無シ」（世宗四年八月壬辰）、「人臣義無私交」（同五年正月丙午）、「人臣義無私交」（同六年五月戊子）等々と、明から降りかかるかも知れない「私交」の嫌疑からのがれようとする小心翼々たる努力にもかかわらず、朝鮮は常に薄氷を踏む思いを味わわされた。

一四二〇年十月に日本国回礼使通事尹仁甫《いんじんほ》が復命したのによれば、朝鮮は日・明の板ばさみにあい、日・朝間に国際的緊張感が高まっていたことを物語っている。その時、尹は室町幕府の僧恵珙と次の問答をかわした。

珙「大明が日本を伐とうとしていると聞くが、信《まこと》なりや否や」

尹「知らず」

珙「朝鮮と大明とは同心であるのに、なぜ知らないのか。さきに、大明皇帝が宦官《かんがん》の使者をよこして云わしめるに、『もしも日本が臣服しなければ、朝鮮とともに討伐するぞ』とあった。すでに使者も斬られるのを畏《おそ》れて逃げ回《かへ》った。故に疑いをもったので聞くのだ」（世宗二年十月癸卯）。

右の「大明将伐日本」という一件に関連する記事は、『李朝実録』に頻出するが、『明実録』にも、永楽帝が刑部員外郎呂淵《りょえん》等を日本に遣わして、「爾《なんじ》、海東ノ蕞爾《ひとつまみ》ノ地ニ居リ、乃ハチ険阻ヲ憑恃《よりたの》ミテ肆《ほしいまま》ニ桀驁《きょうあく》ヲ為セリ。群臣、屢々《しばしば》兵ヲ発シテ罪ヲ問ヘト請ヘドモ、朕、爾ノ狗盗・鼠窃ヲ以《おも》ヒ、且ツ爾ノ父ノ賢ヲ念ヘバ遽《にわか》ニ絶ツニ忍ビズ。曲ゲテ寛貸ヲ垂レナバ、冀《ねがは》クハ爾《なんじ》悔悟セヨ云々」（永楽十五年十月乙酉、一四一七）と将軍足利義持に敕諭している。ちなみに、憎恵珙が尹仁甫に云った「先レ是、大明使ハシ二宦者ヲ一勅シテ曰ク…」は、右の『明実録』の記事を指しているようだ。

さて、次に示す史料は、呂淵が永楽帝の命を受けて日本に使いする直前の模様を生々しく伝えている史料であるが、倭寇問題をめぐる明・日・朝・琉各国間の国際関係の一断面をクリヤ・カットに示していると思うので、やや長文ではあるが掲げてみる。

盧亀山・元関生・韓確・金徳章、北京ヨリ回ル。関生啓シテ曰ク、…異日、帝曰ク、「日本国王ノ礼無キ事、汝之レヲ知レルカ」ト。関生対《こた》ヘテ曰ク、「日本本国ノ事ハ、臣知ラザレドモ、賊島ノ事ハ粗之《あらまし》レヲ知ル。自ラ行状（路引・文引ともいい、渡航の証明書）ヲ造リテ朝鮮ノ地境ニ到ル。防禦堅実ナルトキハ、則チ所持スル魚塩ヲ以テ、民間ノ米穀ニ易《かゆ》ルヲ請ヒ、人無キ処及ビ防禦虚疎ナルトキハ、則チ間《すき》ニ乗ジテ入侵シ、或ハ殺傷シ、或ハ擄掠ス。本国ノ人数多《あまた》擄レ去《ゆ》キテ、賊島ニ住在ス。」ト。翰林院・錦衣衛ノ官員ニ命ジテ、（元関生らに対し）宣諭セシムルニ、「朝鮮亦タ此《か》クノ如キ事有リヤ。今年、倭賊寧海衛ヲ侵《おか》セシトキ、海望ノ人（監視人）先ヅ千戸所ニ告グルニ、千戸所ノモノ酒ヲ飲ミテ反ツテ謂《おも》フヤウ、海望ノモノ妄リニ告グレバ、打送《すてお》ケト。翌日早朝、倭賊登岸（上陸）シ、人物ハ殺害セラレ、千戸所ノ官人等ヲ擄ヘ去《ゆ》キテ、皆ナ殺シタリ」ト。行人呂淵《りょえん》ヲシテ日本ニ齎《もたら》シ去《ゆ》カス勅書ノ草（原稿）ヲ（元関生らの所に）差送《おくりつ》ケ、汝之レヲ看ヨト。其ノ書ニ曰ク、『爾《なんじ》ノ父王某、至誠モテ大ニ事ヘ、朝廷ノ大恩ヲ以テ王ニ封《ほう》ジ、誥命・印章モテ厚ク対《あ》グ。今爾《なんじ》父ノ道ニ遵《したが》ハズ、人ヲシテ辺海ノ軍民ヲ侵擾シテ擄ヘ去《ゆ》カシメタリ。当《まさ》ニ朝廷ノ大法ヲ以テ、射ヲ善クシ戦ヲ善クスル人ヲ遣ハシテ住キテ討タシムベシ。今、行人呂淵ヲ差ハシテ爾ノ国ニ到ラシムレバ、凡《すべ》テ朝廷ヨリ擄ヘ去キタル人物ヲ尽《ことごとく》数送リ来タラシメヨ。朝鮮国王某ノ似《ごと》キ、太祖ノ洪武ヨリ以後、至誠モテ大ニ事ヘ、今ニ至ルマデ一家ニ混同セリ。豈《あ》ニ美《うま》シカラズヤ。』ト。見訖《おわ》リテ 還献《かへしたてまつ》ル。帝、琉球国使臣ノ回還スル時ニ因リ、宣諭セシムラク、「汝ノ国ト日本国ト交親ス、後日、日本ヲ征《う》ツトキ、則チ汝ノ国ハ必ズ先ダチテ引路《みちあんない》セヨ。」ト。（琉球の）使臣惶恐シテ回リ去《ゆ》ケリ。〈中略〉上（太宗）曰ク、日本ヘノ勅草、琉球国ヘノ勅命ヲ、何以《ゆへ》ニ陪臣（元関生ら）ヲシテ之レヲ知ラシメタリヤト。（太宗十七年十二月辛丑、一四一七年）。

右の『李朝実録』の記事を読むに、永楽帝が倭寇問題に対し仮借なき態度であること。倭寇とその背後にある日本と、琉球・朝鮮が「私交」することを強く牽制している意志が行間から滲み出ていることが十分に読みとれる。それからくる心理的重圧感が朝鮮国の太宗に、「日本ヘノ勅草、琉球国ヘノ勅命ヲ、何以《ゆへ》ニ陪臣ヲシテ之レヲ知ラシメタリヤ」と吐露せしめている。永楽帝が、琉球・朝鮮両国の使臣同席の場で右の意志を伝えしめ、日本国に対する厳格な内容の勅草を元関生に読ませたのは、単なる座興の為でなく、細部まで計算し尽くした演出とみるべきである。「朝鮮国王某ノ似キ…豈ニ美シカラズヤ」にしても、朝鮮国王（太宗）にしてみれば、逆説的な脅迫の凄《すご》みがあるだけに、肌に粟を生ずる懐《おも》いで受けとめた筈である。

この時以来、倭寇問題に関する永楽帝のこの言葉の棘は、いわば朝鮮国の喉元に刺さって離れず、ついにはトラウマ（精神的外傷）となって、同国の王と廷臣の心を悩ませる種子となったようだ。その悩みは過剰な強迫観念となって朝鮮国の外交の芯部に影を落とした。

四　朝鮮国王から琉球国王へ

朝鮮国の外交のその心理的特質は、対琉球外交の外交文書の型の上にもハッキリとあらわれている。

『歴代宝案』巻三九には、朝鮮国王から琉球国王宛の外交文書が次の九通収録されている。

一、宣徳六（一四三一）年十二月　日付の文書

二、天順五（一四六一）年七月初七日付の文書
三、成化三（一四六七）年八月十九日付の文書
四、万暦二五（一五九七）年八月初六日付の文書
五、万暦二九（一六〇一）年八月初七日付の文書
六、万暦三四（一六〇六）年八月十三日付の文書
七、天啓六（一六二六）年十二月二十三日付の文書
八、崇禎元（一六二八）年七月十一日付の文書
九、崇禎七（一六三四）年二月十二日付の文書

右の九通のうち、一～三までの文書は書契の形式であり、四～九までは咨文の形式をとっている。すでに書いたように、琉球国では、朝鮮国王を含む外国の王—日本は唯一の例外で和文の外交文書—に宛てて外交文書を発送するときには必ず咨文をもってした。ところが、朝鮮国王が琉球国王に送った外交文書は、初めのころは意図的に書契の形をとることにこだわり通した。その直接の理由は、次の『李朝実録』に余すところなく尽くされている。

…上（世宗）左右ニ謂ヒテ曰ク、今琉球国王、本国ニ移咨ス。若シ修司ヲシテ書契ヲ修メシメテ以テ答ヘナバ、礼ニ違フガ似《ごと》ク、咨ヲ以テ修メテ答ヘナバ、則チ隣国交通ノ礼ニアラズ、何ヲ以テ之レニ処センカ。書契ヲ以テ之レニ答ヘナバ、彼（琉球王）怒ルコト有ルト雖モ、大小強弱ニ於テ何ヲカ畏《おそ》レン。然ルニ琉球国ハ中朝ニ交通シ、爵命ヲ受クルニ至レバ、倭人ノ比ニアラズ。中朝必ズ本国ノ修答ノ文ヲ見ルナレバ、礼ニ合ハセザルベカラズ。書契ヲ以テ之レニ答フルト雖モ、図書ヲ用ヰテ印ヲ安スコト勿《な》キハ若何《いかん》。故人

言有リテ曰ク、彼ニ礼無シト雖モ、我ハ以テ礼無ク之レヲ待ツベカラズト。当《まさ》ニ古文ヲ稽《かんが》ヘテ以テ答フベシ。〈中略〉申商曰ク、琉球ハ乃ハチ至小ノ国ニテ、衣裳ノ制、礼儀ノ事無シ。今咨文ニ云フ、右ハ朝鮮国ニ咨スト。此レハ必ズ是レ公庁ニ咨スルヲ指セルナラン。臣意《おも》フ、書契ヲ修メテ以テ答フトモ、害無キガ似《ごと》シ。上曰ク、咨内ノ初面ニ名（朝鮮国王名）ヲ書キ、咨下ニ署（朝鮮国）ヲ著《か》クハ亦タ咨文ノ例ニアラズ。然モ予《われ》ヲ指スナリ。公庁ヲ指セルニハアラザルナリ。予《われ》更ニ之レヲ思フ。（世宗十三年十一月丙子、一四三一年）。

さきに、倭寇問題が朝鮮国のトラウマになっていたと書いたが、右の君臣のヤリトリはまさに病膏肓に入るの言葉どおりである。そこでは、外交上の二つの礼が二項対立として論じられている。その一方は、琉球国から咨文が来たのに対して、㈠書契で琉球国に答えたとしたら、「礼ニ違フ」という礼である。琉球国から咨文を受けた以上、朝鮮国も琉球国へ咨文で答えるべきだとする礼＝琉球国と朝鮮国とが対等の関係にあるべきだとする礼である。明朝の正二品衙門である六部が、琉球国王及び朝鮮国王と咨文で以て文書の交換をおこなうことによって、明朝は六部尚書＝琉球国王＝朝鮮国王という等式を暗黙の了解事項としていた筈である。その等式記号（＝）の役目を果たしているのが咨文であった。そうであるにもかかわらず、今、朝鮮が琉球に咨文でなく書契を送るならば、六部尚書＝琉球国王＜朝鮮国王という不等式になる。それはそのまま六部尚書＜朝鮮国王という不等式になるから、「中朝必ズ本国ノ（琉球国への）修答ノ文ヲ見ル」ことを恐れることにもなる訳である。

他の一方の礼は、㈡咨文で琉球国に答えたら、「隣国交通ノ礼ニアラズ」とする礼である。これは明の皇帝と朝鮮国王との間の君臣関係を基軸にした礼で、多分に朝鮮の側の心理的拡大解釈を混えた礼である。というのは、『明実録』に、「琉球国中山王尚円、王舅武実《うしい》等ヲ遣ハシ、来朝シテ方物ヲ貢シテ恩ニ謝セシム。宴賜ハ例ノ如シ。武実復タ奏スラク、『国王嘗《かつ》テ人ヲ遣ハシテ満剌加国ニ往カセ、貢物ヲ収買セシメタルニ、風ニ船ヲ壊サレテ広東ニ漂至ス。有司福建ニ転送シ、臣等ヲ俟《ま》チテ国ニ還ラシメントス。乞フ自ラ工料ヲ備ヘ船ヲ修シテ国ニ回ラシメンコトヲ』ト。之レヲ許ス」（成化九年四月丁卯）とあるように、成化帝は朝貢国どうしの交通を別段とがめていないのである。

朝鮮国が㈠の礼に忠実に従って外交関係を持つとしたならば、明の皇帝から「私交」と見られ、㈡の礼に忠実に従えば、明国以外のいかなる外国との外交関係も成り立ちえないということに、論理的にはなる。琉球国王への返書問題は、朝鮮国にとって、㈠と㈡という互いにアンビバレントな礼と礼の狭間の中にあったのである。

狭間からの抜け道として、世宗は以下の様に考えたのである。書契でもって答えたならば、琉球はその非礼に怒るであろうが、彼我両国の大小強弱の関係は問題にならない（程朝鮮の方が優っている）から、かまうことはない。しかし、琉球国は中国と交通し爵命（冊封）を受けている程だから、倭人の比ではない。中国は必ず、朝鮮が琉球に送った修答の文を見るだろうから、倭人への書契の様な見下した体式では駄目で、礼（㈡の礼）に合致するような修答文（明朝の正二品衙門＝琉球国王＝朝鮮国王）にしなければならない。そこで、書契でもって答えるとしても、朝鮮国王の印としては、図書（私印）を用い、公印（皇帝から賜った亀紐金印）を捺印しないようにしてはどうだろうかと。

さきに見た朝鮮国王から琉球国王へ宛てて送られた宣徳六年、天順五年、成化三年の書契は、右の世宗の考え——㈡の礼に合致するような修答文にすること。印は図書を用いる——に基づいて作成されたものであろう。田中健夫氏によれば、世宗は、〝海東の堯舜〟とたたえられ、李朝の黄金時代を築いた英明の君主であるといわれた。「通交制限の規定には、通交者に銅製の私印（図書）を与えて統制優遇する授図書の制、対馬島主に権限をあたえて通交者を統制する対馬島主書契の制・対馬島主文引の制、通交船の数に制限を加えた歳遣船の定約などがあり、ほかに浦所・倭館の規定、釣魚禁約、上京道路や通交者の接待に関する規定などがあった。」（『対外関係と文化交流』、三九頁）とし、この世宗の時代（一四一九～一四五〇年）に、日朝の関係が制度的に明確なものとなって、これにつづく時代の基礎がおかれたという。そういえば、「琉球国王使人ナラバ、日本国使臣ノ例ニ依リ、（琉球人でも）私自出来者ナラバ、諸島客人ノ例ニ依」らしめた決定も、一四三一年のことで、世宗の時代であった。以後、琉球国は、日本国及び朝鮮国と対等の国として処遇された。

さきにも示したように、一五九七年以降、朝鮮国から琉球国宛ての外交文書は、書契から咨文に変わる。しかし、その咨文の文中にもなお中国の目を警戒して、「私交」について弁解する言辞が見える。

万暦二十五年八月初六日の咨文には、「而《しか》レドモ顧ルニ一啓モテ相聞（互いに音信を通ずること）スルヲ闕《か》キタルハ、敝邑（朝鮮）義トシテ私交ヲ謹ムニ縁《よ》ルト雖モ、壌地ノ相接セザルニ於テハ亦タ多ク其レヲ見レバ」とあり、万暦三十四年八月十三日の咨には、「共《うやうや》シク惟《おもんみ》ルニ、帝ノ臣タル敝邦（朝鮮）ト貴国トハ、疆場《きょうじょう》（国境）ニ截《せつ》タル有リテ、義トシテ私交ヲ難《はばか》ル。誠意モテ相孚《はぐく》ミテ彼此（琉・朝）ニ間スル無シ（わけ隔てが無い）」とある。また、琉球が万暦三十九年五月に朝鮮国から受け取った咨にも、「私交ハ戒ムル所有リト雖モ、旧交ハ豈ニ修メザランヤ」とある。

朝鮮国から琉球国への外交文書が、書契から咨文の体式に変化したのにともなって、その咨文の二国間における伝達方法も変化した。各朝貢国からの貢使や特使の在京中の宿泊所である都門会館（会同館？）を拠点にして、相互の咨文や礼物を両国の使者が交換する方式に変わったのである。その北京を中継地とする両国の交換方法は、次に示す一五三四年における経験を下地にして生かされた方法であろう。

上（中宗）曰ク、琉球国使臣ニシテ、前日我ガ国ニ来タル者、京ニ赴キタルカ。世譲対ヘテ曰ク、琉球ノ使臣ハ乃ハチ梁椿ナリ。臣ト同《とも》ニ一館ニ在リタリ。梁椿、人ヲシテ来タラシメテ曰ク、我レ年二十八ノトキ朝鮮ニ往還セリ。今聞ク使臣来タレルト。此レハ喜ブベキナリト。臣モ亦タ人ヲ遣ハシテ之レニ謝セシム。其ノ後、琉球国正使梁椿病臥ス。其ノ副使及ビ下人皆ナ来タリテ臣ニ見《まみ》エンコトヲ請フ。即ハチ冠帯シテ出デテ見《み》、茶礼ヲ行フ。仍リテ曰ク、去ル庚寅年（一五三〇）、貴国ノ人ノ我国ノ地方ニ漂到セシトキ、我ガ殿下上国（明）ニ解送シテ貴国ニ帰シタルガ、幾人生還シタルカ。答ヘテ曰ク、或モノハ上国ノ地方ニテ死シタレバ只四人ノミ生還セリ。我ガ国王感喜ニ勝《た》ヘザレドモ、路遠キニ因リ未ダ修謝スルヲ得ズ。今宰相（蘇世譲）ニ向ヒテ謝ヲ展《の》ベントテ、即ハチ起《タチ》テ揖ヲ作スコト再三シ、謝ヲ称《とな》ヘテ退キタリ（中宗二九年四月、一五三四年）。

梁椿は、前にもすでに出したように、一五〇〇年十一月、琉球国副使として正使梁広とともに朝鮮に使を奉じたことが『李朝実録』に見える。世譲と梁椿が宿泊した北京の「一館」とは会同館のことであろう。

いま、朝鮮国王から琉球国王に送った最初の咨文「朝鮮国王、鄰好ヲ敦《あつ》クシ厚恩ニ酬ル為ノ事」（万暦二十五年八月初六日付）が、琉球に齎された経路を見るに、次の様であった。まず、この咨文に先行する琉球の咨文—その標題はおそらく「琉球国王、鄰好ヲ敦クシ厚恩ニ酬ル為ノ事」—が、正議大夫鄭礼、使者馬富多、通事蔡奎等によって北京に齎らされ、その時ちょうど北京に来ていた朝鮮国の賀至（冬至を朝賀する）の使臣刑曹参判閔汝慶に手交され、万暦二十三年二月初八日、閔によって朝鮮に届けられた。

その琉球国王からの咨文を准《う》けた朝鮮国は、早速その返事を咨文にまとめ、冬至と令節（重陽の節句）を進賀する使臣奇献に持たせ、北京において琉球国使臣に手交され、琉球国に賫されたのが、この万暦二十五年八月初六日付の咨文である。

右の咨文より後に、琉・朝両国間でやりとりされた咨文の逓伝経路も右のそれと同じやり方であったことは、それぞれの咨文の中に明記されている通りである。ただし、その逓伝がいつも必ず順調になされたとは限らず、「京師ニ賫到セシメ、遇々《たまたま》貴邦（琉球）ノ使臣有ルトキニハ、即《すなはち》与交送セシム。前ヨリ二年（万暦二十四年と同二十五年）是《かく》ノ如クスルコト再ビセシカド、イマダ（琉球の使臣に）遇《あ》ハザレバ、今亦タ必ズトナシ難キナリ」（万暦二十五年付の咨文。割注は筆者）というような例もあった。

これらの咨文の内容上の特徴としては、例えば、「朝鮮国王、歴《とも》ニ聘問ヲ修メ、以テ厚恩ニ答フル為ノ事」（万暦二十九年八月初七日付）の咨文では、「賊酋」（秀吉）の死亡の消息について報知した琉球に対し、朝鮮国王は謝意を述べ、貴国に後日「賊《（カ）》情有ルトキニハ緩急ヲ揀《えら》バズ」まず天朝（明）に報じ、ついでに朝鮮国にも転示して呉れるよう要請している。また、同じく秀吉の文禄・慶長の役に関する「賊情」の「馳奏転示」がたについての要請は、「朝鮮国王、申《かさね》テ厚儀に酬ユル為ノ事」（万暦三十四年八月十三日付の咨文）にも記されている。

要するに「我ガ皇上ノ声教ノ曁《およ》ブ所、普天ノ下、凡ソ民社・冠帯有ル国ノ而《ごと》キ者《は》、皆ナ皇上ノ臣子ナリ。即チ倶ニ北面シテ命ヲ受ケ、兄弟タルノ義有リテ、豈《あに》宜シク遠近ヲ以テ殊《こと》ニスベケンヤ」とか、「聖天子ハ一視同仁ニテ、海ノ内外トモニ遠近無ク、一家ハ同胞タルノ義有リテ、共ニ天朝ノ藩屏ヲ作《な》シ、肝胆ハ自《おのづか》ラ当《まさ》ニ相照スベシ。豈ニ疆場ノ分有ルヲ以テ間隔ヲ為スベケンヤ。惟《た》ダ願ハクハ賢王罙々《ますます》侯度ニ処《を》リ、益々友誼ヲ念《おも》ヒテ、両国ノ兄弟ノ雅ヲシテ愈々久シク、而《しかも》愈々篤《あつ》カラシメバ、幸甚ニ勝《たへ》ザラン」と真情を表白し、朝鮮・琉球の両国がともに明の皇帝を戴く一家同胞であり、兄弟の義で結ばれていると強調している点が、咨文に変わってから以後に目立つ特徴である。

琉朝両国間で取り交わした外交文書の体式が、朝鮮の側で、書契から咨文に変わり、その内容の上にも天子を共通に戴く一家同胞的友好思想が現れるようになった。この一家同胞思想は、本稿の冒頭部で出した、尚思紹王から朝鮮国王太宗に送った咨文に、「四海一家ヲ為サバ、允当《いんたう》為ルニ庶幾《ちか》カラン」とあった思想と同じものであって、まあ一種の本卦帰りとでも云うべきものである。そのような両国間の外交文書における形式上・内容上の変化をもたらした背景としては、朝鮮が文禄・慶長の役で秀吉軍の侵略を受け、琉球が島津軍の侵入を受けるという、東アジアにおける明朝をトップに戴く冊封体制への危機感があったことが考えられる。

『文化の窓』No.十三　一九九一年

琉球国の成立と王相府王相

――琉球国草創期の巨人・亜蘭匏と懐機――

宮崎市定先生は、「雍正帝」『宮崎市定全集14』のはしがきの中で、「もしも読者がこの書によって、いかにも中国に起こりそうなことばかり書いてあるという感じを受け取ったなら、私の意図は全然失敗に終わったといってよい。歴史学は過去の世界から、たえず意想外の事実をとり出して紹介することにより、今までにただ何となしに形づくられてきた歴史のイメージを訂正させていくのが任務であるから」と述べておられる。筆者も宮崎先生の顰みに倣って琉球史の暗部に光を当ててみたい。亜蘭匏と懐機という渡来明人《みんじん》が琉球史上にかすかに残した臭跡を追って、独立国琉球の成立過程を探ってみたい、というのが本稿の目的である。

明国渡来人と琉球国中山王府

察度王が始めて明に入貢した洪武年間に、沖縄に亜蘭匏という人物がいた。彼は『明実録』によれば、洪武十五（一三八二）年を皮切りに同三十一（一三九八）年に至る迄の間に琉球国の使者として十回も渡明し、一三七二年の対明入貢を起点とする琉球国の揺籃期にあって、新生の琉球国の成長の為に最も重要な任務を遂行していたことが看取される。彼はまた琉球国の歴史上始めて王相（王の政務を補佐する宰相、国相ともいう）となった人である。彼が王相になった経緯については、『中山世譜』巻三の洪武二十七（一三九四）年甲戌の条に記述されているが、それは『明実録』の次の記事に依拠して書かれたものであると見てよい。

洪武二十七年三月己酉（十日）
命授琉球国王相亜蘭匏秩正五品。時亜蘭匏以朝貢至京、其国中山王察度為請於朝。以亜蘭匏掌国重事、乞陞授品秩、給賜冠帯。又乞陞授通事葉希尹等二人、充千戸。詔皆従其請、俾其王相秩、同中国王府長史。称王相如故。仍賜亜蘭匏公服一襲、副使傔従以下鈔。有差。

〈読み下し文〉
命ジテ、琉球国王相亜蘭匏ニ秩正五品ヲ授ク。時ニ亜蘭匏朝貢ヲ以テ京（南京）ニ至ルニ、其ノ国ノ中山王察度、請ヒヲ朝（廷）ニ為スニ、「亜蘭匏（琉球）国ノ重事ヲ掌《つかさど》ルヲ以テ、品秩ヲ陞授シ、冠帯ヲ給賜セラレンコトヲ乞フ」ト。又「通事葉希尹《しょうきいん》（と程復）等ノ二人ニ陞授シ、千戸ニ充《あ》テラレンコトヲ乞フ」ト。詔シテ皆《ことごと》ク其ノ請ヒニ従ヒ、其ノ王相ノ秩ヲシテ、中国ノ王府ノ長史ト同ジカラシム。王相ト称スルハ故《もと》ノ如シ。仍リテ亜蘭匏ニ公服一襲《ひとかさね》、副使・傔従以下ニハ鈔（紙幣）ヲ賜フ。差有リ（注は筆者）。

右の記事は短いながらも、独立国としての琉球国成立に関わる最も枢要な点を、少なくとも次の五点について述べていることが指摘できる。

㈠亜蘭匏が洪武二十七年以前にすでに琉球国の王相になっていたこと。

㈡明の洪武帝の命で、王相亜蘭匏が正五品の品秩を授けられ、その品秩が中国の王府の長史の品秩と同一にせしめられたこと。

㈢亜蘭匏を琉球国王相の職に就けたのは洪武帝であったこと。
㈣亜蘭匏が明朝の正五品を授けられたことに依り、その品秩に見合った冠帯＝公服を賜ったこと。
㈤洪武帝から通事葉希尹と程復の二人に武官たる千戸が賜与されたこと。

では、順を逐ってまず㈠から考察を始めよう。亜蘭匏が王相に任ぜられたのは、彼が洪武帝から正五品を授けられた洪武二十七年三月己酉よりも前であったことはまちがいない。なぜなら、その己酉の日の時点ですでに、「命《ジテ》授《ク》二琉球国王相亜蘭匏《ニ》秩正五品《ヲ》一」とあることや、「称《スルハ》二王相《ト》一如《シ》レ故《もとノ》」とあるからである。それでは正確には洪武の何年に亜蘭匏が琉球国王相に任職したかについては、何の史料も無い。

しかし、ここに注目してよい事実がある。それは『明実録』における亜蘭匏の肩書きに関する記述法である。すなわち、「琉球国王相亜蘭匏」と記述されているのは、唯一この洪武二十七年三月己酉の記事だけであって、その後の同二十八年正月、同三十一年三月戊申・甲寅・癸亥の記事でさえすべて「其臣亜蘭匏」となっているだけであり、それ以前の洪武十五年二月乙酉、同十六年正月乙巳・丁未、同十九年正月辛丑、同二十三年正月庚寅、同二十四年二月己卯、同二十七年正月乙丑の記事もすべて例外なく「其臣亜蘭匏」となっている。

そのような『明実録』の記述法からして亜蘭匏が実際には洪武二十七年よりかなり以前に王相に任職していたにしても、単に「其臣亜蘭匏」と記述された可能性が大きい。それでは、亜蘭匏が「琉球国王相」に任職した年度は何年と想定すべきかというと、筆者は洪武十六（一三八三）年であったのではないかと思う。

その根拠は㈠『明実録』洪武十五年二月乙丑の条に、「琉球国中山王察度、遣其弟泰期及其臣亜蘭匏等云々」とあるが、その日付の時点こそ、「弟泰期」の明への最後の奉使であり、亜蘭匏の最初の奉使となること。「弟泰期」は洪武五年の初入貢以来それまでに五回奉使し、亜蘭匏はそれ以後洪武三十一年迄に十回も奉使しているが、両者とも奉使の回数に於て頭抜けている。

㊁亜蘭匏が第二回目に明へ奉使した洪武十六年に洪武帝は、察度に琉球国中山王の印たる鍍金銀印を下賜し、亜蘭匏に捧回《もちかえら》させたこと。洪武五年の初入貢の受け入れを、明朝と琉球国との条約の調印に見立てれば、天子による国王印の賜与はその条約の批准にあたる儀式といえよう。王印の賜与は、天子の威権の発動であるから、賜与の儀式にはそれ相応の荘重さが伴わなければならない。その荘重さの効果を高める為に、事前に天子の命で、亜蘭匏を琉球国王相に任じたと考えられるのである。

因に、その〝調印〟と〝批准〟との期間は、各朝貢国の国内の政治的事情によってまちまちである。たとえば、初入貢と同年か翌年に冊封され国王印を下賜された朝貢国は、高麗、安南、占城《チャンパ》である。一方、暹羅《シャム》国は洪武四年に初入貢し、同十年になって始めて王印の下賜がなされたが、三仏斉《さんぶつさい》国も暹羅とほぼ同じ事情であった。

『明史』巻三百二十一以下の列伝「外国」によれば明朝が各朝貢国に〝批准〟を認める判断の基準は、その朝貢国が一王の下に国が安定し秩序が維持されているかどうかであった。わが琉球王の場合にも、三山の各王が明の和平勧告を受諾することを条件に各国王に印が下されたのである。但し山南王と山北王は中山王より二年後れて洪武十八年に中山と同じ駝紐鍍金銀印が下賜された。洪武十六年に於ける察度王への王印の下賜は、事実上同王の冊封に当たるものであるから、印を捧回した亜蘭匏は冊封使の代役を勤めたことになる。

つぎに㈡について考えてみる。後に永楽九（一四一一）年四月に、永楽帝の命で、長史程復を「琉球国相」に陞せて「左長史」を兼ねさせ、長史王茂を「琉球国相」に陞せて「右長史」を兼ねさせたが、その時始めて琉球国の長史を明朝の官制と同様左・右長史と呼び分けるようになった（『明実録』同年同月癸巳）。そのことによって、琉球国における長史の呼称法、品秩、職掌が明国の各王府の長史とほとんど一致させられた訳である。さてそうすると、洪武二十七年三月己酉に、洪武帝の命で琉球国王相亜蘭匏に正五品が授けられ、「其ノ王相ノ秩ヲシテ中国王府ノ長史ト同ジカラシム」という措置は、琉球国の長史の呼称法、品秩、職掌が後に中国王府の長史と一致せしめられるに至る重要な第一段階であったことになる（三点に於ける一致のうち品秩の一致）。

察度の対明入貢によって琉球が洪武帝から一国家として認知された訳だが、それはまだ形式的なものであった。やがて明朝は漸次段階的に、その新たに認知した皮袋としての〝琉球国〟の中に独立国の要件を満たす諸実体―統治組織、そのスタッフ、法体系など―を盛り込むべく政治指導を行ったと筆者は考えている。段階的政治指導とは、例えば一三七二年の察度の入貢の受け入れ↓一三八三年の中山王察度に対する王印の賜与↓一四〇四年の世子武寧に対する初冊封（この入貢・賜印・冊封の三つは、高麗・安南・占城の場合、入貢の年かその翌年に同時に行われている）の三段階の政治過程は、察度の入貢受け入れ↓亜蘭匏を琉球国王相へ就け、王相亜蘭匏の手を通しての賜印↓琉球国王相の秩を中国王府長史と同じ正五品とする↓琉球国王相を中国王府長史の品秩・職掌・呼称法に於て一致させる、という別の過程とパラレルに遂行されているが、それら各段階の中に明朝の琉球に対する政治的指導の意思と意図を感じ取ることが出来るという訳である。

明朝の琉球に対する政治的指導の意思が並でなかったことの大きな点は、琉球の子弟に国子監への入学を許したことである。洪武五年高麗国王王顓がその子弟を太学（国子監）に入学させることを奏請したが、許されず、また宣徳八（一四三三）年、朝鮮国王李裪がその子弟を太学或は遼東学に入学させることを奏請したが、やはり許されなかった。こうして明代を通じ朝貢国の子弟で、国子監への入学を許されたのは、独り琉球国の子弟だけであった。

参考までに、中国の各王府について簡単に触れておく。『大明会典』巻之五十六、王国礼二、之国《しこく》に、祖制トシテ、皇嫡子ハ儲位ニ正《さだ》メ、衆子ハ王爵ニ封ズ。必ズ十五歳ニテ選婚シ、出デテ京邸ニ居《す》ミ、長ズルニ至リテ始メテ国《りょうち》ニ之《ゆ》ク。累朝以来、財賦《ゆたか》ナル地ニハ封ゼズ、畿輔《みやこちかき》ノ地ニハ封ゼズ。国ニ之クハ年歳ニ拘ラズ。

とある。皇嫡子は皇后の生んだ皇子。儲位は皇太子の位。衆子は皇太子以外の皇子。選婚は結婚のこと。選婚というのは嫁の人格・種姓を選ぶから。之国は、日本史でいう入国・入府・入部、お国入りのこと。洪武帝朱元璋には二十六人の皇子がいたが、そのうち皇太子朱標を除く皇子が王爵に封ぜられて之国した。

明の王府長史司には、その長官である左・右長史（正五品）が各一人、その属官に典簿（正九品）が一人いた。またその所轄として審理正（正六品）・審理副（正七品）各一人、典膳正（正八品）・典膳副（従八品）各一人、奉祀正（正八品）・奉祀副（従八品）各一人、典楽（正九品）一人、典宝正（正八品）・典宝副（従八品）各一人、紀善（正八品）二人、良医正（正八品）・良医副（従八品）各一人、典儀正（正九品）・典儀副（従九品）各一人、工正（正八品）・工副（従八品）各一人〈後略〉等の各官がいた（『明史』巻七十五）。

長史の職掌については、

長史ハ王府ノ政令ヲ掌リ、輔相シ規諷シテ以テ王ノ失ヲ匡《ただ》シ、府僚ヲ率ヰテ各々乃《しかじか》ノ事ニ供セシメ、而シテ其ノ庶務ヲ総《す》ブ。凡ソ請名、請封、請婚、請恩沢及陳謝、表啓・表疏ヲ進献スルトキニハ、長史ハ王ヲ為《たす》ケテ奏上ス。若し王ニ過《あやまち》ち有レバ、則チ長史ヲ詰《とが》ム。曾《かつ》経テ過犯アルノ人ハ是ノ職ニ選用スルヲ得ル毋《な》シ（同右書、同巻）

とある。右の長史の職掌事項のうち、請名と請婚以外は、琉球王府の長史（王相）のそれと同じであり、それは主に明朝を初めとする対外関係の事項に関するものであったろう。なお、明朝では各王府の存在する各省においては、徴税を含む一般行政は布政司が、刑名は按察司が、軍事は都司がそれぞれ専掌したが、それら三司官の職掌事項は琉球国においては、舜天王統以来継ぎ降《くだ》されてきた伝統的諸機関によって執行され、それは琉球国内に向けられた統治機能であったことが考えられる。

次に㈢の意味するところを考えてみよう。「称二王相一如レ故」をその前後の文脈の中に位置づけると、「詔《みことのり》シテ……王相ト称スルハ故《もと》ノ如シ」とある中の「詔《みことのり》シテ」は紛《まぎ》れもなく、「称二王相一如レ故」までかかっていて、そこは「王相ト称スルハ故《もと》ノ如クスベシ」という洪武帝の意志を現す内容になるであろう。故に、「王相ト称スルハ故ノ如シ」という決定は洪武帝の琉球国中山王に対する命令であると解釈できる。こう解釈すると、亜蘭匏が洪武十六年に「琉球国王相」の職に任職したのは、洪武帝の命によるものであったと考えるのが順当である。

㈣の「公服」について言えば、『明実録』では「冠服」と「公服」が同じ意味で使われていることをまず指摘しておきたい。それから「詔皆従二其請一、俾三其王相秩同二中国王府長史一。称二王相一如レ故。仍賜二亜蘭匏公服一襲一」の中の接続詞「仍」字の果たしている意味は大きいと思う。「仍《よ》リテ」は前後をつなぐ強い因果関係を表している。『詔して皆《ことごと》く其の請乞を許可し、王相の品秩（正五品）を中国王府長史の品秩（正五品）と同一にした。亜蘭匏が王相と称《とな》えるのは元どおりとせよ』と仰せられた。だから亜蘭匏に公服一襲を賜った」という意味になるはずである。つまり、亜蘭匏は明朝の正五品を授かったのだから、その品秩に見合う公服を賜った。という含みになるように『明実録』の編者は当該記事を書いたと考えられる。

公服については、『大明会典』巻之六十一に次のように書かれている。

在京ノ文武官ハ、毎日早・晩朝ノ奏事、及ビ侍班、謝恩、見辞ノトキニハ、則チ公服ヲ服《き》ル。在外（京外—筆者）ノ文武官ハ、毎日清早（早朝—前同）ノ公座ニハ亦之ヲ服《き》ル（職掌ヲ見《しめ》ス—原文のママ）。後、常朝ニハ止《た》ダ便服ス。惟《た》ダ朔望ノミハ公服ヲ具シテ朝参ス。其ノ武官ニシテ応《まさ》ニ直《とのゐ》スベキ守衛者ハ、此ノ服ニ拘ラズ。

洪武二十六年ノ定メニ、文武官ノ公服ハ、盤領《まるえり》ヲ用《もっ》テ右衽《おくみ》ノ袍ナリ。或ハ紵糸・紗・羅・絹モテ宜ニ従ッテ製造ス。袖ノ寛《ひろさ》ハ三尺ナリ。一品ヨリ四品ニ至ルマデハ緋袍。五品ヨリ七品ニ至ルマデハ青袍。八品ト九品ハ緑袍。未入流ノ雑職官ハ、袍・笏・帯ハ八品以下ト同ジ。

公服ノ花様ハ、一品ハ大独科ノ花ヲ用《もっ》テ、径《さしわたし》ハ五寸。二品ハ小独科ノ花ニテ、径ハ三寸。三品ハ散荅花無枝葉ニテ、径ハ二寸。四品ト五品ハ小雑花紋ニテ、径ハ一寸五分。六品ト七品ハ小雑花ニテ、径ハ一寸。八品以下ハ無紋。

（中略）

腰帯ハ、一品ハ玉ヲ用ヰ、或ハ花或ハ素《しろ》。二品ハ犀ヲ用ユ。三品ト四品ハ金ノ茘枝《れいし》ヲ用ユ。五品以下ハ烏《くろき》角。鞓ハ青革ヲ用ヰ仍リテ撻尾ヲ下ニ垂ル。靴ハ皁ヲ用ユ。

それからすると、亜蘭匏に賜った正五品官の公服は、青袍、花様は小雑花紋で径一寸五分、腰帯は烏《くろ》い角で飾られた青革の鞓、皁い靴などからなっていた訳である。亜蘭匏は正五品を授かり公服を頂戴して後、翌年の一三九五年と一三九八年に琉球国中山王の使臣として明に奉使したが、その公服を具して朝参したことであろう。

最後に、㈤について考えてみる。千戸は明の軍制では、千戸所の長官である。軍戸は世襲の軍兵の家で、民戸（農民等の一般民の家―戸部の所轄）・匠戸（工作従事者の家―工部の所轄）とは別々の戸籍に編入され兵部の所轄であった。軍戸は所城・衛城の内に在り、軍戸の数が百二十戸あるのを百戸所、千百二十戸あるのを千戸所、六千戸以上あるのを衛と呼んだ。百戸所の長官を百戸（正六品）といい、千戸所の長官を千戸（正五品）といい、衛の長官を指揮（正三品）といった。また多数の衛や千戸所を統轄するところを都指揮使司（都司と略称）といい、その長官を都指揮（正二品）といった。因に福建都司は十一の衛と十四の千戸所の上に立ち、前軍都督府の隷下にあった。前軍都督府は五軍（中・前・後・左・右）都督府の一つで、その長官は左都督・右都督（ともに正一品）であった。

なお、朝鮮の『李朝実録』に尚泰久王時代の琉球国の官制の一端につき次のように書かれている。

五軍統制府、議政司六曹ヲ設ク。各々堂上ガ四員アリ。郎庁ナシ。只統制府ニ於テ郎庁二員アリ（壬午世祖八年―一四六二年二月癸巳）。

琉球のこの五軍統制府はあきらかに明の五軍都督府を意識し、又は模倣したものであるが、その実態は史料不足という制約の為よくは判らない。しかし明の軍制に於ける「千戸」なる名称が、一三九四年という成立して間もない琉球国の中に存在したということ、しかも明の洪武帝の命で任官せしめられたということは、琉球国の成立過程の一面を色どる特徴である。この明の官制に由来する武官の千戸も、文官の長史等と同様、対外的職務―明や諸外国への貢船や交易船の護衛に活動の分野が限定せられ、琉球在来の軍事組織とは区別されていたのではあるまいか。

ところで、この洪武二十七年三月己酉の記事では、亜蘭匏に公服を賜ったことが見えるが、「葉希尹等二人」に正五品の公服を賜ったことについては言及されていない。多分その理由は、二人への冠帯＝公服の賜与がそれより二年前にすでになされていたからであろう。『明実録』の洪武二十五年五月庚寅の条に、

琉球国中山王察度、表シテ言《いは》ク、「通事程復ト葉希尹ノ二人ハ、寨官ヲ以テ通事ヲ兼ネ、進貢ニ往来シ、労ニ服スルニ多キニ居ル。乞フ職ヲ賜ヒテ冠帯ヲ加ヘラレ、本国ノ臣民ヲシテ景仰スル所有ラシメテ、以テ番俗ヲ変ラレンコトヲ」ト。之ニ従フ（傍点は筆者）。

とあることによって窺い知ることができる。

なお筆者はさらに、右の文中に於ける「職」とは「千戸」相当の職を指しており、「冠帯」は正五品の武職の公服を指していると思う。程復等の二人が洪武二十五年にこのように「職」を賜った者が、二年後の洪武二十七年にも殆ど間を置かずにその「職」とは全く位階と職掌のちがう「千戸」を賜ったとは考えにくいからである。この「職」が洪武二十七年三月己酉の記事中の「千戸」（武職）であることを傍証していると思うのは、この洪武二十五年の記事中に程復等の二人の肩書きが「寨官」とある点である。そして先にも見たように、千戸は千戸所の長官であり、千戸所城の城主であるから、その職掌は琉球に置いては寨官（＝城主）にあたり、職務内容が同じものである。だからむしろ、程復等二人の為に洪武帝から千戸の職を効果的に引き出すことを狙って、それと職掌の内容が同じである「寨官」の語を用い、「通事程復・業《（葉カ）》希尹二人、以二寨官一兼二通事一、往二来進貢一、服レ労居レ多、乞賜レ職加二冠帯一」と書いたと見るのが妥当であろう。その方式はまた、ちょうど亜蘭匏の為に、

「中国王府長史」の品秩である正五品を同帝から効果的に引き出す目的で、それと同じ職掌の琉球国に於けるカウンター・パートである「琉球国王相」の語を意図的に用いた手法と同じである。以上で洪武二十七年三月己酉の記事についての考察をひとまず締めくくることにするが、この己酉（十日）の日付の記事と、それを五項目に亘《わた》って分析した筆者の試みは、下文で同じ記事を『球陽』の編著者が解釈して記事にした部分と比較検討するのであらかじめ注意を喚起しておきたい。

懐機は第一尚氏王統成立の参謀総長

洪武帝による王相亜蘭匏への正五品の陞授、そして「其ノ王相ノ秩ヲ中国王府長史ト同ジカラシム」る措置から、成祖が永楽九年に程復と王茂を琉球国相に陞せ、復に左長史を茂に右長史を兼ねさせた措置に至る過程の中に、看過できない重要な記事が『明実録』に二点見い出される。その一つは洪武二十九（一三九六）年正月己巳の条に、

〈前略〉中山王察度、其ノ臣典簿程復等ヲ遣ハシ云々（傍点は筆者）。

とあるのがそれである。

先に出したように、典簿は正九品官と品秩は卑《ひく》いながらも、中国王府長史司の中にあって長官たる左・右長史に直属し、審理所審理正（正六品）以下の各王府官を所轄して長官を補佐する秘書官的位置にいた。琉球の典簿程復も琉球国内にあっては国王に対し、明朝に対しては朝貢等の外交問題につき、王相亜蘭匏を補佐する

中心的存在であったと考えられる。

次に永楽九（一四一一）年二月癸巳の条に、

〈前略〉琉球国中山王思紹、王相ノ子懐得ト寨官ノ子祖魯古ヲ遣ハシ、国子監ニ入レテ学ヲ受ケシム（傍点は筆者）。

とあり、また永楽十六（一四一八）年二月乙未の条に、

琉球国中山王思紹、長史懐機等ヲ遣ハシテ方物ヲ貢ゼシム（傍点は筆者。後略）。

とある。筆者は右の永楽九年の記事の中に見える「王相」懐某は、同十六年の記事中に見える長史懐機と同一人物であると思う。それからすると懐機は、永楽九年四月癸巳付で琉球国相（王相と同じ）になる程復（左長史兼任）と王茂（右長史兼任）よりも先に琉球国王相の職に就いていたことになる。そして懐機は、程復と王茂が国相と左右長史を授けられた直後―程復がその陞授と同時に饒州に帰った直後に、程復の抜けた欠員を埋める形で左長史を授けられたものと思う。

そもそも程復に授けられた琉球国相と左長史の官職は、実授ではなく一種の名誉職であったと思われる。程復は自ら南京に赴いて永楽帝に対し、彼自身の陞授願いと同時に致仕（退官）願いも為し、すべて允可されたから、琉球国相と左長史の冠帯で老躯を栄《かざ》り、そのまま饒州に帰郷したと考えられる。程復は「冠帯ばかり許されて、其職を勤めず、其禄を食《はま》ぬ」冠帯官（『徂徠物茂卿著内田智雄・日原利国校訂律例対照定本明律国字解』五五

八頁）として帰国したのであろう。

さて、筆者は本誌№十三に「琉・朝間外交文書の考察－『李明実録』が語る琉球史の一断面」を書いた。その中で筆者は、琉球国中山王察度は朝鮮国王に対し、洪武二十五年、同二十七年、建文二年（これは実際には武寧王が出したもの）にそれぞれ書翰を送ったが、その内容や体式は朝鮮国王に対して臣従的スタンスに立つものであったこと。そして、第一尚氏王統初代の琉球国中山王尚思紹は朝鮮国王に対し、初めて咨文を送ったが、それは内容や体式が一独立国の王として、朝鮮国王に対して対等のスタンスにたつものであったことを指摘した上で、「咨文は対等の二者間でやりとりする文書の形式であるから、独立国の王たる自己を自覚しはじめていたことのあらわれである。より厳密に云えば、この尚思紹王からはじまる質的変化は、同王個人の意識の変化というよりは、同王を戴く統治組織全体の一定の成熟を現していると考えられよう」（九三～九四頁）と書いた。

本題に戻ると、右の察度・武寧の背後にあって補佐し、かの臣従的スタンスの書翰を書いた時の王相は亜蘭匏であり、尚思紹王の独立的気概に満ちた咨文を書いた王相こそ、懐機その人であったことになる。この二人の宰相の、琉球国の国家体制に関する政治思想と教養の間には大きな懸隔があった訳である。この二人の宰相の交替は、単に琉球の国家意識上の変化にとどまるだけでなく、より広く深く、琉球国の統治機構・法体系の整備、官僚層の充実、国土国民の統一等の分野にまで及んだと思われる。

筆者はまたかつて本誌№十に、「閣者を明国に進貢するように武寧王に入れ智恵したのは、一つには当時、沖縄の政治の実権を握っていた王相の亜蘭匏（中国人）であったと考えられる」（二二六頁）と書いたが、その痛ましい失政に象徴される武寧の秕政に亜蘭匏が深く関《かかわ》っていたと考えられる。洪武十五（一三八二）年から同三十一（一三九八）年まで十回奉使渡明し、十七回も『明実録』に登場した亜蘭匏の燦爛《さんらん》たる光芒も、洪武三十一年を最後に、懐機の放射する赫奕《かくえき》たる逆光の間《あわい》に滅してしまう。

そして亜蘭匏と入れ代わるように登場してくるのが懐機で、尚思紹王から尚金福王まで第一尚氏の五王に仕えることになる。まさに第一尚氏王統隆盛の基礎を築き、その屋台骨となった人である。懐機が第一尚氏王統の中にあって王相として四十年以上も政治の実権を握っていたという驚くべき事実は、彼の有能さに負う所があったのもさることながら、それよりも、懐機が、察度王統を倒して第一尚氏王統を開いた功労第一人者であって、歴代の第一尚氏の王たちが、彼に全幅の信頼と絶大な恩義を感じていたからではないだろうか。宣徳五（一四三〇）年に巴志が宣宗から〝尚〟姓を賜って始めて中国風に尚巴志と称《となえ》たがそれも懐機の働きであろう。わが琉球史は、第一尚氏が懐機に終身王相の顕職を保証していたことを歴然と示している。

『歴代宝案』第一集巻四三を繙《ひもと》くと、懐機は琉球国王相や琉球国王相府王相の肩書きで、旧港《バレンバン》管事官閣下や三《さん》仏斉《ぶつさい》国旧港僧亜刺呉閣下等とさかんに書翰をやりとりし、交易を行い、また、中国道教の総本山天師府と書信をとり交わしている。そして尚金福王の時に長虹堤を築く等、懐機は機略縦横の人であった。後に懐機の宰相ぶりにつき尚巴志の冊封使柴山《さいざん》が、「其ノ王（尚巴志）己《おのれ》ヲ上ニ欽《つつし》ミ、王相 政《まつりごと》ヲ下ニ布キ、其ノ俗ハ皆《ことごと》ク礼法ニ循ヒテ熙々如《ききじょ》タルヲ見《あらわ》セリ」（『中山世譜』巻四）と活写しているが、そのような執政者としての王相と王相府の機構の基礎は、永楽九（一四一一）年四月癸巳、成祖の命で琉球国王相と左・右長史とが連結させられた時点でき上ったと思われる。また『琉球国旧記』巻之二、大夫の項に、「〈前略〉且ツ往昔、勅シテ、国王ガ六員ノ大夫ヲ有セル時ニハ、中憲大夫ヲ許セリ」と見えるが、これも第一尚氏の時代、それも懐機の時代のことを述べたものではなかろうか。なお、明の官制では、中憲大夫は散官（格式だけあって役職の伴わない官）の従四品官、正議大夫は正三品官、中議大夫は正四品官である。そのように琉球の官制を明朝の官制にリンクさせようとする構想を練り上げて、永楽帝やその後の天子たちに請乞し允可させた仕掛人こそ懐機その人であったと筆者は考える。

永楽の始めごろ、琉球国の官場の最上層部に於いて、明国渡来人たちのうち主導権争いに最終的に勝利したのは誰であったろうか。亜蘭匏はさきに見た理由で除外できるから、のこりの程復、王茂、懐機のうち、察度王統と第一尚氏王統との王朝交替を含む右の遠大なる仕掛けをやってのける程の器量に恵まれた人は誰か、『明実録』に見《あらわ》れている限りで三者に月旦評を下すとなると、やはり浮上して来るのは懐機である。

まず程復だが、肝心の王相への任職順序で懐機の後塵を拝したということの外に、彼の経歴は、通事、寨官、千戸であるから、琉球の官場に於ける振り出しは高々下士官クラス――小旗（兵士十人の頭）か総旗（小旗五組の頭、五十人の頭）であったのであろうから、武官として千戸（正五品）に陞りつめたのは上々の出来だったとすべきだ。また文官としては、最下級に類する典簿から、実授でない冠帯官とはいえ左長史＝琉球国王相（正五品）になり故郷に錦を飾れたのは、やはり懐機の引きのお陰であろう。つまり懐機は、程復が八十歳の高令になり、しきりに致仕して帰郷することのみを思慕しているのをタイミングよく捉え、冠帯官たる左長史の官職をまず程復に下させ、彼が帰郷して後に欠員になることを見越して、左長史がそのまま自分に実授されるように計算していたと考えられる。

つぎに王茂について云えば、彼もまた琉球国王相への任職順序と云う点では懐機の後輩であったことの外に、左長史と右長史は倶に正五品官であるとはいえ、前者の方が上位であるから、右長史王茂は左長史程復よりも、前々からの経歴において下位者であった訳である。また王茂は『明実録』への登場回数が、永楽元年三月辛卯と同九年四月癸巳の条に二回きりであり、その頃から以後琉球国の統治者となる第一尚氏との繋がりを示す顕著な事蹟が皆無なのだ。よって、中国の天子の権威の下に、「其ノ王ハ己ヲ上ニ欽《つつし》ミ、王相政ヲ下ニ布《し》ク」と云う、中国渡来の王相が琉球の政治の実権を掌握するという政治のシステムを、その頃の琉球に定着させたのは懐機ということになる。

察度王統が治めていた琉球国中山の領域は、首里、那覇を中心に、勝連王国を除く中部の高々七、八ヶ間切にすぎず、そのような玩具のような超ミニ国家を、明を始め朝鮮、南蛮諸国と堂々とわたり合う一大交易国家に熟成させたのは政治の錬金術師懐機であった。その決定的な第一手として下したのが左の仕掛けであった。

> 琉球国中山王思紹、坤宜堪彌《くにかみ》等ヲ遣使シ、馬及ビ方物ヲ貢ゼシム。亦《また》長史程復ヲ以テ来リテ表モテ言ハシムラク、「長史王茂ハ輔翼スルコト年有リ。茂ヲ陞セテ国相ト為シ長史ヲ兼ネシメンコトヲ請フ」ト。又言ハク、「復《ふく》ハ饒州ノ人ニテ、祖察度ヲ輔《たす》其クルコト四十余年誠ヲ勤メテ懈《おこた》ラズ。今、年ハ八十有一ナリ。命モテ致仕セシメ其ノ郷ニ還ラシメンコトヲ請フ」ト。之レニ従フ。復《ふく》ヲ陞セテ琉球国相ト為シテ左長史ヲ兼ネシメ、致仕セシメテ饒州ニ還ラシメ、茂《も》ヲ琉球国相ト為シテ右長史ヲ兼ネシメリ。仍リテ坤宜堪彌《くにかみ》等ニ鈔弊ヲ賜ヒテ還ラ遣《し》ム」（『明実録』永楽九年四月癸巳）。

琉球国の統治機構の整備化という点で、右の記事中注目すべき要点は次の四点である。

㈠「長史程復ヲ以テ来《きた》リテ表モテ言ハシムラク云々」とある点。それは程復が、彼自身と王茂の為の左・右長史への陞授と彼の致仕願いを謳った表（上表文）を、自ら京師の南京に齎捧し奉呈しているが、永楽帝が致仕願いを許すや、彼はもう琉球へ帰ることなくそのまま郷里の饒州に帰って行ったと考えられる。そしてそのことによって、欠になった左長史の官職は間を置かずに王相懐機に実授されたであろう。また事前にすでに、「長史程復」とあるように、その記事の時点－永楽九年四月癸巳より以前に、程復は長史になっていたことが分かる。また王茂も『明実録』によれば、すでに永楽元（一四〇三）年三月辛卯に長史になっていたことが分かる。さきに見た程復の王茂に対する経歴上の優位からして、程復も王茂と同時かそれ以前に長史になっていたであろう。これは記録上琉球に長史の官が登場する最初の例である。その点、『琉球国旧記』巻之二に、「洪熙年間（一四二五年）ヨリ此ノ職（長史）有リタルカ」という記事は誤りであるから、永楽元年まで大巾に修正する必要がある。また、『中山世譜』巻四の尚思紹王の「紀」の国相の項には唯《ただ》王茂の名が書かれているだけであるが、そこも王茂の前に懐機の名をこそ書き加えるべきである。

(二)程復が琉球国王相に陞せられて左長史を兼ね、王茂が琉球国王相兼右長史に任じられた点。この二人の琉球国相に左・右長史を兼任させる措置は、制度的に中国王府長史と完全に一致させたものといえよう。洪武二十七年三月己酉の時点では、洪武帝の命で、琉球国王相に正五品を授け、その品秩を中国王府長史と同じからしめた。しかしまだその時点では琉球国には長史の官名は無かった。

そして永楽元年三月には「長史王茂」が、そしてまた「長史程復」がいた。しかしその時点までの琉球の長史は、中国王府の長史とはちがい、職掌が王相ではなく、品秩も正五品ではなかった。でも、兎に角長史の官名が琉球に出現したということは、この永楽九年四月癸巳の「琉球国相」＝左・右長史＝正五品という三位一体化―中国王府長史司の長官＝左・右長史＝正五品―という制度的一体化へ向けての架け橋になっている点が重要である。

(三)琉球国の長史程復が、明朝の文武官並《なみ》に天子に対し致仕の命を請い、その允可《いんか》ののち致仕している点。「致仕」については『大明会典』（新文豊出版公司印行）に、

洪武元年ノ令ニ、凡ソ内外大小ノ官員ニシテ年七十ナル者ハ、致仕セシムルヲ聴《ゆる》ス。其ノ特旨有リテ選用スル者ハ、此ノ例ニ拘ハラズ（巻之十三、吏部十二、致仕）

とある。「内外」とは京師である南京の内外ということ。「特旨」は天子の特命。まさに程復は天子の特旨により琉球国に選用されていたから、明朝の一般の官員より十一年も長く致仕が許されなかったということになるのであろう。実《げ》に、明初に於ける琉球国王府の中国系官員は、明の天子の特簡によって任官し、明朝の律令の致仕規定に法《のっと》って退官していたことになる。

㈣琉球国中山王思紹が、自らの名で奏上した表の中で、察度王のことを、「祖察度」と表現している点。言うまでもなく思紹（一四三〇年に巴志王が宣徳帝から尚姓を賜り、その後父王の思紹についても尚思紹王と追記するようになった）は、第一尚氏の初代王であって、察度王・武寧王とは血縁がなく、また王統の繋がりもなかった。

察度王の対明入貢からこの永楽九年までの四〇年間には、察度・武寧両王から恩顧を受けた沖縄人や明の渡来人も少なからずいたはずである。だから察度王統から第一尚氏王統へのクー・デターの渦中にあっては、それに抵抗する分子―察度王の治下に亜蘭匏は王相に、程復と葉希尹は千戸に、そして王茂も何らかの顕職を与えられていたはずで、特に渡来人の中にそうした分子が多くいたと考えなければならない。中山におけるその政変後の民心の分裂を、時には武力に訴え、時には新王朝の仲立ちで明朝の官爵を餌に利益誘導し、政治的説得で統一の方向へ導いた有力な中心人物―これは明の渡来人でなければならない―がいたはずである。その人こそ懐機であったと筆者は考える。武寧王が、思紹と巴志父子によって滅された永楽四（一四〇六）年からこの永楽九年までの五カ年間が、中山の民心の統一に要した期間であったろう。そして盤石な民心統一の下に、琉球に王位の簒奪があったことを隠匿する仕儀になるのである。明に対し察度王が思紹の祖父ということにされて王位簒奪の痕跡が消し去られた。

朝貢国に弑逆や王位の簒奪事件が起こった時、明朝がいかなる反応を示したか、それを見る為に暫く目を外に転じてみよう。多くの朝貢国が国王の弑逆や権臣らによる権力闘争に明け暮れし、その都度明から絶貢や入貢の拒否処分に逢っている。例えば高麗国の場合、洪武七（一三七四）年、国王王顓が権相李仁人に弑され、寵臣辛旽の子辛禑を故王の子として国王に立てるという事件が起こった。翌八年、新王禑が崔原を明に遣わし、「さきごろ（わが国の）貢使金義が（明の）朝使蔡斌を殺したが、今嗣王禑はすでに（犯人）金義を誅殺し、その家族は籍（没）した」と哀を告げしめたところ、永楽帝はその言の詐《いつわ》りであることを疑い、崔原をそのまま拘留し、使者を高麗に遣わして故王を弔祭させた。越えて十年、故王顓の諡号を明に請うた時にも永楽帝は、「顓（王）は殺されてすでに久しい、今になって始めて諡を請うのは、吾が朝命を仮《か》りるを将《もっ》て、其の国民を鎮撫し、且つ其の弑逆の跡を掩《おお》い隠そうとするものである。許さないぞ」との旨を下した。その夏、高麗は、また遣使して馬及び方物を貢したが、却《しりぞ》けて受けなかった。十二年にも貢を却け、十三年には、十一年に同国が遣した貢使周誼を京師南京に抑留しつづけ、帝は遼東守将に「高麗は君を弑し、またわが朝使を殺した。さきごろ、あれほど堅く入貢を請いながら、また貢期を守らない。今、誼を遣わして来させたが、(その表を見るに)虚文で詐りを粉飾している。この分では他日必ず辺患（国境侵犯）をひき起こすにちがいない。これ以後、その入貢を絶ちて通ぜしむるな」と厳に勅諭した。十六年、またその貢を却けた。

長い明との緊張関係の後、高麗では、十八年七月、禑王が襲爵と故王の諡号を請い、それが十一年ぶりに許され、禑が高麗国王に封ぜられ、故王顓には恭愍という諡号を賜った。しかし高麗の昇平も束の間で、二十五年高麗国は権臣李成桂によって滅されてしまう。それにつき洪武帝は朝鮮に対して、「果し能《も》く天道に順ひ人心を合わせ、辺患（国境侵犯）を啓《ひら》かず使命を往来せしめなば、実に爾の国の福にして、我れ又何ぞ誅せんや」と移諭せしめたものの、朝鮮国王に始めて冊封を許したのは、実に二十六年後の永楽十六（一四一八）年になってからであって、成桂の孫李祹が朝鮮国王に封ぜられたことを以て嚆矢とする。

又朝鮮では、高麗国の王位を簒奪したことが、李氏の明朝に対する倫理的負い目になっていたと見え、永楽二年十二月、成桂の子の芳遠が永楽帝に対しその子禔の立太子を請い、許可されたが、その後李朝の歴代の慣例になった。朝貢国で、国王がその子の立太子を明朝に請う例は、朝鮮国の外には見られない。

安南国ほど弑簒と叛乱が多発した国も珍しい。洪武二年、明の太祖は陳日煃を安南国王に封じた。同年日煃が死に、三年、故王の姪《おい》日熞が冊封された。四年冬、日熞王は伯父叔明に弑される。しばらく叔明の施政が続き、その弟端が明の許可で政を摂《と》り、十年、端が占城との戦争で死ぬと、その弟煒が代わって立った。そして国相黎季犛が煒を弑し、叔明の子日焜を立てた。建文元（一三九九）年、黎季犛は、日焜を弑し、日焜の子の顒を立てたが、またすぐに顒を弑し、顒の弟窔を立て、窔がまだ襁褓《むつき》の中に在る中に復《また》弑した。季犛は宛《さなが》らフランスの幼児殺戮者ジル・ド・レエ元帥を彷彿させる人物である。

黎季犛は自ら立って胡一元と姓名を改め、ついで自ら太上皇と称して位を子の胡𡗅に伝えた。胡𡗅は、安南の王族張氏を族滅し、自分を先王族の張氏の甥であると僭称し、自分が国中の陪臣父老から王に推戴されていると明朝を騙し、それが奏功して永楽元年、成祖は𡗅を安南国王に封じた。

ところが、その直後、先の安南王族で張日煃王の弟張天平なる者が明の朝廷に現れた。そこで永楽帝は面前で胡𡗅王の貢使等と天平を対面させたところ、貢使らは惶恐し、天平が本物であることが判明した。そこで貢使らは天平を安南に迎えて国王に立てたいと天子と天平を騙し、四年、貢使らは帰国の途中で天平を殺した。永楽帝は激怒し、問罪の師を安南に送り、五年五月には安南を平定し、六月、安南を改めて交阯と為し、明の国内並に都司・布政司・按察司の三司官を交阯に設置した。

永楽十五年、「交人故《ことさら》に乱を好む」の言葉どおり、又候《またぞろ》俄楽の巡検黎利らが叛いた。黎利は次第に勢力を増し、宣徳六（一四三一）年、黎利は宣徳帝の命で権《かり》に安南国事に署せられた。そして正統元（一四三六）年、その子黎麟が安南国王に封ぜられ、同時に安南国も復活する。その後何回か冊封が行われるが、弑簒や内乱が再発し嘉靖十九（一五四〇）年、明は安南国をまた滅して安南都統使司を置き、直接統治した。

閑話休題。以上、朝鮮と安南の二国の例でも分かるように、弑逆の罪を犯し、それが明朝に発覚した場合、朝貢国にとって致命的深傷《ふかで》となって絶貢処分を受け、悪くすると亡国にまで発展してしまう程だったことが分かる。

第一尚氏の初代琉球国中山王思紹の表の中に、察度の事を「祖察度」と書いて、いかにも察度王統からの王位の簒奪がなかったかのように細工したのは、思紹の中国人参謀が、右二国に対する明朝の厳格な対応を知り悉していたからにちがいない。のみならず、琉球国中山に於ける王位弑奪事件は、右二国のそれと同時進行形のまさに同時代史そのものでもあった。そしてその二国の簒奪事件に関する情報収集に於ける華僑社会のネット・ワーク、それらの情報が明朝に与えるであろうインパクトの質を、的確に分析する能力に於いて有利な立場に立ちえた者は、明の渡来人以外には考えられない。そしてその情報の的確な分析結果を、琉球王府内に於て、明朝に対して政策化しかつ実現化する能力をもっていた人は、懐機を措いて外には考えられない、と筆者は思う。

亜蘭匏は沖縄人か明人か

結論を先に言えば、筆者は亜蘭匏を明国からの渡来人であったにちがいないと見ている。その根拠は後に出すが、その前に、今日亜蘭匏がなぜ沖縄オリジンの琉球人であるかのような説が定着してしまうようになっているのか、歴史研究の俎上にのせられた亜蘭匏について、過去に向かってトレイスしてみたい。

大正十三年十一月、東恩納寛惇は『琉球人名考』（第一書房『東恩納寛惇全集6』四一一頁）を書き、その中で亜蘭匏のことを（Irafa?）と書き、読み方そのものには（?）を付しているものの、出自そのものとしては彼を完全に琉球人として扱っている。そして、嘉手納宗徳氏も沖縄タイムス社の『沖縄大百科事典』（一九八三年発行）の中に亜蘭匏をとりあげているが、右の東恩納の「琉球人名考」の（Irafa?）は現在の〈伊良波《いらは》〉であろうとし、これまた亜蘭匏を琉球人として把《とらえ》ている。

つぎに、大正十二年六月に発行された、真境名安興・島倉竜治著『沖縄一千年史』の第三章「察度王統記」を見るに、主に『明史』と『球陽』に拠って書かれていると思われるが、真境名等は、亜蘭匏が沖縄人か明人かの出自についてはなぜかその判定を避けている。そしてまた、同書の巻末の付録「歴代摂政一覧」の中からもはずされていて、その名が無い。『球陽』と『中山世譜』に「本国専二‐掌《スル》国政《ヲ》一者《ヲ》称《スルハ》二王相《ト》一自《リシ》レ茲《レテ》而始《マル》」と書かれた当の亜蘭匏に対する真境名等の処遇は、不当の極みという外はないが、反面では、亜蘭匏の出自に関わる足跡をトレイスしてみて、彼の出自を意図的にボカすか、あるいは一歩踏み込んで彼が琉球人であったかのように細工し、真境名等を困惑の淵に引っぱり込んだ最初の確信犯が判明した。それは『球陽』の編著者たちである。察度王の四十五年は明の洪武二十七年に当たる。『球陽』の察度四十五年の条に次のように書かれている（この記事を便宜上㊀とする）。

㊀　四十五年王遣使請奏以定王相

王遣亜蘭匏等奏乞王位冠帯時具疏言亜蘭匏掌国重事乞陞授品秩給賜冠帯又乞以通事葉希尹等二人充千戸太祖皆従其請並命礼部図冠帯之制示之俾亜蘭匏称王相秩同中山王府長史本國専掌國政者稱王相自茲而始

右の読み下し文（筆者による）

四十五年、王、使ヲ遣ハシ、請奏シテ以テ王相ヲ定ム。
王、亜蘭匏等ヲ遣ハシ、奏シテ王位ノ冠帯ヲ乞ハシム。時ニ具疏シテ言ハク、亜蘭匏ハ国ノ重事ヲ掌ル。乞フ品秩ヲ陞授シ冠帯ヲ給賜セラレンコトヲト。又乞フ、通事葉希尹《しょうきいん》等ノ二人ヲ以テ千戸ニ充《あ》テラレンコトヲト。太祖、皆《ことごと》ク其ノ請ヒニ従フ。又礼部ニ命ジ冠帯ノ制ヲ図《ゑが》キテ之レヲ示サシム。亜蘭匏ヲシテ王相ト称シ、秩ハ中山王府ノ長史ト同ジカラシム（本国、国政ヲ専掌スル者ヲ、王相ト称スルハ、茲《こ》レヨリシテ始マル。）

この『球陽』の記事には、あきらかに、『明実録』の二つの全く別個の記事を、さも一つの事件であったかのように編集し直して一本に纏め、且つ『明実録』の原文には無かったものを書き加え、或は原文にあったものを削除した痕跡が歴然としてある。まず『明実録』の件《くだん》の二つの記事（㊁と㊂とする）を左に掲げ、右の『球陽』の記事（㊀）と校合することによって、意図的に改竄された箇所を剔出してみたい。

㊁　洪武二十七年三月己酉
命授琉球国王相亜蘭匏秩正五品。時亜蘭匏以朝貢至京。其国中山王察度為請於朝、以亜蘭匏掌国重事、乞陞授品秩、給賜冠帯。又乞陞授通事葉希尹等二人、充千戸。詔皆従其請、俾其王相秩、同中国王府長史。称王相如故、仍賜亜蘭匏公服一襲、副使傔従以下鈔。有差

〈読み下し文〉――（本誌の一五九頁、本書の六九二頁を見よ）

㊂　洪武三十一年三月癸亥

賜琉球国中山王察度冠帯。先是、察度遣使来朝、請中国冠帯。上曰、彼外夷、能慕我中国礼義、誠可嘉尚。礼部其図冠帯之制、往示之。至是、遣其臣亜蘭匏等、来貢謝恩、復以冠帯為請。命如制賜之。并賜其臣下冠服（傍点は筆者）。

〈読み下し文〉

琉球国中山王察度ニ冠帯ヲ賜フ。是レヨリ先察度、使ヲ遣ハシテ来朝セシメ、中国ノ冠帯ヲ請ハシム。上曰ク、彼ハ外夷ナレドモ、能ク我ガ中国ノ礼儀ヲ慕ヘルハ、誠ニ嘉尚スベシ。礼部ハ其レ冠帯ノ制ヲ図《ゑが》キテ、往《ゆ》イテ之レヲ示セ。是《ここ》ニ至リテ、其ノ臣亜蘭匏等ヲ遣ハシ、来リテ貢シ恩ニ謝セシメ、復《また》冠帯ヲ以テ請ヒヲ為サシム。命ジテ制ノ如クニ之レヲ賜フ。并《また》其ノ臣下ニモ冠服ヲ賜フ。

まず、㊁の記事には無かったもので、何が『球陽』㊀では加筆され、また元はあったもので、何が削除されているかを左に摘出し、それぞれの改竄のもつ意味と意図について考察してみた。

〈加筆されたもの〉

○「王遣使請奏以定王相」（王、使ヲ遣ハシテ請奏シ、以テ王相ヲ定ム）。

この箇所の改竄のもつ意図は、「琉球国王相」の職銜を、琉球国中山王の洪武帝に対する単なる請奏（申告）によって、中山王の一存で「定」めたように見せたかったことである。しかし、㈡の原文には「請奏」という文字は無く、「察度為ス二請ヲ於朝ニ一」とあって、その内容は奏請を意味している。「奏請」の方は、奏上して裁可を請うという意味だから、極めて巧みな言葉のすり換えである。

○「王遣二亜蘭匏等一奏乞二王位冠帯一」（王、亜蘭匏等ヲ遣ハシ、奏シテ王位ノ冠帯ヲ乞ハシム）。

この箇所の改竄の意図は、原文㈡では王相亜蘭匏に、正五品とその品秩に見合う冠服＝公服を賜るよう察度が太祖に奏請した事実を、見出しのように書き改めて、察度に対する王位に見合う冠服の請乞であったかのように粉飾しているのである。なお、察度は実際には洪武二十八（一三九五）年に薨去しているが、中山では明朝に対しその訃を永楽二（一四〇四）年の事として告げたから、㈢洪武三十一年三月癸亥の『明実録』の記事は彼が存命していると思い、琉球国中山王察度云々と書いてあるのを、薨去の事実を知っていた『球陽』の編著者が、洪武三十一年三月癸亥の中山王に関する事蹟を『球陽』の察度王の四十五（洪武二十七）年の条に無理に挿入したから混乱が生じているという一面もある。

○命二礼部一図二冠帯之制一示レ之（礼部ニ命ジテ冠帯ノ制ヲ図《ゑが》キテ之レヲ示サシム）。

この部分は、㊂の記事中傍点を付した部分を切り取って混入したもので、その意図は、実際には亜蘭匏に賜った公服が、察度王に賜った冠帯であると思わせようとしていることだ。㊀と㊁の記事はともに洪武二十七年であり、㊂の記事は洪武三十一年であるから、その間に五年の開きがある。また㊁は王相亜蘭匏や葉希尹等が洪武帝から明朝の品秩を陞授された内容の記事であり、㊂は「中山王察度」に王位の冠帯を賜った記事であって、㊁と㊂の両者はそれぞれ内容が全く独立した別個の記事であるが、それらを脈絡もなく切り貼りして編集し直したものである。

○俾㆘亜蘭匏称㆓王相㆒、秩同㆗中山王府長史㆖（亜蘭匏ヲシテ王相ト称シ、秩ハ中山王府ノ長史ト同ジカラシム）。

ここに該当する㊁の部分は、俾㆔王相秩同㆓中国王府長史㆒とあるのである。『球陽』の成立した十八世紀中葉には琉球ナショナリズムは十二分に成熟しており、㊁のその部分が示しているように、明の太祖が、明からの渡来人らしい亜蘭匏なる人物を、中山王の頭ごしに琉球国王相の地位に就け、その王相の品秩を明朝の王府長史司の長史のそれと同一にしたという事実は『球陽』の史官達の目からすればショックであり、隠蔽したくなる衝動に駆られたのではなかろうか。その衝動が「中国王府長史」を「中山王府長史」と書き換えさせたのではなかろうか。

〈削除されたもの〉

○亜蘭匏掌国重事乞陞授品秩……太祖皆従其請（亜蘭匏ハ国ノ重事ヲ掌ル。乞フ品秩ヲ陞授セラレンコトヲ。……太祖、皆《ことごと》く其ノ請ヒニ従フ）。

㊁の記事には、「命授琉球国王相亜蘭匏秩正五品」とあって、洪武帝太祖の命で亜蘭匏に秩正五品が陞授されたと明記されているが、㊀の記事ではその「正五品」の三文字が削除されてしまっている。明国の官制では、琉球国王相（国相）の職掌に該当する王府長史司の左・右長史の品秩が正五品であったのに対し、『球陽』を編纂させた琉球王府固有の国相（摂政）の品秩は正一品官（徐葆光『中山伝信録』巻第五）で、人臣中の極官であった。だから亜蘭匏が太祖から陞授されたのは明の官制による品秩であったから、明朝の「正五品」と琉球王府の「正一品」とでは辻褄が合わなく、『球陽』の記述ではその矛盾を彌縫する為に、その三文字を削除したのであろう。

○称二王相一如レ故（王相ト称スルハ故ノ如シ）。

この部分が㊀の記事では削除されている。亜蘭匏を洪武二十七年よりかなり以前に、琉球国王相に任命した者が洪武帝であったという事実を、『球陽』の編著者は「称王相如故」という語句によって熟知していたから、それを削除してしまったものと思う。

○仍賜二亜蘭匏公服一襲一……（仍リテ亜蘭匏ニ公服一襲ヲ賜フ）。

この部分も㈠の記事では削除されている。「仍リテ」は、その記事の前段で、亜蘭匏が正五品を賜った事を後段につなげる接続詞であって、前後の因果関係を強く示す働きをしている。明朝の官制では、品秩とそれに見合う公服とは不離一体であったが、亜蘭匏も実際には㈡の記事が示している様に、洪武帝から正五品の品秩と公服を賜った訳だが、『球陽』では「正五品」を削除したことと整合させる為に、「公服」の方も削除したであろうことは容易に窺い知ることができる。

さて、亜蘭匏の出自についてであるが、亜蘭匏が沖縄人であったことを直接に証明する史料は一つも無く、また逆に明人であったことを示す史料もない。しかし、亜蘭匏が沖縄人であったことを暗示する傍証史料は一つも無いが、明人であったことを暗示する傍証史料はいくつかある。それは次の通りである。

㈠　察度王の対明入貢から第一尚氏王統の全期を通じ、明朝の官制に由来する官職－王相（国相）、長史、典簿、千戸、寨官、中憲大夫、通事等－および品秩を、明の天子から授与された琉球国の王臣は全て明国渡来人のみであって、生っ粋の沖縄人には一人もいなかった。対明国入貢への道を拓き、『おもろさうし』に「唐商《たうあきな》い 流行《はえ》らちへ」と称《たた》えられ、琉球国の重事を掌っていた沖縄人泰期でさえ、明朝の官品とは全く無縁であった。沖縄人である泰期が、自国琉球国の為に重事を掌ったからといって、中山王が泰期の為に明の太祖に恩賜を請乞するのは筋ちがいであるが、亜蘭匏の場合には明人であったから筋は通ったと考えられる。

㈡　右と同じ事は他の朝貢国についても言える。『明史』巻三百二十、「外国一」以下に記載されている朝鮮、安南、占城《チャンパ》、真臘《シンロウ》、暹羅《シャム》、爪哇《ジャワ》、三仏斉《サンブッサイ》、渤泥《バタニ》、満剌加《マラッカ》、蘇門答剌《スマトラ》の各朝貢国について見ても、現地出身の王臣で、一人として明朝の官品を請うた者も授与された者もいない。しかし明人でそれらの国の王臣になった者の中には、明の天子に官品を懇請し、授与された者がいた。
例えば爪哇国では、〈正統元（一四三六）年、使臣馬用良言ハク、「先ニハ八諦ニ任ジテ来朝シ、銀帯ヲ恩賜セラルルヲ蒙レリ。今亜烈ト為リテ四品ニ秩《つい》デラル。乞フ金帯ヲ賜ハランコトヲ」ト、之レニ従フ〉とある。なお、『大明会典』巻之六十一、文武官冠服、常服の項に、「四品素金帯。〈中略〉六品七品素銀帯」とあるから、馬用良の請乞の内容と会典の規定とが一致している事を示している。また、「八諦」と「亜烈」は爪哇国固有の官職名で、前者が明朝の官制の六品か七品に当たり、後者は四品に相当するもののようである。また『李朝実録』にも「爪哇国亜列陳彦祥」（永楽十年四月乙亥）の名が見える。馬用良のような朝貢国に仕えた明人は、明の官制等について詳しい知識をもっていたようだが、琉球国の亜蘭匏や懐機等も同様であったのであろう。ついでに言えば、馬用良を明朝の四品官に秩《つい》でたのは、琉球国の例からして、明の天子正統帝であったと考えられる。

次に、『明史』三仏斉伝の永楽四（一四〇六）年に、「時ニ（施）進卿、適々壻《むこ》丘彦誠ヲ遣ハシテ朝貢セシメシトキ、（成祖）命ジテ旧港宣慰司ヲ設ケ、進卿ヲ以テ（宣慰）使ト為シ、誥印及ビ冠帯ヲ錫フ」とある。明・清朝では、雲南・貴州・湖広・四川・広西に占住する小数民族の君長をそれぞれの土地の宣慰使司宣慰使に任官させた。宣慰使は土官、宣慰使は土司とも称した。宣慰使は従三品官で文武を兼ねた。琉球国王相府王相（左・右長史）が正五品官であるのに比べれば、「亜烈」も「宣慰使」もより高官であった訳だ。

㈢「亜」字について、「姓。〔路史〕亜、周公族」（諸橋轍次著『大漢和辞典』巻一、五二五頁）とある。また、『明史』巻三百二十五、満剌加伝に、「正徳三（一五〇八）年、使臣端亜知入貢ス。其ノ通事亜劉、本（ノ名）ハ江西ノ万安人蕭明挙ナルガ、罪ヲ負ヒテ其ノ国ニ逃レ入リ、大通事王永ト序班張字ニ賂《まひな》ヒ、謀《はか》リテ渤泥《バタニ》ニ往キテ宝ヲ索《もと》メントス。而シテ礼部ノ吏侯永等亦賂ヒヲ受ケ、偽《いつは》リニ符印ヲ為《つく》リテ郵伝ヲ擾《みだ》ス。広東ニ還リ至ルヤ、明挙（亜劉）、端亜智輩ト争言シ、遂ニ同事《なかま》彭万春等ト之レヲ劫殺シ、尽《ことごと》ク其ノ財物ヲ取ル。事覚《あらは》レ逮ハレテ京ニ入ル。明挙ハ凌遅云々」とあって、亜劉なる人物がいたことがわかる。また、臧励和等編『中国人名大辞典』（上海書店印行）にも亜三、亜栖なる人名がある。さらに『明英宗実録』二八、正統二年三月丙午の条に、「爪哇国使亜来哲」なる人名が見える。これらの実在した人名からして、亜を姓とする亜蘭匏なる明国人が琉球に渡来していたとしてもおかしくはないのである。

(四)『李朝実録』によれば、「琉球ハ東五品ノ下ニ位シ、吾良哈《オランカイ》ハ西四品ノ下ニ位セシム」（洪武二十五〈一三九二〉年九月己丑）とあって、琉球は、「野人ハ犬羊ト異ナル無シ」とか「漢字ヲ知ラズ」（同書成化二十年十二月乙丑）と、朝鮮から終始蔑まれた吾良哈よりも卑《ひく》くランクされ、宣徳六（一四三一）年になって始めて、日本国と同列の西班三品に叙せられた。

また『運歩色葉集』に、

御文くハしく見申候、しん上の物ともたしかにうけとり候ぬ
応永廿一年十一月二十五日
りうきう国のよのぬしへ

とあって、琉球国は応永廿一（一四一四）年の第一尚氏尚思紹王の代になってようやく室町幕府に知られるようになった。そのことは、永楽帝成祖が「汝ノ国ト日本国ト交親ス」（『李朝実録』大宗十七〈一四一七〉年二月辛丑）と琉球の使臣に発言している事によっても確かめられる。しかし琉球国は地方政権たる島津氏にはほとんど知られず『島津国史』に（幕府復賜二公ニ琉球国一ヲ。亦賞下誅二尊宥一之功上ヲ也」（嘉吉元（一四四一）

年四月十五日）とあるのが初見で、しかも琉球についての知識は伝説の域を出ていない。そうであるから、第一尚氏より前の察度王の時代（一三五〇～一三九五年）ともなると、琉球国は他の近隣諸国にほとんど知られてなかったと思われる。察度王の中山王国は、勝連圏を除く高々十指にも満たない間切連合国家の域を出ていなかったであろう。

今仮に百歩譲って亜蘭匏が生っ粋の沖縄人であったとして、察度王のプリミティブな極辺のミニ国家の一陪臣にすぎない亜蘭匏が、当時世界に冠絶する大明帝国の官職と品秩の恩賜を、天子に懇請して見る気にそもそもなったであろうか。筆者にはどうもその可能性は限りなくゼロに近いとしか考えられない。

明初の琉球国には、明朝の文武の官吏と同じ官品を持つ明国渡来人がおり、しかもその簡命（選抜任命）者は明の天子であった。そして彼らの中の「琉球国王相府王相」＝左長史が—亜蘭匏から計えると—約七十年に亘って琉球の政治の実権を握っていたと書くと、読者の中には、にわかには信じようとしない人も多くいるであろう。しかし、その事実はすでに首里王府の正史『中山世譜』や『琉球国旧記』にも、疑問の余地なく明記されているのである。『世譜』に、

宣徳二（一四二七）年、復《また》正使（柴）山ヲ遣ハシ、独《すなは》チ事ヲ掌《つかさど》ラシム。莅臨シテ以テ之レヲ詢《と》フニ、則チ其ノ王（尚巴志）、己《おのれ》ヲ上ニ欽《つつし》ミ、王相（懐機）政ヲ下ニ布《し》ク。其ノ俗ハ皆《ことごと》ク礼法ニ循《したが》ヒテ熙熙如《ききじょ》タルヲ見《あらは》セリ（巻四）。

とあって、琉球国王は君臨すれども統治せずで知られるフランス革命後の君主のように、神棚に祭り上げられ

ていた。

また、『旧記』に、

「窃《ひそか》ニ按ズルニ、『吾学編』ニ云《いは》ク、〈尚巴志王ノ世代ニ、左長史・右長史有リ、左長史ハ国政ヲ掌ル〉ト。梁崇家譜ニ云ク〈天順四（一四六〇）年庚辰、皇帝ノ箚命ヲ奉《う》ケテ、特ニ中山王府長史司ニ陞《のぼ》セラル〉ト爾《しか》云フ」（巻之二）

とあって、ほぼ真実を伝えている。但し、記事の前段にある「尚巴志王ノ世代ニ」は、すでに考察した『明実録』永楽九年四月癸巳の条の記事に依って「尚思紹王ノ世代ニ」に訂正することを至当と考える。又『中山世譜』巻四の尚思紹王の「紀」を見るに、国相は王茂一人の名が書かれているだけだが、そこは王茂の前に懐機の名を書き加えないといけない。

―附記―

『明実録』の成化五（一四六九）年三月壬辰の条に、

琉球国中山王ノ長史蔡璟、其ノ祖ハ本《もと》福建ノ南安県人ナリシガ、洪武ノ初メ、命ヲ琉球国ニ奉ジ、導引シテ進貢セシムルヲ以テ、通事ヲ授ケラル。父、通事ヲ襲ギ、伝ヘテ璟ニ至リ、長史ニ陞セラル。是ニ至テ奏スラク、「乞フ、例ニ照ラシテ誥封ヲ賜ハリ父母ニ贈《おく》其ラレンコトヲ」ト。吏部ニ下サルルニ、例無キヲ以テ止ム。

とある。これは、長史蔡璟の官品によって、その父母に官品を追贈されんことを、成化帝に奏請した記事である。蔡璟のいう「例」は明らかに『大明会典』巻之六「文官封贈」を指して言っている。蔡璟は長史で正五品官であるから、その規定によれば、「凡ソ推封タル、〈前略〉四品ヨリ七品ニ至ルハ、父母妻室ニ贈ル」、「凡ソ封贈スル職級タル、洪武二十六年ノ定メニ正一品ヨリ従七品ニ至ルモノノ曽祖父・祖父・父ハ、各々見《げん》ニ授クル職事ニ照ラシ、例ニ拠リテ封贈ス。〈中略〉正従五品ノモノノ母・妻ニハ、各々宜人ヲ封贈ス」によって、蔡璟の父には正五品たる散官の初授奉議大夫が、また母には宜人（輔国中尉の妻）が封贈される筈であった。ところが明朝の吏部は、琉球の官人に適用する封贈の前例がないとして却下した。

　ともあれ、右の『明実録』の記事から言えることは、祖父・父・蔡璟が通事や長史の官品をその時その時の天子から拝受し、明国渡来人の孫である蔡璟が、察度の入貢から約百年が経過した一四六九年の時点で、明朝の官人並みにその例規によって父母に封贈するを奏請している事実の中に、明朝へのなみなみならぬ一体指向と求心性を見ない訳にはいかない。その点安南の明朝からの遠心指向とは好対照をなしている。すなわち、「其ノ使臣言ハク、〈国主王封ヲ受クルニ、（皮弁）服ヲ賜ルハ臣下ト別無シ（安南王は明の天子の臣下ではないということ）、乞フ、賜フヲ改メンコトヲ〉ト。礼官言ク、〈安南、名ハ王為《た》ルモ、実ハ中国ノ臣ナリ。嗣王新タニ立タバ、必ズ皮弁冠服ヲ賜ヒテ、一国ヲ主宰スルノ尊キヲ失ナハザラシム。又一品ノ常服ヲ賜ヒテ、中国ニ臣事スルノ義ヲ忘レザラシム。今請フ所ハ、祖制ヲ紊乱スルモノナレバ、許スベカラズ。然レドモ此レハ使臣ノ罪ニアラズ、乃チ通事者之レヲ妄奏ニ導ケバ、宜シク懲《こら》スベシ〉ト。帝、特ニ之レヲ宥《ゆる》ス（『明史』列伝第二百九、安南。注と傍点は筆者）とあるとおりである。

　ところで、安南王が「一品ノ常服」を賜った一品官相当官であった事は注目に値する。そうすると他の朝貢国—琉球や朝鮮等—の国王も一品官相当官だったことになるからである。

また右の記事中の「通事」や、先に出した満刺加の「通事亜劉」（一八一頁）や、通事であった蔡璟や父や祖父、そして「通事程復・葉希尹（一五九頁）らの官職である通事はすべてその時々の天子から拝命し、（先に出した『旧記』巻之二の〈天順四（一四六〇）年庚辰云々〉を見よ）、各朝貢国へ命を奉じて出向していた者にちがいない。そしてその官品は、鴻臚寺の下に置かれた通事舎人（従九品）に相当するものではなかっただろうか。

なお、通事程復は琉球語に通じ、通事亜劉は満刺加語に通じていたことは疑いなく、通事は出向させられたそれぞれの朝貢国の言葉に通じた人が任じられた。

さて、第一尚氏の初代王尚思紹から尚巴志・尚忠・尚思達・尚金福と五代に仕え琉球国の政柄を握って来ていた明国渡来人の王相（制）も『中山世譜』によれば、六代目の尚泰久王の時代から後は「名氏不伝」となり、一三五年後、第二尚氏の尚寧王の時代に始めて「国相、尚宏」の名が現れ、以後琉球人たる王の近親者が最後の国王尚泰までつづいた。亜蘭匏の王相就任推定年たる一三八三年から尚金福王までの約七〇年間に亘って、琉球国の政治の実権は明国渡来人の手に握られていたが、尚泰久王の代に王相制が廃され、次の尚徳王の代には、「左・右長史二人、王命ヲ出納ス」（『李朝実録』天順六〈一四六二〉年二月癸巳）と、左・右長史もかつてのように王相（国相）ではなくなって、政治の実権が弱くなっている様が窺える。そして第二尚氏の時代になると、明国渡来系の唐栄＝久米村の人士は琉球国の政治の中枢部から遠ざけられ、専ら、明・清への朝貢貿易業務の担当者になるのである。

『文化の窓』No.十四　一九九二年

おもろに於る地名の研究

沖縄の歴史を研究する過程で、「おもろ」に接する機会がしばしばある。そして、専門の「おもろ」学者が付した注釈や解釈につき、門外漢にすぎない筆者の眼を通してではあるが、疑問に思われることがある。その疑問は主に、その「おもろ」自身のもつ論理的・必然的と思われる筋の転開とはかけ離れた解釈がなされているのではないか、と感じられることである。いわば、その「おもろ」に対する語注が専門的で詳細をきわめていることとは裏腹に、その「おもろ」の単純な筋をとらえ損ねているのではないか、木を見て森を見ず、長蛇を逸しているのではないか、と思われるのである。では、左に、沖縄史上の主要幹線道路に立つ重要な道路標識にも擬《なぞら》えられる「おもろ」をいくつか掲示して考察することにしよう。

くめすよの主の節
一勝連《かつれん》まみにやこは　やでおちへ
又中百名《ひやくな》こみなこは　やでおちへ
又昼《ひる》なれば　肝《きも》　通《かよ》い　通《かよ》て
又夜《よる》なれば　夢《いめ》　通《かよ》い　通《かよ》て
又西道《にしみち》の　謝名道《ちやなみち》る　行《い》きやしゆ

又東道《ひがみち》の　屋宜道《やぎみち》る　行《い》きやしよ
又東《ひが》道い　屋宜《やぎ》の思《おも》いぎや　待《ま》ち居《よ》り
又西《にし》道や　謝名思《ぢやなおも》いぎや　待《ま》ち居《よ》り
又いぢや　屋慶名《やけな》中道《みち》ぢよ　行《い》きやしよ
（第十四　いろ〳〵のゑさおもろ御さうし）

勝連《かつれん》の真蜷《まみな》子を見た日から
中百名《なかひやくな》の小蜷子《こみなこ》を知つた時から
昼は心が通ひに通ひ（マア）
夜は夢路を辿りに辿り（マア）
西道《にしみち》の謝名道《ぢやなみち》を行かうか
東道《ひがしみち》の屋宜道《やぎみち》を行かうか
東道には屋宜の恋人が見張りをしてゐようし
西道には謝名の恋人が待ちかねてゐようし……
さう〳〵屋慶名中道《やけななかみち》があつたつけ！
（『伊波普猷全集』第六巻　九〇頁）

右の「おもろ」を読んで筆者の目に強く焼き付いたのは「屋慶名中道」の「屋慶名」であった。伊波はその箇所に何の語注も付していないが、外間守善西郷信綱『おもろさうし』（岩波書店刊）三四〇頁の語注では、「屋慶名」のことを〈地名。中頭郡与那城村屋慶名〉と記されている。おそらく伊波も、「屋慶名」を注するまでもない程に自明なこととして、地名の屋慶名を想定していたのであろう。しかし、「屋慶名中道」の「屋慶名」をそのように地名として解釈すると、そのおもろ「くめす世の主の節」のもつ筋とは全く矛盾してしまう。

その「おもろ」のもつ筋はといえば、沖縄本島南部にいる主人公の「くめす世の主」が、第三番目の恋人のいる勝連に行きたいが、困ったことに、その目的地に行く途中には第一、第二番目の恋人が二人いて、一人は西道の謝名道（浦添）、一人は東道の屋宜道（中城）で目を光らせている、という不動の状況設定である。そこで、主人公が南部から目的地の勝連まで行ける道筋は、論理的には、次の三通りしかない。一つは謝名の西方海上、一つは屋宜の東方海上、もう一つは謝名道と屋宜道の中間に在る陸路である。

筆者は、主人公の「くめす世の主」が通って行ったのは、三番目の陸路（屋慶名中道－その時代にはそのように呼ばれていて、今の地名の屋慶名とは別）であったと考える。

いま、主人公が通っていける道筋は右の三つの選択肢しかないということを前提にして、さて、その三つのうちどちらの道筋を通ったかを問われて、与那城村の屋慶名（中道）と答えたとしたら、その問答はちょうど、牛と馬の二つの選択肢しかないのを前提として、牛と馬とどちらを取るかと聞かれて、豚と答えるのと全く同じおかしさがあると思うのである。

では、筆者が「屋慶名」（中道）は謝名と屋宜の中間にあったとする見解につき、〝現在そこには「屋慶名」という地名は無いではないか〟という、至極もっともな疑問に答えよう。

沖縄の歴史上かつては存在していた地名で、現在では消滅してしまっているものは多く、坐ながらにして五指を屈して数え挙げることができる。美里間切高原の隣りにあった満喜世《まんぢゅ》村、『球陽』巻十五尚穆王十二年春正月の記事に見える越来の竹口原、現恩納村字山田の前身だった読谷山村《むら》、現与那城村屋慶名の前身だった屋部村《むら》、鬼大城の墓碑銘中の宮里の中間原等である。『球陽』に出ている地名で現在消滅しているものは少なくないであろう。このように、「屋慶名中道」という名称が謝名と屋宜の中間にかつては存在していたが今は消滅してしまっている、と考えても決して唐突ではないと思う。

『遺老説伝』の「屋慶名、村を改めて火災を免るること」に述べられているように、屋慶名村の前身であった屋部村が毎年のように火災に見舞われていたことについては、「屋部」が普通名詞として焼畑《やきばた》を意味していることと関係があったようだ。例えば宮崎・熊本・静岡県などの山地では焼畑地のことを「やぶ」と呼んでいるし、また名護市の字屋部にも屋慶名と全く同じ火災伝承があって、『球陽』附巻二尚貞王三十一年の「屋部霊験記」に見えている。それらのことを思い合わせると、屋慶名や屋部がかつて毎年のように火災に遭《あ》ったのは、焼畑農業の火の不始末による延焼が原因であったことがわかる。

また、「屋慶名」の方も普通名詞としては焼畑用語である。対馬では焼畑のことを木庭《こば》と言うが、その木庭作の場合、山地を焼いた最初の年をアラケ・アラキ、二年目をヤクナ・ヤキナ、三年目を三年ヤクナと呼ぶ。与那城間切の屋慶名《ヤキナ》も対馬のヤキナと同様、もとは焼畑地という意味の普通名詞から転化した地名であろう。

沖縄本島の北部は、旧間切時代王府直轄地であった御用林の杣山を除き、海岸線に沿って立地している村落附近の山地は、ほとんどすべて木庭畑《きなわ》・喰実《くやみ》と呼ばれた焼畑で、戦後になってまでなお焼畑農業を行った部落もある（拙稿『沖縄の焼畑考』〈『文化の窓』№十一〉）。また、喜納（おもろのキナワに対する漢字の当て字）や知名などの焼畑地名が中南部に数多く存在するから、それらの地名をもつ地域も古い時代には焼畑地帯であったと考えられる。現に数年前、焼畑遺跡が宜野湾市で発見された。沖縄本島中南部でも、海岸附近の方から焼畑の常畑化がおこり、漸次内陸部の方へ進んで行ったと考えられる。南は首里一帯から北は具志川・石川・読谷にかけて内陸部を尾根が縦走しているが、かつての「屋慶名中道」を含むその尾根の一帯は、中南部でも最後まで焼畑が残っていたと考えられる。

公事《めでぃぐとぅ》で首里城に登った中城若松のような人が、意外にも近世初期あたりまで、「屋慶名中道」を往還していたのではないか、と考えるのは筆者の幻想に過ぎるであろうか。ともあれ、かつては焼畑の火照《ほて》りを孕んで命あるものであった「屋慶名中道」という、黄泉路《よみじ》を辿って消え去ろうとするものの名を、この「くめす世の主の節」という神の声が復《たまよば》いしてやまない。尊いことである。

「くめす世の主の節」に謡われている「屋慶名中道」が、現与那城村の字屋慶名とは関係がなかったことを裏づける決定的な証拠がある。それは『遺老説伝』の「屋慶名、村を改めて火災を免ること」である。それによれば、今の字屋慶名は元の名を屋部村と称していたが、火災を避ける為に屋慶名村に改めたとある。その火災伝説と村名の改名については、今の屋慶名の住民もよく覚えているくらいだから、そんなに古い時代のことではなく、それは似たような火災伝説をもつ名護市字屋部の時代と大体同時代であったと考えられる。それは先に書いた様に尚貞王三十一年（一六六九）のことであった。すると、「くめす世の主の節」が謡われていた時代には、今の字屋慶名という村名は存在せず、そこは屋部村と呼ばれていたのだから、問題の「屋慶名中道」とは何の関係もなかったことになる。

なお、『明実録』の永楽三年（一四〇五）四月丁丑の条に、「琉球国中山王武寧、養埠《やぶ》結制《うっち》等を遣使す」とある。養埠結制の「養埠」は、現屋慶名の前身の「屋部」のことであろう。結制《うっち》は後世の掟《うっち》よりも権力と権限が大きく、王に直属する家臣で、それぞれの任地に代官として駐在させられていた者である。この養埠結制も武寧王の官員として、屋慶名の前身だった屋部に武官兼行政官として差遣されていた者であろう。

―付記―

沖縄本島の中部と南部に、与那原と知花という地名がそれぞれ一つずつある。前者はヨナ（砂）という物質名詞から、後者はチバナ（ちがやの花）からの命名であろう。屋慶名という地名も焼畑地のあった所ならば、どこにでもありえた地名であったと思われる。

大にしのたらつが節
一辺留《ひる》のせやの子《し》
命《ぬのち》ふつくろに
親拍子《ひやし》　歓《あま》へて　使《つか》い
又今日《けお》の良《よ》かる日《ひ》に
今日《けお》のきやかる日に
（第十五　うらおそいきたたんよんたむざおもろの御さうし）

〈注〉
（辺留）　地名。奄美大島笠利村辺留。
（やせの子）　人名。子は接尾敬称辞。
（命ふつくろ）　立派なふつくろ。「命」は美称辞。「ふつくろ」は場所名か。
（親拍子）　おもろを謡う時の拍手。拍手の美称。
（歓へて）　喜んで。神遊びをして。

（使い）　招待。使いを出して招待することから転じて招待の意となった。
（今日の良かる日・今日のきやかる日）　今日の良き日、輝かしき日。神事を行うための吉日。（この注は、外間守善・西郷信綱『おもろさうし』（岩波書店刊行）に載っている頭注である。以下に引くおもろや注もすべてこの本による）。

さて、筆者が右の外間氏等の注で疑問に思うのは、「辺留　地名。奄美大島笠利村辺留」とある箇所である。筆者の結論を言えば、そのおもろの「ひる」は現在の「美留」にちがいないと思う。これは読谷村の曽根信一氏の教示によるものである。美留は現読谷村の村境近くにある現恩納村の一部落であって、右のおもろ「大にしのたらつが節」ができた頃は、美留もレッキとした「大にし」＝読谷村間切の管内であった。「ひる」の語をもつおもろはこのおもろを含めて四首収録されている。読谷山関係のおもろが全部で十一首収録されているうち、宇座の三首以下を大きく引き離した収録数である。もし外間氏らの解釈のとおりとするならば、全読谷山関係おもろ十一首のうち、読谷山の管内でもない奄美大島笠利村辺留関係おもろが四首も含まれることになるが、そのこと自体とても尋常なこととは思えない。また、「ひる」の語を含む四首のおもろは、それぞれの歌のもつ筋が大島とは何の連関もないように見受けられる。

延宝元年（一六七三）、読谷山間切の内から読谷山村《むら》（現在の山田）・谷茶・富着・仲泊・久良波・真栄田・塩屋（美留を含む）・与久田の八ヵ村《むら》を割き、金武間切からも四ヵ村を割いて合併し、新たに恩納間切を創設した。

清の雍正九年（一七三一）に成立した『琉球国旧記』附巻之十「郡邑長」によれば、読谷山間切の地頭代は、比留大屋子である。「ひる」が読谷山間切から分離して約六十年が経って後まで、読谷山間切の地頭代の称号として生きつづけていたということは、分離以前の読谷山間切、ひいてはおもろ「大にしのたらつが節」の時代の読谷山間切の中に占めていた「ひる」の地位の高さを示しているであろう。しかしさすがに、明治十三年四月「沖縄県下各島夫地頭以下役俸調」（『沖縄県史』第十二巻）では、地頭代・宇座親雲上、夫地頭・上地筑登之、与久田筑登之、波平親雲上、松田筑登之となっていて、地頭代を含む五人の夫地頭の中から「比留」の称号が消えている。

ふるけものろの節
一 宇座《おざ》の泰期《たち》思《よも》いや
唐商《たうあきな》い　流行《はゑ》らちへ
按司《あんじ》に　思《おも》われ〻
又意地気《いぢへき》泰期《たち》思《よも》いや

〈注〉
（宇座）　地名。中頭郡読谷村宇座。
（唐商い）　中国との交易。
（流行らちへ）　流行させて。さかんにさせて。
（思われ〻）　思われよ。愛されよ。
（意地気）　すぐれた、立派なの意の美称辞。

筆者は前にこの〝ふるけものろの節〟に関し、本誌No.12に「新説・琉球国物語」を書き、その中に次の様に書いた。〈その登場人物は、泰期、按司、ふるけものろ、の三人である。泰期の行為が、単に「流行らちへ」、「思われゝ」であって、何の尊敬表現もない。この表現だと、彼ら三人の社会的地位は、泰期のそれが、ふるけものろに対しては、よくて同等かそれ以下。按司に対しては、その臣下と見るのが妥当だ。

このおもろを虚心に読むとき、この按司は、あきらかに単数形である。彼は、読谷山の宇座・古堅一帯を治める小土豪で、泰期は、その配下にあって、彼のために海外貿易の任務についていた。むろん、察度の入貢以前からである。あと一押し眼光紙背に徹する読み方をすれば、「按司に思われゝ」とあることの真意は、察度の入貢によって、その按司もそれ以後の王府の官営進貢貿易（筆者注：入貢とほぼ同時に始まった、王府の官物に便乗する形での諸按司の附搭物貨交易。それは第二尚氏王府時代まで続き、「諸士免銀」による特権的形態をとっていた）のシェアにあずかることができた、その按司の欣《よろこ》びと、泰期の功績を称えているのだ〉。

右の論稿を書いて後間もなく、筆者は、東江長太郎著『古琉球　三山由来記集』（那覇出版社）に目を通し、また読谷村古堅や沖縄市山内の人から聞き取り調査を行った結果、右の　ふるけものろの節　に出てくる「按司」は、毛氏大湾按司と呼ばれた人であったにちがいないと思う。いま、同書の中から大湾按司の事蹟を抽出してみよう。

「読谷山《ゆんたんざ》間切大湾《おおわん》村に一古城跡あり。俗に大湾城と称す。その隣りにウィキィ城（兄の城の意か）あり。元大湾按司の子がおり、城跡という。大湾按司の父は今帰仁子なり。祖父は仲昔今帰仁仲宗根若按司なり。曽祖父は仲昔今帰仁城主なり。高祖父は北山世主《よのぬし》今帰仁按司なり。北山世主今帰仁按司の父は北山世主湧川按司なり。北山世主湧川按司の父は湧川王子なり。湧川王子の父は、中山英祖王なり。中山英祖王の父は天孫後裔恵祖《えそ》世主なり。

かつ、またいう。大湾按司ののちは、読谷山間切古堅《ふるげん》村の住人古堅之比屋《ひや》なり。古堅之比屋ののちは、上地大屋子なり。この上地大屋子ののちは、大湾時《とき》の大屋子なり。この大湾時の大屋子ののちは、大湾筑《ちく》親雲上《ぺーちん》なり。大湾筑親雲上の兄弟は、越来間切に越して開墾し、山内村をなして村立ちしたり、と。

その四《(五カ)》代目に至りては、童名樽《ワラビナーたる》といえる者あり。その樽は性質聡明《(カ)》にして、才智諸人に異なるによって、中山王府より沙汰《さた》にあいて首里に召し上げられ、厚く中山の養育を蒙《こうむ》り、成長するに及んでは、山内樽三司官となりたり、この人は、自分の生まれ島なる山内村を恋慕いてその地頭職を願いたち、数十年の間、職を勤めてのち、隠居して生まれ島なる親父祖のもとに帰り来って住居したり。しかれどもその家統をうけ継ぎたる子孫は首里にありて奉公《(カ)》す。今の吉田の元祖これなり。〈中略〉楊氏山内親方（山内樽三司官―邊土名注）の父、大湾筑親雲上といえる人は山内村の村を立て始めし人なり。この人は永楽《えいらく》年間より成化年間まで存在なり。

かつ大湾按司は、至順《しじゅん》年間より洪武《こうぶ》年間（一三三〇～一四〇二年）まで存在なり」。

さて、右の大湾按司の息子が古堅之比屋と称していたということは、同按司の勢力圏が古堅に及んでいたことが窺い知れる。そうすると、〝ふるけものろ〟とのつながりが生まれてくる。

また、大湾按司の五代の孫に「山内樽三司官」なる人物がいたことがわかる。この人はその名を山内昌信、唐名を楊太鶴といい、尚真王と尚清王の時に三司官を勤めた実在の人で、真境名安興・島倉龍治著『沖縄一千年史』の「歴代三司官一覧」中にその名が載っている。

山内昌信の子孫で山内部落出身の青山洋二氏に、『おきなわ　村の伝説』という著書があるが、その中の「山内親方物語」によれば、山内昌信は金丸（後の尚円王）と北谷乃呂真加登金《のろまかとがに》との間に生まれ、七歳のとき、当時越来間切を治めていた大湾按司に養育の為にあずけられた。「そのうち、大湾按司は王府から造船の命をうけて、自ら多くの大工を引きつれて恩納間切真栄田に赴いた。そのとき少年昌信も大工仲間としてついて行ったが、ノミ、ノコ、カンナの使い方が優れ、大工たちに範を示した。このため仕事がはかどったので、大湾按司にその技を認められ、十三歳のとき首里王府に召されてお抱え大工になった」とある。

筆者がよくよく考えてみるに、右に青山氏がいう「大湾按司」は、山内昌信と同じ血筋の大湾按司とは別系統の人であったと思う。詳しくは後の方で述べることにするが、第一尚氏の臣下になった護佐丸が山田城から座喜味城に進駐して山内昌信の祖先にあたる大湾按司を駆逐した。その跡地に据えられたのが王家の臣である大湾掟（東恩納寛惇がいう完玉之《わんおくち》＝湾掟《わんうっち》）であったと考えられる。そして、青山氏のいう「大湾按司」こそ、この大湾掟の誤伝したものであったにちがいない。『古琉球　三山由来記集』に書かれている山内昌信の系統が、大湾按司─古堅之比屋─上地大屋子─大湾時の大屋子─大湾筑親雲上─山内昌信となっていて、二代目以降、「大湾按司」を称する者がいないということは、初代大湾按司の勢力が第一尚氏＝護佐丸に駆逐されたことの忠実な反映であろう。

―付記―

筆者は次の三点を根拠に山内昌信は尚円の子ではなく、東江長太郎の説くように大湾按司の子孫であろうと思う。

一、昌信は三司官を勤める程の逸材であり、しかも「兄弟の尚真」よりも年長であるはずなのに、尚姓を賜っていないこと。

二、首里に永住せずに山内に帰っていること。

三、昌信の子孫が山内よりも父祖の故土とおぼしい読谷の方に多く栄えていること。

あおりやへが節
一 読谷山《よんたむざ》　おわる
思《おも》い真《ま》泰期《たちよも》思い
げらへ世誇《ほこ》り　ちよわちへ
崎枝《さきよだ》に　おわる

〈注〉

(読谷山)　中頭郡読谷（よみたん）村のこと。

(おわる)　おわします。まします。

(思い真泰期思い)　一三七二年察度王の命をうけて明に使した泰期のこと。「思い」「真」は美称辞。

(げらへ世誇り)　立派な世誇り（建物名）。「げらへ」は美称辞。

(ちよわちへ)　来給いて。おいでになって。

(崎枝)　地名。読谷山の別名。


筆者には、外間・西郷氏が付した右の六つの語注のうち、三つについて両氏とはちがう別の見解がある。それらは左のとおりである。

(読谷山)　現在の恩納村字山田。

その根拠は、さきに「大にしのたらつが節」のところで書いたように、延宝元年(一六七三)以前、つまり、この「あおりやへが節」の時代には、今の山田は読谷山(村《むら》)と呼ばれ、読谷山間切の同村《どうむら》—間切名とその中のある村《むら》名が同一であるとき、その村を同村という。例えば具志川同村は具志川間切具志川村のこと。他に美里同村、越来同村等がある—であった訳だ。

(思い真泰期思い)　護佐丸のこと。

その根拠は、この「あおりやへが節」というおもろの中で、その主人公である「思い真泰期思い」に対し、読谷山間切の最高神女である「あおりやへ」が、「おわる」、「ちよわちへ」という尊敬語を使っている。そしてこの「あおりやへが節」の次に「ふるけものろの節」が三首つづけて載っているが、その三首ともにすべて、「あおりやへ」より格下の「ふるけものろ」が「宇座の泰期思い」に対し尊敬表現をしていない。すべて、〝いー・ひー〟である。故に、「思い真泰期思い」は宇座の泰期ではない。

一方、「読谷山」(山田)から、「げらへ世誇り」へいらっしゃって(ちよわちへ)、「崎枝」にましますお方とは誰であろうか。換言すれば、山田城から座喜味城にいらっしゃって、「崎枝」にましました方は誰であろうか。その人は護佐丸以外には考えられない。

ちなみに、外間・西郷氏『おもろさうし』に、〈煽《あお》りやへ　神女名。第二尚氏になって聞得大君という神女の最高職が置かれるまでは、「あおりやへ」が最上級の神女であったとみられる〉(四九五頁)とある。

(崎枝)　このおもろでは、長浜川以南の現在の読谷村の村域を指している地域名。

この根拠として、外間・西郷氏『おもろさうし』に、〈崎枝　中頭郡読谷村残波岬の別名。海中に枝の如く突き出ているさまから来たか。読谷山の別名にもなる〉(二〇三頁)とある説はほぼ首肯できる。ただし、「崎枝」

が〈読谷山の別名にもなる〉という部分は雑駁の謗《そし》りを免れないであろう。というのは、一口に「読谷山」といっても、このおもろの時代には、全体呼称としての読谷山（間切）があって、それははるか北方の谷茶までを含む呼称であったこと。そして同時に部分呼称としての読谷山同村《どうむら》（現山田）が存在していたのに、その事実関係を全く視野に入れてないからである。

右に書いたように、この「あおりやへが節」の一行目の「読谷山　おわる」と、四行目の「崎枝に　おわる」の、「読谷山」と「崎枝」は外間・西郷氏が解釈するように、読谷村《そん》をあらわす同意語ではなく、それぞれちがう二つの地名なのである。

さて、外間・西郷氏が解釈するように、「読谷山」と「崎枝」を同地名の反復とみなすと、「ちよわちへ」＝「来給いて」という移動をあらわす動詞が宙に浮いてしまう。動作主の「思い真泰期思い」が、どこからどこへ来たのか分からなくなるのである。いま、「あおりやへが節」が作られた時代の読谷山間切内のどこかで或る人が〝私は読谷山から来た〟と言ったとする時、それを聞いた常識的な人ならば、ああ、その人は読谷山村《むら》（山田）から来たのだなと解釈するはずであって、決してあそこの読谷山間切からここ読谷山間切へ来たのだとは思わないであろう。

筆者は、「あおりやへが節」の中の「読谷山」を現在の恩納村字山田、「思い真泰期思い」を護佐丸、「げらへ世誇り」を座喜味城、「崎枝」を現在の読谷村《そん》と解するから、そのおもろの全体の解釈は左のようになる。

一読谷山（山田城）に在《まし》ませし

護佐丸様が

新築なった座喜味城へ来給いて

ここ崎枝の地に在《ましま》す

このように解釈すれば、第一尚氏に臣従してその命令を受けた護佐丸が、一四二〇年代に山田城から座喜味城に移った史実ともよく合致する。しかし護佐丸は座喜味城にはわずかに二〇年いただけで、さらに南の中城城への移住を命ぜられて移った。

護佐丸が座喜味城にいた二〇年間は専ら第一尚氏の貿易独占策と、敵対勢力としての大湾按司を駆逐する為であったと考えられる。第一尚氏の権威と軍事力をバックに、護佐丸が、渡具知港における大湾按司の海外貿易を禁圧するのが目的であったようだ。さきに考察した「ふるけものろの節」が物語っているように、大湾按司の臣下の泰期が察度王の「王弟」の名目で明に入貢するなど、察度王統と大湾按司との間には強い同盟関係があったことが分かる。一四〇六年に第一尚氏のクーデターによって察度王統が亡ぼされたが、その時、その同盟者であった大湾按司も政治・経済や軍事面で潰滅的打撃を蒙《う》けたであろう。その弱り目に乗じ、第一尚氏の錦の御旗を押し立てて護佐丸が座喜味城に進駐して来たのである。その時の情景を謡ったのが、さきに出したおもろ「あおりやへが節」であろう。

さて、『黎明期の海外交通史』の「朝鮮との交通」の中で東恩納寛惇は、『李朝実録』景泰四年（一四五三）の記事の中の「琉球人完玉之」について、「完玉之」を朝鮮音でワンオクチと読み、それは琉球語の湾掟《わんうっち》の対音であろうと解した。また「湾」は大湾のことであるという。

ところで、掟《うっち》はおもろの古語では「おきて」と表記されている。「おきて」は置き手の意であろう。その「て」は手の者の手のことで、配下の者の意であろうから、「おきて」は配置された武官ということになろう。例えば大湾按司のように、首里の王と主従関係にない独立する按司を王が武力で排除した場合には、そこを新たに直接支配する為に、王の臣下である武官を置くのであるが、その武官を古琉球のおもろ時代には「おきて」と呼んでいたと思われる。この「完玉之」＝湾掟こそ、中山王が、大湾按司の跡地に置いて統治させた王府官であった訳である。

大湾按司全盛期の「ふるけものろ」の時代には、宇座の泰期が察度王の対明入貢という琉球国成立の偉大な功業を担い、一大勢力の揺藍の地であった古堅も、第一尚氏・護佐丸の海外貿易禁圧策を通じて、単なる沖縄の一地方という存在以下に貶《おと》しめられた。そのありさまについては、『琉球国由来記』巻十四〔各処祭祀三〕の読谷山間切の中に、もはや古堅村《むら》の名と古堅のろの名を見出すことができなくなっているという事実となって、あますところなく物語られている。その『由来記』の記事は、第一尚氏王府が自らの存在を脅《おびや》かす政治的基盤としての古堅村に対して下した懲罰的処置を、第二尚氏がそのまま引き継いだものと解せるのである。

現在、古堅に、その昔喜納・伊良皆・大湾・渡具知等のノロの馬つなぎ場であったという「さくる」の名が残っていて、往事の古堅のろの宗教的権威が高かったことを偲ばせるが、今はゲートボール場になっている。

『文化の窓』No.十五　一九九三年

伊波普猷と薩摩

　このごろ講談社が出した『英文日本大事典』に伊波普猷がとりあげられている。まことに欽慶にたえない次第である。沖縄に関する言語学・民俗学・歴史学の分野で多大な功績を残し、「沖縄学の父」と称揚されて久しい伊波としては、この度こういう形でとりあげられたことは、むしろ遅きに失したものと言うべきであろう。とにかく我々後進の学徒にとっても有難く励みになる快事である。伊波の研究は明治三〇年代に始まり、敗戦直後までつづけられた。その間に多くの論稿や著書となって世に出ている。それらの著作物は日本の学界でも早くから高く評価され、今日に至るまで「沖縄学」の第一人者の名を独占してきている。伊波は沖縄からの叫びを代弁してきたと言っても決して過言ではないであろう。戦前から今日に至るまで、沖縄の歴史・言語・民俗を勉強しようとする者で、伊波の著書をひもとかない人はまずいないであろう。彼の学者としての経歴と学界における知名度という点では、わずかに歴史学者東恩納寛惇が雁行者として存在するのみで、ほとんど無人の野を往く趣がある。彼の文章は新鮮さと躍動感にあふれ、一たび読むと胸底深く達するという風な名文である。その感化力と影響力は絶大である。

　しかし、伊波がものした文章が、春の陽のように読む人の心を躍らせるものが多い一方、暗いルサンチマンの淵に人を道づれにしようとする呪罵の文章があるのは残念である。その呪いの文章はほとんどが薩摩関係のときにあらわれている。たとえば、島津氏の琉球入り以後の社会を「奴隷制度」の社会であると断言した後で、伊波は言う。

(A)　…悪くいへば、琉球には、つい三十六年前まで玉冠・紗帽・五彩巾・黄巾・紅巾・青巾の色々の冠を戴いた美しい奴隷が数限りなくゐた訳である。ところが彼等自ら一種の奴隷なることを覚らなかつたのは、彼等にとつて何よりの幸福であつたといはなければならぬ。…私は琉球処分は一種の奴隷解放と思つてゐる。①

(B)　島津氏は琉球王国を破壊しなかつたのみか、盛んに支那に進貢などさせて、十分にその体面を保たせてやりながら、その国費だけをあてがつて、残りを全部自分の懐に入れるやうにしたのである。…かうした時に、南支那から甘藷が輸入されて、年一年と繁殖したのは、琉球人にとつては、恰度籠の鳥が豊に食物をあてがはれたやうなものであつた。

…寛永十一年（西暦一六三四年）に、将軍家光が奉書船の外、邦人の外国に渡航することを禁じ、同十三年に、更に之を改めて、一切の日本船の外国に航するのを禁じたことである。これが琉球の支那貿易にどういふ影響を及ぼしたかは判然しないが、爾来島津氏が琉球の位置を利用してやつた日本貿易は、いはば密貿易のすがたになつてゐたことは明である。②

(C)　ところが、かうして確実に握つたと思ふ（進貢貿易の―邊土名）利益が、島津氏に搾取られたからたまらなかつたのである。実に当時の琉球人は、水中に潜つて、折角おいしい魚を呑んだと思ふところに、引上げられて、すつかり、吐出させられる長良川の鵜と運命の類似者であつた。③

右にかかげた(A)・(B)・(C)の文章は、伊波がその著書の中で飽きることなくくり返しくり返し書きつらねている類似の文章のうちから抜き出したほんの一例にすぎない。それら(A)・(B)・(C)の文章を含む多くの類似の文章の中に込められている伊波の呪罵と侮蔑は、単に一過性の感懐から出たものではなく、彼の魂の芯奥部から出てくるもののようである。彼の理性よりは情念—もっと端的に言えば、彼が中国系琉球人であるという出自に根ざすもの—から出ているのではないかと思う。この問題については本稿の末尾で再び考察することにして、まずは、琉球史の根幹部について論断されている伊波の(A)・(B)・(C)の文章が、学問的—実証的な評価に堪えうるものであるかどうか検討してみたい。

考察の便宜上、順序を変えてまず(B)の方から検討しよう。島津氏が琉球に、「その国費だけをあてがつて、残りを全部自分の懐に入れるやうにしたのである」とある箇所については、伊波の単なる憶測で何の史料的根拠もなく、そのことについては(C)の考察の中でも実証的に否定することができた。また、「島津氏が琉球の位置を利用してやつた日本貿易は、いはば、密貿易のすがたになつてゐたことは明である」とある箇所は、伊波のあやまりである。実際には、琉球の進貢貿易は幕府の認可のもとに営まれていたのであり、進貢の年度ごとに貿易の規模や品目等について、琉球→薩摩→幕府という経路でいちいち報告する義務を負わされていた。[4] それどころか幕府の進貢貿易に対する方針は、鎖国令の施行や中国における明・清交替の時点でさえも不変であった。鎖国令公布の時点では、薩摩は琉球に対し、「幕命たるを以て、更に進貢貿易に入念すべきを命じ、再び不首尾なき様戒めた」[5]くらいである。また、幕府は財政難を打開するため、元禄八年九月より正徳二年九月までに、五種の貨幣改鋳を行ったが、改鋳前の古銀に比し、銀含有量が低下した。その結果、日本国内ではともかく、清国では当然のことながら、名目額のとおりに通用しなくなり、進貢貿易の一大障害となった。その打開策につき、琉球→薩摩→幕府という経路で上申がなされ、正徳三年幕府は古銀貨である元禄銀三百三十九貫の吹き立てを銀座に命じ、それを新銀貨と引き替えに島津氏に渡し、島津氏はその元禄銀を琉球に渡した。それ以後、進貢貿易用に琉球へ渡るべき銀子は、幕府が銀座に命じて吹き替えしめたが、幕府は経済界の動揺を心配してそれを秘密にした。[6] 琉球の進貢貿易は完全に幕藩体制のワク内で行われたのであり、伊波が言うように決して密貿易などではなかった。

つぎに(C)について考察する。伊波が書いたこの(C)の部分を読むと、いかにも琉球の手元から支出した進貢貿易の資銀を元手に稼いだ利益のほとんどが薩摩に奪われたかのような印象をうける。ところが実際には、渡唐銀（進貢・接貢の際もって行った貿易資銀）は、薩摩も琉球もそれぞれ別会計で、自前の渡唐銀をその都度支出した。[7] それが基本的史実である。琉球の渡唐銀によって舶載されてきた唐物は、幕府の命により、薩摩藩内で売却され、その過程で若干の手数料が取られた。それ以外に例えば伊波が言うように、島津公の領主的・恣意的な専制権力で搾取されたわけではない。そして薩摩が自前の渡唐銀によって買ってこさせた唐物は、長崎や（後に）京都で販売することを、幕命によって決められていた。いわばただそれだけの常識的なことで、琉球が「長良川の鵜と運命の類似者」であった訳ではなかった。

さいごに(A)について考えてみよう。(B)・(C)を考察した中で明らかになったように、伊波は幕藩体制内における薩摩の琉球支配の実態や、進貢貿易における琉・薩の関係についていくつかの重大な誤解をしていた。伊波はそれらの誤解の上に立って、琉球国王（玉冠）や紗帽以下の琉球国の要路者たちを〝美しい奴隷〟と蔑称しているのであろう。戦前、沖縄県には二十四点もの国宝があったが、その数は一地方県としては決して少ないものではないが、それらの多くは、いわゆる薩摩入り以後の琉球国によって創造されたものである。また、幕末の琉球で特にさかんであったが、鳩目銭十六万貫文（金貨三、二〇〇両）を出して新参の士族株を買う買《こう》いザムレーが、通計二千人以上はいたといわれる。その倍額をだして譜代株を買う者さえいたのである。その時代の文化と経済はかなり栄えていたのであり、その繁栄は、伊波が言うような「奴隷」たちが治める国ではとても望めないことである。

伊波より十一歳年長の太田朝敷は『沖縄県政五十年』の著者で、近代沖縄を代表する新聞人にして政治家であったが、彼は伊波とは逆の見方をしている。太田は言う。「然も明治維新当時に於ける内地各藩と我が琉球藩を比較するに、制度に於いても運用に於いても、我が藩は優るとも毫も劣るところは見出されない。この点は本県の図書館の郷土資料室に堆たかく積まれた各種の文献に徴するも思い半に過ぐるものがあろう。明治十二、三年頃の地方なら、一般の民度が本県と大差ない所は決して少なくはなかったのである云々」[8]と。『南島探験』の著者笹森儀助も、太田の右の見解を裏打ちするようなことを書いている。[9]

さて、今度は琉・薩双方の生身の人間同士の触れ合いを通じて、これらの問題の真相に迫ってみよう。鹿児島県出身の直木賞作家の海音寺潮五郎氏は、「牧志・恩河事件」を扱ったその著『鷲の歌』・「矢の行え」の中に次のように書いていられる。

沖縄県人の中には、鹿児島人は沖縄人に差別観念を持ち、軽蔑していたと、今日でも思っているひとが多いが、ぼくにはそれは信ぜられない。薩摩に生まれ育ったぼくであるが、自分もそんな観念を持ったことがなく、そんな事例を見たことがない。ぼくの知っている沖縄人は、皆立派な人でもあったが、最も鹿児島県で尊敬されていた。

しかし、沖縄の人々にこういう観念を持たせるようになった理由はわからないではない。おそらく、それは沖縄に駐在していた薩摩官吏らが、征服者的意識をもってむやみに威を張ったのと、沖縄に行った薩摩商人らがそれに便乗したためであろう。だから、本土の薩摩人にはそんなことはなかったとぼくは信じている。従って、この時、摩文仁（作中人物で、名は賢由）らをながめる沿道の人々の顔には、優雅ともいうべき風姿にたいする好奇や驚嘆の表情はあっても、侮蔑的なものは少しもなかったと思う。[10]

余談になるが、海音寺氏のお人柄については、氏が何かの本に、東京のとある駅を通りかかったとき、人群れの中に薩音を聴いたので、懐かしさを禁じ得ずに近寄って行って耳を澄ませたら、琉球人だった、と書いていられたことが、強い印象となって残っている。—閑話休題。ではここで海音寺氏の右の評言の正しさを裏づける事例を二、三引いてみることにする。

沖縄タイムス社刊『沖縄美術全集４』の折り込みに、大和文華館学芸部課長林進氏が、同館所蔵の山口宗季筆花鳥図につき、「近衛《このえ》家熈《いえひろ》がもとめた琉球花鳥図」と題して解説したものの中に次の様な一節がある。

> 『中山世譜』附巻第三によれば、一七一四年（正徳四年）、琉球の尚敬王は第七代将軍徳川家継に対し慶賀使として与那城《よなぐすく》王子を、謝恩使として金武《きん》王子を江戸に派遣した。このとき薩摩の藩主島津吉貴はこの二名の王子を伴い、十一月二十六日江戸に着き、十二月二日江戸城に参上した。この琉球使節一行の中に、琉球組踊りの作家玉城朝薫《たまぐすくちょうくん》（一六八四—一七三七）と儒学者程順則《ていじゅんそく》（一六六三—一七二四）とがおり、前者は座楽主取兼通事として、後者は慶賀掌翰使として随行した。そして琉球使節一行は公用を終え、十二月二十一日江戸を発ち琉球への帰路についた。
>
> 玉城朝薫と程順則の家譜によれば、使節一行は、翌一七一五年（正徳五年）正月九日に近江の草津の宿に到着した。このとき、この草津に京都の近衛家熈予楽院と中院大納言通茂卿とが来ており、願王院権僧正を使者として、島津の家臣肝附主殿（琉球使節担当の役人）の宿に遣わし、玉城朝薫と程順則の両人を

召した。予楽院が草津までわざわざ出向いたのは、琉球使節が草津に泊まった後京都には立ち寄らずそのまま宇治に直行することになっていたためである。

〈中略〉

このとき予楽院から玉城朝薫に対して琉歌を扇子に書いてほしいとの要望があり、朝薫はこれに応じた。予楽院からはその礼として香合一つ、通茂卿からは小人形入手箱一つが下賜された。一方程順則はこの情景を漢詩にうたい、かれが一七〇六年（宝永三年）に北京に進貢使として行き、途中魯国の孔子の廟に参詣したときの記念品と『詩韻釈要』という本を予楽院に贈呈した。そののち、この琉球使節一行は一月十一日草津を発って、十三日に大阪に至り、二月二十一日鹿児島に到着した。

予楽院と琉球使節との会談については、予楽院の記録や、かれらふたりの家譜には何も記されていないが、このときおそらく琉球のこと、中国のことなどが話題になったものと想像される。程順則は進貢使として福州に滞在中（一七〇六年）に当然、留学中の山口宗季と接したはずであり、予楽院との会談の際、山口宗季という画家のはなしが話題にのぼったのではないだろうか。そして予楽院は琉球画に興味を抱き、島津家の家臣肝附主殿に山口宗季の花鳥画を依頼したと推測されるのである。

〈中略〉

近衛家熙は、当時の自然科学者である本草家、稲生若水や松岡玄達らとも交流をもち、医師山科道安や画家渡辺始興を含めて京都の文化サークルをつくっていた。家熙の筆になると考えられる写実的な花卉図巻「花木真写図巻」（陽明文庫蔵）はそういう環境から生まれたものである。

近世の写生画は、長崎経由の中国写生画（享保十六年来舶の清人画家沈南蘋の花鳥画など）の影響とは別に、それよりも早く京都の近衛家熙を中心に、本草学の経験的実証主義の雰囲気の中で芽生えたのである。近世写生画の勃興に、いままで述べたように琉球の絵画が少なからず寄与したにちがいないのである。

また程順則（古波蔵親方）も近衛公のもとめに応じ、草津の宿に投宿中、同公の別荘「物外樓」に寄せた詩文と讃字を題し、返礼として拝領物を頂いている。さらにまた太守吉貴公の仰付けに従い、程順則は木村探元の画に讃を題し、拝領物を頂戴した。[11] なお、程順則は草津の宿で「物外樓之詩文并讃字之類」を差上げた時、「康熙皇帝御宸筆石摺一枚」・「詩韻釈要一部」・「孔林楷杯一」の三品も同時に近衛公に献上した。その「孔林楷」の楷字について諸橋轍次著『大漢和辞典』の字解を見ると、「木の名。曲阜の孔子廟に子貢が手づから植えたと伝えられる樹云々」とある。

その「孔林楷杯一」に関連する記事が、「蔡氏家譜抄録（十一世蔡温）」[12] にも見えているから、ここに示してみたい。それは程順則らが近衛公と草津で会った一七一五年から三年余り経った康熙五十七年冬の記事である。前任摂政太政大臣正一位藤原家熙公が、その家老の近藤刑部左衛門をして、例の願王院権僧正に托して、旨を薩摩藩に伝えしめたものだが、原文の候文を現代文に直して左にしめす。

当夏（筆者注：康熙五十四年乙未六月）琉球国の程順則より進上した孔林楷について

前摂政殿は朝夕その進上物を大そう御賞愛なさっていられますが、御存知のごとく公は御酒を召しあがりませぬ故、

杯（進上物は杯の形に造られていた—筆者）として陳列するのは勿体ないとおぼしめされ、杯を逆さにしてご覧になったところ、その形が木仮山（山の形に似た木の株）になって見えたので、その形のまま御床に置いて御覧になりたいとおぼしめされた。「毒経愈木仮山左泉木仮山記」を御覧になり、故におもい付

かれたことには、日本においては木仮山を愛《め》でるという習わしがない故、なおさらご秘蔵したいとおぼしめされている。

一、公は右の楷杯を木仮山に見たてて楽しんでいられる。

一、程順則より献上されたいきさつについては、順則が中華に使いに参った節、孔林に於いて手に入れた楷杯であるとの由、そのことについて文章にしたものを差しあげてある。

一、公は右の文章を、閑居の物外楼にかかげて楽しまれている。

一、右のこと（前文と三ヶ条）は、「木仮山記」中に委細に折り込んで表現してもらいたい。「木仮山記」の作者は程順則の外、琉球国学士の中なら誰でも良いからお頼みするようにとのおぼしめしです。清書は巻物にして呉れる様お望みでありますから、今度種子嶋弾正殿へ御相談して、薩摩守様（吉貴公）へもご内意をお伝えし、「木仮山之記」が出来あがる様、貴院にお働き願いたいとのおぼしめしであります。

以上。

八月十九日近藤刑部左衛門

願王院僧正様

（これによって摂政・三司官から、右のおもむきで薩摩藩に伝達された内容を国王に上申しました。国王から蔡温に「木仮山記」一篇を作るよう特命がありました。年を越して己亥年の夏、その記文を薩府に上呈し、家煕公に転献しました）

○木仮山の記（原文は漢文—読み下し文にして左に示す）

扶桑の山水は天下に甲たり。故に人その間に生まれて、往々にして江山の助けを得。其の貌《さま》は秀にして其の心は霊なり。屠竜の妙技は英雄を称し、吐鳳・奇文は才藻を誇る。上《かみ》は唐虞の聖を出し、下は伊・周の賢を産む。所謂《いはゆる》、維《か》の嶽の神《しん》なるを降したまひて、郎官も亦列宿に映ずとは、信《まこと》に誣《し》ふべからず。況んや藤原家熙公身はその間に生れ、亦徒《ひと》り祖宗の善を積むこと既に久しく、餘祚彊《きわま》り無きをや。公は摂政に任じて年有り、伊・周の力《つとめ》を以て唐虞の世に相《しょう》たり。敷《あまね》く施して允《まこと》に人民の雍和するに当たり、功成り名を遂げ、組《そ》を解きて致仕せり。然して後、地を鴨川に卜《ぼく》し、以て老を養うの楼を築き、その楼を名《なづ》けて物外と曰《い》ふ。泉石の烟霞は天真を養い、風月鶴琴は懐抱を開く。其の楽しむや洋々として、惟《ただ》に靖節の辞世・范蠡の泛湖の若《ごと》きにあらず。甲午の秋、吾が国の程順則出でて江都《ごうと》（江戸）に使するに、公の高風を聞きて心に甚だ之れを慕えども、旅客の嚢《のう》は乏しければ、聊《いささか》中華の楷杯を捧じて諸《これ》を家熙公に献ぜり。公厥《そ》の杯を獲たるに、異方の物たりと雖も、斯《こ》の楼の器たるに匪《あら》ずとす。一日《あるひ》、玩覧の際に、手に随いて以て覆《くつがえ》すに、その形山の如く、静かにして之れを観るに、髣髴として崑崙の若《ごと》く、出塵《しゅつじん》依稀《さながら》、蓬莱の海に浮かべるが似《ごと》く、遠く望み近く覧るに、其の趣は窮り無し。公案《つくえ》を拍ち慶《う》びて曰く、是れは木仮山なりと。夫れ木仮山は予《われ》之れを耳にすれども、いまだ之れを目にせず。今予《われ》之れを獲《え》たり、豈《あに》奇縁にあらずや。因りて物外楼に置き、朝な夕な焉《これ》を玩ぶ。或る者之れを聞きて曰く、杯にして仮山《つきやま》とは、一にして両器なり、奇物と謂ふべしと。吾れ曰く、然らずと。公のいまだ之れを獲ざるときは、是れ酒器なり。公之れを獲たれば乃はち仮山なれば、物奇なるにあらずして人奇なり。或る者嘆じて曰く、美《うま》きかな、公の楽しみの仮山に在るは、酒器に賢《まさ》れること遠しと。吾れ又曰く、然らずと。他人の楽しみの仮山に在るは、其の楽しむ所は仮にして真にあらざるなり。公の楽しみは唯だ之れを心に得、仮山に在らざれば、其の楽しむ所は真にして仮にあらざるなり。然れば則ち物外の趣は公のみ独り之れを知る。豈に他人の知る所ならんや。唯だ予れ生まれながら海隔に住めれば、いまだ嘗《かつ》て身《みづか》ら其の地に歴《ゆ》かず。然りと雖も方壺・員嶠は皆《ことごと》く海上の仙山なるも、人跡罕《まれ》に至れば、乃ち伝記中に雑見す。人を使《し》て之れを読ましむれば、心曠《ひろ》く神恰《しんやわら》ぐこと天半に遨遊《がういう》するが如し。何ぞ況んや扶桑をや。山川の霊秀なると公の高風曁《と》は、耳に之れを聞くこと詳びらかに、心に之れを慕うこと深ければ、寧《いずく》んぞ必ずしも身《みずか》ら其の地に歴《ゆ》きて後筆に載せんや。茲に固陋を忘れて、以て之れを為《つく》りて記すと云ふ。

この「木仮山の記」は、さながら荘周の物化寓話「胡蝶夢」の世界である。蔡温の文は、瀟洒《しょうしゃ》として鴨川の物外楼に閑日月を送る身の家熙公にとって、十分に意にかなうものであったろう。近衛家熙の五代の孫が忠熙で、以下忠房、篤麿、文麿と続いた。文麿の誕生について杉森久英氏はその著書『近衛文麿』の中で次のように書いている。〈この邸は九段坂をおりて右へ折れたところにあり、宮城をめぐる濠の一隅、牛ヶ淵に臨んでいたから、天候の具合によって、亀が這い上ってくることは珍しくなかったが、この日は五匹も出てきた。まるでこの家の嫡男の誕生を祝福するためかのようである。十六日、忠熙はこの子に文麿《あやまろ》と命名した。爾雅に「五を文亀という」とあるに因んだものである〉と。中国の文化は、連綿として近衛家の文化の大きな柱の一つだったのである。この「木仮山の記」は、江戸時代の漢詩文のアンソロジーの中に収めて然るべき名文だと思う。なお、それと同じ題の「木仮山記《もくかざんき》」が宋の蘇洵によって作られ、『唐宋八大家文読本』に収められている。

尚穆王三十一年（一七八二）に三司官になった伊江親方朝慶・尚天廸《しょうてんてき》の『御三代伊江親方日々記《ひにっき》』の、「六月中」（嘉慶弐拾壱年丙子・一八一六・文化十三年・天廸八四歳）の八日～一六日の記事に注目すべきものがある。薩摩から那覇へ着任早々の在番奉行島津十太右ェ門が、病身のわが子五男川久保市十郎（川久保姓は市十郎の養子入り先の姓か）の健康な発育のため、伊江親方・向天廸に市十郎の養父（やしねーうや）になって呉れるような辞を低くして頼んだ。それに対して天廸は息子の伊江家当主（伊江親方）とも相談し、礼をもって快諾し、八十四歳の天廸と幼児の市十郎が盃を取りかわして「父子」の縁が結ばれた。そもそも奉行島津十太右ェ門が天廸に養父になってくれるように頼んだ趣旨は、「市十郎事、肢躰身弱有之《よわくこれあり》、御世話被思召《おぼしめさるる》御考被成《なられ》候処、前《まえの》伊江親方（天廸）長命果報の人と被聞召《きこしめされ》候間、どうか市十郎養父相頼、あやからせ度被思召候間云々」⑬というにあったが、沖縄では赤子が夜泣きや病弱なとき、「相性」（えーそー）のあう養父母（やしねーうや）を持たせる風習が戦前まであった。この風習が昔の薩摩にもあったのかどうか。もしなかったとすれば、在番奉行を務める程の人がわが児を五〇〇キロの海をこえて帯同し、沖縄の風習に従った訳であるから、注目してよいだろう。

さて、伊波普猷は、これまで見てきたような程順則、玉城朝薫、山口宗季、蔡温、伊江親方等のような人々を、「色々の冠を戴いた美しい奴隷」と蔑称しているが、それは薩摩に対する憎悪が屈折して琉球の支配階級に向けられたもので、常識を無視したいいがかりであって、伊波のこの問題に関する限り、今後ますますはっきりしてくるであろう。まさに伊波のいう「死者をして死者を葬らせる」時代はまぢかであろう。伊波の呪縛から解放された暁には、次のような琉球処分の前夜―まだ琉球と明治政府の関係がこじれていなかったころ―の琉球の内部史料が、あるがままに評価され、薩摩支配時代の琉球史の研究に新たな一面が書き加えられるであろう。

明治四年九月

日本御変革付而ハ、御当地ノ儀朝廷ノ御支配可相成御模様ノ段、館門（薩摩の琉球館）ヨリ申越趣有之、弥其通之仰渡共御座候ハヽ、御手筋相及限リハ此御方（琉球）ヨリ御願被仰立、是迄通薩州江御附従相成候方、御取計無御座候テ相叶間敷、右御手筋ノ所吟味被仰渡申談候ハ、御当地ノ儀古来薩州ノ御高恩不軽御事ニテ、御支配替ノ儀難為黙止《もだしがたく》、何レ御願立無御座候而不叶、然共朝廷ノ御所置不容易筈候得共、御都合ノ所薩州江御内々相伺候上、御願立相成可然哉ト奉存候[14]〈注と傍点は筆者〉（御内用日記）

むすび

琉球には、十五世紀の中葉から明治の日清戦争にかけての長い期間に亘って、儒仏の衝突−親中派と親日派の勢力争い—があった。その親中派の典型的な人物が久米村の謝名親方であった。薩摩の琉球に対する圧迫と琉球の日本への傾斜を前にして、謝名には強烈な一種終末論的危機意識があり、その燃え立つ信念が外発して薩摩に徹底抗戦の姿勢を貫き、彼の地で斬首された。琉球人離れした一箇の英雄であった。一方、「私は琉球処分は一種の奴隷解放と思ってゐる」と言い放つ伊波普猷の政治思想—特に薩摩がらみの—は謝名親方のそれと基底部ではつよく結びつくものがあると思う。ただ、生きた時代と環境の違いから、一方は外発し、一方は内向しただけであろう。自称慷慨家で、若いころ政治家をめざしていた伊波が、時あって言語学に方向転換したことが、いっそう伊波を韜晦させ（「沖縄人の最大欠点」『伊波普猷全集第二巻』六四頁）、情熱的な日琉同祖論者の一面を持つ伊波と、サツマ・フォービア（薩摩嫌い）の伊波とが統一されないままである。伊波の苦悩の深さにはいたく同情するが、若い世代の我々は伊波のその一面とつき合う必要はないと思う。日本本土での経過が示しているように日本の近世への民族統合は武力統合であった。琉球の日本への統合も武力統合による以外には道がなかったであろう。琉球が日本に民族統合されることが自然の道筋であったのなら、島津氏の琉球入りの方式と時機は妥当であり、またあの時代の日本と中国の国際関係を考慮に入れると、琉球が文化的経済的に栄えた結論からしても、琉球の日中両属体制は考えられうる選択肢の中ではベターなものであったと思う。

注

①『伊波普猷全集』（以下『全集』とする）第一巻、四九二～四九三頁。
②『全集』第二巻、二二五頁。
③同書、二二二頁。
④『鹿児島県史』第二巻第四編－（『那覇市史』資料篇第一巻2所収）。
⑤同書。
⑥『東恩納寛惇全種』2、七二頁。
⑦④と同じ。
⑧太田朝敷著『沖縄県政五十年』五一頁。
⑨笹森儀助著『南島探験』七九～八〇頁。
⑩海音寺潮五郎著『鷲の歌』「矢の行くえ」。
⑪『那覇市史』資料篇第一巻6、五四七頁。
⑫同市史、三六七～三六八頁。
⑬同市史、第一巻2、三八三～三八四頁。
⑭同市史、第二巻中4、一〇五頁。

『文化の窓』No.十六　一九九四年

続　伊波普猷と薩摩

さきに『文化の窓』№十六（前年号）の「むすび」の中に筆者は、「琉球が日本に民族統合されることが自然の道筋であったのなら、島津氏の琉球入りの方式と時機は妥当であり、またあの時代の日本と中国の国際関係を考慮に入れると、琉球が文化的経済的に栄えた結果論からしても、琉球の日中両属体制は考えられうる選択《せんたく》肢《し》の中ではベターなものであったと思う」と書いたが、筆者のその結論が今日までの歴史研究の成果に照らし、客観的に妥当であろうということを補足説明し、かつ書き漏らしていた大事なポイントをつけ加えることが本稿の目的である。その大事なポイントとは、薩摩支配を通じて琉球社会が中世から近世社会へと軟着陸させられたという紛れもない事実のことで、もしも薩摩の琉球支配がなかったならば、琉球の近世社会への自律的移行は、かなり立ち遅れていたであろうから、琉球処分、廃藩置県を経て沖縄が近代日本の中に統合された際に、進んだ日本社会と足並みをそろえていくことができず、またさらに祖国復帰後の高度に発達した日本社会と融合していくことも非常に困難なものであったはずである。今日わが沖縄県が日本の一県として完全に足並みを揃えてこれているのも、「日中両属」という名の薩摩の琉球支配が介在したからである。よく言われるように、日本がヨーロッパ文明を吸収し近代工業社会へうまく脱皮できた前提条件として、江戸時代という近世社会の成熟があげられるが、琉球がその近代の日本社会の中に比較的無難に入ってゆけたのも、琉球が薩摩支配を通じて日本の近世社会へ移行していたからに外ならない。そのように歴史的に価値あるものとして、むしろ積極的に評価すべき薩摩が琉球に及ぼした功績を矮小化し、後世の人の目から結果として隠蔽した人が伊波普　である。伊波の私情がらみで生まれたその憎悪の被膜は、今とりはらわれなければならない。

そもそも薩摩も全国的には遅れた社会であったが、一五八七年、秀吉は薩摩を討つや、圧倒的な軍事力を背景に役人を薩摩領におくり込み、強制的に検地を実施し、家臣団の在地領主制払拭の方向へ導いて島津公の蔵入地を増大させ、家臣団への給人知行地を相対的に減少させた。こうして秀吉はすでに兵農分離を遂げていた先進地帯である近畿地方のレベルまで制度面でひきあげようとしたのであった。しかしその一連の過程が強引であったので、在地領主層の危機意識をつのらせ、一五九二年、「梅北一揆」を誘発し、秀吉の「文禄の役」へ参軍中であった島津家を深刻な危機に陥れた。しかし薩摩は秀吉の意向と威光を大義名分にしてこの乱を鎮圧することにより、給人知行地の家臣への配当・所替・加増の権限を大名権力のもとに集中させ、土地制度と家臣団との主従関係を近世的制度へとランディングさせることに成功した。

この中世的土地関係を近世的それへと移行させる作業は、一六〇九年の島津氏の琉球入りと同時に、薩摩は自藩での作業過程をモデルにして、琉球で推進したもののようである。その中世の土地関係から近世のそれへの移行を端的にいえば、沖縄本島の各地に広範に存在していた在地領主層から土地と領民を切り離して首里王府の直轄に移し、初めのころ徴税権だけは新給人の手に残していたが、次第にそれも王府に回収し、知行米は官庫から支給する方式へと変えてゆき、旧在地領主層は官庫から知行・俸禄をもらう公務員（とその預備軍）化させてゆく過程のことである。もちろん、琉球士族への知行の配当権や増減権は領主たる島津公の手中にあった。ちなみに、期せずして薩摩の「梅北一揆」と同じ一五九二年に、首里でおこった謝名一族の乱は、その原因が何であったか史料の制約によってはっきりしていないが、憶測が許されるならば、在地領主としての謝名氏（一五世紀末の尚真王の在地領主層に対する首里集住策以来、謝名氏も首里在住していたものの、領地・領民との関係が断絶していた訳ではなく、自家の家老の按司掟を領地に派遣して直接支配していた）が、自己の領地、領民を何らかの形で王府に侵害されたとする不満から、おこした叛乱ではなかったであろうか。

　ちなみに、島津氏の琉球入り以前に首里王府の直轄地になっていた土地は、英祖、察度王統から第一尚氏が継承した首里・那覇・浦添・旧北山・南山城の直轄地域・読谷山（第一尚氏の家臣化していた護佐丸が城主だった）、勝連（阿麻和利を滅ぼして入手）、また近世に尚王家の直轄地であった中城・真和志・西原等も、一六〇九年以前から尚王家の直轄地であったと考えられる。一六〇九年以前に右の土地のうち、首里、那覇、浦添、中城、真和志、西原間切は、それぞれ全域が尚家の直轄地であったと思われるが、旧北山や南山・読谷山・勝連間切内の旧城主の直轄地以外の土地にも群小の在地領主がいたと考えられる。そして右に列記した以外の各間切―たとえば越来や知念間切等―はほとんどが在地領主の領土であったと考えられる。島津入り以前から琉球王府自身の手によって、そうした在地領主層の払拭作業はゆるやかに進められてきていたはずであるが、その作業は何といっても薩摩入り以後に一気呵成に断行されたのであろう。そのことをウラ付ける史料として、次の二点を挙げることができる。一つ目は、摂政羽地朝秀の『羽地仕置』に、「先年御国元より諸人江御配分被遊候高云々」とある点であり、二つ目は蔡温の『御教条』の冒頭部に、「其後漸々兵乱の儀は相鎮《しずま》り候へ共、右通の次第に付ては御政法並風俗迄段々不レ宜儀為レ有レ之《よろしからざるぎこれありたる》事に候、然る処御国元の御下知に相随《したがい》候以後、国中万事思召《おぼしめし》の通相達《あいたっし》、御政法風俗迄漸々引改《ひきあらたまり》、今以《いまもって》上下万民安堵仕《つかまつり》目出度《たき》御《み》世罷成《よにまかりなり》候儀、誠以て御国元の蒙二御高恩一件《くだん》の仕合《しあわせ》冥加至極の御事に候云々」（ルビと返り点は筆者）とある点である。

　第一の史料についていえば、「御国元」とは薩摩のことであり、「諸人」とは琉球の在地領主層が転化させられた給人たちのことで、琉球国十二万石を含む薩摩七十二万石の領主島津公が、琉球に対する大名権力の発動として琉球の給人へ知行を与えたこと、換言すれば、琉球の旧在地領主制の廃絶を断行していたことを物語っていよう。

また第二の史料についていえば、「其後漸々兵乱の儀は相鎮り候へ共、……不宜儀為有之事に候」とあるヵ所は、〝在地領主層による兵乱は一応鎮まったとはいうものの、乱の火種である在地領主制そのものは払拭されていなかったから、（政情不穏が内向化し）御政法並びに風俗まで悪化しつつあった〟ことを意味し、「然る処御国元の御下知…御政法風俗迄漸々引改云々」というヵ所は、〝しかし琉球が薩摩の支配を受けるようになって以後は、（在地領主制という火種が払拭されたから）琉球国中に万事薩摩の指令が行き届くようになり、御政法や風俗までしだいしだいに良くなった〟という意味に解釈できよう。

さてその在地領主制の廃絶↓近世的知行制への実施を含む、薩摩から琉球に下した御政法に対する羽地と蔡温の評価は、純粋に肯定的なものであったと考えるのが妥当である。羽地は三司官に対して、「右之仕置大方ニ候而御国元より国之下知、未断之故国俗壊行候儀役人之曲事と被仰付候ハバ我我可及迷惑候間、前以申出候、若恨ニ可被存人ハ羽地合手可成候少も一身惜不申候国中之恥辱ニハ替間敷候、如何様《さま》返答可承候」（右の仕置を粗略にして、御国元より下知されたものを実行しないから国俗が壊れていくのだと、薩摩から役人の落ち度だといわれたら、我々の迷惑になることだから前もっていっておくが〈薩摩よりの下知を遂行したということで〉若し誰であってもいいから恨みにおもう人がいるなら、この羽地が相手になろう。少しも自分一身のことは惜しくもない。〈役人の落ち度だと御国元からいわれる〉国中の恥辱には替えられないから、いか様にでも返答していいぞ）と書いているが、そこには薩摩から下された御政法を忠実に執行し必勤しようとする不退転の決意を三司官と共有しよとする意志がはっきりとあらわれている。また、そのすぐ前段では「奉公も致疎意候由、御国許《おくにもと》迄相聞得候物音、国中之恥辱不可過之候」と書かれており、羽地はそれ程までに薩摩の「御政法」を積極的に肯定していた訳だ。当時の琉球には、「傾城ニ溺入或ハ傾城ニ馬口労仕も有之、或ハ傾城地頭所之下知さするも有之由」と噂の立った老人や、我家に傾城をひき入れて奉公を怠る若者がいたりで、そういった悪しき風俗を厳禁しようとする薩摩の下知にはあらがえなかったのである。

また蔡温は羽地よりもさらに一歩ふみ込んで薩摩に対する御高恩の理由まで記し、そのことを肝に銘ずるよう琉球の人々に訴えている。蔡温は『御教条』の冒頭に、

①一　御当国の儀、天孫氏被遊御開国候へ共、御政法又は礼式抔と申事も然々無之、殊に小国の事にて何篇不自由に罷在候処、其末の御代より方々へ致渡海其働を以乍漸国用筈合置候、然れ共於諸間切諸按司心次第城を相構へ各争威勢年々兵乱差起候故、上下万民の憂勿論の事に候、右の時節唐より封王有之候に付て礼法惣体の儀は先以て相立候へ共、国中万事の儀に付ては前代差て不相替剰へ兵乱方々より差起国中の騒動言語道断の仕合に候、其後漸々兵乱の儀は相鎮り候へ共、右通の次第に付ては御政法並風俗迄段々不宜儀為有之事に候、然る処御国元の御下知に相随候以後、国中万事思召の通相達、御政法風俗迄漸々引改、今以上下万民安堵仕目出度御世罷成候儀、誠以て御国元の蒙御高恩件の仕合冥加至極の御事に候、右の次第前代の事にて無案内の方も可有之候間、各為納得申達候、此儀篤と得其意老若男女共難有仕合可奉存事。

と書き、また、『独物語』に以下のように書いている。

②一　毎年御国元へ年貢米差上候儀、御当国大分御損亡の様相見え候へ共、畢竟御当国大分の御得に相成候次第誠以難尽筆紙訳有之候、往古は御当国の儀政道も然々不相立、農民も耕作方油断、物毎不自由何篇気侭の風俗段々悪敷、剰世替の騒動も度々有之、万民困窮の仕合言語道断候処、御国元の御下知に相随候以

来風俗引直、農民も耕作方、我増入精、国中物毎思侭に相達、今更目出度御世に相成候儀、畢竟御国元の御蔭を以件の仕合筆紙に難尽御厚恩と可奉存候、此段は御教条にも委細記置申候。

③一　唐世替程の兵乱差起り候はば進貢船差遣候儀不罷成、或は拾四五年或は弐拾年参拾年も渡唐断絶仕候儀案中に候、御当国さへ能々入精本法を以相治候はば至其時も国中衣食並諸用事無不足相達尤御国元への進上物は琉物計にて致通達其御断申上可相済積に候、若御政道其本法にて無之我々の気量才弁迄を以相治候はば国中漸々及衰微御蔵方も必至と致当迫候儀決定の事に候、右の時節渡唐及断絶候はば御国元へ進上物の儀琉物調も不罷成言語道断の仕合可致出来候。

④一　御当国当分弐拾万人罷居候、自今以後拾万弐拾万繁栄相増、都合三四拾万に相及候共、御政道の本法を以相治置候はば人居相増次第衣食も出来増、絶て不足無之御蔵方緩と相済申積に候（①～④の番号は行論の都合によって筆者が付した）。

①の史料は琉球の法制史につき簡潔だが正確に述べたものと考えられ、その中で蔡温が薩藩の果たした歴史的役わりを高く評価していることをはっきりと示している。琉球の外交面と内政面の双方から法制史の発達を以下のように述べている。琉球は開国以来の小国で、内政の御政法も外交に関する礼式もこれというものが無かったが、やがて海外諸国と通交するようになって国民の生活用品を入手できるようになった。しかし国内では諸按司が勝手に城を構えて兵乱が絶えなかった。そのような時察度王が明に入貢して皇帝から冊封を受けるようになり、冊封や進貢に関する礼法一般、つまり外交的法制はまず整った。しかし「国中万事の儀」、つまり諸按司（在地領主層）間の力関係を律する法や行政法たる御政法は入貢以前のまま変わらず、兵乱は止むことがなかった。その後しだいしだいに兵乱の方は鎮《しず》まるようになったけれども、右のとおりの次第（諸按司間の

争いを抜本的に解決する御政法の未整備状態）によって、御政法並びに風俗まで段々と悪化していった。ちょうどそのような時に薩摩のご支配をうけ、それ以後すべてが思うように運ぶようになり……。万民が安心して暮らせるめでたい御世になった。誠に御国元（薩摩）のお陰である云々と。この御教条はいうまでもなく薩摩の強制で出来たものではなく、三司官の蔡温が自発的に書いたもので、しかも毎年定期的に各間切番所に地方役人を集めて読み聞かせたものである。この『御教条』は島津入りから百数十年後に、その間における薩摩支配の実績を総括して書いたものである。蔡温は本誌の前年号で筆者が紹介した「木仮山記」の作者で、その文章からも人と為《な》りが偲ばれるように、うそいつわりを書くような人物ではない。

②の史料は、当時の琉球人の間で、薩摩支配についておそらく最も誤解されやすく、また不平の種となりやすいと蔡温が懸念した件―薩摩への年貢問題について書いたものである。それは、毎年薩摩へ年貢米（約八、二〇〇石）を上納しているのは、琉球にとって大分損失のように見えるけれども、結局、実はその逆に琉球にとってプラスになっているのであって、そのことはとてもうまく書き尽くせない程である。御国元の下知に従うようになってから勤労精神があがり、各種の生産物も何不自由なく出まわるようになった。言外に、制度面や規律の向上の為に年貢米の額を埋めて余りある生産性をあげることができるようになった。それこそお国元のお陰であると。大田朝敷もその著『沖縄県政五十年』の中で、②の史料を引用した後の方に、「蔡温以前は三司官は三人であったが、以後は四人になった。その独りは蔡温である、といわれた位い彼の遺訓は重んぜられたのであるが、この遺訓の如きは、薩摩を恨んで飛んでもない事でも惹起することを慮ばかり、特にこの一節を書遺したものであろうが、当時都鄙《とひ》一般に頒布《はんぷ》された、御教条という教科書の劈頭《へきとう》にもこの注意が記されてある。これは所謂《いわゆる》御国元即ち薩摩に対する根本的な指導精神というも不可はあるまい」（二十一頁）と、蔡温のいわんとする所をそのまま是認し、伊波のように変な勘ぐり方を一切していない。

③の史料は、琉球史の中で実際におこった事実について記したもので、島津入りの後一六六〇年代にかけて長期に亘って明、清への進貢が断続したことを念頭に置いて書かれたものと考えられる。史料の要旨はこうである。中国で王朝交替につながる程の大乱になった場合、十四、五年ないし、二、三十年も進貢（貿易）が断絶するのは当然のなりゆきである。しかしたとえ進貢が断絶になっても、琉球国さえ「本法」に忠実に従って治国していけば、国民生活に必要な衣食その他の物資は十分にまかなうことができ、御国元への進上物も琉球産品だけで済ますことができる用意がある。「本法」をないがしろにして「我々の気量才弁だけで治政」を行なったら、琉球国はしだいに衰微し、財政も逼迫するようになるのは必定である云々と。

④の史料は、目下琉球の人口は二十万人であるが、今後たとえ人口が増えて三、四十万人にふくれあがっても、御政道の「本法」に従って治めてゆけば、人口増に応じて生産量も増加するから、物不足になる心配もなく、余裕をもって対処してゆけるつもりであると、自信のほどを示している。ここでいう「本法」も、③でいう「本法」と同じもので、それは「我々の気量才弁迄を以て相治候」事と対置されているとおり、「本法」とは薩藩からの下知で確立された御政法のことを指し、それは①から④にいたる史料全部をつうじて、内治の根本法として非常に尊重されていることはこれでよくわかったと思う。

さてそれでは、只今右で吟味した羽地の『仕置』と蔡温の『御教条』・『独物語』の同じヵ所について伊波普猷はどのように解釈しているであろうか。まず羽地の『仕置』について伊波はどう見ているのだろうか。伊波は『仕置』を引用して次のように述べている。

今この書を通読して向象賢の真意のある所を見ると、頻りに「大和の御手内に成候而以後四五十年以来如何様御座候而国中致衰微候哉」と嘆じ、島津氏に征服されて後は、士族が自暴自棄になって、酒色に耽り、社会の秩序がいたく乱れたのをこぼしてゐます（「琉球史の趨勢」、傍点は筆者）。

伊波の右の短文を読むと、少なくとも二点において、向象賢の真意を巧みにスリ換えているヵ所がある。一点目は、頻りに「大和の御手内……衰微候哉」と嘆じとある点である。二点目は、「島津氏に征服されて後は、士族が自暴自棄になって、酒色に耽り」とある点である。第一点目についていえば、『仕置』の中で羽地が一見表面上は薩摩批判をして「嘆じ」ているかに勘ちがいされるヵ所は唯一このヵ所だけであって、「頻りに」という表現は当を得たものではない。なお「大和の御手内に成候而以後云々」のヵ所は羽地が必要以上に表現を簡略にした為に、薩摩嫌いの伊波につけ入られ、曲解を許してしまっているに過ぎない。羽地の「大和の御手内に成候而以後」という表現は、それによって羽地が薩摩の「悪政」を批判する意味で書いたものではなく、羽地の意図としては、そのヵ所（「大和の御手内…以後」）は単に「一六〇九年」という時間上の起点を表現する語句に置き換えうる、批判や価値判断の材料を含まない無味無臭の次元のものでしかないのである。この部分の解釈については羽地の原文である文全体の中に戻して、後に再度考察を加えたい。

つぎに二点目の、「島津氏に征服されて後は、士族が自暴自棄になって、酒色に耽り」とある点についていえば、伊波の見方によれば、「士族が自暴自棄になって、酒色に耽」けった原因が島津氏の征服にあったと解しているが、それはちがう。かんじんの羽地自身はその原因については具体的なことは何も書いていない。羽地自身はその原因については、「如何《いか》様《さま》御《ご》座《ざ》候而《てか》」とボカシ表現を使っているにすぎない。さらに伊波によれば、士族の自暴自棄や酒色への耽溺が、いかにも薩摩の征服に反発する琉球のナショナリズムのような高邁な精神の挫折からデカダンスに堕落《だらく》したかのように解釈したがっているようだが、当の羽地は、そのような士族を単なる退廃者と見なしているにすぎず、その退廃ぶりが「御国元」に聞こえたら「国中の恥辱不可過之《これにすぐべからざる》」者とみなしているだけであった。伊波の思いいれと羽地の見方がここでも天地の開きを見せている。

ところで伊波が、「士族が自暴自棄になって、酒色に耽」けった原因が島津氏の征服にあったと解したのに対し、当の羽地はそうは書いていないと書いたが、このままでは伊波と筆者の間の単なる見解の相異、または水かけ論に終わってしまう懸念があるので、その原因について客観的な見地から明確にしておきたい。島津の琉球入りより前の万暦三十五年（一六〇七）、長い経済的沈滞の中でもがいていた琉球王府は、琉球に国際貿易場を作ろうとして、明朝にその請願をするため、適々滞琉中の冊封使夏子陽らに代請してくれるよう頼んだところ、拒絶し叱責されるという一件があった。夏子陽らに宛てた尚寧王の咨文に、「旧例を稽査するに、原と、朝鮮、交址《コーチ》・暹羅・柬埔寨《カンボジア》と興販すること有り。是れに縁りて、卑国、陸続として資籍（たよる）するに依るを得たりき。今にいたる迄、三十六姓世々久しくして人湮《ほろ》びにければ、夷酋、指南の車路を諳ぜず。是《ここ》を以て各港に販するを断つこと、計るに、今に六十多年にして、毫も利の入る無く、日に鑠《と》け月に銷《と》けて、貧にして洗ふが若し。況んや又、地窄《せま》く人希《まれ》にして、賦税の入る所は、略、出す所を償ひて、期して匱窘なるが如きをや。若し、懇ろに議処するを乞はざれば、則ち国本日日に虚しく、民間日日罄《むな》しからん」（拙著『歴代宝案の基礎的研究』四三九〜四四〇頁）とあり、琉球は島津氏の琉球入り以前のかなり前から経済が長期低落傾向にあったことがよくわかる。そのことについては、さきに示した『御教条』の史料①の中でも同様なことが書かれていた。またさきに示した蔡温の『独物語』の史料③の中に、「唐世替程の……案中に候」とあるが、その内容は歴史上実際にあったことをふまえて書かれたもので、『中山世譜』によれば、明、清交替の『世替』りで、一六四四年から一六六六年まで二〇年余りも琉球の進貢が断絶したことがあった。そのように長期間に亘って進貢が断絶すると、航海技術がガタ落ちする事実が、家譜『大宗蔡氏具志家』（拙著前掲書、注（八）、二四九頁）に書かれている。こうした長期に亘る外国との通交の断絶が、当時の琉球経済の長期低落現象と風俗の退廃の真の原因であったのであって、島津氏の琉球入りはあまり影響はなかった。いやむしろ、島津の琉球入りがキッカケとなって琉球経済が蘇生し、風俗も改まったと、羽地と蔡温はくりかえし強調しているのである。

そもそも伊波が羽地の文章の一部を、自己の勝手な水路へ読者を誘導する都合によって切り取った、「大和の御手内に……衰微候哉」で始まる羽地の文章全体は、伊波が不当にも貶しめたようなジメジメした内容のものではなく、むしろその正反対に、前世紀以来長くて暗かった沈滞せる経済の谷間を這いあがり、そのゆく手に明るい曙光のけはいを力強く描いて見せた文章なのである。その全文を左に示そう。

一、大和之御手内ニ成候而以後四五十年以来如何様《いかさま》御座候而《てか》国中致二衰微一候哉、蔵方於二比方一過分借物出来、年増多罷成候付、可仕様《つかまつるべきよう》無二御座一候。先年御国元より諸人江御配分被遊《あそばされ》候高之内、及二両三度一減少被レ召不レ依《よらざる》二奉公之勤《きん》不《ふ》勤《きんに》一吟味ニ而《て》候半《さうらはん》哉《や》、諸人及二迷惑一候。依レ之《これにより》量レ入為レ出《いるをはかりテしゅつとなす》之考ニ而代官役並蔵役人共江下知仕候得は、三年之内ニ右借物本利二百目程返辨相調、蔵方緩々《ゆるゆる》と罷成候。節用愛人之心得ニ而候。左《さ》候而《さうらふて》前々減少候給人高も、依二奉公一被返下《かへしくだされ》候間、諸人も校量改り、家内之儀も相調、奉公方ニ進申候事。

(句読点・返り点・ルビは筆者)。

右の現代語訳：薩摩の支配下に入って以後四、五十年以来、どうしたことか琉球国中が衰微し、(薩摩からの) 国庫への借り入れが過分になり、しかも年とともに増加したので、どうしようもなくなりました。先年御国元の命令で琉球の諸士へ与えられた知行高のうちから両三度も減額[注①]し、(その分を琉球の国庫へ入れるようになりました)[注②]。(その知行高の召し上げ命令が) 知行を受ける給人の勤務ぶりに関係なく、一律になされたから諸人（給人）が迷惑しています。それではいけないので、収入を量《はか》って支出と為《な》す方針で臨むよう代官役[注③]や蔵役人共へ指示したので、三年も経たないうちに、薩摩からの借金は元利で銀二百目程も返済することができた上、国庫の方にも余裕が生じました。このやり方はまさに節用愛人の精神といえます。そのような次第で、先ごろ減らされた給人高も、その人の勤務ぶりによっては元の知行高まで増されるはこびになり、[注④]諸人も不平の量見が改まって納得し、家の財政も順調になったから、奉公方にも邁進できるようになりました。

注①：琉球国王所領の安堵権は勿論、琉球の給人への知行の給付権、知行の加増、減額権も当然島津公の大名権力の一部である。

注②：注①を付したヵ所にいう減額分が、薩摩の藩庫に入ったという史実がないから、ここは、島津公の特命で王府の国庫に編入されたと見る。王府の国庫を充実させて薩藩への負債の返済に充てしめたか。

注③：一六一一年、按司掟を廃止して地頭代を置いた。その後地頭代は各間切行政の長として、按司掟の職務のほとんどを継承したがすべてではなく、旧在地領主としての按司家の家宰として、半官的職務とその執行者はその後も存続していたと考えられる。その執行者がここにいう代官ではないだろうか。『羽地仕置』に、「傾城地頭所之下知さするも有之由」と見え、傾城《けいせい》（遊女）をここでいう代官役に就ける地頭もいた訳である。そのような職務は時代とともにより私的なものになるが、地頭地の中の自作地と拾掛地の宰領人として廃藩置県後まで生きつづけていたと思われる。

注④：官吏の能力と功績の如何によって官職がきめられ、何代にも亘って功績が無いと、たとえ王子家の子孫でも平士にまで逓落させられた。功績の点数を示す星功《ほしこう》の制度は精密で、そうしたシステムは琉球の官場の不文律になっていた。ここは、琉球の現地の実情にあわせた行政執行とその制度化において、能力主義への萌芽はすでに羽地によって開かれていた。

伊波が終末論的諦念よろしく、「島津氏に征服されて後は、士族が自暴自棄になって、酒色に耽り、社会の秩序がいたく乱れたのをこぼしてゐます」と、眉をしかめて見せた事態も、羽地自身の文章に語らせたら、何のことはない。せいいっぱい公務に専念したら、わずか三年以内にその借金問題を解決し、そのうえ、将来の琉球の繁栄を約束する土台づくりまで達成したというめでたい内容なのである。

次に伊波が、蔡温と薩摩とのかかわりをどのように見ていたかについて考えてみよう。伊波は次のように書いている。

「彼れの『独物語』は向象賢の『仕置』に倣って書いたものと思はれるが、その中に自国の立場についての考へを露骨に言ひあらはしてゐます。（ここにつづけて伊波は、さきに掲示した『独物語』の史料②―毎年御国元へ年貢米差上候儀云々を引用しているが、重複を避ける為、読者諸兄姉は、史料②を御覧あれ。）

実に其の通りであります。蔡温は島津氏の許す範囲内に於て、支那の制度文物を輸入して、三十六島の人民を教化し、理想的の国を建設するといふ考へを懐いて居りました。彼れは実際この両大国の間に介在して出来る丈けの事はなしたので御座居ます。」（「琉球史の趨勢」）

伊波は、「蔡温は島津氏の許す範囲内に於て、支那の制度文物を輸入して云々」と書いているけれども、一体、自分の引用している『独物語』の記事のどこに、「支那の制度文物を輸入して云々」のことが書かれているか。書かれていない。その逆に、原文にちゃんと「毎年御国元（薩摩）へ年貢米差上候儀御当国大分御損亡の様に相見得候得共畢竟御当国大分之御得に相成候次第誠以難尽筆紙訳有之」と明記されている記事にどうして触れないのか。原文にないのにあるかのように書き、明記されているのに自分に都合が悪いからといって無視するやり方は、とても『おもろさうし』研究の第一人者の学者とも思えない。また蔡温に限らず誰であれ、「支那の制度文物を輸入」しようとして、島津氏が一度でも許さなかったり、制限を加えた事実があったというのだろうか。その事例はない。

また右の文につづけて、伊波は蔡温について次のように書いている。「世界気の毒な政治家多しと雖、琉球の政治家程気の毒な政治家はゐないだらうと存じます。戦々兢々として薄氷を踏むが如しといふ語は能く琉球政治家の心事を形容する事が出来ます」(「琉球史の趨勢」)と。このくだりも、何の客観的根拠もなしに、唐突に書き加えた完全な付け焼き刃であって、薩摩関係の論考の随所に見られる、伊波一流の手口である。

では、薩摩の琉球支配の実態はいかなるものであったのだろうか。筆者の結論をいえば、薩摩は基本的にある一点を琉球が遵守しさえすれば、あとは琉球の内政にあまり干渉しない鷹揚なものであったと思う。そのお陰で琉球は、薩摩支配の期間に、自由に琉球独自の多彩な文化を育むことができた。それでは薩摩が琉球に課したある一点とは何であったかというと、それは、琉球の進貢貿易に参入する薩摩の権益を琉球が保障するということである。琉球国王や摂政、三司官に対する薩摩藩主の任免権等は、その一点を琉球に遵守させる為に行使されていたといっても過言ではなかろう。ところで薩摩藩主がそのいわゆる任免権を行使して問題を起こした事例は、史上ひとつもない。

ところで、ここのところが大事な点なのだが、その一点―薩摩の進貢貿易への参入問題―でさえ、伊波が琉球を「長良川の鵜」にたとえたような体のものではなく、薩摩は自己の分担すべき貿易の資本(幕末の頃銀九〇六貫)を毎年自らの藩庫から支出し、そのつど琉球の貢使に託したにすぎなかったことは、本誌の前年号に書いた通りである。父君朝明が御物奉行方の筆者であった太田朝敷は、その間の事情に通じていたらしく、「毎年若くは隔年進貢というたけれども実は貿易船で、その都度薩摩の委託まで受けて福州で貿易するのが主たる目的であった」（太田『沖縄県政五十年』一九頁。傍点は筆者）とサラッと書いている。

薩摩の対琉球支配政策が鷹揚なものであったことを示す事例を二、三挙げることにしよう。

その一‥北谷朝暢が尚質王冊封の謝恩王舅として渡清中、別の一行の進貢船から皇帝に献上する金壺が盗まれる事件がおこり、帰国後「北谷・恵祖事件」に発展し、その取り締まり不行き届きの罪で北谷朝暢らが、一六六七年薩摩の命で処刑された。この盗難事件は清朝になって第一回目の進貢の際におこった事件であった為、以後の戒めのために薩摩から下された懲罰であったのであろう。しかしこの処刑は、薩摩の琉球支配二六〇余年の期間に、薩摩の命令によって死刑になった唯一の事件であったこと。この「北谷・恵祖事件は陰謀あり毒殺ありで、羽地や蔡温が嘆いた風俗の退廃を示す典型的な凶悪事件であったが、これを最後に、「御政法風俗迄漸々引改」まるようになった。

その二‥『球陽』の尚敬王十七年（一七二九）の記事によれば、「牛を宰《ころ》し猪《ぶた》を屠り、赤飯の宴を設けて以て葬礼を行ふことを厳禁す」というタイトルの記事が見える。それは蔡温が三司官になった翌年に当たる。ところで、今日沖縄県の全域で、中国や台湾と同一の清明祭《シーミー》（中国や台湾では掃墓節ともいう）が行われている。沖縄の全域に清明祭が行われているということは、王府の強力な指導があって、始めて可能であったはずである。筆者は、一七二九年における、琉球士着の「葬礼」の厳禁は、中国の葬礼を琉球の社会へ導入し浸透させる為の地ならし作業の第一歩であったと考えている。そこで当然のことながら、ユタが琉球土着の葬法を厳禁する王府の方針に猛反対したから、蔡温は本腰を入れてユタ弾圧にのり出したと考えられる。また一七三四年の平敷屋・友寄事件において、和文学者で親日派の平敷屋が那覇の在番奉行を通じて薩摩に訴えた内容も、蔡温が主導して、琉球社会を中国風に変えようとする一連の政策に危機意識を抱き、王府の政策に反対する趣旨のものであったことが考えられる。しかし薩藩はその訴えにとりあわず、全く王府の専断にまかせた。

また筆者の先祖に辺土名朝美という人がいるが、朝美は乾隆十八年（一七五三）に馬姓平良良弘の嗣子になったことが双方の家譜に書かれている。そのようにして他系の家へ養子入りするということが、十八世紀の中葉まではおこなわれていた訳だが、おそらくはこの朝美の事例からまもないころからは、他系の家への養子入りは王府の強制で禁絶されたものと思われる。血のつながらない他系の家へ養子入りするなどという、他系《タチー》混入《マジャクイ》の禁忌は、今日では沖縄では考えられない。長子の家督相続制・嫡子押込みの禁忌や士族の子はすべて士族となるという家族法もおそらくは、中国の家族法を参考にして蔡温の三司官在任中に実施し制定されたものと考えられる。蔡温が日本の家族法でなく中国のそれを参考にしたであろうと筆者が推測するのは、日本の家族法では他系混入は頻繁に行われているが中国の家族法ではそれは絶対にありえない。また、琉球とはちがって日本では士族の子息でも二男以下は、いわゆる「部屋住み」で士族ではなかった。このように見てきて分かるように、琉球王府では蔡温が主導して、その社会をあきらかに中国寄りの方向へ改変していくことを眼のあたりにしながら、薩摩は琉球のなすがままに放任した。

その三：「沖縄県旧慣租税制度」（『沖縄県史二一』所収）によれば、一七二二年薩藩は慶長以来百余年を経過しているので耕地の増加を見こして領内一般（本藩と琉球）に検地を命令した。その際、琉球は冊封使渡来に要する費用の多さ、大旱風雨による生民の疲弊を理由に検地の延期願いをなし、薩藩はこれを許した。その後一七三七年に琉球の検地に着手し十四年後に完了した。その結果田畑ともに非常に増加していたが、耕地の増加に見合う年貢の増徴については、「農民重荷ニ苦ムモノ多キヲ以テ暫ク其ノ実施ヲ猶予シ後チ遂ニ実行ノ機ナクシテ廃藩トナルニ至レリ」（一九二頁）という。なお、この「沖縄県旧慣租税制度」によれば、薩藩支配下の琉球農民の租税負担率は四公六民であったという。全国的に比較すると軽い部類に属する。蔡温が『独物語』の中で「毎年御国元へ年貢差上候儀、御当国大分御損亡の様相見え候へ共、畢竟御当国大分の御得に相成候次第誠以難尽筆紙訳有之候」と諭した年貢米についてさえ、その取り立ては緩やかなものであったわけだ。本土各地では、支配する側もされる側も己れの側のギリギリの生存をかけて、百姓一揆が荒れ狂ったが、琉球には幸いにも一揆は一件もなかった。この本土各藩の政治家の苦労を想うにつけ、「世界気の毒な政治家多しと雖、琉球の政治家程気の毒な政治家はゐないだらうと存じます」と呑気なことを書く伊波に思いをはせるとき、何と非合理の憎悪というものが人の心眼をめしいさせるものかと思わずにはいられない。

むすび

伊波普猷の反薩摩感情と、それに基づく薩摩支配下の琉球史に関する暴論に思いをいたすとき、中国系琉球人の謝名親方鄭迵のことが自然と脳裏に浮かんでくる。伊波は謝名のことを英雄と呼んでいるし、自分の論文の中で伊波が謝名に言及する時には必ず例外なく謝名を擁護しているからでもある。謝名が城間盛久を讒訴して三司官の地位から追い、そのあと釜にすわるのが島津氏の琉球入りの直前の一六〇六年であったが、そのころの琉球はさきにも言及したように、経済が長期低落の進行中で風俗も退廃していたし、社会基盤も中世期のままの遅れた状態の中にあった。琉球の進貢貿易業務の中心的担い手として、明への官文書の撰文や航海技術の専門集団として、謝名の所属する中国系人の住む久米村があったが、そのころには同村の総人口はわずかに五家族三〇人に激減し、廃墟のようになっていたという。さらに言えば、そのころ、琉球が明から将来した貿易品の販売相手は日本だけになっていた。換言すれば、当時の琉球経済は日本抜きには考えられなかった。しかもわずか三〇年後には、日本が鎖国してしまうという、琉球にとって絶体絶命の窮地に陥るところであった。そのような選択肢のあまりない状況下の三司官として謝名は中華思想のファンダメンタリズムのイデオロギー一辺倒で、薩摩軍に対する徹底抗戦を叫んだのである。ここで注目すべきことは、久米村の人士がすべて謝名のようにイデオロギーに凝り固まった人々ではなかったということである。薩摩の牢舎で謝名が明の皇帝宛てに書いた「反間之書」を、琉球の公銀一百両で福建省人から買い戻し、琉球に持ち帰った人も久米村の金応魁という人であった。秀吉の「文禄・慶長の役」の時、明はすでに経済が破綻状態で、都司・衛・所の常備軍体制も空洞化し、十五万の日本軍に対し、朝鮮への援軍も四万人程度で、しかもほとんどが募兵で正規軍ではなかった。だからたとえ謝名の密書が神宗のもとに届いたとしても、握り潰されてウヤムヤにされるのが落ちであったろう。

　また蔡温が書いたように、「唐世替程の兵乱差起り候はば進貢船差遣候儀不罷成、或は拾四五年或は弐拾年参拾年も渡唐断絶仕候儀案中に候」という事態になったとき、その直撃をもろにうけたのは、進貢の業務を中核的に担っていた明国渡来系の久米村であった。人口が激減したことは前に書いたが、その他におこったことは、明、清への奏や咨文など官文書の作成能力の衰退であった。琉球王府は王命で、大清順治十三年（一六五六）夏四月望前二日、曽志美なる者を久米村籍へ編入した。『曾姓家譜』（『那覇市史』第一巻6）の「曽氏家譜序」によれば、志美は、那覇の士族虞氏京阿波根実基の曽孫具志宮城親雲上実常の長子であった。明渡来系の久米村へ入籍した沖縄人第一号であった。志美がなぜ王命で久米村籍へ編入されたかというと、「以㆘志美博学多識、通㆓漢語㆒、擅㆗文章㆖也」であって、志美移籍の目的は、漢文による撰文能力が衰退していた久米村を補強するためであった。ところが志美に嗣子が無かったので、また京阿波根実基五世孫宮城筑登之親雲上実申の子夒が養子入りした。筆者はこの例の外に、久米村の松本家へ沖縄の一般家庭から養子入りした話を聞いたことがある。これらのことからして、清国への進貢業務を担った近世琉球の久米村は、琉球王府の懸命の梃《てこ》入れによって再建されていたことがわかる。伊波普猷は国王以下琉球王府の役人を、「玉冠・紗帽・五彩巾・黄巾・紅巾・青巾の色々の冠を戴いた美しい奴隷」たちと口のあくまま罵倒しているけれども、これらの「美しい奴隷」たちの努力がなかったならば、伊波が敬愛してやまない〝蔡温〟もなかった。伊波普猷は沖縄を愛する前に、より多く自分自身を愛した人であったといえる。自分の個人的感情を愛するあまり、われらの心の古里である近世琉球の歴史を踏みにじり、捏造し、われらに深い心の傷を負わせながら、恬《てん》としていられた人であったのだから。

　筆者の印象では、今日不幸にしてなおわれわれ県民の中に存在する反薩摩感情は、その由ってくる淵源は、薩藩の琉球支配そのものにではなく、明治末期から昭和にかけて伊波が書いた琉薩関係の一連の論考にあると見ている。もし伊波のその一連の論考がなかりせば、薩摩に対する反感など跡かたもなく消滅していたか、あるいはもともとそんな反感などなかったのではないだろうか。ただわずかにいえることは、たとえどんな善政であっても他者の支配を受けることは愉快であるはずはなく、また明治十年以降、西南の役の後難を避けて多数の鹿児島県人が新生沖縄県に流入し、県庁や警察の要職を占め、特に鹿児島商人が那覇の商店街の目抜き通りを壟断《ろうだん》していたことが、多少反鹿児島感情らしきものを生んだと思われるが、その程度のことで長くしこりが残るとは思えず、現にそれからくるしこりはない。明治五年正月、鹿児島県庁は琉球王府の摂政三司官へ達書を送り、その中で、薩藩が琉球に貸した藩債（金四千八百四十八両、銀八百五貫目、銭三十四万六千八百三十五貫余）を免除した。銀だけでもほぼ琉球の二回分の進貢料にあたる多額なものであった。

　薩摩支配時代に生まれた琉球古典音楽の中に「上り口説」・「下り口説」があって、それぞれ首里・那覇から鹿児島までと、鹿児島から首里・那覇までの海上の道行きを謡ったものであるが、誇らかな悦びに満ちた調べと歌詞である。

『文化の窓』No.十七　一九九五年

伊波普猷・東恩納寛惇と薩摩

はじめに

三十年ほど前筆者が学生であった頃、「歴史学は危険な科学である」という一文を読んだことがある。定かではないが、バートランド・ラッセルの文章ではなかったかと思う。自分も歴史科に籍をおく学生であったから、今でも妙に印象深く記憶の片隅にこびりついている。ラッセル（？）がどのような具体例を挙げて右のテーマを書いていたのか、その内容については忘却の彼方にしかないが、筆者が本誌の十六号と十七号に寄せた「伊波普猷と薩摩」・「続・伊波普猷と薩摩」の執筆中に、「歴史学は危険な科学である」という命題が新たな真実味を帯びて脳裏を去来した。今思うに、その命題は、伊波と東恩納の共同作業によって形成された琉球近世史にこそ最もよく当て嵌るのではないか。琉球近世史は薩摩に対する伊波の呪詛が封じ込められたパンドラの箱である、と思う。筆者の考えでは、たとえどんなに忌まわしく、呪わしく、嫌悪すべきものであっても、それらがまがう方なく史実であって、歴史という箱の中に封印されているその箱は、パンドラの箱とはいえないと思う。むしろ史実に基づくものならば、どんなに辛くても、その負の遺産を積極的に白日のもとに曝し、それと対峙して乗りこえて行かなければならないものだと思うし、その任務は特に歴史学者に課せられた使命であろう。ところが、筆者が伊波による琉球近世史はパンドラの箱だと書いたのは、伊波が自分一個の感情の命ずる

ままに薩摩問題 ― 薩摩抜きの琉球近世史は考えられない ― に関する史実を曲げ、史実でないものに基づいて琉球近世史を書いているからである。伊波以外にも多くの学者が琉球近世史を書いているが、それらの中で、薩摩（鹿児島）に対する沖縄県人の精神的状態に及ぼした不当な影響度という点で、伊波の右に出る者はいない。

伊波のあれほど見抜き易い暴論を闊歩させ、今日まで永らえさせてきている背景には、伊波の力量と名声に釣り合う程の学問的批判者がいなかったからではなかろうか、いるとすれば東恩納こそ最も適任であったのではと思い、東恩納の薩摩関係の論考を検べてみることにした。その結果は筆者の予想を反対の方向に遙かにこえたものであった。何と東恩納が正統派の歴史学者であると思っていた予見に反し、伊波の感情論と同一歩調をとり、伊波がこしらえたパンドラの箱に生命を吹きこみさえしている事実が浮かびあがった。薩摩がらみの琉球近世史に関する伊波の論述は、全くの感情論であって、学問研究の体をなしておらず、東恩納のような援軍がいなかったならば、わりと早目に伊波の虚構が露呈していた可能性が高い。

一　伊波と東恩納が共同で捏造した琉球近世史

伊波と東恩納の二人が共同で捏造した琉球近世史の主なものを、仮に①「琉球は長良川の鵜」説、②「琉球近世史は奴隷制度」論、③「江戸上り」観と標示して掲げると左の様になる。

①「琉球は長良川の鵜」説

伊波 ―「ところが、かうして確実に握つたと思ふ利益が、島津氏に搾取られたからたまらなかつたのである。実に当時の琉球人は、水中に潜つて、折角おいしい魚を呑んだと思ふところに、引上げられて、すつかり、吐出させられる長良川の鵜と運命の類似者であつた」（『伊波普猷全集』第二巻、二二一頁）。

東恩納――「忌憚なく其当時の琉球の立場を言つて見ると、先づ鵜の様なもので、頸に輪をはめられたなり、漁師が繰る糸のまにまに河底深く魚を漁る様な有様であつた」（『東恩納寛惇全集』4、二〇二頁）。

②「琉球近世史は奴隷制度」論

伊波――「手短に言へば、島津氏は琉球人がいつもちゅうぶらりで頗る曖昧な人民であることを望んだ。これその密貿易の為に都合がよかつたからである。実に島津氏は琉球の人民よりもより多く琉球の土地を愛した。これやがて植民政策である、奴隷制度である」（同全集第一巻、四九二頁）

東恩納――「十七世紀以後の沖縄人は薩摩の征伐を受けて国民的自覚を失つた。海の王者としての自尊心を失つた。強者の鼻息を窺ふ憐れむへき地位に到つた。強者の征服の手が常に悪夢の如く暗雲の如く彼等の自信力を迫害してゐた。それが三百年も続いた。其の為に彼等は非常に憶病な姑息な奴隷根性を有するやうになつた」（同全集1、三三一頁）。

③「江戸上り」観

伊波――「そのくせ自分に必要な時には、彼等に唐装束をさせて、東海道五十三次を引摺りまわし、これが自分の附庸の民で御座るといつて、その虚栄心を満足させる道具に使つたりした」（同全集第二巻、四一七～四一八頁）

東恩納――「さればこそ寛永元年にかの厳令を出して苗字衣裳等日本に傚ふを許さずと命令し、且つ江戸参観の琉使一行に支那服を着せて、便便たる唐人行列を東海道中に打たせ、而して以て幕府の朝鮮使節に拮抗せしめたのである」（同全集4、二〇五頁）。

このように琉球近世史の根幹をなすような部分について伊波・東恩納の両氏が全く同一の見方をしていたことが知られる。これら①から③までの両氏の説を学問的に吟味すると、いずれも史実を無視した妄論か、学者としての矜持を忘れた書生的感情論であるに過ぎない。

①の「琉球は長良川の鵜」説は、すぐれて、薩摩支配下の琉球の朝貢貿易がいかなる形態と性格のものであったかを象徴する問題である。そしてその問題の中心的課題は、朝貢貿易における貿易資銀である渡唐銀の出所をどう見るかに搾りこむことができよう。貿易資銀である渡唐銀はそもそも島津入り以前の明代には存在しなかった。明代における朝貢貿易は附搭貨（蘇木・胡椒等）と明の折還物貨（絹・陶磁等）とのバーター貿易が大宗であったからである。だからその意味では、琉球は貿易資銀に関する既得権を薩摩に奪われた訳ではなく、むしろ逆に、現実の歴史がそうであったように、それを新たに薩摩から獲得していく立場にあったのである。十七世紀の終わりごろ、薩摩自身が使う渡唐銀や琉球が使うそれがすべて薩摩からやってきたことは、「琉球は薩州の属国為《た》り。故を以て従来中国に於いて使用する者は、皆な日本の銀に係る」（十世諱応瑞高良親雲上伝、『那覇市史』第一巻6、三〇二頁。原文は漢文）という高良等が薩摩藩庁に上呈した書簡文が物語っている。

島津氏の琉球入り以後、薩藩が渡唐銀を琉球の貢使に委託する形で渡すようになり、そのことから刺激や示唆を受けて琉球も独自の貿易資銀を支出するようになった。そして十七世紀の末頃、薩藩と琉球の渡唐銀額が幕府によって決められ公認されるようになった。そのことについては上原兼善が、「渡唐銀高がいつごろから共同出資となったかは明らかではないが、藩が進貢貿易体制を確立する一六三一（寛永八）年以降、隠投銀のかたちで投下されつづけた琉球側の貿易銀は、その後公然と王府出資額の形で認められていったことは想定できるが、崎原氏の研究によれば、少なくとも一六八七（貞亨四）年、進貢年八〇四貫、接貢年四〇二貫の定額が定められた時点には半額ずつの出資がなされており、指摘されるように、それは十七世紀の半ばごろにはすでに認められた形態だったのかもしれない」（上原『鎖国と藩貿易―薩摩藩の琉球密貿易』一二三頁）と書いている通りである。なお右にいう数字上の意味するところを補えば、薩摩藩は進貢年八〇四貫、接貢年四〇二貫。琉球は進貢年四〇二貫、接貢年二〇一貫ということである。その後幕府は、一七一五年、薩藩は進貢年六〇四貫、接貢年三〇二貫、琉球は進貢年三〇二貫、接貢年一五一貫と改定し、以後変わらなかった。『鹿児島県史』によれば、例えば前者の八〇四貫と後者の六〇四貫に含まれる銀の含有量は同じであったから、実質上清における貿易銀額は前後とも同額であったという。さらにいえば、琉球は右の進貢年三〇二貫、接貢年一五一貫の外に、幕府の目をのがれて、進貢年正銀四百二貫、接貢年正銀二百一貫を貿易に使った（『近世地方経済史料（第十巻）』三八五頁）から、事実上は薩藩より多くの貿易資銀を投下していた。そのうえ、薩摩から下渡される通常の渡唐銀の含有量は正銀の八〇％未満であったから、その分も計算にいれると、右の正銀四百二貫は多額なものになっていた。なお琉球の貿易資銀である、進貢年三〇二貫・接貢年一五一貫は、すべて薩摩藩からの借銀であって、各貿易年度ごとに精算して返銀した。右の正銀四〇二貫・二〇一貫は琉球独自の資銀であった。

琉球と薩摩が提携して行った朝貢貿易は、幕府の許認可と統制下に営まれたものであったが、驚くべきことに、伊波にはその基本的な事実の認識すらなく、薩摩が幕府の目をのがれて琉球を頤使し、一方的に貿易の利潤を搾取していたと思いこんでいた。従って伊波は渡唐銀がいかなる性格のものであったかについてもほとんど無知であった。東恩納も渡唐銀に関する認識は不完全なものであったから、伊波とはちがう意味で、琉球の進貢貿易を「長良川の鵜」と類似のものだとする論法から脱却することができなかった。東恩納の渡唐銀観の主なものを二点紹介しよう。まず東恩納は、薩摩が慶長十八年（一六一三）に第一回目の渡唐銀を琉球に渡したことをとらえて次のように書いている。

第一回の渡唐銀なるものは、此独占権に対する担保、且つ慰労金に外ならざりしを知るに足らん。然らば、島津氏は、其当初に於て、是れを永久の負担と認めたりしかと言ふに、〈中略〉特別の恩恵に由る（琉球に対する）一時的特別賜金の意味を含むものと見て可なり。而して、其の一面に於ては、又戦後に於ける人心収攬策の一たりし事、言を俟たず（全集二、七一頁。注は筆者）。

これを読むと、東恩納は、薩藩が渡唐銀を支出したのは慶長十八年の第一回目だけで、二回目以降は全くその支出がなく、あとはすべて琉球だけにその支出をまかせ、朝貢貿易からあがる利潤を吸いあげる一方であった、という誤解を読者に与えてきた。この東恩納のいう、二回目以降の朝貢貿易における薩摩の搾取観は、そっくりそのまま伊波の「長良川の鵜」説と同一である。しかし史実としては薩藩は慶長十八年の初回から、明治初年に至るまで貢年・接貢年ごとに自前の渡唐銀を支出し続け、幕府から薩藩の進貢料八〇四貫・接貢料四〇二貫、琉球の進貢料四〇二貫・接貢料二〇一貫と定められた。一六八七年以降は、薩藩からの「拝借銀」という形で琉球も渡唐銀を共同出支するようになった。ところが東恩納は、薩摩は二回目以降は渡唐銀を支出しなかったという自らの謬見を訂正して削除することなく、「本来渡唐銀は薩摩の商資本であって云々」（同全集四、八一頁）と書き、別個の渡唐銀論を左のように書いている。

もと〳〵自前の貿易であつたものが、すべて壟断された事であるから、琉球自体に取りては、頗る興味の薄いものとなつて、延宝六年八月四日附、三司官からの陳情書に、「此中《このちう》渡唐船にも銀子御座なく候へば、（琉球の）国司蔵方の商売物持渡らず候故、何の足《たし》にも罷成らず候」とあるのも、尤な事である。これが為めに出たのが、拝借銀で、これに対しては、約定通りの利子を添えて、期限通り返済する事になつている事、勿論である（同全集四、八二頁、注は筆者）。

右に東恩納が書いている「拝借銀」こそは、さきに筆者が紹介した一六八七年以降琉球に対して幕府が公認した進貢・接貢料四〇二貫・二〇一貫のことである。東恩納は自分がひき会いに出した「拝借銀」についてはに何の説明もしていないから、東恩納の書いた「もと〳〵（琉球の）自前の貿易であつたものが、すべて壟断された事であるから、琉球自体に取りては、頗る興味の薄いものとなつて云々」（注と傍点は筆者）という文章を読むと、次のように、読者に進貢貿易の在り方を誤解させることになるであろう。すなわち、進貢貿易に対する全額出資者は薩摩であり、その利潤はすべて薩摩に吸いあげられ、琉球は単に進貢貿易の担い手として只働きさせられたと。これら東恩納の前後二つの渡唐銀論を読むと、東恩納が「忌憚なく其当時の琉球の立場を言つて見ると、先づ鵜の様なもので、頸に輪をはめられたなり、漁師が繰る糸のまに〳〵河底深く魚を漁る様な有様であつた」と考えたのもむべなるかなである。

しかし朝貢貿易の流れを史料に忠実に跡づけてみると、その史実は右の東恩納の見解とは雲泥の差があるのである。忠実はまずこうである。島津氏の琉球入り以後における明末の朝貢貿易は、附搭貨としての土夏布二〇〇疋以外には明への輸出はゼロ、輸入にしても見るべき貿易額や高品質の物がなく、かえって多額の「王銀」（貿易資銀）を明の貪官汚吏や奸商に詐取されたりで、とりたてていうべき貿易実績がないまま一六四四年の明・清交替を迎えたのである。その仕儀になったのは誰のセイでもなく、本来明代の朝貢貿易には、琉球が明の出入りの商人と公式の貿易を行ったという歴史がなく、あったのは北京の会同館で明朝政府と琉球間のバーター貿易だけであったことに、島津氏の琉球入り以後の明末朝貢貿易が振るわなかった最大の原因があったのであり、明朝自体の疲弊と福州の無政府状態がそれに拍車をかけていたと思われる。

そして清初の政情不安と動乱の為に、清朝になって初めて琉球が朝貢貿易を行えたのは、やっと一六六六年（康熙五）になってからであったが、その後すぐに又ぞろ三藩の乱（福建では耿精忠の乱）がおこり、一六七四年と一六七六年の朝貢を欠き、その間貿易を行なうことができなかった。そして一六七八年にやっと朝貢と貿易を再開することができた。このようにして明末清初に琉球の経済や社会情勢が沈滞化したのは薩摩入りのせいではなく、すぐれて明末清初における中国の動乱がその直接的原因であった。琉球の朝貢と貿易が再開された年の九年後一六八七年（貞享四）に徳川幕府から薩摩と琉球の進貢料と接貢料額が公定されたことは、むしろ琉球にとって大きな幸運とすべきであって、その後の清代朝貢貿易の隆盛を約束するスタート台になるものであった。このように琉球近世史の節目々々において、客観的見地からすればプラス面として評価すべきほとんどのケースで、選りによって伊波と東恩納はまるで一卵性双生児のように、逆にマイナス面として評価している例が多い。

次に②「琉球近世史は奴隷制度」論の中で伊波は、「手短に言えば、島津氏は琉球人がいつもちゅうぶらりで頗る曖昧な人民であることを望んだ云々」と書いているけれども、それでは伊波は、沖縄が奄美大島のように完全に薩摩に併合されるか、他藩並みに琉球藩として日本の幕藩体制内に組み入れられた方がよかったとでもいいたいのだろうか。あるいは完全な独立国のままであった方がよかったといいたいのだろうか。結果論になるが筆者の想像では、右にあげた三つのモデル・ケースは、琉球が実際に歴史として体験した日清両属体制よりはいずれも下策で、それらが琉球に現実におこっていたとしたら、より大きな不幸な結末につながる可能性があったと思われる。特に三番目のように、日本の鎖国以前の時期に――そして鎖国後も――琉球が独立を維持していた場合が最悪な歴史を辿る結果になっていたと思う。何故なら、島津入り直前の琉球は経済的には長期的沈滞化のコースを辿っていたし、政治的には蔡温が「御教示」の冒頭に書いているように、各地の領主（按司）

層が反目し合うという不安定な末期的中世社会であった。琉球自身の内発的・自立的近世化と近世的統一への動きは遅々としたものであったろうから、早晩欧米列強に蚕食され、琉球の土着文化は払拭され、キリスト教文化に塗り変えられ、ヨーロッパ系の言語を話すどこかの属州になっていた筈である。東アジアや東南アジアの諸国中、植民地にならなかったのは、わずかに日本とタイ国だけであった。

島津入り以後の琉球は、薩藩の強力な政治指導の下、近世的統一社会の方向へ歩まされ、小さいなりに強固な近世的統一国家へと生まれかわっていたから、幕末に琉球にやってきた欧米の軍人や宣教師たちも老練な琉球の政治家の外交術に翻弄され、簡単には琉球に手出しすることができなかった。なによりも、琉球のバックには日本と清が控えているということを彼等に強く印象づけた。

それでいながら薩藩はほとんど琉球の内政に干渉しなかったから、琉球は独自の文化を自由に育むことができ、実質的には独立国に近い特権を享受した。それ故に、明治四年における薩藩の廃藩置県とは別個に、明治十二年に琉球の廃藩置県が必要とされたのである。琉球処分の初動段階では、琉球の政治家は従来通り鹿児島県に附従することを強く望んでいた事実を、われわれは銘記しておく必要がある。

琉球の政治家にとって、島津入り後の数十年間と幕府の鎖国政策などは、苛烈きわまりないものであったであろうが、その後、年の移ろいとともに、それらのマイナス要因をプラスの方向へと転換し、薩藩を、自国琉球の経済活動にとって不可欠な防護壁にさえした。初期における薩摩の琉球に対する政治的圧力（それは主に琉球の近世社会化と自らが参入する朝貢貿易体制の整備に関する圧力であったが）は、その後一貫して幕府の朝貢貿易に対する圧力から琉球を防護する力へ変えられ、鎖国政策を清代の朝貢貿易を保障する温室に換えたように。また何よりも、琉球が奄美大島のように、または琉球藩として直接に幕藩体制の中に組み込まれるということは、即、清国との断絶を意味し、琉球独自の文化の発展も多くは望めなかったであろう。近世の琉球が実際に歴史体験した日・清両属体制こそ、清朝の冊封体制と日本の幕藩体制の双方から適度の距離を保ちつつ、しかも双方からほとんど内政干渉も無く、明治以降、琉球が同民族の日本に統合されていくのに必要な準備期間とすることを保証した。その意味で、島津氏の琉球入りは結果として見れば、琉球が近世日本に民族統合される歴史的に意義の深いより好ましい過程であったのである。

また東恩納は、「十七世紀以後の沖縄人は薩摩の征伐を受けて国民的自覚を失った」と書いているけれども、琉球が胡椒や蘇木などの南海産の附搭貨を明に最後に附来したのは隆慶五年（一五七一）で、万暦十一年（一五八三）以降、琉球の明への附搭貨は土夏布二〇〇疋だけとなったが、それらの決定は琉球国自身でおこなったことで、薩摩とは無関係であった。また何よりも、東恩納がいう「海の王者としての自尊心を失った」のは、何も琉球人だけに限ったことではなく、山田長政や呂宋助左衛門に象徴されるような人々や多くの倭寇が自由に海外へ進出できなくなったこと自体、近世国家に生きる国民の宿命なのであって、琉球の場合でいうならば、これまた薩摩とは何の関係もない。只ひとついえることは、琉球がいかなるコースを辿っていたとしても、それに薩摩がからんでいた場合には、伊波と東恩納は必ずや感情的になって不満を表明したのであろうということである。

③「江戸上り」観についていえば、筆者が本誌の十六号で、琉球の江戸上りの一行と近衛家熙関係の記事を紹介したように、琉球の一行は当時の日本の最高の文化人からも尊敬されていたし、また近年発掘されている「江戸上り」関係の史料が示しているように、琉球の江戸への賀慶使一行は東海道の沿道で高い人気を博していたのであって、伊波と東恩納のように、史実を曲げ、無視し、想像を逞しくして卑下する必要はない。

二　伊波・東恩納の両者、島津入り以前の琉球史を過大評価

筆者はこれまで伊波・東恩納の書いた近世琉球史の根幹にかかわる見解を、①~③の項目にしぼって検証してきたが、両者の言説は、『歴代宝案』や『明実録』、膨大な薩摩・幕府関係史料を読んで、分析し総合し学問的研究の結果紡ぎ出されたものではなく、一六〇九年の島津入りという脅迫観念からスタートして、またそこに回帰していくという無限軌道上の感情世界から生み出されたものである。ところが、右の両者の諸説は、われわれにとってほとんど史実のようになっている。日清・日ロ戦争に象徴されるように、日本の近代化は世界史上にも類例を見ない早さで達成されたが、伊波と東恩納は日本の近代化を推進する桧舞台のような東京帝大で学んだが、そこから見おろして見た郷里沖縄は旧態依然とした「旧慣」温存政策下にあったが、その政策自体が日清両属という名の朝貢体制の尾ヒレをひくものであった。大正九年になってはじめて諸制度が本土並みになったが、沖縄には一つの国立大学も高等専門学校もないという後進県であったこと。日本唯一の地上戦の戦場にされたこと。戦後は二十七年間も米軍の直接占領下におかれたことなどが背景となって、右の伊波・東恩納の非学問的言説が生きつづけてきている要因であろう。

両者の見解に共通するもう一つの大きな特徴は、薩摩入り以前の琉球を、独立を謳歌した輝かしい時代として実態よりも過大評価し、以後の琉球を「奴隷制」社会として否定ないし過小評価していることである。東恩納が島津氏の琉球入り以前の琉球の朝貢貿易をいかに過大評価していたか、したがっていたかを、ここに示すことにする。東恩納はまず、

「然るに明会典に出てゐる支那の法定相場は、
蘇木毎斤五百文琉球十貫

となってゐる。普通一斤五百文のところ、沖縄は南洋に人を遣はして収売《(ママ)》させるのであるから、その往復の危険を見込んで特別に一斤十貫文支給されるわけで即ち十斤で百貫文になる勘定である。この計算で行くと一貫文（半分は抽分されるから五百文）が百貫文になるわけである」（『東恩納寛惇全集1』、三三七頁。圏点は原文のまま）

と書き、これに続けて、

「けれども東西洋考や、星槎勝覧によると、スマトラで胡椒三百二十斤銀六両と見えてゐる。銀一両が一貫として六貫、一斤で約二十文の原価である。会典の法定相場は胡椒毎斤三貫、琉球三十貫になってゐるから、当に一千五百倍になる。その半分の給与としてからが七八百倍になる勘定である」（同書、三三七～三三八頁。注は筆者、傍点は原文のまま）

と書いているけれども、その計算はとんでもない間違いである。

右のように東恩納が、「明会典に出てゐる支那の法定相場は、蘇木毎斤五百文琉球十貫」と書いているところの、「支那の法定相場」とは、『大明会典』巻之一百十三、「給賜番夷通例」中に記載されている、「内府估験定価」のことである。そして一番大事な点は、その「内府估験定価」はすべて明朝の紙幣である鈔建てになっているのであるが、東恩納はその最も基本的事実を隠蔽しているということだ。つまり東恩納が「支那の法定相場」として出している、「五百文」や「十貫」は、鈔五百文・鈔十貫のことであるのに、ことさらに「銀一両が一貫として云々」と書き、その二つのカネの単位を銅銭五百文、銅銭十貫にスリ換えているのである。

このことについても東恩納はなぜか伏せているけれども、その「内府估験定価」その他が制定されたのは、弘治三年（一四九〇）である。ちなみに通貨（カーレンシイ）としての鈔は、それが始めて民間に通行をせしめられた洪武八年（一三七五）には、鈔一貫＝銅銭一貫＝銀一両であったが、年とともに為替レートが低下の一途をたどり、成化四年（一四六八）の時点では、鈔一貫は銭三文（一千分の三）に下って、もはや紙屑同然となっていた。

東恩納は、「支那の法定相場」が鈔建てであったことを隠蔽し、しかもその鈔「五百文」なり鈔「十貫」なりが実勢相場を示す数字ではなく（つまり弘治間に、鈔十貫＝銭三〇銭で蘇木一斤を売る人などいないということ）、支那貨＝「折還物貨」との交換率を表す数字であることにも気付かなかったから、次の様な誇大妄想的数字を導き出しても疑わなかった。

尚真の四十七年に、蔡廷美、鄭富、梁梓、蔡浩等四人が官生として派遣された時に、国王から一人につき胡椒二百斤づつ支給された。餞別の意味で、そのまま贈答に使用する事もあらうが多分は売つて雑用に充てたものであらう。会典の規程に従つて一斤三十貫とすると、一人当り六千貫五分の給与（抽分して半額）として三千貫である。戊子入明記に依ると渡唐人員の用度米は七斗一貫文の割に計上されてゐる。時代は五十年程も離れてはゐるが大体の見当を付ける程度に考へて見ると、一貫七斗とすれば三千貫は二千一百石の米の価、今日の観念によれば、七八万円見当の金になる（同書、三三八頁、注は筆者）。

ちなみに、『大明会典』巻之一百十三の「内府估験定価」（明朝が各附搭貨につけた定価）と「折還物価」（附搭貨に対する対価として、明朝が自国の絹や陶磁器等につけた定価）に従って、筆者が試算した方法によれば、胡椒二百斤に対する折還物貨は絹なら十五疋ということになる。これでも相当な額であるが、常識として許容できる範囲内ではあろう。東恩納は右の文章につづけて、尚円時代から尚寧時代にいたる「沖縄から支那を始め南洋諸国に派遣された貿易船」の年平均隻数と、一隻当たりの乗組員数を表にして示している。それらの数字は疑いもなく『歴代宝案』に収録されている符文・執照から抽出してまとめたものである。その符文や執照には、明に進貢する際の船舶数やその乗組員数とともに、必ず蘇木や胡椒などの附搭貨の品目名と数量が記載されている。東恩納自身、「尚徳王以後になって附搭物貨も蘇木・胡椒の外に錫なども加へて又数量をも明記するやうになつてゐる」(全集三、二六〇頁)と記している。さて、ここのところが大事な点なのだが、東恩納は尚円時代から尚寧時代に至る期間における、それら附搭貨の数量的変遷については一切触れていない。とりわけ東恩納によればドル箱である筈の胡椒や蘇木などの附搭貨が、隆慶五年(一五七一)を最後に明に附搭されなくなり、万暦十一年(一五八三)以後清初まで附搭貨はわずかに土夏布二百疋だけになるという基本的史実を、東恩納は意識的にはずしていると思われる。もしも東恩納が説いているように、琉球が明に附搭した胡椒が「七八百倍になる勘定」ならば、なぜに隆慶五年に琉球王府はあっさりとその附搭をやめてしまったのだろう。東恩納も書いているように、清代に、琉球は蘇木を支那で買うことができた(同全集三、二六六頁)のであるから、たとえ相場の百倍の値で仕入れて明に附搭したとしても、なお七、八倍の利潤があがる勘定になる筈である。東恩納はここらあたりから馬脚を露わすことを恐れたのであろう。こうした東恩納の虚誕あるいは巨誕に、児戯にも似た上塗りをしている人が伊波普　で、「そして十四世紀以来琉球がやり来たつた南蛮貿易を厳禁して「唐一倍」の支那とのみ交通するを許したのである」(『伊波普　全集第二巻』、七二頁)と書いて薩摩を非難しているが、薩摩は隆慶五年には琉球に対し、かかる厳禁を下せる立場にはまだなかったし、「唐一倍」なる俚諺もあきらかに清代に生まれたものである。「さしも盛なりし尚氏の海上王国は、遂に変じて島津の宝庫となり〈中略〉それから明治の初年に至るまでの琉球の存在はむしろ悲惨なる存在であつて、言ふに忍びない位である」（同全集第一巻、四七頁）、「爾来征服者たる薩州人は被征服者たる沖縄人を同胞視しないで奴隷視するやうになりました」（同書、五〇頁）等々と書いてはばからないように、伊波普　という人は自分の豊かな想像力だけで、言葉の本来の意味で最も危険な扇動文を書ける人であるということを忘れてはいけない。

島津入り以前の琉球（史）を、薩摩に対する反発の故に、無理をして過大評価するという東恩納の重大な誤りは他にもある。東恩納は左のように書いている。

洪武元年に定められた「計贓時估」（盗人の罪科を計量するために、市価に準じて立てられた法定価格）に依ると、

馬一匹	八百貫
陶器鉢一個	二百文
鉄鍋　一個	八貫

の規程である。試にこの法定相場によつて計算すると、

陶器七万個代	一万四千貫
鉄器一千個代	八千貫
計	二万二千貫

となるわけで、これで馬四十匹を買つたとすると、一匹の価五百五十貫と言ふ勘定である。これが支那に行けば八百貫になる。同じ法律に米が一石十八貫と建つてゐるから五百五十貫は約三十石の米の価、今日の観念では支那米と見て四五百円と云ふ事にならう。

この計算は元より正確なものではない。大体の観念を付けるだけのものであるが、一匹四五百円見当に売り渡したものとすると、これを今日の琉球馬の価格から推すと其時既に十層倍余に売り付けてゐるわけで、それが支那に行くと八百貫約六七百円見当に付く勘定である。この計算で琉球の進貢物について考察して見ると琉球の貢物は時代によつても多少の出入はあるが一貫した大略のところは、

馬　十五匹
硫黄　二万斤（生硫黄二万斤、熟硫黄にすれば一万二千六百斤三割七分減）
錫　一千斤

である。購法時価に依ると、

馬　匹　八百貫
硫黄　斤　一貫
錫　斤　四貫

の相場であるから、

馬　十五匹代　一万二千貫
硫黄　一万二千六百斤代　一万二千六百貫
錫　一千斤代　四千貫
計　二万八千六百貫

これは二年に一度の進貢に、常貢又は正貢として琉球から納めるものである。

これに対して附搭物貨又は附搭番貨と称して、純貿易品として南洋産物を舶載する例で、それ等の物貨は、海港税を免除する代わりに全数量の半額に対して価銀を支給される。その価銀は明会典に規程してあ

つて、遠人懐柔の意味で市価の約十倍に見積られてゐる。

附搭物貨としての品種も多少の変動はあるが大体、

蘇木　二万斤

胡椒　一千斤

と云ふところで、それを会典の規程に従ふと、

蘇木　二万斤代二万貫（一斤十貫）

胡椒　一千斤代三万貫（一斤三十貫）

計　　五万貫

となるがその半額として二万五千貫の給与である。即ち形の上では持つて行くものと、貰つて来るものでトン〳〵になるやうであるが、その実は出入共に数十倍に評価されてゐるのであるから結局は進貢方物と附搭物貨と合はせて一千貫足らずものを持ち出して二万四五千貫を取つてかへるといふ計算になるのである（同全集第一巻、三四五頁）。

これを読むと、東恩納が右の記事の中で、「これに対して附搭物貨又は附搭番貨と称して、純貿易品として南洋産物を舶載する例で、それらの物貨は、海港税を免除する代わりに全数量の半額に対して価銀を支給される。その価銀は明会典に規定してあって、遠人懐柔の意味で市価の約十倍に見積られてゐる」（傍点は筆者）などと書いているから、傍点部が示しているように東恩納としては、自らかかげた右の「八百貫」・「二百文」・「八貫」・「一千貫」・「二万四五千貫」はすべて銀建てのつもりであることがわかる。そうすると、実に、東恩納は馬一匹の値いが銀八百貫と本気になって書いているのである。因みに、清末に薩藩と琉球の進貢料が銀六〇四

貫と同三〇二貫であった事実を思い合わせると、これはもう一種の狂気の世界である。

東恩納をこのようなとほうもない誤解に導いたのは、彼が引用した『大明会典』の「計贓時估」の誤解にあるようである。つまり東恩納はまたしても、「馬一匹　八百貫」が鈔八百貫であることを読みとれなかったところに失誤の元が存した訳である。東恩納が依拠した問題の「計贓時估」は次のように書かれている（漢文は読み下し文に直した）。

> 洪武元年の令に、凡て贓を計る者《は》、皆《ことごと》く犯処の当時の物価に拠る。傭賃の器物を贓と為すが若き者も亦た犯時の価値に依る。其の傭賃は多しと雖も、其の本物の価を過ぐるを得ず、とあり。
>
> 一金銀銅錫之類
> 　金一両四百貫
> 　銀一両八十貫
> 　銅銭一千文八十貫
> 〈中略〉
> 一畜産之類
> 　馬一匹八百貫
> 〈後略〉
>
> （『大明会典』巻之一百七十九、刑部二十一）

右の「計贓時估」の記事を子細に検討してみるに、「洪武元年の令に」の句がかかるのは、「凡て贓を計る者、～其の本物の価を過ぐるを得ず」までであって、その次の「一金銀銅錫之類」以下の内容にはかかっていないことがわかる。それはなぜかといえば、「金一両四百貫」、「銀一両八十貫」、「銅銭一千文八十貫」、「馬一匹八百貫」の中の「四百貫」、「八十貫」「八百貫」はいずれも鈔のことでなければならない。なぜなら明朝の通貨は、秤量貨幣としての金・銀以外には、銅貨と鈔の二つときまっているからであり、鈔についてはさきにすでに触れたように、それがはじめて流通させられたのは洪武八年であったからである。

さて、和田清編『明史食貨志訳註』下巻に、「永楽の間、馬市を設くること三、一は開原南関に在り、以て海西を待ち、一は開原城東五里に在り、一は広寧に在り、皆な以て朶顔《どやん》三衛を待つ。直を定むること四等、上は絹八疋。布十二に直《あたひ》し、次は之に半ばし、下の二等は各一を以て逓減す〈後略〉」（九〇九頁）とあり、その注（九）の注記として、「布十二疋は棉布十二疋の意。永楽五年の鈔に換算した物価は、銀一両は鈔八十貫、大絹一疋は五十貫、小絹・大棉布一疋は三十貫、小棉布一疋は二十五貫にして、馬匹の絹・布を仮に小絹・大棉布として計算すれば、当時上上馬は約銀八両、上馬は四両に当る」（同書九一一頁）とあって、銀一両は鈔八十貫とあるから、「計贓時估」にいう「銀一両八十貫」も、「銀一両鈔八十貫」の意であることは疑いない。すると、「計贓時估」にいう「馬一匹八百貫」は馬一匹鈔八百貫で、銀一両鈔八十貫であるから、馬一匹は銀十両ということになる。それは、『明史食貨志訳註』にいう上々馬約銀八両と比較しても、妥当な馬価であろう。因みに銀八百貫は銀八万両に当るから、東恩納は何と馬一匹の値段を市価の一万倍に見たて、それをしも疑わなかったのである。東恩納は自著の同一のページ内に、「明朝は、金・元等の財政破綻に鑑みて幣政には特に意を用ひ、宝鈔（紙幣）の発行を停止し、洪武・宣徳以下の銅貨を鋳造して流通に充てたので云々」（同全集三、二六三頁）、「然るに、洪武年中は未だ宝鈔の行はれてゐた時代で、洪武七年に宝鈔提挙司を設け、翌八年始めて、中書省に詔して大明宝鈔を造り、銅銭と併用せしめる事にした」（同書、二六三頁）と書いているが、それは前後相矛盾するものである。これでは一体、明朝は宝鈔を流通させたのか停止したのか全くわからない。この宝鈔に関する認識上の混乱が、東恩納をして、馬価を市価の一万倍に見たてさせた原因であろう。

不覚にも筆者は、島津入り以前の琉球に関し、東恩納が過大評価する天文学的数字や言説を、そのまま鵜呑みにして信じてきた。そのことが筆者の精神に及ぼした影響は甚大だった。すなわち、かくも膨大な富が理不尽に薩摩に奪われつづけていたのかということであり、「奪われつづけた富」の大きさが薩摩を恨むエネルギー量の大きさに比例したということであった。東恩納のその不幸な影響は一人筆者だけに及んだものではなかろう。

三 「古琉球」中に無視された史実

薩摩に対する感情的な反感から、島津氏の琉球入り以前の琉球(史)を伊波と東恩納が過大評価し、その為に史実を歪曲または無視してきた事情はこれでかなり明らかになったと思う。伊波が島津入り以前の琉球に特別の懐《おも》いを込めて、「古琉球」なる造語で命名した社会は実際にはいかなるものであったであろうか。筆者としても島津入り以前の琉球が輝かしい海外雄飛の歴史を有し、その営為を通じて海外の文物を取り入れ、それらの物心両面に亘る歴史遺産が近世の琉球社会に受け継がれ、琉球独自の多彩な文化を開花させる種子になったことを認めるにやぶさかではない。ただし筆者としては、伊波と東恩納の論考に多分に含まれている感情論を排除し、基本的史料である『明実録』や『歴代宝案』等に依り、島津氏の琉球入りを境目とする前後の歴史をできうる限り公平に見てみたいのである。

明の大祖の子孫への訓えである皇明祖訓に、「大琉球国の朝貢は不時なり」とある。「不時」とは貢期に制限がないということである。皇明祖訓の内容は後続する明の皇帝によって遵守され、変更してはならないとされた。琉球が初めて明に入貢したのが洪武五年十二月。皇明祖訓が成立したのが翌六年六月である。高麗や安南等の有力な朝貢国が漢代以来中国の歴代王朝と通交してきた長い歴史を有していたのに比べ、わが琉球が中国の王朝と初めて通交したのはこの明朝になってからであって、「大琉球国」は明朝にとって純粋に今来《いまき》の国であった。洪武五年十月甲午の詔において太祖が、高麗に特別に「三年一聘」（三年一貢）を許した外は、占城・安南・西洋瑣里・爪哇・渤泥・三仏斉・暹羅斛・真臘等の新附の遠邦に対しては、ただ「世見」を許したのみであった。「世見」は朝貢国の国王の一世代につき一朝見の謂で、その朝見の時についでに朝貢すればよいということであった。しかしどの国も「世見」を守らなかったから、太祖はそれらの朝貢国にも三年一貢を許した。ところが、その三年一貢ですら遵守する国は一国もなかった。例えば高麗などは年に三回とか五回も入貢するという有様であったから、太祖は「高麗の貢献の使者の往来煩数《はんさく》なる」を嫌い、十年間も絶貢処分にしたこともあった。太祖はそれらの朝貢諸国に三年一貢の貢期を守らせようとやっきになったが、徒労に終わった。例えば太祖は高麗（及び朝鮮）に対し、前後五回に亘って貢期の遵守を迫ったが無視されつづけ、終には永楽帝によって事実上朝鮮の貢期は廃された。永楽帝が安南討伐を決意していたからである。いわば、太祖が高麗だけに三年一貢を許し、他の諸国にすべて「世見」しか許さなかったという、最もきびしい貢期観を抱いていたまさにその時期に、太祖は琉球だけには「不時」の貢期を許していたのである。

　太祖は、一体なぜ、今来の小国にすぎない琉球にだけ「不時」を許し、優遇したのであろうか。この貢期問題の外にも、太祖はなぜ、数ある朝貢国中で琉球の子弟だけに国子監への入学を許し（高麗は二度もその子弟の入学を請うたが太祖は許さなかった）、外交文書の作成と航海術の技術集団として閩人三十六姓を琉球に賜い、程復等のような現役の官吏を琉球に出向させ（そのような形での官吏の出向は琉球の外には哈密の例があるだけである）たりしたのだろうか。何人も感ずるであろうこの疑問に示唆を与えていると思われるのは、『明実録』成化十六年四月辛酉の条に採録されている琉球国王尚真の奏である。それには次のように述べられている。

臣伏して祖訓の条章を読むに、臣の国に不時の朝貢を許せり。故に臣の祖父自り以来、皆《ことごと》く一年に一貢せり。邇年、巡撫福建大臣、臣の国使法に違ひて利を規《はか》る者有るを以て、臣をして二年に一貢せしむ。此れは誠に臣の罪なりき。然るに臣の祖宗殷懃に貢を效す所以《いた》者、実に中華の眷顧の恩に依り、他国の窺伺するのを患を杜《ふさ》がんと欲せばなり。乞ふ、旧例に仍《よ》らんことを、と。上《しょう》、允《ゆる》さず。

右の尚真王の奏の中で特に筆者が注目するのは、「然臣祖宗、所以殷懃效貢者、実欲依中華眷顧之恩、杜他国窺伺之患」の部分である。つまり、「不時」の貢期を含む「中華眷顧之恩」に対する琉球の反対給付として、「杜他国窺伺之患」すなわち、明に侵入しようとする「他国」＝倭寇に対して防波堤になっているのだと主張しているものとみて大過はないであろう。

因みに『沖縄一千年史』にいわく、「明人の倭寇記録『海寇図説』によれば、往事の倭寇は新羅百済より遼陽に至り、南下せしが、明朝の初頃よりは大小琉球より、福建を迂繞して、浙に至れりと。即ち琉球諸島及び琉球福建間の航路、之が為めに脅威せられしこと知るべきなり」（二一七頁）とある。また、『倭寇記』の著者竹越與三郎も明の胡松の「海図説」をその著書に次のように引いている。

其（倭）入寇するや風の之く所に従ふ。東北の風猛なれば即ち薩摩或は五島より大琉球小琉球に至りて、仍ほ風の変遷を覗ひ、北風多ければ則ち広風（広東カ）を犯し、東風猛なれば則ち福建を犯す、若し正東の風なれば則ち必ず五島より天堂官渡水を経て、之が変遷を覗ひ、東北なれば則ち温州を犯し、或は舟山の南よりして定海を犯し、象山奉化を犯し、昌図を犯し、台州を犯し、正東の風多ければ則ち洋山の南よりして臨観を犯し、銭塘を犯し、或は洋山の北よりして青村南滙を犯し太倉を犯し、或は南沙を過ぎて大江に入る。若し大洋に在りて風東南に颷くや、則ち淮安登莱を犯し、若し五島に在りて開洋する時、南風正に猛なれば、則ち遼陽に走り、天津に走る、大抵寇船の来るは恒に清明の後前にあり、入寇するものは薩摩肥後、長門の人多し、其次に大隈、筑前、筑後、博多、日向、摂津、紀伊、種島にして、豊前、豊後、和泉の人亦間々之あり（五九～六〇頁）。

また、登丸福寿、茂木秀一郎共著『倭寇研究』にも、「中国に侵入する倭寇は九州の五島或は薩摩から出発する。若し東北風が烈しければ琉球に至り、風の変化を観察し、北風が多ければ広東、東風が多ければ福建に侵入する云々」（一一〇頁）と、竹越とほぼ同じことを書いている。嘉靖年間、琉球では尚元王の時代に、中国を劫掠した倭寇の船が琉球に漂着し、馬必度等の働きで全滅させられ、明の被虜人金神ら六人が救助の上、故土に送還された。嘉靖帝は中山世子尚元を「奉藩の忠順を見《あらは》せり」と称揚した（拙著『歴代宝案の基礎的研究』一一三頁）。その他、『球陽』や『李朝実録』を見るに、琉球史上に現れた倭寇関係の記事はけっして少なくない。十四世紀の中葉から明初にかけて、明の中国の沿岸で猛威をふるっていた倭寇の、明への有力な侵入路の一つであった琉球に対し、明の太祖が国防上の観点から特別な関心を抱き、琉球を明の為にする対倭寇の防波堤ないしは緩衝地帯にしようと企画し実施したもの、と解釈してもそんなにまで無理なことではなかろう。

「不時」の朝貢を許された琉球は盛んに明に入貢した。「而《しか》して中山益々強く、其の国富めるを以て、一歳に常に再貢、三貢す。天朝其の繁きを厭ふと誰も、却くること能はざるなり」（『明史』巻三百二十三、列伝第二百十

一、外国四、永楽十一年）とある通りである。また『明実録』の正統四年（一四三九）八月庚寅の条に、「巡按福建監察御史成規言はく、琉球国の往来する使臣、倶に福州に停住す。館穀の需は費す所貲《はから》れず。此者《このごろ》、通事林恵・鄭長（共に琉球人）、帯びる所の番梢・人従は二百余人なり。日給する廩米を除く外、其の茶塩醯醤等の物は、里甲《むらざと》より出づること、相沿ふて已に常例有り。乃はち故らに刁蹬を行なひ、銅銭を勒折し、今に及ぶこといまだ半年にもならざるに、已に銅銭七十九万六千九百有余なれば、数を按じて取りて足せり。稍《やや》稽緩することと或《あ》らば、輙《すなは》ち詈欧す。蛮夷の人は与に較《あらそ》ふに足らずと雖も、憑陵の風漸《きざ》せば長ぜしむべからず〈後略〉」と劾奏し、琉球の貢使等に対する廩給を制限すべきをもとめたが、その時には一応不問に付された。しかしその後、財政の不如意に困しむようになった明朝は、琉球の貢期の制限に着手しようとチャンスの到来を窺っていたが、琉球の貢使一行が福州府懐安県の居民陳二官夫妻を殺害したことを口実にして、成化十一年（一四七五）四月二十日、成化帝は琉球国王尚円に勅諭を下し、貢期を二年一貢に更めることを命じた。祖訓で洪武六年に定められて以来、踏襲されてきていた「不時」の貢期が、はじめて変更されたのである。

右の尚円王に下された成化帝の勅の内容は次の三点に要約できる。

㈠　琉球の貢期を以後は二年一貢とすること。

㈡　毎船ただ百人を許し、多くとも百五十人を超過してはいけないこと。

㈢　国王には、正貢以外に、従来通り胡椒等の貨物を附搭することを許すが、その他の正副の使臣人等が、今後は、私物を附搭して交易することを禁ずること。

右のうち、㈡に関して小葉田淳が、「人員一百名多くとも一百五十人を超過すべからずとしたるは、廩給口糧数の制であって、渡航人員の事ではない」（『中世南島通交貿易史の研究』、二三四頁）と看破したのは炯眼で、『歴代宝案』中の符文や執照の内容とよく合致している。一百五十人を超過して明に航することは別段構わないが、そのかわりその超過した人員分の口糧は琉球側の自弁ということになったのである。

右の三点のうち、琉球の朝貢貿易の運営に打撃を与え、その衰微の直接的原因となったのは、㈡の口糧制限であったと考えられる。㈠と㈢の制限・禁止については、琉球国は、成化十一年の命令以前にも劣らない実績を残しているからである。ひとり㈡については、人員を超過して渡航した場合、その分の口糧その他の経費が全額琉球国の自弁となったが、その額が莫大なものであったことは、さきに示した正統四年八月庚寅の『明実録』の記事、「今に及ぶこといまだ半年にもならざるに、已に銅銭七十九万六千九百有余なれば、数を按じて取りて足せり」とあることからも窺い知られるのである。銀一両＝銅銭七〇〇文が成化から弘治にかけての為替レートであったから、日給廩米の外に、半年未満の間に要した銅銭の額を銀に換算すると、一千両をこえる莫大なものであったことになる。いわばこうした種類の出費が琉球の自弁ということになったのである。その出費増をなくする為に琉球は、成化十八年までにたてつづけに四回（成化十三年四月丙寅、同十四年四月己酉、同十六年四月辛酉、同十八年四月癸丑）も、貢期の一年一貢への復旧を奏請したが、その都度却下された。

二年一貢を命ぜられ、口糧の廩給を制限された琉球は、その上に、「其の余の正副の使人等には、私貨を來帯して前み来て買売すること……を許さ」れず、その為に減額した分は、必ずや国王附搭貨の名義にして舶載できた筈で、その減額分を埋め合わそうと努力した結果が、成化十二年以後逆に附搭貨の額と船隻数が増えている原因であろう。しかしそうした努力は、貢年に船舶の数が三隻に増えざるを得ないから、その分一五〇〇人をこえる乗組員の数、換言すれば、自弁しなければならない口糧数の増額を強いられる結果になり、そのようにしてたまった国力を超えた無理はボディー・ブローのように次第〳〵に琉球を消耗させていったと思われる。

そのようにして明代の比較的早い時期にあたる成化十一年に琉球の朝貢貿易は大きなダメージを蒙ったところに泣き面に蜂で、ポルトガルやスペインの西力東漸があって、十六世紀の初めには琉球が東南アジアの商戦から敗退（その敗退の主な原因は成化十一年の成化帝の琉球への降勅にあった）し、それ以後琉球が東南アジア産の附搭貨を明に附来しつづけたのは惰性によるものであって、附搭貨の収買に投下した資本、運送費、口糧費やその他の必要経費をさしひくと、会同館における附搭貨貿易からあがる利潤はほとんどなかったと思われる。その証拠に隆慶五年（一五七一）を最後に胡椒や蘇木などの附搭貨が明に附来されなくなり、万暦十一年（一五八三）以後の琉球の附搭貨は土夏布二〇〇疋だけとなり、明末、清初まで変わりがなかった。

以後明末まで土夏布二〇〇疋を明に附搭して行って行なった貿易の収入は、わずかに絹二十五疋ということになったのであるが、筆者が『大明会典』の規定に従って試算した、弘治十七年（一五〇四）における附搭貨（蘇木一万五千斤・錫千五百斤・胡椒三千斤）の対価、絹六三〇疋と比較すると、約二十五分の一に激減している。それでもなお、隆慶五年を最後に琉球が蘇木・錫・胡椒の附搭貨貿易を放棄しなければならない理由があったことを銘記しておく必要があろう。

明代に琉球国王を冊封する封舟の護衛兵や水夫等は、それぞれの任務に従事する経済的見かえりとして、各自の商品を帯来して琉球で交易することが許されていた。島津入り以前に、その交易の規模や利益の幅が年とともに激減し、琉球の経済が凋落していく様を、万暦七年（一五七九）の冊封使謝杰《しゃけつ》の『日東交市記』が克明に記している。すなわち、嘉靖十三年（一五三四）、尚清の冊封の時（甲午の役）には、交易の純益として万金を得、五百人に各々二十金で、多い者は三、四十金、少ない者でも十金～八金を得た。辛酉の役（嘉靖四〇年〈一五六一〉、尚元の冊封）のときには、僅かに六千余金で、五百人に各々十二金を得、多い者は二十金、少ない者は五、六金で、稍々望む所を失った。そのようなことで、己卯（万暦七年、尚永の冊封）の時、隋行員を招募したところ、僅に中材《さい》（技量が中程度）の者が応募してきたけれども、前の様に精工な者はいなくなった。この時、交易の純益は僅に三千金で、一人あたり各々八金、多い者は十五、六金、少ない者は三、四金で、大いに望みを失ったので、廩を捐《す》ててその損失額を補塡し、始めて冊封の典礼を済まして帰ることができた。謝杰はつづけて、「蓋し甲午の役には、番舶の転販する者（貿易の為那覇港に寄港していた外国船）は無慮十余国にして、其の利は既に多し。故に我が衆の獲る所も亦た豊かなりき。辛酉の役には、番役の転販する者は僅に三、四国にて、其の利既に少なければ、故に我が衆の獲る所も亦た減ぜり。己卯の役には、通番の禁弛《ゆる》め（隆慶元年、福建の海澄県を指定し、東西二洋下海通商の開禁を許した）ば、番舶（琉球に）至らず、其の利頓《とみ》に絶ゆ。故に我が衆の獲る所至って少なければ、然らしむるなり」（小葉田、前掲書、三四三〜三四四頁。原文は漢文。注は筆者）と引いている。

　これまで見てきたように、琉球の経済は成化十一年に二年一貢その他を命じられてダメージを受け、附搭貨貿易に翳《かげ》りを見せ、十六世紀の初頭には東南アジアの商戦からも敗退し、坂をころげ落ちるように衰退への一途を辿っていたが、その過程に決定的な拍車をかけたのが、謝杰もいうように、明が東西二洋下海通商の開禁を福建の海商に許したことにあった。その開禁によって、従来琉球にきていた外国船まで来なくなり、福建の海商も主に利巾の大きい呂宋におしかけて行くようになった。この経済的情勢の重大な変化に対応しようとして、琉球王府は明の東西二洋貿易開禁にならって、琉球に国際交易場を開設すべく、万暦三十五年（一六〇七）十月、琉球王府は謝恩の陪臣王舅毛鳳儀、大夫鄭道・阮国、都通事毛国鼎を北京に遣り、そのことを訴えしめた。その時の琉球の咨文によれば、「〈前略〉旧例を稽査するに、原と、朝鮮・交址・暹邏・柬埔寨《カンボジア》と興販すること有り。是れに縁りて、卑国、陸続として資籍するに依るを得たりき。今にいたる迄、三十六姓世々久しくして人湮《ほろ》びにければ、夷酋、指南の車路を諳ぜず。是《ここ》を以て各港に販するを断つこと、計るに、今に六十多年にして、毫も利の入る無く、日に鑠《と》け月に銷《と》けて、貧にして洗ふが若し。況や又、地窄《せま》く人希《まれ》にして、賦税の入る所は、略、出す所を償ひて、期して匱窘なるが如きをや。若し、懇ろに議処するを乞はざれば、則ち国本日々に虚しく、民間日々に罄しからん」（拙著『歴代宝案の基礎的研究』四三九～四四〇頁）と、切々と訴えたにもかかわらず、にべもなく却けられた。

明朝（太常寺少卿夏子陽・光禄寺寺丞王士禎）が却けた理由は、「……貴国、実は、倭夷と市を為すを陰《かく》さば、但だに奸を長ぜしむるを禁ずるを隳るのみにあらず、将来に、中国の憂を遺《のこ》さん。窃かに争奪して釁《きん》を啓き、殺掠の之れに随ふを恐る。所謂《いわゆる》寇を延《ひ》きて室に入るるは、亦た貴国の所為《いわゆる》釁保の計にもあらざるのみ云々」（同書四四〇頁）ということで、倭寇や日本に対する国防上の配慮から出たものであった。筆者はさきに、明の太祖が琉球を招諭して入貢させ、その入貢早々の時点で、他の朝貢諸国には見られないような優遇や特別処置を琉球に与えたのは、倭寇に対する国防上の配慮から出たものではなかっただろうかと推測したが、その推測が当を得たものであるならば、明の冊封体制の中に占める琉球の在り様を示す記号は「倭寇」ということになる。伊波普猷は「古琉球」について書くとき、筆者がこれまで跡づけてきた歴史的現実、現存した史実には、意識的に触れようとしないが、むしろその史実（琉球王府がいかに努力しても光明の見えない長期の逼塞状況）こそ、島津入り以前の琉球、中世琉球史上の根幹をなす流れであったことを忘れてはいけない。

むすび

島津入り以後の琉球社会について伊波は、「今この書（『羽地仕置』）を通読して向象賢の真意のある所を見ると、頻りに『大和の御手内に成候而以後四五十年以来如何様御座候而国中致衰微候哉』と嘆じ、島津氏に征服されて後は、士族が自暴自棄になって酒色に耽り、社会の秩序がいたく乱れたのをこぼしてゐます」（「琉球史の趨勢」）と書き、その時期にすっぽりと魔法の網がかぶせられた結果、その時期に関する歴史研究（羽地朝秀らが推進した琉球社会の近世化）は、筆者の見るところ、仲原善忠一人を除けば、東恩納寛惇や比嘉春潮をはじめ今日まで手つかずのままの思考停止状態に陥っているとおもわれる。島津氏の琉球入り後の約半世紀に当る期間は、琉球のみならず本土の諸藩も、幕藩体制という全く新しい近世社会に適合する為に悪戦苦闘を強いられ、薩藩や長州藩のような雄藩も例外ではなかった。その時期の琉球も中世から近世社会へと脱皮を遂げつつあったが、その過程は、ちょうど薩摩に対し、豊臣秀吉がその強大な軍事力を背景にして検地奉行を薩摩に送り込み、進んだ近畿地方をモデルにして、強制的指導の下に薩摩が近世社会への地ならしをさせられたように、琉球も薩藩の強権力の下に近世化に向けて変革を迫られたものであった。その生みの苦しみにも似た近世社会への脱皮に成功したからこそ、琉球は未曾有の黄金時代を築くことができたのである。

　この時期の改革をなしとげた象徴的な事例の一つに久米村の改革と強化を挙げることができる。その事例を紹介して本稿のむすびにかえたい。

　久米村士族の蔡国器は清代朝貢貿易の基礎を切り拓いた最大の功労者として、『中山世譜』が大きな紙幅をさいて称揚している人物である。その蔡国器について、『蔡氏家譜』は次のように書いている。一六三二年生まれ、「〈前略〉是れは那覇の牛氏沢志掟親雲上秀実の曾孫にして、池宮城親雲上秀統の第四子なり。〈中略〉順治元年甲申八月三十日、年十三歳、贅に入りて思江公の義子と為り、宗祧を承く」とあるから、蔡国器は尚賢王の時に、那覇士族の家から、明の遺民蔡国材（思江公）の家に贅《いりむこ》となった訳である。この蔡国器の例のように、尚賢やその次の尚質王の代から、沖縄の一般家庭の男子が久米村に入籍する事例が増える。その頃になると久米村がすっかり衰微し、その総人口は老若合わせてわずかに三〇人ほどになっていた。そのことは当然のことながら、久米村人の漢学の衰退となってあらわれていた。「順治五年戊子、…旹《とき》に営中、人の能く咨文を作る者無く、故に小位なりと雖も国命を奉じ、咨文を作るを主る」（拙著前掲書、一九〇頁、原文は漢文）とある通りであった。営とは唐営で久米村のこと、小位の者とは梁応材のことである。また『曾姓家譜』によれば、「故明の時自り、国王、中国人三十六姓の唐栄に住居をするを奏請し、世禄以て貢使に供せしが、歴年久遠に洎《およ》びて子姓凋零せり。故を以て本国の宦裔中に于《おい》て、其の文学の尤も著るる者を抜いて之れを補ひ、貢使の選を欠くこと無からしむ」といい、「志美は博学多識にして漢語に通じ、文章を擅《ほしいままに》するを以て」、虞氏京阿波根実基の曽孫の曾志美を久米村籍に入れ、新たに曾姓を興こした次第を述べている（『那覇市史』資料篇第一巻6、三八六頁）。今、その『那覇市史』（上・下巻）を見るに、『魏姓家譜』、『周姓家譜』、『曾姓寡譜』、『孫氏家譜』、『程氏家譜』、『林氏家譜』は、そのように久米村を補強する目的で立てられた家の家譜である。それらのうち、孫氏の元祖諱良秀の父は「日本京界之人」で石橋市右門入道、名は道金という人であった。また有名な名護親方程順則や魏士哲もこれら補強組の家から出た人たちであった。

一六七三年に清国で『三藩の乱』が起こり、翌年靖南王耿精忠は福建でそれに呼応して叛乱した。その時、一時的に勢力を得た耿精忠軍と清朝との双方から帰順を求められた琉球は、その板ばさみの中で危難に陥った。その危難を智謀で切り抜け、琉球の国難を救ったのが蔡国器であった。蔡国器は自己の所属する久米村の総理司と協議し、琉球が清朝と耿軍のどちらの側にころんでも災難を逃れられるように、「清朝の安否を探問する咨文」一通と「耿王を慶賀する啓文」一通とを帯びて福建に行き、機にしたがい変に応じて以てその事を全うすべしと主張した。ところが、久米村総理司のトップは明の遺民であったから、漢族の耿精忠の方に靡いていたらしく、蔡国器の意見を却けた。そこで蔡国器はやむなく国王に訴え、王から久米村に命令が下って蔡国器の案が実施された。その二通の文書を携えて福州に渡ってみると、すでに耿精忠の乱は平定されていたから、啓文を焼きすてて、咨文を清軍の総司令官康親王にさし出した。かくて、琉球国王の清朝に対する忠誠が証明される形となったから、以後、琉球から清朝に要望する朝貢貿易上の諸案件はことごとく認められるようになった。その時の蔡国器の働きと功績は清代朝貢貿易史上最高のものとして、王府の正史『中山世譜』の中で称揚されている。蔡国器の働きについては、拙著『歴代宝案の基礎的研究』の三一五頁以下を見よ。

ところが伊波普猷にかかると、その蔡国器の働きは恥辱であるというのだ。「沖縄人に取っては支那大陸で何人が君臨してもかまはなかつたのであります。康熙年間の動乱に当たつて、琉球の使節は清帝及び靖南王に奉る二通の上表文を持参していつたとの事であります。〈中略〉沖縄人の境遇は大義名分を口にするのを許さなかつたのである。沖縄人は生きんが為には如何なる恥辱をも忍んだのである。「食《モノ》を与ふる《クヰユス》者ぞ《ド》我《ワー》が主也《オシュー》」という俚諺もかういふ所から出たのであらうと思ひます。誰が何といつても、沖縄人は死なない限りは、自ら此境遇を脱することが出来なかつたのであります。これが廃藩置県に至るまでの沖縄人の運命でありました。」（全集第一巻・五十二頁）と。何という清純な書生論であろう。こういう伊波のような書生論で国を経綸すれば、国はいくつあって足りないであろう。

伊波普猷がいかなる意図で薩摩関係の諸論考を書いたのか知らないが、もしも、薩摩支配を脱した明治以降の沖縄人に勇気を与える為にそれらを書いたのなら、それは全くの逆効果で、彼は謝名親方鄭迵の「反間の書」が果たせなかった企図―琉球人と薩摩人を反間させる―を十二分に代行し且つ成功をおさめたといえる。そして琉球近世史を奴隷制社会と総括した彼の扇情的名文の数々は、戦前から戦後の今日まで、我々の多くに自信を喪失させ、敗北感を味わわせつづけている。伊波のそうした論考が史実に基づくものであったならば我々としても一種の宿命論で甘受しなければならないところであった。しかし幸いにも、多くの場合伊波の書いている通りではなかった。

だが油断は禁物である。筆者は沖縄で断続的に顔をのぞかせる琉球独立論は、主に伊波によって定着させられた薩摩の琉球支配論を温床として発芽したものではないかと疑っている。

沖縄でおきた米兵による少女乱暴事件をきっかけにして、在沖米軍基地問題や日米安保問題を問うニュースが全世界をかけめぐったが、その間県内の新聞や東京の月刊誌等にさかんに「沖縄独立」の活字が躍った。沖縄の人間なら―当のその発言者も含めて―、心の底では、「独立」が沖縄の歴史や現実に根を持たない言葉の〝火遊び〟に過ぎないことを知っている。であるから、「沖縄独立」の活字を目にする度に、やり場のない焦燥感と怒りをおぼえた県民が多数いたと思う。

一九九七年二月号の『正論』に、第十二回の正論大賞を、杏林大学教授田久保忠衛氏が受賞した旨の発表がなされている。その受賞理由の記事の中に、次のような文章がある。「…田久保氏は米兵の小学生女児暴行事件、基地所有権の問題等で一気に暴発した一連の沖縄問題は、日本にある米軍基地の七五％が沖縄に集中し、沖縄の土地の約二〇％を米軍基地が占めていることに対する不満が原因との大方の見方に対し、当初から沖縄の歴史に根差した『独立運動』が底流にあることを指摘し、『反米運動』ではなく、『反日運動』であると分析した」（傍点は筆者）と。田久保氏の「沖縄の歴史に根差した」という「歴史」とは、伊波普猷が造りあげた「パンドラの箱」と沖縄戦を主にさしているのでないだろうか。

『文化の窓』No.十九　一九九七年

補　説

私は本稿の項目「一、伊波と東恩納が共同で捏造した琉球近世史」を置き、その冒頭に両者が記述した①「琉球は長良川の鵜」説、②「琉球近世史は奴隷制度」論、③「江戸上り」観を設定した。その①・②・③における伊波と東恩納の例文を、すべて伊波の文を先に東恩納の文を後に並べた。その両者の例文の配置の順序は、本稿を物した時点（一九九七年）での私の誤解によるものである。後に調べて分かったことだが、その①・②・③における両者の各例文は、いずれも東恩納の方が先の年月日に書かれている。その両者が書いた年月日は左の通りである。

①「琉球は長良川の鵜」説
東恩納の例文（明治四十二年）
伊波の例文（大正十五年六月）

②「琉球近世史は奴隷制度」論
東恩納の例文（大正三年一月一日）
伊波の例文（大正三年二月二十日）

③「江戸上り」観
東恩納の例文（明治四十二年）
伊波の例文（昭和二十二年七月九日）

その両者の①・②・③における例文が記述された年月日の厳格は、私が本稿の「はじめに」の中に記した、「何と東恩納が正統派の歴史学者であると思っていた予見に反し、伊波の感情論と同一歩調をとり、伊波がこしらえたパンドラの箱に生命を吹きこみさえしている事実が浮かびあがった」という誤解を訂正することを迫っている。ここに訂正する。「おきなわ」の原義に関する研究を進めていく中で、伊波の論説を調べていて気付いたことだが、伊波が何らかの歴史的論考に関わる場合には、東恩納がすでに記述した論文を、ほとんどそのまま肯定し引用している事例が多い。歴史論考に関する限り、東恩納が先導者で伊波はその追随者であるといっても、決して誇張とはいえないのである。

二〇一五年十二月一日

沖縄を呪縛する妖人・伊波普猷

はじめに

『論語』子路第十三に、孔子と楚の大夫の葉公との問答がある。葉公が「わたくしどもの近郷にまっ正直な男がいる。父親が迷いこんできた羊をくすねたところ、それを告発した」。孔子曰く、「吾が党の直《なほ》き者は、是れに異なり。父は子の為めに隠《かく》し、子は父の為めに隠す。直きこと其の中に在り」と。右にいう「父」は、家庭・故里・祖国におき換えられ、「子」は家族・里人・国民におき換えても同じことがいえるであろう。古今東西を問わず、それは真理であろう。ついさきごろソ連や中華人民共和国で、父親や兄弟・親友を密告し、それが上から奨励されていたことを知り、心をいためたことは記憶に新しい。

同様にある人が自分の郷国の悪口をくり返し言いつのったとしたら、その者はそれだけで胡散くさく見られるか軽蔑されるのが落ちであろう。ましてや言わずもがなのアラを捜し、ありもしないことまで捏造し、本に書いて吹聴したとすれば、それはもう狂気の沙汰であるとしか言い様がない。郷国沖縄についてそれを声高にやってのけた人がいる。伊波普猷である。伊波は史実を無視し、郷里の歴史の本来は明なるものを暗にねじ曲げ、歴史を捏造し、郷国を冷笑し侮辱した。にもかかわらず伊波は、沖縄で最高の敬意《オマージュ》が捧げられてきている。なぜそうなっているのか。その原因はいろいろあるようである。すなわち、伊波の暴論に直接反論できる立場にいた首里や久米村の旧支配階級が、廃藩置県後県政から全面的に身をひき、前近代の琉球の歴史について口をつぐんだこと。置県以後県経済の疲弊化と県経済に占める鹿児島系寄留商人の勢力増大、明治末期から全国的に盛りあがってきた反藩閥意識－沖縄でいえば特に反薩摩－と政治運動、ボルシェビキ派の社会主義思想と唯物史観の日本の歴史学界への圧倒的影響、沖縄戦とそれにつづくアメリカの沖縄統治等々が複合的に作用して、伊波の事実無根で感情的な琉球近世史に対する学問的評価を阻んできていることは疑いないところである。

しかしより直截《ちょくせつ》的な要因は伊波自身のもつ一種独特な学問的カリスマ性にあったことが考えられる。すなわち、伊波が自分の専門分野である言語学やそれを援用した沖縄の民俗研究は純粋に学問的レベルが高く、理知的・理性的であって、前人未踏の業績を残した。一方、同じその伊波が薩摩入り以後の琉球近世史に立ち向かう場合には、非学問的であり、感情的であって、全面的に自分の激情を解き放っている。この伊波の自己の人格の二極分離と、それぞれの極における立場の使い分けは絶妙である。前者の場合には、光と愛に満ち、文体も流麗であるのに対し、後者の場合には闇と憎悪、文体は冷笑的である。この二極に分離した人格は、伊波の垣間みせる内ヅラと外ヅラとにぴったり符合しているようだ。

明らかに伊波の中にはジーキル博士とハイド氏が住み分けている。琉・薩関係について伊波ハイド氏が書いた狂気の言説が学問的に読み解かれて崩壊する前に、伊波ジーキル博士のもつ名声と信望が防護膜《バーリヤー》となって、伊波ハイド氏の言説がそのまま認知され定説となってきているという事情がある。

R・Lスティーヴンスンが描くハイド氏が残忍な殺人者で刑事上の罪人であるのに対し、伊波ハイド氏は倫理上の罪人《シンナー》であり、沖縄人と鹿児島人という隣人同士の間にクサビを打ち込み、故なく沖縄人の憎しみをかきたてたという点では宗教上の罪人《シンナー》でもある。伊波ハイド氏が何の史料的裏づけもなしに、実際の琉・薩関係史

（すぐ後に記す）と正反対のことを書いている次の文章を読むとき、伊波の心の闇の深さにいい知れぬ戦慄をおぼえる。しかもその言説は伊波の青壮年時代から書き始められ、以後みがきにみがいて、彼の最晩年の昭和二十二年に書かれていることを思えば、その琉球近世史を名《ナ》下《サガ》らす執念は不気味ですらある。

島津氏の琉球入りは沖縄人にとつては空前の大悲劇であつて、その時に負うた痛手は心的傷害《プシヒッシェトラウマ》となつて、今尚彼等を悩ましてゐる。私はその時代の沖縄人を、家が破産した為に娼妓に売られて、ヒステリックになつた青春期の女性に譬へやう。島津氏の抑圧から受けた痛ましい傷害は内訌して、彼女の潜在意識中に液中の沈滓のやうに残つてゐる。そしてそれが彼女の意識状態を動かして病的ならしめ、甚だしくそれを掻乱してゐるやうに見える。彼女は島津氏の武力を恐れて公々然と反抗することは出来なかつたが、その反抗心は変装して、見事に島津氏の監督を遁れてゐた。即ち真先に御都合主義が現はれて来た。従つて嘘をつく習慣も出来て来た。自分の国でありながら自分で支配することが出来ず、甘い汁は人に吸はれるのだから責任感が薄（ら）ぎ、依頼心が強くなり、奴隷根性が出来た。それから実際生活に於ては無勢力だから芝居気がたつぷり出て来た。数へたらその外にもまたいろいろあるだらう。これ皆島津氏治下三百年間の制度が馴致した民族性である。

沖縄人に「心的傷害」を与えた伊波

一体何故なのか、的確な理由づけもなしに伊波は、琉球近世史に対し徹底した加虐者《サディスト》であった。彼の出自は脇地頭家の出であり、常識的にも考えられない。首里で過ごした小・中学生時代も、伊波はおおむね満足の様子である。東恩納寛惇が言うように、「彼ほど沖縄を愛した人はいない」という伊波普猷評が正しいのであれば、伊波はでは一体なぜ、愛する沖縄の為に、「島津氏の琉球入りは沖縄人に取っては空前の大悲劇で」なかった事実と、琉・薩の連繋で琉球が経済的・文化的に繁栄し、政治的には欧米の植民地にもならず、琉球の政治家が実は薩摩と幕府を手玉に取っていた事実－『御教条』の中で蔡温がそれらの事実をかなり示唆しているし、昭和十四年に刊行された『鹿児島県史』は、薩摩藩が琉球の進貢貿易から搾取しなかったことを教えているし、今日の歴史研究の成果によれば、これらの事実は不動である－の解釈に一歩でも近づこうとせず、「大悲劇であった」ことをくりかえし書き、またはみがきをかけ、鵜の目鷹の目、琉球史上のアラ探しにこれつとめるのか。

伊波がこれまで頻りにいわれてきているように、彼は決して沖縄の故の自虐者ではなく、彼の右の文章を注意深く読めばわかるように、「大悲劇」の中にいたのは、「沖縄人」・「彼等」・「彼女」なのであって、伊波自身は常に「沖縄人」の頭上に超越し、ひたすら加虐的に冷笑をあびせているだけである。明治四二年に軽薄な「沖縄人の最大欠点」を書いて以来約四〇年間の長きに亘って、伊波は自分の加虐的な妄想で捏造した右のような琉・薩関係論を、『古琉球』、「琉球の政治」、「南島史考」、「孤島苦の琉球史」、「沖縄歴史物語」、「琉球の五偉人」、「琉球古今記」等の中で、飽きもせずにくり返している。

筆者が琉球・薩摩・中国の史料に基づいて研究した琉球近世史は、右のような伊波の加虐史観とは全く相反し、琉球は琉・薩関係をテコとして、日本の幕藩体制における鎖国と経済統制を逆に利用し、清国の冊封体制下の進貢貿易と巧みにリンクさせて、他藩には考えられない経済活動の場につくり変えていた。それはまさに、今日の言葉でいう一国二制に近いシステムであった。伊波は自分の妄想で、琉球が島津の密貿易の手先となったと書いているが、その関係も全く逆であって、実際には、百数十年間も薩摩は、琉球が幕法に違犯しておこなった密貿易の廉《かど》で何度も幕府から厳重注意をうけ、取り締まりの尻ぬぐいをさせられたが、琉球の密貿易は幕末になるまで絶えることはなかった。後年、尊攘や倒幕運動と併行するように薩摩は他の諸藩を相手に抜荷などの密貿易をおこなうようになったが、むしろそれは密貿易の先輩格の琉球から学んだというのが真相であろう。『琉球王国評定所文書』を読むと、那覇の薩摩在番の役々は琉球の抜荷の拠点が久米島と慶良間にあることを本藩に報告しているし、また貢船の那覇出港に先立って昆布などの貿易品を積み込む際、薩摩在番奉行以下の検視下であるにもかかわらず、違法の抜積みが半ば公然と行われていた。薩藩は琉球の密貿易を真剣には取り締まらず、深追いはしない方針であったと思われる。

また伊波は、「彼女は島津氏の武力を恐れて公々然と反抗することは出来なかった」と、見てきたような嘘を平気でついているけれども、琉球は自国が必要だと思った時にはいつまでも正当な自己主張をおこなった。そもそも史料の示す限り、薩藩は琉球の反抗を招くような専制政治を行ったことがなく、琉球に関して何らかの新規の政策が生じたり、方針の変更がある場合には、琉球館を通じて琉球の意向を打診して後でなければ実施しなかった。薩藩が琉球に対して専制的でなかったどころか、むしろ逆に、進貢貿易の問題では琉球の方に振り廻されることが多く、薩藩はそのつど深追いすることをあきらめ、結果として琉球の意のままになったケースは多い。この問題については、仲原善忠や崎原貢もつとに明言している通りであって、後にひき合いに出すことにする。

さて、これらの琉球近世史の真相に照らすならば、琉球の近世史を自分個人の歪んだサディスティックな好みに合わせて捏造し、われわれ沖縄人に「心的傷害《ブシヒッシェトラウマ》」の痛手を与えつづけているのは薩摩ではなく、当の伊波普猷その人である。ではここで、関係史料に基づく琉球近世史の中核となるところを、清代における進貢貿易の歴史を概観してみよう。

明・清交替は一六四四年におこっているが、琉球国王が清の皇帝から冊封を受けたのは、一六六三年になってからであった。鄭成功の反清復明運動が福建でなお強い海上の勢力を保持していたからであった。琉球が始めて正式に入貢し進貢貿易を行ったのが一六六六年であり、その年を起点として二年一貢が琉球の廃藩置県の前夜まで遵守されることになる。

当初、清朝は琉球の進貢貿易の制度を明朝からそっくり継承する方針を示した。換言すれば、『大明会典』に規定されている関係法令をそのまま適用しようとしたのである。二年一貢の貢期や福州を貢道とすること等はその一例であり、この二点については琉球にとっても異存はなかった。しかし『会典』に記載されている二十五項目に亘る貢物が殆どは東南アジア産であり、また附搭貨の交易を北京の会同館に於いて行うという規定は、琉球にとって一大障壁となっていた。しかしそれを改定せんとする琉球の折衝に対し、康熙帝はあっさりとそれを認めた。すなわち前者については、三つの貢物の品目にわずかな変遷があったが、硫黄・銅・錫に落ちつき、それら貢物に対する清国からの回賜も、康熙年間にその定額が決定した。また後者については、交易の場所が福州の琉球館に決まった。そして交易場に指定された琉球館に於いて、琉球や日本産品が輸出されることが始めて認可され、乾隆の中ごろからは銀にして約二〇〇貫の輸出実績をあげるようになったが、この点は明代の進貢貿易には認められず、明代に北京の会同館で胡椒・蘇木・錫という外国産品だけを輸出していたのに比べると、貿易の内容においても画期的な変革がみられた。

またそれらの決定とともに、貢船二隻の外に、接貢船一隻による交易が許され、それら琉球の三隻が行う交易にかかる輸出入税に対する免税が認められ、清代における進貢貿易の制度が確立されていった。また清初には、明朝が許した東西洋貿易における水餉（貿易船のサイズに課税する）の税制をひき継いでいたが、諸外国同様、琉球の船三隻にかかる水餉も免除された。

そのように清朝が明朝からうけ継ぎ、または清朝になってから改定された進貢貿易の公的変遷とは別に、いわば非公式の流れを明末から清初にかけてうけ継がれた負の遺産もあった。それは一般には明・清で陋規と呼ばれ、琉球と薩摩が幕府に報告した琉球史料の中では、「福州遣銀」・「北京遣銀」と呼ばれていた。これらは福州における進貢貿易に関わった清の地方官衙の胥吏に、貿易資銀である渡唐銀のうちからさいて贈賄されたものであった。この琉球の進貢貿易における陋規の起源は、明末崇禎年間にあったようである。この陋規も進貢貿易の一大障壁になっていたが、康熙五十二年・雍正七年、乾隆八年と連続して三代の皇帝によって徹底的に革禁され、雍正帝は交易場である琉球館に石碑を建てて再発を防止した。しかし清朝によるその陋規の革禁の事実を、琉球は幕府と薩摩に対し最後まで秘密にし、依然として渡唐銀の枠内にその遣銀が存続しているかのように見せかけ、また自国の予算書にまで計上し、自他に対する秘密主義に徹した。その秘密主義は、幕府と薩摩に対し進貢貿易からあがる利潤の幅を小さく見せるのが主な目的であった。

このような清代における琉球の進貢貿易の制度上の整備過程において、制定または改定された項目の殆どは琉球の請願によって清帝から認められたものである。清朝が琉球をそのように優遇した理由として、清の歴代皇帝は、福建における耿精忠の乱に際し、琉球が清朝に忠誠を尽くしたからそれを嘉《よみ》してのことであると繰り返し言明した。その表向きの理由の外にも、例えば明の正統帝が、清の皇帝の出身民族である女真族に関して、「彼凡察《ボンチャ》・李満住《リマンヂウウ》輩は、朝廷にては異類に過ぎず、之を畜《やしな》ふに饑窮して来帰せば、則ち衿憫《あはれ》みて之を芻豢《スウクワン》す云々」（『明実録』正統六年二月丁酉）と書いたことに象徴される自民族の負の歴史意識を、清の順治帝以下の歴代皇帝が、かつての自らと同じ境遇にいる小国の琉球の中に、自らの姿を投影して見ていたことも考えられよう。

さて、清代における琉球の進貢貿易については伊波普猷と東恩納寛惇によって先鞭がつけられた。伊波には関係史料を明示した学問的研究は殆どなく、恣意的な歴史評論風の随筆があるだけである。その伊波の説によれば、薩摩は琉球が進貢貿易からあげた利潤の殆どを搾取し、琉球人には死なない程度のものをあてがう植民地政策を施したという。東恩納も伊波の右の見解と大体同じ論調である。東恩納には多少関係史料を使って、琉球の進貢貿易について断片的に研究したものが残っている。しかしその研究は、琉球の進貢貿易が本格化する遥か以前の、右に見たような諸制度がまだ確立されない清初のころに関するごくわずかな研究と、雍正・乾隆期に本格化した以後の研究として渡唐銀の吹替えに関する断片的論考とが見られる程度である。

琉・薩が共同して行った進貢貿易の研究は、始めて学問的研究に端緒を与えた学者は仲原善忠であり、ついで崎原貢と安良城盛昭がつづいた。中でも崎原の「渡唐銀と薩琉中貿易」は、清代琉球の進貢貿易の研究史上始めてうち建てられた金字塔である。仲原は、薩摩の琉球支配と進貢貿易の実態を明らかにしている『琉球館文書』を発掘した人で、同書によって、それまで伊波や東恩納に恣意的にゆがめられてきていた薩摩支配の虚像を大巾に修正し、はじめて「薩摩は支配者の権力をかさにきて、一片の命令で、沖縄を動かしていたような迷信をもつ人が多いが、この覚え書きはその迷信を嘲笑こそすれうら書きをするものはない」(『仲原善忠全集』第一巻、三〇六頁)と明言した人として忘れてはいけない学者である。そして仲原のその見解は、そっくりそのまま崎原と安良城によって支持され容認されている。

三氏が共通して自らの論考の中で、伊波の薩摩支配＝植民地支配論を支える進貢貿易論を批判しているのは偶然ではない。例えば安良城は次のように書いている。

「当時の琉球人は、水中に潜って折角おいしい魚を呑んだと思ふころに引上げられて、すっかり吐出させられる長良川の鵜と運命の類似者であった」

という見解は、これまでほとんど再吟味されることなく、あたかも近世琉球の歴史を考える上で動かすことのできない大前提的な事実とみなされてきたといっても過言ではあるまい。

ところがである。この大前提と思われた事実の信憑性が最近にわかに揺らぎはじめたのである。すなわち、雑誌「日本歴史」一九七五年四月号（三二三号）に掲載された崎原貢「渡唐銀と薩琉中貿易」が関係史料を博捜してこの問題を実証的に検討した結果、「伊波普猷以来の琉球史家が唱えてきた薩摩藩による琉中貿易の莫大な利潤の独占とか搾取とかいう説は大分事実と相違するのではなかろうか」（二八頁）という批判を提起したからである。

この崎原論文は実証性の高い好論文であり、その伊波批判が、数多くの史実的根拠にもとづいたものであるだけに、この論文が沖縄近世史研究に投げかけた波紋は大きいのである（安良城盛昭『新・沖縄史論』一二二頁）。

たしかに安良城が高く評価しているように崎原論文は、進貢貿易に投下する資銀である渡唐銀を、琉・薩が半分ずつ共同で出資していた事実を始めて明らかにし、薩摩が琉球を搾取していたどころか、それとは裏腹に、進貢貿易から手を引こうとする薩摩を琉球が何度もひきとめようとしていた実態をも明らかにするなど、新たに大きな学問上の発見を呈示している。

しかし、崎原を含む三氏が、まだ『歴代宝案』の関係部分に目を通していなかったから、最前筆者が示した陋規＝「福州遺銀」や「北京遺銀」をそのまま渡唐銀の一部を構成する費目として信じ―この点、琉球王府が幕府や薩摩を騙したトリックに三氏も陥っていることになる―、その為、利潤の非再生部分に多額の銀を空費したと判断してしまい、せっかくの伊波批判に画竜点睛を欠く結果になっているのは残念である。仲原は琉球にとって、「(進貢貿易が)国家的な有利な仕事であったかどうか疑問である」(仲原前掲書三四二頁。注は筆者)と書き、安良城は、「進貢貿易に関する三者、すなわち薩摩、首里王府、琉球諸士のうち、首里王府は常に不利な立場に置かれ、赤字に悩まされているのとは逆に、薩摩・琉球諸士は、常にいわゆる『唐一倍』を享受することのできるような特殊な構造を、進貢貿易は有していたのである」(安良城前掲書一二五頁)と書いている。しかし実際には「福州遣銀」などの陋規は三皇帝によって革禁されていたから不要額であったのであり、逆にその分を利潤再生部分に投下することが可能であった訳だから、表向きの―幕府公認の―進貢料三〇二貫の枠内でも、琉球は大巾な黒字を出すことができた。

それだけではない。崎原や安良城が進貢貿易の損益勘定の為にモデル・ケースとして取りあげた琉球の予算書『御財制』は、いずれも幕府公認の琉球の渡唐銀三〇二貫を計上したものであり、その銀額の枠内で考察したものである。しかし実際には、最近刊行された『清代中琉関係檔案選編』によれば、一七二〇年ごろから琉球の渡唐銀は千貫をこえることがザラであったし、三千貫に達したこともあった。勿論、公認の三〇二貫を超過して輸入してきた分は幕法に照らせば違法であり、その超過分についても琉球は薩摩や幕府には極秘にした。そして少なくとも一八二〇年ごろから以降は、薩摩の進貢料と接貢料はともに銀二四貫八〇〇目になった。つまり薩摩は進貢貿易から事実上撤退したのである。

さらにいえば、さきに言及した琉球館において琉球が輸出したものは、『琉球館文書』の関係史料では、「十三貫六百目　二番方売上」(『那覇市史』第一巻二、一四七頁)に該当し、『近世地方経済史料』(第十巻)の関係史料では、「十三貫五百目程(二番方売上御用物料)」に該当するが、この二つは幕府や薩摩に対する報告用の数字であって、実際にはその十数倍ないし数十倍の輸出実績を誇っていたが、かくの如く超過少報告していたのである。例えば最も多く輸出した上位三例を、前掲『檔案選編』からひろいあげると、道光四年－六六五貫（これは同年に免税された銀八三一両をもとに、筆者が試算した税率一・二五％を用いて逆算して求めた。以下同じ）、嘉慶二二年－四七五貫（免税額五九四両）、嘉慶十七年－四六六貫（免税額五八三両）であった。また、台湾本『歴代宝案』によれば、嘉慶十年における琉球の輸出高は銀にして六四九貫七八〇匁であった（四七七四頁）。この嘉慶十年の実例からすれば、右に試算した三例はむしろひかえ目すぎかもしれない。

毅然としていた琉球士族

さて伊波はことあるごとに、琉球の政治家は薩摩に対し卑屈であったと随所に書いているが、事実はその全く逆であった。薩摩藩の財政は、天保年間に財政改革に成功して以後の期間を除いては、常に疲弊していたが、寛永七年（一六三〇）には借金が、銀七千貫とも二万貫とも称される財政危機の中にあり、その打開策として琉球を介する対中貿易拡張が決行されたが、寛永十六年には琉球王府の貿易担当役人数名が薩摩藩の命により処分されるなどの失敗をくり返した。この一連の失敗について崎原貢氏は次のように書いている。

これら一連の失敗を、慶長十四年（一六〇九）の敗戦の結果、琉球側の士気が衰えた為であるとする見方もあるようだが、どうもそれだけではないように見える。というのは進貢船乗組の琉球役人達は自分の取引は損のないようにやっていたようだし、また慶長の敗戦から既に二世代余りも過ぎた天和二年（一六八二）の薩摩藩から琉球王府宛の覚に「〈略〉」とあり、鹿児島の方では福州の様子など知らないと思っているのか、琉球の渡唐役人達は薩摩藩へは高価で劣悪な品物を渡し、皆口を揃えて、最近唐では買物が都合よくいきませんのでと言えば済むと思っているらしいが、我々は長崎でいろいろ聞いているのだ、実に不届至極である、と言っているのである。ここで重要な事は薩摩藩は琉球に騙されたと言っていながら、何の処置もとる事ができず、単に再び同じ事を繰り返したら必ず曲事に申付けると恐嚇している丈だという事である。しかも更に重大な事に、この恐嚇にも拘わらず、琉球側は翌年また同じ事を繰返したのに対し、鹿児島はまた何もする事ができず、却って琉球の機嫌をとり、説得をする姿勢を見せた事である（崎原貢「渡唐銀と薩・琉・中貿易」『日本歴史』一九七五年四月号〔三二三号〕）。

右に崎原氏が書いているようなことは琉・薩関係史料の随所に見ることができる。例えば、『琉球王国評定所文書』第一巻に、享保九年（一七二四）に掛けた薩藩の内部史料を現代語に直して紹介すると左の通りである。

唐から輸入した品物の売却は、京都問屋でおこなうことになっているので、琉球で地方《ぢかた》（琉球）の船頭・水主どもが商売することは、前々から禁止を申し渡してある。それにもかかわらず、去年接貢船が鹿児島に着船した節、その乗組員の内から紗綾や水銀を内密に売出した者がいる。かつ又琉球に於いて、薩摩の者共に白砂糖を売渡し、右の品々を買い取った薩摩の者共の内、大阪へ持登って抜売した者がいたので、大阪町奉行に召し捕られ、入牢の上御僉議にかけられた。右の者共は、薩摩の国法に従って処罰する様にと、幕府から先頃本藩へその身柄の引渡しがあったので、段々と御咎《とが》目を申し付けた。

〈中略〉

琉球に於いて、薩摩の者共へ白砂糖を段々売渡したとのことであるが、その一件は買い取った者共の供述の通り、それに間違いはないかどうか、是れ又僉議にかけるべきである。
右の通りに僉議にかけ、かねて禁止を申し渡した法条に違背した琉球の者共は、琉球の国法の通り罪科を申し付け、その首尾については、本藩に報告すべきである。唐物を買い取った薩摩の者共の供述内容は、別紙の通り書面一通を琉球に渡すから、此の旨を在薩の琉球仮屋在番親方并に仮屋守へ申し渡し、琉球本国へ報告させる様に申渡しなさい。以上（一六〇頁）。

薩摩人である唐物の抜買人は、幕命で薩藩がその国法によって処罰し、琉球人の抜売人は薩命で琉球の国法で処罰することになってい、その拠るべき法律が琉球と薩藩とで別箇に適用されていたのである。そうした法の区別は刑法の適用についても同様に行われていた（同書第一巻、一六三～一六四頁）。

また雍正三年にいわゆる一貢免除問題がおこり、一貢免除を清の雍正帝に撤回させる外交折衝が琉球との間にもちあがった際にも、薩藩は琉球の不手際を追求したが、琉球にひらき直られて結局はウヤムヤのうちに終わっている。問題の発端は、雍正三年に琉球の謝恩使向得功が献じた礼物は清朝の総管内務府に保管され、雍正帝はそれを雍正四年分の正貢にふり換えることを命じたことにあった。しかし琉球は雍正帝のその命令を守らず、貢使毛汝竜らを遣って四年分の正貢を納めた。同帝はそれを受け納れた代わりに、向得功が献じた礼物を六年分の貢物に充てると順送りにし、六年度の貢年には琉球は貢使を全く差遣しなくてもよいという内容の命令を琉球に下した。この雍正帝の一連の命令は善意から出たものであったが、琉球と薩摩にとっては一回の貢船による貿易と一回の接貢船による貿易の機会を失う結果につながり、またそれが前例になることを憂慮したのであった。

そこで琉球は再度雍正帝の命令を破って六年分の貢物を納めた。そのようにして、雍正帝の命令とそれを破る琉球の進貢というイタチごっこがくり返されて、雍正八年の貢物が進貢された。さすがに琉球もそろそろ雍正帝の命令に対する度重なる違犯が同帝の逆鱗に触れるかも知れないという緊迫感の中、さて来るべき雍正十年度の進貢をどうするかという瀬戸際に立ち至ったのである。

将来この一貢免除問題が進貢貿易の妨げになることを憂慮した薩藩は琉球と協議し、清朝の官人に働きかけてこの問題を解決しようとした。そしてこの問題の最終的解決を克ち取る為、琉球の要求に応じて薩藩は清の官人抱き込みにつかう費用として遣銀九五貫目を支出した。琉球はこの九五貫目の遣銀を八年の貢使向克済（前川親方）らに托して北京に遣った。対官人折衝を済ませて帰った向克済は、雍正十年度も進貢できると薩藩に報告した。しかし薩藩はその報告内容に疑いをもった。同藩は、国王宛の礼部の咨文等を調べさせたところ、例格の進貢使を中絶することなく遣使できるということに一着したようには見うけられないが、なぜそのようになっているのか委細申し出るようにと向克済と在番識名親方に求めた。それに対して識名親方らは次のように答弁してひらきなおっている。「此の儀（右の薩藩に対して出した向克済の報告）は、咨文（右の傍点を付した礼部の咨文）表と相違しているので、当夏咨文（同上）の写しを薩藩に差し上げた際、琉球で吟味をつくした趣を委細に報告する筈であったが、それをしなかったのは手落ちであると薩藩ではお考えなのでしょう。（それだからといって）屹《きつ》と御糺《ただ》しになったら、とりわけ事態はむつかしくなるように見うけられます」（同書第一巻一九三頁）と。銀九五貫という大金を支出して折衝させたのに、何の成果もなく、しかもこのような人を喰ったようなひらきなおりに接しても、薩藩は、「以後共無間違入念候様、琉球江可被申越旨、弾正殿御差図ニ而て候」と識名親方に諭したにすぎなかった。なお、右のように薩藩が疑いを抱いた通り、琉球は雍正十二年度の進貢を中断した。

琉球が年々籾八千石余の年貢を薩藩に上納していた以外には、右にみた裁判権の独立や、進貢貿易を含む王府の財政が独立し、また外交権も薩藩から独立していた。一口に琉球は薩摩の附庸国であったといっても、その附庸関係はきわめて緩やかで、柔軟性に富むものであった。その証拠に、薩藩の廃藩置県とは別個に、琉球藩のそれがあったのであり、明治政府は琉球藩王尚泰に旧薩摩藩主島津忠義と同じ侯爵を授爵したのである。

伊波の自我構造

伊波がやみくもに根拠もなく、琉球近世史とその中に生きた人々－主に支配階級であるが－を冷笑し侮辱していることが、伊波のいかなる精神構造から出てきているのか、筆者には全く不可解でありつづけてきた。そこで、エーリッヒ・フロムの『悪について』（鈴木重吉訳）を読んでみた。同書からうけた示唆によれば、伊波はネクロフィラスの傾向の強い人ではなかったかということである。以下に同書によって、ネクロフィリアとバイオフィリアについての一般論を要約してみよう。「ネクロフィラスな性向は、通常人の夢に最も明瞭に現れる。そう云う夢には、殺害、流血、屍体、頭蓋骨、糞便が出てきたり、人間が機械に変身し、機械のような動作をしたりする。しかしこの種の夢はネクロフィリアの傾向がない一般の人々にも見られることがよくある。ただネクロフィリアな人の場合には、この種の夢はひんぱんにおこり、時によっては反復する」。「純粋なネクロフィリアは狂気であり、純粋なバイオフィリアは聖者のものである。たいていの人びとはネクロフィラスなオリエンテーションと、バイオフィラスなオリエンテーションとの特殊な混合であり、ここで大切なのはこの二つの傾向のうち、どちらが優勢であるかということである。ネクロフィラスなオリエンテーションが優位を占める人びとは次第に自己に内在するバイオフィラスな側面を殺していくであろう」。それに反して、「バイオフィリアの完全な現れ方は、生産的オリエンテーションに見出される。深く生を愛する人は、あらゆるところに見られる生と生長の過程に惹きつけられる。かれは停滞するよりも組立てようとする。かれは常に驚異の目をひらき、古いものに確証を見出しそれに安住するよりは、何か新しいものを発見しようとする。確からしさよりは冒険にみちた生き方をしたいと考える。彼の生に接する在り方は、機械的というよりは機能的であり、部分よりは全体を、総和よりは構造をみる。かれが形成し、影響をしたいと思うのは、愛情、理性、自らの範によってであって、力でもなく、物を寸断したり、官僚的態度で人間を物体のごとく支配することによってでもない。かれは単純な興奮よりは、生命と生命現象すべてに喜びをみいだす」という。

さて筆者が最も注目したのは次のくだりである。「しかしネクロフィラスな性格の実例は、審問者とかヒットラーやアイヒマンのような人間の中にだけ見出せるものでは決してない。殺す機会も力も持たない人びとに見られるネクロフィリアは、他の、そして表面だけ見れば、害のない方法であらわれることが多い。常に子供の病気、失敗、将来に対する暗い見通しに関心をもつ母親はその一例であろう。そういう母親はそれと同時に良き変化には感動せず、子供の喜びには無反応で、子供の内部に育ってくる新しいものには何ひとつ気付かないのである。かの女の夢には、病気や死や屍体や流血が出てくることがあるかもしれない。かの女は表面上子供を傷つけることはないが、徐々に子供の生の喜びと生長に対する信頼感を窒息させ、遂には自分自身のネクロフィラスなオリエンテーションを自分の子供に感染させるのである」(以上、同書「三死を愛することと生を愛すること)。

筆者には、右にいう母親のその子供に対する態度は、伊波が琉球近世史に対して示した態度に酷似していると思われる。もしくは、その母親と同じネクロフィラスな態度で、自分の歪んだ好みに合わせて、伊波は琉球近世史を捏造したと見る方がより真相に近いであろう。昭和十五年に、典型的なバイオフィリアの人である柳宗悦は、「沖縄人に訴ふる書」の中で、やんわりとではあるがしかし根源的に伊波のそのスタンスを批判している。「沖縄学の先駆者は、彼の著書の一つに題して『孤島苦の琉球史』と名づけた。誰かこの言葉に胸を打たれないであらう。切々たる想ひが迫るではないか」と筆を起こし、「容易に渡れない孤島であつたことは、独自の文化を保つのにいたく好都合であつたと云へよう。強く荒波に守られてゐたが故に、今もよく古格ある文化を続けることが出来たのである。〈中略〉沖縄が力のない小さな島であると、なぜ嘆くのか。一小島嶼にして千年余年の独自な文化史を有つものが世界の何処にあらうか。却つてあらゆる文化面を小さな空間の中に具備してゐることこそ驚嘆すべきであらう。沖縄は狭いが故に、あらゆる文化がここに圧縮せられ、煮つめられ、結晶されたのだと云つてよい。〈中略〉恐らく今沖縄の人々にとつて、何よりも必要なものは誇りである。何もかも貧窮だと他人も呼び自らも卑下する現状に於て、この萎縮から沖縄を解放するものは、沖縄自体に対する自負心である。その文化価値に関する自覚である。自己の命数を暗く思ふ人々がゐるなら、私は代つて讃歎すべき沖縄に就いて数々のことを列挙しよう」（『沖縄の人文』）と書き、多くのすぐれた琉球の文化の実例を列挙して、萎縮していた沖縄県民を激励した。「沖縄よ、万歳。琉球よ万々歳」と。筆者は、柳が「自己の命数を暗く思ふ人々」の旗振り人として伊波普猷を念頭においていたのではないかと思う。

因みに柳は、昭和十五年に、「沖縄語問題（―国語問題に関し沖縄県学務部に答ふるの書）」を書き、その中に、

「近時本土に於いて、土語を用ゐる文学が繁栄して来たことは著しい現象である。傑出せるものも決して少なくない。〈中略〉近時独逸に於いて、伊太利に於いて、地方の言語、風俗、文学、工芸、建築等の振興策を大規模に講じつつあるのを、如何に批評しようとするのであるか。国家の単位は地方である。地方性の薄弱は国家から特色を奪ふ。地方から生まれた言語を尊ぶことなくして、どこに一国の如実な表現を見出し得ようや。ダンテは彼の『神曲』を伊太利の当時の土語で書いた。

県民よ、公用の言葉としては標準語を勤めて勉強されよ。だが同時に諸氏の祖先から伝はつた土地の言葉を熱愛されよ。その言葉はあの女詩人恩納なべの雄渾無比なる詩歌を生んだその言葉なるを自覚されよ。諸氏の中から沖縄語を以て偉大なる文学を生むまでにそれを高揚せしめよ。その時こそ沖縄の存在は日本全土の注目を集めるであろう。而も世界の人々が翻訳を志して遂に沖縄語を孜々と学ぶまでに至るであらう」(『沖縄の人文』)

と書いているが、その見識の高さには心底から驚嘆させられる。柳のその見識がバイオフィリアに支えられているからこそ、常に生命にあふれ新しさを失わないゆえんであろう。

一方同じく昭和十五年に、伊波がなした談話を筆記した、「方言は無暗に弾圧すべからず—自然に消滅させ《(ママ)》」がある。その談話を要約すると次のようになる。

「言葉といふものは人間の生活と感情と文化に密接な交渉があるから無暗に弾圧すると心理的に悪影響を及ぼし卑下心を起こさせて了ふ、標準語を奨励せなければならぬ事は恐らく何人も異存はないと思ふがだからといつて方言を抑圧する必要はない、嘗てロシアがフィンランドの言葉を弾圧して失敗した歴史があるが民族の言語といふものはさう簡単に亡ぶものではない。若し方言が悪いならば自然に消滅させるのが一番賢明な策である。多数の民族と交渉の薄い価値のない言葉は自然に亡びるから躍起になつて無理に禁制する必要はない、〈中略〉柳宗悦氏が他県人でありながら琉球語のために奮闘してくれる好意に対しては多大の感謝と敬意を表してゐる、私は柳氏の態度は真剣であり純真であると思つて居るが啻だ一つ間違つてゐると思ふのは同氏が言葉と民芸を混同してゐることである。成程民芸品は何処の国の物でも直ちに他に移し植ゑて一般化出来るが方言はさう簡単には普及出来るものではない。沖縄語も直ちに一般に流用出来ると思惟したのは柳氏の勘違ひではなからうか〈後略〉」（傍点は原文のまま）。

ここで公平を期するために一言書けば、柳はさきに出した「沖縄語問題」に関する限り、「言葉と民芸を混同」していないし、「沖縄語も直ちに一般に流用出来ると思惟し」ているヶ所もない。その点は伊波の誤解である。沖縄語に関する柳と伊波の見解を要約すると、柳は「だが同時に諸氏の祖先から伝はつた土地の言葉を熱愛されよ」と積極的愛を述べ、「土語を用ゐる文学」の可能性を将来の沖縄語に期待しており、伊波は「若し方言が悪いならば自然に消滅させるのが一番賢明な策である、多数の民族と交渉の薄い価値のない言語は自然に亡びるから躍起になつて無理に禁制する必要はない」と自然消滅論を述べ、「沖縄語も直ちに一般に流用出来ると思惟したのは柳氏の勘違ひではなからうか」と述べ、事実上沖縄語を使つての文学の可能性を否定している。それからすると、今日、県出身の四人の作家が、沖縄方言を最大限に駆使して獲得した芥川賞が、柳宗悦の思想の系譜と太いパイプで繋がっていることはいえても、伊波の思想と繋がりがあるとはお世辞にもいえない。この自分の専門分野である沖縄語問題においてでさえ、伊波のネクロフィリアはやはり露呈している。

琉球近世史を扼殺するような伊波のネクロフィリアのパターンは、おおよそ次の四つの型からなっている。

㈠　羽地朝秀や蔡温など歴史上の最重要人物が国政の当事者として、薩摩が琉球に対して行った政治をプラスに評価したものを、史料などの根拠を挙げることなく、逆にマイナスの評価に書き換えている。

㈡　伊波が琉球近世史を書いていた期間に、関係史料がまだ発掘されていない場合でも、彼は当該問題に関し見解を保留するのではなく、積極的に踏みこんで断定し、必ず暗黒のトーンで書いている。

㈢　伊波は自己の恣意的に描きたい琉球近世史像にとって、彼自身が不利とみなすか、相反するとみなすような史料や史実を無視し、またはそのような史料と史実を発掘し聞き取る作業を怠った。

㈣　伊波が、琉球史にとって屈辱になり汚点となるとみなしたエピソードや歴史的語句がある場合、遺漏なく俎上に上せて極端に歪曲し、誇大化して琉球史を冷笑している。

右の㈠から㈣までそれぞれについて、思いつくままにいくつか実例を挙げてみよう。まず㈠にあてはまることとして、伊波は次の様に書いている。

『教条』は沖縄人が如何にして生活すべきかを教へた国民読本で、至つて平易な候文で書かれたのであるが、蔡温は劈頭第一に、自国の立場に就いてかう述べてゐる。

天孫氏は国は建てたが、政治らしい政治、制度らしい制度も無く、その上海中の小国で最初から不自由勝であつたから、海外貿易に従事して、国用だけは弁じて来たものの、内乱が引続いて、人民は塗炭の苦しみを受けた。この頃恰度明国に通じたので、制度はやつと出来上がつたが、国人の生活は以前と大差がなかつた。剰さえ兵乱が方々に起こつて、国中の騒動は甚だしかつた。その後兵乱は鎮まつたが、政治のやり方がまづいので、風俗も悪くなる一方であつた。ところが御国元（薩州）の支配の下に生活して以来は、国中万事意の如くになつて政治のやり方もよくなり、風俗も漸漸改善され、今日では上下万民安心して生活することが出来るやうになつた。かういふ生甲斐のある時勢になつたのは、ひとへに御国元の御蔭であるから、この御厚恩はどこまでも忘れないやうに云々。

これがやがて沖縄の孤島苦を道破した言葉であつて、沖縄人の活動は島津氏の監視の下で、非常に制限されたもの―自らはどうしても脱することの出来ない性質のもの―であることを暗示したものである。かつて溌剌たる元気を有して、四方に発展した島民をして身動きも出来ない小天地で、その生活を実現せしめようと、努力した政治家の苦心は、一通りではなかつた。彼はその同胞が他日奴隷から解放されることを予期して、解放された暁、死骸として発見されないように、生かして置く方法を講ぜざるを得なかつた（『沖縄歴史物語』）。

伊波は一片の依拠する史料をあげることなく、「これがやがて沖縄の孤島苦を道破した言葉であつて云々」と余計な穿鑿をしているけれども、蔡温自身は『御教条』のどこにも「孤島苦」について書いていないのみか、むしろその逆に、「海中の小国で最初から不自由勝であった」琉球の自然的環境を克服して、繁栄させたこと、それは御国元の御蔭であったと書いているのである。そして忘れてはならないことは、蔡温のその『御教条』は彼の没後も首里王府に重んじられ、琉球が廃藩置県になる前夜まで、各間切・島の番所役人に毎月二回ずつ読みきかせていたのである。

また伊波は、「沖縄人の活動は島津氏の監視の下で、非常に制限された」と書いているがそれもウソである。一例を挙げよう。建て前として幕府は、琉球の進貢貿易に対する統制を薩藩を通じて行った。だが結果的にいって、薩藩は琉球の幕府法違犯－密貿易を全くといってよいぐらい取締らなかった。例えば幕府の禁制品である昆布（海帯菜）を琉球は福州で大量に輸出することが出来たが、輸出品としての昆布の仕入れ、薩摩領から琉球へのその積み出し、那覇港における貢船（貿易船）へのその積み込みの過程に於いて、薩藩の監視の意図的お目こぼしや黙認がない限り、とても不可能なことである。幕府と琉球の板ばさみに会った時、薩藩はおおむね琉球の側についている。

『清代中琉関係檔案選編』によれば、琉球の福州における昆布の輸出実績は、乾隆二八年で十一万四千五百斤、同三二年には十七万七千五百斤、同五二年以降は十九万六千斤、道光二九年以降は二〇万六千斤と安定的に大量の昆布を輸出している。これらの昆布はすべて琉球の輸出品であって薩藩の分は一切含まれていない。なお昆布を含む琉球の輸出銀高の主な数字を挙げると、道光四年－銀六六五貫、嘉慶二二年－四七五貫、嘉慶一七年－四六六貫、道光八年－四二二貫である。また『歴代宝案』の福建布政司から琉球国中山王世孫尚（灝）に宛てた嘉慶十年九月初六日付の咨文によれば、その年、琉球は昆布を含む品々を輸出し、銀六四九貫七八〇匁を得ている。これらの銀高は幕法によって定められた最高限度額の進貢料三〇二貫を大巾に上まわっている。

本来幕法によれば、昆布に限らず、銀「十三貫六百目　二番方売上」以外には輸出してはならないことになっていた（『琉球館文書』、『那覇市史』第一巻二、一四七頁）が、幕府の目の届かない福州では右の通り大量の輸出がなされていたのである。また本稿の前の方ですでに述べたように、輸入の方に於いても琉球は、幕法による輸入の最高限度額六〇四貫（琉球の進貢料三〇二貫＋薩摩の進貢料三〇二貫）を遥かにオーバーした輸入を行っている。千貫を超して輸入した年度はザラで、時には三千貫に達した年もあった。そのような輸出入における琉球の大巾な幕法違犯は、少なくとも薩藩の積極的ではないにしろ協力がなければ不可能であった筈である。

伊波は、「解放された暁、死骸として発見されないやうに、生かして置く方法を講ぜざるを得なかった」（傍点は筆者）と書いているが、このネクロフィラスな伊波の空想的飛躍に、泉下の蔡温も閉口しているのではないか。

㈡については、例えば、単なる伊波特有の幻想にもとづいて、「島津氏の琉球入りは沖縄人に取っては空前の大悲劇であつて、その時に負うた痛手は心的傷害《ブシヒッシェトラウマ》となつて、今尚彼等を悩ましている。私はこの時代の沖縄人を、家が破産した為に娼妓に売られて、ヒステリックになつた青春期の女性に譬へよう。〈中略〉彼女は島津氏の武力を恐れて公々然と反抗することは出来なかつた云々」（『沖縄歴史物語』）とか、「悪くいへば、琉球には、つい三十六年前まで玉冠・紗帽・五彩巾・黄巾・紅巾・青巾の色々の冠を戴いた美しい奴隷が数限りなくゐた訳である（『古琉球の政治』）と断言している。しかし現存する史料や史書は、伊波の右の言説とは正反対の琉球人像をこそ伝えている。薩摩に対して示した琉球人の気骨についてはさきに崎原氏や仲原氏の玉稿を通じて紹介したから、ここでは幕府と薩藩に対して示した琉球人の心意気について紹介したい。一七一三年、尚敬王が即位し、徳川家継が第七代将軍に就位した。そこで翌一七一四年、琉球は与那城王子を将軍就位の慶賀正使、金武王子を尚敬王即位の謝恩正使として江戸に遣わした。その時琉球国王が大奥に贈った目録と題封に、また老中に送った披露状（当時の書式として、諸侯は敢えて書状を将軍に直接送らず、老中に送って老中から将軍に言上させた。その老中に送る書状を披露状という）に書式問題がもちあがった。その問題について『島津国史』巻之二十九に次のように載っている。現代文に直して紹介しよう。

（正徳四年）十二月、老中阿部豊後守正喬、薩摩藩主吉貴公に書状を送った。曰く、これより先、琉球国王が一位様に献上するとき、目録、題封には皆なひらがなを用いていたが、今日に至っては漢字を用いることに改めている。蓋しひらがなより恭しいと思ってのことであろうが、しかし日本の書式ではそうではない。今後は、およそ後宮に献上するときには、先例の如くひらがなを用いるように、又琉球が老中に披露状を献ずるとき、その書中に大君・貴国・台聴等の語が用いて有るけれども、貴国・台聴は同等の身分の者同士が相敬う詞であるから、琉球が我れに対して施《もちい》るべきではない。〈中略〉二王子に告げて、此の方の事体を知らしめ、ねがわくは此れ等の辞令を改めるべきであると。そこで吉貴公は家臣の児玉宗因・日高次左衛門為一をして、私的に右の老中の言葉を二王子に告げしめたが、二王子は肯ぜずにいった。大君は尊称であり、ちょうど主上というに等しい。それ以上つけ加えることはない。貴国は、他国を敬うの称であり、台聴は三公に白《もう》すの謂《いい》である。一体何の言葉でこの二語に易《かえ》られようか。田舎者のわれらの知る所ではないと。

二十日、金武王子・与那城王子、館人をして書を吉貴公に献ぜしめて曰わく、ひそかに老中がわが国王に宛てた書状を見るに、書尾にはただ中山王とあるだけであり、左旁には館前（「前」は役人の謂か）の字がない。書中にまた〝大命降る有りて、上眷は優渥なり〟等の語に作ってあるけれども、それは皆旧案と異なっている。県官（老中以下の公儀役人。ここは老中を指している）の書式はすでにこのようになっている。だとすれば、敝国がなお大君・貴国・鈞命・台聴等の辞《ことば》を用いるのは、殊にその宜しきを得たものではない。即ち明年老中に答復する書状に、一体何語を用いればよいのか、どうか書式を示されよ、中山王に復命しますからと。

二十七日、琉球使者、大君、貴国等の辞《ことば》を改めるを肯《がえん》ぜず、又老中書中の大命・上眷等の語に対して疑問をもち、且つ書式を請うた。

五年乙未春正月、吉貴公は老中阿部豊後守に書状をおくり、琉球使者の意中を告げ、どのように対応すべきかを伺った。老中阿部は指令した。琉球は先世の尚貞王の書には皆な和文式に従い、御字・候字・誠恐謹言等の語を用いていたが、尚益王に至って専ら漢文式に従い、辞令には往々その当を欠くようになった。蓋し我国の故実と現今の時宜を知らないからであろう。今後は尚貞王の先例の如く、和文式を用いるのをよしとすると。

さいごの正徳五年の記事にあるように、結果として、琉球から幕府に遣った書式に和文式でなされるようになったであろうが、その過程においては、琉球の使臣（二王子）は幕命にすぐには応ぜず、また幕命をうけて説得の労を取らしめた薩摩藩主の意向にも従わなかった。説得に当たっては吉貴公も二王子に遠慮し、家臣二名に私的な形で打診せしめている程である。これとは別の問題で仲原善忠が、「薩摩は支配者の権力をかさにきて、一片の命令で、沖縄を動かしていたような迷信をもつ人が多い」と書いているが、そういう迷信の生みの親が伊波普猷なのである。

伊波普猷の言説ぬきに書かれた琉球史は、われわれに実にみのり豊かな想像力をかきたててくれるものである。例えばG・H・カーの『オキナワ―島の人々の歴史』がそうである。その中から或る琉球士族についての記述を紹介しよう。

マックスウェル艦長がある日一群の琉球人を晩餐会に招いた時、琉球国王の健康の為に乾杯をささげた。と、ただちに客人のうちの一人が温か味と情感いっぱいに通訳に話しかけ、国王に対する乾杯の辞にわれらがいかに感謝しているかを、通訳してくれるように頼んだ。すなわち、貴艦から帰った後、われらはま心をこめてこの感謝の意を国の者なみにお話するでありましょうと。そしてそれと同時に、インゲリース国王に乾杯をささげたいと申し出たのである。この似たような状況のとき、中国の官人ならばほとんどまちがいなく、いつものチン・チン（つまり両こぶしを握ること）をし、鼻をすりにやりと笑って型にはまった時代がかった仕草をし、また彼の専制君主の名が（乾杯の辞で）あからさまに云われることに対し、奴隷的服従心を示して頭を下げたことだろう。しかし、我方から受けた礼儀に対して自分が返礼する段になると、彼には、イギリス国王の健康の為に乾杯をささげようなどということは、さらさらないであろう。その琉球人の礼儀作法の立派なことといったら、北河の近くで会った中国人の田舎者ぶりをおもいおこさせられたものだ。いく人からの清朝官人がいたが、彼らは大使一行とともにもてなされるにはやや官位がひくかったけれども、招待されてわれら将校ともども晩餐会をもったことがあった。そのうちのだれそれは、鳥の脚肉をかじった後、よく無造作に、自分の近くの皿ならどれでもおかまいなく、食べがらをその中にほうり込んだものだった……（二五四頁。原文は英語）。

㈢についていえば、筆者が思うに、伊波の描きたい琉球歴史像とは、本来は琉球近世史に横溢している活力を殺ぎ、多様性と奥深さを単調にし、多彩なドラマ性を孤島苦の退屈さにひきずりおろし、矮小化した歴史像である。琉球近世史の空間に生命力が微弱で、成長がなく、亡びへと退行するイメージ——これこそが伊波が空想し、望んでいたものであろう。伊波の琉球近世史に対するネクロフィラスな支配欲と所有欲にとって、それが活力と多様性とドラマ性があっては困るのである。彼の手に余っては困るのである。そこに、伊波が琉球近世史をゾンビにして〝愛した〟理由があったのであろう。

『文化の窓』No.二十　一九九八年

（承前）沖縄を呪縛する妖人・伊波普猷

伊波は、「今この書（『羽地仕置』のこと筆者注）を通読して向象賢の真意のある所を見ると、頻りに『大和の御手内に成候而《て》以後四五十年以来如何様《いかさま》御座候而《てカ》国中致衰微《すいびいたし》候哉《や》』と嘆《たん》じ、島津氏に征服されて後は、士族が自暴自棄になつて、酒食に耽り、社会の秩序がいたく乱れたのをこぼしてゐます」（「琉球史の趨勢」）と述べているが、その島津入り後の五十年間こそ、向象賢羽地朝秀が自著に書いているように、他の琉球史のどの時期にも劣らない程の力に満ちた時期であった。まず第一に、琉球文化の独自性をそのまま残しつつ、琉球の社会が中世から近世社会へとダイナミックに移行するのに成功し、しかも日本の他藩に時期的にも内容的にも遅れをとらなかったことである。

第二にその時期に多くの産業や工芸が新しく勃興したことである。とりわけ、一六二三年に儀間真常が始めて黒糖を製し、一六四五年にはその商品化に成功した。以後黒糖は換金作物として琉球国財政の大黒柱となったばかりでなく、日本の産業史上に刻印された金字塔になった。薩藩は永い財政窮乏の末、十九世紀の初頭には、経常収入が十四万両に対し、藩の負債が五〇〇万両に達し、財政の崩壊状態に陥っていた。同藩では調所笑左衛門を起用して藩政改革に着手し、その莫大な負債を返済した上、二〇〇万両余の貯えをなすことに成功した。外に見るべき産業や換金作物に乏しかった同藩にとって、財政改革の大成功の裏には、琉球で誕生し大島へ渡った黒糖産業があったのである。

さて、『伊波普猷全集』第十一巻所収の年譜によれば、伊波は東大在学中の休暇帰省の際、母方の祖父から旧藩時代の話を聴取採録したという。とするならば、伊波は当然、彼自身の高祖父新参・許田普本の功績により、新参家から譜代家に栄進させているが、その普本の活躍についても聴取した筈である。今日でも那覇や泊で、盛んに対清国貿易を行い財をなした家が多数あったことが知られている。しかし残念至極なことに、伊波普猷のいわゆる祖父「普薫」（実は普達、そのわけは本稿の末尾に付記する）と同時代の故老から中国貿易につき、明治時代に聴取採録された記録が残っていない。その問題につき聴取採録しうる最も恵まれた時代と環境にいたのが伊波普猷であった筈である。しかし伊波はその種の魅力あるポジティヴな作業を全くネグレクトしている。普猷の高祖父普本も対清国貿易で巨富を築き、首里王府から譜代株を買ったものと思われる。その対清国貿易は私貿易であって、琉球王府にとっても清国政府にとっても密貿易であって国禁であったのである。

その対中国私貿易は猥雑なまでに活気に溢れたものであったから、伊波のネクロフィラスな性向には堪えられなかったのであろうか。その頃、鳩目銭十六万貫（金貨に換算して三千二〇〇両）を出すと士族の新参株、新参家がさらに十六万貫文を出すと譜代株を王府から買うことができたという。普薫の葬式の時の思い出話として、伊波が「祖父さんの領地の伊波村から沢山の人がやって来て行列に加はったのも覚えてゐる」（「私の子供自分」同『全集』第十巻　八七頁〜）と書いているから、伊波普薫は譜代家の当主として美里間切伊波村の領主（脇地頭）になった人であろう。

さて柳宗悦は伊波の『孤島苦の琉球史』を意識して、やんわりと、だがきっぱりと批判している。そのことについてはさきにすでに紹介した通り、柳が文化面から伊波の琉球史観を批判しているから、筆者は琉球の近世の海運史（琉球・福州間と琉球・薩摩間の王府が行った公的海運を除く）の側面から、伊波の孤島苦論に反論してみよう。

台湾本『歴代宝案』によれば、康熙四十八年（一七〇九）から咸豊九年（一八五九）までの一五〇年間に那覇、泊、久米島、宮古、八重山等の私船や公有船が二五六回も清国や朝鮮に漂着した記録がある。それらのうちの多くは貢祖の運搬船であったが、その外に、那覇や泊から各離島に商品を運ぶ私商船も多く、また明らかに始めから清国での貿易を目的としているらしい船も少なくない。

これらの遭難船は沈没を避ける為、実に夥しい数量の米、麦、塩、黒糖等の貨物を海中に投棄し、また多くの人命が失われた。言語に絶する悲劇が毎年のようにくり返された訳だが、ひるがえってそれらの事象を歴史としてみれば、琉球近世史を彩るエネルギーと生命の躍動としてとらえることもできる。

康熙五〇年（一七一一）、琉球国難夷（難は遭難者、夷は清からみて外国人の意）神山等男女三二名と西表等四二名が清国へ漂着し夷福州の琉球館に安挿せしめられた。また同五三年、難彝鳩間与人《ゆんちゅ》等四三名が粤《えつ》東新埠《ぶ》地方に漂到し、廻送されて琉球館に安挿せしめられた。実にこのように遭難し廻送されてきた多くの琉球人が、毎年進貢使等の首里王府派遣の使節一行とともに琉球館に安挿させられていたのである。清朝政府は右の鳩間与人等に対し、神山等の例に従って、琉球館に安挿中一人につき毎日塩菜銀六厘、米一升を支給し、帰国に当っては一人につき行糧（旅費）一ヶ月分を給与した。清朝政府によって、この給与例が前例として設定され、以後これに従った。その外に、遭難船の修甫料も清国もちであった。これらに要する清朝政府の出費は非常に大きかった。

我々が忘れてはならないことは、右の夥しい数の遭難船の外に、より多くの遭難しなかった貢祖船や私商船が琉球の領国内を往来し、また琉球、薩摩間を双方の船舶が往来し、進貢船や接貢船、慶賀船や謝恩船、冠船や迎接船等が琉球、福州間を梭のように往来し、また『歴代宝案』によれば、康熙三九年（一七〇〇）から同治元年（一八六二）までの一六二年間に、清国人や朝鮮国人の持船が八八回も琉球に漂着している。朝鮮語を通訳できる泊村の人までいたのである。中頭の美里間切や具志川間切の吏員が那覇に出張するとき、嘉手納の比謝川から船で往来していたことを付け加えておこう。

伊波普猷がいみじくも、「私の祖父さんは、〈中略〉奮発して支那貿易を始め、六七回も福州に渡った人だ」(「私の子供自分」)と書いているが、彼の祖父「普薫」(実は高祖父普本の事蹟と混同しているようだ)は福州との私貿易業者であったと思われる。漂着に名をかりた、あまりにも多くの私貿易船が清国に渡航するので、それが進貢貿易の妨げになることを恐れた首里王府は、乾隆十四年(一七四九)、次のような禁令を発した。

一御当国(琉球)之儀

天朝江進貢之御勤就被遊候、段々被為蒙《こうむらせられ》御高恩《を》候得共、御報謝向、御本意之侭《まま》ニハ不被為叶《かなわせられず》。是さへ平常御残念《ござんねん》被思召《おぼしめされ》候処、又候《またぞろ》御領国之船々唐漂着、御厄害相成候儀共有之、猶々御不安之御事候。右ニ付而《て》者《は》いかニもして唐江不致漂着様ニとの趣者《は》、従前々被仰渡置《おおせわたしおかれ》候処、頃年《このころ》以来、打続漂着、殊ニ去年共者、数艘之事ニ而、御厄害之程難申尽《もうしつくしがたく》候。船乗方《ふなのりがた》儀者、以前より格別達者ニ為成来由《なりきたりたるよし》候処、何様之訳ニ而、前方より却而《かえって》繁々致漂着候哉。漂着之者として、段々難有《ありがたく》蒙御慈愛候儀をしたへ(慕い)候節ニ候歟《か》、抑《そもそも》又売買之心掛共ニ而、態々《わざわざ》乗行候歟、何分雖為下賤之者《げせんのものたりといえども》、あながち左までの心底《しんてい》ニ而《て》ハ有之間敷候得共《これあるまじくそうらえども》、餘《あまりに》為続漂着《ひょうちゃくをつづけるため》ニ而、唐官人衆も、件《くだん》之趣被相疑《あいうたがわるる》由候得者《ば》、依躰《ていによりては》、進貢之御故障ニも可成立哉、と千万御心遣《こころづかい》之儀候間、以来之締方《しまりがた》猶厳蜜可被申渡との事候(『公事帳』、ルビ・句読点等及び注は筆者)。

また同様の禁令は道光十二年(一八三二)にも発せられた(「船改之覚」『那覇市史』第一巻二、二八八頁)。これによれば、「頃年御当地の船繁々唐へ漂着有之、去戌年(一八二六)分而《わけて》厳敷《きびしく》御締方被仰渡置候処、其以来も年々漂着不相絶、就中《なかんづく》去々年は四艘前後も唐漂着有之」と、「唐漂着」が絶えず、王府の禁令の実が挙がっていないことを示している。また、「態々商売の心掛を以て乗行候筋に、（清朝の）官人衆（に）被相疑、何様御難題可成立儀も難計《はかりがたく》、甚御心遣の御事候条」と、乾隆十四年の禁令と同様、進貢貿易への悪影響を心配し、琉球の私船が洋中で遭難した場合には、「乗前《ふなのり》等心の及尽吟味、唐の地方乗迦《のりはずし》候様随分可相働候」と命じたけれども、さきに言及したように、『歴代宝案』の遭難記録によれば、こうした禁令には何の効果もなかったことがわかる。

　さて右に示したいくつかの史料や史実が示しているように、琉球の領国内の島々を結ぶ海上交通は活気を帯びていたのであるから、伊波の個人的観念論に基づく『孤島苦の琉球史』は、少なくとも琉球近世史に関する限り、再検討される必要があろう。

　（四）についていえば、伊波は孤島苦《シマチャビ》、フタカチャ、空道、食を与える者ぞ《モノクヰユスド》我が主也《ワーオシュー》等、琉球史上にあらわれた語句を、琉球人の心性の卑しさを示すものとして、くりかえしくりかえし取りあげ、随所で冷笑をあびせている。しかしそれらの語句中のフタカチャについてだけは伊波は何の語釈も施していない。それは本来は琉球史上では肯定的意味で使われているが、伊波特有のレトリックで、いずれも否定的意味にねじ曲げられている。

　伊波のいう「フタカチャの御世」とは、実際には、さきにも言及したように、中世社会から近世社会へと見事に移行をとげ、また黒糖に代表される諸産業を勃興させた光輝ある時期と重なるのであり、またその時期に活躍した琉球士族の金応元は、明国が琉球に禁止していた生糸の貿買を回復し、その交易方法についても自分の側から積極的に提案して受け入れさせている。その時の交渉相手は明末の蒙塵《もうじん》王朝であった光弘・隆武の両政府であったが、その時金応元は明・清交替の戦火をくぐって奮闘し、両朝の礼部や布政司の高官を追い使っていたという印象がつよい。その貿買回復の一件は、明清交替によって一旦は水泡に帰したように見えたが、その時金応元が残した実績は、後に王府が、清朝の順治帝と康熙帝に前例として認めさせることになる。

またいわゆる「フタカチャの御世」に、殆ど廃村になっていた久米村（明初以来琉球に住み、琉球の明朝に対する外交文書や航海術の担当者として、琉球の進貢貿易を中核的に担っていた明人の子孫がいた村）に、沖縄オリジンの者を入れるなどして見事に復興させたのもこの時期である。この問題については本誌十九号で詳述した。

次に伊波がまるで鬼の首でも取ったかのように空道、空道とあげつらっている空道とは、一体、琉球近世史の中ではどのような位置づけになっているのであろうか。琉球王府が行使した空道の初例は康熙十五年（一六七六）であった。『蔡氏家譜』の蔡国器伝（『那覇市史』第一巻6、二九八～三〇〇頁）にそれに関する詳細な記事が漢文で載っているから、現代文に直して左に紹介する。

〈前略〉康熙十五年六月十九日、福建靖南王耿精忠の差人（使者）游撃陳応昌が奄美大島に到った。耿精忠が福建を拠点にして謀叛した時のことだ。それで陳応昌等を中山に遣って、火薬の原料となる硫黄を求めさせたのである。そんな訳で王命を奉けて、蔡国器はその迎接使となった。六月二十一日、通事の曾益伊祖親雲上（蔡国器同様、沖縄オリジンの久米村士族）とともに那覇を出発し、伊野波の沖に到ったところ、適々《たまたま》陳応昌の乗船に逢った。そこで即座に下程《かていむん》（酒食）を送り、その船を引導して、六月二十七日に那覇港に入った。

康熙十五年十月二十四日、蔡国器は年令四十五才で、使命を奉けて接貢を探問する正議大夫となった。これより先、康熙十三年三月、福建靖南王耿精忠が謀叛したが硫黄が不足したので、丙辰年（一六七六）、特に游撃陳応昌を遣って琉球に到らせ、硫黄を乞わせた。その時陳応昌が云うには、靖南王は寛徳厚仁の人で、遠近の人が望仰している。今、大いに義兵を起こして清朝を伐っているが、向かう所敵無く、すでに天下の半分を取り、両三年内には必ず天下を手に入れるだろう。琉球も今帰順すれば、万世にわたって無事である。もし日和《ひより》見《み》をして順わないようなことがあれば、恐らくは後に患があるだろうと。そこで琉球では硫黄を送って陳応昌を帰した。陳応昌が定海まで帰着すると、耿精忠が擒われたと聞いたので、大いに驚いて硫黄を海中に投棄した。船上には盲人ただ一人を置き去りにして、陳応昌は山路を辿って家に逃げかえった。清の閩安鎮の兵船が巡海中にその船を拿捕してみると、船中にはただ一人の盲人がいるだけであった。そのわけを尋問して陳応昌が琉球に到ったことを知り、ついにその次第が官に報告された。康親王はその報告をうけ、陳応昌を捕らえてそのことを尋問すると、陳応昌が対えていうには、余は耿王の命を奉けて琉球に到り、硫黄を乞い求めたけれども、琉球は肯えて与えなかったので、手ぶらで帰って来ましたと。ここにおいて、康親王はその尋問の内容を康熙帝に啓奏した。本国は耿精忠が謀叛して三年間も福建に往くことができなかったので、謀叛の勝敗を知る術もなかった。故に琉球では陳応昌を帰した後、特に蔡国器に命じて探問の大夫とならせたのである。その時、（外交文書の担当者であった）総理唐栄司（久米村）は、ただ耿王の戦勝を賀する啓文一通を作って、福建にゆかせることを主張した。蔡国器はこれを聞いて窃《ひそか》に思うに、方今《ただいま》、耿王と清朝とが相対峙しており、勝敗の行方はまだわからない。もし陳応昌の言い分を信じて、ただ一通の啓文だけを帯びてゆき、万一逆の形勢に変じた場合、その事態に対応できなくなって、琉球の国家の盛衰にかかわることになっては一大事である。どうして率爾《かるはずみ》に往くことができようか。ぜひとも総理司とよく商量《はか》って用心の為に清朝の安否を探問する咨文一通と、耿王の戦勝を慶賀する啓文一通とを帯びてゆけば、臨機応変に対応し、使命を全うすべきであると。遂に蔡国器は総理司と商量《はか》ったところ、総理司は耳を借さなかった。し方がなく蔡国器は自分の案を三司官に上呈し、国王に転奏させた。国王はその案を大いによしとして云った、これこそ誠に万全の計であると。その国王の言の通りに総理司に下命され、咨文と啓文各一道づつ作成され、採問の大夫蔡国器に与えられた。そして翌年（一六七七）三月十日、蔡国器は二通の文書を捧《も》ち、都通事曾益《そうえき》伊祖親雲上《いそぺえちん》等とともに、那覇を出港して閩に向かった。定海に到ったとき、康親王が十万の兵を率いてき、早くもすでに福建を平定したことを問知したので、即ちに耿精忠への啓文を焼き捨て、清朝への咨文を上呈し、恭しく清朝の安否を問うた。康親王は蔡国器を召し寄せて、かまをかけて問うた。余《われ》が聞いた所では、耿王は使者を琉球に遣って硫黄を求めさせたというが、琉球はそれを与えたという。どんな訳で清朝に負《そむ》いて耿王を助けたのかと。蔡国器は対《こた》えていった。琉球は清朝の鴻恩を蒙ってすでに久しい、どうして敢えて清朝に負いてまで耿王を助けたりしましょうや。確かに耿王は陳応昌をわが国に遣《や》って硫黄を求めさせたが、ついに与えることなく他《かれ》を帰しました。故に国王は此の番《たび》咨文を上《たてまつ》って恭しく清朝の安否を問うのです。若しも耿王を助けていたのなら、清朝の安否を問いませんと。蔡国器のこの発言は陳応昌を尋問した時の答弁と一致していた。そこで康親王は蔡国器の言を信じ、その内容を康熙帝に奏聞した。本国は、蔡国器のこの権謀があったお蔭で今日に至るまで貢典が絶えず、しばしば聖恩を蒙っただけでなく、本国が奏請してお願いしたことはすべて天子のお許しを蒙るようになった〈後略〉。

右の蔡国器の国家の浮沈に際しての大功は、『中山世譜』巻八、康熙十六年の条にも採録され、大いに称揚されている。当然の評価だと思う。それに反して伊波普猷は、この蔡国器の働きについて、

沖縄人の境遇は大義名分を口にするのを許さなかつたのである。沖縄人は生きんが為には如何なる恥辱をも忍んだのである。「食を与ふる者ぞ我が主也《モノクヰユスドワーオシュー》」という俚諺もかういふ所から出たのであらうと思ひます

（この俚諺は、第一尚氏を倒して第二尚氏王朝を建てた尚円革命の時の安里大親の発言であって、ここにも我田引水の為には平気で史実を曲げる伊波独特のレトリックがあらわれている－筆者注）。誰が何といつても、沖縄人は死なない限りは、自ら此境遇を脱することが出来なかつたのであります。これが廃藩置県に至るまでの沖縄人の運命でありました（『全集』第一巻、「古琉球」五二頁、傍点は筆者、伊波のネクロフィリアのあらわれ）。

と書いているが、蔡国器の歴史的英断に対する見当ちがいもはなはだしいばかりでなく、伊波特有の妄想から妄想へと自在に飛躍している様が歴然としている。

そもそも靖南王耿精忠とは如何なる人物だったのだろうか。その祖父耿仲明は、雲南の平西王呉三桂、広東の平南王尚可嘉等とともに元は明の武将であったが、清軍が明軍を攻めた時、清軍の方に寝返って明の滅亡に大功をたてたということで、福建に封ぜられて靖南王となった人である。耿精忠はその祖父の封号を父耿継茂につづいて受けたが、呉三桂らに呼応して福建で三藩の乱を興こし、滅清復明《めっしんふくみん》をスローガンとした。しかし一般民衆はその祖父耿仲明の明に対する裏切り行為を熟知していたし、また明末の堪えがたい苛斂誅求《かれんちゅうきゅう》に辟易《へきえき》していたので、むしろ清軍を歓迎し、耿精忠らを見限っていたのである。何のことはない琉球王府は中国の民衆が選んだ清朝を選んだにすぎなかったのである。その正しい選択がなぜ、「沖縄人は生きんが為には如何なる恥辱をも忍んだのである」と伊波に罵倒されなければならないのか。

世界史上外交上の失策によって亡びた国は多い。今日、超大国のアメリカでさえ、将来期待されている中国の巨大な貿易市場を失うことを恐れて、国是である筈の人権外交を手控えているではないか。妖人伊波普猷の目には、愛国者蔡国器の忠も癪の種であったようである。大国が国力をバックに権謀術数《けんぼうじゅつすう》のかぎりを尽くして小国をいじめるような外交を、伊波が槍玉に挙げるのなら話はわかるが、琉球のように平和外交以外に国を運営する術のない小国の外交努力を、しかも自国の外交努力を、どうしてくり返しくり返し冷笑するのだろうか。伊波は最晩年になってまで、『沖縄歴史物語』の中で「空道」を晒しものにしている。

伊波は「モノクユスドワーオシュー」という言葉が、第一尚氏の尚徳王が第二尚氏の金丸尚円王にクーデターで倒された時、尚円を支持する安里大親が発したものであることを熟知している。伊波は他のヶ所ではそのように正しく書いている。その尚円革命の際に発せられたモノクユスドワーウシューという言葉が、古代中国で天子としての徳を失った皇帝が、徳のそなわった君子に取って代わられるという易姓革命と一脈道ずる沖縄版として、正しい政治思想であることを、伊波以前の琉球史は教えている。「空道」もそうだが、そのプラスの精神的遺産を伊波は、「沖縄人は生きんが為には如何なる恥辱をも忍んだのである」と全く逆の方向にネジ曲げて、重く屈辱的な負の遺産に変えている。伊波は、自分自身の内なるネクロフィラスな願望を、おそらくは自ら意識的に捏造することによって、琉球史特に琉球近世史の中に投影しているのではなかろうか。

伊波普猷の影響

歴史家安良城盛昭が伊波を批判して、

「当時の琉球人は、水中に潜って折角おいしい魚を呑んだと思ふころに引上げられて、すつかり吐出させられる長良川の鵜と運命の類似者であつた」

という見解は、これまでほとんど再吟味されることなく、あたかも近世琉球の歴史を考える上で動かすことのできない大前提的な事実とみなされてきたといっても過言ではあるまい（『新・沖縄史論』一二二頁）。

と書いているように、伊波の書いた近世琉球史が沖縄県民にとって、〝空気〟のようにあたり前の〝事実〟になっている。それは今日では県民の各界各層の人々の中に根付いてしまっているといってもけっして過言ではない。しかも多くの県民は、〝薩摩の琉球に対する植民地支配〟などという虚無感に導くその敗北史観の発信源が、伊波普猷であるということを知らない程である。

伊波の妖のある文に中毒した最初の歴史学者は東恩納寛惇であろう。東恩納は、まるであやつり人形のように、進貢貿易＝「長良川の鵜」説、「琉球近世史は奴隷社会」論、琉球人の「江戸上り」見せ物論等において、伊波の後塵を拝してついてまわり、しかも表現方法まで伊波の口うつしである。そのことは本誌№19で紹介した通りである。（今この段落の中で犯した、伊波と東恩納との間の影響関係を逆の方向に誤解したのと同じ筆者の誤謬を『文化の窓』№十九の「伊波普猷・東恩納寛惇と薩摩」の補説で訂正したので参照されたし）。

東恩納は昭和八年一月に、「本県郷土史の取扱に就いて」という講演を行い、その中で、「沖縄では、支那との交易のものを全部、島津の手によつて、搾られてゆく、後は何も残らない当時の沖縄の生活は、甚だみじめなものであつた。今日沖縄が疲弊困憊してゐる因である」（『東恩納寛惇全集』一、四二三頁）と述べ、伊波の敗北史観の忠実なスポークス・マンをつとめている。

それぐらいだから、幕府の許認可のもと、琉・薩が二人三脚で行った進貢貿易の真相－実際には琉球が薩摩と幕府の統制に従わず、福州での輸出入において大規模な貿易を行なっていた―の解明を、東恩納に期待するのはどだい無理であった。歴史学者とて人の子である。自国の「悲惨」な歴史―実は伊波がフレーム・アップした琉球近世史―の研究に、東恩納が気のりがしなかったのも当然であったと思われる。それは筆者自身の追体験からそう思うのである。つまり、筆者より十年位先輩を含む本県出身の同世代者で、大学卒業後のかなりの期間、琉球近世史を研究の対象にした人は皆無に近いということである。そのような筆者の同世代者の多くが、琉球近世史に対し東恩納と同じ気持ちを抱いていたのではなかろうか。伊波の琉球近世史を全面的に信じていた筆者の若い頃には、「薩摩」とか「鹿児島」とか「島津」などという活字を目にするたびに心理的アレルギーをおこしたものである。従って薩摩関係の史書なり史料集を読んでみたいという気などおこりようもなかった。じゃあ中国関係の史料集や『歴代宝案』の類だって読まれていなかったではないかといわれるかも知れないが、それは単に漢文が難しかったからにすぎない。紙屋敦之氏が、「薩摩藩の研究には、伊地知季安・季通父子の編纂した『薩藩旧記雑録』前編・後編・追録・附録が重要な史料集であるが、一部の研究者を除いて、沖縄側の研究者にあまり利用されていない。薩摩側の史料を正当に用いて、正確な史実の発掘が望まれる」（『幕藩制国家の琉球支配』四〇〜四一頁）と指摘していることは、全くその通りである。一九八〇年代のはじめに、筆者も伊波の言説に疑問を抱いてはじめて、昭和十四年に刊行された『鹿児島県史』を読み、伊波説の根本的見直しの決意に踏み切ったのである。

東恩納が伊波とちがう点は、「それから私の講演であるが、いつも講演の度に悪口めいた事をいつたやうに思ふが、これは決して悪口を云ふ積もりではなく、皆様の奮起を促す心情に外ならないから御容赦を願ひます」（「本県郷土史の取扱に就いて」）と発言しているところにあらわれている。しかし伊波にはこの種の弁解が一切ない。

その両者間における心情のちがいは一見とるに足らないことのように見えるが、実はこの両者間の差違の中に伊波の為人《ひととなり》が焙り出されていると思うのである。両者間には異質から異質をへだてる、こえられない心理的ギャップが横たわっているのである。伊波の側におけるネクロフィリアとナルチシズの闇のギャップが。

進貢貿易に関する伊波説を学問的に批判した後で、安良城盛昭は次のように書いている。

以上指摘した進貢貿易についてのやや複雑な事実は、勿論、伊波の生きていた時代には、全く知られなかった事実であり、このような事実の存在を予想していない伊波説によっては、説明しがたい事実であることもいうまでもないが、もしもこれらの事実に伊波が気付いていたならば、進貢貿易についての伊波説は、今われわれが知っているものと大幅に違ったものになったであろう（『新・沖縄史論』）。

筆者は右の安良城の仮設には賛同できない。安良城の仮設では、伊波が一体なぜ、例えば摂政羽地朝秀や三司官蔡温が薩藩の政治を絶賛しているのを、何の史料的根拠も挙げることなく否定しているのかが説明できない。学問に忠実な理性的人ならば、昭和十四年に刊行された『鹿児島県史』第二巻第四編（薩・琉関係史）を読めば、誰であれ、伊波の琉・薩関係史を大巾に見直した筈である。伊波にはその『鹿児島県史』の当該部分についての言及が一切ない。伊波がその部分を読んでいたにせよ読まなかったにせよ。最晩年まで自説を曲げなかったのであるから、史実や史料などどうでもよかったのである。例え伊波が、崎原氏や安良城氏が依拠したのと同じ史料を目にしていたとしても、その史料を無視（『羽地仕置』・『御教条』・『独物語』の大事な部分を意図的に無視した）するか、曲解（「空道」を曲解した）したことであろう。伊波の場合には、まず彼のネクロフィリアがあり、その深奥部から発する〝声〟に従って、彼に特有の歴史像を捏《こね》ていくからである。伊波にとっては史料よりも、自己の内なる〝声〟が真実なのであって、その点頑固そのものである。そこに筆者は、伊波の強いナルチシズムを感じる訳である。彼にとっては自己の〝真実〟だけに意味があるのであって、自分の〝真実〟が自分以外の沖縄人のトラウマになろうがならなかろうが一切関知しないのである。

倫理無用の伊波の歴史研究法

沖縄県人をして鹿児島県人を故なく憎悪させ、また自己の内なる〝声〟に発する不寛容から、冷笑を込めて書いた伊波の琉球近世史を読むにつけ、筆者がつくづく伊波の中に薄気味悪さを禁じえないのは、伊波がよくもあれだけの虚偽の大系を、史料のうら付けもなく、自分の良心に戦慄することもなく晩年にいたるまで書きつづけてこれたな、また史料にうらうちされた根拠もなしに構築された〝歴史〟は、いずれは必ず崩壊するのであるが、崩壊に際して当然ひきうけるべき著者としての巨大な責任を、伊波がどう予感しひき受けようとしていたのだろうかという、一個の人間としての責任論が不在であったということに尽きる。

伊波普猷は家長として、美里間切伊波村を領地とする脇地頭家であった由緒ある家を崩壊させた。筆者には、伊波の琉球近世史に対する執拗で冷酷かつ不寛容なスタンスは、彼が家長として妻子や伊波家に対して見せた態度と相通ずるものがあったと思う。そして伊波が琉球近世史と伊波家に対してとった態度に共通するものは、ナルチシズムの裏返しとしての無責任という一語であろう。故なく沖縄県人にプシヒッシェ・トラウマを負わせ、鹿児島県人（ひいては本土人）と反目させる結果につながる、常人ならば心が凍りつくような重たい罪に対しても、伊波は終始無感覚であった。

その学者・言論人としての責任感の欠如は伊波特有のナルチシズムから出てきているようである。伊波にとっては己の自我の世界だけが冒すべからざる絶対の聖域であった。そしてその聖域のある部分が表象化されているのが伊波の琉球近世史であった。と同時に伊波は自己の琉球近世史を、自己そのものと同一化し、ナルチシズムの対象にしていた気配が濃厚にある。金城芳子はその辺の消息を見事に言い当てているようである。

今ごろ気づいてももう遅い。先生は私たち女性だけでなく、男性にも学問上の弟子を育てようとはなさらなかったのではないかと思うがどうだろうか。

男性の場合は先生の影響を受けると自分で勝手に勉強し、沖縄の研究をするようになったのではないだろうか。伊波先生は柳田国男先生のようにお弟子さんにあれこれ調べるようにすすめたり、発表するように言われたりというたぐいのことはなさらず、むしろご自分の領域に踏みこんでくるのを喜ばれなかったのではないかという気さえする。だから、まずそういう心配のない女性は安心して可愛がって下さったのかも知れないとも思うが、おぼろげにそう思うので断定はとてもできない（『なはをんな一代記』一八五頁、傍点は筆者）。

文は人なりという。伊波の文には妖がある。伊波の文は冷笑的ではあるが、激語の類はない。しかし、伊波の文章には、人を深い絶望と暴力への衝動、憤怒へとかりたてるものがある。伊波の文には遅効性の毒がしこまれている。しかし伊波自身が自家中毒して爆発することは決してない。それもその筈である。彼は本質的に自己愛者なのだから。

〝三つ子の魂、百迄〟という言葉がある。琉球近世史の心臓を鷲掴みにして離そうとしない魂について、妖人伊波普猷自身が次のように書いている。

私は生まれてから何不足なしに育てられたが、どうしたのか、泣くくせが附いて家の人を困らせたとのことだ。

いつぞや私が泣き出すと、乳母が私を抱き、祖母さんは団扇で私を扇ぎ、お父さんは太鼓を敲き、お母さんは人形を持ち、家中の者が行列をなして、親見世（今の那覇警察署）の前から大阪屋（もとの県庁）の前を通って町を一週したのを覚えて居る（「私の子供時分」）。

さて、伊波普猷の家系図を写本『魚姓家譜　支流　許田筑登之親雲上』（『那覇市史』第一巻8）から抽出する（但し九世まで）と下図の通りである。

伊波の書く琉球近世史に関する歴史論考には、根拠となる史料を明示せずに、もっともらしく断定しているものが多いが、その根拠となるとみなされる史料が、幸いにも見い出された時、その伊波の論考が断定調である分だけ、全くの噴飯ものである場合が多々ある。その一例を挙げれば、伊波は例によって、「この見解の典拠を具体的に示」（安良城盛昭『新・沖縄史論』一二三頁）さずに、天和二年（一六八二）に琉球が、「支那から持つてきた銀が八百七拾六貫銭」、貞享元年（一六八四）に琉球が、「持つて来た銀が八百八十七貫銭」であったと述べている。安良城は伊波のその見解を取り上

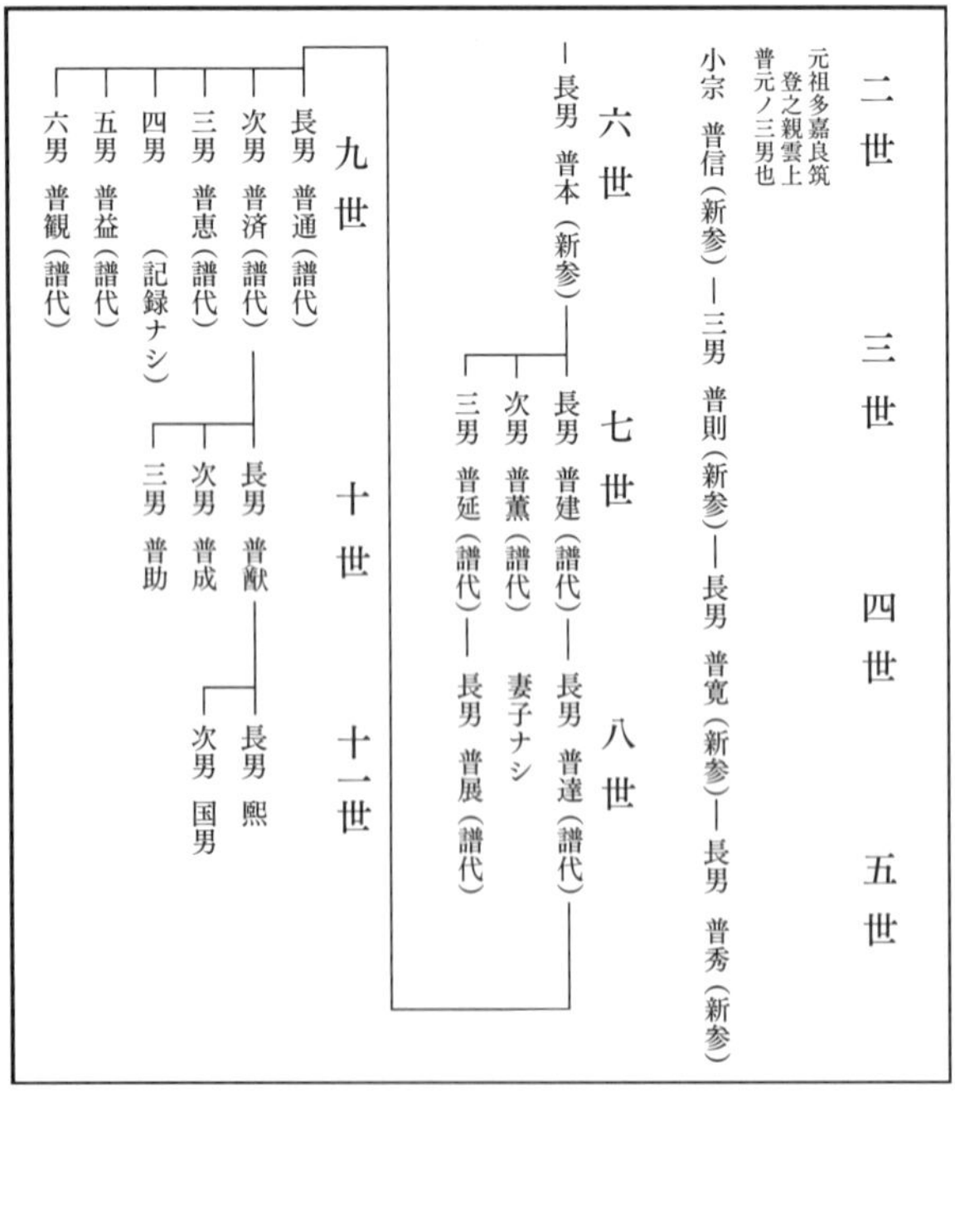

げ、薩藩の『南聘紀考』と『列朝制度』を用いて、伊波のいう右の二つの数字が、「支那から持ってきた銀」（利潤）ではなく、「支那へ持って行った銀高」（渡唐銀）であったと喝破《かっぱ》している（同書一二二〜一二四頁）。

伊波はこれと同様、琉球近世史上、自分の先祖がなした偉大な功業を恥じて隠蔽し、自家の大事な歴史を改竄しているが、天の奇すしき配剤か、幸いにも、写本『魚姓家譜』が『那覇市史』に収録されているから、それによって伊波の悪質な曲筆ぶりを白日のもとに曝すことができる。悪質な、と表現したのは、伊波が個々の事実関係を十分に認識していながら、その上で、改竄しているからである。

老婆心ながら、誰しもが受け容れるであろう常識について念を押しておくが、ある人が自己の家系につき調べて書こうとするに際し、先祖の世代の序列や事績等に不明な点がある場合、家譜があればそれに当たり、それでもなお不明な点があれば、自分の父母に問い質す筈である。父普済は普猷が三十五才の時まで存命し、母マツルは彼が五十六才の時まで存命していた。父は許田（伊波）家の家譜に書かれた旧時代に属する知識人であり、母も才気あふれる女性であった。普猷は父が死去した明治四十三年（一九一〇）以降、由緒正しい譜代家の当主であり、事実、家譜の原本を所持していたのである。当然といえば余りにも当然なことであるが、普猷その人こそ、自分の家系と先祖の事績について、他の誰よりもよりよく知り得る立場にいた人であった。

さて、普猷の次の二つの文章は、大正五年、彼が四十一才と、大正十年、彼が四十六才の時に書かれたものである。

私の『家譜』を一読して、いつも悲しく思ふことは、近代に至るまで社会の表面に立つた人のないことである。祖父が十七才の時にこの寂しい『家譜』を見て泣いたといふのも無理でない。（祖父が私に培元という唐名を与へたところにも、彼の気持ちは能くあらはれてゐるが、私は之に即して、則碩と云ふ字《あざな》を用ゐることにした。）さてかういふことが発奮の動機となつて、彼は六七回程も支那に渡つて貿易をなし、漸く家産を造つて、後伊波村の地頭となり〈中略〉私の今日あるは全くこの祖父のお陰である（「追遠記」『伊波普猷全集』第一巻三三八～九頁。傍点とルビは筆者）。

物心が付いた時分、私の頭に最初に打込まれた深い印象は私の祖父さんの事だ。私の祖父さんは、十七の時、家の系図を見て、自分の祖先に出世した人が一人も居ないのを悲しみ、奮発して支那貿易を始め、六七回も福州に渡つた人だ。私が四つの時には祖父さんはまだ六十にしかならなかつたが、髪の毛も鬚も真白くなつて、七八十位の老人のやうであつた（「私の子供時分」同全集第十巻、八七頁）。

右の「私の子供時分」の中で普猷が、「祖父さん」について述べているくだりを読んで、筆者が率直に感じたところでは、普猷には歴史研究者としての資質や倫理感があるのだろうか、ということに尽きる。筆者がそう感じざるを得ない根拠はこうである。

少なくとも彼が「追遠記」を書いた時点―大正五年のころ、彼の実の祖父、普達その他の祖先について記載している『魚姓家譜』の原本が、彼の手元にあり、彼はそれを「私の『家譜』」と呼び、「一読し」たと「追遠記」に書いている。今では『魚姓家譜』の原本を見ることはできないが、その原本からの写本である『魚姓家譜支流』（『那覇市史』第1巻8、昭和五十八年三月発行）を見ることができるのは幸いである。もしもこの写本が失われていたならば、「追遠記」や「私の子供時分」に書かれている普猷の改竄に気づく術がなくなるところであった。

さて普猷は、伊波家の富を築き、同家の中興の祖として彼の「祖父」を称揚し、また、「私の唯一の教育者であった祖父さん」、「私の今日あるは全くこの祖父のお蔭である」と、感謝と尊崇の辞を捧げ、「追遠記」や「私の子供時分」の中で、「祖父」の描写に多くの字数を費やしている。しかしその割には普猷は、「祖父」の名を全く書かないのである。普猷は、「私が四つの時には祖父さんはまだ六十にしかならなかつた」と書き、暗に一八二〇年生まれの普薫が「祖父」であることをほのめかしているだけである。しかし普薫には子は一人もいない。なお実の祖父普達は、一八三七年生まれであるから、普猷の四才の時、普達は四十二才であったことになる。そして普薫は普猷が数え年わずか五才の時に没した。

筆者が写本『魚姓家譜』から抜萃し、さきに掲げた許田家の家系図を見られたい。普猷の実の祖父は八世普達（長男）である。普薫は七世（次男）であって、普達の叔父に当たる人である。また祖父普達の家督を嗣いだのは九世長男の許田普通で、その弟の次男普済（普猷の父）は、普猷が一切書かないから詳細については不明だが、疑問の余地なく普薫の養子になっている。養子入りがあったからこそ、子のなかった普薫は許田家から分家して新しく伊波家を開くことが出来たのである。普猷は父の養子入りの一件を百も承知の上で、そのことになぜか頑として触れないのである。

普猷が普薫を自分の「祖父」というのなら、父が普薫に養子入りした事実をなぜ隠すのか。伊波の心中を忖度するに、自己同一化願望の対象者である普薫が、買爵によって譜代家に昇った許田家の出であることを、ひたすら押し隠したい普猷の強迫観念が、「追遠記」や「私の子供時分」の中に、普薫の名をあからさまに書くことをためらわせたのではなかっただろうか。普猷には、そんな風に病的な自尊心の虜になる一面がある。

この様に、実の祖父・普達を、自分の自尊心の都合によって、歴史の闇の中へ葬ろうとした普猷の冷たさに劣らず、歴史研究失格者ではないかと考えざるをえない行為は他にもある。普猷は、「私の祖父さんは、十七の時、家の系図を見て、自分の祖先に出世した人が一人も居ないのを悲しみ、奮発して支那貿易を始め、六七回も福州に渡つた人だ」とか、「彼は六七回程も支那に渡つて貿易をなし、漸く家産を造つて、後伊波村の地頭となり」云々と書き、普薫こそが伊波家の中興の大功労者であったかのように書いているが、それこそ許しがたい『家譜』の改竄である。

因みに普猷は一転して別の所では「祖父」ではなく「曾祖父が進貢船即ち冊封使をつれてゆく唐船の船頭となり支那へ行き、琉球へ帰ると士族となりました」（『伊波普猷全集』第十一巻三八八頁）と書いているが、前後の文脈からして、「士族となり」とは譜代家となったという意味である。普猷の先祖が始めて譜代になったのは、一八五二年である。一方、その前後に冊封が行われたのは一八三八年に尚育王が、一八六六年に尚泰王が冊封された。右の三つの事件とその紀年は動かせない。右の普猷の記事はでまかせである。

しかし写本『魚姓家譜』に目を通して一番に異彩を放っているのは、本家の魚姓『家譜』を含めて始めて、七世長男許田普建・次男普薫・三男普延の三兄弟がそろって、新参家から譜代家に昇っていることである。魚姓として始めて譜代家に押し上げた歴史的大功労者は普薫等の父六世普本（普猷の高祖父）であったと見るのが自然だ。そのことを裏付ける記録として、譜代七世普建の「尚泰王世代」に、

咸豊二年壬子三月十五日母・眞牛、恭しく譜代家を賞賜せ蒙《ら》る。其の書は左に記す（原文は漢文）。

とある。「母・眞牛」は普建・普薫・普延三兄弟の母で、普本の妻である。右の咸豊《かんぽう》二年は、普本が死去して六年後に当る。一歴史研究者として筆者が痛恨にたえないのは、許田家が譜代家に昇せられた理由をなす功績の内容が、「其の書は左に記す」とある次の方に明記されていた筈であるが、よりによって肝心のその部分（『那覇市史』第一巻8、一〇八頁）が欠になっていることである。

今、その『那覇市史』を見るに、無系から新参家（下士）に、新参家から譜代家（中士）に取り立てられた事例を示す記事が三十六件も収録されている。

その三十六件を内容別に分類すると、献金によって新参・譜代家株が授爵された例が二十四件（銭百万貫－二件、同十七万貫－一件、同十六万貫－十一件、同十三万貫－二件、同八万五千貫－二件、八万貫－二件、同？万貫－一件〈許田・伊波家の分〉。古銀四十貫・四十貫・四十一貫－三件）、医療の功績による例が五件、一般公務の功績による例が四件、系図座創設の際の申告漏れが後に認可された分－二件、官職の昇進に伴う爵位の陞叙一件である。それらのうち、献金による授爵二十四件中、八件が「祖母」・「母」・「妻」等女性に対する授爵であり、許田（伊波）家もこの例にあてはまる。

さて、伊波が、「奮発して、支那貿易を始め、六七回も福州に渡った人だ」という実績も、普薫にではなく普本に属する実績であった筈だ。少なくとも許田家に巨富《ボナンザ》をもたらし、同家を譜代家に栄進させた最功労者は普本であった。

伊波が述べているように、仮に百歩譲って、普薫が「六七回も福州に渡った人」であって、許田（ひいては伊波）家を譜代家に栄進させた功労者であったことを認めるとすれば、次のように推量するのが妥当であろう。許田家では、咸豊二年（一八五二）、普薫が三十二才の時譜代株を買ったが、その際普薫名義で買うと普薫一人だけが譜代家に昇る訳だが、一方、普薫等の母親真牛名義で買えば、息子三人が共に譜代家に昇ることができると計算し、母親名義で買うことにしたのだという推量である。

しかし、その推量通りにことが運ばれたとしたら、母親真牛名義で譜代株を買ったとの名誉ある記事は、長男普建の記録中にではなく、事実上の献金者である普薫の記録中にこそ記載された筈であるが、実際にはそうはなっていないところに、この推量の成立ちにくい弱点がある。また写本『魚姓家譜』の普薫に関する記録を見るに、一度も渡清したことを示すものがない。王府の官吏が一度でも渡清したとすれば、それは国家的事件であって、必ず家譜に記録されるものである。普本や普薫が渡清したとすれば、それは私貿易（密貿易）者としてであったことになる。

さて、献金によって新参・譜代株が授爵された例が、『那覇市史』中に二十四件載っていてそのうち、授爵された理由（献金額等）について詳述されている部分〈以下、「当該カ所」と呼ぶ〉が「欠」になっているのは、伊波家の家譜只一冊だけである。

写本『魚姓家譜支流　許田筑登之親雲上』の原本に当たる家譜は、三つの家系に伝えられていたと考えられる。その一つは、Ⓐ七世譜代長男・普建→八世譜代普達→九世譜代長男・普通。二つ目は、Ⓑ七世譜代次男・普薫→九世譜代次男・普済→十世長男普献。三つ目は、Ⓒ七世譜代三男・普延→八世譜代長男・普展と伝えられたと思われるが、ⒶとⒸの家譜のその後については今日不明である。『那覇市史』に収録されているものは、Ⓑ系列の家譜原本からの写本であると考えられる。

ところで、写本『魚姓家譜』中の譜代家授爵の理由に関する当該ヵ所が「欠」になっているということは、原本の当該カ所がすでに写本以前に何者かによって、意図的に破損されていたからにちがいない。筆者は、原本から当該カ所を削除・破損した人が、伊波普猷その人である可能性がきわめて高いと思う。

その根拠として筆者の念頭に浮かんでくるのが、普猷に関する次のような所感である。普猷は、「沖縄県下のヤドリ」（『琉球古今記』）に、「コーイ・ザムライ」についてかなり詳細に記述しているが、伊波家が「ユカッチュ」であったことが厳然たる事実であったにもかかわらず、そのことに一切触れようとしないことである。

琉球王国が末路に際して非常な財政困難に陥つた時、首里王府では、盛んに士族《ユカッチュ》を販売したといふ面白い事実がある。どんな平民でも、十六万貫（今の三千二百円）をお上に納めさへすれば、ミー・ユカッチューになることが出来た。これはやがて新参士の義で、琉球語では、姓名でも他の名詞でも、語尾の母韻を長く引張ると、軽蔑の意になるのであるが、もう十六万貫張込むと、彼のミー・ユカッチューはその一刹那から、ミーという限定詞が取去られて、語尾も短くされたのである（『伊波普猷全集』第七巻、二八〇頁）。

伊波は自分に都合が悪いと計算した場合には、小心翼々として隠蔽にこれつとめるが、一旦、他人や琉球近世史のこととなるや、暴露屋になり、単なる伝聞であっても容赦なく披露する。その極め付きはこれである。伊波は「夭折した私の弟の乳母に小禄生まれの者がゐたが、かつて難病を患つた時、死人の肉のスープを飲んだことがあるとは、直接私が彼女の口から聞いた話である」（同全集第二巻一一七頁）という。死人の肉のスープなど、祖先崇拝とかたく結びついた遺体への畏敬の念の強い沖縄で、しかも明治という時代に、場所が小禄（現那覇市内）であることを考えに入れると、そんなことは万に一つもありえない。普猷のこの種の無節操と無責任は、沖縄県民にとって甚だ迷惑である。

また、「追遠記」や「私の子供時分」において、普猷が普薫を理想化し、事実を曲げて彼を自己の祖父の座に引き寄せ、普薫に自己のアイデンティティーを一体化させたがるのに急な普猷のナルチシズムにとって、一方では許田（伊波）家々譜中最功労者である高祖父・普本の実績を物語る「当該ヵ所」が邪魔であり、一方では実の祖父の存在が邪魔であったから、前者は削除・破損せられ、後者は徹底的に無視され隠滅されたのだと思われる。

原本の家譜といえば、その巻頭には大きな首里王府の公印が押され、それを所持する家のエンブレムとして永く伝世される家宝である。家宝である家譜を家長以外の人が、故意にある特定の部分だけを破損するということは、恐れ多くて、仮りにもせよまずありえない。通常人ならば、〝わが家の家譜〟などと呼ぶのが穏当であるが、普猷は「私の『家譜』」と呼ぶのである。この言葉には伊波特有の愛憎のこもった響きがある。そんなところにも彼の強いナルチシズムが顔をのぞかせているのであるが、その分、普猷の心理下に、伊波家に対すると同様、家譜に対する生殺与奪の自由裁量の大きさが潜在しているであろう。

自分が誇りとする伊波家の家長でありながら、家が窮乏するとなるや、自家を崩壊させたニヒリストでもある普猷ならば、自分のナルチシズムが許さない家譜の部分（「当該カ所」）を破損することぐらいは、大いにありうることである。

写本『魚姓家譜』は、普猷の「追遠記」や「私の子供時分」の中に巧妙に隠された秘事―通常人にとっては別にどうということでもないが、妖人普猷にとっては堪えがたい恥辱の種―を写し出す照魔鏡である。今、この王府公認の明鏡に写った「追遠記」・「私の子供時分」を読み解くと、伊波はまず自分の誇りとする伊波家と、その本家である許田家との関係を隠蔽したがっていること（それ位だから、伊波は当然、許田家の本家に当る新参多嘉良家や新参支流宮城家についても一切触れない）である。また許田家との関係を隠蔽する為に、伊波は特に、自分の実の祖父許田普達を完全に闇の中に葬っている。

それだけではない、伊波は意識的に、父許田普済が許田普薫の家に養子入りしたことを隠蔽した。父普済の養子入りは、子のなかった許田普薫が伊波村の脇地頭に補される（もっともこれは普猷の申し立てによるものであって、『魚姓家譜』には見えていない）大前提であって、普薫が許田家から分家独立し、伊波家の創設に関わる最大の事件であったのにもかかわらず、普猷は父が養子入りした事実の隠蔽に心を砕くのである。そういうことを平気にやってのける伊波普猷を、大不孝者と呼ばないとしたら、他の如何なる人をそう呼ぶのであろうか。

普猷が、許田家ひいては伊波家興隆の大功労者である普本とその実績を、「追遠記」等において、抹消した行為をコインの表とすれば、伊波家と許田家の関係を隠蔽し、伊波家興隆の始祖として普薫を持ち上げ、普薫に自己を同一化させ、その同一化の破綻を恐れてか、父普済が普薫に養子入りした事実を隠蔽した行為は、同じコインの裏である。

そのコインの表裏にまつわる、妖人伊波普猷にとっての「忌まわしい秘事」を敗露させないように働かせた普猷の知力は相当なものであるが、その為に倫理と品性を犠牲にしている光景はあきれる前に痛ましい。自分が家長として所持する原本『魚姓家譜』に目を通し、必要な事実関係をすべて承知の上で、自分に都合の悪い事実を、あるいは隠蔽し、あるいは改竄し、あるいは一級史料である自家の家譜を破損するような人である伊波普猷を、筆者は妖人と呼ぶ。

伊波普猷の琉球近世史の叙述から意識的に排除または隠蔽されたものは多い。しかもそれらは歴史上きわめて重要なものである。それら排除されたもののうちから例を挙げよう。一八七二年には、新参東村嫡子・高良筑登之親雲上の母と新参泊村金城筑登之親雲上の母二人がそれぞれ銭百万貫文づつ、計二百万貫文を王府に献上し、二人とも譜代家を授けられた（前掲『那覇市史』、九六頁・六三三頁）。嶋目銭二百万貫文は金貨に直すと四万両に当たる（『東恩納寛惇全集』四巻、七六頁）。ちなみに、文化十三年（一八一五）ころの薩摩藩の経常収入は、およそ金貨にして十四万両であったという（原口虎雄『幕末の薩摩』六六頁）。

幕末、日本のほとんどの藩が財政破綻に陥り、財政立て直しを柱とする藩政改革を迫られた。ほとんどの藩がそれに失敗したが、ごくひと握りの藩が、藩内の富農や富商の残酷な犠牲の上に改革をなしとげ、雄藩として蘇生し台頭した。一例を挙げれば、水戸藩では、「富有者の『廿人卅人ハ首をはね』る強硬な決意のもとに改革が断行された（北島正元『日本の歴史18幕藩制の苦悶』五〇五頁）。

権力をバックにして強迫することもなく、琉球王府が採った「献金↕授爵」の財政政策と、日本の各藩の財政改革とでは、一体どちらがより文明的か。自分の先祖がコーイ・ザムライであることを恥じて隠しだてし、琉球王府の合理的な財政々策の歴史的意義を、伊波はついに理解することができなかった。通常、冷笑家は冷笑の矢をひとしく自他に向けるものである。それ故に、その冷笑には傾聴に値するものがある。しかし伊波の冷笑は決して自己には向けない。ナルチシストの故に虚栄者であり、虚栄者であるが故に狭量な伊波普猷を、歴史家であると認め、その言説が信じられるのであれば、伊波は危険な「歴史家」である。

今日、県内外の歴史学者で、島津氏の琉球入りを侵略であると解釈する人が少なからずいるが、それは伊波が非学問的方法で書き残した琉球近世史に影響された結果であると、筆者には思われる。島津氏入りが侵略ならば、その結果を継承した琉球処分も侵略であることになる。そうすると、一六〇九年から一九四五年の敗戦まで、三三六年間も琉球（沖縄）は日本の侵略下にあったことに法的にはなるが、それはどんなものだろうか。

ちなみに筆者は、仲原善忠と同様、島津氏の琉球入りの本質は、琉球の日本への民族統合であると解する。また戦後、一部の県民の中に沖縄独立論が間欠的に現れるのも、妖人・伊波普猷の呪縛があるからだと思う。

『文化の窓』No.二十一　一九九九年

あとがき

日本近代史を専攻した者である小生は、琉球国の近世時代に沖縄本島の北部地方で、焼畑農業が盛んに行われていた琉球史の史料を初めて目にした時、深い興味をそゝられた。そして一九八九年、沖縄市文化協会発行の『文化の窓』No.十一に、「沖縄の焼畑考―縄文文化を尋ねて―」を寄稿した。その拙稿をものするに至る過程で、沖縄の歴史の核心に触れる史実に接したのである。それは名護市の勝山に存在する小字名・ウチナーマタ（宇喜納原）が、名護市教育委員会編『名護市の小字』の六〇〜六一頁に載っているのを目にした時である。

一九八九年の時点で、小生は右の拙稿の中に、「名護市の勝山に、ウチナーバル（宇喜納原）というのがあるが、これなども明らかにキナワから派生した地名である。・・・この島の名であるオキナワ（ウチナー）も、キナワを語根としてできたものではないのか。・・・筆者の考えでは、オキナワをオキ・ナワとする根拠は今のところなく、オ・キナワと分けるのが妥当だと思う。」と書いた。しかしその後、沖縄の歴史文書や『おもろさうし』中の幾多の焼畑関連記事を考察し、また和語の「おき」に、沖《おき》の外に熾《おき》・燠《おき》の意味があることを知るに及んで、オキナワは、オ・キナワではなくオキ・ナワと分けるのが正しいと判断し直した。そしてまたオキナワのオキは沖《おき》ではなく、熾《おき》・燠《おき》の方であることを確信した。名護市勝山の「ウチナーマタ（宇喜納原）という小字名は、その由来が沖とか海上ではなく、勝山という地上にあったからである。

小生は、『球陽』読み下し編（球陽研究会編、角川書店）の巻三、尚真王即位二十四年（一五〇〇）の頃、「163

久米島の君南風、官軍に跟随して八重山に往き至り、奇謀を設け為して深く褒嘉を蒙る。」を目にし、その本文、「太古の世、久米山に姉妹三人有り。長女は首里辨嶽に栖居し、次女は久米山東嶽に栖居し、後、八重山に至りて宇本嶽に栖居す。三女は久米山西嶽に栖居し、君南風職に任ず。・・・」を一読して驚愕した。その時点までの小生の漠然とした史観では、首里城内における最高級神女は国王の近親者であった筈だと思いこんでいたからである。ところが、首里城内の最高級神女になる聞得大君が誕生する前の約二十年間は、久米島出身の三姉妹の長女が首里城内の最高級神女として、「くめのきみはいが節」の節名を持つ558のおもろの中で、「首里《しより》杜《もり》按《あ》司《ち》添《おそ》い」・「真《ま》玉《だま》杜《もり》按《あ》司《ち》添《おそ》い」の神女名で謡われており、また「あがおなりがみの節」の節名を持つ36のおもろの中でも、三姉妹の長女が、「大君」・「精高子」の神女名で謡われている。この558と36のおもろは、一五〇〇年に尚真王が行なった八重山征討を謡ったものである。

小生はまず、『中山世鑑』首巻の「先国王尚円以来世系図」と、『中山世譜』首巻の「大琉球国中山万世王統之図」によって、琉球国最高の神職になる聞得大君が、尚真王の治世に初めて出現したことを確認した。尚真王は一五二六年に薨去したから、聞得大君が史上に出現したのは、ほゞ一五二〇年から一五二六年までの年代であったわけである。聞得大君はその年代に、首里城内に自ら「精《すゑ》の御殿《おどの》」（聞得大君御殿）を建立し、おぎゃか思《も》い加《が》那《な》志《し》（尚真王）をお招きして祝宴を催しているおもろが、「あおりやへが節」の節名を持つ285のおもろである。その285のおもろの中に謡われている、「又　大君《きみ》ぎや　持《も》ち成《な》し」・「又　君《きみ》の按《あ》司《ち》の　持《も》ち成《な》し」の「大君《きみ》」と「君《きみ》の按《あ》司《ち》」は、時間的に間を措かずに聞得大君の称号を得ることになる神女で、すぐ左に示している尚真の妹・音智殿茂金《ヲトチトノモカネ》である。その史上初の聞得大君については、『中山世鑑』巻六の尚円王の項に、

王有㆓一男一女㆒。

世子曰二尚真一。（後登二王位一）
女子曰二聞得大君加那志一。童名、音智殿茂金。號、月清。
（無レ後。皆月光所レ生也）

とある。尚真が兄で、聞得大君は妹であろう。右の初代、聞得大君が歴史的には出現した大事な過程を、小生がおもろ285の中で読み解くことが出来たのも、右に挙げた『球陽』、『世鑑』、『世譜』等の記事の助けがあったからであり、『おもろさうし』の枠内だけでいくら考えても不可能であった。

次に「あおりやへが節」の節名を持つ88のおもろの中に、九点の「按司添《あぢおそ》い」が見えているが、それらはすべて尚清王を指している。そのおもろの解明にいたることができたのも、『中山世譜』巻七の尚清王の項、「本年秋。世子尚清。・・・」「八年己丑秋。又遣二長史蔡瀚。・・・。」「十年辛卯秋。遣二正議大夫金良。・・・。」「十二年癸巳秋。遣二正議大夫梁椿。・・・。」「十三年甲午夏　世宗。遣二正副使。陳侃・高澄一。・・・封二世子尚清一。為二中山王一。・・・」（琉球史料叢書　第四巻　九四〜九五頁）の記事と照合したからである。つまり、右の『世譜』の「本年（1527年）秋」から「十二年（1533年）癸巳秋」までの四つの記事は、88のおもろの中の「又年《とし》　三年《みとせ》　いくます　十声《とこゑ》　間近《まぢか》さ」、「又吉日《ゑか》　四年《世とせ》　させわす」の表現と完全に一致している。「いくます」・「させわす」は、『世譜』にいう「請二襲封一」・「再二申前請一」・「復請二襲封一」のことである。また88のおもろ中の「あた添《おそ》いに」と「から添《おそ》いに」とが、同意語句として謡われているが、前者は「彼方添《あたおそ》い」、後者は「唐添《からおそ》い」であり、つまりは「彼《か》の国」と「明国」という同意語として謡われていることにまちがいない。

「ひやくな」という語が、『おもろさうし』の中に十六点謡われている。この「ひやくな」の原義も、『おもろさうし』の枠内だけでいくら考察しても無駄である。小生はこの「ひやくな」の原義を解説するのにも、また史書の助けに恵まれた。田中健夫著『対外関係と文化交流』の、「木庭作の実際は、最初の年をアラケ・アラキ、二年目をヤクナ・ヤキナ、三年目を三年ヤクナなどとよび・・・」（二三五～二三六頁）とあるのがそれだ。小生は、この焼畑用語であるヤクナとつながる用語がヒヤクナで、火焼庭《ヒヤクナ》のことだと解する。『おもろさうし』全二十二巻の内、第一巻が成立したのが一五三一年、第二巻が一六一三年に成立、第三巻から第二十二巻までが成立したのが一六二三年である。その一六二三年の時点まで、琉球史関係のどの史書や絵図にもヒヤクナに「百名」と宛字した例は一件もない。「百名」という宛字が初めて現れたのは、おそらくその一六二三年から七十八年後の一七〇一年に薩摩藩が出した『元禄国絵図』に於てであろう。

たゞし同絵図の中で沖縄本島には一件も「百名村」はなく、あるのは宮古島の平安名崎に「百名村」が一件あるだけである。『おもろさうし』によれば、「ひやくな」は沖縄本島のほゞ全域に分布していたのにである。特に現読谷村は尚巴志王が座喜味城を造営した一四二〇年頃、そのほゞ全域を「ひやくな」が覆うていたから、1268のおもろが、

こいしのが節

1268 一 雲子杜《くむこもり》
真玉杜《まだまもり》ぐすく
金加那志《かねがなし》
君誇《きみほこ》り　げらへて
又 百名《ひやくな》内《うち》に
選《えら》でおちやる　真《ま》人

われらの思い子たちの節
1256 一　われらの思い子達《こたち》は
むらおさと　心を合わせて　貢《みつ》ぎ
按司に　思われよ
又　われらの　新貢《あらかない》を
又　火焼庭《ひやくな》の初貢《はつかない》を
むらおさと　心を合わせて　貢《みつ》ぎ

ちなみに、この1230と1256のおもろは、共に「恩納より上のおもろ御さうし」である。右の二首のおもろの様に、焼畑地の耕作農民から琉球国王や按司に新貢《あらかない》・初貢《はつかない》を納貢した記録は、他のいかなる琉球史の史資料中には見出せないから、『おもろさうし』の存在感が沖縄の歴史上、頓に増大したといえよう。その点からしても、小生としては、『おもろさうし』の現代語全訳の出版が待ち遠しい。

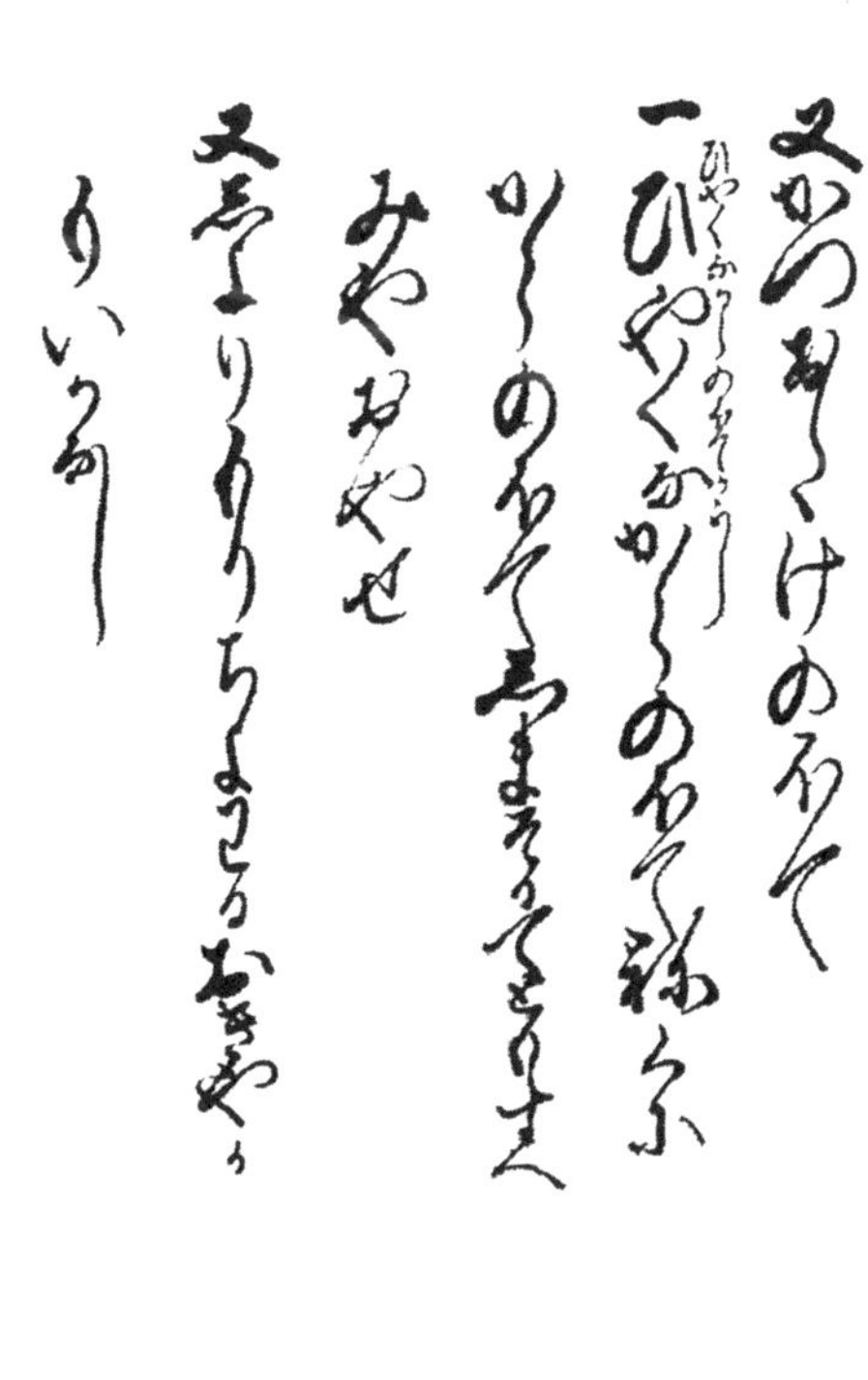

著　者
邊土名《へんとな》　朝有《ちょうゆう》
1942年、沖縄県沖縄市（旧美里村赤道屋取）に生まれる。
1966年、早稲田大学文学部史学科日本史専修卒業。
1970年、同大学文学研究科日本史修士課程学位修得。翰林院院主。

主な著作
『「歴代宝案」の基礎的研究』（校倉書房　1992年）
「秩禄処分と士族授産」（『那覇市史－通史篇』1974年）
「琉球処分」（『統合と抵抗』1982年）
「対明国入貢と琉球国の成立」（『球陽論叢』1986年）
「琉球の朝貢貿易」（校倉書房　1998年）
『明代冊封体制と朝貢貿易の研究』（新星出版　2008年）

おもろがうたう おきなわの原義
2016年4月30日　初版発行
著　者　邊土名　朝有
発行所　フォレスト
902-0063 沖縄県那覇市三原 2-29-18-1F
TEL 098-963-5155　FAX 098-963-5156
印刷所　株式会社ちとせ印刷

乱丁・落丁の場合はお取り替えいたします。

ISBN978-4-9908017-5-5　C1021